中交第一公路工程局有限公司
重庆万州至湖北利川高速公路（重庆段）
EPC项目技术创新论文集 5-1

总主编　张志新　阳华国

万州驸马长江大桥技术论文集

主编◎李鸿盛　张志新

重庆大学出版社

内容提要

本书为《中交第一公路工程局有限公司重庆万州至湖北利川高速公路（重庆段）EPC 项目技术创新论文集》第 1 分册，收录了中交一公局重庆万州至湖北利川高速公路 EPC 项目控制性工程——万州驸马长江大桥建设技术方面的最新成果，共 66 篇，内容涵盖了悬索桥大直径桩基施工、索塔施工、锚碇施工、猫道架设、缆索架设、钢箱梁制作和吊装、桥梁线形控制等方面，是国内大跨度悬索桥建设经验的总结。本论文集可供高速公路桥梁施工技术人员及有关专业师生参考。

图书在版编目（CIP）数据

万州驸马长江大桥技术论文集/李鸿盛，张志新主编. --重庆：重庆大学出版社，2017.11
ISBN 978-7-5689-0893-1

Ⅰ.①万… Ⅱ.①李… ②张… Ⅲ.①长跨桥—悬索桥—桥梁施工—万州区—文集 Ⅳ.①U448.25-53

中国版本图书馆 CIP 数据核字（2017）第 277517 号

万州驸马长江大桥技术论文集

李鸿盛 张志新 主 编
责任编辑：肖乾泉 版式设计：肖乾泉
责任校对：刘志刚 责任印制：张 策

*

重庆大学出版社出版发行
出版人：易树平
社址：重庆市沙坪坝区大学城西路 21 号
邮编：401331
电话：（023）88617190 88617185（中小学）
传真：（023）88617186 88617166
网址：http://www.cqup.com.cn
邮箱：fxk@cqup.com.cn（营销中心）
全国新华书店经销
重庆升光电力印务有限公司印刷

*

开本：787mm×1092mm 1/16 印张：34.75 字数：892 千
2017 年 11 月第 1 版 2017 年 11 月第 1 次印刷
ISBN 978-7-5689-0893-1 定价：116.00 元

编 审 委 员 会

总　序

重庆万州至湖北利川高速公路(重庆段)是重庆市“三环十射多联线”中“十射”的重要支线,是鄂渝重要通道之一,起于重庆万州熊家镇马鞍石,止于与湖北利川交界的田家垭口,总长52.408 km,设计时速为80 km,按双向四车道标准设计。全线桥隧比为54%,沿线地形复杂,地质条件差,41次跨越国道、河流、滑坡地段,27次与高压电力线路、电站、燃气管道、军用光缆等设施交叉,高墩大跨桥梁多,且岸坡陡峭,施工场地狭窄,施工风险很高,被称为“重庆新千公里高速公路在建项目中施工难度最大、安全风险最高的工程之一”,尤其是驸马长江大桥,主跨为1 050 m,作为长江上游跨度最大的悬索桥,技术难度大,质量、安全、环保要求高,是万利高速公路上的代表性工程。

该项目采用EPC总承包模式,于2014年4月开工,2017年12月26日正式通车。在项目管理过程中,总承包部发挥技术核心作用,协调带领全体参建技术人员积极开展技术攻关和技术创新活动,大力推广应用“四新”技术,通过引进、消化、吸收和应用国内外先进技术,取得了丰硕成果。这些成果既是广大技术人员实践经验的总结和技术积累,也可为今后行业技术发展和管理工作提供宝贵借鉴。为及时收集、整理、归纳这些技术成果,现将万利高速公路施工过程中的优秀论文归集为《中交第一公路工程局有限公司重庆万州至湖北利川高速公路(重庆段)EPC项目技术创新论文集》系列,以期能为广大工程技术人员提供借鉴和参考。

本系列技术论文集共5分册,分别为《万州驸马长江大桥技术论文集》、《桥梁技术论文集》、《隧道技术论文集》、《路基路面技术论文集》和《交通设施技术论文集》,由张志新、阳华国两位教授级高级工程师任总主编,各分册主编和论文作者都是项目设计、施工的主持者或参与者。全体编写人员始终以科学严谨的态度,共同参与创编,并多次审核、修订,最终完成本系列文集。在万利高速公路项目实施和论文集编写过程中,得到了重庆市交通委员会、重庆万利万达高速公路有限公司、中交公路规划设计院有限公司、中交第一公路工程局有限公司等单位专家的大力支持,在此,谨向关心和支持中交第一公路工程局有限公司、万利高速公路和论文集的所有领导、专家和同事一并表示感谢!

前　言

在国家西部大开发战略引领下，西南地区交通基础设施建设迅猛发展，国家路网逐步完善。悬索桥有跨越能力大、受力性能好等优点，同时我国经过20多年的建设实践，积累了丰富的悬索桥施工经验。但峡谷深、山坡陡、水文地质复杂等特殊建设条件伴随"以人为本""质量强国"等环保、安全、质量理念成为实际需求，这些给悬索桥设计和施工带来了新的巨大挑战。

中交第一公路工程局有限公司在重庆万州至湖北利川高速公路(重庆段)BOT+EPC项目万州驸马长江大桥建设管理过程中，通过多家参建单位的集成与创新，提出了隧道锚极限承载力计算和评价方法，形成了隧道锚"一堵两防两排+辅助措施"综合防排水设计体系，运用钢箱梁空中连续荡移、缆索系统安装创新技术等研究成果，顺利完成大桥建设任务，打造了升级版的长大桥梁施工技术。

山区悬索桥关键技术创新应用及总结对提升企业技术水平和竞争能力有重要意义，是保证复杂条件下桥梁工程安全、优质、高效建设的重要手段，是建设交通强国的重要措施。

本论文集共5篇，分别为锚碇篇、索塔篇、缆索系统篇、钢箱梁篇、其他工程篇。本论文集由李鸿盛、张志新两位教授级高级工程师任主编，编写人员均来自总承包部、施工分部、设计单位、监控单位等一线技术岗位。

本论文集希望总结山区悬索桥建设经验，为以后类似工程实践提供借鉴。

由于本论文集出版时间仓促、水平有限，在审编过程中难免存在疏漏，敬请各位同仁批评指正。

编　者

2017年10月

前言

目　录

锚　碇

索　塔

缆索系统

钢箱梁

其他工程

锚　碇

万州驸马长江大桥北锚碇基坑开挖施工过程三维数值模拟分析

冉　涛[1]　毛江南[2]　梅松华[3]　王巍伟[4]　谭利华[4]

（1. 中国科学院地质与地球物理研究所　北京　100029；
2. 重庆市交通委员会工程质量安全监督局　重庆　400060；
3. 中国电建集团中南勘测设计研究院有限公司　长沙　410014；
4. 中交一公局第三工程有限公司　北京　100029）

摘　要　根据万州驸马长江大桥北岸重力锚基坑的工程地质条件和设计施工方案，采用考虑开挖卸荷效应的有限差分软件 FLAC3D 对基坑开挖施工过程进行三维弹塑性数值模拟，分析了不同开挖工况下基坑边坡和支护结构的应力场、变形场以及塑性区分布等特征。根据数值计算结果对施工设计中采用的设计条件、设计参数等进行分析验证，评价设计参数的合理性，最终对重力锚基坑边坡岩土体变形和基坑整体稳定性做出评价。

关键词　基坑工程　数值模拟　FLAC3D

1　引　言

万州驸马长江大桥北岸采用重力式锚碇，南岸采用隧道式锚碇。前期勘察显示，北岸重力锚基坑位于一大型堆积体前缘地段，地质条件较差，在便道施工过程中多处曾发生浅层变形破坏。虽然工程设计阶段开展了大量勘察、试验和分析论证，但是由于场地地质条件的复杂性、岩土体性态的不确定性以及施工因素的影响，重力锚基坑施工安全成为大桥工程建设中的主要问题之一。为此，对重力锚基坑开挖施工过程进行数值模拟分析，对指导基坑安全施工具有重要意义。

随着计算机技术的发展，数值模拟被广泛应用于基坑工程的开挖支护变形与稳定性分析。FLAC3D 是由美国 Itasca 咨询公司于 20 世纪 90 年代中期开发的一款通用有限差分数值计算软件[1-2]，程序采用拉格朗日差分公式处理有限变形问题，在计算过程中允许材料发生屈服及流变，特别适用于计算岩土工程中的非线性大变形问题，因而在基坑工程方面得到了广泛应用[3-7]。本文基于弹塑性本构理论，采用 FLAC3D 程序对重力锚基坑开挖施工过程进行三维数值模拟分析，重点分析不同开挖工况下基坑边坡和支护结构的应力、变形特征，以及对基坑整体稳定性状况做出评价。

作者简介：冉涛（1985—），男，四川广元人，博士研究生，主要从事工程地质和岩土工程方面的研究，（电子邮箱）rantaopaul@ aliyun. com。
毛江南（1986—），男，工程师。
梅松华（1974—），男，教授级高级工程师。
王巍伟（1981—），男，工程师。
谭利华（1985—），男，工程师。

2 基坑工程概况与地质条件

万州驸马长江大桥北岸锚碇基坑基底尺寸为 73 m×48 m,最大开挖深度为 38.5 m。在基坑周围共设置 78 根桩径为 1.5m 的钢筋混凝土防护桩,桩长为 12.015 ~ 18.500 m 不等,桩顶设置帽梁连接(图 1)。在防护桩上部设置 1 ~4 层预应力锚索,长度为 16 ~35 m 不等,设计预应力为 600 kN(图 2)。基坑西北角外侧设置 10 根 2.5 m×1.8 m 的抗滑桩,桩长为12.5 ~15.0 m 不等。根据施工设计方案,重力锚基坑采取分层开挖的方式,1 ~5 层采取垂直向下开挖,前 4 层开挖后立即施做锚索,6 ~13 层采取水平方向开挖,设计开挖总层数为 13 层。

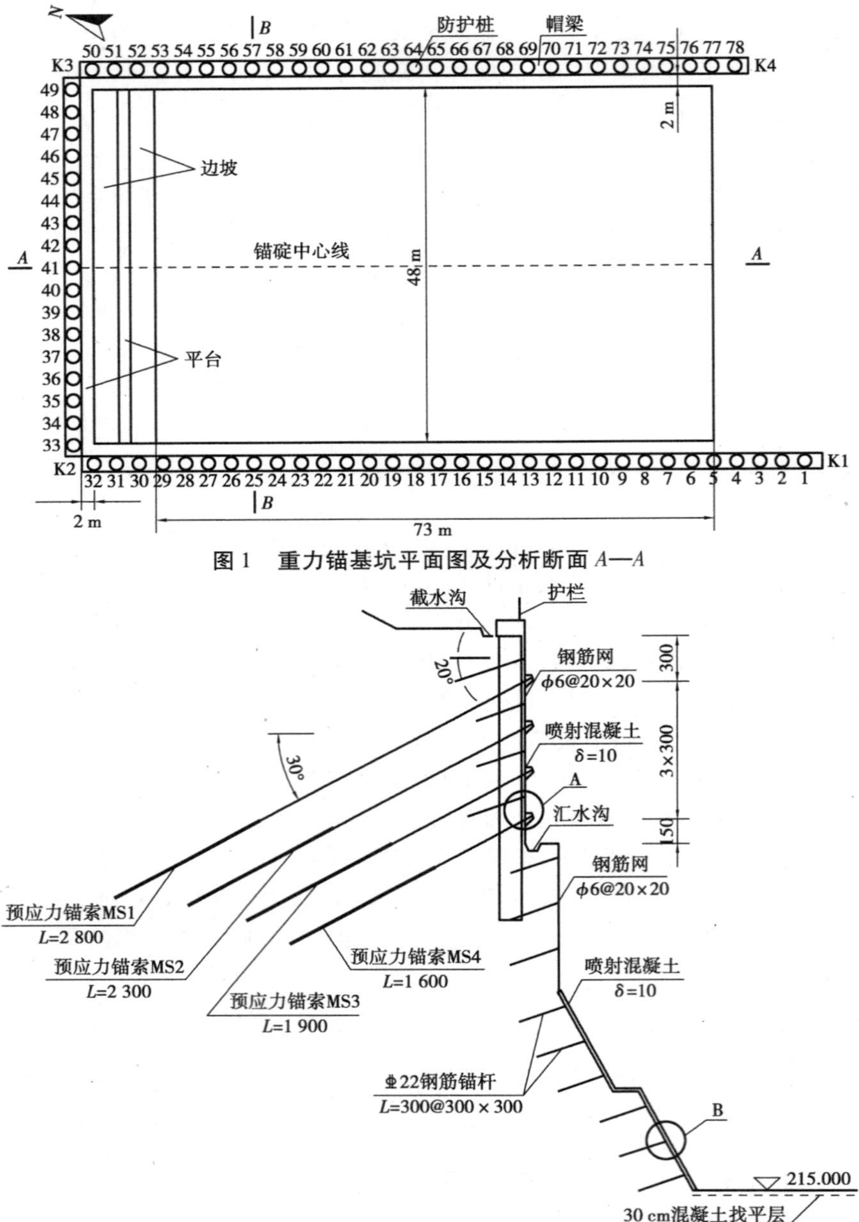

图 1 重力锚基坑平面图及分析断面 A—A

图 2 基坑支护结构立面图(K2—K3 方向)

重力锚基坑位于X549县道下方的斜坡地段，斜坡总体坡向约160°，基坑西侧为小山脊微地貌。锚碇区原始地形为西高东低、北高南低的缓坡地形，纵向坡度约14°，横向坡度约10°。勘察揭露锚碇区地层岩性自上而下分别为：第四系残坡积粉质黏土（Q_4^{el+dl}）、崩坡积粉质黏土混碎石（Q_4^{col+dl}）、侏罗系中统上沙溪庙组（J_2s）泥岩、砂质泥岩、砂岩等。锚碇区岩层面稳定，未发现褶皱、断层等地质构造。锚碇区地下水贫乏。

3 计算模型与模拟步骤

3.1 重力锚基坑三维计算模型

重力锚基坑三维计算模型范围为：X 方向宽 202 m，Y 方向长 235 m，模型底面标高为 170 m。模型共划分1 036 654个单元，431 583个节点。基坑三维计算模型和支护结构见图3和图4。研究区地层概化为3种材料，自上而下依次为：第四系残坡积、崩坡积粉质黏土混碎块石（全风化层）、强风化砂质泥岩中风化砂质泥岩。岩土体均采用弹塑性本构模型、Mohr-Coulomb屈服准则；防护桩、帽梁、抗滑桩均采用弹性模型；预应力锚索采用FLAC3D内置的cable单元进行模拟。岩土体主要物理力学参数见表1。

表1 重力锚基坑岩土体物理力学参数

岩性	密度 ρ/(kg·m^{-3})	弹性模量 E/MPa	泊松比 μ	黏聚力 c/kPa	内摩擦角 φ/(°)
全风化	2 000	22	0.38	25	15.0
强风化	2 300	350	0.35	150	21.0
中风化	2 500	2 700	0.32	400	33.0

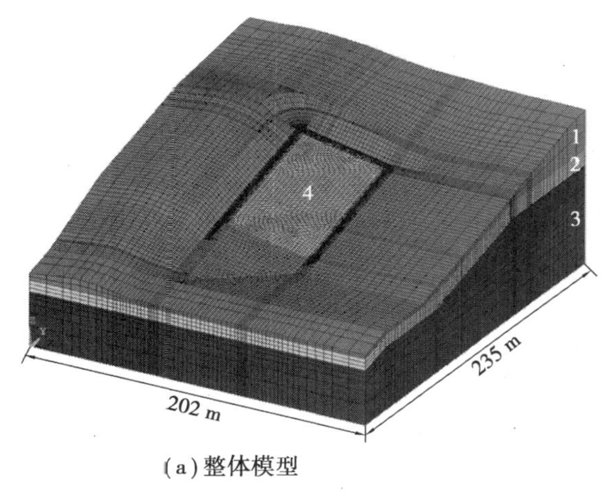

(a)整体模型

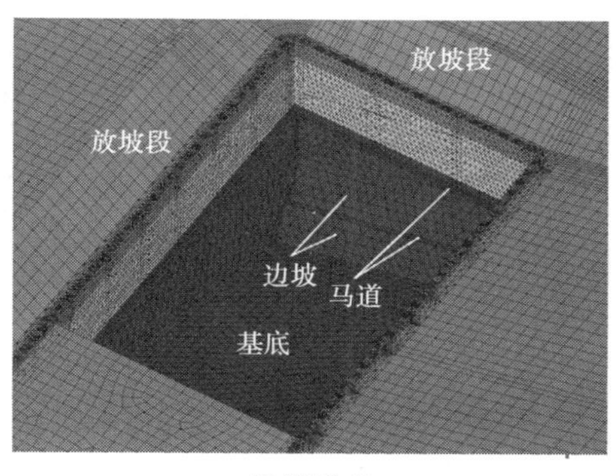

(b)局部模型

图3 重力锚基坑三维计算模型

1—全风化层；2—强风化砂质泥岩；3—中风化砂质泥岩；4—重力锚基坑

3.2 开挖施工模拟步骤

根据施工设计方案，重力锚基坑采取分层开挖的方式，第1层按3.5 m开挖，以下其余每层按平均厚度3 m开挖，设计开挖总层数为13层。防护桩上设计有1~4层锚索，为了尽量保证同一层锚索同时施工以及便于开挖第1层马道，基坑的1~5层采取同深度垂直向下开挖，前4层开挖后立即施做锚索。在第1层马道施工完成后，马道以下的6~13层采取水平方向开挖，直至基底。

在实际施工中，基坑分层开挖与支护是一个连续施工的过程，而数值计算中是通过一系列独立的计算步来模拟基坑的分层开挖施工。在本文的数值仿真计算中，将基坑开挖和支护抽象为如表2所示的主要计算步骤。为了节省计算时间，同时又能保证计算精度，本次模拟设置的中间计算循环数为3 000步[8]。

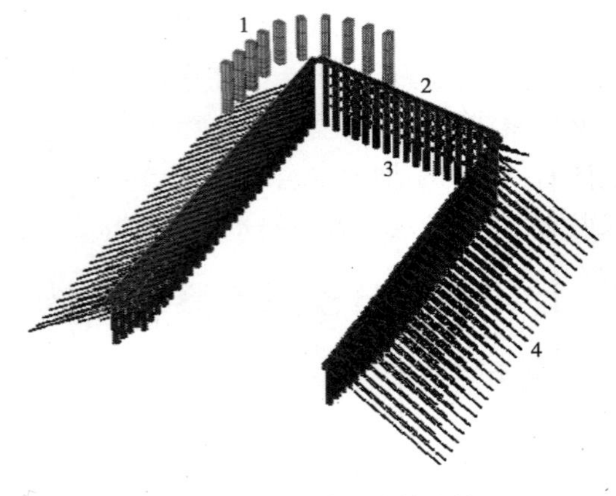

图4　重力锚基坑支护结构

1—抗滑桩；2—帽梁；3—防护桩；4—预应力锚索

表2　重力锚基坑开挖施工模拟步骤

计算步	每步循环数	施工工况描述
stage0	10 000	计算初始地应力，位移清零
stage1	3 000	开挖第1层（竖向开挖），施工第1层锚索
stage2	3 000	开挖第2层（竖向开挖），施工第2层锚索
stage3	3 000	开挖第3层（竖向开挖），施工第3层锚索
stage4	3 000	开挖第4层（竖向开挖），施工第4层锚索
stage5	3 000	开挖第5层（竖向开挖），施工第1层马道
stage6	3 000	开挖第6层（水平开挖）
stage7	3 000	开挖第7层（水平开挖）
stage8	3 000	开挖第8层（水平开挖）
stage9	3 000	开挖第9层（水平开挖），北侧放坡
stage10	3 000	开挖第10层（水平开挖），北侧放坡，施工第2层马道
stage11	3 000	开挖第11层（水平开挖），北侧放坡
stage12	3 000	开挖第12层（水平开挖），北侧放坡
stage13	3 000	开挖第13层（水平开挖），北侧放坡，基坑开挖施工完成

4　计算结果及分析

4.1　应力分析

图5和图6显示了基坑开挖过程中*A*—*A*剖面主要开挖步的最大、最小主应力变化情况。从图中可以看出，开挖前，最大、最小主应力总体表现为均匀成层分布。模型北侧地形较高、岩土体厚度较大，南侧地形较低、岩土体厚度较小，因而最大主应力σ_1总体表现为北侧大、南侧小，最大值分别为2.75 MPa和1.25 MPa。最小主应力σ_3分布比较均匀，在模型底面中部略大于南、北两侧，最大值分别为0.8 MPa和0.7 MPa。随着基坑开挖的进行，σ_1应力等值线从基坑北侧开挖面以下发生了较为明显的偏转。开挖完成后，基坑正下方的最大主应力约为1.

5 MPa，比开挖前减小了约 1 MPa。

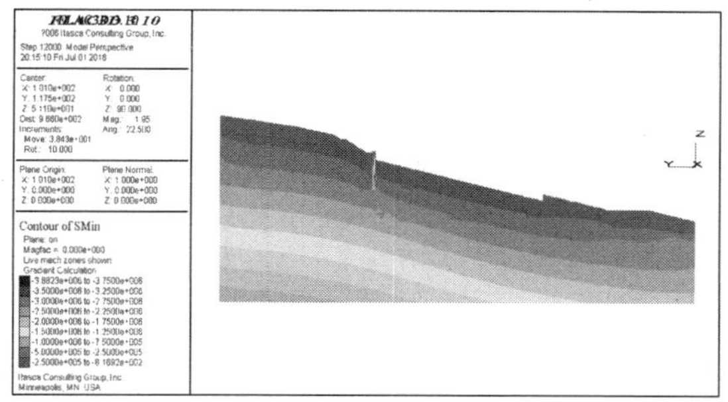

(a) 开挖第1层

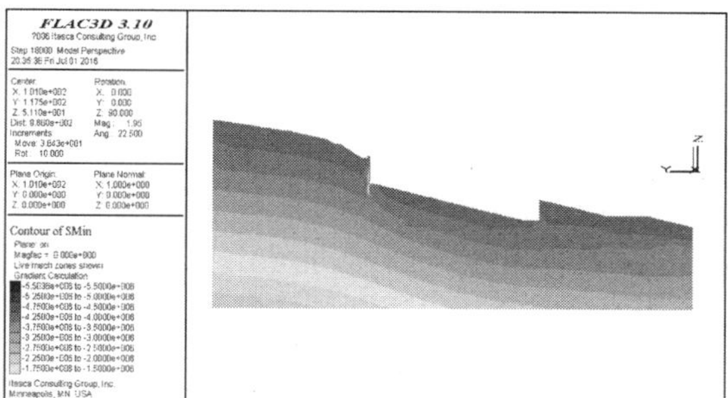

(b) 开挖第4层

(c) 开挖第8层

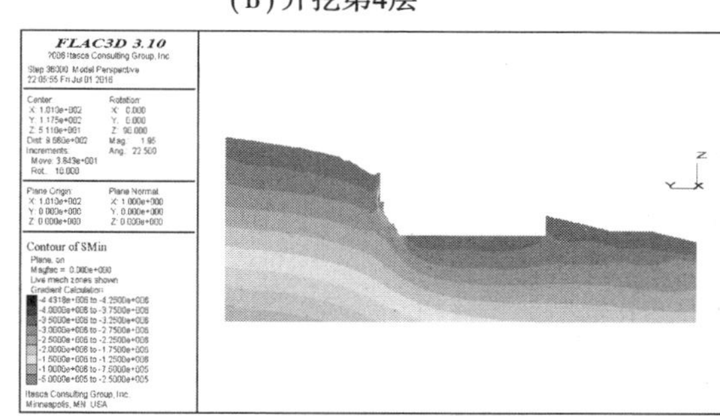

(d) 开挖第13层

图5　重力锚基坑 A—A 剖面主要开挖步最大主应力 σ_1 云图

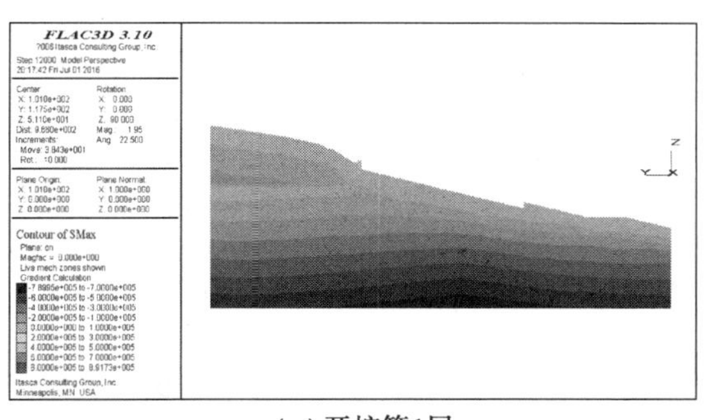

(a) 开挖第1层

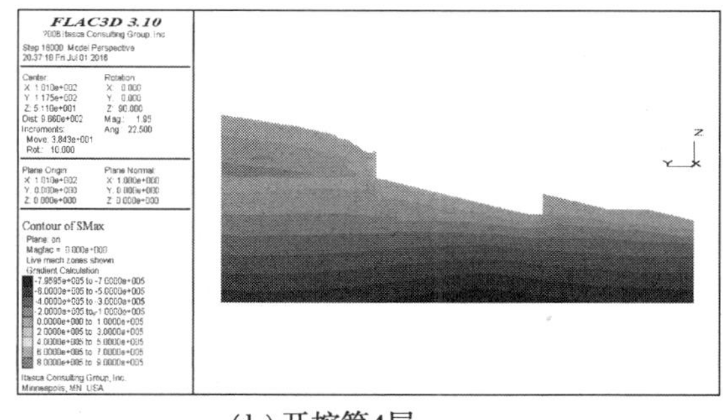

(b) 开挖第4层

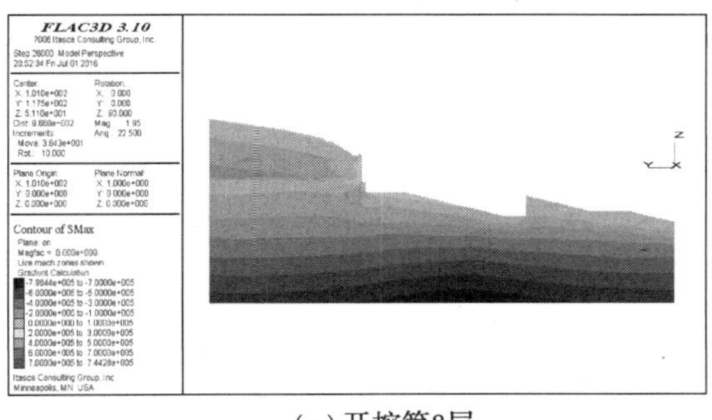

(c) 开挖第8层

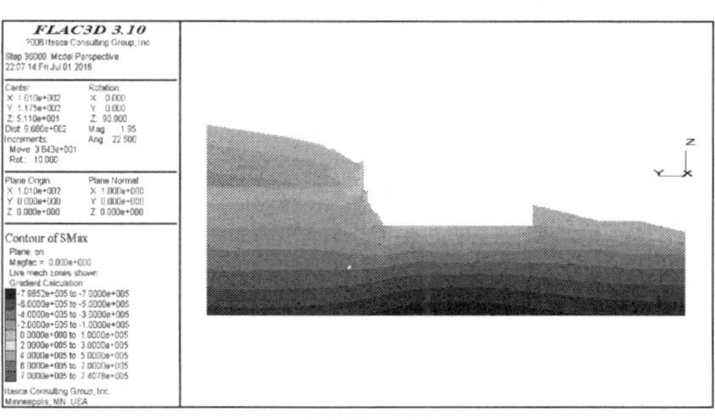

(d) 开挖第13层

图6　重力锚基坑 A—A 剖面主要开挖步最小主应力 σ_3 云图

4.2 位移分析

图7显示了基坑开挖过程中 $A—A$ 剖面主要开挖步的 Y 方向位移变化情况。从分析断面云图可以看出，位移主要发生在基坑北侧的全风化层，其次是强风化层，中风化层位移最小。随着基坑向下开挖，临空面附近位移逐渐增大，量值增加较缓慢。在侧向土压力作用下，基坑防护桩的位移也同时增大，桩身上部位移大于下部。至基坑开挖完成时，北侧边坡最大位移约为35 mm，桩体最大位移约为12 mm。

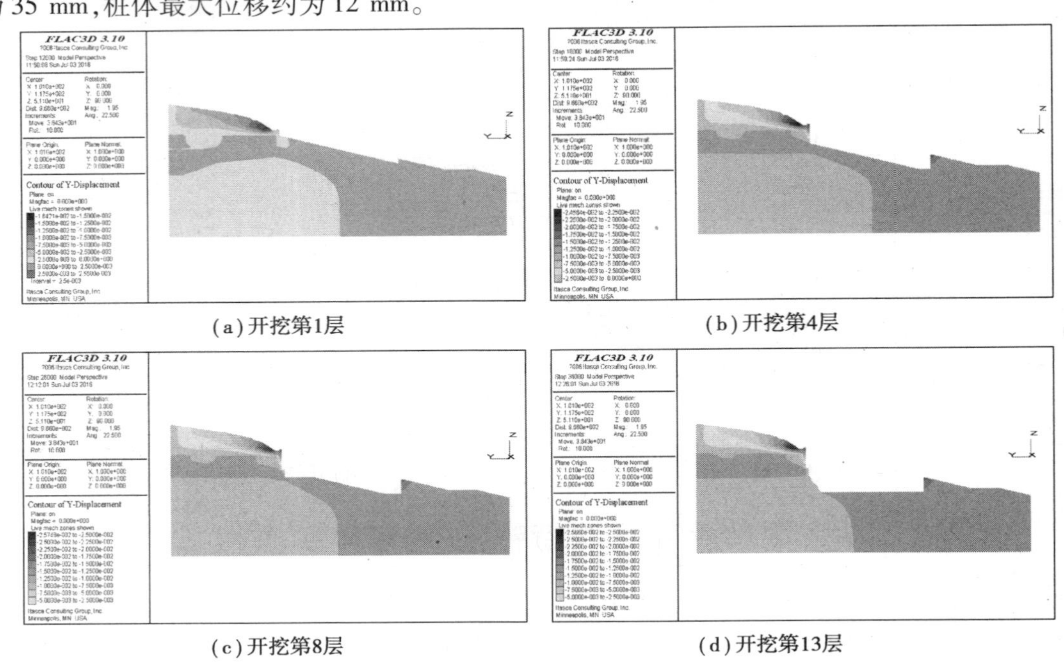

(a) 开挖第1层　(b) 开挖第4层

(c) 开挖第8层　(d) 开挖第13层

图7　重力锚基坑 $A—A$ 剖面主要开挖步 Y 方向位移云图

图8显示了基坑北侧监测的3根防护桩（36号、39号和46号）的监测位移与计算位移对比情况。从图中可以看出，计算位移值与监测位移值趋势基本一致，量值基本吻合，表明本次模拟计算的结果是合理的。

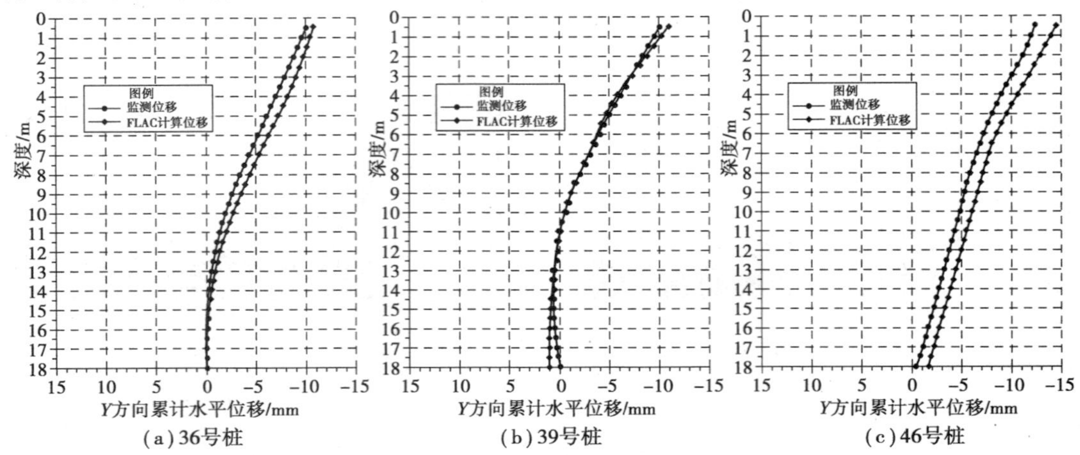

(a) 36号桩　(b) 39号桩　(c) 46号桩

图8　开挖完成后桩体监测位移与计算位移对比

4.3　塑性区分析

图9和图10显示了基坑开挖过程中 A—A 剖面和 B—B 剖面各开挖步的塑性区分布情况，包括过去曾经发生过剪切和拉张屈服的单元体，以及现在正在发生剪切和拉张屈服的单元体。

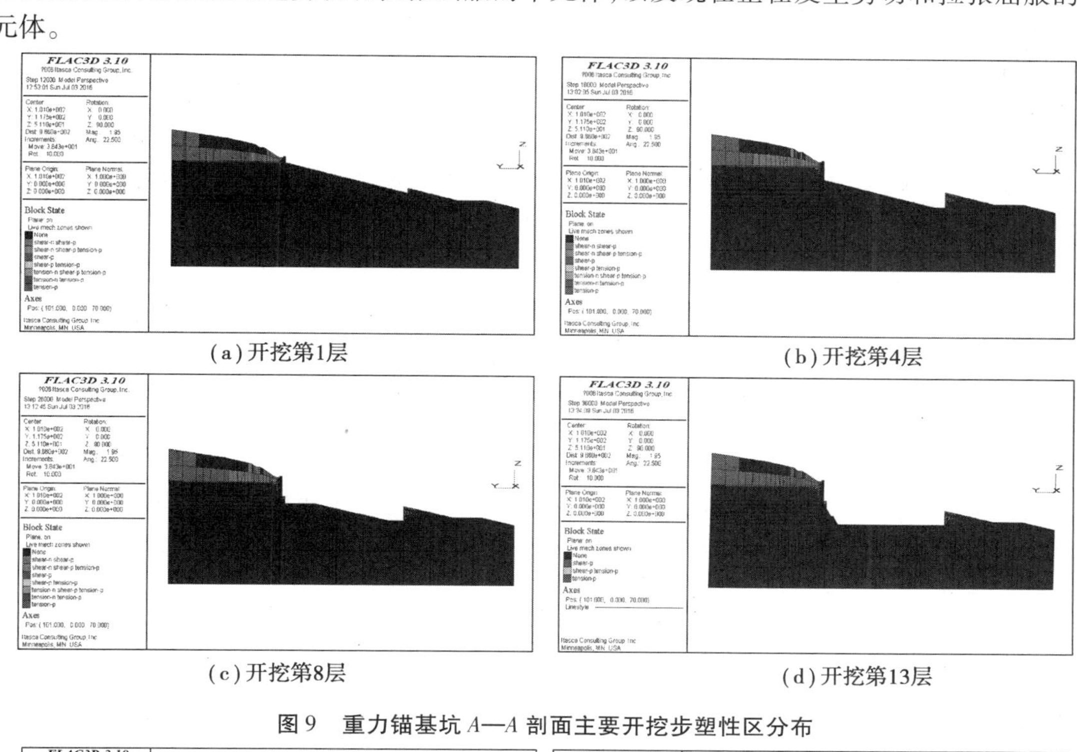

(a) 开挖第1层　(b) 开挖第4层

(c) 开挖第8层　(d) 开挖第13层

图9　重力锚基坑 A—A 剖面主要开挖步塑性区分布

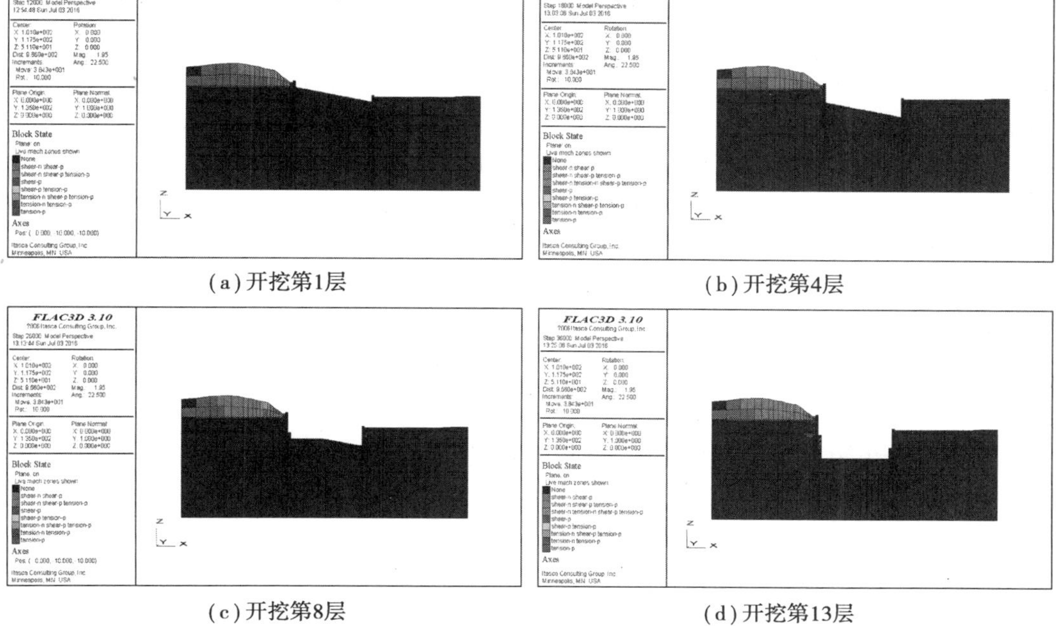

(a) 开挖第1层　(b) 开挖第4层

(c) 开挖第8层　(d) 开挖第13层

图10　重力锚基坑 B—B 剖面主要开挖步塑性区分布

从图中可以看出，随着基坑开挖，防护桩背后的剪切-拉张屈服区随着开挖明显逐渐增大，反映出桩体随着开挖向基坑内侧移动，导致桩体背后的拉应力区域增大。当基坑开挖至嵌固端以下后，由于进入中风化岩层，变形相对较小，因而上部塑性区没有进一步明显增大的趋势，在桩身周围和第 1 层马道附近有少量塑性区出现。至基坑开挖完成时，模型中并无正在发生塑性屈服的贯通区域，反映基坑整体安全稳定。

5 结 论

本文以万州驸马长江大桥北岸重力锚基坑作为研究对象，采用考虑开挖卸荷效应的有限差分软件 FLAC3D 对基坑开挖施工过程进行三维弹塑性数值模拟，主要得到以下结论：

(1)随着开挖进行，应力 σ_1 等值线从基坑北侧开挖面以下发生了较为明显的偏转。开挖完成后，基坑正下方的最大主应力约为 1.5 MPa，比开挖前减小了约 1 MPa。

(2)随着开挖进行，临空面附近位移逐渐增大，防护桩位移同时增大，桩身上部位移大于下部。开挖完成时，北侧边坡最大位移约为 35 mm，桩体最大位移约为 12 mm。计算位移值与监测位移值趋势基本一致，量值基本吻合，表明模拟结果基本合理。

(3)在基坑开挖的第 1 ~4 层，防护桩背后的剪切-拉张屈服区随着开挖明显逐渐增大，当基坑开挖至嵌固端、进入中风化岩层以后，上部塑性区没有进一步明显增大的趋势。开挖完成时，模型中并无正在发生塑性屈服的贯通区域，过去发生屈服的单元主要位于全风化层内部，以及桩身周围的全、强风化层中。

(4)根据重力锚基坑开挖施工过程三维数值模拟分析可知，基坑支护结构设计合理，基坑整体安全稳定。

参考文献

[1] 彭文斌. FLAC3D 实用教程[M]. 北京：机械工业出版社，2007.

[2] 陈育民，徐鼎平. FLAC/FLAC3D 基础与工程实例[M]. 北京：中国水利水电出版社，2009.

[3] 刘继国，曾亚武. FLAC3D 在深基坑开挖与支护数值模拟中的应用[J]. 岩土力学，2006，27(3)：505-508.

[4] 丁勇春，王建华，徐斌. 基于 FLAC3D 的基坑开挖与支护三维数值分析[J]. 上海交通大学学报，2009，43(6)：976-980.

[5] 蔡海波，吴顺川，周喻. 既有基坑延深开挖稳定性评价与支护方案确定[J]. 岩土力学，2011，32(11)：3306-3311.

[6] 刘珣，吴张中，刘祎. 基坑喷锚网支护结构变形预测的三维数值模拟研究[J]. 水文地质工程地质，2008，35(1)：53-57.

[7] 唐朝生，施斌，吴传斌，等. 南京某住宅小区基坑开挖和支护稳定性数值模拟分析[J]. 工程勘察，2005(3)：1-4.

[8] 孙书伟，林杭，任连伟. FLAC3D 在岩土工程中的应用[M]. 北京：中国水利水电出版社，2011.

重力式锚碇基坑施工与监控技术研究

郭永兵　郭登科　曾雄星

（中交一公局第三工程有限公司　北京　100029）

摘　要　为了确保滑坡地段深基坑施工场区的稳定与安全，在防护桩+锚索+锚杆喷射混凝土防护的基础上，采取了相应的监测手段。监测内容主要包括场区地表变形的监测、深部水平位移的监测和深基坑边坡防护中锚索索力的监测。最终通过监测数据的分析来反馈施工场区支护的可靠性和场区的整体稳定性，预测后期的场区变形和整体稳定性，并提出相应的优化改进措施，使之更加符合工程实际，从而更好地指导安全施工。该项防护与监控技术的成功应用达到了预期的效果，也取得了良好的经济效益，具有较为广泛的推广价值。

关键词　滑坡地段　深基坑　边坡防护　地表变形监测　深部水平位移监测　锚索索力监测

1　概　述

万州驸马长江大桥北锚碇采用重力锚结构形式，锚碇施工场区位于一大型堆积体斜坡上，自上而下分别为第四系崩坡积粉质黏土夹碎石、残坡积粉质黏土、侏罗系上统沙溪庙组泥岩及砂岩（图1）。第四系崩坡积、坡残积土层强度低，含泥量较高的岩体遇水易软化，浸水易崩解，天然稳定性较差。对于场区内位于滑坡地段的锚碇深基坑来说，原地貌坡度约为33°，施工危险性较大。因此，施工场区稳定性是该工程控制的关键。

图1　滑坡地段深基坑原始地形、地貌

作者简介：郭永兵（1989—），男，本科，工程部主管。

郭登科（1990—），男，本科，助理工程师。

曾雄星（1986—），男，本科，助理工程师。

针对施工场区内的不良地质情况，项目部对场区进行了整体规划，在锚碇大型深基坑开挖过程中设置防护桩+锚索+锚杆喷射混凝土的支护方式进行支护开挖(图2~图5)。

图2　防护桩施工

图3　锚索张拉

图4　锚索支护

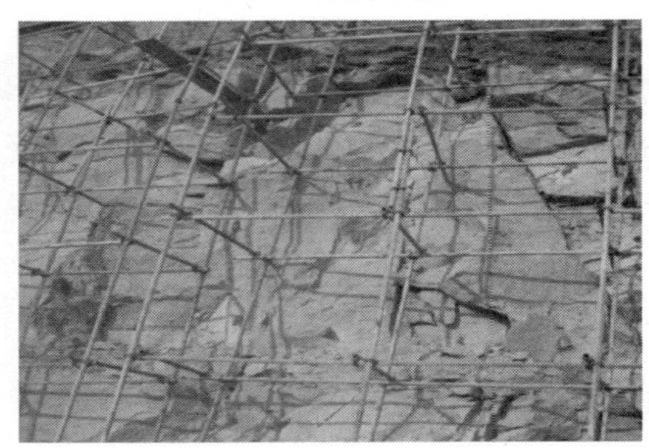

图5　喷锚支护

为确保整个场区的施工安全，及时优化调整设计方案，在施工期间及时获取和分析施工揭露的地质信息，在场区内开展了系统的安全监控。监控采取施工地质调查编录与人工巡视、地表变形与深部水平变形监测、锚索受力监测和数值反馈分析等手段。场区监控点布置如图6所示。

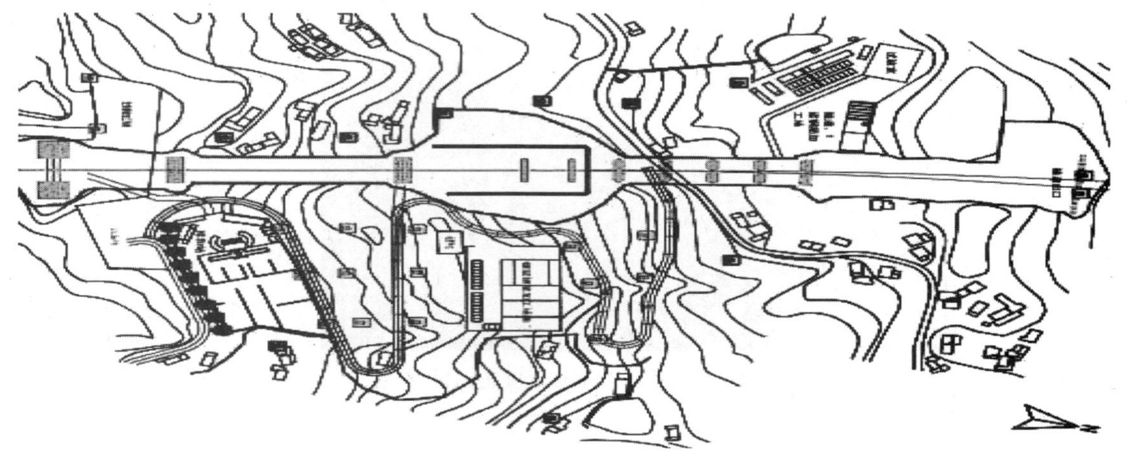

图6　场区监控点布置

2　场区施工期间安全监控意义及目的

虽然工程设计阶段开展了大量的勘察、试验和分析论证，但由于地质条件的复杂性、岩土体性态的不确定性及施工因素的影响，场区安全是工程建设中的关键。为此，在施工期间开展系统的安全监测，对指导安全施工、及时优化设计具有重要意义。其目的是：

(1)通过场区施工所揭露的地质信息，及时了解各施工阶段场区边坡的变形与支护结构荷载的动态变化，判断场区边坡的稳定性和支护结构的安全性，为施工安全提供保障。

(2)通过监控量测反馈分析，进一步优化设计，满足信息化施工的需要，指导安全施工，同时为同类型场区施工的设计和安全监测积累资料。

3　监测项目与监测方法的确定

监测项目主要结合场区地质条件、支护结构设计等方面选定。结合工程施工的实际情况，参考国内外同类工程的成功经验来拟定监测项目和监测方法。监测项目有地表变形监测、深部水平位移监测、锚索索力监测，监测方法有地质信息采集与人工巡视。

3.1　地表变形监测

地表变形监测包括防护桩桩顶、边坡马道以及基坑外围地表水平、垂直位移。地表水平位移监测使用标称测角精度 ±0.5″、测边精度 ±1 mm ±1 ppm 全站仪观测(图 7)，根据基点和监测点布置情况采用两点、三点边角交会施测。地表垂直位移监测采用几何水准测量方法，按照《国家一、二等水准测量规范》(GB 12897—2006)二等水准测量有关技术要求进行监测。

图 7　全站仪监测

3.2　深部水平变形监测

深部水平变形监测主要包括深基坑防护桩和上部坡体的深部水平位移监测。对于基坑防护桩的深部水平变形，采用外径 ϕ70 mm、内径 ϕ60 mm 的 ABS 测斜管绑定在钢筋笼上的主筋预埋于防护桩内，在灌浆回填固结完成后采用测扭仪测量导槽方位，然后采用活动式测斜仪进行测读(图 8)。

图 8　现场测斜管埋设

采用活动式测斜仪将测斜传感器与测斜电缆和读数仪牢固连接在一起，打开读数仪，进入测读状态。将测斜传感器沿一对主滑动槽徐徐放至管底，约5 min后，待传感器与管底温度一致后，开始观测。每间隔0.5 m，A、B向各读一次数，及时进行人工记录或自动存储。测试一遍后，将传感器从管口提出，竖直旋转180°后徐徐放至管底，重复上述步骤再观测一遍。

3.3 锚索受力监测

采用锚索测力计测量锚索轴向荷载（图9）。锚索测力计安装前，对测力计、千斤顶、压力表进行现场配套联合标定。在锚固段锚固后，张拉前先将测力计安装在孔口垫板上。偏斜应小于0.5°，偏心应不大于5 mm。安装张拉机具和锚具时对测力计的位置进行校验，合格后开始预紧和张拉。加载张拉前，应准确测得初始值和环境温度。反复测读，3次读数差小于1% FS，取其平均值作为观测基准值。基准值确定后，分级加载张拉，逐级进行张拉观测。一般每级荷载测读一次，最后一级荷载进行稳定观测，以5 min测一次，连续3次读数差小于1% FS为稳定。张拉荷载稳定后，及时测读锁定荷载。张拉结束后，根据荷载变化速率确定观测时间间隔，进行锁定后的稳定观测。所使用的锚索测力计的量程宜为锚索设计轴向拉力值的两倍。

图9　预应力锚索受力监测

3.4 施工地质信息采集与人工巡视

施工地质信息采集是监测资料分析和数值反馈分析的重要基础环节。施工地质信息采集在基坑分区、分层开挖完成后，对每区、每层新揭露的地质信息进行实时采集，主要包括地层岩性及其产状、岩层层面、节理裂隙、地下水出露情况等。上述信息不仅应进行详细记录，而且应注意详细描述。在采集完后，应注意拍照和记录施工情况。

巡视检查分为日常巡视检查和特殊情况下的巡视检查。日常巡视检查，结合仪器监测频率，每次对工区安全监测范围进行例行检查。特殊情况下的巡视检查，是对可能出现险情的部位实施昼夜监视。检查内容包括：裂缝位置、规模、延伸方向，地表有无隆起或下陷，支护结构有无破损，排、截水沟是否通畅，安全监测设施有无损坏等。每次巡视检查均应作好详细记录，必要时应附有略图、素描、照片或摄像带。

4 监测布置

为了确保施工场区的整体稳定性，在施工场区内进行了监控点的布置，监测布置按照点、线结合形成三维监测网。值得指出的是，考虑基坑开挖对周边环境和岩土体稳定性的影响，在基坑外围北部、西部和东部各布置4个地表变形测点。具体布置见图10。

基坑边坡与支护结构监测重点在图10中的K1—K2、K2—K3、K3—K4 3个侧面。针对上

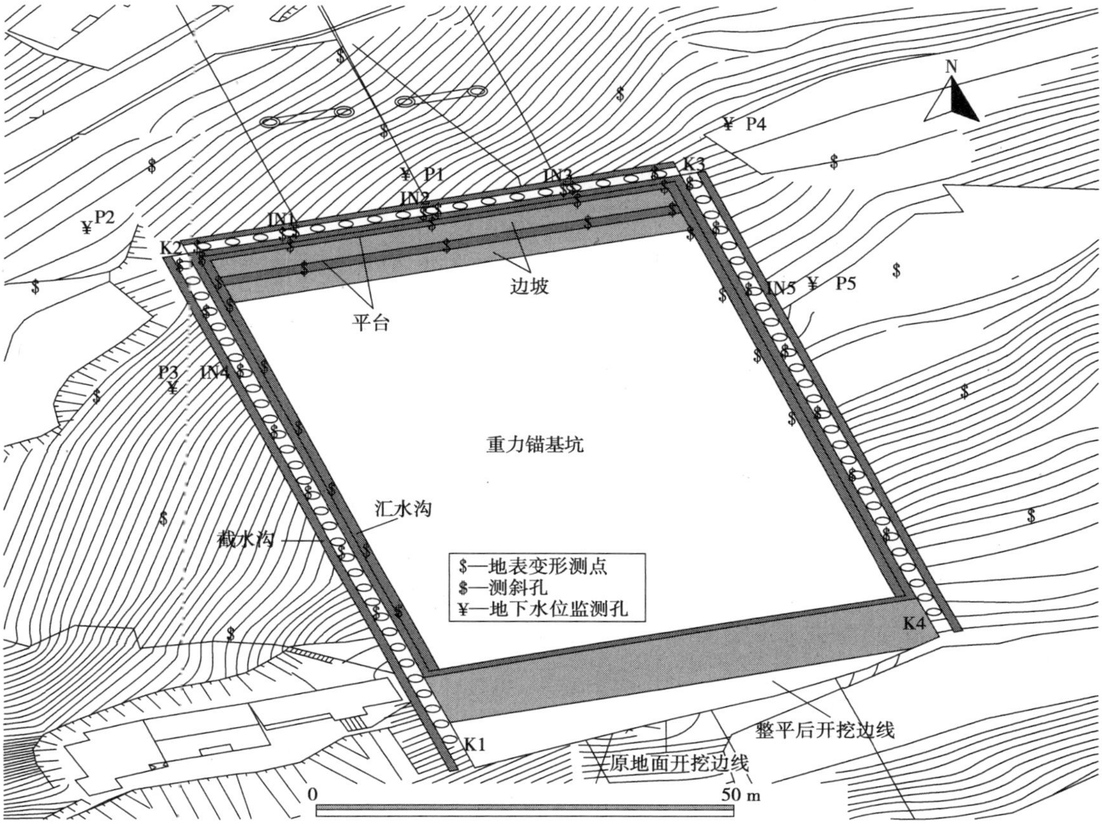

图 10　重力锚基坑安全监测平面布置图

述 3 个侧面，开展了详细的监测测点布设工作，主要包括地表变形测点布置、深部水平变形和锚索受力监测，具体见图 11 ~ 图 13。通过监测达到对基坑安全监测的点线结合、重点突出的监测目的。拟订监测点(孔)数量详见表 1。

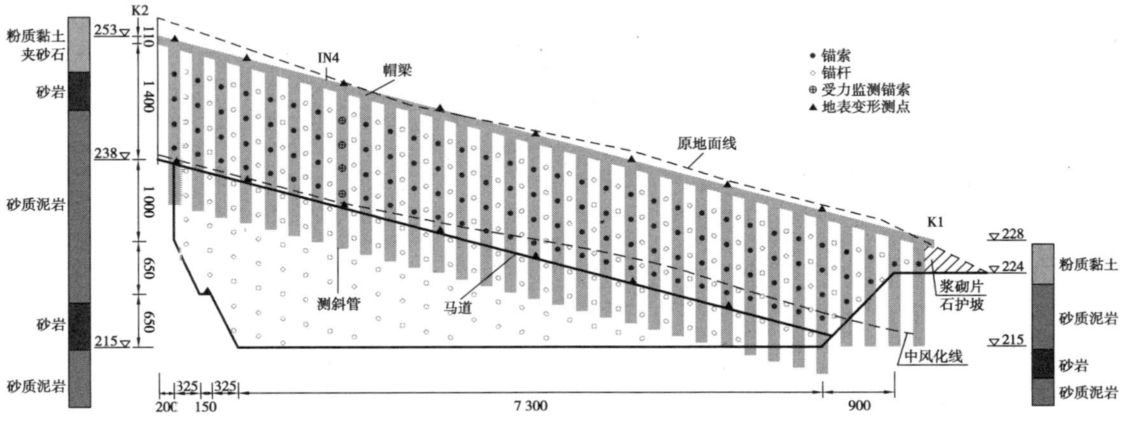

图 11　K1—K2 监测布置示意图

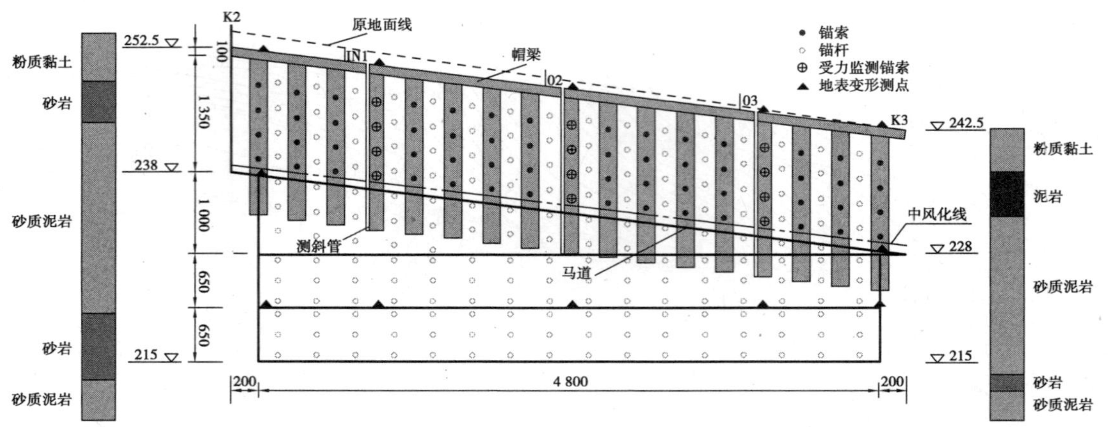

图 12　K2—K3 监测布置示意图

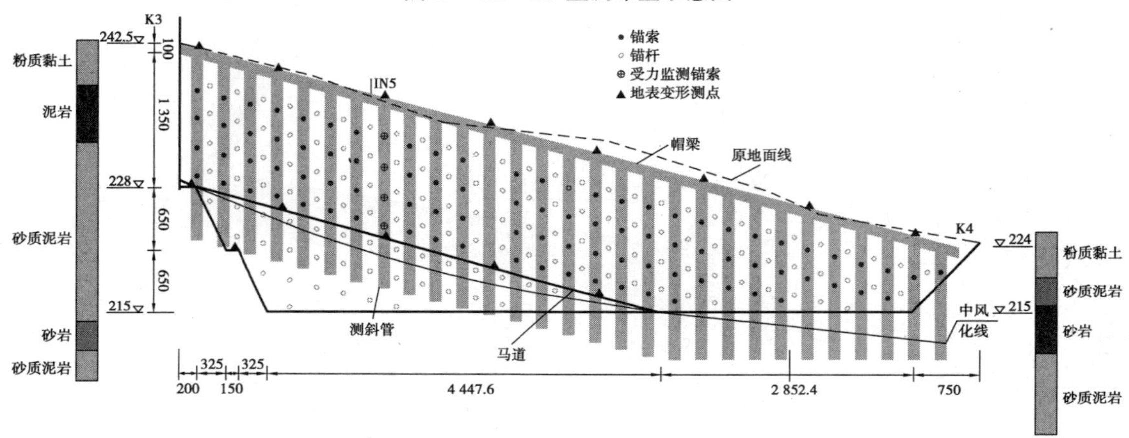

图 13　K3—K4 监测布置示意图

表 1　监测项目与数量一览表

监测项目与内容		数量	累计深度
变形测量基点		2 个	位于工程范围外
地表变形	桩顶三向位移	20 点	位于桩顶帽梁
	基坑边坡表面三向位移	20 点	位于基坑马道
	基坑外围地表三向位移	13 点	位于基坑外围地表
深部变形	防护桩内部水平位移	5 孔	100 m(与防护桩长一致,顶部外伸与帽梁齐平)
锚索受力	锚索轴向拉力	20 个	针对 5 根测斜管的防护桩上的锚索

5　监测频率

场区安全监测工作贯穿于场区的施工全过程,施工监控主要是针对场区内滑坡地段深基坑的开挖。监测频率见表 2。

表 2 基坑开挖、回填阶段的监测频率

监测项目	大雨天及其后 2 天内	晴天(前期监测)	晴天(后期监测)
人工巡视	1 次/1 天	1 次/3 ~5 天	1 次/5 ~7 天
深部水平位移	1 次/1 天	1 次/3 ~5 天	1 次/5 ~7 天
地表三向位移	1 次/1 天	1 次/3 ~5 天	1 次/5 ~7 天
锚索受力	1 次/1 天	1 次/3 ~5 天	1 次/5 ~7 天

当出现下列情况时,应提高监测频率:

(1)监测数据达到报警值;

(2)监测数据变化速率加快;

(3)存在勘察时未发现的不良地质现象;

(4)基坑及周边大量积水、长时间连续降雨;

(5)支护结构出现开裂;

(6)周边地面突发较大沉降或出现严重开裂;

(7)出现其他影响基坑及周边环境安全的异常情况;

(8)当出现危险事故征兆时,应实时跟踪监测。

6 监测预警值及预警措施

6.1 监测预警值

场区施工安全监测最重要的意义在于施工场区出现危险前,根据现场监测数据判断施工场区的稳定性,从而避免滑坡、塌方等事故。要判断场区的稳定状况,首先需要确定各监测项目的预警值,从而通过对比现场监测数据和预警值来判断施工场区的安全状态,及时反馈并指导施工。

工程施工场区的监测预警值由监测项目的累计变化量和变化速率值共同控制。本项目监控的重点在场区内位于滑坡地段的深基坑稳定性的监控,根据《建筑基坑工程监测技术规范》(GB 50497—2009),各监测项目的报警值见表 3。在本次监测方案中,将监测报警值的 70% 设定为预警值。

表 3 基坑及支护结构监测报警值

监测项目	累计值		变化速率/(mm·d^{-1})
	绝对值/mm	相对基坑深度 H 控制值	
防护桩顶部(帽梁)水平位移	30 ~35	0.3% ~0.4%	5 ~10
防护桩顶部(帽梁)垂直位移	20 ~40	0.3% ~0.4%	3 ~5
基坑边坡(马道)水平位移	30 ~35	0.3% ~0.4%	5 ~10
基坑边坡(马道)垂直位移	20 ~40	0.3% ~0.4%	3 ~5
防护桩深部水平位移	45 ~50	0.4% ~0.5%	2 ~3
基坑外围深部水平位移	45 ~50	0.4% ~0.5%	2 ~3

续表

监测项目	累计值		变化速率/($mm \cdot d^{-1}$)
	绝对值/mm	相对基坑深度 H 控制值	
基坑外围地表水平位移	25～35	—	2～3
基坑外围地表竖向位移	25～35	—	2～3
锚索轴向拉力	(60%～70%)f		—

注:(1)H 为基坑设计开挖深度,f 为构件承载能力设计值。

(2)累计值取绝对值和相对基坑深度 H 控制值两者中的小值;当监测项目的变化速率达到表中的规定值或连续3天超过该值的70%,应进行报警。

(3)当出现下列情况之一时,必须进行危险报警,并采取应急措施:监测数据突然明显增大,支护结构出现过大变形、压屈、断裂、松弛现象,周边建筑、地面出现突发裂缝。

6.2 预警措施

为了避免在场区内施工阶段出现恶性滑坡、塌方等事故,争取最大限度地消除人员伤亡和减小经济损失,建议采取以下预警措施:

(1)当监测数据达到或超过预警值,应增加监测频率,并对其原因进行分析。

(2)当监测数据达到或超过表3中的报警值,或者当监测项目的变化速率连续3天超过报警值的70%,应进行报警,立即停止施工,迅速采取回填压脚措施,防止基坑继续发生大规模坍塌。及时向工程施工单位、设计单位、监理和业主报告,会同各单位代表和专家查明变形原因,共同商讨确定合理的应急处置措施和支护结构加强方案。

7 监测数据分析

7.1 地表变形监控数据分析

对基坑防护桩顶的地表变形观测点进行观测,数据结果如图14～图19所示。

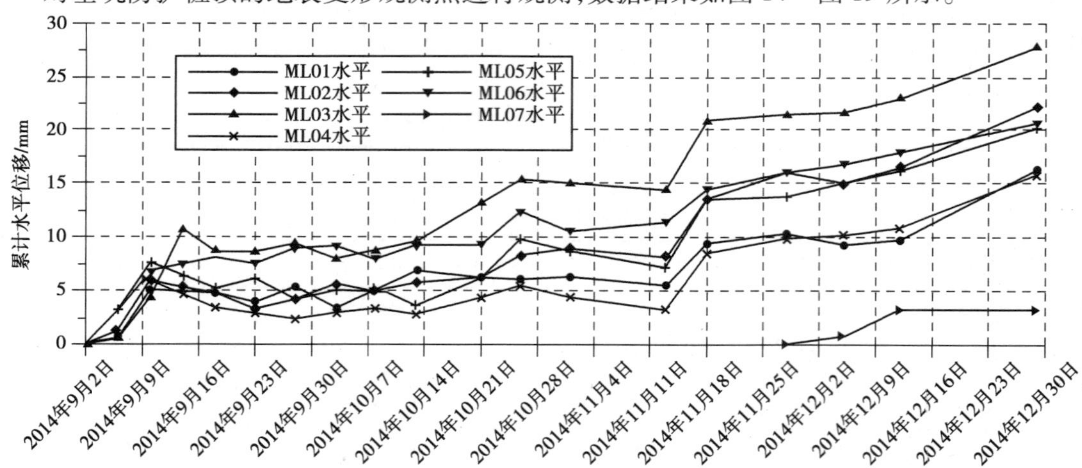

图14 ML01～ML07 累计水平位移监测曲线

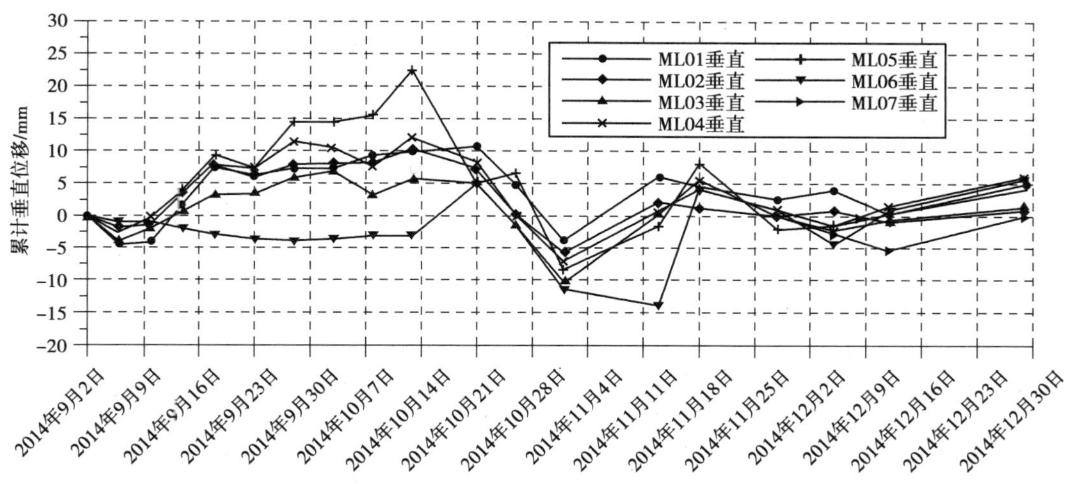

图 15　ML01 ~ ML07 累计垂直位移监测曲线

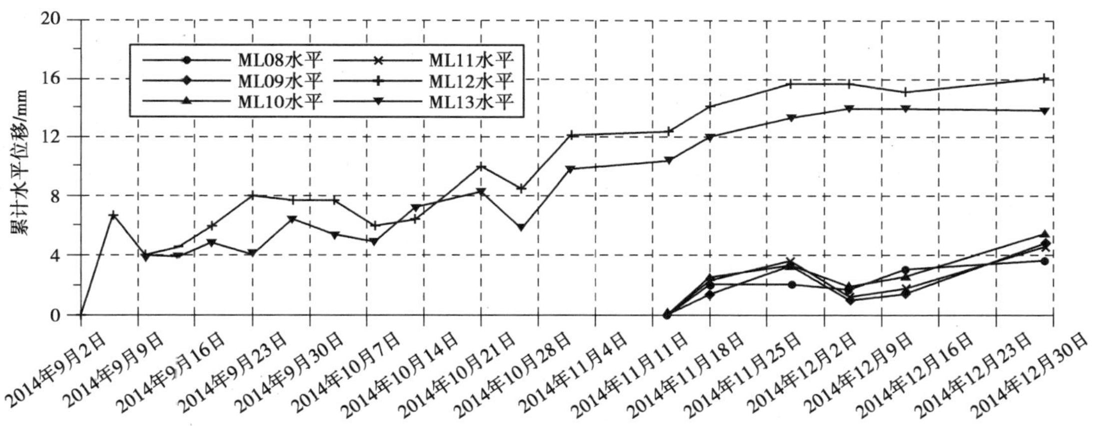

图 16　ML08 ~ ML13 累计水平位移监测曲线

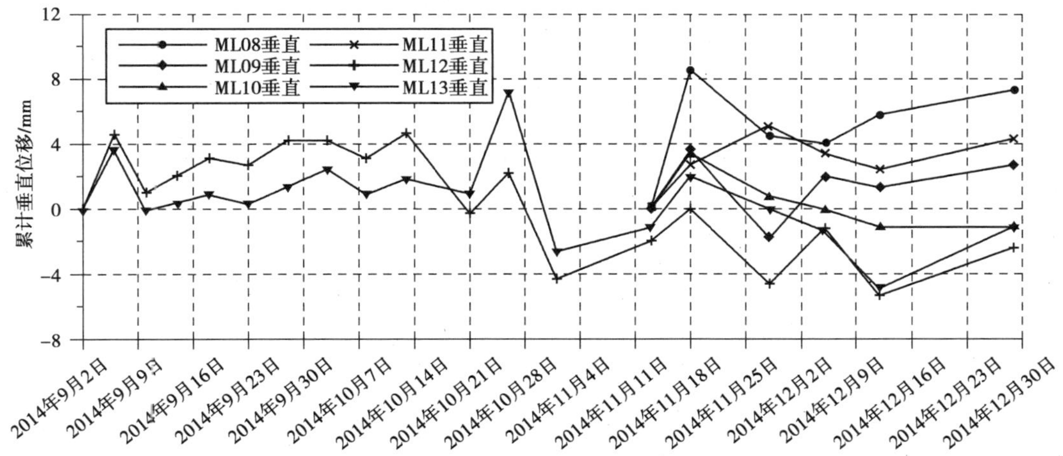

图 17　ML08 ~ ML13 累计垂直位移监测曲线

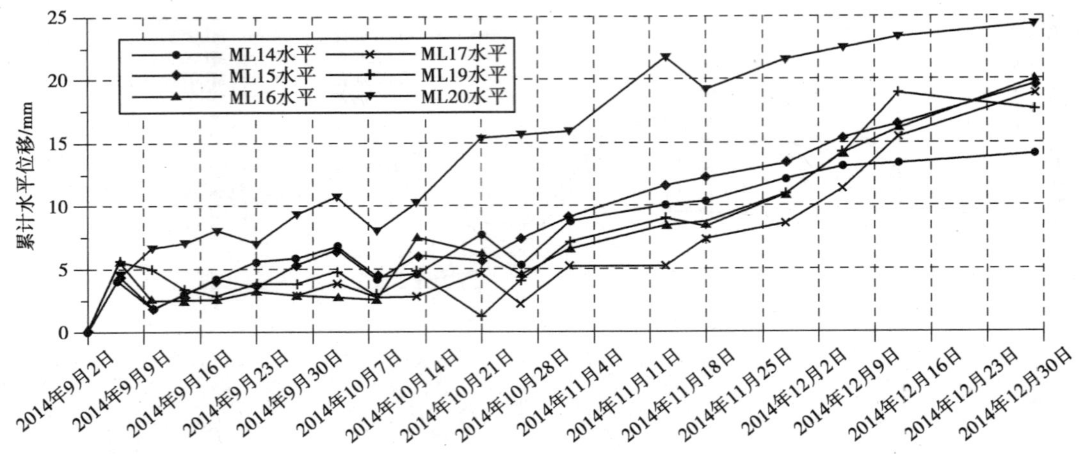

图 18　ML14 ~ ML20 累计水平位移监测曲线

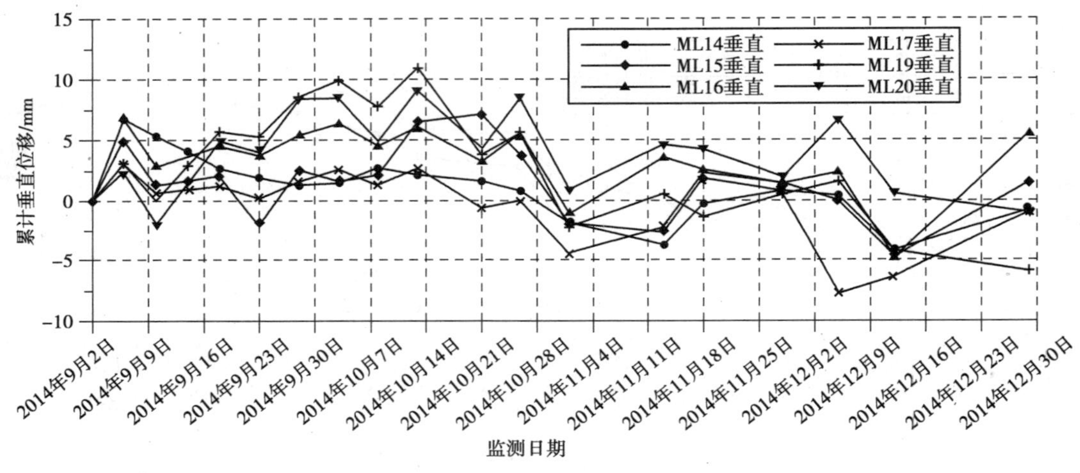

图 19　ML14 ~ ML20 累计垂直位移监测曲线

根据现场调查和观测数据分析发现，由于防护桩顶观测点的强制对中盘容易被杂质堵塞，导致沉降变形观测误差相对较大，沉降变形数据不稳定、规律不明显。截至基坑施工完成时，所有防护桩顶（帽梁）的观测点的变形均未达到和超过报警值，表明基坑边坡和支护结构处于稳定状态。

7.2　深部水平位移监测数据分析

充分考虑基坑分层开挖的施工特点，将基坑每一层开挖支护过后，每根桩在不同深度处的累计水平位移进行统计绘图，5 根桩的深部水平位移监测结果如图 20 ~ 图 22 所示。

在基坑开挖初期，基坑西侧的 25 号、46 号以及北侧的 36 号、39 号 4 根防护桩的变形程度相对较大，东侧的 57 号桩的变形程度相对较小，这是由于地势较高的桩受到基坑开挖卸荷效应的影响显著，因而位移值较大。后期随着基坑开挖深度增大，5 根防护桩的最大累计水平位移均在 10 mm 左右，其中桩顶最大位移量约为 12.54 mm，最小位移量约为 9.82 mm。截至基坑开挖完成时，5 根防护桩的累计变形均未达到和超过报警值。

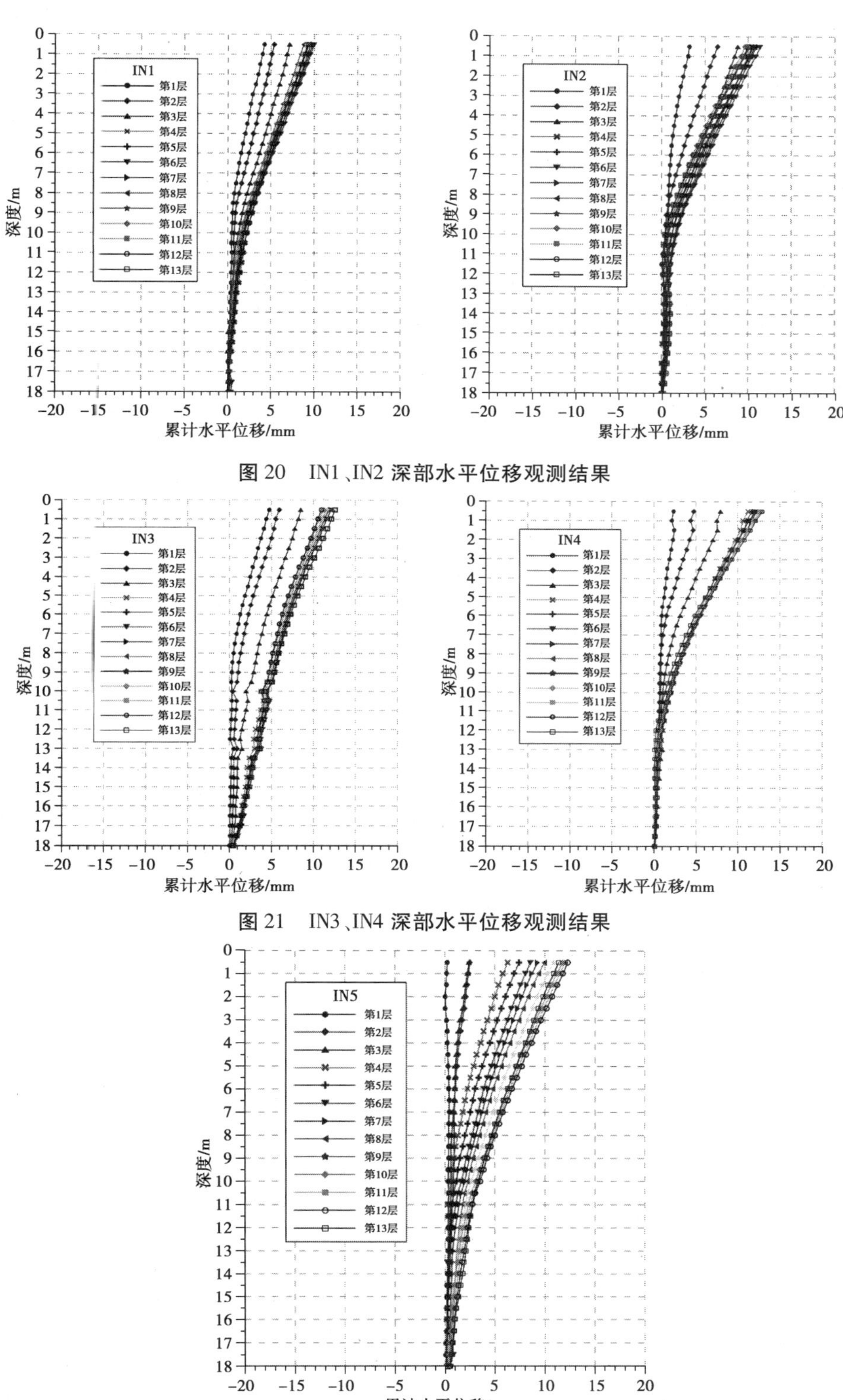

图 20　IN1、IN2 深部水平位移观测结果

图 21　IN3、IN4 深部水平位移观测结果

图 22　IN5 深部水平位移观测结果

7.3 锚索受力监测数据分析

在安装测斜管的5根防护桩上，每根桩均有4层锚索，因而每根桩均需要安装4支锚索测力计。测力计随着基坑开挖至相应锚索位置后，在张拉锚索的同时进行安装。

所有锚索的设计预应力均为600 kN，共分为4级张拉，张拉过程为：10%张拉(60 kN)→20%张拉(120 kN)→100%张拉(设计荷载为600 kN)→120%张拉(超张拉720 kN)→锁定。锚索预应力随时间的变化情况如图23～图27所示，锚索的张拉、锁定荷载情况见表4。

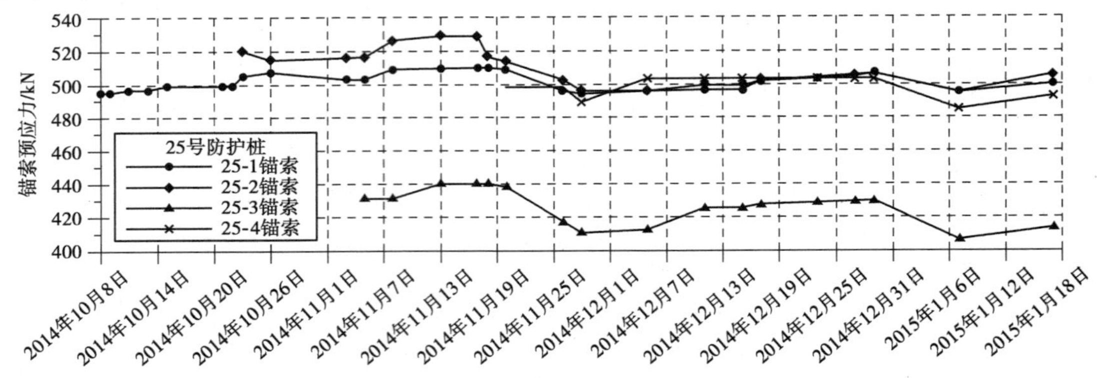

图23　25号桩锚索预应力变化情况

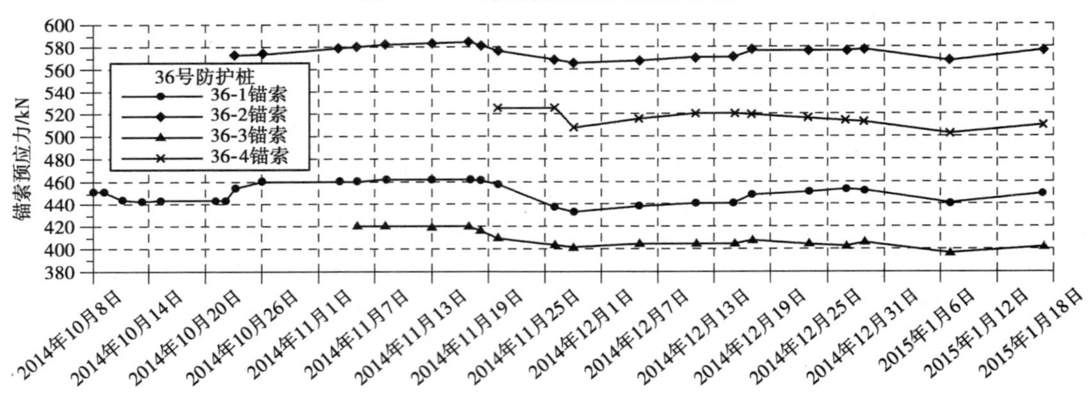

图24　36号桩锚索预应力变化情况

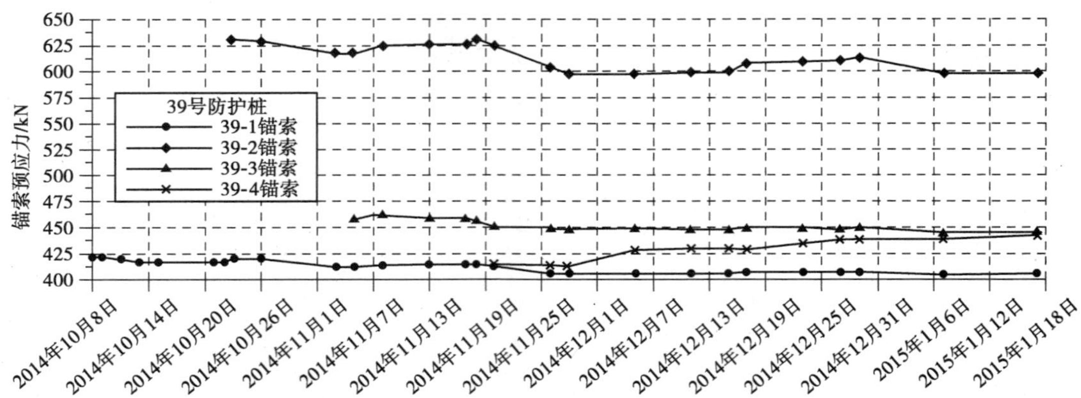

图25　39号桩锚索预应力变化情况

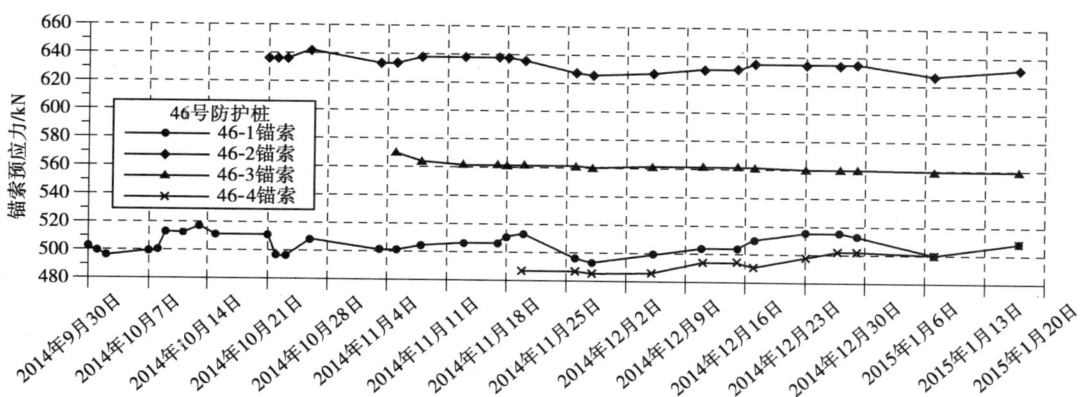

图 26　46 号桩锚索预应力变化情况

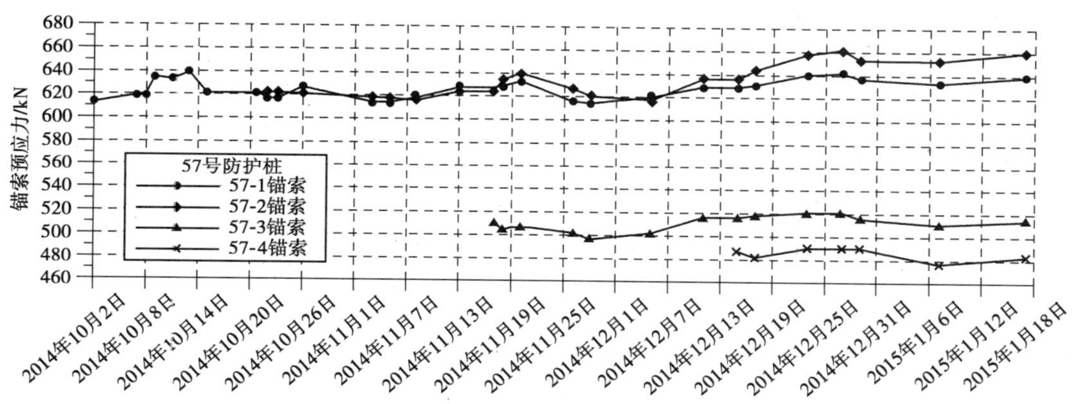

图 27　57 号桩锚索预应力变化情况

表 4　锚索张拉、锁定荷载监测成果统计表

锚索编号	设计预应力/kN	张拉预应力/kN	锁定荷载/kN	锁定损失/kN	锁定损失率/%
25-1	600	705	495	210	29.8
25-2	600	631	520	111	17.6
25-3	600	612	432	180	29.4
25-4	600	636	498	138	21.7
36-1	600	614	451	163	26.5
36-2	600	636	573	63	9.9
36-3	600	716	421	295	41.2
36-4	600	670	525	145	21.6
39-1	600	639	422	217	34.0
39-2	600	686	631	55	8.0
39-3	600	632	458	174	27.5

续表

锚索编号	设计预应力/kN	张拉预应力/kN	锁定荷载/kN	锁定损失/kN	锁定损失率/%
39-4	600	618	413	205	33.2
46-1	600	616	502	114	18.5
46-2	600	764	636	128	16.8
46-3	600	722	570	152	21.1
46-4	600	663	487	176	26.5
57-1	600	706	613	93	13.2
57-2	600	693	622	71	10.2
57-3	600	620	510	110	17.7
57-4	600	624	487	137	22.0

锚索预应力损失是客观存在的现象，导致锚索预应力损失的因素很多，既有锚索张拉、锁定过程中的瞬间损失，如千斤顶卸荷回油时，夹片回缩会引起钢绞线产生一定量的回缩，使锚索有效预应力产生一定损失；也有混凝土、岩体的压缩变形和徐变引起的长期损失；另外，还有施工因素、环境因素造成的偶然损失等。虽然部分锚索的锁定荷载未达到设计值，锁定损失较大，但是从基坑施工期内锚索预应力随时间的变化规律来看，随着基坑开挖深度增加，锚索预应力并未出现急剧增大或减小的情况，表明基坑整体仍然处于稳定状态。锚索受力监测结果、地表变形观测结果和防护桩深部水平位移监测结果反映出基坑变形特征基本一致，同时也体现出基坑“桩 + 锚索 + 锚杆喷射混凝土”支护体系运行正常。

8 结 语

通过前期对地表变形、深部水平位移和锚索受力的监控，整个场区基本稳定，能够满足安全施工的要求，也充分地证实了“防护桩 + 锚索 + 锚杆喷射混凝土”的支护方式能够满足滑坡地段大型深基坑施工场区的安全施工要求，具有良好的经济效益。该项施工技术的成功应用，具有重要意义，可用来指导类似工程的施工，值得推广。

参考文献

[1] 二滩水电开发有限责任公司. 岩土工程安全监测手册[M]. 北京：中国水利水电出版社，1999.
[2] 林宗元. 岩土工程试验监测手册[M]. 北京：中国建筑工业出版社，2005.

基于正交试验法的重力锚基坑岩土参数敏感性分析

冉　涛[1]　毛江南[2]　梅松华[3]　王巍伟[4]　谭利华[4]

（1. 中国科学院地质与地球物理研究所　北京　100029；
2. 重庆市交通委员会工程质量安全监督局　重庆　400060；
3. 中国电建集团中南勘测设计研究院有限公司　长沙　410014；
4. 中交一公局第三工程有限公司　北京　100029）

摘　要　本文以万州驸马长江大桥北岸重力锚基坑作为研究对象，首先基于正交试验法设计计算方案，采用考虑开挖卸荷效应的有限差分软件 FLAC3D 对基坑开挖变形进行数值计算“试验”。然后对计算结果进行极差分析和方差分析，两种方法识别出的影响基坑开挖变形的主要岩土参数均为全风化层的弹性模量 E_1、泊松比 μ_1、黏聚力 c_1、内摩擦角 φ_1 以及强风化层的弹性模量 E_2。最后，结合基坑开挖试算结果综合确定的反演目标参数为全、强风化层的弹性模量 E_1 和 E_2。研究结果为后续的位移反分析奠定了基础，以及为控制基坑开挖变形提供了施工指导建议，同时还为类似工程的敏感性分析问题提供了方法借鉴。

关键词　深基坑工程　敏感性分析　正交试验法　统计分析

1　引　言

数值计算已经被广泛应用于边坡工程、隧道工程和基坑工程等地表和地下工程的设计和评价中，众所周知，岩土体力学参数是影响岩土工程数值计算结果准确性的非常重要的因素之一。目前，确定岩土参数的方法主要有室内试验、现场试验、工程类比以及反分析方法等。然而，由于受到试验环境和试样尺寸效应等因素的影响，加上岩土体自身复杂的结构性和力学性质的空间变异性，通过室内和现场试验获得的力学参数通常与岩土体实际参数有较大偏差，而通过工程类比得到的经验参数则更显粗略。因此，充分利用现场监测得到的岩土体位移信息，借助一定的力学模型和数值计算方法，反推出岩土体力学参数的反分析方法逐渐发展成为解决岩土体计算参数取值问题的主要途径，并且在实际工程中得到了广泛应用[1-8]。但是，在利用反分析方法确定岩土体参数时，计算量通常相当大[9]，如果能够识别出影响岩土体变形的

作者简介：冉涛（1985—），男，四川广元人，博士研究生，主要从事工程地质和岩土工程方面的研究，（电子邮箱）rantaopaul@ aliyun. com。

毛江南（1986—），男，工程师。

梅松华（1974—），男，教授级高级工程师。

王巍伟（1981—），男，工程师。

谭利华（1985—），男，工程师。

主要参数，进而有针对性地进行参数反演，将大大减小工作量，提高反分析的准确性和效率[10]。

敏感性分析是一种系统分析方法，它假设系统的某个特性 K 由 n 个影响因子决定，即 $K=f(x_1,x_2,\cdots,x_n)$。令每个因子在偏离基准值的一定范围内变动，若 x_i 的较小变化就能引起 K 的较大变化，则表明 K 对 x_i 敏感，x_i 即可判定为系统特性 K 的高敏感性参数，反之亦然[11]。因此，敏感性分析成为解决岩土工程多参数辨识问题的主要方法。目前，文献记载的因素敏感性分析方法主要有非参数统计方法[12]、曲线斜率法[13,14]、敏感性系数法[15]、敏感度函数法[10,16,17]、正交试验法[18-22]、均匀设计法[23]、灰色关联度分析法[24,25]、人工神经网络[26,27]等，其中以敏感性系数法、敏感度函数法和正交试验法 3 种方法应用最为广泛。前两种方法虽然简单易行，但是对于多参数的敏感性分析问题存在多解性，排序结果会受到参数水平和拟合函数的影响，只适用于参数较少的情况[22]。另一方面，岩土体力学参数之间存在固有的相关性，它们对系统的影响是相互交叉、综合作用的，因而传统单因素条件下的分析方法显得不尽合理[12,19]。研究表明，正交试验法的设计规则科学合理，不仅能够最大限度地减少试验次数，而且统计分析结果还可以判定影响因素的显著性水平，对因素的敏感程度进行量化考核。因此，正交试验法对于多因素敏感性分析问题更加适用[18-22]。

本文以万州驸马长江大桥北岸重力锚基坑作为研究对象，采用正交试验法对影响基坑开挖变形的岩土体力学参数进行敏感性分析，试图辨识出影响基坑变形的主要因素，进而为后续开展的位移反分析工作奠定基础，以及为控制基坑开挖变形提供施工指导建议。

2 正交试验法及其统计分析原理

2.1 正交试验法原理介绍[28,29]

正交试验设计方法是一种采用规格化的正交表来安排多因素试验，并对试验结果进行统计分析的科学方法。正交试验设计的基本工具是正交表，通常记为 $L_n(t^m)$，其中 L 为正交表符号，t 为划分的因素水平数，m 为因素个数（正交表列数），n 为试验次数（正交表行数）。将各影响因素随机填入正交表的列上方，即为表头设计。随后，在各因素水平下安排试验方案，实验方案的安排原则是：每次试验各种因素取某一水平相互搭配，这种搭配必须使每个因素及其每一水平出现的次数相等，且每两个因素间包含了该两因素各水平的所有组合，同时各个组合搭配的次数相等。

基于正交试验设计的因素敏感性分析步骤主要包括：

（1）明确试验目的，确定试验考核指标；

（2）根据定性分析结合工程经验，选取对试验指标影响较为显著的因素作为试验因素，并将因素划分为不同水平；

（3）根据因素和因素水平特征，选择合适的正交表来设计试验方案，并按照试验方案进行计算；

（4）对计算结果进行统计分析，从而确定试验指标对于各影响因素的敏感程度。

2.2 正交试验结果的统计分析方法[18,30]

对正交试验结果进行统计分析，可以得到各因素对试验指标的影响程度，常用的统计分析方法主要有极差分析和方差分析两种。

极差分析是先求出各因素每一水平下试验指标的平均值，然后计算出同一因素不同水平下试验指标均值的极差，极差越大的因素对试验指标的影响越大，即可判定为主要影响因素，反之亦然。极差分析虽然简单易行，但只能得出各因素对试验指标影响的相对大小，而不能确定每个因素的显著性水平，结果过于粗糙。因此，通常还需要对正交试验结果进行方差分析。

方差分析的基本思路是将数据的总离差平方和分解为因素的离差平方和与误差平方和之和，利用各因素的离差平方和与误差平方和构造检验统计量，作给定显著性水平 α 的 F 检验，每个因素的 F 值或概率 P 值的大小顺序即反映了试验指标对该因素的敏感程度。具体地，以正交表 $L_n(t^m)$ 为例，设第 i 次试验结果为 $y_i(i=1,2,\cdots,n)$，且 $y_1,y_2,\cdots,y_n$ 相互独立，服从 $y_i\sim N(\mu_i,\sigma^2)(i=1,2,\cdots,n)$，那么对 y_i 进行方差分析，即为对假设 $H_0:\mu_1=\mu_2=\cdots=\mu_n$ 作显著性检验。由假设检验的思想可知，关键在于构造 F 检验的统计量，为此，首先构造以下特征统计量：

$$T=\sum_{i=1}^{n}y_i(i=1,2,\cdots,n) \tag{1}$$

$$\bar{y}=\frac{T}{n} \tag{2}$$

$$r=\frac{n}{t} \tag{3}$$

$$Q_T=\sum_{i=1}^{n}(y_i-\bar{y})^2 \tag{4}$$

$$Q_j=r\sum_{i=1}^{t}\left(\frac{T_{ij}}{r}-\bar{y}\right)^2(j=1,2,\cdots,m) \tag{5}$$

$$f_T=n-1 \tag{6}$$

$$f_j=t-1 \tag{7}$$

式中 T——全部试验指标（桩顶水平位移）之和；

$\bar{y}$——全部试验指标的均值；

r——各因素每一水平的试验次数；

Q_T——总离差平方和，表征全部试验结果之间的差异程度；

Q_j——因素列离差平方和，表征正交表第 j 列所排因素不同水平之间的差异程度；

f_T、f_j——表示 Q_T 和 Q_j 的自由度。

将所有空列（正交表中未安排因素的某列）的离差平方和相加，记为 Q_e；对应的自由度相加，记为 f_e，构造统计量：

$$F_j=\frac{Q_j/f_j}{Q_e/f_e} \tag{8}$$

当假设 H_0 成立时，$F_j\sim F(f_j,f_e)$，对于给定的显著性水平 α，当 F_j 大于 $F_{1-\alpha}(f_j,f_e)$ 时，则可推断该因素在检验水平 α 下影响显著。

3 重力锚基坑工程概况

本文以万州驸马长江大桥北岸重力式锚碇基坑作为研究对象，该基坑是全桥的控制性工程。基坑基底尺寸为 73 m×48 m，最大开挖深度为 38.5 m。在基坑周围共设置 78 根桩径为 1.5 m 的钢筋混凝土防护桩，桩长为 12.015～18.500 m 不等，桩顶设置帽梁连接。在防护桩上部设置 1～4 层预应力锚索，长度为 16～35 m 不等，设计预应力为600 kN。基坑西北角外侧设置 10 根 2.5 m×1.8 m 的抗滑桩，桩长为 12.5～15.0 m 不等。根据施工设计方案，重力锚基坑采取分层开挖的方式，1～5 层采取垂直向下开挖，前 4 层开挖后立即施做锚索，6～13 层采取水平方向开挖，设计开挖总层数为13层。

重力锚基坑三维计算模型范围为：X方向宽202 m，Y方向长235 m，模型底面标高170 m。模型共划分1 036 654个单元，431 583个节点。基坑三维计算模型和支护结构见图1和图2。研究区地层概化为3种材料，自上而下依次为：第四系残坡积、崩坡积粉质黏土混碎块石（全风化层）、强风化砂质泥岩、中风化砂质泥岩。岩土体均采用弹塑性本构模型、Mohr-Coulomb屈服准则；防护桩、帽梁、抗滑桩均采用弹性模型；预应力锚索采用FLAC3D内置的cable单元进行模拟。岩土体主要物理力学参数见表1。

表1　重力锚基坑岩土力学参数基准值

岩　性	密度 ρ/(kg·m^{-3})	弹性模量 E/MPa	泊松比 μ	黏聚力 c/kPa	内摩擦角 φ/(°)
全风化	2 000	22	0.38	25	15.0
强风化	2 300	350	0.35	150	21.0
中风化	2 500	2 700	0.32	400	33.0

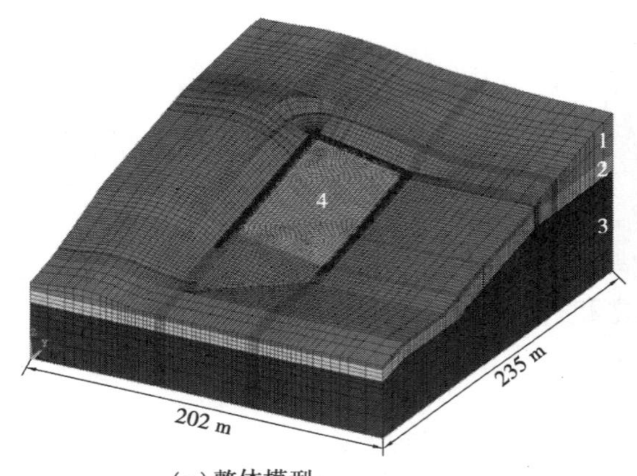

(a)整体模型

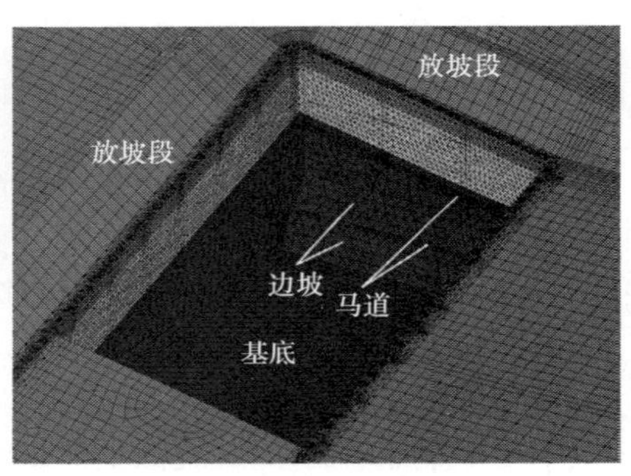

(b)局部模型

图1　重力锚基坑三维计算模型

1—全风化层；2—强风化砂质泥岩；3—中风化砂质泥岩；4—重力锚基坑

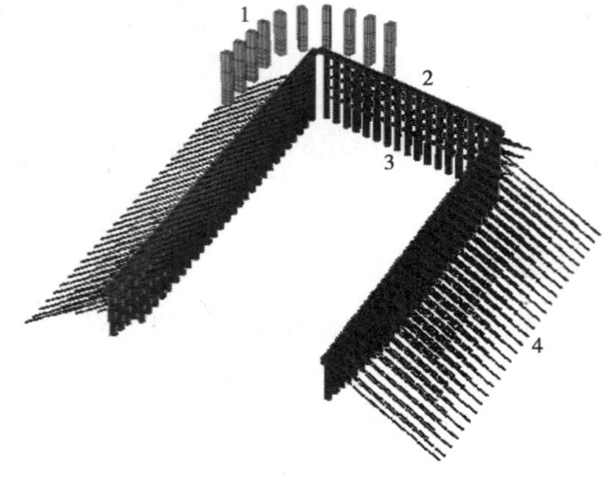

图2　重力锚基坑支护结构

1—抗滑桩；2—帽梁；3—防护桩；4—预应力锚索

4 岩土参数敏感性分析

4.1 正交试验设计方案及计算结果

根据正交试验设计原理,结合重力锚基坑地层岩性特征和支护结构受力特征,本文选取基坑中轴线上的41号防护桩顶水平位移(垂直于基坑方向)作为试验指标;以影响基坑开挖变形的主要力学参数,即3种地层材料的弹性模量E、泊松比μ、黏聚力c以及内摩擦角φ作为影响因素,共涉及12个力学参数,同时将每个参数划分为3个水平,因素及因素水平取值见表2。采用13因素3水平正交表$L_{27}(3^{13})$进行试验方案的设计,除了12个力学参数以外,将正交表第13列作为试验误差项。本文将重力锚基坑的一次开挖变形计算看作一次"试验",采用考虑开挖卸荷效应的有限差分软件FLAC3D进行基坑开挖变形计算,共进行27次数值计算。基于正交试验设计的计算方案及数值计算结果见表2。

表2 基于正交试验设计的数值计算方案及结果

试验序号	E_1 /MPa	μ_1	c_1 /kPa	φ_1 /(°)	E_2 /MPa	μ_2	c_2 /kPa	φ_2 /(°)	E_3 /MPa	μ_3	c_3 /kPa	φ_3 /(°)	误差列	位移 /mm
1	1(11)☆	1(0.304)	1(20)	1(13.5)	1(175)	1(0.28)	1(120)	1(19)	1(1350)	1(0.256)	1(350)	1(30)	1	-24.76
2	1	1	1	1	2(350)	2(0.35)	2(150)	2(21)	2(2700)	2(0.32)	2(400)	2(33)	2	-21.02
3	1	1	1	1	3(525)	3(0.42)	3(180)	3(23)	3(4050)	3(0.384)	3(450)	3(36)	3	-19.38
4	1	2(0.38)	2(25)	2(15)	1	1	1	2	2	2	3	3	3	-19.78
5	1	2	2	2	2	2	2	3	3	3	1	1	1	-16.57
6	1	2	2	2	3	3	3	1	1	1	2	2	2	-14.87
7	1	3(0.456)	3(30)	3(16.5)	1	1	1	3	3	3	2	2	2	-17.91
8	1	3	3	3	2	2	2	1	1	1	3	3	3	-14.28
9	1	3	3	3	3	3	3	2	2	2	1	1	1	-13.36
10	2(22)	1	2	3	1	2	3	1	2	3	1	2	3	-13.03
11	2	1	2	3	2	3	1	2	3	1	2	3	1	-10.22
12	2	1	2	3	3	1	2	3	1	2	3	1	2	-8.65
13	2	2	3	1	1	2	3	2	3	1	3	1	2	-13.59
14	2	2	3	1	2	3	1	3	1	2	1	2	3	-10.63
15	2	2	3	1	3	1	2	1	2	3	2	3	1	-9.98
16	2	3	1	2	1	2	3	3	1	2	2	3	1	-14.31
17	2	3	1	2	2	3	1	1	2	3	3	1	2	-11.85
18	2	3	1	2	3	1	2	2	3	1	1	2	3	-10.35
19	3(33)	1	3	2	1	3	2	1	3	2	1	3	2	-10.32
20	3	1	3	2	2	1	3	2	1	3	2	1	3	-7.26
21	3	1	3	2	3	2	1	3	2	1	3	2	1	-6.56
22	3	2	1	3	1	3	2	2	1	3	3	2	1	-10.76
23	3	2	1	3	2	1	3	3	2	1	1	3	2	-7.79

续表

试验序号	E_1 /MPa	μ_1	c_1 /kPa	φ_1 /(°)	E_2 /MPa	μ_2	c_2 /kPa	φ_2 /(°)	E_3 /MPa	μ_3	c_3 /kPa	φ_3 /(°)	误差列	位移 /mm
24	3	2	1	3	3	2	1	1	3	2	2	1	3	-7.37
25	3	3	2	1	1	3	2	3	2	1	2	1	3	-11.69
26	3	3	2	1	2	1	3	1	3	2	3	2	1	-8.98
27	3	3	2	1	3	2	1	2	1	3	1	3	2	-8.10

注:( )☆—括号外的数值代表因素水平,括号内的数值是因素在该水平下的取值。

4.2 计算结果统计分析

表3所示为正交试验结果的极差分析,可以看出,全风化层的弹性模量 E_1、泊松比 μ_1、黏聚力 c_1、内摩擦角 φ_1 以及强风化层的弹模 E_2 这5个参数的极差相对较大,表明基坑变形对于上述5个参数较为敏感。各参数敏感性主次顺序为:$E_1 \to E_2 \to \varphi_1 \to c_1 \to \mu_1 \to c_2 \to \mu_2 \to \varphi_2 \to E_3 \to c_3 \to \varphi_3 \to \mu_3$,其中 E_1 对基坑变形影响最大;剩余7个参数的极差均小于1 mm,表明基坑变形对于剩余7个参数不太敏感。从图3所示不同参数水平下桩顶水平位移均值的变化趋势可以看出,上述5个参数指标变化幅度较大,而剩余7个参数指标变化趋势较为平缓,同样反映了上述5个参数对基坑变形影响较大。

在极差分析的基础上,为了进一步检验各影响因素的显著性水平,对试验结果进行方差分析。利用公式(5)计算出各因素列的离差平方和 Q_j。根据公式(7),本文各因素列自由度 $f_j=2$,误差列自由度 $f_e=2$,选取显著性水平 $\alpha=0.01$、0.05,查 F 分布分位数表可知:$F_{0.99}(2,2)=99.00$,$F_{0.95}(2,2)=19.99$。定义当 F_j 大于 $F_{0.99}(2,2)$ 时,因素高度显著,记为"* *";当 F_j 小于 $F_{0.99}(2,2)$,且同时大于 $F_{0.95}(2,2)$ 时,因素显著,记为"*";当 F_j 小于 $F_{0.95}(2,2)$ 时,因素不显著,记为"—"。根据公式(8),计算出各因素列的统计量 F_j,对比上述临界值 $F_{1-\alpha}$,即可判定各因素的显著性水平,方差分析结果列于表4。

方差分析结果显示:全风化层的弹性模量 E_1、泊松比 μ_1、黏聚力 c_1、内摩擦角 φ_1 以及强风化层的弹性模量 E_2 这5个参数对基坑变形的影响程度为显著,其中 E_1、c_1、φ_1、E_2 这4个参数的影响程度为高度显著,而剩余的7个参数对基坑变形的影响并不显著。根据表4显示的统计量 F 值和概率 P 值大小,各参数的敏感性排序为:$E_1 \to E_2 \to \varphi_1 \to c_1 \to \mu_1 \to c_2 \to \mu_2 \to \varphi_2 \to E_3 \to c_3 \to \varphi_3 \to \mu_3$。由此可见,方差分析结果和前述极差分析结果完全一致,反映了正交试验法的科学性和敏感性分析结果的正确性。

表3　正交试验结果极差分析

因素	E_1	μ_1	c_1	φ_1	E_2	μ_2	c_2	φ_2	E_3	μ_3	c_3	φ_3
SUM(1)	161.93	121.20	127.59	128.13	136.15	115.46	117.18	115.44	113.62	114.11	114.91	115.10
SUM(2)	102.61	111.34	111.89	111.87	108.60	114.83	113.62	114.44	115.06	114.42	114.63	114.11
SUM(3)	78.84	110.83	103.89	103.37	98.62	113.08	112.57	113.49	114.69	114.84	113.83	114.16
AVE(1)	17.99	13.47	14.18	14.24	15.13	12.83	13.02	12.83	12.62	12.68	12.77	12.79

续表

因素	E_1	μ_1	c_1	φ_1	E_2	μ_2	c_2	φ_2	E_3	μ_3	c_3	φ_3
AVE(2)	11.40	12.37	12.43	12.43	12.07	12.76	12.62	12.72	12.78	12.71	12.74	12.68
AVE(3)	8.76	12.31	11.54	11.49	10.96	12.56	12.51	12.61	12.74	12.76	12.65	12.68
R	9.23	1.16	2.64	2.75	4.17	0.27	0.51	0.22	0.16	0.08	0.12	0.11
R排序	1	5	4	3	2	7	6	8	9	12	10	11

注:SUM(i)（i=1,2,3）表示该因素取水平i时的桩顶位移之和;AVE(i)（i=1,2,3）表示9次试验位移之和SUM(i)的平均值;R表示均值AVE(i)的极差。

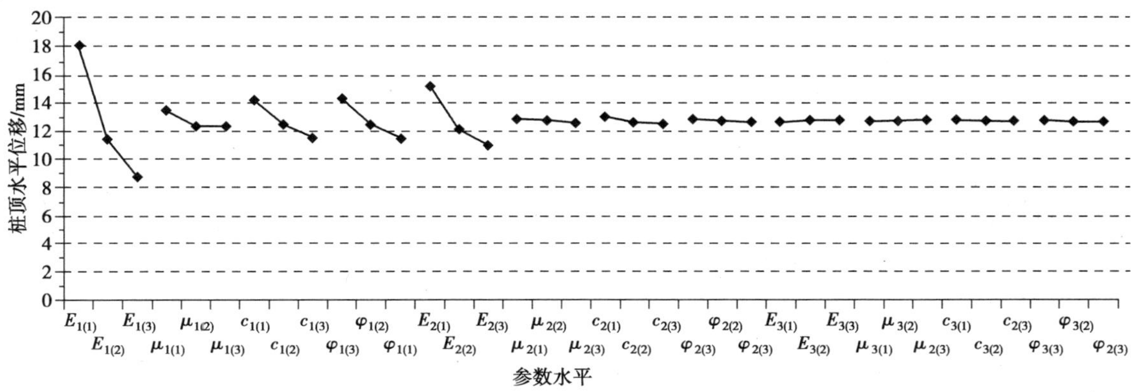

图3　不同参数水平下桩顶水平位移变化趋势图

表4　正交试验结果方差分析

因素	离差平方和Q_j	自由度f_j	均方	F值	P值	显著性水平
E_1	403.535	2	201.767	1 899.286	0.001	**
μ_1	7.809	2	3.905	36.756	0.026	*
c_1	32.226	2	16.113	151.678	0.007	**
φ_1	34.892	2	17.446	164.224	0.006	**
E_2	83.066	2	41.533	390.962	0.003	**
μ_2	0.420	2	0.210	1.976	0.336	—
c_2	1.362	2	0.681	6.411	0.135	—
φ_2	0.208	2	0.104	0.978	0.506	—
E_3	0.120	2	0.060	0.565	0.639	—
μ_3	0.045	2	0.022	0.211	0.826	—
c_3	0.093	2	0.047	0.438	0.695	—
φ_3	0.050	2	0.025	0.238	0.808	—

5 结果与讨论

(1)本文的研究对象重力锚基坑涉及的岩土体参数众多,属于典型的多因素敏感性分析问题。基于正交试验设计的计算方案最大限度地减少了计算工作量,全面反映了众多参数对基坑变形的综合影响作用。极差分析和方差分析显示的参数敏感性顺序完全一致,证实了正交试验法对于岩土工程多参数辨识问题的适用性和有效性。

(2)极差分析和方差分析均显示,全风化层的弹性模量 E_1、泊松比 μ_1、黏聚力 c_1、内摩擦角 φ_1 以及强风化层的弹性模量 E_2 这 5 个参数对基坑变形影响相对较大。现场地质调查显示,地表全风化层为松散土体,强风化层为破碎岩体,中风化层为层状块体结构的岩体,全、强风化层的力学性质明显相对较差,因而在开挖卸荷作用下必然产生更大的变形,亦即基坑变形对全、强风化层参数更加敏感。因此,地质定性分析在一定程度上也证实了敏感性分析结果的正确性。

(3)本文的敏感性分析结果对后续的参数反演具有一定的指示意义。基坑开挖变形计算结果显示,基坑变形总体较小,防护桩最大水平位移小于 25 mm(表 2),并且模型中不存在贯通的塑性区域,由此推断重力锚基坑在开挖条件下,岩土体仍以弹性变形为主,因而反演强度参数 c_1 和 φ_1 的意义并不大,反演的重点应该为岩土体的变形参数[31]。因此,根据敏感性分析结果,本文建议的反演目标参数为全、强风化层的弹性模量 E_1 和 E_2。

(4)敏感性分析结果对于控制基坑开挖变形也具有一定的施工指导意义。根据施工设计方案,重力锚基坑开挖前 4 层时,涉及的地层为全、强风化层,而敏感性分析结果显示,基坑变形对于全、强风化层的变形参数最为敏感。因此,在实际施工过程中,应严格按照设计深度和范围进行开挖,1 ~4 层开挖完成后应立即施做预应力锚索,结合现场变形及应力监测数据,待岩土体变形稳定后再进行下一层开挖,防止基坑在开挖前期由于变形过大而发生坍塌事故。

6 结 论

本文以万州驸马长江大桥北岸重力锚基坑作为研究对象,采用正交试验法对影响基坑变形的岩土体参数进行了敏感性分析,主要得到以下结论:

(1)正交试验法的设计规则科学合理,避免了传统单因素分析方法的不足,全面反映了各因素对系统的综合影响作用,统计分析提供了判断因素敏感程度的量化标准,该方法适用于岩土工程多参数敏感性分析。

(2)极差分析和方差分析均显示 E_1、μ_1、c_1、φ_1、E_2 这 5 个参数对基坑变形的影响显著,方差分析显示 E_1、c_1、φ_1、E_2 这 4 个参数的影响程度为高度显著,而剩余 7 个参数的影响并不显著。结合重力锚基坑开挖试算结果,最后综合确定的反演目标参数为全、强风化层的弹性模量 E_1 和 E_2。

(3)在实际施工过程中,应严格按照设计方案进行基坑开挖,充分利用现场监测数据分析岩土体变形情况和支护结构受力情况,避免基坑由于变形过大而发生坍塌事故。

参考文献

[1] Sakurai S, Takeuchi K. Back Analysis of Measured Displacements of Tunnels[J]. Rock Mechanics and Rock Engineering, 1983, 16(3): 173-180.

[2] Feng X T, Zhang Z, Sheng Q. Estimating Mechanical Rock Mass Parameters Relating to the Three Gorges Project Permanent Shiplock Using AN Intelligent Displacement Back Analysis Method[J]. International Journal of Rock Mechanics and Mining Sciences, 2000, 37(7): 1039-1054.

[3] Deng J H, Lee C F. Displacement Back Analysis for a Steep Slope at the Three Gorges Project Site[J]. International Journal of Rock Mechanics and Mining Sciences, 2001, 38(2): 259-268.

[4] Zhifa Y, Zhiyin W, Luqing Z, et al. Back-Analysis of Viscoelastic Displacements in a Soft Rock Road Tunnel[J]. International Journal of Rock Mechanics and Mining Sciences, 2001, 38(3): 331-341.

[5] Majdi A, Beiki M. Evolving Neural Network Using a Genetic Algorithm for Predicting the Deformation Modulus of Rock Masses[J]. International Journal of Rock Mechanics and Mining Sciences, 2010, 47(2): 246-253.

[6] 朱泽奇, 盛谦, 张勇慧, 等. 龙滩水电站左岸进水口边坡三维位移反分析[J]. 长江科学院院报, 2008, 25(2): 33-37.

[7] 董志宏, 丁秀丽, 卢波, 等. 大型地下洞室考虑开挖卸荷效应的位移反分析[J]. 岩土力学, 2008, 29(6): 1562-1568.

[8] 李守巨, 刘迎曦,孙伟. 智能计算与参数反演[M]. 北京: 科学出版社,2008.

[9] 邓建辉, 李焯芬, 葛修润. BP网络和遗传算法在岩石边坡位移反分析中的应用[J]. 岩石力学与工程学报, 2001, 20(1): 1-5.

[10] 杨蒙, 谭跃虎, 李二兵, 等. 基于敏感性分析的围岩力学参数反演方法研究[J]. 地下空间与工程学报, 2014,10(5): 1030-1038.

[11] 黄书岭, 冯夏庭, 张传庆. 岩体力学参数的敏感性综合评价分析方法研究[J]. 岩石力学与工程学报, 2008, 27(1): 2624-2630.

[12] 贾善坡, 陈卫忠, 李香玲. 基于非参数统计的泥岩水-力耦合参数敏感性分析[J]. 地下空间与工程学报, 2008, 4(5): 830-834.

[13] Shakoor A, Smithmyer A J. An Analysis of Storm-Induced Landslides in Colluvial Soils Overlying Mudrock Sequences, Southeastern Ohio, USA[J]. Engineering Geology, 2005, 78(3): 257-274.

[14] 石豫川, 冯文凯, 刘汉超, 等. 特大多期复合型滑坡稳定性评价及因素敏感性分析[J]. 岩土力学, 2004, 25(6): 975-980.

[15] 文宝萍, 申健, 谭建民. 水在千将坪滑坡中的作用机理[J]. 水文地质工程地质, 2008, 35(3): 12-18.

[16] 章光, 朱维申. 参数敏感性分析与试验方案优化[J]. 岩土力学, 1993, 14(1): 51-58.

[17] 王辉, 陈卫忠. 嘎隆拉隧道围岩力学参数对变形的敏感性分析[J]. 岩土工程学报, 2012, 34(8): 1548-1553.

[18] 倪恒, 刘佑荣, 龙治国. 正交设计在滑坡敏感性分析中的应用[J]. 岩石力学与工程学报, 2002, 21(7): 989-992.

[19] 葛华, 刘汉超. 万州草街子双堰塘滑坡稳定性影响因素敏感性分析[J]. 中国地质灾害与防治学报, 2003, 14(2): 15-18.

[20] 徐超, 叶观宝. 应用正交试验设计进行数值模型参数的敏感性分析[J]. 水文地质工程地质, 2004, 31(1): 95-97.

[21] 刘长春, 殷坤龙, 李远耀. 巴东县文家滑坡稳定性计算及其敏感性分析[J]. 水文地质工程地质, 2010, 37(1): 113 - 117.

[22] 蒋树, 文宝萍. 基于不同方法的滑坡滑带力学参数敏感性分析[J]. 工程地质学报, 2015, 23(6): 1153-1159.

[23] 陈高峰, 程圣国, 卢应发, 等. 基于均匀设计的边坡稳定性敏感性分析[J]. 水利学报, 2007, 38

(11)：1397-1401.
[24] 付建军，邱山鸣，赵海斌，等. 基于灰色关联度的边坡稳定影响因素分析[J]. 长江科学院院报，2011，28(1)：53-57.
[25] 赵永虎，刘高，毛举，等. 基于灰色关联度的黄土边坡稳定性因素敏感性分析[J]. 长江科学院院报，2015，32(7)：94-98.
[26] 夏元友，熊海丰. 边坡稳定性影响因素敏感性人工神经网络分析[J]. 岩石力学与工程学报，2004，23(16)：2703-2707.
[27] 赵启林，吉林. 参数灵敏度分析的有限元-神经网络混合法[J]. 土木工程学报，2004，37(4)：60-63.
[28] 马良驹，袁灿勤. 岩土工程勘察数据统计分析[M]. 南京：南京大学出版社，1991.
[29] 方开泰，马长兴. 正交与均匀试验设计[M]. 北京：科学出版社，2001.
[30] 吴翊. 应用数理统计[M]. 长沙：国防科技大学出版社，1997.
[31] 陈胜宏，陈尚法，杨启贵. 三峡工程船闸边坡的反馈分析[J]. 岩石力学与工程学报，2001，20(5)：619-626.

万州驸马长江大桥重力式锚碇摩阻系数试验及取值方法

徐厚庆[1]　谭　新[2]

（1.中交第一公路工程局有限公司　北京　100024；2.长江科学院重庆分院　重庆　400026）

摘　要　科学合理地确定摩阻系数，是进行重力锚尺寸及形式设计、抗滑稳定验算的前提，目前交通行业尚无相关标准来规范重力式锚碇摩阻系数试验及取值方法。本文参照其他行业规程，阐述了摩阻系数试验程序，提出采用抗剪断、抗剪、单点摩擦试验来综合确定重力式锚碇摩阻系数，并给出工程实例进行验证。

关键词　重力式锚碇　摩阻系数　试验　取值方法　验证

1　引　言

重力式锚碇广泛用于悬索桥建设，其依靠锚碇自重来平衡主缆拉力的竖向分力，靠锚碇混凝土与地基岩体间的摩阻力平衡主缆拉力的水平分力[1]。一般情况下，混凝土锚碇及岩体本身具有足够的强度，摩阻力的大小很大程度上取决于混凝土与基岩接触面的强度，而摩阻系数（也称为摩擦系数）是决定摩阻力大小的关键参数，科学合理地确定摩阻系数，是进行重力锚尺寸及形式设计、抗滑稳定验算的首要前提。

获取摩阻系数的途径主要有按经验取值及根据试验取值两种。经验取值方法主要是在没有试验数据的情况下，参照现行规范，结合场地工程地质条件进行取值。《公路桥涵地基与基础设计规范（JTG D63—2007）》《铁路桥涵地基和基础设计规范（TB 1002.5—2005）》的规定完全一致：对软岩，取0.4～0.6；对硬岩，取0.6～0.7。《建筑地基基础设计规范（GB 50007—2011）》规定：软质岩取0.4～0.6，表面粗糙的硬质岩取0.65～0.75。《混凝土重力坝设计规范（SL 319—2005）》《水利水电工程地质勘察规范（GB 50487—2008）》《水力发电工程地质勘察规范（GB 50287—2006）》的规定基本一致：对于硬质岩，Ⅰ至Ⅳ类岩体取值范围分别为0.75～0.85，0.65～0.75，0.55～0.65，0.40～0.55，0.30～0.40，软质岩应根据软化系数进行折减。相比之下，《混凝土重力坝设计规范（SL 319—2005）》《水利水电工程地质勘察规范（GB 50487—2008）》《水力发电工程地质勘察规范（GB 50287—2006）》因考虑了宏观岩体质量级别，其取值相比《公路桥涵地基与基础设计规范（JTG D63—2007）》《铁路桥涵地基和基础设计规范（TB1002.5—2005）》《建筑地基基础设计规范（GB 50007—2011）》更为合理。

按试验取值法又可分为模型试验及现场原位试验两类。模型试验是基于相似原理，按一定的比尺缩小原型尺寸，同时缩小混凝土及岩体物理力学参数，制作模型，开展试验，获得重力

作者简介：徐厚庆（1990—），男，本科，助理工程师。

谭　新，男，硕士研究生。

式锚碇的摩阻系数,模型试验一般在室内即可进行,但其在相似材料选择及制作上存在诸多困难。李家平等通过室内模型试验,研究了软土地基上重力式锚碇的受力及变位特征[8]。现场原位试验在锚碇基坑现场布置试点,开展直剪试验,直接获得摩阻系数,该试验因在原位开展,试点与锚碇的工程地质条件几乎一致,具有充分的优越性。陈有亮结合原位及室内试验成果,对广东虎门大桥重力锚稳定性进行了分析[9]。王保田测试了不同风化和粗糙度花岗岩与混凝土接触面的抗剪强度,研究润扬长江公路大桥南汉悬索桥锚碇接触面抗剪强度取值问题[10]。王艳芬、刘洋开展了现场直剪试验,并采用多种方法对成果进行分析,确定摩阻系数[11-12]。

从可查阅的资料来看,通过现场原位试验方法来获得摩阻系数还很少,大部分重力锚设计时采用的摩阻系数是参照《公路桥涵地基与基础设计规范(JTG D63—2007)》,考虑工程地质条件,结合经验确定的。尚无交通行业标准来规范摩阻系数试验可能是造成这一现象的主要原因之一,本文参照其他行业规程,阐述了摩阻系数试验程序,提出重力式锚碇摩阻系数取值方法,并结合工程实例加以分析。

2 试验及取值方法

摩阻系数就是抗剪强度参数中的 f 值,各规范在取值方法上略有差异,《水利水电工程地质勘察规范(GB 50487—2008)》规定:抗剪强度参数按残余强度参数与比例极限强度参数二者的小值作为标准值。《水力发电工程地质勘察规范(GB 50287—2006)》规定:抗剪强度参数采用比例极限强度作为标准值。《工程岩体试验方法标准(GB/T 50266—2013)》规定:应根据需要在剪应力与剪切位移曲线上确定其他剪切阶段特征点,并应根据各特征点确定相应的抗剪强度参数。抗剪值一般采用抗剪断稳定值。

前述规范均基于抗剪断试验,通过取剪应力与剪切位移曲线上不同的特征点,来确定抗剪强度参数。而大量的现场试验显示,采用目前的常规试验技术,要想准确取得比例极限、残余强度等特征比较困难,尤其是比例极限的确定,有一定的随意性。邹爱清等根据 56 个工程 261 组现场试验数据,建议比例极限强度按峰值强度加以折减。摩擦系数的折减系数,对于脆性破坏为 1/2.1 ~ 1/2.2,对于塑性破坏为 1/1.4 ~ 1/1.5[14]。抗剪试验的峰值一般与抗剪断残余值相当,可用于校核抗剪断试验值。

单点摩擦试验只需单个试点就能得出一个摩擦系数,能有效避免类似于在抗剪断及抗剪试验中,不同试点由于性状差异(如地质条件、表面起伏差、试验点含水状态差异等),造成试验值过于离散,或虽看似相关性好,但成果明显偏离常规的现象。

基于以上分析,建议通过抗剪断试验、抗剪试验、单点摩擦试验,来综合确定摩阻系数。

2.1 试验方法

摩阻系数试验建议采用平推法(图 1)。剪切面面积不小于 50 cm × 50 cm,剪切方向与主缆拉力水平分力方向一致,按设计荷载的 1.2 倍施加最大法向应力。人工凿制成几何尺寸略大于剪切面的水平面,起伏差控制在试体推力方向边长的 1% ~ 2%,将试点面清洗干净,套上试模,浇筑混凝土,混凝土强度等级与锚碇一致。每批试体制作至少一组混凝土立方体标准试块,与试点混凝土同条件养护。混凝土养护 7 d 时安装传力系统,试验前先用回弹仪检测试墩强度,若达到,再用标准试块抗压验证。其抗压强度达到设计强度时安装测量系统,即可进行抗剪断试验,根据试点岩面的性状合理分配法向应力。法向应力分 2 ~ 3 级施加,每 5 min 读数一次,当连续两次垂直变形读数之差小于 1% 时,开始分级施加水平载荷直至破坏,抗剪断试验结束后，用同样的方法进行抗剪试验[13]。

最后选择部分（或全部）试点进行单点摩擦试验：对已剪断的单个试点施加不同的正应力（由小到大施加），在不同正应力下按前述方法进行剪切。

2.2　取值方法

为做到取值合理且有合适的安全裕度，建议通过抗剪断试验、抗剪试验、单点摩擦试验，进行综合取值，具体方法如下：

（1）对抗剪断试验，取比例极限、峰值强度作为特征点；对抗剪试验及单点摩擦试验，取峰值强度作为特征点。

（2）以上述特征点对应的剪应力分别绘制剪应力与正应力关系曲线，以摩尔-库伦强度准则，按最小二乘法进行拟合，得到各特征抗剪强度参数。比例极限难以确定时按邬爱清等的方法确定[14]。

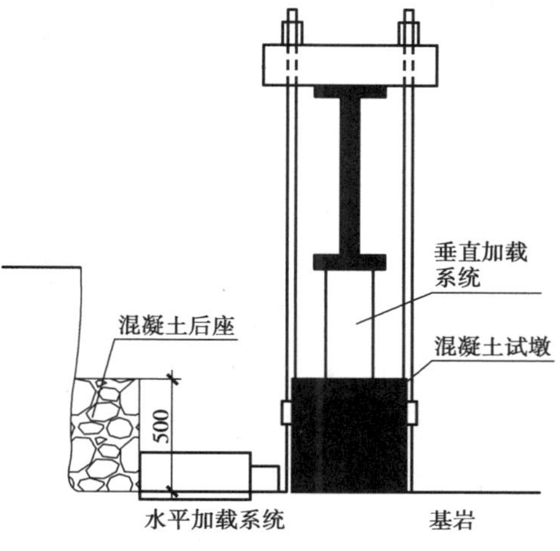

图1　安装简图

（3）取抗剪断比例极限强度、抗剪峰值强度、单点摩擦强度中的最小 f 值作为摩阻系数试验建议值。

3　工程实例

3.1　工程概况

万州驸马长江大桥为主跨 1 050 m 的单跨简支钢箱梁悬索桥，北岸为重力式锚碇。工程区属于构造剥蚀河流侵蚀丘陵地貌，地形呈台阶状。锚碇区地层自上而下分别为：第四系崩坡积粉质黏土夹碎石、残坡积粉质黏土、侏罗系上沙溪庙组泥岩、砂岩互层。锚碇基坑开挖深度约为 30 m，基坑开挖底板标高高于江水位，中风化岩层为弱透水层～微透水层，锚碇区水文地质条件较好。锚碇基底置于侏罗系上沙溪庙组中风化砂岩上，属较软岩，产状 165°∠3°，岩体质量等级为Ⅳ级。

3.2　试验布置

考虑到试点的代表性和锚碇受力特点，在锚碇基坑底面的前缘、中部、后缘各开挖一个试验槽，试槽长 12 m、宽 2.5 m，深度以揭露到中风化砂岩岩体为准，试槽长度方向与锚碇所受拉力方向垂直。每个试槽内布置一组（5 点）混凝土与基岩接触面直剪试验。试槽及试点布置见图 2。

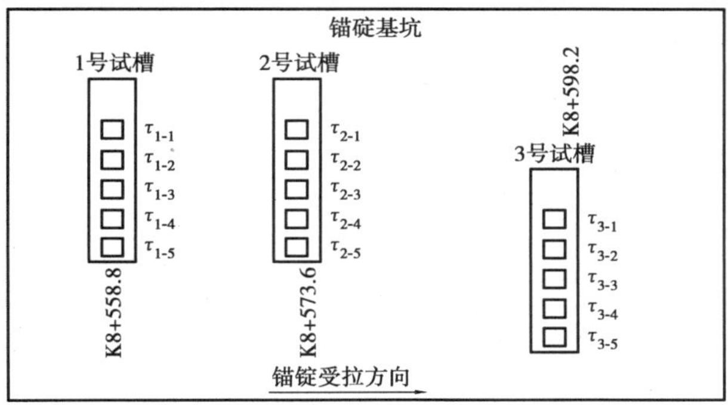

图2　试槽及试点布置平面示意图

3.3 试点制作及安装

在选定的部位，人工凿成70 cm×70 cm 的平面，起伏差控制在0.6～1.0 cm，将试点面清洗干净，套上内空尺寸为50 cm×50 cm×40 cm 的钢模，分层振捣浇筑混凝土，混凝土强度等级为C35，由现场拌和楼按锚碇实际配合比配制，为加快进度，添加了适当的早强剂。每批试体制作一组（3 个）混凝土标准试块，与试点混凝土同条件养护。混凝土养护7 d时开始安装传力系统，制作顶板和反力后座，法向反力由抗拉锚杆和反力钢梁组成的反力系统提供。试验安装见图3。

图3 试验安装

3.4 试验步骤

试验前对混凝土标准试块进行抗压试验，其强度达到设计强度时再进行直剪试验。试验采用平推法，剪切方向为水平顺拉力方向，施加最大法向应力为1.8 MPa，按等差级数分配到5个试点。主要步骤如下：

（1）各试点法向应力分2～3 级施加，每5 min 读数一次，当连续两次垂直变形读数之差小于1%时，开始分级施加水平剪切荷载。

（2）剪切荷载按预估值分8～10 级施加。当剪切位移增量为前一级位移增量的1.5 倍时，剪切荷载级差减半。剪切荷载的施加采用时间控制，每5 min 施加一级，每级荷载施加前后对位移测表进行读数，直至试点被破坏。试点被破坏后继续施加剪切荷载，以期得到稳定的残余荷载。

（3）抗剪断试验完成后，调整加载及测量系统，用同样的方法进行抗剪试验。

（4）抗剪试验完成后，调整加载及测量系统，进行单点摩擦试验：将5 级正应力逐次施加在同一试点上，在各级正应力下，按同样方法进行快速剪切，获得其峰值剪切荷载。

（5）试验完成后，翻开混凝土试墩，对破坏面性状进行描述。

3.5 试验成果及分析

按试验资料，计算其有效剪切面积上的法向应力、剪应力、剪切位移，并绘制不同法向应力下的剪应力与法向位移及剪切位移关系曲线，典型关系曲线见图4。以剪应力峰值强度在τ-σ坐标系内绘制关系曲线，得到抗剪断、抗剪及单点摩擦强度参数值，见表1。

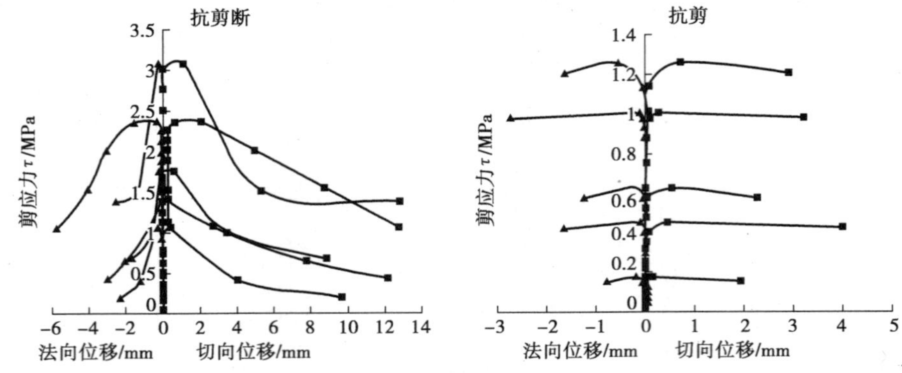

图4 剪应力与位移关系典型曲线

由图4可见，试点破坏前位移很小，呈现出典型的脆性破坏特征，且难以从曲线上确定出比例极限，故以抗剪断峰值强度参数乘以1/2.1的系数来确定比例极限强度参数。除锚碇前缘第二个试点（表1中以黑体字突出）外，均沿接触面剪坏，破坏时伴随明显的扩容现象，原岩面上凸起的部分砂岩被剪坏而黏附在混凝土面上，表明直剪强度主要受胶结面强度控制。

表1　试验成果表　　单位：MPa

试验区域	正应力 σ	剪应力τ		强度参数				
		抗剪断峰值	抗剪峰值	抗剪断峰值		抗剪断比例极限	抗剪峰值	单点摩擦
				f'	c'	$f_c=f/2.1$	f	f_s
锚碇前缘	1.81	3.01	1.32					—
	1.36	**2.07**	**0.94**					—
	0.91	1.95	0.82	1.26	0.77	0.60	0.64	—
	0.11	0.82	0.19					0.63
	0.46	1.44	0.57					—
锚碇中部	1.35	2.36	1.00					—
	0.46	1.41	0.45					0.62
	1.81	3.08	1.26	1.17	0.85	0.56	0.63	0.68
	0.90	1.76	0.63					0.63
	0.11	1.06	0.18					—
锚碇后缘	1.36	2.64	1.00					—
	1.31	2.96	1.13					—
	0.90	2.26	0.73	1.09	1.12	0.52	0.59	—
	0.45	1.63	0.38					0.63
	0.00	1.01	0.11					—
平均	—	—	—	—	—	0.56	0.62	0.64

3.6　摩阻系数取值

抗剪断比例极限强度$f_e=0.52\sim0.60$ MPa，抗剪峰值强度$f=0.59\sim0.64$ MPa，单点摩擦强度$f_s=0.62\sim0.68$ MPa，各自的算术平均值为0.56 MPa、0.62 MPa、0.64 MPa，取最小者作为该重力锚的摩阻系数试验建议值，即0.56，该值略大于相关规范推荐的Ⅳ类岩体上限值[5-7]。

4　结　语

通过查阅现行国家及行业规范，对比分析了获得重力式锚碇摩阻系数的途径，针对目前交通行业尚无标准来规范摩阻系数试验的现状，参照其他行业规程，阐述了摩阻系数试验程序，提出采用抗剪断、抗剪、单点摩擦试验来综合确定重力式锚碇摩阻系数的方法，并给出工程实例进行分析，验证了此取值方法具有可操作性及可靠性。

参考文献

[1] 邓友生,万昌中,时一波,等.特大重力式锚碇的应用研究综述[J].公路工程,2012,37(6):93-96.

[2] 中华人民共和国行业标准.公路桥涵地基与基础设计规范(JTG D63—2007)[S].北京:人民交通出版社,2007.

[3] 中华人民共和国行业标准.铁路桥涵地基和基础设计规范(TB 1002.5—2005)[S].北京:中国铁道出版社,2005.

[4] 中华人民共和国国家标准.建筑地基基础设计规范(GB 50007—2011)[S].北京:中国建筑工业出版社,2011.

[5] 中华人民共和国行业标准.混凝土重力坝设计规范(SL 319—2005)[S].北京:中国水利水电出版社,2005.

[6] 中华人民共和国国家标准.水利水电工程地质勘察规范(GB 50487—2008)[S].北京:中国计划出版社,2009.

[7] 中华人民共和国国家标准.水力发电工程地质勘察规范(GB 50287—2006)[S].北京:中国计划出版社,2008.

[8] 李家平,张子新,黄宏伟,等.宁波庆丰大桥锚碇室内相似模型试验研究[J].同济大学学报:自然科学版,2005,33(8):1011-1016.

[9] 陈有亮.虎门大桥东锚碇重力锚及基岩的稳定性[J].工程力学,1996(a03):142-148.

[10] 王保田,朱珍德,张福海,等.花岗岩与混凝土胶结面抗剪强度的试验研究[J].岩土力学,2004,25(11):1717-1721.

[11] 王艳芬,马远刚.西堠门大桥锚碇岩基原位试验[J].桥梁建设,2009(a02):67-71.

[12] 刘洋,赵明阶,郑升宝.青草背长江大桥北锚碇摩阻力试验[J].重庆交通大学学报:自然科学版,2011,30(5):911-915.

[13] 中华人民共和国国家标准.工程岩体试验方法标准(GB/T 50266—2013)[S].北京:中国计划出版社,2013.

[14] 邬爱清,任放,柳赋铮,等.三峡工程中的岩石力学理论与实践[M].武汉:长江出版社,2009.

锚索预应力损失的影响因素分析

闫明波　靖振帅　杨　洋

（中交一公局第三工程有限公司　北京　100029）

摘　要　通过对万州驸马长江大桥深基坑锚索预应力张拉、张拉后预应力损失系统的监测和分析，初步探求预应力损失的主要影响因素有：锚索弹性回缩引起的损失，预应力摩擦损失，钢绞线、岩（土）体的蠕变等。对预应力锚索应力损失的各因素进行了分析并改进，在一定程度上降低了预应力锚索的应力损失。降低预应力锚索的应力损失对基坑安全具有重大意义。

关键词　预应力锚索　预应力损失　主要因素

1　引　言

锚固支护能充分发挥岩土体能量，改善岩土体不利的受力状态，提高岩土的自身强度和自稳能力，从而可以大大减轻支护结构自重、节约工程材料、缩短工期。因此，锚固支护得到了广泛的应用。但在施工和运行期间，锚索预应力不可避免地出现损失。锚索的有效预应力大小是关系防护工程成败的重要因素，目前很多学者对此进行了研究。本文在分析万州驸马长江大桥锚碇基坑预应力锚索监测数据的基础上，对预应力损失情况做了分析，初步确定锚索预应力变化的规律，并探讨了预应力损失的主要因素。

2　工程概况

万州驸马长江大桥桥位区属于构造剥蚀河流侵蚀丘陵地貌。桥梁跨越长江，该段江面水域宽约 850 m，河谷岸坡不对称，切割深度为 300 ~ 600 m。受构造作用及长江侵蚀的影响，长江两岸呈明显的台阶状地形，丘陵斜坡岗地交错，地形起伏较大。根据桥位区综合物探研究成果显示，锚碇区基岩面基本稳定，未发现断层破碎带等。该工程抗滑桩共 78 根，桩长 10.98 ~ 18.5 m，桩直径为 1.5 m，抗滑桩设 4 排预应力锚索，均匀布置在桩中心，呈竖向排列，自上而下分别为 1 号锚索、2 号锚索、3 号锚索、4 号锚索。锚固段长度均为 10.3 m，自由段长度从 5.5 m 至 24.5 m 不等，其基本组成为：导向帽、扩张环、隔离架、注浆管、高强低松弛钢绞线等，锚筋采用抗拉强度为 1 860 MPa 的低松弛钢绞线。本文采用抗滑桩上 4 根典型的预应力锚索为研究对象，对锚索张拉过程中的油表读数所控制的预应力值和锚索测力计的测定值的不等性（即锚索应力张拉损失）进行研究。

作者简介：闫明波（1989—），男，专科，助理工程师。
靖振帅（1987—），男，本科，助理工程师。
杨　洋（1990—），男，本科，助理工程师。

万州驸马长江大桥锚碇基坑施工现场如图1所示。

图1　万州驸马长江大桥锚碇基坑

3　锚索测力计的工作原理

3.1　工作原理

该工程使用了湖南湘银河传感科技有限公司的YH03-D10型振弦式锚索计(图2),其基本测力原理是通过作用在锚索测力计上的荷载,引起弹性圆筒的变形并传递给振弦,转变成振弦应力的变化,从而改变振弦的振动频率,电磁线圈激振钢弦并测量其振动频率,频率信号经电缆传导至振弦式读数仪上,即可测出作用在锚索测力计上的荷载。

图2　YH03-D10型振弦式锚索计

3.2　仪器安装

(1)锚索测力计必须经过有相应资质的计量单位的检验标定。

(2)锚索测力计安装时,锚索从测力计中心穿过,测力计位于锚垫板和工作锚之间(图3)。

图3　安装锚索测力计

(3)测力计安装过程中,为了避免和锚索束不同心及便于固定,致使张拉时出现偏心受压情况,在锚垫板中心孔处四周焊接定位钢筋,将锚索计限位在锚垫板中心。

4　锚索应力锁定损失探讨

4.1　锚索张拉力损失分析

选取编号为57-1、57-2、46-2、43-2的锚索为研究对象,锚索张拉过程中发现张拉机油泵显示的张拉力与锚索测力计同步测力数据不同,见表1。

表1　锚索张拉记录

钢束编号	记录项目	张拉阶段					卸载后
		10%	20%	100%	120%	130%	
57-1	油表读数/MPa	2.5	4.5	20.4	24.4	26.4	
	张拉力/kN	60	120	600	720	780	
	测力计读数/kN	39	60	559	705	770	630
	张拉损失率/%	35	50	68	2	1.3	19
57-2	油表读数/MPa	2.5	4.5	20.4	24.4	26.4	
	张拉力/kN	60	120	600	720	780	
	测力计读数/kN	18	78	591	712		610
	张拉损失率/%	70	35	0.2	1		22
46-2	油表读数/MPa	2.5	4.5	20.4	24.4	26.4	
	张拉力/kN	60	120	600	720	780	
	测力计读数/kN	40	65	541	645	695	637
	张拉损失率/%	33	46	10	10	10	18
43-2	油表读数/MPa	2.5	4.5	20.4	24.4	26.4	
	张拉力/kN	60	120	600	720	780	
	测力计读数/kN	25	43	570	682	729	624
	张拉损失率/%	58	64	5	5	6	20

每级张拉持荷3 min,卸顶后锁定张拉力为610~637 kN,卸载后预应力损失为143~170 kN。平均预应力损失率为19.75%。

由表1可知,锚索张拉力损失主要发生在卸载过程中。

实验过程中,通过在钢绞线上做标记的方法,测出卸载后回缩量,数值见表2。

表2　张拉记录表

钢束标号	张拉前标记距工作锚的距离/mm	张拉完成后标记距工作锚的距离/mm	卸载后距工作锚的距离/mm	弹性回缩量/mm
57-1	27	159	140	19

续表

钢束标号	张拉前标记距工作锚的距离/mm	张拉完成后标记距工作锚的距离/mm	卸载后距工作锚的距离/mm	弹性回缩量/mm
57-2	30	128	114	14
46-2	38	108	99	9
43-2	25	85	78	10

57-1 号钢束张拉自由端长度为 25 m，伸长量为 14 cm。57-2 号钢束张拉自由端长度为 18 m，伸长量为 10 cm。46-2 号钢束张拉自由端长度为 13 m，伸长量为 7.5 cm。46-2 号钢束张拉自由端长度为 13 m，伸长量为 7.5 cm。

根据表 2 可知，弹性回缩量占伸长量的比重分别为 14%、14%、12%、13%，平均占 13.25%。

从图 4 可知回缩量占主要因素。

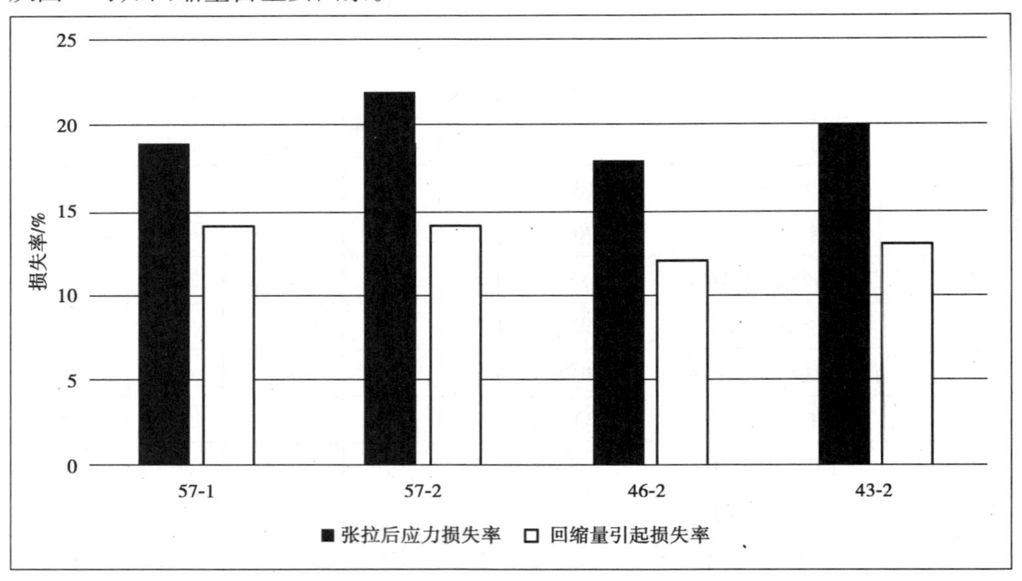

图 4　损失率对比柱状图

张拉后，长期对试验锚索预应力数值进行观察记录，观测数据整理如表 3 所示。

表 3　试验锚索张拉观测记录

钢束编号	锚索应力/MPa			
	2014 年 10 月 21 日	2014 年 10 月 22 日	2014 年 10 月 23 日	2014 年 10 月 26 日
57-1	621	618	618	625
57-2	—	622	622	620
46-2	636	636	636	642
43-2	624	625	624	626

根据对试验锚索的跟踪监测发现，锚索应力基本变化不大，随着锚碇基坑的不断开挖，土压力也不断增加，对锚索应力有正面影响（图5）。

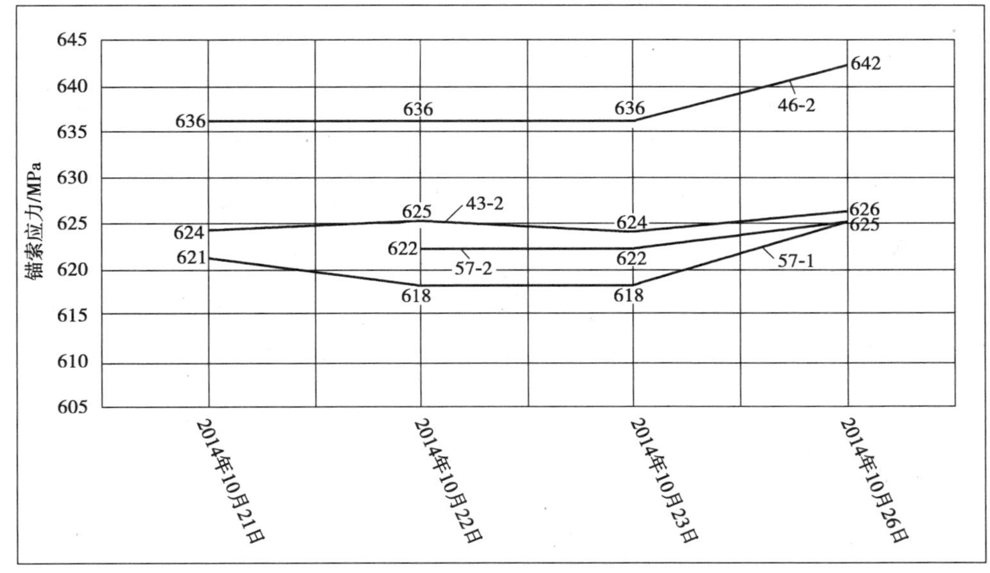

图5　预应力观测记录

4.2　锚索预应力损失的影响因素

锚索预应力损失是客观存在的现象。通过大量的研究，许多学者科研结果揭示了影响锚索预应力变化的很多因素，既有材料、锚索张拉、锁定过程中的瞬间损失，也有混凝土、岩体的压缩变形和徐变引起的长期损失，还有施工因素、环境因素造成的偶然损失。本文针对锚索预应力损失的地质、施工、材料、环境等4个主要影响因素进行探讨。

4.2.1　地质因素

岩石本身存在着较多的结构面、裂隙，导致岩体存在不连续性和各向异性。在预应力锚索荷载的作用下，岩体中的结构面受压闭合，空隙也被逐渐压实，同时受荷区域的岩体内部结构各个组成单元在应力作用下将产生塑性压缩或相对变位。对预应力锚索而言，岩体在受压情况下的变形以及长期荷载下的蠕变，使其应力产生松弛，逐渐下降，但其降低速度随时间的推移而减慢，最终达到稳定状态。坚硬的岩石徐变较小，其预应力损失值也较小，即使在大吨位荷载作用下也是如此；在软弱岩石中，由于应力压缩围岩产生变形较大，且变形减少速度也较慢，相应因岩体徐变而引起的预应力损失比较大。

4.2.2　施工因素

施工因素对锚索预应力损失的影响主要表现在以下几个方面：

（1）锚索施工的影响。锚墩、钻孔或锚固段的施工质量有可能导致锚索受力的偏心问题，必然对锚索预应力产生影响。

（2）施工期间，锚索下部边坡岩体的开挖卸载，形成临空面，岩体内部应力重新调整后得以释放。岩体向临空面变形，锚索受拉，导致预应力的增加。

（3）施工的爆破震动也会引起预应力值的变化。

（4）喷射混凝土时对外露钢绞线保护不到位，污染钢绞线，增大张拉时的摩擦力。

以上几种施工影响效果均具有明显的时效性和偶然性，对预应力损失的影响有限且不具体。

4.2.3　材料因素

锚索预应力损失因素有多种，如图6所示。

1)所选用的钢绞线材质

不同规格的钢绞线松弛损失的大小不同，松弛损失与材料性能、材料直径有关，并与张拉应力有关，张拉应力越大，松弛损失就越大。万州驸马长江大桥锚碇基坑采用抗拉强度为1 860 MPa的低松弛钢绞线，影响很小。

2)锚头、夹具引起的应力损失

锚头、夹具是决定张拉卸载过程中钢绞线回缩量的重要因素，而钢绞线锚固时的回缩是产生预应力锚索应力损失最主要的原因。

3)孔外钢绞线的朝向

锚碇基坑锚索与基坑壁夹角为30°，锚垫块制作较为规范，偏差较小。但钢绞线自重和锚头、夹片、张拉时千斤顶的自重，导致钢绞线外露部分与成孔方向成一定角度，使锚索的拉力产生向上的分力，但造成预应力损失量较小。

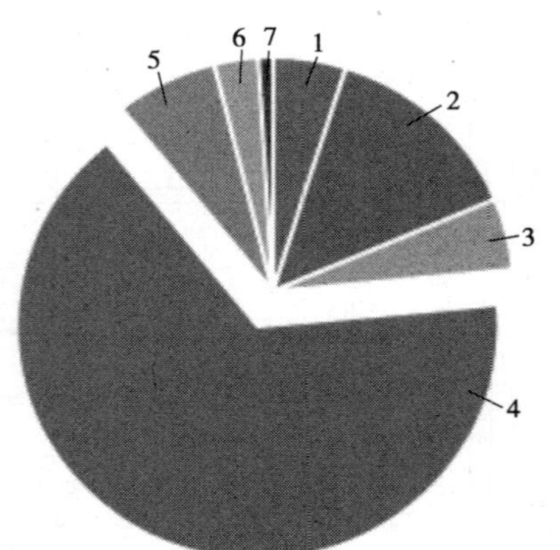

图6　锚索预应力损失因素示意图

1—地质因素；2—施工因素；
3—钢绞线松弛；4—锚头夹具损失；
5—钢绞线角度损失；6—温度因素；
7—降雨因素

4.2.4　环境因素

环境因素对锚索预应力损失的影响主要表现在以下两个方面：

(1)温度因素。随着温度的变化，由于钢绞线热胀冷缩而长度发生变化，从而引起锚索预应力的变化。

(2)降雨因素。降雨对锚索的影响表现为锚固力的增加。降雨引起岩体中地下水位的上升，增大边坡的滑动力；同时润滑结构面，降低岩石强度。尤其是裂隙发育的坡体，降雨带走软弱结构面中的夹层，贯穿滑动面，引起边坡的位移，从而使锚索预应力增大。但降雨对锚固力的影响具有时间上的滞后性，往往是在降雨后一段时间，锚索预应力才会增长。锚索试验期间未降雨，故降雨因素可忽略不计。

5　减少预应力损失的措施

(1)在选择锚索材料时，应选择高强度低松弛的钢绞线，选择与钢绞线相匹配的锚具、夹片可以减少钢绞线的回缩量，对减少预应力的损失具有非常积极的作用，这也是减少预应力损失最有效的办法。

(2)张拉时，应保证外露钢绞线表面清洁，特别是存在喷射混凝土施工的工况下。不清洁的表面会降低钢绞线与夹片间的摩擦力，增大回缩量。

(3)采取措施确保外露钢绞线与成孔方向一致。从安放钢筋到混凝土浇筑，再到张拉，每个过程都要采取措施。安装钢筋时，在钢绞线与钢筋交叉部位用刚度较好的塑料管套住锚索，并调整塑料管的朝向与成孔方向一致并保持，可以有效地避免分力的产生。

6 结 语

预应力锚索支护在基坑及边坡工程中应用较多,减少预应力锚索的应力损失对基坑、边坡的安全具有重要意义。采取措施降低应力的损失对降低施工风险、减少工程造价、缩短工期有很大的帮助。在施工中采取比较合理的措施可以有效地减少应力的损失。

参考文献

[1] 朱合华,郑国平,刘庭金.预应力锚固支护的数值模拟[J].西部探矿工程,2003,15(6):17-19.

[2] 高大水.国内岩土预应力锚固技术应用及锚固技术参数统计[J].长江科学院院报,2004,21(6):87-90.

[3] 张永安,李峰,蒋鸥.泥岩高边坡锚索预应力变化规律分析[J].岩土力学与工程学报,2007,26(9):1888-1892.

[4] 战玉宝,毕宣可,尤春安.预应力锚索锚固段应力分布影响因素分析[J].土木工程学报,2007,40(6):49-53.

[5] 朱晗迓,孙红月,江会帮,等.边坡加固锚索预应力变化规律分析[J].岩石力学与工程学报,2004,23(16):2756-2760.

[6] 袁培进,吴铭江,陆遐龄,等.长江三峡永久船闸高边坡锚索预应力监测[J].岩土力学,2003,24(s1):198-201.

[7] 肖汉江,李亦明.预应力锚索锚固力测量与损失分析[J].人民长江,2007,38(11):151-153.

大倾角薄壁中空式锚碇支墩施工技术

宾　熊　郭登科　顾跃强

（中交一公局第三工程有限公司　北京　100024）

摘　要　依托万州驸马长江大桥工程，结合现场实际情况，利用现有材料进行锚碇支墩施工。本文着重对大倾角斜向薄壁墩施工进行研究，尤其是墩柱施工分层高度对其自身结构抗拉和支墩支架的影响，采用有限元计算软件结合现场监测数据，双向进行对比分析。结论表明，利用现有材料、模板系统和设计的钢管支架，总体上能满足现场施工要求，且施工精度满足设计及规范要求。

关键词　大倾角　薄壁支墩　支架　大体积混凝土

1　工程概况

北岸锚碇采用三角框架重力式锚，分为锚块、支墩及基础、前锚室 3 个部分。为了避免混凝土收缩与温度裂缝的产生，锚块及支墩应分块进行浇筑，各块间设置 2 m 宽的后浇带。

支墩采用 C40 混凝土，为矩形空心双室薄壁墩结构，单个支墩混凝土总方量为 2 098 m^3。支墩内设置一道纵隔板，薄壁墩和隔板壁厚均为 1.0 m。支墩高 36.822 m，宽 8.0 m，外侧倾斜率为 1/2.049，支墩倾角达 64°。

2　支墩施工

北岸锚碇支墩分 12 层，标准层沿轴线长 4 m，顶面因考虑散索鞍预埋件和大体积混凝土施工，第 10、11 层混凝土分层高度为 1.8 m。

支墩俯面底板采用满铺组合木模板配合三角钢管支架进行施工，侧板和仰面顶板均采用原索塔承台 DXB180 悬臂模板架体施工，整体模板采取底板包侧板的形式。内模采用预埋牛腿 + 自制架体 + 组合木模的形式进行施工（图 1）。

绑扎钢筋时由于钢筋长 9 m，在自重作用下挠度大，对结构施工质量影响大，需要采用劲性骨架进行钢筋的空间定位。劲性骨架采用∟100 ×6 角钢主弦杆（竖杆及水平杆）及∟75 ×5 角钢腹杆（斜杆）焊接而成。

支墩混凝土浇筑采用泵送方式，在锚碇南侧地面桥位中心线上设置一台固定式卧泵，两个支墩沿顶板轴线布设泵管，通过泵管将混凝土直接泵送至作业点，再由串筒布料到浇筑位置，采用振捣棒进行混凝土振捣。通过塔式起重机进行锚碇施工材料垂直提升，人员沿底板延伸宽 50 cm 的施工通道进出施工位置。设备布置如图 2 所示。

作者简介：宾　熊（1985—），男，本科，工程师。
郭登科（1990—），男，本科，工程师。
顾跃强（1967—），男，本科，工程师。

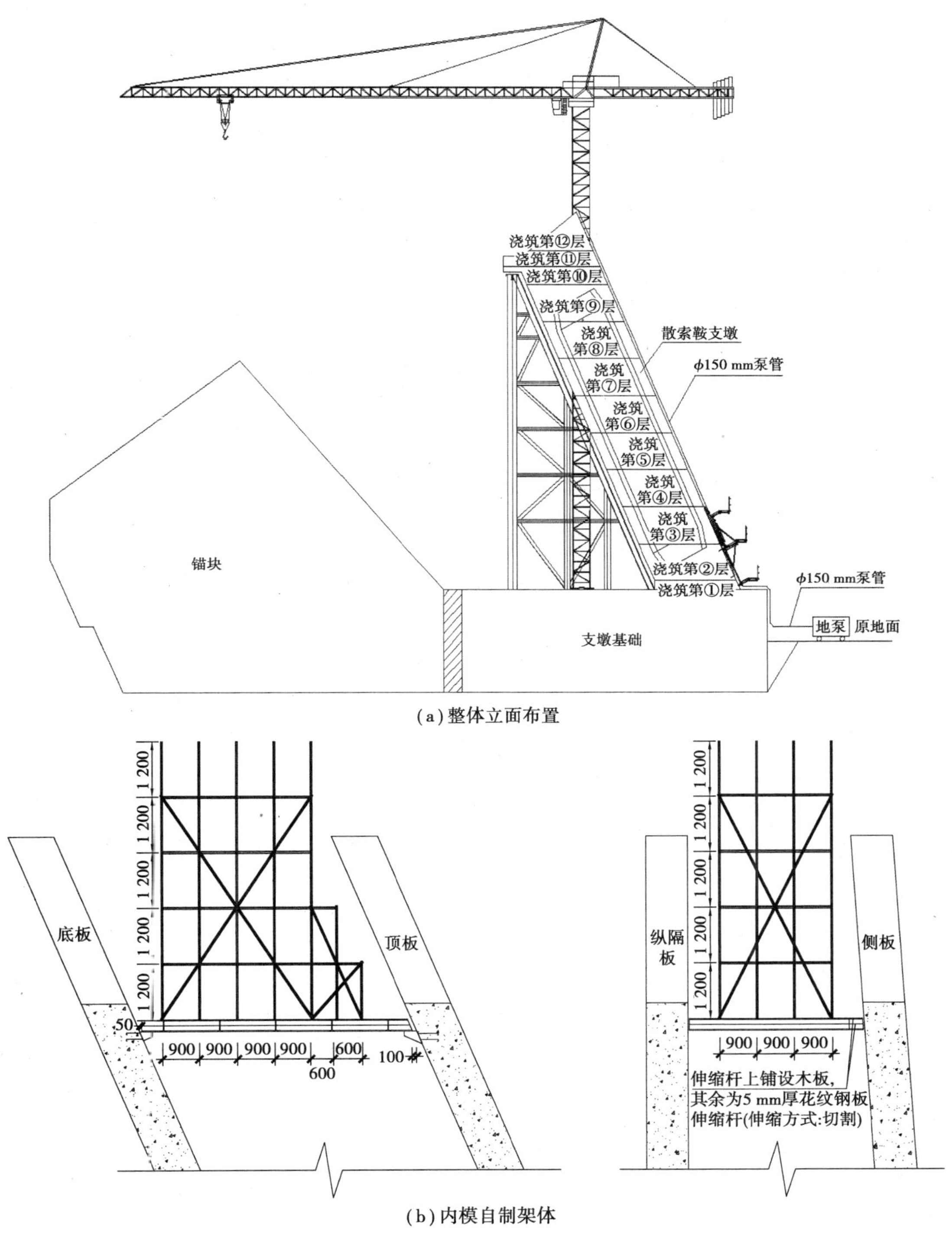

(a)整体立面布置

(b)内模自制架体

图1　支墩施工(单位:cm)

为便于北岸支墩施工,经核算,现场施工过程中,最大起吊质量不超过 5 t,塔式起重机设置位置距离支墩最远位置不超过 16 m,所以选择一台 QTZ80 型塔式起重机用于构件吊装施工。利用索塔施工的一台 HTB90C 型卧泵进行支墩混凝土施工。

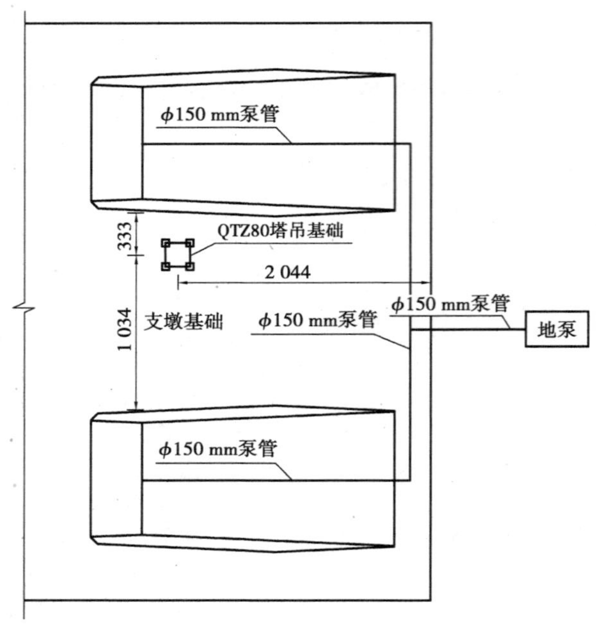

图 2　支墩施工塔式起重机、卧泵以及泵管布置(单位:cm)

3　支墩施工临时结构设计

3.1　支墩结构分析

因本工程锚碇支墩属于斜向大倾角结构,为了防止或减少受拉面或受拉点产生裂纹的可能性,类似工程都在施工过程中采取施工到一定节段进行顶推的措施。为确保在施工过程中墩身表面不产生裂缝,对锚碇支墩结构本身利用 midas FEA 软件进行有限元分析。计算模型如图 3 所示,计算结果如表 1 所示。

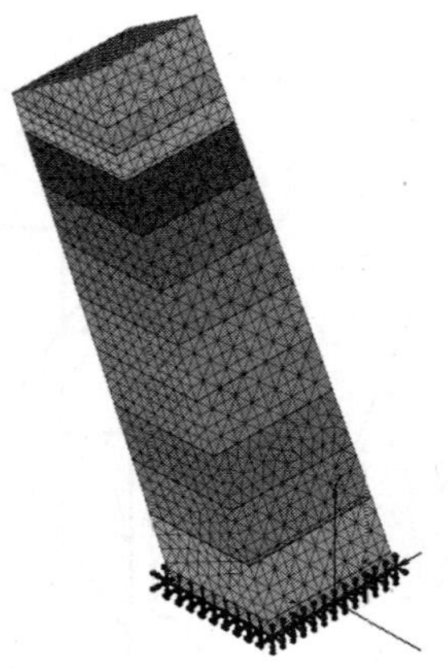

图 3　支墩有限元模型(按施工阶段划分)

3.2　支墩支架设计

3.2.1　设计方案比选

根据以往施工经验和对锚碇支墩自身结构的分析结果,制订 4 种支架设计方案,分别为满堂碗扣式支架设计方案、满堂碗扣式支架 + 钢管支架设计方案、型钢支架设计方案、万能杆件设计方案。对以上 4 种方案,从可行性、操作性、经济性和安全性分别进行比较,如表 2 所示。

表 1　支墩施工阶段结构自重产生的应力和位移

计算阶段		主应力/MPa	位移/mm		
		最大值	*DXYZ*	*DX*	*DZ*
1	支墩第 1 层浇筑	+0.001/ -0.004	0	0	0
2	支墩第 2 层浇筑	+0.063/ -0.022	0.018	-0.010	-0.015
3	支墩第 3 层浇筑	+0.101/ -0.037	0.064	-0.040	-0.050

续表

计算阶段		主应力/MPa	位移/mm		
		最大值	*DXYZ*	*DX*	*DZ*
4	支墩第 4 层浇筑	+0.131/ -0.060	0.161	-0.096	-0.131
5	支墩第 5 层浇筑	+0.231/ -0.096	0.349	-0.226	-0.267
6	支墩第 6 层浇筑	+0.436/ -0.139	0.649	-0.451	-0.473
7	支墩第 7 层浇筑	+0.71/ -0.191	1.129	-0.813	-0.819
8	支墩第 8 层浇筑	+1.052/ -0.251	1.896	-1.379	-1.302
9	支墩第 9 层浇筑	+1.714/ -0.362	3.777	-2.853	-2.476
10	支墩第 10 层浇筑	+2.179/ -0.438	5.393	-4.198	-3.401
11	支墩第 11 层浇筑	+2.623/ -0.509	7.055	-5.529	-4.434
12	支墩第 12 层浇筑	+2.940/ -0.561	8.332	-6.642	-5.174
13	门架安装及散索鞍吊装	+3.059/ -0.580	8.87	-7.069	-5.457

注:对主应力最大值,“ + ”表示拉应力,“ - ”表示压应力。

表 2　支架形式方案比选

序号	项目	规格	单个支墩支架工程数量	方案比选		
				安装过程	经济适用性	安全性
1	万能杆件	2 m×2 m×4 m 万能杆件标准节	约 100 个标准节/约 90 t(仅支墩部位)	可以循环使用或者租用,但搭设过程较为复杂	可租用,租赁价格约为 210 元/t,安装费用为 800 元/t,总计19.76 万元	有过类似工程实例,结构安全
2	型钢支架	I56a、双拼I56a、其他构造型钢	约 90 t(仅支墩部位)	结构安装简便,但对后续模板拆装工序有一定的影响;斜向杆件安装有一定难度	利用现有 30 t 型材,共需外购约 60 t;加工安装费用为1 200元/t,钢材单价为 2 800 元/t;总计 32.6 万元	受力明确,结构安全
3	钢管 + 碗扣支架	ϕ630 mm 钢管 + ϕ48 mm × 3.5 mm 碗扣支架	ϕ630 mm 钢管 160 m,碗扣支架约为 30 t	支架安拆较为简便,常规工艺;但是碗扣支架需周转	类似满堂支架,总计 12.26 万元	与满堂支架类似,通过结构自身抵消水平力影响难度大
4	满堂支架	ϕ48 mm × 3.5 mm碗扣支架	碗扣支架重约 80 t(仅支墩部位)	碗扣支架安拆较为简便,常规工艺	满堂支架安拆费用为 15 元/m^3,总共安拆费用约 9 万元,总计 17.36 万元	单支墩施工阶段,支架水平受力较大,对支架影响大

注:(1) 支墩工期约为 4 个月,碗扣支架租金约为 105 元/(t · 月),万能杆件租金约为 210 元/(t · 月)。
(2) 各种租赁进出场费统一按 5 万元估算。

由表 2 分析可得:

(1)经济性。碗扣支架方案相对于万能杆件和型钢支架方案总体投入要少。

(2)操作性。碗扣支架属于常规工艺,较万能杆件和型钢支架方案易施工。型钢支架施工较万能杆件施工简便。

(3)可行性和安全性。在不施工前锚室的条件下,满堂支架很难通过自身平衡前支墩对其的水平力。同时,采用满堂支架设计方案,需要考虑满堂支架对后续施工的影响,如散索鞍的吊装、猫道、主缆等上部结构施工,因为该支架需要一直等到主缆架设完成后才能进行拆除。

综上所述,再结合现场实际条件,统筹考虑现有资源、后续施工的情况下,最终选择型钢支架设计方案,并对其进行优化设计。

3.2.2 支架设计

支墩支架由4组三角形钢管支架组成,单组钢管支架由一排 ϕ1 000 mm×10 mm 钢管立柱+2排 ϕ630 mm×6 mm 钢管立柱+双拼I56a主梁+ϕ325 mm×6 mm 钢管横撑+双拼[32a斜撑组成,组与组之间由 ϕ325 mm×6 mm 钢管连接。

钢管立柱横桥向间距为4 m,纵向间距为4.5~6 m。型钢主梁与支墩底板平行,垂直净距离均为488 mm,用于布置18 mm厚竹胶板及横向30 cm、间距15 cm×10 cm的方木次楞,沿支墩轴线50 cm间距布置I32a模板主楞(图4)。

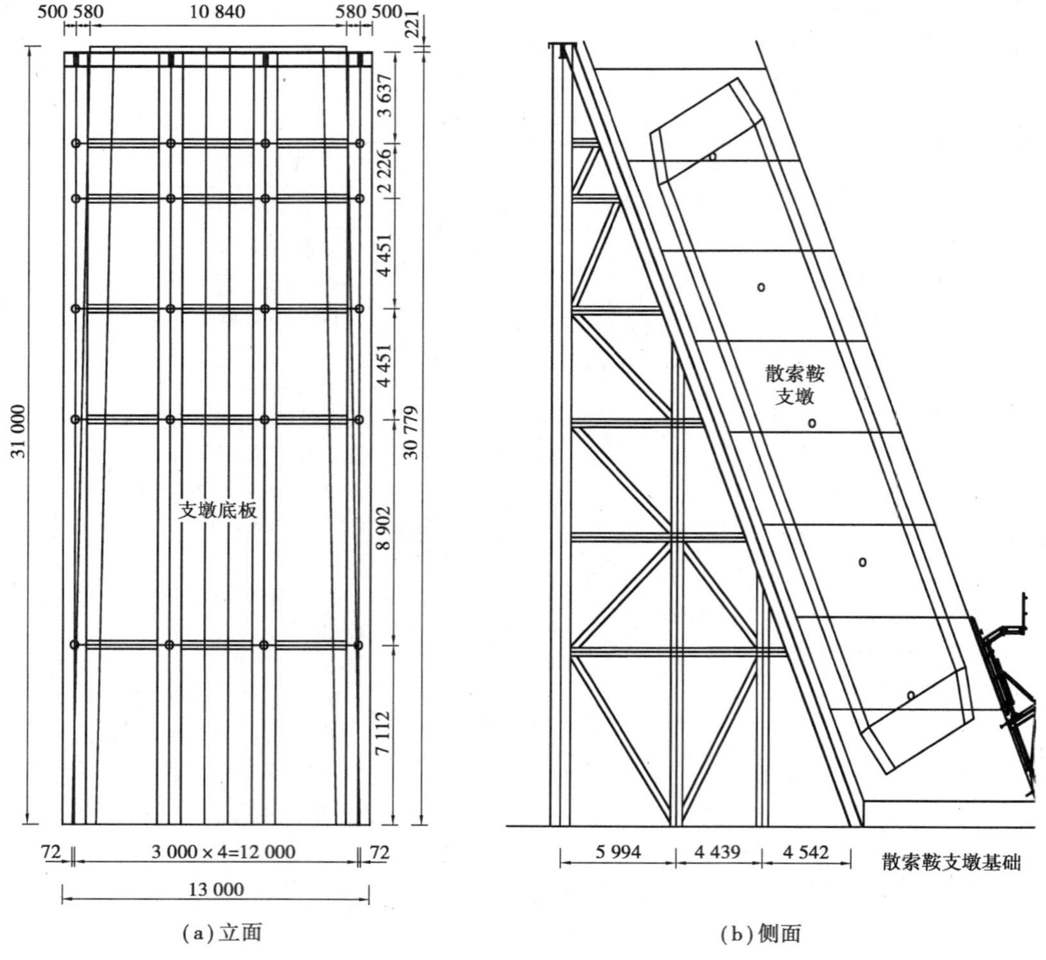

(a)立面　　(b)侧面

图4　单幅支墩支架(单位:mm)

3.2.3 锚碇支墩 + 支架计算

在有支架的情况下，根据有限元计算分析，分析模型如图 5 所示。

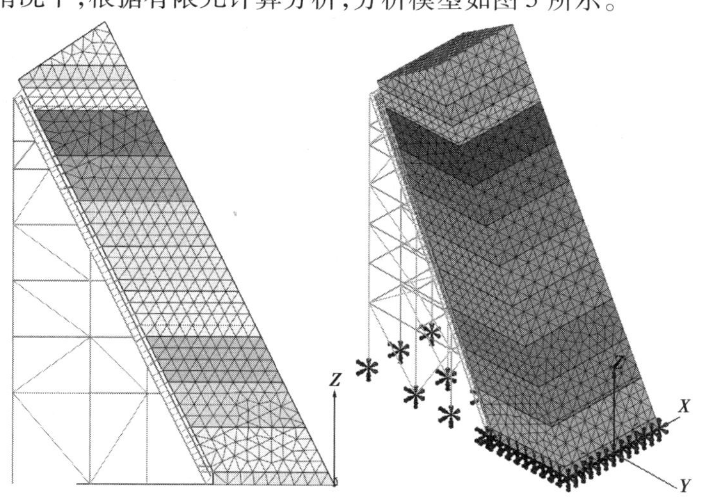

图 5 锚碇支墩 + 支架分析模型

具体分析结果如下：

（1）施工阶段混凝土支墩的最大主拉应力为 1.87 069 MPa，最大主压应力为 3.915 59 MPa；

（2）施工阶段支墩支架的 2 I 56a 主梁，最大折合应力为 198.82 MPa，最大变形为 33.3 mm。

3.2.4 墩身顶板配筋及表面裂缝验算

1）配筋验算

为简化验算，只考虑截面表面主筋受拉。设计支墩主筋为直径 25 mm HRB400 钢筋，其抗拉强度设计值为 330 MPa，设计钢筋支墩顶板外侧主筋根数为 58 根。根据 midas FEA 软件计算，通过对设计配筋与截面拉力进行对比，设计的配筋数量满足构造要求。

2）表面裂缝验算

在 midas FEA 软件计算模型中，提取最大拉应力截面内力为 $M_X = -2\ 630$ kN · m，$M_Y = -63\ 800$ kN · m，$M_Z = -13.30$ kN · m。根据《公路钢筋混凝土及预应力混凝土桥涵设计规范》（JTG D62—2012）对钢筋混凝土构件的最大裂缝宽度计算公式，得出混凝土表面的最大裂缝宽度为 0.144 mm <0.2 mm，满足要求。

3.2.5 计算结果

（1）在自重荷载作用下，门架安装及散索鞍吊装后产生的主拉应力为 3.059 MPa，出现部位在第 3 节段，该位置正好位于底部实心段和空心段的交界处。支墩最大位移为 8.70 mm，出现部位在第 9 节段，该位置位于顶部实心段和空心段的交界处。

（2）根据一般要求，墩身表面拉应力不宜超过 1 MPa，否则混凝土表面极易产生裂缝。从上述计算可以看出，当混凝土第 8 层浇筑完成后，在不考虑钢筋抗拉贡献的前提下，墩身表面极易出现裂缝。所以，依靠结构本身来抵抗因大倾角而产生的拉应力比较困难，因此需要考虑支墩支架对锚碇支墩的支承贡献。

（3）在存在锚碇支架的情况下，锚碇墩身自身的拉应力从 3.059 MPa 降为 1.871 MPa。在修改计算模型的条件下，提高支架的刚度，如设置足够的斜撑等，对降低锚碇支墩的拉应力有一定贡献。

(4)尽管有锚碇支架的存在,但是锚碇墩身表面的拉应力超过了要求,C40 混凝土抗拉强度设计值为 1.65 MPa,需要验算支墩设计配筋和截面裂缝宽度。从验算结果来看,临时结构设计配合支墩结构设计,能够满足现场施工,符合规范及设计的要求。

3.3 封顶支架

支墩封顶支架由型钢承重平台和模板支承体系组成。前支墩侧墙内侧预留槽放置主承重梁,腹板位置牛腿为长 1.0 m 的I25a 型钢贯通,型钢上放置I25a 分配梁 1。分配梁 1 为主承重梁的支点。使用I56a 型钢作为主梁,主梁上铺设I25a 型钢作为分配梁 2,分配梁 2 上搭设钢管支架并安装模板系统。封顶底板的模板使用钢管支架支承于承重平台的分配梁上,模板面板为竹胶板,背楞为 10 cm × 10 cm 方木。模板方木及竹胶板按照外模模板系统布置方式进行布置(图6)。

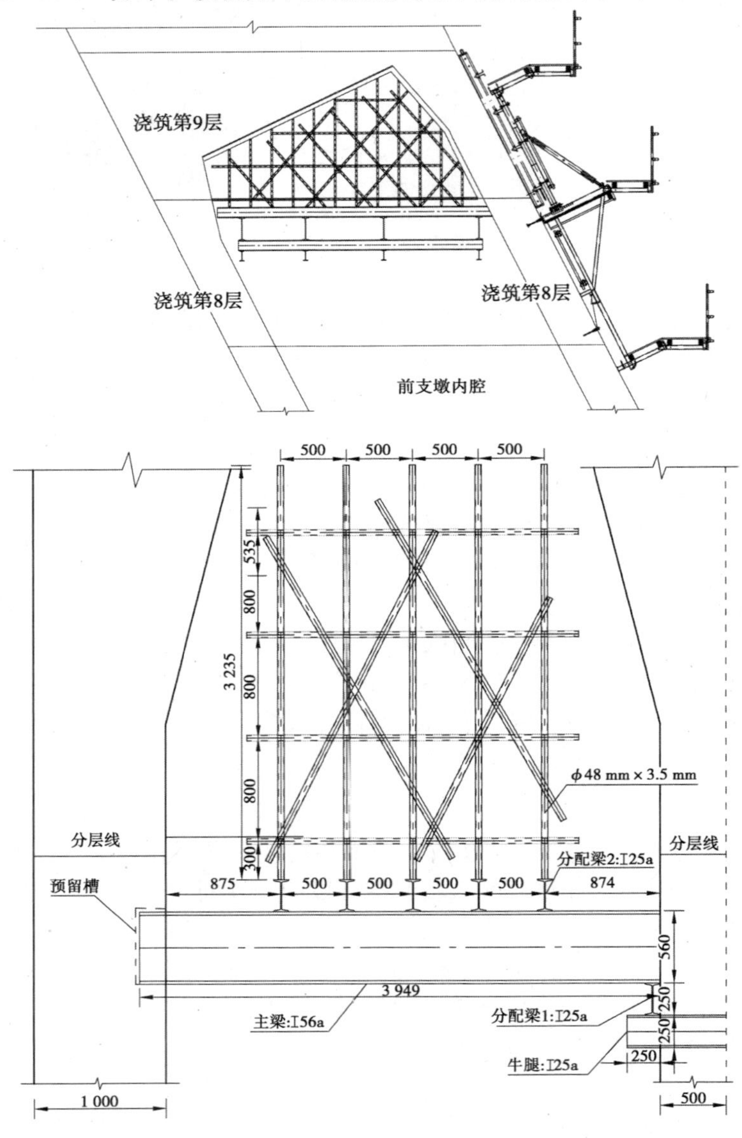

图 6　支墩单腔室封顶支架布置

封顶支架采用 midas Civil 软件建模进行分析计算。对承重平台所受混凝土自重荷载分解为分配梁 2 的梁单元线性荷载进行施加。施工活荷载的施加采用在分配梁 2 上建立临时板单元,以面荷载的形式进行施加。在主承重梁与分配梁 2 对应节点位置进行三向位移的刚性约束连接。经计算,牛腿位置处混凝土局部承压满足要求。

4 支墩施工

4.1 支架安装施工

4.1.1 安装顺序

支架安装严格按照立柱→主梁→平联→斜撑的顺序进行安装。

4.1.2 安装精度控制措施

1)立柱安装

立柱安装过程中,严格控制倾斜率,不得大于 1%,同时管间接口错台≤2 mm。立柱安装完成后,复测顶部标高,确保其与设计标高一致。为了保证浇筑后的支墩线形与设计一致,支架立柱顶标高进行了抬高,以抵消其受力变形,预抬值为 4.5 cm。

2)主梁安装

主梁长度约 40 m,安装前在场外进行整体拼装。其目的是:

(1)确保主梁顶面平顺,保证后续模板安装的平整度;

(2)在搭接立柱的位置进行一次拆分,将整根主梁分为两段,主要是为了控制超长杆件在吊装过程中的变形,拆分时将双拼主梁的切口错开,防止引起局部应力集中;

(3)控制吊点位置,确保梁体变形均匀。

主梁安装过程中,测量人员要全程跟踪,确保主梁安装线形与设计线形一致。主梁安装完成后,现场人员从主梁底至顶要拉线复测,确保梁顶平顺,同时也为安装平联和模板系统提供基础数据。主梁最终与立柱焊接是在平联安装完成后进行。

3)平联安装

平联构件的长度首先根据设计长度进行下料,再根据复测的主梁的位置进行微调。

支架安装需要一定的时间,在安装过程中需要全程监测日照和温度对刚支架的影响。

4.2 实心段施工

实心段混凝土为大体积混凝土,为保证混凝土的施工质量,需要对结构各部位温度进行监测并采取“内降外保”的措施。冷却水管采用 ϕ40 mm 电焊钢管,要求冷却水管间距不得大于 1.0 m,距结构边缘不得大于 1.0 m。

1)配合比、原材料及拌和过程

支墩 C40 混凝土配合比为水泥: 粉煤灰: 天然砂: 碎石: 水: 减水剂 = 260: 174: 389: 1 074: 165: 4.74。利用有限元建模分析,要求混凝土入模温度不得大于 26.4 ℃,以此为基础,明确各原材的入机温度。

2)运输过程

经常检查混凝土罐车的运转情况,保证工况良好。施工前,混凝土输送车先用水进行湿润降温,避免混凝土内部水分因高温蒸发过快。

3)浇筑过程

(1)现场加盖遮阳棚,避免现场浇筑时遭到太阳直晒,导致温度急剧上升。

(2)随时检测运到工地的混凝土的温度,确保其不高于 26.4 ℃,必要时要求拌和站予以调整。

(3)与混凝土接触的各种工具、机具、设备和材料等(如泵管等)不要直接受到阳光暴晒,在使用前进行适当的喷水湿润冷却,并采用土工布等加以遮盖。

4)监控过程

封顶段施工前,在浇筑层底面中心、结构中心及侧面和上表面中心 7 个位置埋设温控元件,监测结构温度分布情况。

4.3 空心段施工

空心段墩身顶板及侧板施工采用悬臂模板系统,模板设计高度为 4.15 m,其中下部 0.10 m与旧混凝土面重叠,上部 0.05 m 防止混凝土浆水溢出污染混凝土表面和工作平台。

支墩空心段底板底模采用在墩身支架主梁上铺设I32a 承重梁 +15 cm×10 cm 方木(分配梁)+18 mm 竹胶板,随支架搭设进行铺装。

混凝土强度达到 10 MPa 时方可拆除模板,达到 15 MPa 时方可爬升架体及模板。模板拆除时,先卸下拉杆螺母,抽出拉杆,堆放在适当位置。卸下芯带,将模板后移,同时与架体固定牢固,采用塔式起重机按设计吊点位置挂好吊钩,整体提升,按设计图纸将架体提升就位并连接牢固;操作人员在吊平台上用套筒扳手和爬锥卸具将受力螺栓和爬锥取出,以便重复利用,同时用相同强度等级砂浆抹平爬锥孔。

5 测量监控

5.1 位移监测

支墩施工位移控制主要由锚碇支架来实现,要求整体位置精度控制在 10 mm 以内。实测支墩本身最大轴线偏位为 7.3 mm,其中实测高程比设计高程约高 13.1 mm,锚碇支架与设计线形最大偏位为 3.7 mm,整体线形顺直,满足现场施工需求。

5.2 应力监测

支墩在第 3 层和第 10 层混凝土浇筑前,在顶板、底板、两边侧板和腔室隔板等 5 处均布设应力计,对各部位混凝土应力情况进行监测。实测数据显示,支墩混凝土最大拉应力为 0.89 MPa,位于第 3 层浇筑层顶板处,与计算位置相符合。

5.3 温度监测

封顶实心段最大入模温度为 26.7 ℃。监测结果表明,浇筑 15 天期间,在实施各种调控措施下,其内部最高温为 63.9 ℃,内表最大温差为 22.9 ℃,混凝土表面与气温最大温差为 18.3 ℃,降温速率最大为 2.2 ℃/d。在监控指标临近要求值时即采取相应措施,结构温度总体可控,且后期观察发现细小温度裂纹极少,温控效果良好。

6 结　语

(1)在大倾角墩身施工过程中,本项目采用的钢管支架 + 自制模板系统 + 悬臂模板系统,实施效果良好。

(2)施工过程中,支架安装是关键,支架安装线形基本决定了锚碇支墩墩身的线形。

(3)支墩模板系统设计时,应该考虑匹配性。首先是模板的匹配性,再是施工通道、操作平台的空间位置是否与模板、锚碇支架等有冲突。

(4)锚碇支架设计是否可在预埋系统上寻求突破。例如,在已施工完的节段上预埋牛腿、大型钢等构件,作为下一个节段的支承系统;采用其他措施,如在顶面和支墩基础上设置预埋件,通过钢绞线等预应力张拉,进而抵消支墩拉应力过大的现象。

(5)部分施工难度大的大体积混凝土,在做好技术准备、现场组织、管理以及后期全程监控的前提下,可通过其他措施来控制并取消冷却循环系统,这也是国内外大体积混凝土温度控制发展的一个趋势。

万州驸马长江大桥北岸锚碇散索鞍支墩大倾角中空式薄壁墩施工,采用了自行设计的施工支架,大大节约了成本;模板选用自带操作平台的悬臂模板,增加了施工效率和安全性,结合应力及温度监控等手段,大大减少了墩身裂缝的产生,取得了良好的工程质量效果和经济效益。

参考文献

[1] 中华人民共和国行业标准.公路桥涵施工技术规范(JTG/T F50—2011)[S].北京:人民交通出版社,2011.

[2] 中华人民共和国国家标准.大体积混凝土施工规范(GB 50496—2009)[S].北京:中国计划出版社,2009.

[3] 中华人民共和国国家标准.钢结构设计规范(GB 50017—2003)[S].北京:中国计划出版社,2003.

[4] 陈开桥.超高大坡度散索鞍支墩混凝土施工控制技术[J].世界桥梁,2014(4):15-19.

浅析大坡度散索鞍支墩施工关键技术

曹英鑫　贺洪波

（中交一公局厦门工程有限公司　厦门　361000）

摘　要　万州驸马长江大桥南岸散索鞍支墩为大坡度混凝土结构，支墩顺桥向倾斜62°，施工支架设计不合理易导致支墩变形，需进行承载支架设计和计算。地基及基础受力验证、防止大体积混凝土产生裂缝。合理的设计形式和施工控制技术保证了锚碇支墩的施工质量，对类似工程有借鉴意义。

关键词　悬索桥　大坡度　散索鞍支墩　技术

1　工程概况

万州驸马长江大桥主桥南岸采用隧道式锚碇。散索鞍支墩采用空心薄壁墩，双室结构，支墩内设置一道纵隔板，支墩断面尺寸为900 cm×750 cm（横桥向×顺桥向），壁厚100 cm，支墩垂直高度为23.372 m，支墩斜高为26.476 m（图1）。由于采用先施工支墩，后安装散索鞍，最后完成锚室施工的顺序，所以大倾角支墩支架需进行合理设计和验证。

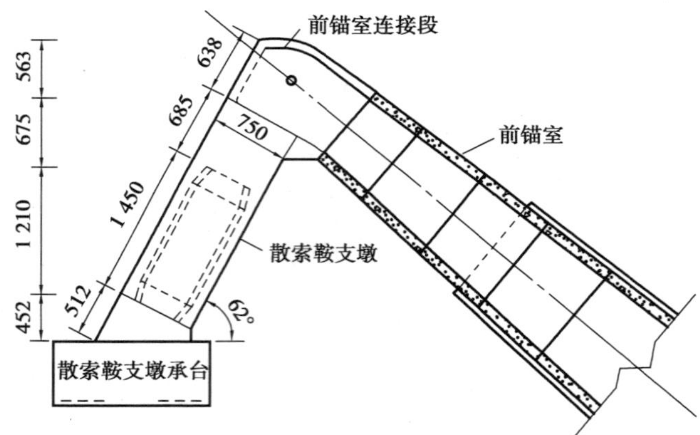

图1　散索鞍支墩结构示意图（单位：cm）

作者简介：曹英鑫（1986—），男，本科，助理工程师。
贺洪波（1987—），男，本科，工程师。

2　支架设计和施工

2.1　支架设计

支架总体设计采用三角形结构，由两排立柱和一排斜杆组成，斜杆与立柱间设置有斜撑，前支墩顶部外伸段采用在钢管支架顶部搭设碗扣支架形式进行施工。钢管立柱横桥向布置3道，间距为4 m/道，柱顶平行于支墩与前锚室底板横向联系梁中心线轴线。支架钢管立柱（斜柱）采用 ϕ800 mm×10 mm 螺旋焊接钢管，支架平联、斜联均采用 ϕ400 mm×6 mm 螺旋焊接钢管，支架承重梁型钢采用 HN700 型钢，散索鞍支墩支架碗扣脚手架下承重梁采用 HW400 型钢，钢管立柱（斜柱）、平联（斜联）、HN700 型钢、HW400 型钢之间均进行满焊连接，形成整体支架（图2）。

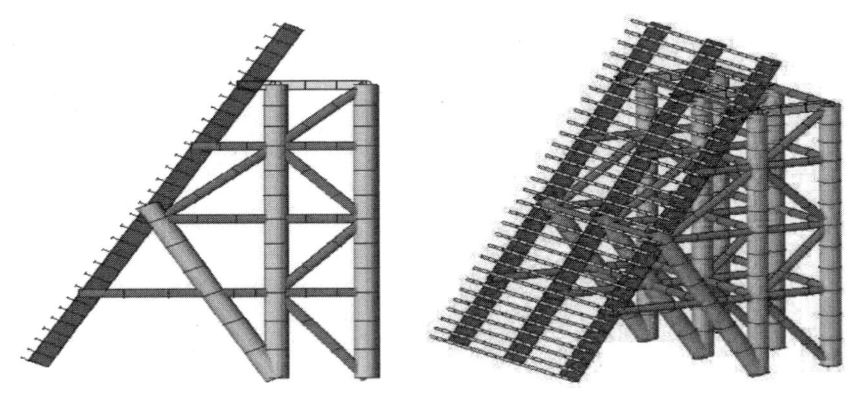

图2　散索鞍支墩支架示意图

2.2　支架施工

散索鞍支墩支架的立柱采用 ϕ800 mm×10 mm 钢管，需将接头处 30 mm 内的铁锈、氧化铁皮、油污清除干净，显露出钢材的金属光泽。钢管表面不得有裂缝、气泡、起鳞、夹层等缺陷，同时钢管管节外形尺寸应符合以下要求：

（1）椭圆度：允许 0.5% D，且不大于 5 mm（D 为钢管桩外径）。

（2）外周长：允许 ±0.5% C，且不大于 10 mm（C 为钢管桩周长）。

（3）轴向弯曲矢高：允许 0.1% L，且不大于 30 mm（L 为钢管桩长度）。

钢管架立前，对钢管中心位置进行测量放样，并将钢管位置延伸至钢管范围以外，以便钢管吊装时对钢管位置进行复核。钢管立柱使用塔吊进行吊装、就位，对钢管垂直度采用经纬仪进行测量，满足要求后沿钢管底部将钢管与预埋锚固钢板点焊固定。同时采用加劲板将预埋锚固钢板与钢管可靠焊接，焊接焊缝高度应不小于 10 mm。钢管立柱平面偏差不大于 20 mm，钢管垂直度偏差不大于 50 mm。钢管立柱间设置平联、斜联，平联、斜联钢管与钢管立柱间采用哈弗接头，平联、斜联钢管根据钢管立柱间距在后场下料加工，吊装就位后一端先与钢管立柱连接焊接，焊接完成后另一端通过哈弗板与钢管立柱连接焊接。平联、斜联钢管与钢管立柱间的焊缝高度不小于 6 mm。钢管立柱顶设置 HN700 型钢承重梁，HN700 型钢需与钢管立柱可靠焊接，焊接的焊缝高度不小于 10 mm。

3 支架应力计算

散索鞍支墩水平夹角为62°,为便于底面模板安装和控制墩身根部混凝土应力,底面采用支架法铺设竹胶板底模施工,其余三面采用大面积钢模板翻模法施工。支墩垂直高度为23.372 m,支墩斜高为26.476 m,为与钢筋进货长度(9 m)相匹配,施工节段按斜高4.5 m或2.25 m进行划分,共计划分为7个节段(图3)。

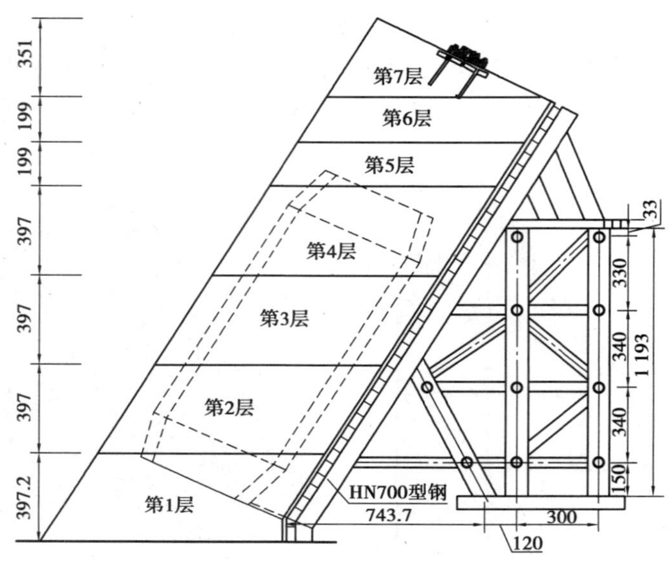

图3 散索鞍支墩混凝土浇筑阶段划分(单位:mm)

需要明确施工阶段支墩是否出现拉应力超过混凝土抗拉设计强度值,以此来确定支架受到的结构自重,采用midas FEA土木结构非线性详细分析专用软件模拟施工得到各施工阶段结构自重产生的应力和位移。前支墩施工阶段自重应力见表1。

表1 前支墩施工阶段自重应力表

计算阶段		主应力/MPa	位移/mm	C40混凝土抗拉强度设计值/MPa
		最大	最大	
1	前支墩第2层浇筑	0.33/-0.10	0.08	1.71
2	前支墩第3层浇筑	0.37/-0.17	0.24	1.71
3	前支墩第4层浇筑	0.38/-0.29	0.6	1.71
4	前支墩第5层浇筑	0.89/-0.56	1.9	1.71
5	前支墩第6层浇筑	1.29/-0.73	3.4	1.71
6	吊装散索鞍	1.36/-0.76	3.6	1.71

由表1可以看出,前6层混凝土完成后支墩裂缝控制等级为二级,散索鞍吊装后产生的拉应力为1.36 MPa,小于C40混凝土抗拉强度设计值1.71 MPa,所以在前支墩施工各阶段支架应力满足要求。

建立前支墩节段墩身实体模型,前支墩通过 midas FEA 建模划分网格后导入 midas Civil 中,前支墩支架整体最大位移为 10.1 mm,最大位移发生在 HN700 主梁悬臂端部,l = 10.1 mm≤2×2.486 m×1 000/400 = 12.4 mm,满足要求;钢管立柱顶部位移为 5.0 mm,位移较小,满足要求,其他部位的位移也均较小。支架整体最大组合应力为 139.6 MPa,为工字钢分配梁处,最大组合应力小于 Q235B 设计值 215 MPa;ϕ1 000 mm×10 mm 钢管立柱最大组合应力为 -50.5 MPa,ϕ400 mm×6 mm 钢管横向联系最大组合应力为 41.2 MPa,HW400 型钢横梁最大组合应力为 64.2 MPa,HN700 主梁最大组合应力为 -60.4 MPa,支架应力均满足施工要求。

4 模板施工

4.1 模板设计

散索鞍支墩的外模、内模、底模进行统一设计,外模在专业模板厂家加工制作,内模、底模采用竹胶板由班组在加工场进行加工。支墩外模面板、型钢均采用 Q235 钢材,面板厚度为 6 mm,竖肋为[10 槽钢,背楞为背扣[16 槽钢,∟100×10 角钢边棱,拉杆设计为直径 25 mm 的 40Cr 丝杆。外模的模板单节高度为 2.25 m,侧模单节高度为 1.986 m。单个墩柱施工配置 3 节模板,其中已浇筑混凝土顶节模板不拆除作为支承结构。内模单节钢模板标准高度为 4.7 m,支模时对已浇筑节段按 15 cm 进行压边。同时,因支墩内腔截面变化大,模板加工制作时以下口压边 15 cm、上口高出混凝土面 5 cm 进行控制。底模根据支架承重分配工字钢,底面铺设竹胶板作为底模。

4.2 模板施工

因散索鞍支墩模板规格型号多、尺寸差异大,现场需要进行试拼,合格后方能施工。

第 1 节段模板安装前,在承台顶面沿轮廓线设置 5 ~ 10 cm砂浆找平层,便于标高控制和模板拆除。因支墩为倾斜结构且与引桥 14 号墩存在交叉,模板底口标高与设计不一致将导致模板整体位置偏移,故在第 1 节段模板安装前需特别检验模板底口砂浆找平层的标高、平整度是否满足要求,以保证模板安装后结构尺寸、位置满足要求。模板安装时,拼缝模板之间设置一道双面胶条,防止浇筑施工中模板拼缝处漏浆。模板的安装与拆卸均由塔吊完成。

5 地基及基础验证

支架采用整体式 C30 钢筋混凝土扩大基础,即同排钢管共用一个扩大基础,以增加基础的整体性并减小对地基的要求。基础底板配置直径为 16 mm、间距为 15 cm×15 cm 钢筋,钢筋净保护层厚度为 30 mm。考虑支墩施工混凝土浇筑时的水平荷载,扩大基础埋入地基内不小于一半基础高度,同时在基坑开挖后扩大基础不支模浇筑,使扩大基础直接与基坑壁接触,以提高扩大基础抵抗水平荷载能力。按照《普通混凝土力学性能试验方法标准》(GB/T 50081—2002),C30 混凝土强度为:30 MPa≤$f_{cu,k}$ = 35 MPa,则支架钢管钢筋混凝土基础满足设计要求。根据设计计算,支架扩大基础的地基承载力不小于 500 kPa。支架设计时,已考虑扩大基础避开支墩承台基坑回填位置,扩大基础基坑开挖应避开雨天施工,以避免雨水浸泡地基使其软化而降低地基承载能力。基坑开挖至中分化泥岩，对基岩承载力的标准值，《建筑地基基础设计规范》(GB 50007—2011)及有关资料都有相同的规定，对软质岩石，中风化为 700 ~ 1200 kPa；按《地基基础设计规范》(GB 50007—2002)第 3.25 条规定：$f=\psi\times f_{rk}$进行地基承载力验算(其中，f为岩石地基承载力设计值，f_{rk}为岩石饱和单轴抗压强度标准值，ψ为折减系数)，微中风化取 0.17 ~ 0.25，满足规范标准值规定。同时，在基坑开挖后扩大基础不支模浇筑，使扩大基础直接与基坑壁接触，以提高扩大基础抵抗水平荷载能力。

6 大体积混凝土防裂技术

散索鞍支墩混凝土为 C40 混凝土，胶凝材料用量较大，混凝土升温降温迅速，内外温差大，容易出现温度裂缝。混凝土施工的各个环节对于控制早期裂缝、减小后期开裂倾向、保证实现设计的混凝土结构耐久性至关重要，特别是水泥成分中较高水化速率的组分因素增加，即使不是早强品种的水泥，水化热速率也都会加快，混凝土的自收缩变形和温度变形都会较大。

散索鞍支墩大体积混凝土浇筑裂缝控制采取以下主要措施：

(1)优化施工配合比：在施工前，对多种外加剂、碎石及中砂进行配合比分析比较，优选水化热低的配合比，掺加粉煤灰，降低水化热，降低混凝土的泌水和干燥收缩，尽量降低水泥的用量，从而降低了水化热，同时其缓凝效果也有效地延长了混凝土的放热时间。

(2)防裂钢筋焊网的使用：防裂网的工作机理为支墩混凝土保护层中间设置防裂网，可以均匀地传递混凝土自身的应力，荷载也可均匀地分布于整个混凝土结构上。这样可以有效地防止裂缝的发展，同时严格保证防裂网大面的平整度，确保保护层的均匀，使防裂网能充分发挥防裂作用。

(3)进行保湿、保温养护：为有效控制大体积混凝土裂缝，散索鞍支墩施工采用翻模法施工，由于墩身钢筋含量高，施工工序偏长，每次拆模间隔时间长，所以翻模底模封闭好，墩身表面水分难以蒸发，混凝土外表面保温、保湿效果好。当拆模后，为避免洒水养护，不仅使刚拆模的混凝土及时得到养护，而且使下部的混凝土也始终保持潮湿状态，整个墩身在几种强度增长阶段均处于良好的保湿状态。

7 预埋系统施工技术

散索鞍支墩顶预埋件主要包括散索鞍底板、猫道锚固架、散索鞍提升门架基础。该预埋系统不仅承担着索鞍及其附属构件的吊装任务，而且在猫道承重索牵引、猫道系统、索股架设、主缆整形入鞍、索夹和吊索吊装、紧缆机及缆载吊装系统安装等施工过程中，还将发挥着极其重要的作用。为保证预埋系统的安装精度，在支墩第 6 节施工时预埋地脚螺栓定位架预埋件，待第 7 节施工时先采用∟75 ×75 角钢焊接地脚螺栓制作预埋系统定位架，在定位架上对预埋系统基础精确定位并安装、加固，通过测量观测，予以矫正、处理，确保预埋系统的每一个组件的标高及坐标均处于设计位置，控制其误差在允许的范围之内，最后进行混凝土浇筑。混凝土浇筑过程中，采用分层浇筑，分块专人振捣，确保预埋系统内混凝土密实。

8 结　语

本文介绍了倾斜度较大的散索鞍支墩施工的一些关键控制技术，并在万州驸马长江大桥南岸散索鞍支墩施工过程中得到了成功应用,有效地控制了散索鞍支墩的施工质量,具有施工进度快、安全风险小、经济成本低等优点。本工程成功应用的各项关键技术,为今后类似工程的施工提供借鉴和参考,同时也为隧道式锚碇散索鞍支墩施工技术的提升积累了经验。

参考文献

[1] 钱冬生,陈仁福. 大跨悬索桥的设计与施工(修订版)[M]. 成都:西南交通大学出版社,2015.

[2] 钟建驰. 润扬长江公路大桥建设:悬索桥[M]. 北京:人民交通出版社,2006.

[3] 中华人民共和国国家标准. 建筑地基基础设计规范(GB 50007—2011)[S]. 北京:中国建筑工业出版社,2011.

[4] 周孟波. 悬索桥手册[M]. 北京:人民交通出版社,2003.

[5] 项海帆,等. 高等桥梁结构理论[M]. 2 版. 北京:人民交通出版社,2013.

[6] 朱云翔,李德坤,李芳军,等. 重庆鱼嘴长江大桥北锚碇基础施工及温控技术[J]. 桥梁建设,2007(a01):116-120.

悬索桥隧道锚施工测量浅析

李政逊　雷金兴

（中交一公局厦门工程有限公司　厦门　361000）

摘　要　本文结合万州驸马长江大桥南岸隧道锚施工测量的工程实践，主要针对隧道锚的测量控制及测量方法进行分析。同时结合施工放样，运用 Excel 编程计算隧道锚测量数据并进行分析。

关键词　悬索桥　隧道锚　施工测量　测量方法　计算程序

1　引　言

近年来，随着我国西部大开发和可持续发展战略的实施，高速公路迅速在我国西南部的崇山峻岭中延伸，环境扰动小的结构形式备受关注。悬索桥具有跨越能力强、加劲梁高度基本不随跨径增加而增高的特点，可有效避免高墩而达到跨越深谷的目的，是符合这种理念的理想桥型。锚碇作为悬索桥的四大部分之一，其土方量占悬索桥总开挖量的绝大部分，是最大限度减少环境扰动的关键所在。隧道锚可有效减少开挖量和混凝土用量，是理想的锚碇形式。隧道锚的使用在有效保护自然环境、避免大规模开挖、节约投资方面具有重要意义。因此，做好隧道锚施工过程中的测量控制显得尤为重要。

2　工程概况

万州驸马长江大桥南岸锚碇采用隧道锚形式，锚塞体嵌入中风化岩层内，前锚室及支墩位于地面以上。支墩与引桥 14 号墩共用基础，采用群桩承台基础，采用 12 根直径为 3.2 m 的桩基础。支墩采用空心薄壁墩，壁厚 1 m，支墩内设置一道纵隔板。

锚塞体前端外轮廓尺寸为 12 m×13 m，后端外轮廓尺寸为 18 m×20 m，采用圆端形实心断面；前锚室前端外轮廓尺寸为 9 m×8.5 m，后端与锚塞体对齐，壁厚 0.8 m；支墩与前锚室之间连接段壁厚 0.8 m（图 1～图 4）。

作者简介：李政逊（1990—），男，本科，助理工程师，（电子邮箱）719643320@qq.com。

雷金兴（1988—），男，本科，助理工程师，（电子邮箱）271059802@qq.com。

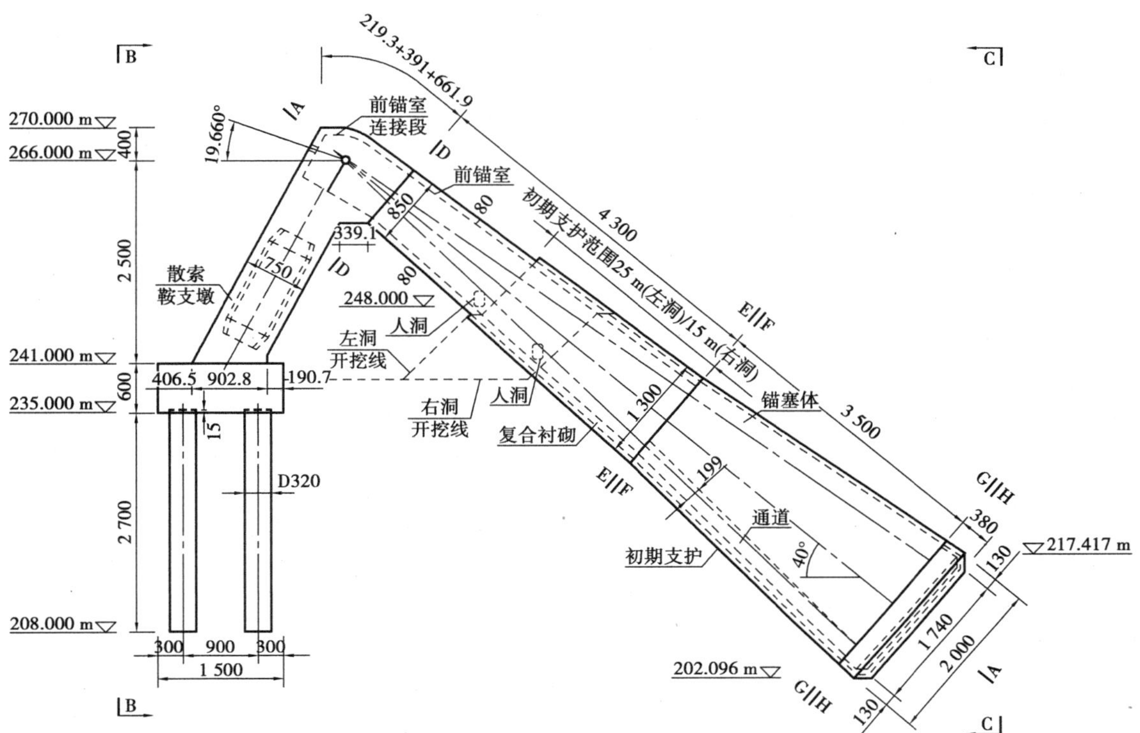

图 1　隧道锚总体结构布置图(侧立面)(单位:cm)

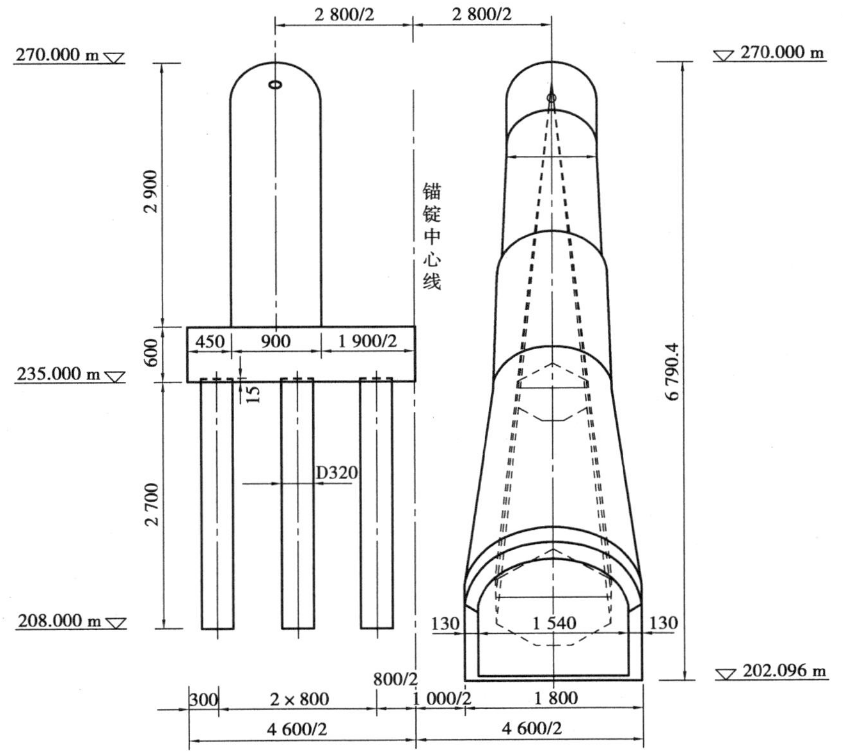

图 2　隧道锚总体结构正立面布置图(单位:cm)

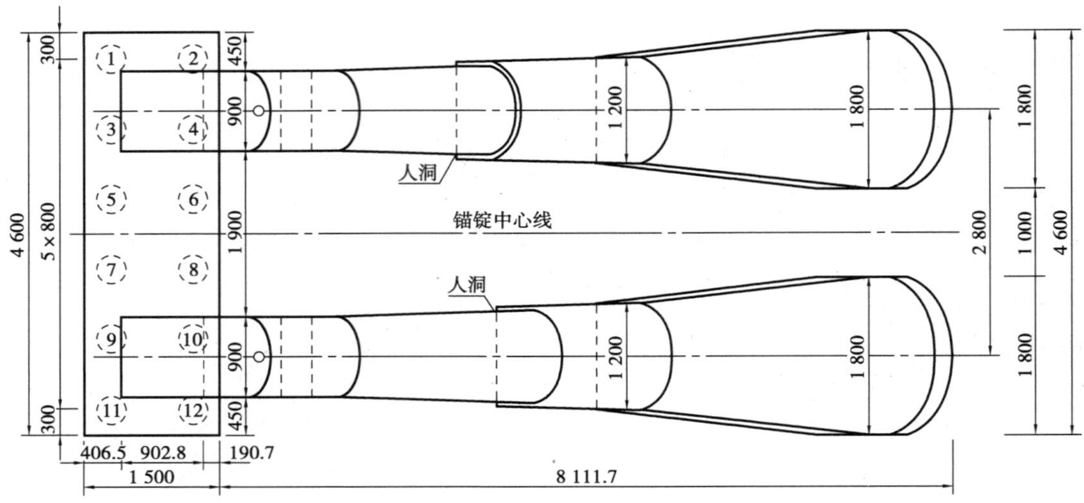

图 3　隧道锚总体结构平面布置图(单位:cm)

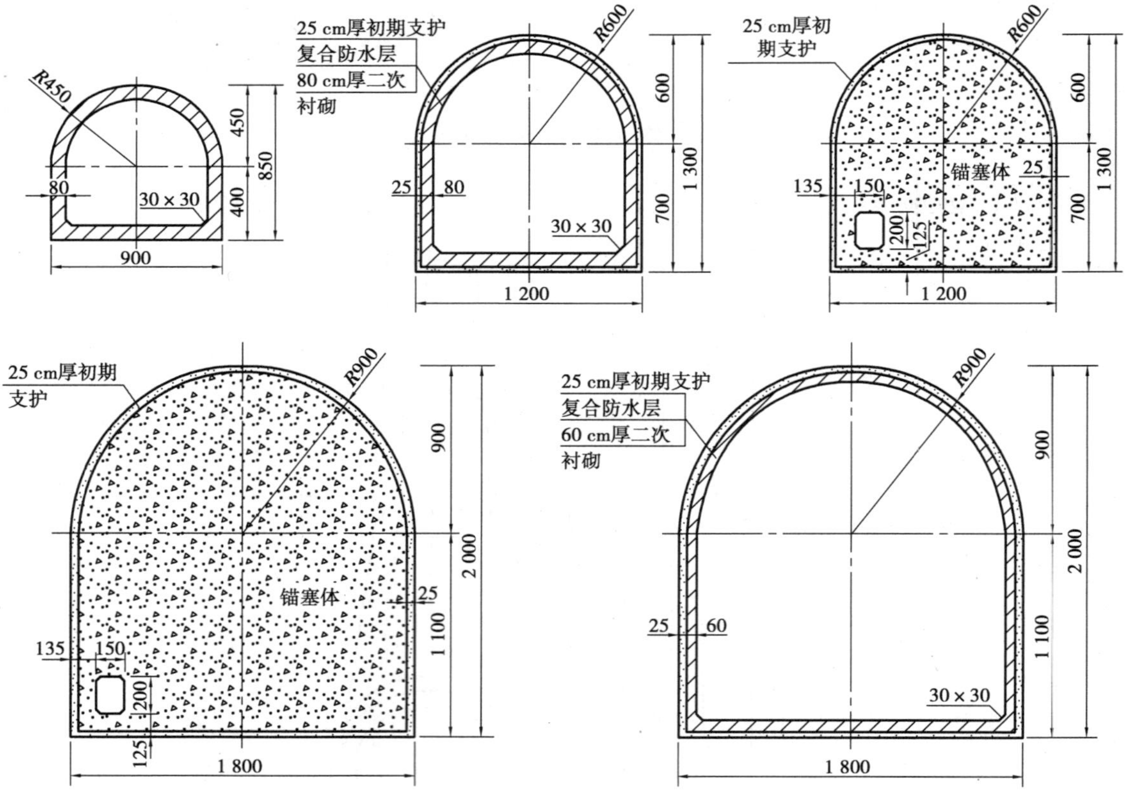

图 4　隧道锚断面尺寸示意图(单位:cm)

3　测量系统基准和测量仪器

3.1　测量系统基准

3.1.1　平面坐标系统

万州驸马长江大桥首级控制网平面坐标系统采用1980西安坐标系、独立坐标系(万利坐标系一、D1)和桥轴线坐标系。各坐标系有关参数见表1。

表1　1980西安坐标系、万利坐标系和桥轴线坐标系参数

序号	坐标系	中央子午线	归算面高程	备注
1	1980西安坐标系	108°00′	—	高斯正形投影
2	万利坐标系	108°30′	抵偿高程面300 m	万利坐标系
3	桥轴线坐标系	—	抵偿高程面285 m	边长归算面为桥面平均高程面

3.1.2　高程系统

高程采用1985国家高程基准。

3.2　测量仪器

测量仪器使用徕卡TCRP1201+R400全站仪,标称测角精度为0.5″,测距在有棱镜模式时的测距精度为1 mm+1.5×10-6D,无棱镜模式时的测距精度为2 mm+2×10-6D。

4　运用Excel编辑放样程序

Excel软件可以安装在手机上,这样用Excel来编程既方便又容易携带。

不考虑隧道锚施工动态的特性,现以万州驸马长江大桥隧道锚前锚室坐标计算为例。

由施工图纸可知,前锚室前端中心里程为$X_{前端}$,高程为$H_{前端}$;断面圆半径为r,纵断面长为$d_{前端}$,前锚面中心里程为$X_{前锚面}$,高程为$H_{前锚面}$,断面圆半径为R,纵断面长为$d_{前锚面}$,隧道锚中轴线与水平面夹角为α,前锚室前段到前锚面的距离为S,隧道锚中轴线偏位大桥中轴线为D。

假设测量点为(X_i,Y_i,Z_i),已测量点的里程为断面里程、断面中心、拱顶、起拱点、竖墙底角各点坐标计算如下:

断面中心:

$$X_{中心}=X_i,Y_{中心}=D,Z_{中心}=H_{前端}-(X_i-X_{前端})\times\tan\alpha$$

拱顶:

$$X_{拱顶}=X_{中心}+[(X_i-X_{前端})/\cos\alpha\times(R-r)/S+r]\times\sin\alpha$$

$$Y_{拱顶}=D$$

$$Z_{拱顶}=Z_{中心}+[(X_i-X_{前端})/\cos\alpha\times(R-r)/S+r]\times\cos\alpha$$

起拱点:

$$X_{起拱点}=X_i+\{[(X_i-X_{前端})/\cos\alpha\times(R-r)/S+r]-[(X_i-X_{前端})/\cos\alpha\times(d_{前锚面}-d_{前端})/2S+d_{前端}/2]\}\times\sin\alpha$$

$$Y_{起拱点}=D-(X_i-X_{前端})/\cos\alpha\times(d_{前锚面}-d_{前端})/2S\pm d_{前端}/2$$

$$Z_{起拱点}=Z_{中心}+\{[(X_i-X_{前端})/\cos\alpha\times(R-r)/S+r]-[(X_i-X_{前端})/\cos\alpha\times(d_{前锚面}-d_{前端})/2S+d_{前端}/2]\}\times\cos\alpha$$

竖墙底角：

$$X_{竖墙底角}=X_{中心}-[(X_i-X_{前端})/\cos\alpha\times(R-r)/S+r]\times\sin\alpha$$

$$Y_{竖墙底角}=D-(X_i-X_{前端})/\cos\alpha\times(d_{前锚面}-d_{前端})/2S\pm d_{前端}/2$$

$$Z_{竖墙底角}=Z_{中心}-[(X_i-X_{前端})/\cos\alpha\times(R-r)/S+r]\times\cos\alpha$$

将以上计算公式输入 Excel 表格中，在现场放样时只需输入测点里程，断面数据就可以计算出来，如表 2 所示。

表 2 断面数据

前锚室					测点
位置	编号	X/m	Y/m	Z/m	10 325
中心	0	10 325.000	14	218.171	
拱顶	1	10 329.908	14	224.020	
底角	2	10 320.092	7.290	212.322	
	3	10 320.092	20.710	212.322	
起拱点	6	10 325.595	7.290	218.880	
	7	10 325.595	20.710	218.880	

5 锚碇测量放样

隧道锚施工测量主要包括隧洞开挖测量、衬砌测量、后锚室测量、锚塞体测量及前锚室测量。

5.1 隧洞内控制测量

5.1.1 洞内平面控制测量

分别在左、右洞的进口布设控制点，作为隧洞内控制的起点，并沿隧洞中心布设，每 35 m 布设一个，埋点的规格严格按照《公路隧道施工技术规范》(JTG F60—2009)的要求埋设。测量精度采用四等导线的精度要求，采用徕卡 TCRP1201 全站仪，水平角观测两个测回，每条边长往返测距 4 次，观测误差小于《公路勘测规范》(JTG C10—2007)中的各项限差要求，观测数据经计算所得结果的平均值作为洞内导线控制点的坐标值。在洞内导线控制点向前延伸过程中，对前面的导线点进行附合，以防止测量错误，并以此检验前面的点位是否发生位移，发现点位位移要及时加以纠正。

5.1.2 洞内高程控制测量

洞内高程控制点基本沿洞内平面控制点的位置布设，采用四等水准测量的精度要求做支水准路线测量。施工过程中洞内的控制点严格加以保护，发现点位被破坏要及时补测。

5.2 隧洞开挖测量

隧洞的开挖断面放样，均采用徕卡 TCRP1201 全站仪，配合 Excel 编程计算进行放样。徕卡 TCRP1201 全站仪配置红外激光对中器，在洞内光线不足的情况下也可以精确对中。配置的红外可见光免棱镜测距设备，可方便快速地采集数据，并可迅速指示出放样点位置。

施测过程：免棱镜全站仪采集掌子面三维坐标数据→利用 Excel 的可编程功能快速计算出测点的对应里程桩号及该测点与洞身设计轮廓的关系→用红色油漆标示出洞身轮廓线及洞轴线。此方法速度快、精度高，完全可满足隧道洞身开挖的精度要求。只需两名测量人员在 40 min 左右就可完成一个断面的放样，不占用施工时间。

开挖后的断面采用 BJSD-2E 型激光隧道断面仪进行检测，对超欠挖的断面进行及时处理。

5.3　隧洞衬砌施工测量

混凝土施工放样的置镜点和后视点均采用洞内导线控制点。放样采用全站仪极坐标法，利用全站仪精确放样出洞轴线与衬砌边墙的位置。再用水准仪测出其实际高程，计算出与设计高程之间的差值，精确定出衬砌台车的平面高程位置。台车就位时，先将底部与两侧标高对齐，然后从台车中线吊垂球，调整台车使垂线与设计中线重合，并用全站仪进行精确调整。

5.4　后锚室、锚塞体及前锚室施工测量

锚固系统坐标在设计文件中给出的，可根据坐标系的旋转计算公式，换算成大桥坐标系的坐标，后锚面上锚具中心的坐标是由设计文件中获得并进行换算得到的。锚碇混凝土施工测量主要控制前、后锚面索股锚固槽口的位置。

为了保证锚下垫板的安装精度要求，锚下垫板测量时，用测量仪器初步确定锚下垫板 4 个角的位置并用型钢固定。预应力管道安装完成后，检测各个锚下垫板、管道的中心线。

每个锚下垫板到前、后锚面模板都有设计尺寸，根据从设计文件反推得出锚下垫板 4 个角到相对应锚面模板的距离。在前后锚面模板的定位完成之后，用钢尺检校锚下垫板 4 个角到相对应锚面模板的距离。距离不在规定范围内的锚下垫板，要重新测量。

前锚面为一倾斜平面，所有锚固系统的槽口都处于此斜面上。内业计算时先确定槽口所需的支撑里程及其坐标，外业测量时利用主缆轴线控制点在坑顶两侧测量放出所需的里程点，坑内设置需要的高程控制点。用全站仪确定里程及相应的高程，即可确定模板安装的基准斜面，并在斜面上做好支承。在支承上以模板尺寸确定下口起口线，设置限位角铁，即可确定横向轴线。现场安装时，在轴线上设站控制纵向轴线，将模板紧固在支承面上，即完成锚面模板的定位。

支墩施工时，严格控制主缆通道中心坐标，并使平整度符合规范及设计要求。

6　测量精度控制

为保证施工测量时的测量精度，应注意以下几点：

(1)洞口控制点至少有 2 ~ 3 个其他控制点与其通视，以便做到设站校核；

(2)测量时，须保证洞内的照明亮度，尽量减少大气折光系数对测量数据精度的影响；

(3)保证洞内的空气流通，减少洞内粉尘，可提高测量精准度；

(4)定期复核控制网，在大雨过后也需对控制点进行抽检或整体复核，在控制点有扰动后及时发现；

(5)尽量避免洞内洞外温差过大时进行测量；

(6)在每次放样结束后,现场进行交底,点位固定牢靠,方可离开;

(7)仪器按时送计量单位检定、定期自我检校;

(8)定期检校棱镜等。

7 结 语

隧道锚施工测量中,将控制点设置于洞轴线上,利用桥轴线坐标系施工放样,使测量数据计算更简单、数据更直观,为隧道锚这类空间多变结构的测量节约了测量时间,提高了施工效率。

在测量工作中,不仅强调对测量数据计算、复核工作,更要强调测量结果的检校和测量方法的选择。选择正确的测量方法,使整个锚碇结构物的空间位置、尺寸大小的精度均高于相关质量检验评定标准的要求。

参考文献

[1] 中华人民共和国行业标准. 工程测量规范(GB 50026—2007)[S]. 北京:中国计划出版社,2008.

[2] 中华人民共和国行业标准. 公路桥涵施工技术规范(JTG/T F50—2011)[S]. 北京:人民交通出版社,2011.

[3] 唐勇,冯昭煌,邓远道. 万州长江二桥隧道锚施工测量[C]//四川公路桥梁建设集团有限公司学术交流会,2002.

万州驸马长江大桥隧道锚工程监控量测与超前地质预报

赫晓光[1]　邱山鸣[2]　欧志军[3]

（1. 中国电建集团中南勘测设计研究院有限公司　长沙　410014；
2. 水能资源利用关键技术湖南省重点实验室　长沙　410014；
3. 成都理工大学　成都　610059）

摘　要　本文对万州驸马长江大桥隧道锚工程监控量测与超前地质预报设计方案和实施过程进行了详细介绍。该工程项目进行了内部和外部变形监测、支护结构应力和渗压监测等监控量测项目，同时进行了探地雷达以及爆破震动和围岩松弛圈物探检测等技术手段综合进行超前地质预报。实施结果表明，监控量测和超前地质预报方案设计合理，真正起到了监控施工、指导施工和超前预报的作用，可供同类工程参考。

关键词　隧道锚　工程监控量测　超前地质预报

1　工程概述

万州驸马长江大桥是重庆万州至湖北利川高速公路（重庆段）跨越长江的重要控制性工程，桥址位于万州长江二桥下游6 km处，北岸起点位于重庆市万州区驸马镇吊龙村，南岸终点位于重庆市万州区太龙镇向平村。主桥为跨度1 050 m的单跨简支钢箱梁悬索桥，在两岸各设置480 m左、右幅引桥，全长2 010 m。

桥位区属构造剥蚀河流侵蚀地貌，第四系土层厚度不均，斜坡零星基岩出露，岸坡多基岩出露，中风化岩体较完整，裂隙不发育，地质构造简单，附近无断层通过，地震活动微弱，地下水贫乏，岸坡整体稳定性良好，不良地质现象总体较不发育。图1所示为万州驸马长江大桥布置图。

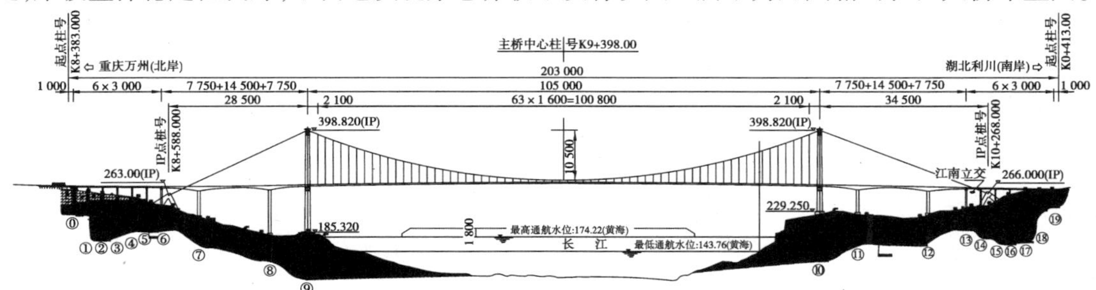

图1　万州驸马长江大桥布置图

作者简介：赫晓光（1981—），男，硕士研究生，工程师，（电子邮箱）179662241@qq.com。
邱山鸣（1981—），男，硕士研究生，工程师，（电子邮箱）179662241@qq.com。
欧志军（1981—），男，硕士研究生，工程师，（电子邮箱）179662241@qq.com。

为有效保护自然环境、避免大规模开挖、节约投资，锚碇形式为北岸重力式锚、南岸隧道锚。南岸隧道锚锚塞体嵌入中风化岩层内，前锚室及支墩位于地面以上。隧洞开挖深度约为63.8 m(左洞)/53.8 m(右洞)，其中前锚室长度为25 m(左洞)/15 m(右洞)，锚塞体长度为35 m，后锚室长度为3.8 m。隧道锚锚塞体前端外轮廓尺寸为12 m×13 m，后端外轮廓尺寸为18 m×20 m，采用圆端型实心断面，前锚室前端外轮廓尺寸为9 m×8.5 m，后端与锚塞体对齐。南岸锚碇立体示意如图2所示。

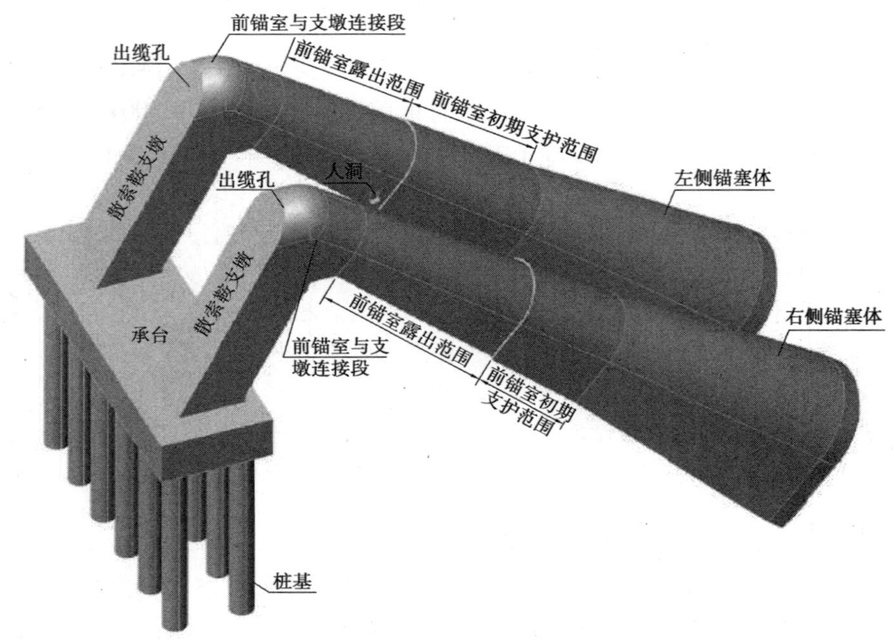

图2 南岸锚碇立体示意图

南岸隧道锚锚塞体嵌入中风化岩层内，中风化泥岩的单轴饱和抗压强度最大值为10.5 MPa，最小值为4.4 MPa，平均值为7.1 MPa，属于软岩；中风化砂岩的单轴饱和抗压强度最大值为31.5 MPa，最小值为18.2 MPa，平均值为26.4 MPa，属于较软岩。隧道锚围岩强度较低，岩体质量较差，隧道锚开挖施工安全性、围岩的承载能力及长期稳定性是工程建设关注的主要问题。

2 意义及目的

万州驸马长江大桥南岸隧道锚围岩地质条件较差，且洞室开挖断面较大(最大达20 m×22 m)，斜洞坡度大(40°)，洞室间距小(最小为8 m)。虽然工程设计阶段开展了大量勘察、试验和分析论证，但是由于围岩地质条件的复杂性、岩体性态的不确定性以及施工因素的影响，给洞室施工安全造成很大困难。为此，在施工期间开展系统的安全监测和地质预报，对指导安全施工、及时优化设计具有重要意义。其目的是：

(1)通过围岩稳定监控量测，了解各施工阶段围岩变形与支护结构荷载的动态变化，判断围岩的稳定性和支护结构的可靠性，为工程安全提供保障措施，为工程决策提供依据。

(2)满足信息化施工的需要，指导安全施工，为评价围岩处理措施与隧道锚施工质量提供依据。

(3)通过监控量测反馈分析,弥补理论分析过程中存在的不足,进一步优化设计,指导施工;同时,为同类型锚碇隧道的设计、施工和安全监测积累资料。

(4)采用地质超前预报,及时预测前方地质体结构与缺陷,结合施工监控量测信息分析,提出合理的施工方案,保障施工安全和工程质量,加快施工进度。

3　监测设计方案

3.1　设计原则

安全监测设计根据隧道锚围岩地质条件、洞室规模结构特征、围岩变形破坏类型与稳定性、工程措施以及工程位置的重要性等因素综合考虑,按照“重点突出,兼顾全面,统一规划,分步实施”的总原则进行设计。在坚持总原则的前提下,各监测部位安全监测设计具体原则如下:

(1)隧道锚施工期间安全监测以围岩稳定性和支护结构的工作状态监测为重点。

(2)监测系统应能全面监控到工程各部位的工作性状,统一考虑各种因素所引起的相互作用。

(3)合理布置观测仪器,控制关键部位;对关键部位应同时埋设两类或两类以上观测仪器,可通过观测成果的相互印证来提高成果的可靠性。

(4)尽量采取预埋监测的方式,在不具备预埋条件时,应紧跟掌子面及时埋设。

(5)采取仪器监测为主,人工巡视调查与仪器监测相结合,以弥补仪器覆盖面的不足。

3.2　监测项目与内容

监测项目主要结合围岩地质条件、支护结构设计、洞室规模结构、施工方法等方面选定。根据万州驸马长江大桥南岸隧道锚工程的实际情况,参考国内外同类工程的成功经验,拟定监测项目与内容如下:

(1)地表与洞周围岩表面位移监测,包括地表水平、垂直位移监测以及洞周收敛位移监测,必要时进行裂缝变形监测。

(2)围岩内部变形监测,包括围岩多点位移监测、洞顶围岩水平位移监测。

(3)支护结构受力状态监测,包括锚杆应力监测、支护结构压力监测、钢拱架内力监测。

(4)渗流监测,包括渗透压力(孔隙水压力)监测、地下水位监测。

(5)围岩松动范围监测,包括岩体波速的变化监测。

(6)爆破震动影响监测,包括质点震动速度(或加速度)监测、动应变监测。

(7)人工巡视,包括各种迹象的观察、记录、成像等。

3.3　监测方法

3.3.1　地表与洞周围岩表面位移监测

地表水平位移监测使用标称测角精度为 ±1″、测边精度为 ±1 mm ±1 ppm 全站仪观测,根据基点和监测点布置情况采用两点、三点边角交会施测。地表垂直位移监测采用几何水准测量方法,按照《国家一、二等水准测量规范》(GB/T 12897—2006)中二等水准测量有关技术要求施测。

洞周围岩表面位移监测主要采用收敛计进行量测,或全站仪监测。

3.3.2　围岩内部变形监测

围岩内部变形监测,主要采取两种方式:一是从洞内钻孔安装多点位移计,监测不同深度的围岩变形;二是从地表打孔安装测斜管,采用钻孔测斜仪监测洞顶不同深度的岩体的水平位移。

3.3.3 支护结构受力状态监测

锚杆受力状态,采用单点或多点式锚杆应力计监测(本工程采用单点式)。钢拱架受力,采用表面应变计监测。衬砌或喷射混凝土压力,采用土压力盒或混凝土压力盒监测。

3.3.4 渗流监测

隧道锚围岩渗流监测,主要采用埋设渗压计监测和地下水位长观孔监测。考虑到南岸隧道锚区域地下水贫乏,可利用测斜孔埋设渗压计监测降雨入渗情况。

3.3.5 围岩松动范围监测

围岩松动范围监测,采用钻孔声波测试。通过测试岩体声波的变化,来分析确定洞周围岩由于爆破施工和卸荷作用产生的松动范围。

3.3.6 爆破震动影响监测

采用测震仪和声波仪进行监测。通过现场爆破震动监测,可以分析隧道向前掘进及爆破施工对其已开挖段的支护结构产生的震动作用与危害;通过爆破震动速度测试及爆破前后的围岩超声波或地震波速度测试,研究爆破震动速度与围岩松动区范围之间的经验关系,从而对爆破施工参数给予监督和指导,引导施工在保证施工进度的同时降低爆破作用的累积效应对支护结构的损害和对围岩的扰动。

3.3.7 人工巡视

巡视检查分为日常巡视检查和特殊情况下的巡视检查。日常巡视检查,结合仪器监测频率,每次对工区安全监测范围进行例行检查。特殊情况下的巡视检查,对可能出现险情的部位实施昼夜监视。

巡视检查应携带地质锤、地质罗盘、皮尺、放大镜、望远镜、照相机、摄像机等。巡视检查时,应检查内容包括:裂缝出现位置、规模、延伸方向,原有裂缝有无扩大、延伸,断层有无新的错动,地表有无隆起或下陷,垮塌的位置、几何形状、体积及发生的时间,支护结构有无破损,地表排水沟、截水沟是否通畅,是否有新的地下水露头,原有的渗水量和水质有无变化,安全监测设施有无损坏,等等。每次巡视检查均应作好详细的现场记录,必要时应附有略图、素描、照片或录像带。

3.4 监测布置

围岩稳定监测布置按照点、线、面结合,在隧道锚围岩监测区形成三维监测网。隧道锚施工监控剖面按照:“横剖面一主五辅”共布置 1 个主监测横剖面、5 个辅助监测横剖面(1 个洞周围岩表面位移监测、5 个收敛监测剖面);两个纵剖面,具体布置见表 1 及图 3 ~ 图 6。拟订监测点(孔)数量如下:

(1)地表位移监测点(地表下沉):9 个。

(2)洞周围岩表面位移监测点(顶拱下沉):19 个(左、右洞各 2 个监测横剖面共 12 个监测点,加上与 2 个洞周围岩表面位移监测横剖面不重合的收敛监测横剖面的 7 个顶拱点)。

(3)三点式多点位移计:4 孔(左、右洞各 1 个监测横剖面)。

(4)测斜孔(地表设点、围岩体内位移):4 孔(左、右洞各 1 个监测纵剖面)。

(5)收敛测线(洞内周边位移):55 条(左洞 6 个监测剖面,右洞 5 个监测横剖面)。

(6)两点式锚杆应力计(锚杆轴力):6 套(左、右洞 1 个监测横剖面)。

(7)表面应变计(钢拱架内力):6 支(左、右洞 1 个监测横剖面)。

(8)土压力盒(围岩压力):6 个(左、右洞 1 个监测横剖面)。

(9)混凝土压力盒(两层支护间压力):6 个(左、右洞 1 个监测横剖面)。

(10)渗压计(渗水压力及水流量):4 支(左、右洞各 1 个监测纵剖面)。

(11)爆破震动监测:测点传感器为 CDJ-Z 型速度传感器。采用地震波法,根据现有地质资料,在影响区内布置测线。测试爆源点距各测点处的岩体质点垂直向震动速度,初拟每次监测不少于 10 个测点。

(12)围岩松动范围监测(声波孔):采用一个发双收声波探头进行单孔声波法。主要用于检测岩体开挖质量、洞室围岩松弛深度等。初拟每洞测试 5 孔。

表 1　各监测剖面位置列表

监测剖面编号	监测剖面位置	备　注
1—1 剖面	K0 +005.00	主监测横剖面[收敛、洞周围岩表面位移监测、多点位移计、土压力盒(围岩压力)、锚杆应力计(锚杆轴力)]
2—2 剖面	左洞中心线	纵剖面(测斜孔、渗压计)
3—3 剖面	右洞中心线	纵剖面(测斜孔、渗压计)
4—4 剖面	K0 -018.00	横剖面(收敛)
5—5 剖面	K0 -010.00	横剖面(收敛)
6—6 剖面	K0 -005.00	横剖面[收敛、表面应变计(钢拱架内力)]
7—7 剖面	K0 +018.00	横剖面[收敛、洞周围岩表面位移监测、混凝土压力盒(两层支护间压力)]
8—8 剖面	K0 +032.00	横剖面(收敛)

注:横剖面桩号以前锚面为基准面,负号"-"表示向洞外方向,正号"+"表示向洞里方向。

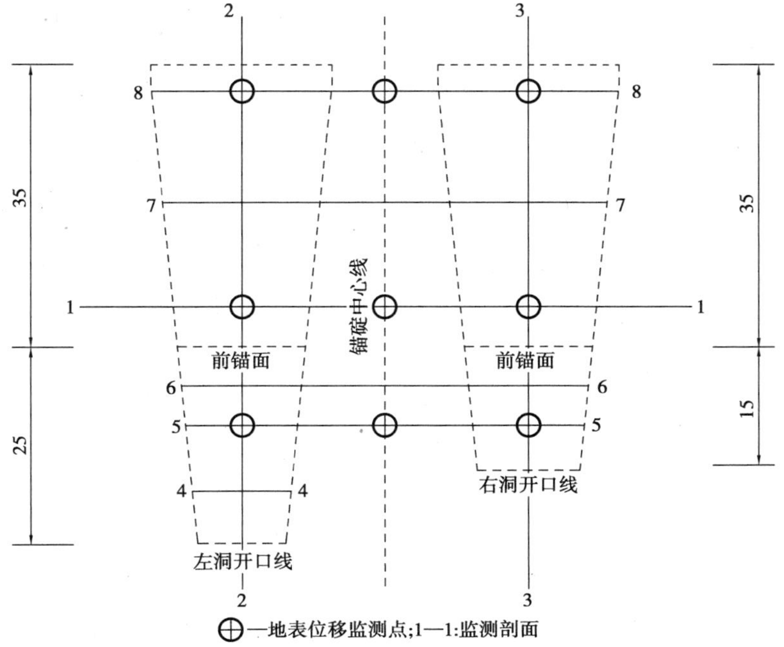

图 3　监测点、线平面布置示意图(单位:m)

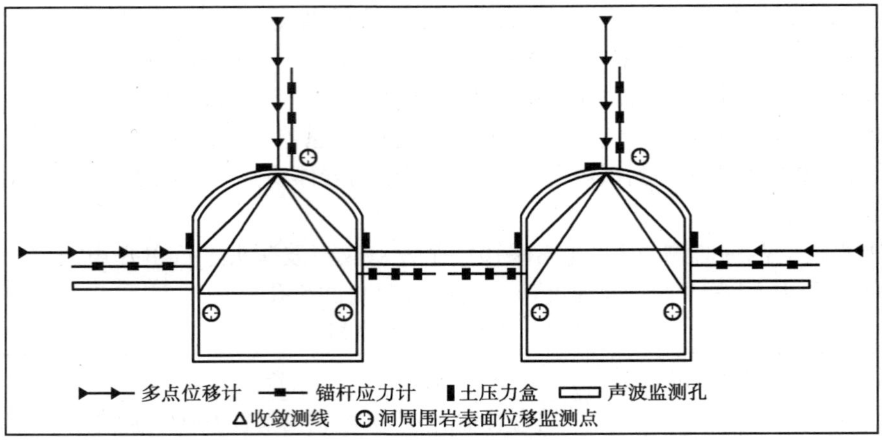

图4　横剖面1—1剖面监测布置示意图

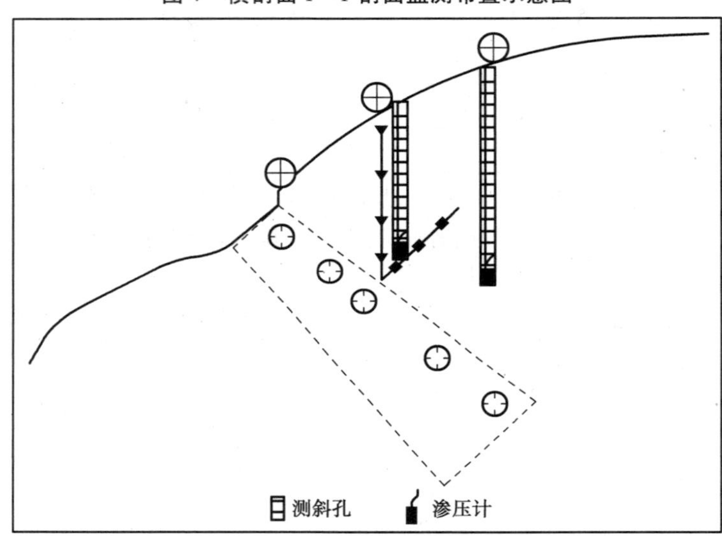

图5　纵剖面3—3剖面监测布置示意图

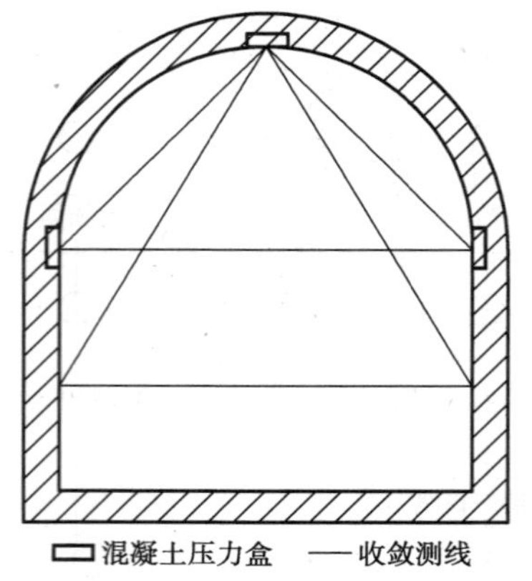

图6　收敛测线、混凝土压力盒布置示意图

4　监测实施

4.1　监测断面仪器埋设的调整

隧道锚围岩类型主要为砂岩和砂质泥岩的互层(以砂岩为主),前锚室区域以强风化岩石为主,锚塞体及后锚室区域以中风化岩石为主,多为Ⅳ级围岩,岩体比较稳定,能够在一定程度上形成稳定的承载拱,因此结构围岩与支护共同承受荷载。所以,设计上也做了不同的支护方案:隧洞初期支护前半部分采用 D25 中空注浆锚杆、C30 喷射混凝土、钢筋网以及工字钢支架等;初期支护后半部分采用普通钢筋锚杆、C30 喷射混凝土、钢筋网以及格栅支架等与围岩共同组成支护体系。

设计方案中,施工期间的监测重点集中在隧道锚的前半部分,4—4 断面(距左洞开口线 7 m)及 5—5 断面(距左洞开口线 15 m、右洞开口线 5 m)均只有收敛监测,6—6 断面(距左洞开口线 20 m、右洞开口线 10 m)才布置有内观监测仪器。隧洞前半部分以强风化岩石为主,工程地质条件较差,对该部分洞室的开挖应当及时有效地进行监测。所以,在监测实际实施当中,6—6断面的表面应力应变计提前在 5—5 断面就埋设了。

4.2　监测方法的调整

围岩收敛监测在隧道锚施工初始阶段采取在初支混凝土表面钻孔预埋收敛测桩(本工程采用一端有弯钩的膨胀螺栓),用收敛计进行收敛数据采集方法。该方法在隧洞锚初期开挖时可以使用,但是由于隧道锚为向下倾斜,随着开挖的深入,拱顶到拱脚的高差增大,开口线处拱顶与后锚室底部的高差达到了约 52 m(隧道锚中心线与水平夹角为 40°),从而无法持续地采用收敛计进行收敛数据的采集,如图 7 所示。根据这一情况,采取了用高精度全站仪进行收敛及拱顶沉降观测的方法:在右洞 5—5 断面安装棱镜,左、右洞其他断面采取安装铁板,在铁板上安装反射片,洞口安装观测墩用以架设全站仪,如图 8 所示。

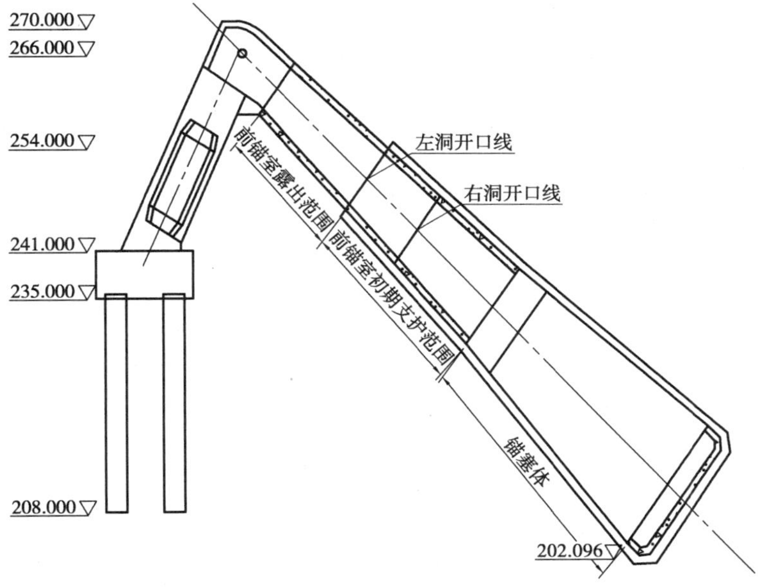

图 7　隧道锚剖面图(单位:m)

图 8　反射片安装图

5　初步结论

万州驸马长江大桥隧道锚施工期监测采用内外观监测结合的方式，对隧道锚所处山体体表、内部以及围岩变形和支护结构的应力状况进行监测。在隧道锚所处山体表面布置 3 个地表位移监测断面，同时结合布置测斜孔量测山体内部水平位移情况，全面了解山体表面变形趋势；内观仪器采用锚杆应力计、表面应变计、土压力盒、混凝土压力盒渗压计、多点位移计等，实时了解钢拱架、锚杆以及初支混凝土等支护结构的受力情况、山体内降雨入渗情况，以及围岩不同深度的变形情况。各种仪器数据相互印证，及时了解隧道锚施工的安全状况，从而能够及时进行安全预警。考虑到本工程前锚室范围围岩较差，锚塞体及后锚室岩石较好，工程的施工难点在前锚室的开挖，所以监测的重点也放在前锚室，内观仪器基本上埋设在隧道锚的前半部分，做到重点部位的重点监测，节省工程投资。

参考文献

[1] 重庆万州驸马长江大桥隧道锚工程施工期安全监测与超前地质预报工作大纲.

[2] 重庆万州驸马长江大桥隧道锚工程施工期安全监测与超前地质预报研究成果报告.

[3] 梅松华，赫晓光，左国青. 重庆万州驸马长江大桥隧道锚工程施工期安全监测与超前地质预报工作大纲[R]. 长沙：水能资源利用关键技术湖南省重点实验室、中国水电顾问集团中南勘测设计研究院有限公司，2014.

[4] 欧志军，陈建胜，左国青. 重庆万州驸马长江大桥隧道锚工程施工期安全监测与超前地质预报研究成果报告[R]. 长沙：水能资源利用关键技术湖南省重点实验室、中国电建集团中南勘测设计研究院有限公司科学研究所检测中心，2015.

砂泥岩地区悬索桥隧道锚初期支护开裂防治方法

雷金兴　张　银

（中交一公局厦门工程有限公司　厦门　361000）

摘　要　隧道锚是悬索桥的主要承载结构，主要依靠锚塞体的自重及其与山体的摩擦来承受主缆拉力。隧道锚周边的地质条件对其开挖和初期支护有重大影响，特别是在软弱砂岩层与泥岩层交替存在、地表水与地下水较发达的地区。万州驸马长江大桥南岸隧道锚处于这一地质条件下，其右洞初期支护开裂通过锚喷支护、围岩压浆和防排水等措施控制住了裂缝的发展，并顺利地完成了隧洞开挖施工任务，其施工经验具有重要的推广和借鉴意义。

关键词　悬索桥　隧道式锚碇　初期支护开裂　砂泥岩地质

1　引　言

隧道锚是在基岩内开凿隧道后浇筑混凝土作为锚块，依靠自重及其与山体的摩擦来承受主缆的拉力。万州驸马长江大桥南岸隧道锚处于砂泥岩地质条件下，为倾斜向下结构，容易导致受地下水侵蚀，开挖过程中初期支护出现了开裂。初期支护开裂后，意味着隧洞周边的岩体极不稳定，有坍塌的风险，开挖危险性很高，需要立即采取措施进行处治。隧道锚最终经一系列锚喷支护、围岩压浆和防排水等措施处理后，开裂问题得到妥善解决，其施工经验值得推广和应用。

2　工程概况

万州驸马长江大桥南岸锚碇采用框架式前锚室及支墩与隧道锚锚塞体结合的结构方案，锚塞体嵌入中风化岩层以内，前锚室及支墩位于地面以上（图 1）。前锚室长 43 m，锚塞体长 35 m，后锚室长 3.8 m，前锚面尺寸为 12 m×13 m，后锚面尺寸为 18 m×20 m，锚塞体中心线倾角为 40°。隧道锚隧洞开挖深度约 63.8 m（左洞）/53.8 m（右洞），其中前锚室长度为 25 m（左洞）/15 m（右洞）。洞底最大单洞断面尺寸为 18 m×20 m，拱顶半径为 9 m，左、右隧洞最小净距为 10 m，开挖方量共计 23 033 m^3。

隧道锚隧洞围岩类型主要为砂岩和砂质泥岩的互层（以砂岩为主），前锚室区域以强风化岩石为主，锚塞体及后锚室区域以中风化岩石为主，多为Ⅳ级围岩，岩体比较稳定，能够在一定程度上形成稳定的承载拱，因此结构按围岩与支护共同承受荷载设计（图 1）。隧道锚地下水较丰富，且重庆万州地区 5—10 月降雨量较大，故这段时间开挖需特别注意雨水的影响。

作者简介：雷金兴（1988—），男，本科，助理工程师，（电子邮箱）271059802@qq.com。
张　银（1989—），男，本科，助理工程师，（电子邮箱）497402379@qq.com。

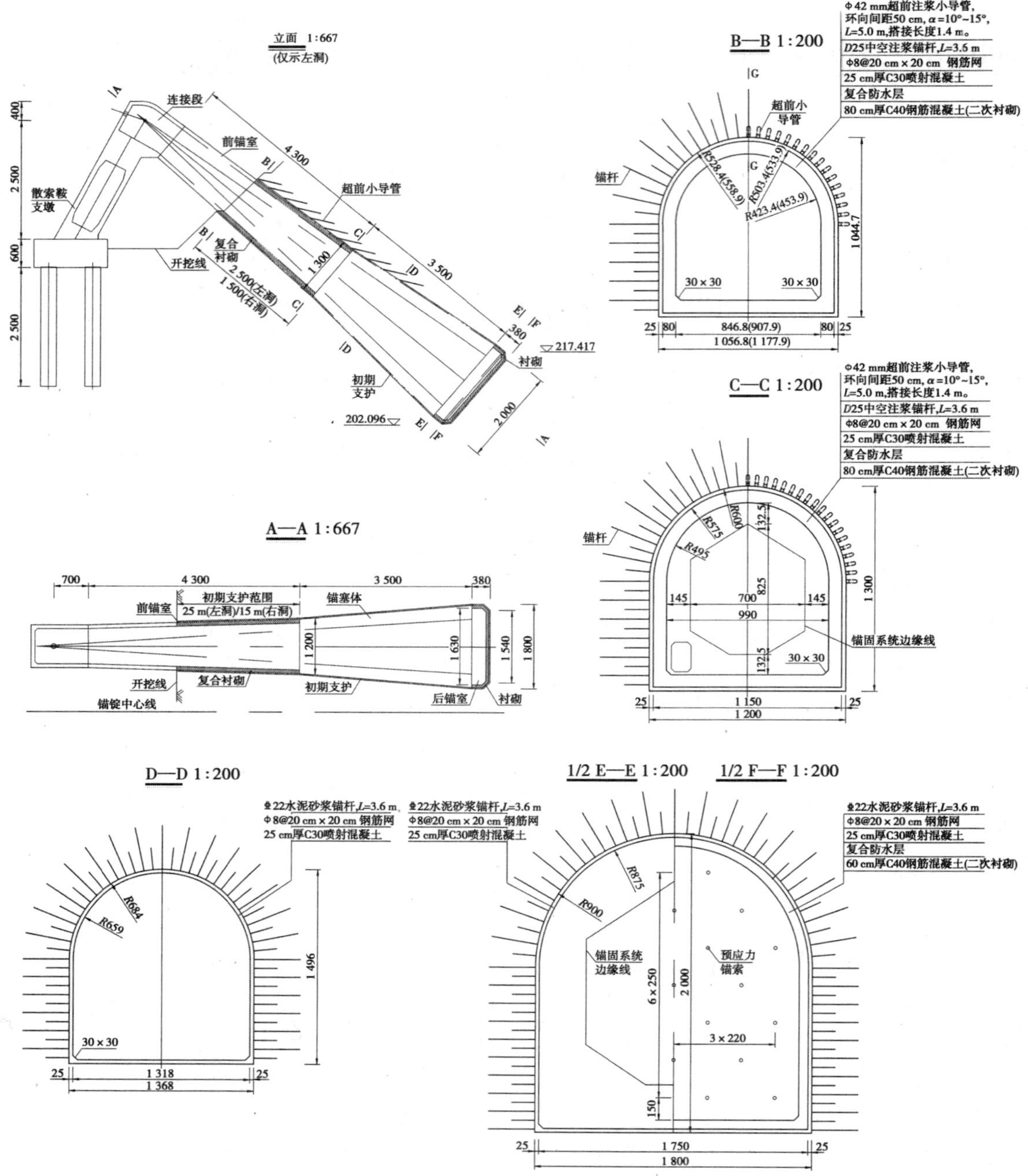

图1 南岸锚碇隧洞开挖支护结构图

3 初期支护开裂起因

2014 年 12 月,项目部技术人员发现隧道锚测斜数据曲线变化加快(图 2),同时在日常巡视过程中发现隧道锚右洞第 4 ~20 m 初期支护出现多处开裂,主要存在于钢拱架支护位置,从拱顶一直延续到直墙底部,多为环向张开裂缝(图 3)。

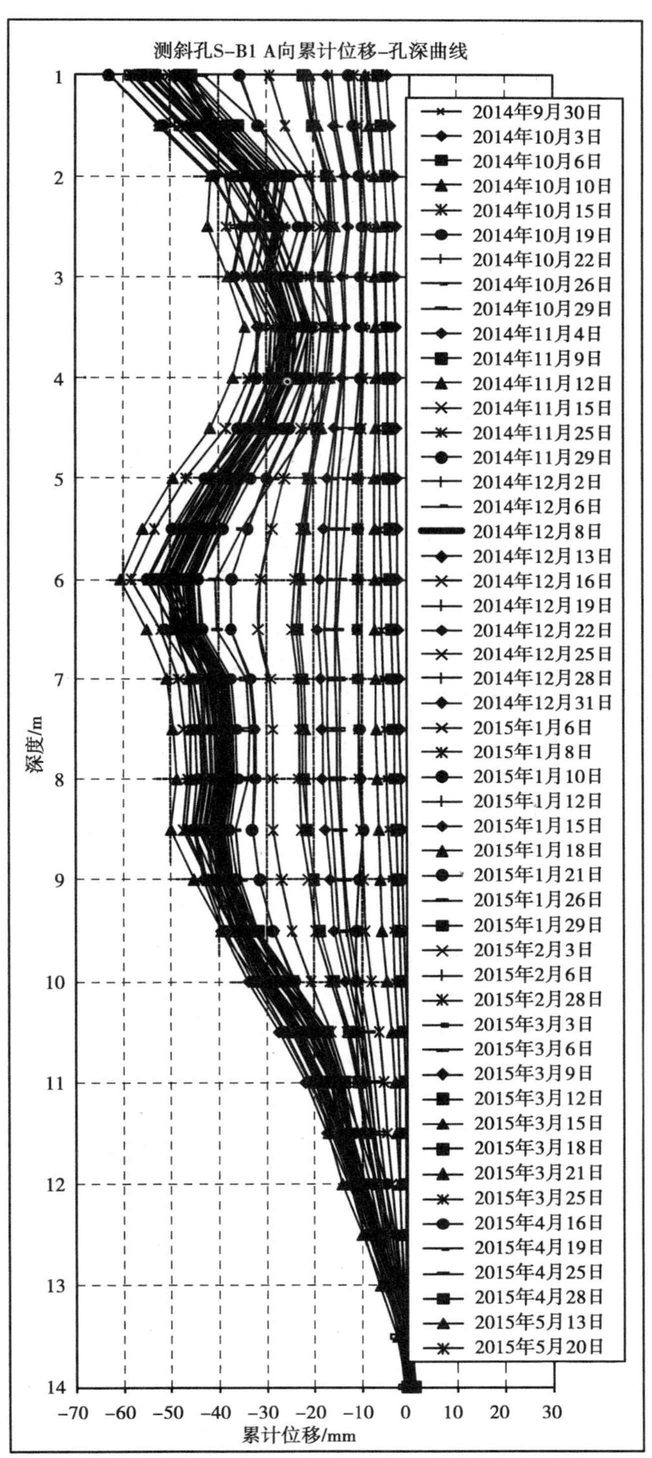

图2　位移-孔深曲线变化情况(从2014年11月29日开始变化加快)

图3 初期支护开裂

通过地表监测点可知,地表平面位移和沉降变化不大,如图4所示。

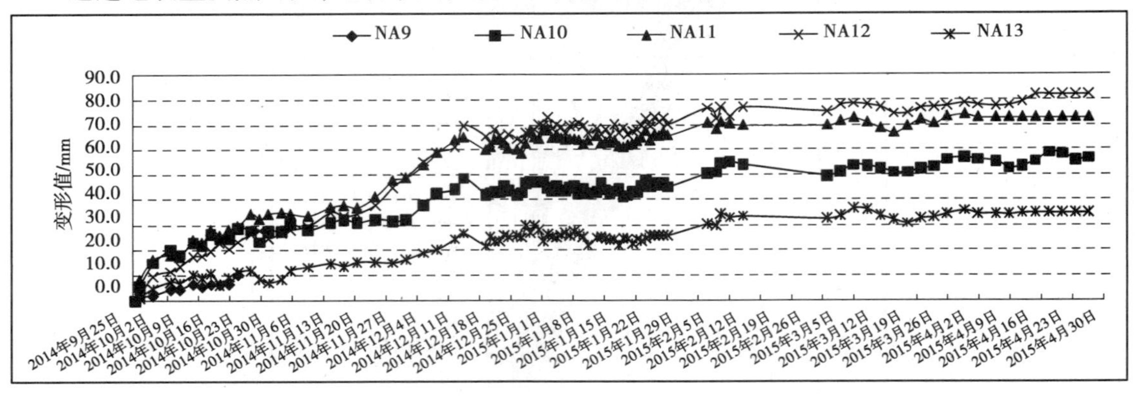

图4 地表监测点竖向位移变化曲线

经专家和相关技术人员现场取样及结合监控数据论证分析,得出如下结论:

(1)通过测斜曲线可知,洞内岩体发生水平变形;

(2)初期支护开裂裂缝呈环向张开形状,不太可能是岩体竖向沉降造成的,因为这会形成竖向剪切裂缝;

(3)最有可能的原因是该处地质条件在竖直方向上砂岩层与泥岩层交互存在,裂缝比较发育,地表水或地下水经由裂缝向下渗透,泥岩层遇水软化后形成软弱滑动面,砂岩层沿着这个滑动面水平错动,拉伸钢拱架导致初期支护开裂形成张开裂缝(图5)。

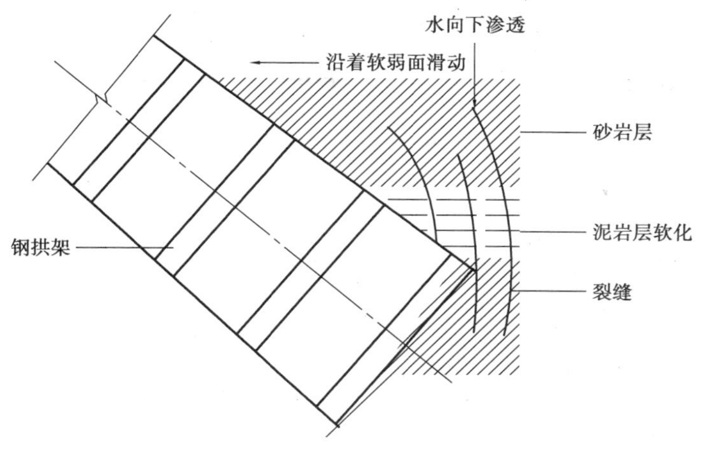

图5 开裂原因示意图

4 处治措施

处治主要从洞内和洞外两个方面进行,洞内主要是及时进行锚喷及围岩注浆支护,防止裂缝进一步发展;洞外主要是进行地表水和地下水的处理,以及山体加固,包括围岩注浆、地表封堵、砌筑截排水沟、施工锚索框架梁等措施。

4.1 锚喷支护

锚喷支护因为其及时性和悬吊作用可迅速抑制围岩的错动,防止裂缝进一步发展,故第一步措施采用在已喷射混凝土表面上进行加强型锚喷支护。锚喷支护的施工流程为:搭设钢管脚手架→钻孔、安装锚杆→铺挂钢筋网→喷射混凝土(图6、图7)。具体施工步骤如下:

(1)利用 $\phi48$ mm 钢管搭设脚手架操作平台,平台搭设完成后铺挂防坠网。

(2)利用凿岩机钻孔,深度为4 m,再安装 $\phi25$ 药卷锚杆,锚固剂必须塞满。

(3)绑扎钢筋网,型号尺寸为Φ 20@ 20 cm × 20 cm,钢筋网要紧贴初期支护面,和锚杆之间焊接或绑扎牢固。

(4)喷射一层15 cm厚混凝土,并且预埋监控量测点,布置形式为:沿隧洞轴线每隔5 m一个断面,每个断面在拱顶、起拱线、拱脚处埋设5个监控量测点,用以监控后续的变化情况。

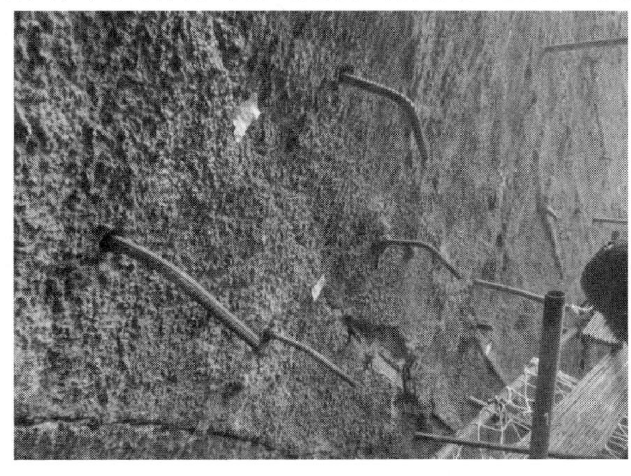

图6 锚杆安装

图7 挂网并喷射混凝土

4.2 围岩压浆

洞内二次喷射混凝土完成后，对初期支护开裂区域进行钻孔注浆处理（图8）。围岩注浆可填充岩体间的裂隙，防止水进一步侵蚀，并且可提高围岩的整体强度及稳定性，防止裂缝进一步发展。围岩压浆孔按间距2 m梅花形布置，孔深5 m，孔内穿入压浆管，孔口止浆段为60 cm速凝混凝土。压浆顺序由低到高，压力为0.2～0.3 MPa（<2 m深范围）、1.0～1.5 MPa（>2 m深范围）。

图8　围岩压浆

压浆时，对所有压浆孔从下往上依次编号，按编号顺序压浆。如若遇到漏浆或长时间压不满的情况，可采用封堵或间歇性压浆的方法，必须保证每孔的注浆压力达到设计值且持荷5 min不掉压才能终孔。

4.3 洞顶砌筑截、排水沟

洞顶地表水进入洞内侵蚀岩层是诱发初期支护开裂的主因，故地表水的防排工作尤其重要。在洞顶砌筑截、排水沟，尺寸为40 cm（宽）×50 cm（高），施工流程为：测量放线→基坑槽开挖→砌筑施工→墙背回填→抹灰（图9）。

4.4 洞顶山坡砂浆抹面

截、排水沟可以有效地将地表水排到隧洞施工区域外，但防水措施必不可少，对洞顶山坡进行砂浆抹面可以有效地防止地表水进入洞内，从而避免围岩的继续变形（图10）。隧洞顶上的山体土层松散，裂隙发育，地表水很容易顺着这些裂缝进入岩体内部，地表必须封闭。采用M5水泥砂浆对隧洞周边50 m范围内的山坡进行抹面处理，面层厚度不小于5 cm，砂浆要饱满，平整度要满足要求，中间不得有空洞。

4.5 锚索框架梁

隧道锚右洞顶部覆盖层较左洞薄弱，容易产生偏压现象，在右洞侧面打设锚索并施做框架梁,通过对锚索施加张拉力,可改善山体内部应力状况,加固岩土体并使其达到稳定状态。

图 9　洞顶砌筑截、排水沟

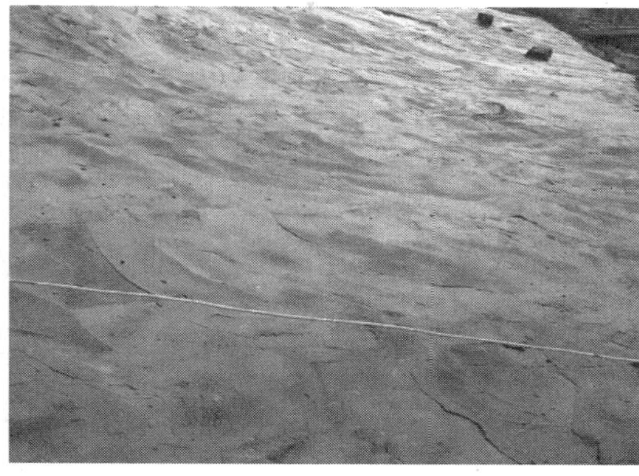

图 10　山坡抹面

锚索框架梁的施工流程为:施工准备→锚索钻孔→锚索制作、安装→锚孔注浆→框架梁施工→锚索张拉锁定→验收封锚。具体施工步骤如下:

1)测量放样

根据工程平面、立面图,按设计将锚孔位置准确测放在坡面上。如遇既有刷方坡面不平顺或特殊困难场地时,需经设计监理单位认可,在确保坡体稳定和结构安全的前提下,适当放宽定位精度或调整锚孔定位。

2)钻孔

岩层中采用潜孔钻机成孔,在岩层破碎或松软饱水等易塌缩孔和卡钻埋钻的地层中施工,必要时采用跟管钻进技术(图 11)。钻孔要求须采用干钻,禁止采用水冲钻进,确保锚索施工不会恶化边坡岩体的工程地质条件,保证孔壁的黏结性能。钻孔速度根据使用钻机性能和锚固地层控制,防止钻孔扭曲和变径,造成下锚困难或其他意外事故。钻进达到设计深度后,不能立即停钻,要求稳钻 1 ~ 2 min,防止孔底尖灭、达不到设计孔径。在钻孔完成后,使用高压空气(风压为 0.2 ~ 0.4 MPa)将孔内岩粉及水体全部清除出孔外,以免降低水泥砂浆与孔壁岩土体的黏结强度。

图 11　锚索钻孔

3)锚索制作安装

安装前,要确保每根钢绞线顺直,不扭不叉,排列均匀,除锈、除油污,对有死弯、机械损伤及锈坑处剔出。锚索在锚固段,锚索束必须进行清污、除锈处理,每隔 1.0 m 设置一个扩张环和箍环,使锚索居中且不易交叉;自由段锚索束应涂专用防腐油脂,外套 ϕ17 mm 的聚乙烯塑料管,套管两端 10 ~ 20 cm 长度范围内用黄油填充,外绕工程胶布固定。

安装锚索前再次认真核对锚孔编号,确认无误后再用高压风吹孔,人工缓缓将锚索放入孔内,用钢尺量出孔外露出的钢绞线长度,计算孔内锚索长度(误差控制在 50 mm 范围内),确保锚固长度。

4）锚固注浆

砂浆经试验比选后确定施工配合比。实际注浆量一般要大于理论的注浆量，或以锚具排气孔不再排气且孔口浆液溢出浓浆作为注浆结束的标准。

放入锚索束后应及时灌注 M30 水泥（砂）浆，注浆采用孔底注浆法，中途不得停止，注浆压力宜为 0.6 ~ 0.8 MPa，砂浆灌注应饱满密实。第一次注浆完毕，水泥砂浆凝固收缩后，孔口应进行补浆，注浆材料宜选用水灰比为 0.45 ~ 0.5 的纯水泥浆。注浆浆液应搅拌均匀，随拌随用，并在初凝前用完。

5）框架梁施工

框架梁使用 C30 混凝土现场立模现浇施工，截面采用 0.6 m × 0.6 m 矩形截面。框架梁在节点中心预埋 PVC 管，直径由锚索钻孔直径确定。当钢筋与预留位置冲突时，调整钢筋间距保证锚索预留孔位的准确性。

6）锚索张拉锁定

锚索张拉须在孔内砂浆及外锚头达到设计强度后进行。首先通过现场张拉试验，确定张拉锁定工艺。锚索的张拉及锁定分级进行，严格按照操作规程执行。在设计张拉完成 6 ~ 10 d 后再进行一次补偿张拉，然后加以锁定。

7）验收封锚

补偿张拉后，经过监理工程师验收合格即封锚。具体做法是从锚具量起，留出长 5 ~ 10 cm钢绞线，其余部分截去，须用机械切割，严禁电弧烧割。最后采用 C30 混凝土进行封锚，防止锈蚀和兼顾美观。超前小导管施工前，需完成前一循环初期支护，钢拱架施工完毕，并对掌子面进行混凝土喷护，防止钻孔过程中发生掉石和坍塌。

4.6 洞顶钻孔固结灌浆

洞顶竖向钻孔进行固结灌浆可有效填充岩层间的裂缝，使破碎岩层形成一个整体，增加围岩强度及稳定性，可防止围岩继续变形。压浆孔按间距 3 m 梅花形布置，采取分段注浆方式。从下往上 0 ~ 2 m 范围压力控制在 0.3 ~ 0.5 MPa，2 m 深度至高程 244 m 注浆压力控制在 2 ~ 3 MPa，高程 244 m 至地表注浆压力控制在 0.5 ~ 1 MPa。施工时，应注意根据岩体节理裂隙发育情况及相关规范要求调整注浆压力和配合比，确保压浆效果。固结灌浆完成后，对洞顶道路采用 C30 混凝土进行硬化封闭处理，厚度为 26 cm（图 12）。

图 12　洞顶固结灌浆

5　实施效果

通过以上 6 种处治措施，从后期监控量测数据来看，开裂情况得到控制，洞内收敛和沉降量值较小，钢拱架应力和应变也较小，围岩和山体变形达到稳定，处治效果良好（图 13 ~ 图 15）。

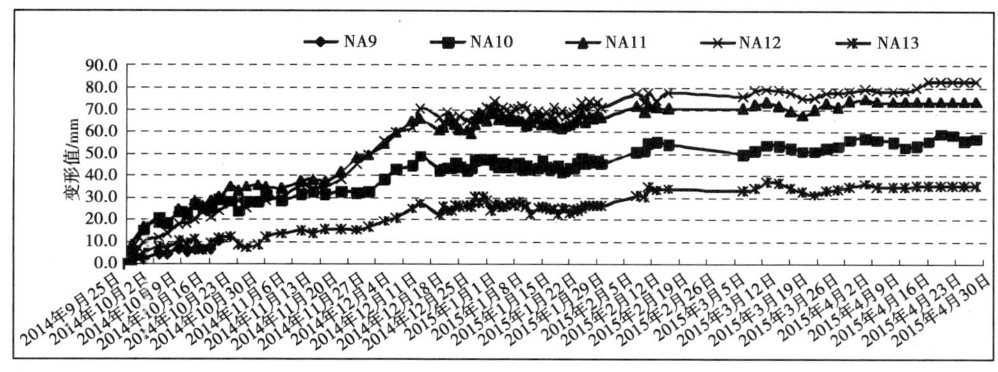

图 13 地表测点竖向位移变化曲线

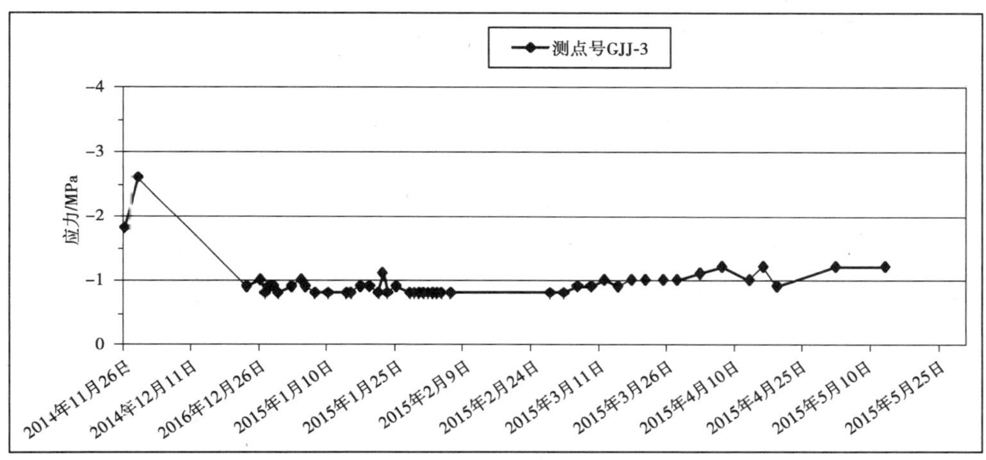

图 14 钢筋测力计变化曲线

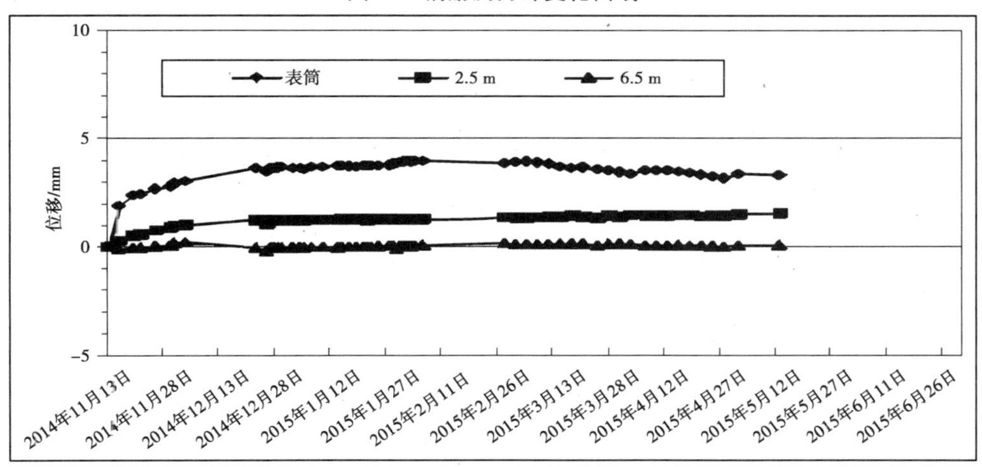

图 15 多点位移计变化曲线

6 预防措施

从开裂原因分析可以知道，水对岩体的侵蚀是诱发初期支护开裂的主要原因，故类似地质情况的隧洞开挖时，要特别注意防水处理，确保开挖安全。

(1)隧洞开挖前，应做好截、排水沟等排水措施，山体表面应采用砂浆封闭等防水措施。

(2)开挖前，洞顶岩体和路面应固结灌浆或硬化处理，防止地表水侵蚀岩层。

(3)初期支护中应埋设透水管，释放初期支护后面的水压力；掌子面附近应开挖集水井，用水泵把洞内的积水排到洞外。

(4)初期支护中应预埋监控量测点，加强监控量测，特别是拱顶沉降和围岩收敛速率。

7 结　语

本文结合万州驸马长江大桥施工实例详细地阐述了在砂泥岩地质情况下隧道式锚碇初期支护开裂的预防及处治方法，能有效确保隧道锚开挖过程施工安全，对类似工程有非常重要的指导作用。

参考文献

[1] 中交一公局万利万达项目总部驸马长江大桥二分部. 驸马长江大桥南岸锚碇隧洞开挖及支护专项施工技术方案,2015.

[2] 中华人民共和国行业标准. 公路桥涵施工技术规范(JTG/T F50—2011)[S]. 北京:人民交通出版社,2011.

[3] 徐宝军,孙豪杰. 探析悬索桥隧道锚施工技术[J]. 城市建设理论研究:电子版,2014(8).

[4] 鲍庆伟. 大跨度悬索桥隧道锚施工技术分析[J]. 江西建材,2015(1):177.

[5] 戴鹏,曹平辉,龙勇,等. 大跨度悬索桥隧道锚施工关键技术[J]. 公路与汽运,2012(5):184-189.

万州驸马长江大桥防排水系统研究

王茂强　曾　宇

（中交公路规划设计院有限公司　北京　100088）

摘　要　近年来，隧道锚工程在国内取得了飞速发展，在防排水技术上也取得了长足的进步，但是绝大部分隧道锚仍有不同程度的渗漏，而且有些隧道锚渗漏状况相当严重，对锚固系统及缆索系统的耐久性构成了极大威胁。本文通过对万州驸马长江大桥南岸隧道锚防排水系统进行研究，详细剖析了“防、排、截、堵相结合，因地制宜，综合治理”的防排水原则，提出了“一堵两防两排”+辅助措施的防排水系统。

关键词　悬索桥　隧道锚　防排水　渗漏　锚固系统　一堵两防两排

锚碇结构是保证悬索桥结构整体安全的关键所在，在地形地质合适的条件下，隧道锚以其经济优势在国内得到了迅速发展，如万州长江二桥、坝陵河大桥西锚碇、四渡河大桥宜昌岸锚碇、鹅公岩大桥东锚碇以及南溪长江大桥南锚碇等。但在我国隧道锚建设取得巨大成就的同时，也应该看到，许多隧道锚出现了不同程度的渗漏水问题。隧道锚渗漏水不仅影响结构自身的耐久性，还降低了锚固系统的耐久性，诱发锚碇内钢构件的锈蚀，尤其在寒冷地区，隧道锚的渗漏水还与冰冻互为因果，危害更大，防治更难。

因此，隧道锚的渗漏水问题一直是工程技术人员关注的焦点。为了能为隧道锚渗漏水问题防治提供一种途径，促进隧道锚防排水技术的发展，减小渗漏水对隧道锚的影响，本文对万州驸马长江大桥隧道锚防排水进行了研究。

1　工程概况及研究现状

1.1　工程概况

万州驸马长江大桥是重庆万州至湖北利川高速公路（重庆段）跨越长江的重要控制性工程。采用一跨过江方案，大桥设计为主跨 1 050 m 的单跨简支钢箱梁悬索桥，桥面宽 32 m，主缆分跨为 285 m + 1 050 m + 345 m，中跨垂跨比 1∶10，为长江上游地区最大跨度的悬索桥。

桥位区属构造剥蚀河流侵蚀地貌，斜坡零星基岩出露，中风化岩体较完整，裂隙不发育，附近无断层通过，地震活动微弱，斜坡整体稳定性良好。南岸锚碇区属丘陵岗地斜坡地貌区，斜坡向西、北倾斜，地面坡度约 30°，基岩以砂岩为主，岩体完整程度为较完整 ~ 完整，围岩类别为Ⅳ类。南岸锚碇设计为隧道锚，结构形式如图 1 所示。

作者简介：王茂强（1983—），男，硕士研究生，高级工程师。

曾　宇（1979—），男，本科，高级工程师。

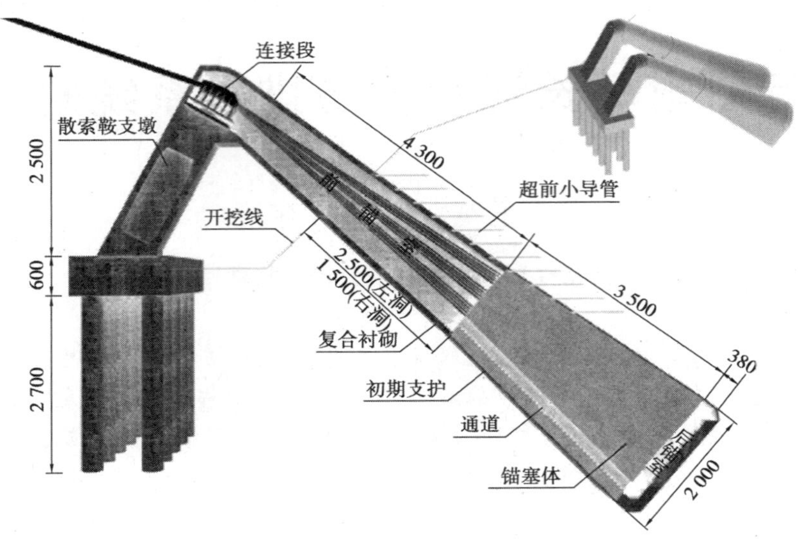

图 1　万州驸马长江大桥南岸隧道锚构造(单位:cm)

1.2　隧道锚防排水研究现状及存在问题

隧道锚在国外早已有应用,例如美国华盛顿桥西锚碇(新泽西侧)即采用了隧道锚形式,该桥始建于 20 世纪二三十年代。而在国内仅从 20 世纪末才开始建设隧道锚,主要分布在重庆及周边地区,但是国内建设速度惊人,截至现在已经建成十余座悬索桥隧道锚。

我国隧道锚建设取得巨大成就的同时,也应该看到,许多隧道锚出现了不同程度的渗漏水问题。目前,隧道锚防排水设计无规范可用,国内隧道锚主要借鉴山岭隧道的防排水形式。但由于隧道锚自身的特点,在现有施工技术条件下,悬索桥隧道锚在施工及运营期间,出现了以下通病:

(1)受大气降水影响较大,往往在一场大雨过后,洞内积水急剧增加,抽排水效率跟不上,洞内水位升高甚至淹没后锚室,威胁隧道锚的安全。

(2)隧道锚锚塞体混凝土方量大,分层多,分层界面处为薄弱区域,地下水经常从施工分界面处渗出;且锚塞体周边围岩受地下水影响,围岩稳定性变差。

(3)隧道锚一般深度较深,用来抽排水的水泵扬程高,重量大,安装困难;运营期间需安排专人看管抽水情况,且水泵需时常维修,运营期间抽排水成本大。

2　地下水环境分析

2.1　地下水存储形式及运动规律

埋藏在地表下面土中空隙、岩石空隙和裂隙中的水称为地下水。地下水广泛存在于地下岩土体中,地下水的侵入和渗出造成的隧道锚渗漏,已经成为隧道锚施工运营期间的主要病害。此外,地下水含有大量化学成分,具有侵蚀性,会对混凝土、钢筋产生不同程度的腐蚀作用,而且影响隧道锚内钢构件的耐久性。因此,了解隧道锚区地下水环境,对隧道锚的防排水设计与施工具有重要作用。

根据地下水的埋藏条件,可以把地下水划分为包气带水、潜水和承压水 3 类。根据每层含水层空隙性质的不同,可将地下水划分为孔隙水、裂隙水和岩溶水 3 类。岩土体中地下水的分布如图 2 所示。

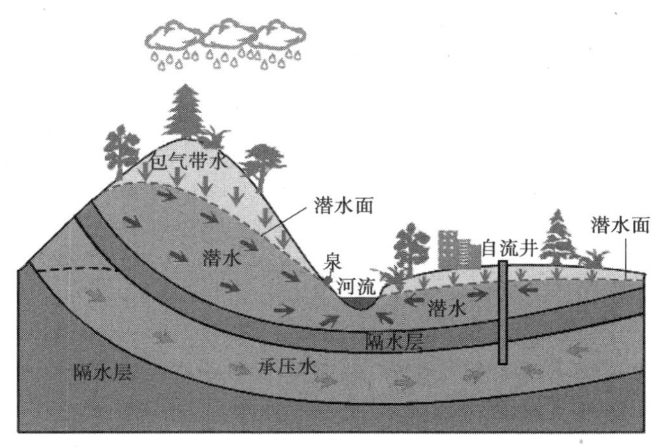

图 2　地下水埋藏示意图

地下水在自然因素和人为因素共同作用下，处在不断的运动中，运动中必然要与环境发生作用，改造了环境，也改造了本身，使其水质、水量发生着相应的变化。这种变化状态信息，反映着地下水的运动规律。

2.2　地下水对隧道锚的不良影响

地下水的存在会对隧道锚各个方面产生不良影响。地下水的存在，可以使围岩溶解、冲蚀、软化，从而降低围岩强度，对隧道锚结构乃至整个桥梁结构构成威胁；地下水的存在，给隧道锚施工带来巨大困难，不仅增加施工难度，还可能带来安全隐患；另外，如果地下水穿透隧道锚防排水体系，则会严重恶化隧道锚运营环境，对隧道锚内锚固系统及缆索系统构成威胁，增加隧道锚维护运营费用。

2.3　锚位区水环境

桥位区属亚热带季风性温湿气候，四季分明，气候温和，日照充足，雨量充沛，具有夏秋多雨、冬春多雾的特点。降雨多集中在每年的 5～9 月，约占每年降雨总量的 70%。夏季多大雨、暴雨，多年平均降雨量为 1 191.30 mm，历年最大降雨量为 1 577.30 mm，历年最大月降雨量为 711.80 mm，多年平均最大日降雨量为 90 mm，最大日降雨量为 243.30 mm。长江为区内地表水系的主干，为过境河，在万州区流程约 120 km，江面水域最窄 180 m，最宽 750 m，河谷岸坡不对称，切割深度为 300～600 m。

锚位区按含水介质的差异和赋水空间的不同，存在松散层孔隙潜水、基岩裂隙水两种类型。地下水对混凝土结构具有微腐蚀性，对钢筋混凝土结构中的钢筋长期浸水和干湿交替时具有微腐蚀性；长江水对混凝土结构具有微腐蚀性，对钢筋混凝土结构中的钢筋长期浸水和干湿交替时具有微腐蚀性。

另外，重庆是我国酸雨最严重的城市之一，20 世纪 80 年代与北欧、北美共称为“世界三大酸雨污染区”。酸雨对结构的影响更是不容忽视。

3　隧道锚防排水系统研究

隧道锚防水是指防止水流向隧道锚内；隧道锚排水是指将流向隧道锚内的积水排出隧洞以外。万州驸马长江大桥对防排水的设计施工提出了严格的要求，一个主要原则是：隧道锚内防排水应遵循"防、排、截、堵结合，因地制宜，综合治理"，保证结构和后期设备的正常使用和结构耐久性。"防"，是指衬砌抗渗和衬砌外围防水，包括衬砌外围防水层和压浆；"排"，是指使衬砌背后空隙及围岩不积水，减少衬砌背后的渗水压力和渗水量，并且包括隧道锚内积水的排泄；"截"，是在地下采取导坑、泄水洞、井点降水等截水措施，将水从地面截走，减少地面水下渗，减少地下水流向衬砌周围；"堵"，是采用注浆、喷涂、嵌补抹面等方法堵住渗水裂缝、空隙。

3.1 隧道锚防排水体系组成

万州驸马长江大桥隧道锚的防排水体系可用"一堵两防两排"+辅助措施来概括，即一圈围岩注浆堵水，专用防水层+衬砌混凝土两层防水，喷射混凝土与防水层间排水+后锚室集水井内排水两道排水，并设置了辅助防排水措施。防排水体系如图3所示。

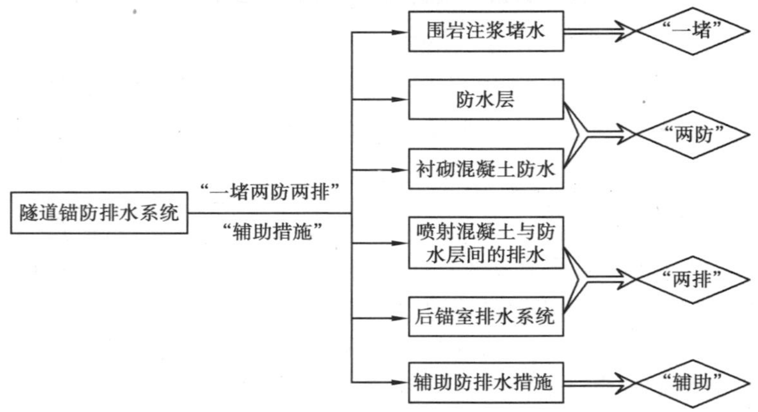

图3 防排水体系组成

3.2 万州驸马长江大桥隧道锚防排水系统

万州驸马长江大桥防排水系统如图4所示。

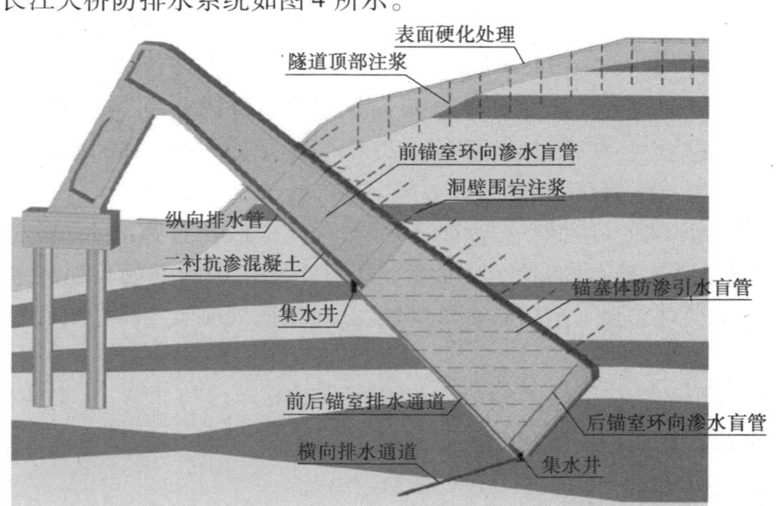

图4 万州驸马长江大桥隧道锚防排水系统示意图

3.2.1　围岩注浆

围岩注浆堵水，即在向岩层灌注浆液，封堵地层中的渗水裂隙，减少围岩流向隧道锚的渗水。围岩注浆堵水既可在隧洞开挖前从地表钻孔实施，也可在隧洞开挖过程中通过径向或超前导管向围岩钻孔注浆来完成。

3.2.2　防水层

隧道锚防水体系的核心是在复合式衬砌中设置防水层。防水层由防水板及其缓冲层组成。防水板的作用是将地层渗水拒于二次衬砌之外，以免水与二次衬砌接触并通过二次衬砌中的薄弱环节渗入隧道锚。缓冲层的主要作用是保护防水板，使防水板免遭尖锐物的刺伤，同时充当喷射混凝土与二次衬砌间的渗水下排通道。

3.2.3　衬砌混凝土防水

混凝土二次衬砌是隧道锚防水的最后一道防线。目前，隧道锚设计的衬砌混凝土均为防水混凝土，并对抗渗等级有特殊要求。在二次衬砌施工缝设置了背贴式止水带 + 遇水膨胀止水条的双重防护形式，如图 5 所示。

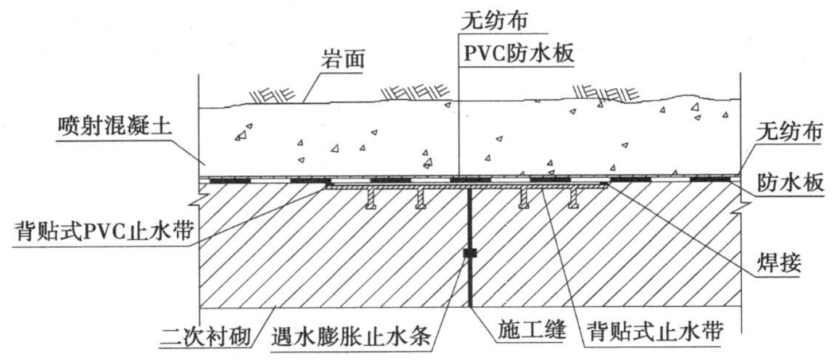

图 5　施工缝复合防水方案

3.2.4　前后锚室喷射混凝土与防水层间排水

前后锚室内设置有环向渗水盲管、纵向渗水盲管和底板横向渗水盲管（图 6）。环向渗水盲管在初期支护与防水层之间沿环向设置，纵向间距为 5 m，其下端与纵向渗水盲管相接。纵向渗水盲管设于边墙位置，横向渗水盲管仅在前、后锚室集水井位置设置。纵、环向渗水盲管以及横向渗水盲管均采用三通连接。

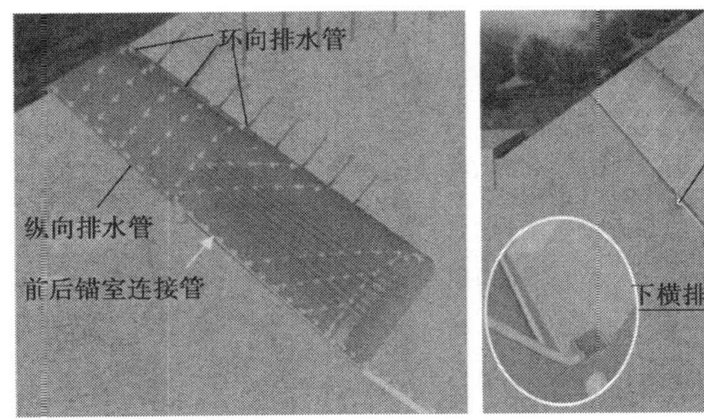

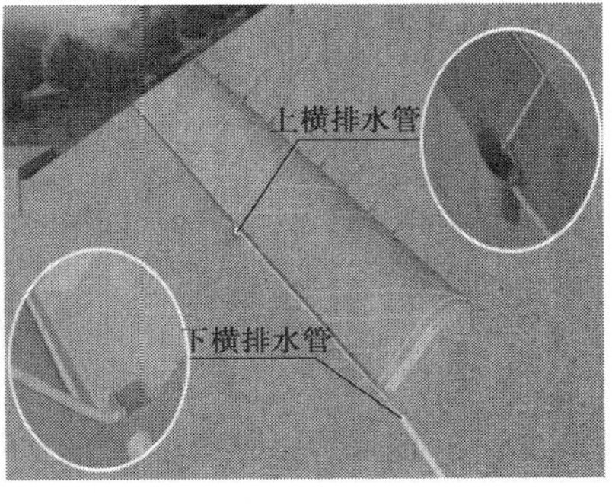

图 6　前后锚室排水管布置

3.2.5 后锚室排水系统

常规隧道锚后锚室排水采用抽水泵抽水的方式,并且大部分隧道锚需要二次抽水。此方式需要长时间、高频率启动抽水泵,后期维护费用高。万州驸马长江大桥隧道锚排水设计过程中,充分调研了已有项目的排水方案及排水效果,并进行了多方面调研,研究后提出了一种新型的后锚室自然排水系统形式——设置直径为 20 cm 的排水管连通前后锚室集水井,在后锚室集水井内设置与外界连通的横向排水管,借助横向排水管道可将后锚室集水井内积水自然排出体外,避免了运营期长期的抽水麻烦,并且具有横向排水通道施工速度快、施工风险小、减少征地量、成本低、环保等优点。横向排水通道排水系统布置如图 7 所示。

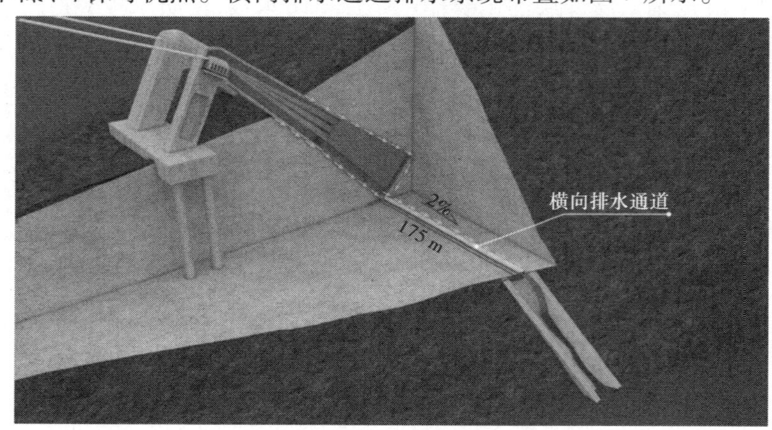

图 7 横向排水通道排水系统布置

3.2.6 锚塞体与初期支护间排水

常规隧道锚防排水方案中锚塞体区域不设置防水层及渗水盲管,但事实证明:锚塞体施工缝位置极容易发生渗水。万州驸马长江大桥在隧道锚建设过程中针对此问题做了大量的分析研究,并进行了多方案讨论,创新性地在锚塞体混凝土分层交界面位置埋设 ϕ50 mm 渗水盲管,渗水盲管外包复合防水板,取得了良好的防水效果。

3.2.7 辅助防排水措施

万州驸马长江大桥辅助防排水措施包括:洞顶钻孔固结灌浆,洞顶山坡砂浆抹面,洞顶砌筑截、排水沟,前锚室外露部分粘贴防水层等。

4 创新点

通过对万州驸马长江大桥南岸隧道锚防排水设计施工技术进行研究,详细总结了隧道锚防排水系统的组成,并提出了以下创新点:

(1)用在后锚室集水井内设置与外界连通的横向排水管的主动排水方案,代替常规的大功率抽水泵被动抽水方案。实践证明,横向排水通道可有效排除隧道锚锚室内积水,并且横向排水通道采用机械钻孔施工,具有施工速度快、施工风险小、减少征地量、成本低、环保等优点。

(2)在锚塞体施工分界面位置设置渗水盲管 + 窄防水层的形式来降低锚塞体与围岩之间的水压,改变了常规隧道锚锚塞体区域无任何防排水措施的现状。

5 结　论

万州驸马长江大桥隧道锚防排水系统研究结论应用效果明显，全面地体现了“防、排、堵、截”的防排水理念，形成了完整的隧道锚防排水系统，前后锚室侧壁无渗水点，锚塞体无渗水。实践验证了排水系统的效果良好，桥梁结构的耐久性得到了保障。其良好的防排水效果，可为类似工程的防排水系统设计及施工提供一定的工程借鉴。

参考文献

[1] 中华人民共和国行业标准. 公路隧道设计规范(JTG D70—2004)[S]. 北京:人民交通出版社,2004.

[2] 中华人民共和国国家标准. 地下工程防水技术规范(GB 50108—2008)[S]. 北京:中国计划出版社,2004.

[3] 吕康成. 隧道与地下工程防排水指南[M]. 北京:人民交通出版社,2012.

[4] 周旭,肖凯东,付雷. 某悬索桥隧道锚室水害处治方案比选及优化[J]. 湖南文理学院学报(自然科学版),2015(3):68-72.

[5] 殷瑞华. 公路隧道的防排水设计[C]//防排水专业委员会第九次学术交流会论文集,1999.

[6] 岑维嘉,刘德华. 隧道复合衬砌防排水的设计与施工[J]. 科技咨询导报,2007(21):54.

浅谈隧道锚索导管定位支架施工方法

雷金兴　杨文广

（中交一公局厦门工程有限公司　厦门　361000）

摘　要　隧道式锚碇是悬索桥的主要承载结构，依靠锚塞体的自重及其与山体的摩擦来承受主缆拉力。锚塞体中索导管定位支架的准确性与稳定性直接影响着主缆锚固预应力管道的安装精度，甚至影响主缆的受力性能，故索导管及其定位支架的施工方法尤其重要。本文结合万州驸马长江大桥工程实例，阐述了隧道锚索导管及其定位支架施工方法，解决了索导管精度控制问题。

关键词　悬索桥　隧道式锚碇　索导管　定位支架

1　引言

随着我国交通事业的飞速发展，一些大江大河上的大跨桥梁越来越多，悬索桥以其优良的结构特点正在广泛应用于一些千米以上的跨越工程。山区修建的悬索桥在设计时常结合两岸侧山体因地制宜地选用锚碇结构形式。隧道式锚碇是将主缆张力传递给周围岩体的重要受力结构，其中锚体内的索导管施工精度将直接影响主缆的受力性能，故索导管及其定位支架的准确性与稳定性尤为重要。本文结合万州驸马长江大桥南岸隧道锚锚塞体施工实例，简单介绍索导管及其定位支架的施工方法。

2　工程概况

万州驸马长江大桥南岸锚碇锚塞体前锚面尺寸为 12 m × 13 m，后锚面尺寸为 18 m × 20 m，采用圆端形实心断面，锚塞体中心线倾角为 40°。锚塞体沿外周设置一层钢筋，前、后锚面均设置 4 层钢筋。南岸锚碇锚固系统立面如图 1 所示。

索导管由前端预埋管、中间预埋管和后端预埋管组成，其中前、后端预埋管分别与前后锚垫板组焊而成，各预埋管由连接管连接形成整体管道。单索股锚固拉索索导管直径为 219 mm，壁厚为 6.5 mm；双索股锚固拉索索导管直径为 273 mm，壁厚为 6.5 mm，其结构示意如图 2 所示。

隧道锚索导管的施工关键在于构件安装精度的控制，由《公路桥涵施工技术规范》（JTG/T F50—2011）可知，隧道锚前锚面处孔道中心偏差不得超过 10 mm，这是精度控制的主要目标。

作者简介：雷金兴（1988—），男，本科，助理工程师，（电子邮箱）271059802@qq.com。

杨文广（1990—），男，专科，技术员，（电子邮箱）1553602417@qq.com。

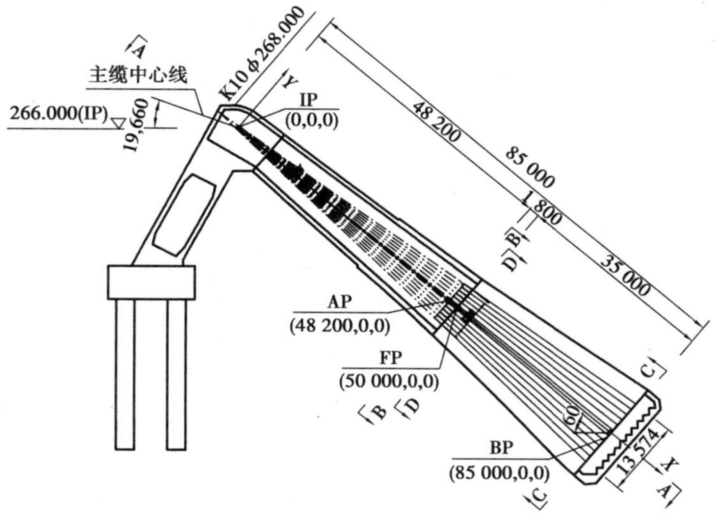

图1　南岸锚碇锚固系统立面图(单位:mm)

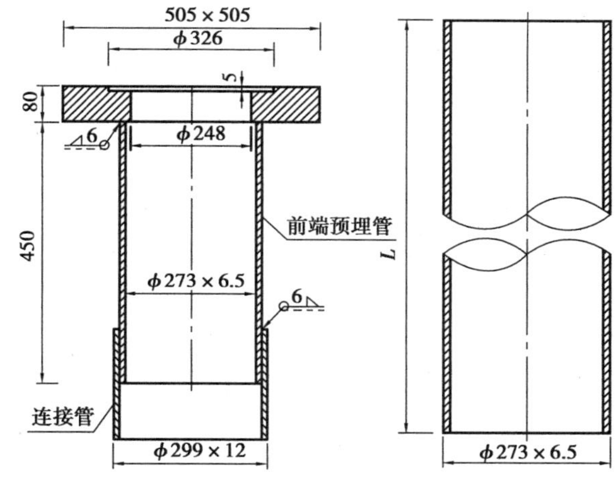

图2　索导管结构示意图(双索股)(单位:mm)

3　定位钢支架施工

3.1　材料分析

锚固系统预埋钢管孔道必须与相应的索股方向一致,在施工过程中必须保证管道顺直、密封、不变形,使锚固系统受力满足设计要求。因此,在锚塞体施工中设置锚固系统定位钢支架。定位钢支架可以采用钢管、槽钢、角钢等型材,各自的优缺点是:钢管质量较轻,成本较小且便于安装,但其圆弧形结构导致焊接面积不够,难以保证焊接质量;槽钢质量较轻便于安装,但其弱方向的抗弯性能和抗冲击、振动能力不足,混凝土浇筑时容易变形;角钢质量较重,但其独特的结构可以保证各向杆件的焊接面积,且刚度足够,能够保证支架的稳定性。考虑到锚塞体混凝土分层较多,且施工过程较快,定位钢支架最终采用∟110×110×10 等边角钢焊接而成。

3.2　设计要点

定位钢支架由水平方向的横向定位角钢、与前后锚面相平行的竖向定位角钢以及与隧洞轴线相平行(受预埋钢管影响非完全平行)的纵向支撑角钢组成(图3)。根据锚固系统预埋钢管在隧洞中的结构形式,定位钢支架横向定位角钢13排,竖向定位角钢9排,在横向与竖向定位角钢交接处安装纵向支撑角钢,定位钢支架纵向每片间距为150 cm。

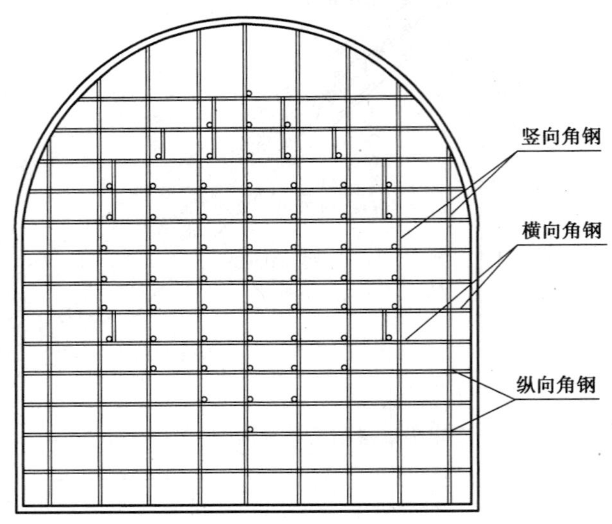

图3　定位钢支架示意图

3.3　施工方法

定位钢支架横向、竖向角钢与初期支护的 $\phi22$ 系统锚杆相焊接(系统锚杆施工时已预留外露的焊接长度),纵向角钢支承于后锚面模板上,从而将整个定位钢支架固定于隧洞周边,保证定位钢支架的整体稳定。

由于锚塞体纵向呈楔形、横断面上部为圆弧,楔形、圆弧均为逐渐变化,再加之隧洞开挖支护时的表面平整度偏差,使得每一排角钢长度均不一致。为简化施工并保证角钢连接质量,定位钢支架横、竖向角钢均从一端向另一端施工,长度不足部分根据现场实际尺寸下料。横向、竖向、纵向角钢均参考《钢结构连接节点设计手册(第二版)》采用拼接连接。

定位钢支架角钢通过洞口卷扬机下放至洞内,由洞内施工人员通过吊绳提升至安装位置,定位完成后立即焊接加固。

(1)安装前,利用全站仪测出隧洞中轴线、每片定位钢支架的底部第一根横向角钢的平面位置及实测标高,在底部混凝土面上做标记;同时,测出每片定位钢支架侧面及环向的平面位置,并在侧墙及拱部上做标记。

(2)清理出每片定位钢支架在相应初期支护的系统锚杆。

(3)用水平管配合钢尺测量定位钢支架柱脚标高,并调整、找平到满足安装要求,然后将每片定位钢支架的第一根横向角钢焊接在柱脚上,此后的杆件安装以第一根横向角钢为基准。

(4)在基准角钢安装到位后,即可逐层安装竖向角钢和其他横向角钢。

(5)在每片定位钢支架拼装的同时,及时利用纵向角钢连接每片定位钢支架,纵向角钢焊接于横向、竖向角钢交接处,使之成为立体骨架,同时及时焊接至初期支护的外露系统锚杆上。

在定位钢支架拼装过程中,随时检查其位置是否有偏差,发现偏差及时纠正,避免与锚固系统预埋钢管相冲突。按照混凝土分层要求安装定位钢支架,定位钢支架每根角钢至少伸出混凝土面 1 m，确保下次连接时有足够的连接长度。

定位钢支架施工现场如图 4 所示。

图 4　定位钢支架施工

锚固系统定位钢支架由角钢组焊而成，有纵、横、竖 3 种杆件。洞内定位钢支架转运均由人工配合缆索吊进行，施工效率低。类似工程宜采用分块定位钢支架设计，即由洞外分块加工，而后分块下放至洞内，在洞内完成联系杆焊接即可，以提高洞内施工效率。

4　索导管及预埋锚垫板施工

4.1　预埋锚垫板施工

锚固系统预埋锚垫板由钢板（单索股钢板厚60 mm，双索股钢板厚 80 mm）及无缝钢管组焊而成，在专业钢结构加工厂加工并热浸镀锌处理后运至现场（图 5）。

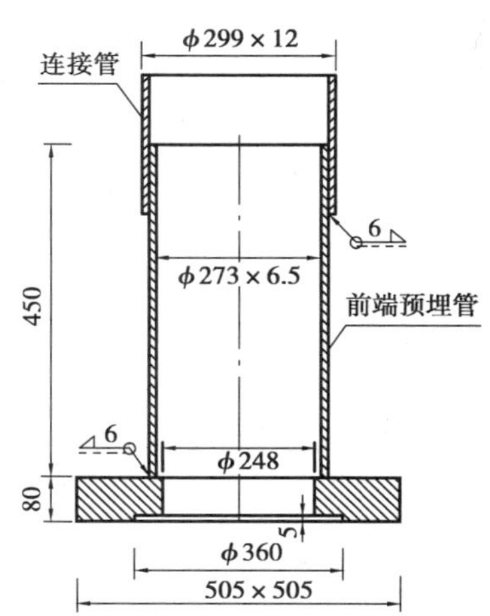

图 5　锚固系统锚垫板构造（单位：mm）

后锚面锚垫板安装定位时，首先在槽口模板及锚垫板上画出轴线，经测量定出锚固拉索在后锚面模板上的中心线，在后锚面模板上通过上、下、左、右锚固拉索的中心线连线，定出中间点的设计轴线，并在后锚面模板上画线，安装时将槽口模板所画轴线与后锚面模板上所画轴线相重合，锚垫板轴线与槽口模板重合即可。锚垫板安装定位后，采用∟75 × 75 × 8 的角钢将锚垫板焊接固定于定位钢支架上（图 6）。

前锚面锚垫板安装时，利用自制的钢板覆盖在锚垫板中心凹槽内，精确定位锚垫板中心位置，然后再测量锚垫板的两个顶角，利用手拉葫芦进行调节。调节到位后，再测量任一底角进行复核，直至误差不超过 2 mm。

锚固系统锚垫板、预埋钢管安装完成后，采用挂线法对锚垫板、预埋钢管的同轴性进行检查，用线绳同时连接两端锚垫板或者预埋钢管中心形成中心线，检查同排其余锚垫板或者钢管

图 6　锚垫板定位加固

是否位于中心线上。同轴性检查需同时检查相垂直的两个方向。

需要注意的是,锚固系统施工顺序为:定位钢支架→预埋管道→预埋锚垫板,即后锚面锚垫板施工时,定位钢支架和预埋管道已施工完毕,视线被遮挡,导致无法测量。现场通过精确测量(后端中心采用垂线法)控制预应力管道的精度,然后将锚垫板上的预埋管和预应力管上的连接管连接,将锚垫板顶面调至水平即可。

4.2　索导管施工

锚固系统预埋管及连接管均采用 6.5 mm 壁厚无缝钢管,全部采用厂家订购并进行热浸镀锌处理,严禁现场制作。锚固系统预埋管道安装时,在施工现场按 6 m 一段进行焊接接长。无缝钢管连接处采用连接管满焊,钢管焊接接头作专门密封处理,接头进行密闭性试验以保证其连接质量,确保锚固拉索预埋管道密封。

为了将施工中累计误差控制在设计要求范围内,施工时对槽口模板、锚垫板、定位板及预埋管道的定位进行重点控制,最终将偏差均控制在允许范围内。

定位钢支架安装到位并经检测符合要求后,利用全站仪测出每条管道的中心线,现场焊接定位板,定位板采用 6 mm 厚钢板。同时,在定位板上标出管道中心点位置,并在定位板的 4 条边上做出 4 点标记,使这 4 个点的连接线的交点与管道的中心线相重合,以备校核。

经测量放样出锚固拉索在定位板上的中心位置,以此点为中心,以锚固拉索预埋钢管半径放大 5 cm 作为半径画半圆,同时在半圆的左、右、下端标示出通过圆心的 3 条直线,并在端点做标记;然后割出半圆(要求切割线要准确、切割面要平整),再将预埋管道放入定位板内,插入到锚垫板内,通过做标记的 3 条直线端点量取到钢管外壁的间距来调整钢管位置;最后测量校核最上端钢管位置,调整至 ±2 mm 以内,并调整好锚垫板方向,即可焊接固定钢管及点焊锚垫板(图 7)。

索导管定位及加固完成后,浇筑混凝土时布料需从一侧到另一侧,混凝土分层高度不能超过 50 cm,确保上层混凝土布料时下层混凝土尚未初凝。要注意勤拆泵管,不能出现赶料的现象;振捣要均匀,振捣棒不能碰撞索导管,且混凝土放料不能集中在同一个地方,因为新浇筑的混凝土侧压力有可能导致管道偏移。

图7　索导管及其定位钢板

南岸锚碇隧道锚洞内锚固系统单个构件质量都比较大，由于隧洞倾斜角度大且位于地下，无法通过塔吊或吊车等设备运至洞内，物料运输困难。

为满足物料运输要求，在洞口布置了3台卷扬机，其中一台为矿车上下提供动力，另外两台组合成简易缆索吊（图8、图9）。具体布置形式为：距洞门一段距离处（场地适宜位置）布置两台卷扬机（主承重卷扬机和牵引卷扬机），洞口处布置支承架（转向轮），洞内布置吊点（利用锚杆做的锚固点）悬挂主承重卷扬机钢丝绳，通过牵引卷扬机上下滑动及主卷扬机垂直起降即可形成物料运输。需要注意的是，随着支架的升高，应及时调整缆索吊吊点及线形。矿车用于运输钢筋，缆索吊用于运输型材。

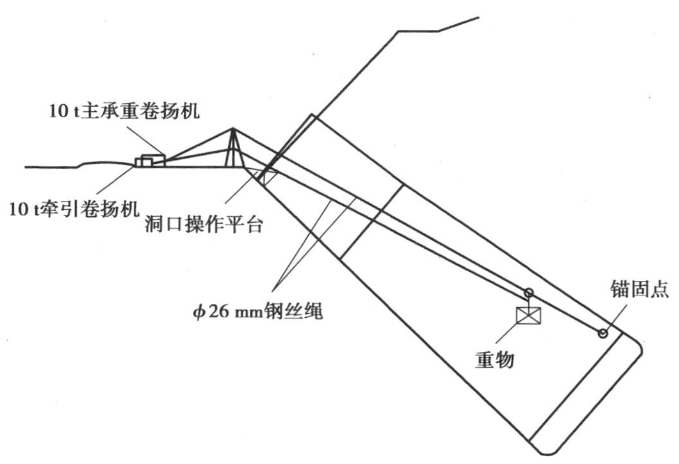

图8　缆索吊系统示意图

洞内物料运输采用矿车、缆索吊，此运输方法施工效率依然较低，钢筋和型材运输至洞内后仍需要人工搬运至作业点。以后类似工程可考虑采用天车式轨道运输，即在洞顶提前设置预埋件，而后设置2～3条轨道，实现天车运输。

图9　简易缆索吊

5　施工注意事项

5.1　施工测量

（1）南岸锚碇锚固系统施工前，两人以上单独对放样数据进行独立计算，相互校核，同时通过 CAD 三维建模复核，确保数据准确。

（2）南岸锚碇锚固系统施工前，对全桥南北岸导线点进行复测，确保导线点、加密点精度满足要求，保证测量放样精度满足上部结构施工需要。

（3）南岸锚碇锚固系统测量放样采用“双人、双机、双法”进行相互复核，以确保测量放样结果的准确性。

5.2　锚固系统定位钢支架

（1）锚固拉索为扇形结构，定位钢支架各型钢之间的距离是渐变的，定位钢支架定位、安装前在隧洞初期支护的底板、侧板上测量放线，作为钢支架施工的依据。

（2）定位钢支架与隧洞初期支护系统锚杆相焊接，形成稳定的整体。

（3）定位钢支架型钢连接要满足相关规范、节点手册要求，保证型钢连接质量，保证定位钢支架稳定。

（4）定位钢支架施工适当增加加固、焊接人员，支架材料下放完成后即完成支架的加固，加快锚塞体施工进度。

（5）在定位钢支架拼装过程中，随时检查其位置是否有偏差，发现偏差及时纠正，避免与锚固系统预埋钢管相冲突。

5.3　索导管及预埋锚垫板

（1）锚固系统预埋锚垫板、预埋钢管均进行热浸镀锌处理，在吊装、转运过程中需轻拿轻放，避免镀锌层损伤和钢管变形。

（2）预埋钢管连接采用连接管连接，连接时必须保证焊缝质量，保证接头的密封性。

（3）预埋钢管在定位加固后，需要采用钢筋或型钢反拉于定位钢支架上，避免混凝土浇筑过程中钢管上浮。

(4)锚固系统锚垫板、钢管安装完成后，采用挂线法对锚垫板、预埋钢管的同轴性进行检查，避免锚固拉索钢绞线斜向受力。

6　结　论

万州驸马长江大桥南岸锚碇前锚面施工完成后，通过现场实际测量，索导管中心偏位在3 mm以内，达到了控制索导管施工精度的目标，说明本方法可以有效地控制索导管施工精度。本文结合其施工过程对索导管及其定位支架关键施工技术进行了详细的总结，并针对如何控制索导管施工精度提出了各项施工注意要点，对类似工程具有重要的参考价值和指导作用。

参考文献

[1] 中交一公局万利万达项目总部驸马长江大桥二分部. 驸马长江大桥南岸锚碇专项施工技术方案,2015.

[2] 中华人民共和国行业标准. 公路桥涵施工技术规范(JTG/T F50—2011)[S]. 北京:人民交通出版社,2011.

[3] 徐刚,吴小斌. 坝陵河大桥隧道锚锚塞体关键施工技术[J]. 世界桥梁,2012,40(5):12-16.

[4] 徐刚,吴小斌,杜俊,等. 坝陵河大桥隧道锚锚塞体施工技术[C]//中国公路学会桥梁和结构工程分会全国桥梁学术会议,2009.

隧道式锚碇锚固拉索系统施工技术

雷金兴

（中交一公局厦门工程有限公司　厦门　361000）

摘　要　隧道锚作为悬索桥锚碇的一种结构形式，主要依靠锚塞体的锚固拉索系统来承受主缆的拉力，并将主缆拉力分散传递给锚体周围基岩，锚固拉索系统施工质量直接影响主缆的受力情况。本文结合万州驸马长江大桥南岸隧道锚锚塞体无粘结预应力钢绞线锚固拉索施工过程，介绍隧道锚锚固拉索系统施工的关键技术和注意事项。

关键词　悬索桥　隧道锚　锚固拉索系统　施工技术

1　引　言

隧道式锚碇锚固拉索系统的主要功能是将主缆的张力传递给周围锚体，主要采用平行钢丝拉索和预应力钢绞线拉索，其中预应力钢绞线拉索又分为无粘结钢绞线和有粘结钢绞线。无粘结预应力钢绞线防腐性能良好，施工方便，目前应用较为广泛，但应用于隧道锚锚固拉索系统尚属首次，本文结合万州驸马长江大桥南岸隧道锚锚塞体无粘结预应力钢绞线拉索施工过程，介绍其关键施工技术。

2　工程概况

万州驸马长江大桥南岸锚碇采用框架式前锚室及支墩与隧道锚锚塞体结合的结构方案，锚塞体锚固系统采用无粘结预应力钢绞线拉索形式，锚固系统由钢绞线拉索系统和索股连接构造组成。钢绞线拉索系统由钢绞线、锚具及防护帽等组成，索股连接由拉杆及其组件组成，拉杆上端与索股锚头相连接，另一端与被预应力拉索锚固于前锚面的连接器相连接（图 1）。

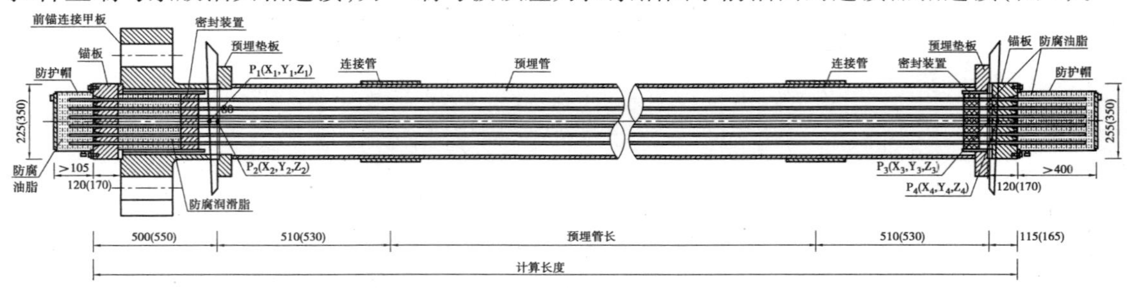

图 1　锚固拉索构造示意图（单位：mm）

索股连接构造包括单索股锚固单元和双索股锚固单元两种类型（图 2）。单索股锚固单元由两根拉杆和单索股连接器构成，双索股锚固单元由 4 根拉杆和双索股连接器构成。每根主缆在南岸锚碇端共有 24 个单索股锚固单元和 42 个双索股锚固单元。

作者简介：雷金兴（1988—），男，本科，助理工程师，（电子邮件）271059802@qq.com。

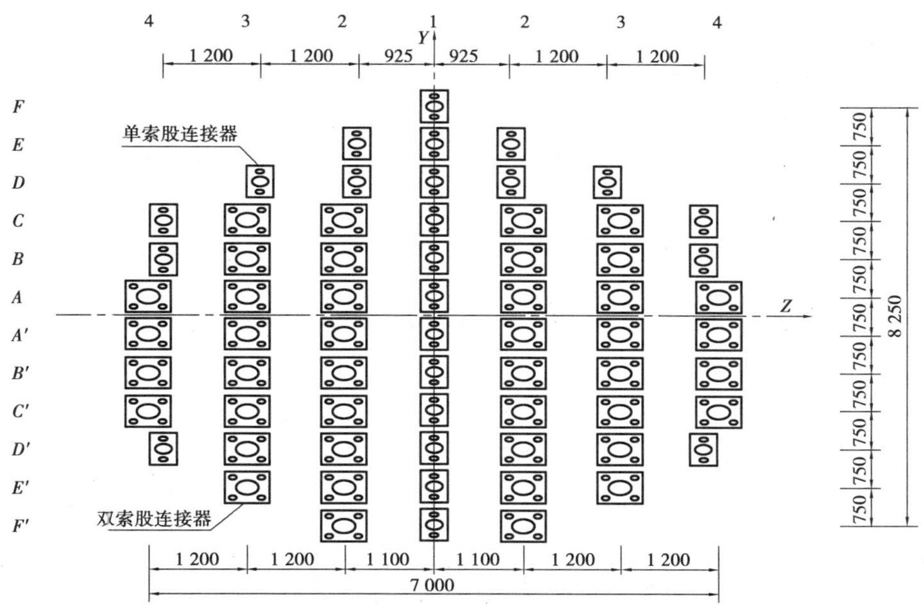

图 2　前锚面锚固拉索布置(单位:cm)

单索股锚固单元采用 15-19 规格锚固钢绞线拉索,双索股锚固单元采用 15-37 规格锚固钢绞线拉索。钢绞线拉索系统按《无粘结钢绞线斜拉索技术条件》(JT/T 771—2009)做专门设计,锚具与索体成套采购。

锚塞体锚固拉索系统采用无粘结钢绞线,与有粘结钢绞线相比,其优点在于施工过程中 PE 护套可有效保护钢绞线不受损伤,且大桥运营后期,可方便对每根损坏的预应力钢绞线进行更换(图 3)。

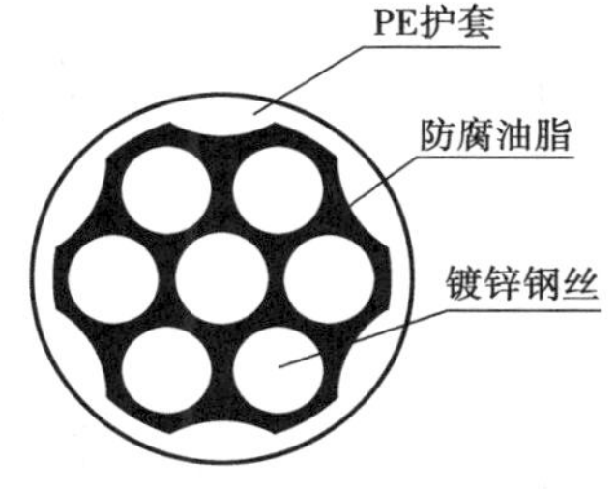

图 3　单根无粘结预应力钢绞线断面示意图

3　施工工艺

无粘结钢绞线拉索系统施工步骤为:张拉准备→预应力钢绞线下料及剥皮→预应力钢绞线穿束→前锚面索股连接器安装→后锚面锚板及夹片安装→预应力钢绞线张拉→切除多余钢绞线→保护罩安装并灌注防腐油脂。

锚塞体预应力具体施工工艺流程如图 4 所示。

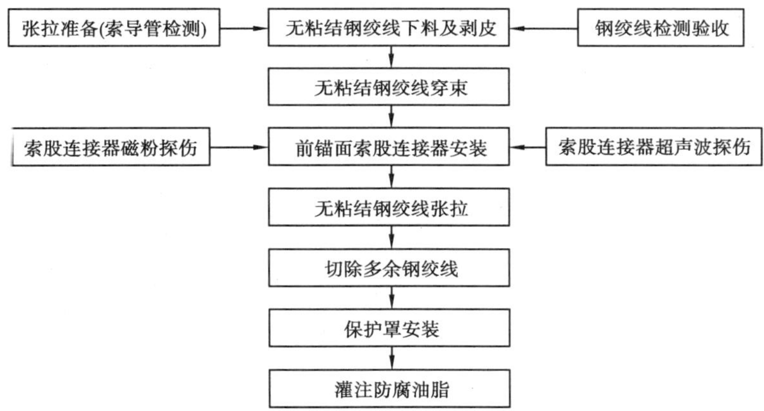

图 4　无粘结钢绞线施工工艺流程图

4 施工方法及要点

4.1 施工总体要求

根据设计，当锚下混凝土达到100%强度时，方可张拉锚固系统预应力钢束。预应力束张拉采取前锚面一端张拉。张拉控制应力为0.55f_{pk}，15-19型预应力束和15-37型预应力束的f_{pk}分别为4 912.18 kN和9 566 kN，故15-19型预应力束的张拉控制力为2 701.7 kN，15-37型预应力束的张拉控制力为5 261.3 kN。两者均按“双控”原则张拉，引伸量允许误差控制在±6%以内。张拉完毕后安装防护罩，灌注防护罩内防腐油脂。锚固拉索构造如图5所示。

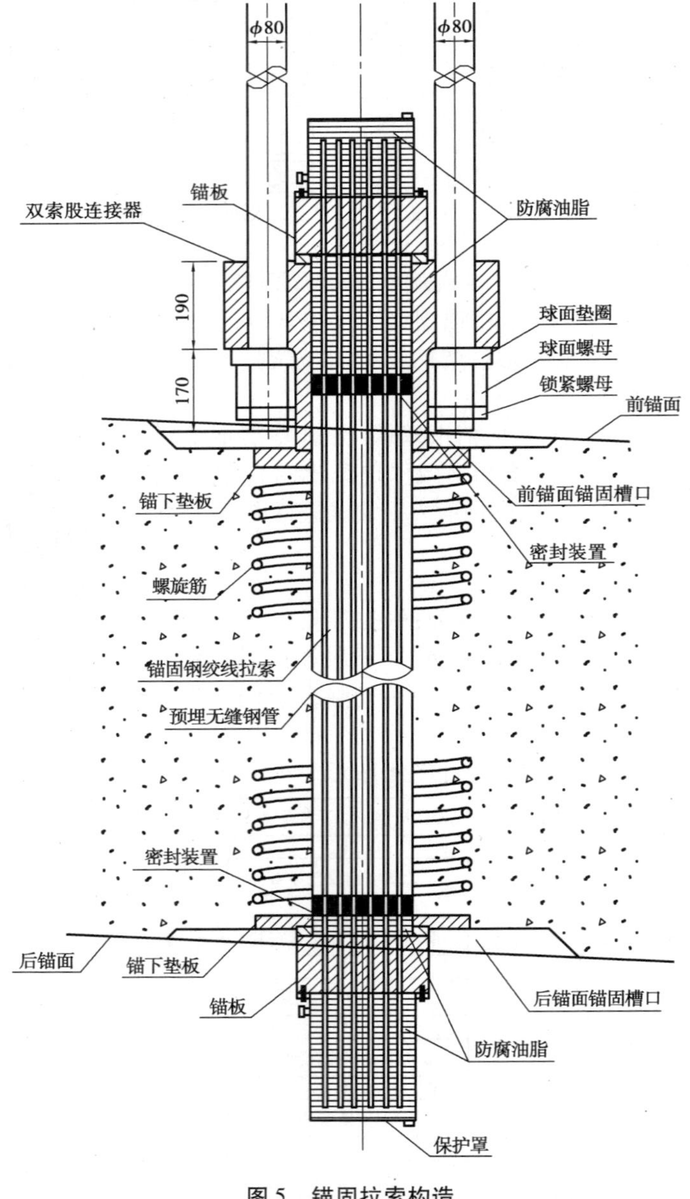

图5 锚固拉索构造

4.2　张拉准备

(1)索导管中心偏位等已经检测完成。

(2)钢绞线、锚具、夹片、索股连接器等原材料经力学性能检验,符合标准规范的要求。

(3)张拉前,对混凝土弹性模量进行检测,确保达到设计的100%,并出具检测报告。

(4)施工现场应具备经批准的张拉程序和现场施工说明书。

(5)现场已有具备预应力知识,且能正确操作的施工人员。

(6)施工现场已具备确保全体操作人员和设备安全的必要预防措施。

(7)实施张拉时,应使千斤顶的张拉力作用线和预应力钢束的轴线重合一致。

(8)根据锚塞体试块的抗压强度达到设计值的100%时,安装锚板、夹片、千斤顶等工作,为正式张拉做准备。

(9)张拉千斤顶已经标定,钢绞线理论伸长量已经计算完毕,并经监理工程师复核。

4.3　无粘结钢绞线下料及剥皮

无粘结钢绞线采用砂轮切割机切割下料,切割时做到用力均匀,以保证切口平整、不散股,下料前复核切割长度、剥皮长度等(图6)。

下料长度=索导管预埋长度+前端索股连接器长度+后端锚板长度+
前端工作长度+后端工作长度

图6　无粘结钢绞线下料

每根索导管预埋长度均不一样,按前端索股连接器长度和后端锚板长度又分为单索股和双索股,需要仔细计算和复核每根拉索的下料长度。下料完成后,钢绞线两端进行剥皮,主要保证张拉后PE护套刚好抵住密封装置弹性塑料圈(图7)。剥皮时注意将PE护套切平齐,否则会影响后期的密封性能。

4.4　无粘结钢绞线穿束

无粘结钢绞线采取地面整体成束并于洞内整体吊装的施工方法。

地面成束时,先将工作锚板整体套入前端索股连接器,再将基准钢绞线穿入前端工作锚板的指定位置(六边形顶端),然后按照钢绞线的编号顺序依次穿入,并及时上好夹片(图8)。最后安装限位板,防止吊装过程中夹片和钢绞线脱落,限位板各孔眼大小、尺寸和锚板保持一致。

钢绞线束后端采用自制的临时工作锚板进行分丝紧固,临时工作锚板采用塑料制作而成,内

图7　端头剥皮

图8　无粘结钢绞线与锚头装配

径略大于整束钢绞线直径，孔眼大小和相互位置与工作锚板保持一致。临时工作锚板安装完成后，利用彩条布进行缠绕，并用铁丝绑紧，防止吊装过程中PE护套损伤和钢绞线束缠绕。洞内后端穿束安装时，要保证同一根钢绞线在前后端锚板位置一致。地面整束穿束完成后，在前后端锚板最顶部一根钢绞线用红油漆做记号，以便安装后检查钢束是否打绞。由于钢绞线束前后端已经固定，只要钢绞线束进入前锚面时线形顺直，且标记钢绞线在前后端位置保持一致，就可以保证钢绞线束没有打绞，因为钢绞线束在管道内由于重力向下滑动，不可能自行扭转360°。

4.5　前锚面索股连接器安装

地面穿束完成后，利用洞外塔吊将前端索股连接器提起并整体吊装至洞内，吊具采用额定载重量为4 t的吊绳，可防止索股连接器在吊装过程中损伤。安装过程中，在前锚室布置两台卷扬机形成缆索吊系统，配合塔吊将无粘结预应力束后端慢慢放入孔道内，直至前端索股连接器紧贴锚垫板（图9）。卷扬机固定时，首先在前锚室底板钻孔并植筋，然后利用角钢焊接成操作平台，最后将卷扬机固定在操作平台上。

图 9　卷扬机布置

安装完成后,后端利用分丝器将钢绞线卡住,防止钢绞线打绞,退出临时工作锚板,更换工作锚板,并注意将有油漆标记的钢绞线穿入锚板最上方位置,然后上好夹片。钢绞线安装前,需对锚垫板面层的混凝土和毛刺等进行清理,并使用塑料垫圈对索导管口进行保护,钢绞线束安装时再拿走塑料垫圈,保证索股连接器和锚板与预埋锚垫板的贴合性、密封性(图 10)。

图 10　无粘接预应力锚固拉索

4.6　无粘结钢绞线张拉

钢绞线整体张拉前,先将单根钢绞线用千斤顶按相同的油压进行预紧,而后再进行整束整体张拉,整体张拉机具采用穿心千斤顶。

张拉时,用葫芦或卷扬机将千斤顶、油泵等机具吊至工作平台,接好各种电源、管路,按顺序安装限位板、千斤顶、工具锚和工具夹片,保证各安装件密贴、对中。

张拉按 6 人配备一套张拉顶,一人负责油泵,两人负责千斤顶,一人观测并记录读数,两人负责后锚面工作锚位置观测并紧固夹片,张拉按由下至上再中间向两边的顺序进行。

锚塞体预应力张拉顺序为：F'排拉索→E'排拉索→D'排拉索→C'排拉索→B'排拉索→A'排拉索→A 排拉索→B 排拉索→C 排拉索→D 排拉索→E 排拉索→F 排拉索（图 2）。

张拉按 0→20%→40%→100%（持荷锚固）程序进行，根据《公路桥涵施工技术规范》（JTG/T F50—2011），低松弛预应力筋张拉到 100% 张拉力后持荷时间为 5 min。

无粘结钢绞线张拉步骤如下：

（1）千斤顶安装、就位检查合格后，启动高压油泵，使千斤顶大缸进油，张拉至设计控制应力 P 的 20% 时，张拉时调整千斤顶位置，使其对准孔道轴线，打紧后锚面夹片两次并检查后锚面工作锚夹片的紧固情况，使全部夹片均匀受力，同时量测活塞伸出量和工具夹片的外露值 $L_{0.2P}$。

（2）张拉到设计控制应力 P 的 40% 时，量测活塞伸出量和工具夹片的外露值 $L_{0.4P}$，并计算初始伸长值 $\Delta L_1 = L_{0.4P} - L_{0.2P}$，两者读数差即为钢绞线初应力的张拉伸长量。

（3）继续张拉到钢绞线束控制应力 P 的 100% 时，量测活塞伸出量和工具夹片外露值并计算伸长值，持荷 5 *min* 后，记下此时千斤顶油表读数。

（4）计算出钢绞线束的实测伸长量并与理论值比较，如果超过 ±6% 应停止张拉并分析原因。

（5）使张拉油缸缓慢回油，夹片将自动锚固钢绞线，如果发生断丝、滑丝，则应更换钢丝线，穿束重拉。

（6）张拉油缸慢慢回油，关闭油泵，拆除千斤顶。

4.7 夹片顶进及注油

张拉、锚固完成后，用手持砂轮切割机切除夹片外多余钢绞线，然后利用厂家特制的千斤顶对每个夹片进行顶进施工（图 11），最后分别对每个夹片进行注油，保证夹片缝隙处填满防腐油脂。油脂处于半固体状态，不能太稀，太稀容易从空隙处流出；也不能太干，太干流动性不好，不容易填充满，以空气压缩机将夹片附近的空隙注满即可。

图 11　夹片顶进

4.8 安装保护罩及第二次注油

夹片注油完成后安装保护罩,并在保护罩与锚垫板接合处安装密封垫片,用扳手拧紧保护罩安装螺栓。保护罩密封检查合格后,对保护罩进行防腐油脂灌注。同一部位灌注需连续进行,灌油时缓慢均匀地进行,中途不间断,以使空气充分排出,无气泡残留(图 12)。灌油时,安排专人检查、观测各接触密封面和各焊缝是否漏油,如有渗漏及时采取补救措施。

图 12　注油施工

5　注意事项

(1)锚固系统预应力采用无粘结钢绞线,施工过程中必须十分注意对钢绞线 *PE* 护套的保护,避免钢绞线 *PE* 护套损伤,影响钢绞线的耐久性。

(2)锚固系统锚垫板的锚下混凝土达到设计强度后,方可进行预应力钢绞线张拉。

(3)张拉工具夹片应保存于阴凉干燥的区域,涂刷防锈油防止锈蚀,如出现磨损严重的现象,应及时进行更换。

(4)锚固系统预应力张拉按“双控”原则进行,引伸量允许误差控制在 ±6% 以内,超出范围需查清原因后方可继续张拉。

(5)钢绞线穿束采用洞外单根穿束,在穿束过程中注意检查钢绞线不嵌入其他钢绞线之间,避免钢绞线打绞。

(6)钢绞线穿束穿过前后锚面的工作锚板、密封装置时各孔需一一对应,避免错位,避免钢绞线打绞。

(7)钢绞线整体张拉前,先用单根预紧,而后再进行整束整体张拉,保证整束锚固拉索中的各根钢绞线均匀受力。

(8)千斤顶安装时,应注意与锚板密贴;张拉过程中,前后锚面工作人员要通过对讲机及时沟通,保证后锚面夹片均匀受力。

(9)锚固拉索张拉时,保证锚板与连接器、连接器与预埋锚垫板紧密接触,避免锚板或连接器倾斜而导致一侧出现缝隙,影响整体锚固系统的密封性。

(10)根据设计图纸,锚固拉索后锚面防护帽内钢绞线的预留长度较长,张拉完成后根据防护帽长度留取钢绞线长度,以满足换索阶段钢绞线工作长度要求。

6 结　语

万州驸马长江大桥南岸隧道锚锚固拉索系统首次创新性地采用无粘结预应力钢绞线,本文结合无粘结预应力钢绞线施工过程对其下料、穿束、安装、张拉和注油等关键施工技术进行了详细的介绍,并针对性地提出了各项施工注意要点,希望对类似工程有一定的参考价值和指导作用。

参考文献

[1] 中交一公局万利万达项目总部驸马长江大桥二分部. 驸马长江大桥南岸锚碇专项施工技术方案,2015.

[2] 中华人民共和国行业标准. 公路桥涵施工技术规范(*JTG/T F*50—2011)[*S*]. 北京:人民交通出版社,2011.

[3] 中华人民共和国行业标准. 无粘结预应力混凝土结构技术规程(*JGJ* 92—2004)[*S*]. 北京:中国建筑工业出版社,2004.

[4] 中华人民共和国行业标准. 无粘结钢绞线斜拉索技术条件(*JT/T* 771—2009)[*S*]. 北京:人民交通出版社,2009.

[5] 张英宝. 无粘结预应力施工技术的应用[*J*]. 绍兴文理学院学报,2004,24(9):73-75.

[6] 潘娜,王向祎. 浅谈房屋建筑无粘结预应力施工技术[*J*]. 华章,2011(15).

万州驸马长江大桥隧道锚锚塞体混凝土温控措施

李　亚[1]　张志新[2]　叶派平[3]

（1. 中交一公局第三工程有限公司　北京　100029；　2. 中交第一公路工程局有限公司　北京　100024；　3. 中交一公局厦门工程有限公司　厦门　361000）

摘　要　本文重点介绍了万州驸马长江大桥隧道锚锚塞体混凝土温度控制和裂缝防治所采取的措施，结合现场实际情况进一步总结了隧道锚大体积混凝土温度控制和裂纹控制的施工经验，并给出了一些施工现场的建议。

关键词　悬索桥　隧道锚　大体积混凝土　温控　措施

1　工程概况

万州驸马长江大桥是万利高速公路重庆市万州区境内跨越长江的一座特大型桥梁，是重庆高速公路网"三环十射三联线"中"十射"的重要支线之一，桥型为双塔钢箱梁悬索桥，主桥跨径设计为 1 050 m，两岸各设置 480 m 引桥，全长 2 030 m，是三峡库区跨径最大的一座悬索桥。

桥梁北岸锚碇为重力锚，南岸锚碇为隧道锚，其中南岸锚碇锚塞体混凝土共计 1.5 万 m^3，设计采用框架式前锚室及支墩与隧道锚锚塞体结合的结构方案。锚塞体嵌入中风化岩层以内，前锚室及支墩位于地面上，前锚室长 43 m，锚塞体长 35 m，后锚室长 3.8 m，前锚面尺寸为 12 m×13 m，后锚面尺寸为 18 m×22 m，锚塞体中心线倾角为 40°，采用圆端形实心断面（图 1）。锚塞体混凝土采用 C40 聚丙烯纤维微膨胀抗渗混凝土。

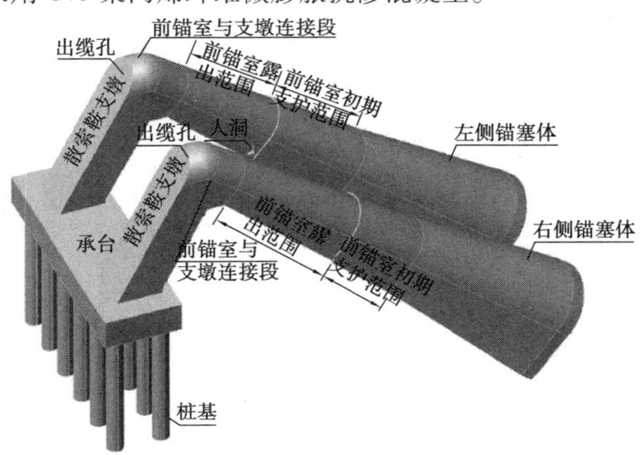

图 1　万州驸马长江大桥南岸锚碇立体示意图

作者简介：李　亚（1990—）男，本科，助理工程师。
张志新（1970—）男，博士研究生，教授级高级工程师。
叶派平（1983—）男，本科，高级工程师。

2 锚塞体大体积混凝土温控设计及计算

2.1 温控工作流程及原则

大体积混凝土施工过程中,在内部因素、外部环境条件、基础约束条件及施工工艺的共同影响下,可能产生温度裂缝。为确保大体积混凝土结构施工质量,考虑混凝土的分层分块、浇筑温度、混凝土水化热、施工间歇性、养护方式、冷却水降温、外界气温影响、混凝土徐变、混凝土弹性模量变化等复杂因素,参照温度应力仿真计算,进行本桥隧道锚温控设计。

为确保大体积混凝土温度控制工作有序、可靠地运行,特制定大体积混凝土施工温度控制工作流程,如图2所示。

隧道锚大体积混凝土温度控制的原则是:控制混凝土浇筑温度;尽量降低混凝土温升,延缓温峰出现的时间;控制温峰过后混凝土的降温速率;降低混凝土中心和表面之间、新老混凝土之间的温差,控制混凝土表面温度和气温之间的差值。

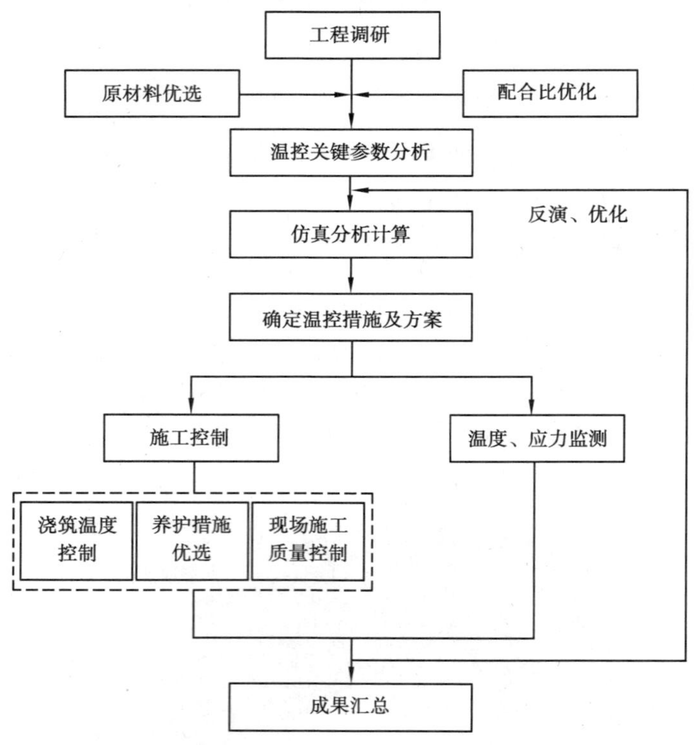

图2 大体积混凝土施工温度控制工作流程

2.2 温控标准

根据本工程的实际情况,参考《公路桥涵施工技术规范》(JTGT F50—2011)、《大体积混凝土施工规范》(GB 50496—2009)相关规定,制定温控标准如表1所示。

表1 锚塞体温控标准

浇筑温度/℃	内部温度/℃	内表温差/℃	降温速率/(℃·d^{-1})
5~30	≤70	≤25	≤2.0

2.3 温控计算

2.3.1 计算条件

1)模型参数

万州驸马长江大桥锚塞体长度为35 m,倾角为40°,按照其结构尺寸及对称性,取隧道锚1/2锚塞体混凝土进行温度应力计算,围岩参数如表2所示,计算模型网格剖分如图3所示。

表2 围岩物理热学参数

弹性模量/MPa	热膨胀系数/℃$^{-1}$	导热系数/[kJ·(m·h·℃)$^{-1}$]	比热容/[kJ·(kg·℃)$^{-1}$]	绝热温升/℃
4×10^4	5.0×10^{-6}	8	1.0	—

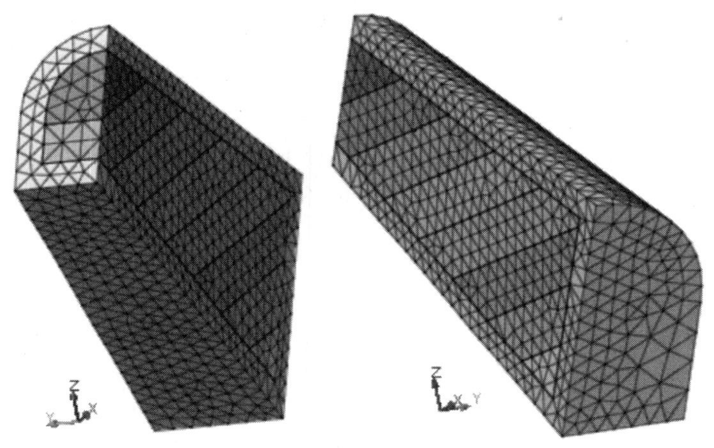

图3 1/2隧道锚锚塞体网格划分图(附带隧道岩层)

2)混凝土性能参数

隧道锚锚塞体设计为C40聚丙烯纤维微膨胀抗渗混凝土,其劈裂抗拉强度参考值根据工程经验取值,如表3所示。混凝土物理热学参数根据配合比进行计算,并参考工程经验取值,如表4所示。

表3 C40混凝土劈裂拉强度参考值

龄 期	3 d	7 d	28 d
劈裂抗拉强度参考值/MPa	2.2	2.8	3.2

表4 C40混凝土物理热学参数

弹性模量/MPa	热膨胀系数/℃$^{-1}$	导热系数/[kJ·(m·h·℃)$^{-1}$]	比热容/[kJ·(kg·℃)$^{-1}$]	绝热温升/℃
3.5×10^4	8×10^{-6}	9.06	0.94	46.5

混凝土导热系数、比热容采用质量百分比加权方法得到:

$$\lambda = \left(\sum_{1}^{n} \lambda_n \cdot b_n\right)/100 \tag{1}$$

$$c = k_c \cdot \left(\sum_{1}^{n} c_n \cdot b_n\right)/100 \tag{2}$$

式中 λ,λ_n——混凝土及混凝土各原材料的导热系数；

c,c_n——混凝土及混凝土各原材料的比热容；

b_n——混凝土各原材料的质量百分比；

k_c——比热容修正系数，取1.05。

计算时考虑徐变对混凝土应力的影响，混凝土的徐变取值按经验数值模型剖分，如下式所示：

$$C(t,\ \tau)=C_1(1+9.20\ \tau^{-0.45})(1-e^{-0.30(t-\tau)})+C_2(1+1.70\ \tau^{-0.45})(1-e^{-0.005(t-\tau)}) \tag{3}$$

式中，$C_1=0.23/E_2$，$C_2=0.52/E_2$，E_2 为最终弹性模量。

3）环境条件及浇筑温度

环境条件：气温为(28±3)℃，正玄曲线；围岩初始温度取25 ℃；混凝土在隧道内浇筑，风速按不大于4.0 m/s考虑，混凝土表面（考虑保温保湿养护）散热系数取50 kJ/(m² · h · ℃)；锚塞体前锚面采用钢模板，对流系数取为70 kJ/(m² · h · ℃)。

浇筑温度：根据《公路桥施工技术规范》(JTG/T F50—2011)中夏季混凝土施工要求，当无其他特殊规定时，混凝土的入模温度宜控制在30 ℃以下。因此，入模温度控制为10～30 ℃，仿真计算取为30 ℃。

2.3.2 计算结果

在以上设定条件下，采用计算机软件计算后得出锚塞体内部最高温度计算值如表5所示，均符合《大体积混凝土施工规范》(GB 50496—2009)对混凝土温升不大于50 ℃的规定。温峰出现时间为浇筑后第2至3天，锚塞体内部最高温度包络图如图4所示，隧道锚锚塞体各浇筑层应力计算结果如表6所示。

表5 仿真计算内部最高温度

浇筑层	第1层	第2层	第3层	第4层	第5层	第6层	第7层	第8层
最高温度/℃	68.0	67.7	67.9	66.5	68.1	65.1	66.4	67.6

表6 锚塞体温度应力计算结果 单位：MPa

龄期	3 d	7 d	28 d
第1层温度应力	1.0	0.59	1.23
第2层温度应力	1.14	0.73	1.56
第3层温度应力	1.34	0.80	1.79
第4层温度应力	1.23	0.79	1.77
第5层温度应力	1.28	0.73	1.71
第6层温度应力	1.43	0.84	1.87
第7层温度应力	1.46	1.14	1.97
第8层温度应力	1.37	1.07	1.67
最小抗裂安全系数	1.51	2.46	1.62

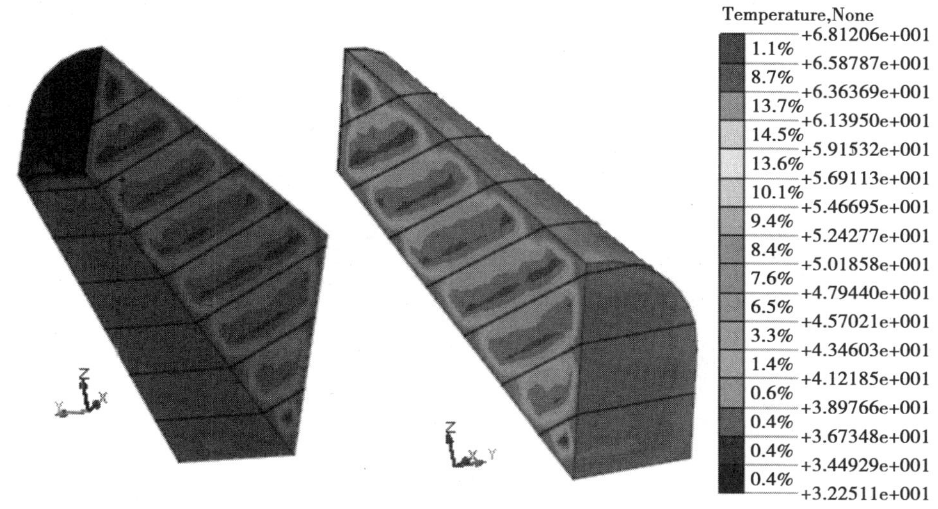

图4　隧道锚锚塞体内部最高温度包络图(单位:℃)

根据表6所示计算结果,混凝土早期由于内表温差引起表面拉应力,后期由于基础温差引起内部拉应力;锚塞体混凝土温度场特点为内部温度较高、散热较慢,施工时应注意加强内部通冷却水,注意表面保温,做到"外保内散";构件混凝土早期(3 d)应力发展较快,集中于构件表面,表现为拉应力;7 d后有部分应力向构件内部转移并逐渐发展至稳定水平。锚塞体各龄期最小抗裂安全系数为1.51,大于或等于1.4,符合安全系数设计要求。

3　温控措施及现场监控

3.1　温控措施

3.1.1　混凝土原材料及质量控制

为降低混凝土的绝热温升,采用普通硅酸盐水泥,控制水泥使用温度,掺加一定量的优质粉煤灰,同时选用合适的高效外加剂。为降低混凝土的内部温升和增强混凝土的可泵性,选用性能良好的连续级配卵碎石和级配机制砂。

3.1.2　混凝土浇筑间隙以及分层厚度控制

根据大体积混凝土温控设计、锚塞体混凝土方量以及粗细集料的储存能力,将锚塞体分层以单层1 500 m^3以内进行控制,锚塞体单层混凝土方量最大约为1 450 m^3;浇筑间歇期控制在9 d左右,应注意避免浇筑间隔期过长,引起基础约束过大。通过软件模拟计算及参考类似工程的温控经验,在保证温控的前提下,尽量减少分层次数,减少接缝,锚塞体分层厚度从原设计的16层优化为8层,分层高度为5.0 m+6.0 m+5×4.0 m+3.75 m。

3.1.3　优化混凝土配合比

在满足混凝土设计强度及性能的前提下,选用低热水泥,尽量减少水泥用量,大量掺粉煤灰,使用外加剂等,在此原则下合理优化配合比,降低混凝土水化热。本桥通过综合试验比选,在砂率取45%、水胶比取0.37的条件下,比较20%、30%、40%、50%粉煤灰掺量下的混凝土工作性能,混凝土强度试验结果如图5所示。当粉煤灰掺量为50%时,由于粉煤灰较轻,容易上浮,使得混凝土表面漂浮一层灰黑色的粉煤灰,此现象极不利于混凝土泵送;当粉煤灰掺量小于40%时，强度富裕系数较大，且水化热较大，不利于大体积混凝土温度裂缝控制。当粉煤灰掺量为40%时，混凝土工作性能良好，且无明显粉煤灰上浮状态，28 d强度为45.8 MPa，满足强度要求；60 d强度为59.01 MPa，较28 d强度增长28.8%。因此，本桥最终选用40%粉煤灰掺量。

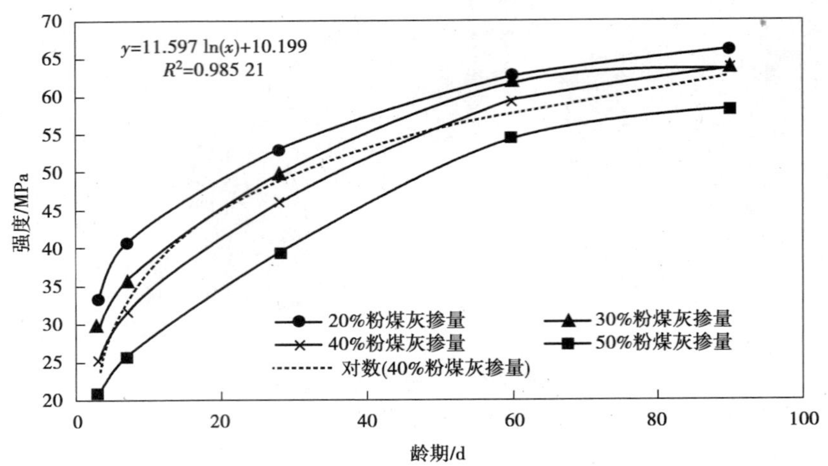

图5　不同粉煤灰掺量不同龄期混凝土强度

3.1.4　混凝土浇筑温度控制

本桥隧道锚施工对锚塞体混凝土浇筑温度的要求为5～30 ℃。若浇筑温度超出温控标准控制范围（>30 ℃），则应通过热工计算采取相应措施降低各原材料温度来降低浇筑温度。本项目采取如下措施：

（1）降低拌和用水温度。本桥采用MGSL-549型螺杆式冷凝机组冷却拌和用水，冷却水量为600 L/min，控制温度为12 ℃，工作效率可满足拌和站混凝土产出的需水量，从而达到降低混凝土入模温度的目的。

（2）搭设遮阳棚进行骨料遮阳。在骨料堆场上搭设遮阳棚，堆高，并从底层取料。粗骨料可在保证工作性的前提下喷淋水雾降温，控制骨料温度不大于30 ℃。

（3）避开高温时段施工。本桥选择避开中午气温最高时间段（10时至16时），从而降低混凝土入模温度。

3.1.5　通水冷却

锚塞体左、右洞各分为8层浇筑，第1、8浇筑层不布设冷却水管，水管水平管间距为100 cm，垂直管间距为100 cm，每层设置3个进水口、3个出水口，冷却水管布置如图6所示。混凝土浇筑前，应确保进行不少于30 min的加压通水试验，对水管的焊接位置采取一定的保护措施。

整个系统的循环运作，关键参数是控制水流量和通水温度，混凝土通水要求如表7所示。待冷却水停止并养护完成后，先用空压机将水管内残余水压出并吹干冷却水管，然后用压浆机向水管压注水泥浆，以封闭管路。

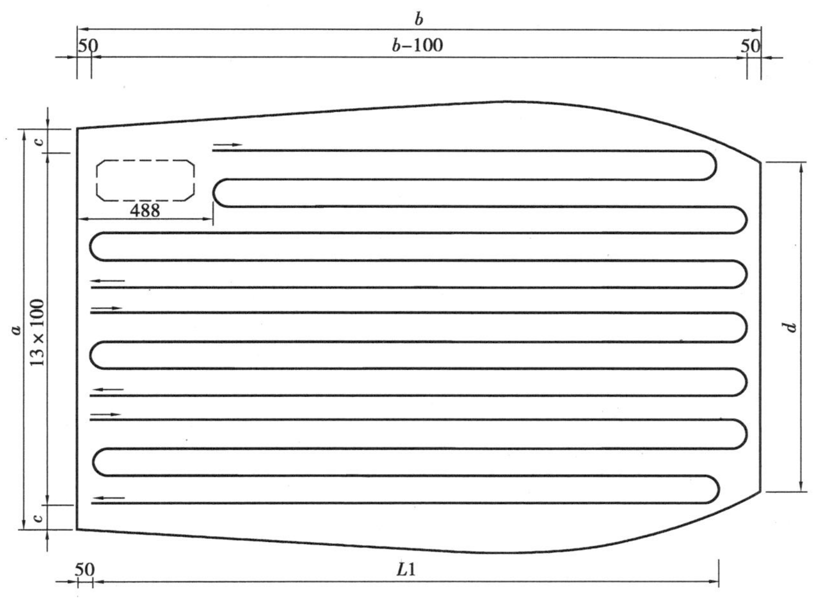

图 6　冷却水管平面布置图(单位:cm)

表 7　隧道锚锚塞体混凝土通水要求

开始通水时间及升温期通水要求	降温期通水时间及要求	停水时间
覆盖冷却水管开始即通到最大水流量,流速不小于 25 L/min,进出水温差不大于 10 ℃	根据测温结果降低水流量,确保降温速率不大于 2.0 ℃/d,进出水温差不大于 10 ℃	内部最高温度不大于 40 ℃,且最大内表温差不大于 20 ℃

3.1.6　加强混凝土表面养护

隧道锚整体为半封闭空间,洞内温度较为恒定,一般为 25 ~30 ℃,在第 1 ~4 层湿度为 80% ~90%,第 5 层及以上湿度由于洞内温度偏高且混凝土湿度蒸发明显,湿度约为 60%。由于混凝土内部温度较高,外露面水分蒸发明显,需要对混凝土上表面进行蓄水保湿,蓄水高度一般为 5 ~10 cm。同时,为了避免下雨天空气对流破坏隧道锚洞内的恒温环境,使混凝土及模板外露面温度降低,工程采用彩条布将洞口及模板遮挡,进行保温处理。

3.2　隧道锚锚塞体混凝土温控施工的现场监测

根据隧道锚大体积混凝土温度控制标准,在混凝土内部布设温度测点,实时监测混凝土温度变化情况,出现异常情况能及时调整温控措施,真正实现温控施工信息化。

3.2.1　监控方案

本桥隧道锚混凝土温控监测采用 SZWT-MCUXX 无线自动测温系统进行温度自动采集,其主要参数如表 8 所示。选用隧道锚锚塞体每层浇筑的中心 1/4 截面作为参考面,每层布设约 10 个测试点,监测频率为:第 1 ~3 d,每 2 小时测一次;第 4 ~15 d,每 5 小时测一次;15 d 以后,当大体积混凝土中心温度与外界温差小于 25 ℃时,停止测温的测温频率进行温度监控。

表 8 温度传感器主要技术参数

测量范围/℃	分辨率/℃	测量误差/℃	测量有效长度/m
-20~80	0.25	±1	1 000

3.2.2 监控数据分析

施工过程中,严格按照温控设计要求进行控制,最终混凝土温控监测结果与温控设计情况基本一致,温控设计各层内部最高温度时程如图 7 所示,锚体实测平均温度时程如图 8(仅示出左洞第 3 层温控参数)。

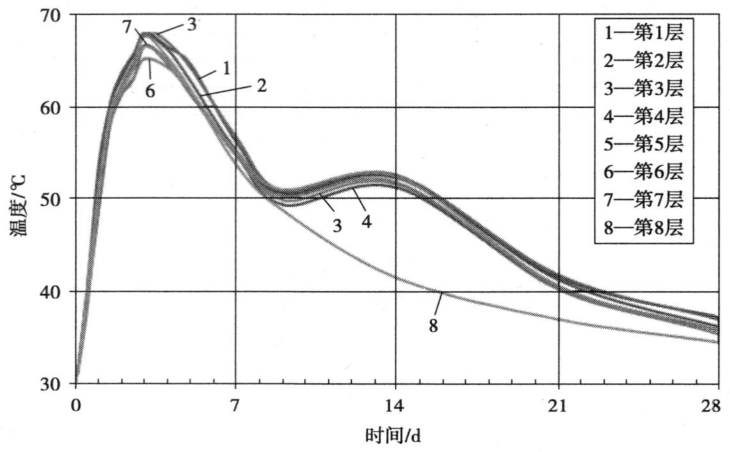

图 7 锚塞体各浇筑层内部最高温度时程

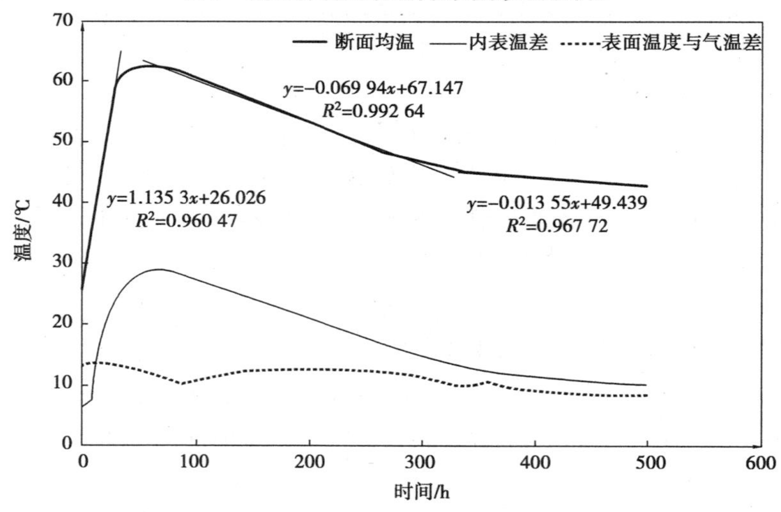

图 8 左洞第 3 层温控参数分析

由图 8 可知,混凝土最高温度出现在浇筑 50 h 后,最高温度为 67.25 ℃,入模温度为 28.3 ℃,最高温升为 39 ℃;环境温度与表面温度差稳定在 10 ℃左右;岩体与混凝土接触面温度为 40~45 ℃,具有天然保温作用,内表温差在混凝土温升最高时达到峰值,通过加大通水量等技术手段,降低内表温差;混凝土升温阶段与时间线性相关,升温速率为 27 ℃/d,降温时先快后慢,前期降温速率为 1.7 ℃/d,后期降温速率为 0.3 ℃/d,且有趋于平缓趋势。

经过3个月的有序施工，隧道锚温度监测与裂缝控制任务顺利完成，各温控参数均在规范要求范围内，绝热温升为35～45 ℃，内表温差为15～25 ℃，表环温差为5～15 ℃，温升阶段升温速率为20～35 ℃/d，前期降温速率为1.5～3.0 ℃/d，高温集中半径为4～7 m。各层温度控制参数与技术要求如表9所示。

表9　各层控制参数

层面	入模温度/℃	最高温度/℃	最高温度/℃	内表温差/℃	表环温差/℃	温升速率/(℃·d^{-1})	温降速率/(℃·d^{-1})	高温集中半径/m
1	28.5	64.5	36	20～25	20～23	—	2.5	3
2	29.4	67.25	37.8	15～25	5～15	19.7	1.5	3
3	28.3	67.25	39	15～25	约10	27	1.7	5
4	27.5	71	43.5	15～25	约10	35.8	2.1	5
5	28.1	72.5	44.4	约20	约10	22.5	2.3	7
6	27.8	65	37.2	约20	5～10	22.6	2.2	5
7	26.6	62	35.4	15～20	<10	32.6	3	5
8	25.8	64.5	38.7	约25	5～10	28	1.6	—

4　隧道锚锚塞体温控效果评述

通过上述数据分析，综合隧道锚左、右洞温度实测记录可看出，隧道锚大体积混凝土施工有如下特点：

(1)本项目所涉及的大体积混凝土温度控制参数均在规范要求的可控范围内，满足规范要求。

(2)内部高温区域具有温度集中特点，集中半径为5～10 m。

(3)岩体具有自保温作用，岩体接触面与最高温度差较容易满足。

(4)混凝土温峰出现时间约在混凝土浇筑后50 h，此特点与现有资料显示“混凝土浇筑完成3～4 d”有一定偏差。

(5)洞内第1～3层温湿度环境接近于标养状态，第4～8层环境温度也较为稳定，温度稳定于25～31 ℃，洞内环境处于半封闭状态，有利于内表温差的控制，降低了温控难度。

(6)上一层新浇筑混凝土对下一层已浇筑混凝土的温度影响半径约为2 m。

(7)断面升温与降温阶段均与时间呈很好的线性关系，这表明混凝土内部温度控制较为同步，降低了混凝土开裂风险。

(8)左、右洞温度监测结果及规律相似，说明当环境变化时，隧道锚半封闭环境抵御了外界环境的变化影响，为混凝土内表温差控制提供了良好的自然环境。

(9)大体积混凝土温度监测与裂缝控制总体经验总结为“外保内散，前快后慢，温峰过后，流量减半”。

(10)合理选择原材料，进行配合比优化，采用“双掺技术”，尽量提高粉煤灰用量，延长初凝时间，降低绝热温升。

(11)隧道锚锚塞体大体积混凝土实测内部最高温度与仿真模拟结果基本吻合，表明内部产生温度应力与仿真模拟也大致相等。根据现场实测数据可知，7 d 最小抗裂安全系数为2.53，远大于规范取1.4的要求，表明内部产生温度裂缝的可能性较小。

5 结 语

对混凝土配合比进行合理优化，使用“双掺技术”，在合理范围内加大粉煤灰用量，可降低混凝土的绝热温升；降低拌和用水、原材料温度，避开高温施工，通水冷却，注重表面养护等技术是适宜施工操作的温度控制和防裂的关键措施，应正确使用来达到温控目标。

锚塞体混凝土早期(3 d)表面拉应力发展较快，混凝土抗拉强度较低，且第7、8层混凝土早期因为锚洞口侧壁散热面大，内表温差较大引起表面拉应力更大，应高度重视混凝土早期的保温养护，特别是锚洞口混凝土的保湿养护工作。

做好温度监控，实时采集温度信息，做到信息化施工，随时掌握混凝土的温度变化情况，并以此及时调整温控措施，确保温控标准严格执行，是预防隧道锚大体积混凝土开裂的关键。

参考文献

[1] 中华人民共和国国家标准. 大体积混凝土施工技术规范(GB 50496—2009)[S]. 北京：中国计划出版社，2009.

[2] 陈涛，谢井丽. 大体积混凝土温度监测与裂缝控制技术[J]. 公路交通科技(应用技术版)，2009(4).

[3] 叶琳昌. 大体积混凝土施工[M]. 北京：中国建筑工业出版社，1987.

[4] 朱伯芳. 大体积混凝土温度应力与温度控制[M]. 2版. 北京：中国水利水电出版社，2012.

[5] 罗超云，李志生，周立. 嘉绍大桥承台超大体积混凝土无冷却水管温控技术研究[J]. 公路，2012(7)：101-106.

[6] 张湧，刘斌，贺拴海，等. 桥梁大体积混凝土温度控制与防裂[J]. 长安大学学报(自然科学版)，2006，26(3)：43-46.

[7] 侯景鹏，熊杰，袁勇. 大体积混凝土温度控制与现场监测[J]. 混凝土，2004(5)：56-58.

[8] 许超英. 泸州长江大桥大体积混凝土裂缝控制技术[J]. 桥梁建设，2004(4)：53-55.

[9] 殷海华，杨宁. 润扬大桥锚体大体积混凝土施工的温控措施[C]//中国公路学会桥梁和结构工程学会全国桥梁学术会议，2003.

[10] 刘家彬，郭正兴，韦世国，等. 润扬长江大桥南锚碇超大体积混凝土温控技术[J]. 建筑技术，2003，34(1)：41-43.

大掺量粉煤灰对隧道锚锚塞体混凝土性能的影响

李　诚

（中交一公局厦门工程有限公司　厦门　361000）

摘　要　粉煤灰掺和料对大体积混凝土性能的影响显著，本文主要阐述不同掺量粉煤灰对大体积混凝土的力学性能、热学性能以及混凝土工作性能的影响。研究表明，胶凝材料总量为440kg/m^{3}的情况下，粉煤灰掺量为40%时，其力学性能能够满足设计要求，工作性能能够满足现场施工要求，热学性能能够保证大体积混凝土施工要求，并保证工程质量。

关键词　粉煤灰　大体积混凝土　力学性能　热学性能

1　引　言

自20世纪30年代，国外大体积混凝土中就开始使用混合材料代替部分水泥。在大体积混凝土中，掺用混合材料的主要作用有：一是减少水泥用量，降低成本；二是降低混凝土水化热，改善温控条件；三是提高混凝土防裂能力[1]。重庆地区由于其矿粉等其他掺和料短缺，目前在大体积混凝土中普遍大量掺用的混合材料为粉煤灰。随着现代混凝土强度等级的提高，混凝土的水胶比较过去明显地降低，因此在低水胶比条件下，粉煤灰对混凝土的水化放热特性十分重要。万州驸马长江大桥隧道锚锚塞体由于浇筑方量大、混凝土等级高、浇筑适逢高温期，开裂风险较大。因此，单掺粉煤灰掺和料高胶凝混凝土设计对工程质量的影响至关重要。

2　原材料及配合比设计

2.1　原材料

2.1.1　水泥

选用华新水泥（秭归）有限公司生产的P. O42.5水泥，其主要性能指标见表1。

表1　水泥主要性能指标

安定性	凝结时间/min		抗折强度/MPa		抗压强度/MPa		
	初凝	终凝	3 d	28 d	3 d	7 d	28 d
1.0	202	318	5.8	7.8	17.0	29.8	49.3

作者简介：李诚（1990—），男，本科，助理工程师。

2.1.2 粉煤灰

粉煤灰采用重庆华珞粉煤灰开发有限责任公司生产的F类Ⅰ级粉煤灰，其主要性能指标见表2。

表2 粉煤灰主要性能指标

细度/%		需水量比/%		烧失量/%	含水量/%
Ⅰ级	Ⅱ级	Ⅰ级	Ⅱ级	2.06	0.4
≤12	≤20	≤95	≤105		

2.1.3 细集料

细集料采用港利商贸公司机制砂加工厂生产的黄砂(不用加工)，其主要性能指标见表3。

表3 细集料主要性能指标

细度模数	孔隙率	表观密度/($kg \cdot m^{-3}$)	堆积密度/($kg \cdot m^{-3}$)	含泥量/%	泥块含量/%
2.8	37.9%	2 620	1 626	0.2	0

2.1.4 粗集料

粗集料采用港利商贸公司碎石加工厂生产的碎石，粒径为5～25 mm，其主要性能指标见表4。

表4 粗集料主要性能指标

级配	表观密度/($kg \cdot m^{-3}$)	堆积密度/($kg \cdot m^{-3}$)	空隙率/%	含泥量/%	压碎指标/%	针片状含量/%
5～25 mm	2 609	1 720	38.5	0.3	10.2	5.1

2.1.5 外加剂

外加剂选用山西凯迪建材有限公司生产的聚羧酸高性能减水剂和重庆通科建材有限公司生产的膨胀剂，其主要性能指标见表5、表6。

表5 减水剂主要性能指标

减水率/%	泌水率比/%	抗压强度比/%		含气量/%	收缩率比/%
		7 d	28 d		
26.3	58	150	140	3.8	101

表6 膨胀剂主要性能指标

细度/%	凝结时间/min		限制膨胀率/%		抗压强度/MPa	
	初凝	终凝	水中(7 d)	空气中(21 d)	7 d	28 d
0.12	210	315	149	138	36.2	43.4

2.1.6 聚丙烯纤维

聚丙烯纤维选用重庆市宣筑工程纤维制造有限公司生产的 19 mm 聚丙烯纤维,其主要性能指标见表 7。

表 7　聚丙烯纤维主要性能指标

抗拉强度/MPa	断裂延伸率/%	弹性模量/MPa	熔点/℃
762	21	3 817	162

2.2 配合比设定

胶凝材料用量:440 kg/m^3;粗集料用量:1 005 kg/m^3(大碎石∶小碎石 = 80%∶20%);膨胀剂掺量:44 kg/m^3;聚丙烯纤维掺量:0.9 kg/m^3;外加剂掺量:4.84 kg/m^3;粉煤灰取代水泥掺量(一般不大于 35%):10%、20%、30%、40%、50%。

根据水泥、粉煤灰的不同掺量确定配合比,具体配合比见表 8。

表 8　隧道锚锚塞体配合比　单位:kg/m^3

方案	水泥	粉煤灰	砂	大碎石	小碎石	聚丙烯纤维	外加剂	膨胀剂	用水量
1	352	44	822	804	201	0.9	4.84	44	163
2	308	88	822	804	201	0.9	4.84	44	163
3	264	132	822	804	201	0.9	4.84	44	163
4	220	176	822	804	201	0.9	4.84	44	163
5	176	220	822	804	201	0.9	4.84	44	163

3 试验结果及分析

3.1 粉煤灰的掺量对混凝土力学性能的影响

3.1.1 对混凝土抗压强度的影响

抗压强度是混凝土最基本、最重要的力学性能指标,它是确定混凝土强度等级的依据。本试验主要研究了在标准养护条件下 3 d、7 d、28 d、60 d、90 d 不同龄期、不同粉煤灰掺量对混凝土立方体抗压强度的影响。本试验所有试块均采用 150 mm × 150 mm × 150 mm 标准立方体试块。不同掺量粉煤灰配合比新拌混凝土抗压强度值见表 9。

表 9　不同掺量粉煤灰配合比新拌混凝土抗压强度值

方案	粉煤灰掺量/%	坍落度/mm	抗压强度/MPa				
			3 d	7 d	28 d	60 d	90 d
方案 1	10	185	36.2	41.2	53.0	62.5	66.4
方案 2	20	180	33.2	40.6	52.7	62.4	65.9
方案 3	30	185	29.4	35.5	49.6	61.7	63.6
方案 4	40	185	24.7	31.6	45.8	59.1	63.5
方案 5	50	200	20.6	25.5	39.1	54.3	58.2

由图1可知,粉煤灰掺量对混凝土抗压强度影响很大。随着粉煤灰掺入量的增加,混凝土早期和后期抗压强度呈下降趋势,但混凝土抗压强度的降低与粉煤灰的掺入量没有明显的线性关系。当粉煤灰的掺入量小于20%时,混凝土早期和后期抗压强度没有明显的变化;当粉煤灰掺入量大于20%时,混凝土早期抗压强度随着粉煤灰掺入量的增加会出现明显的下降,但由于粉煤灰的二次水化作用,混凝土后期抗压强度不会出现明显的下降;当粉煤灰掺入量超过40%,混凝土抗压强度存在明显的下降趋势。经过分析得知,粉煤灰掺入量过大时,胶凝材料总量中水泥熟料含量相对减少,熟料水化反应生成的 $Ca(OH)_2$ 含量变少,从而减少粉煤灰二次水化反应生成的C-S-H的比例,所以有一部分粉煤灰没有参与二次水化反应,难以有足够的生成物填充周围的空隙,所以粉煤灰掺入量超过一定范围时,混凝土抗压强度随粉煤灰掺入量的增大(胶凝材料一定)呈明显下降[2]。根据不同掺量粉煤灰新拌混凝土强度分析得知,当粉煤灰小于40%掺量时,抗压强度能满足技术规范要求。综合考虑,本项目配合比选定为方案4,粉煤灰掺量为40%。

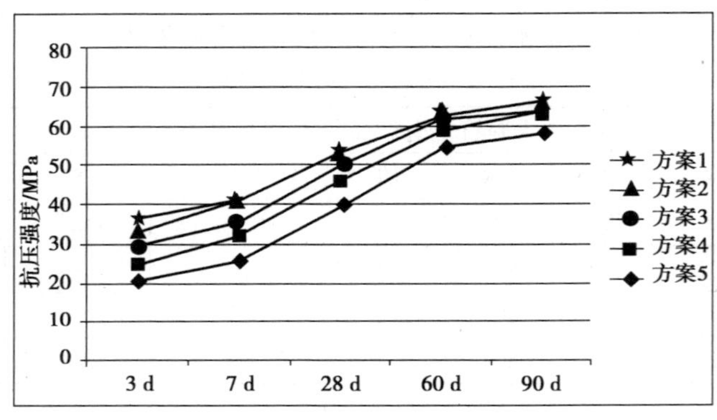

图1　不同粉煤灰掺量、不同龄期混凝土抗压强度图

3.1.2　对混凝土劈裂强度的影响

由于大体积混凝土温升速率比较快,是混凝土产生裂纹的主要原因,因此对新拌混凝土进行了劈裂强度试验。本试验主要研究了在标准养护条件下3 d、7 d、28 d不同龄期下40%掺量粉煤灰配合比新拌混凝土的劈裂强度。本试验所有试块均采用150 mm×150 mm×150 mm标准立方体试块。劈裂强度见表10。

表10　40%掺量粉煤灰新拌混凝土劈裂值

龄　期	3 d	7 d	28 d
劈裂强度/MPa	2.22	2.88	3.14

由表10数据分析得知,40%掺量粉煤灰的C40膨胀聚丙烯纤维混凝土劈裂强度28 d可达到3.14 MPa,满足设计文件3.0 MPa的要求。

3.2　**粉煤灰的掺量对混凝土热学性能的影响**[3]

总的来说,影响混凝土热学性能的因素包含两方面:一方面是由于组成混凝土的原材料的物理性质,另一方面是浇筑混凝土时的环境条件。其中,原材料的影响因素主要包括水泥品种、水泥掺量、粉煤灰品种、粉煤灰掺量、骨料掺量、外加剂掺量以及水胶比;环境的影响因素主要包括原材料的初始温湿度、浇筑混凝土时大气环境的温湿度以及空气的流动性。这些影响因素对混凝土热学性能的影响各有不同的特点，根据现有的研究成果以及工程施工条件，主要对粉煤灰掺量对混凝土热学性能的影响规律进行探讨。

已有的研究表明，在混凝土中掺入粉煤灰后，在胶凝材料一定的情况下，硅酸盐水泥的用量减少，水泥的总水化反应释放的热量减少，而且粉煤灰的水化速率要远远小于硅酸盐水泥的水化速率，因此粉煤灰取代水泥能够使混凝土热量下降。据研究表明，当粉煤灰的最大掺量为60%时，粉煤灰的掺量每增加10%，混凝土的绝热温升值大约向后延迟1 h；在绝热温升速率峰值出现之后的2～3 h，还会出现一个小的峰值，并且随着粉煤灰掺入量的增加峰值越明显。但与主峰值相比，对绝热温升的贡献不明显，24 h之后粉煤灰混凝土的绝热温升速率将超过基准混凝土。出现这一现象的主要原因可能是粉煤灰本身活性不高，粉煤灰二次水化反应放热对混凝土绝热温升的贡献不大，二次水化反应速率缓慢，所以在混凝土中掺入粉煤灰可以有效地降低混凝土的绝热温升，并且能够使混凝土的放热峰往后推移。随着粉煤灰掺入量的增加，混凝土的绝热温升值降低，绝热温升值降低率略低于粉煤灰等量替代水泥率[4]。本项目根据研究不同掺量粉煤灰7 d水化热来研究不同掺量粉煤灰对混凝土热学性能的影响。

由图2中曲线可以得出，不同掺量粉煤灰掺量配合比对混凝土热学性能的影响如下：

(1)粉煤灰掺量对7 d水化热的影响非常巨大，7 d水化热总体随着粉煤灰掺量的增加而变小。

(2)当粉煤灰掺量小于40%时，混凝土7 d水化热随着粉煤灰掺量的增加急剧下降。分析其原因得知，水泥的水化反应比粉煤灰的水化反应释放的热量要大很多，所以取代水泥的量越大，混凝土7 d水化热就会越小。

(3)当粉煤灰掺量超过40%时，混凝土7 d水化热随着粉煤灰掺量的增加开始缓慢下降；当超过50%时，混凝土水化热基本趋于稳定。分析其原因可知，当少量水泥水化反应完成后，熟料水化反应生成的$Ca(OH)_2$含量变少，需要粉煤灰参加二次水化反应的量也变少，所以存在粉煤灰剩余没有参加二次水化反应，水化热会趋于稳定。

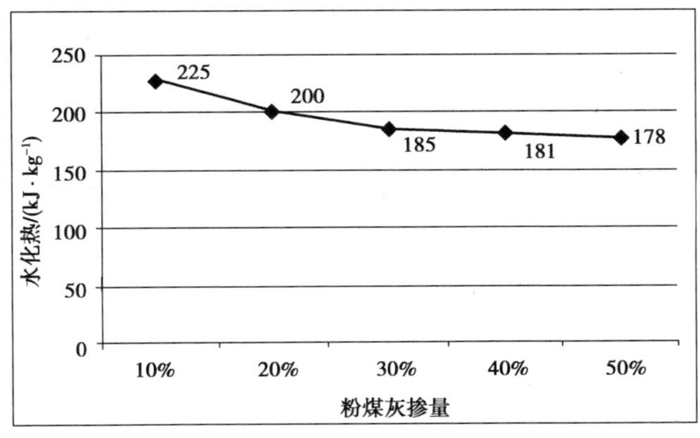

图2　不同粉煤灰掺量胶凝材料7 d水化热

通过不同掺量粉煤灰胶凝材料7 d水化热的研究计算可知同条件状态下不同掺量粉煤灰混凝土7 d绝热温升值。根据《大体积混凝土施工规范》(GB 50496—2009)查询混凝土绝热温升公式为：

$$T(t) = W \cdot Q \cdot (1 - e^{-mt})/(C \cdot P) \quad (1)$$

式中 $T(t)$——混凝土 t 天时的最终温升值,℃;

W——单方混凝土胶凝材料用量,kg/m³;

Q——每千克胶凝材料水化热量,kJ/kg;

m——不同掺量掺和料水化热调整系数;

C——混凝土比热容,kJ/(kg·℃);

P——混凝土质量密度,kg/m³;

t——龄期。

由图3中曲线可以得出不同掺量粉煤灰对混凝土绝热温升值的影响可知:混凝土7 d绝热温升值随着粉煤灰的增加基本呈比例下降的趋势,其下降趋势与胶凝材料7 d水化热下降趋势呈正比例关系。粉煤灰掺量越大,7 d绝热温升值就越小。当粉煤灰掺量为20%~30%时,7 d绝热温升值下降最为明显。分析其原因可知,粉煤灰对混凝土绝热温升贡献不大,绝热温升值主要是由于水泥水化反应释放的热量。所以,在混凝土中掺入粉煤灰可以有效地降低混凝土的绝热温升值。随着粉煤灰掺入量的增加,混凝土的绝热温升值明显降低。

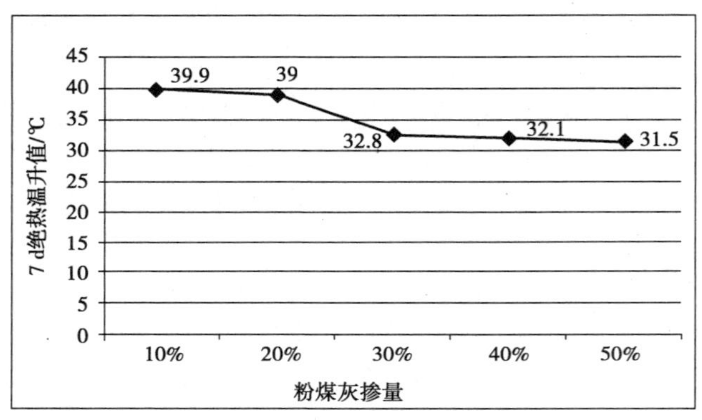

图3 不同粉煤灰掺量混凝土7 d绝热温升值

3.3 粉煤灰的掺量对混凝土工作性能的影响

通过对5种配合比新拌混凝土的工作性能的研究分析,结果见表11。

表11 不同掺量粉煤灰配合比新拌混凝土工作性能

方案	粉煤灰掺量/%	坍落度/mm	坍落度经时损失/mm	和易性	保水性
方案1	10	185	15	良好	良好
方案2	20	180	15	良好	良好
方案3	30	185	10	良好	良好
方案4	40	185	10	较好	较好
方案5	50	200	5	较差	较差

通过对不同配合比的试拌分析其新拌混凝土工作性能可知,当胶凝材料一定的情况下,新拌混凝土工作性能与粉煤灰的掺量有非常重要的关系。当粉煤灰掺量小于40%时,混凝土具有较好的工作性、和易性、保水性,能够满足隧道锚锚塞体泵送混凝土施工;当粉煤灰掺量大于40%时,混凝土出现粉煤灰上浮,工作性能不能满足施工要求。

4　结　语

通过对万州驸马长江大桥锚塞体微膨胀聚丙烯纤维混凝土的研究,不同掺量粉煤灰对混凝土的影响非常关键。在胶凝材料一定的情况下,随着粉煤灰掺量的增加,替代的水泥量增加,混凝土早期和后期抗压强度呈下降趋势,但没有明显的线性关系。胶凝材料 7 d 水化热也随着粉煤灰掺量的增加也呈下降趋势,当掺量大于 40% 时,渐渐趋于稳定;通过计算可得知,新拌混凝土 7 d 绝热温升值也呈下降趋势。综合隧道锚向下泵送对混凝土工作性、和易性要求高的特点,建议 C40 微膨胀聚丙烯纤维混凝土粉煤灰掺量为 40%。

参考文献

[1] 赵瑜,靳彩,冯幸芳. 大掺量粉煤灰在大体积混凝土中的应用研究[J]. 建筑石膏与胶凝材料,2002(8):34-35.

[2] 谷章昭,杨钱荣,吴学礼. 大掺量粉煤灰混凝土[J]. 粉煤灰,2002,14(2):25-28.

[3] 俞海勇,杨波,宣怀平. 改善大掺量粉煤灰混凝土早期强度的途径研究[J]. 粉煤灰,2000,(1):13-15.

[4] 汪冬冬,周士琼. 大体积混凝土绝热温升试验研究[J]. 粉煤灰,2006,18(5):3-6.

隧道锚锚塞体大体积混凝土温度场监测与数值分析

周世康　康梦安

（中交一公局厦门工程有限公司　厦门　361000）

摘　要　本文以万州驸马长江大桥南岸锚碇锚塞体大体积混凝土施工为例，对锚塞体大体积混凝土进行温度场监测与数值分析，通过配合比优化、仿真分析、工程实测分析等技术手段，研究了大掺量粉煤灰及大管距布置下的隧道锚环境温度场、浇筑混凝土温度梯度、温度影响范围等。研究表明：采用横竖向间距均为 1 m 的大间距冷却水管布置时，混凝土实测内部最高温度与仿真模拟结果基本吻合，各温控参数满足规范要求；隧道锚锚塞体半封闭自然环境及岩体的自保温性能，降低了温控难度，通过加强混凝土表面的蓄水养护可控制内表温差；采用 40% 粉煤灰大掺量配比，既可满足混凝土的工作性能和力学性能要求，又有效地降低了混凝土的绝热温升；隧道锚大体积混凝土温峰出现在混凝土浇筑后 50 h 左右，温升与温降阶段均具有很好的线性关系，温降速率先快后慢，内部高温区域存在温度集中的特点，集中半径为 4～7 m，上层新浇筑混凝土对下层已浇筑混凝土的温度影响半径约为 2 m。

关键词　大体积混凝土　温度场　裂缝　锚塞体　数值分析

1　引　言

大体积混凝土最早是从建造混凝土水坝开始使用的，随着生产力的发展及科学技术水平的不断提高，我国桥梁建设也逐渐向大跨径方向发展，桥梁建设领域大体积结构部件逐渐增多[1-2]。大体积混凝土与普通钢筋混凝土结构相比，具有厚度、截面尺寸大，混凝土用量多，工程条件复杂，施工技术要求高等特点[3-4]。混凝土硬化过程中会放出大量水化热，混凝土的导热系数较小，热量不断在结构物内部聚集，使得结构物内部温度不断升高。由于表面散热较好，混凝土表面温升较小，体积膨胀相对于内部也较小，这种内外膨胀的差异会使混凝土表面出现裂缝。当混凝土温峰过后，温度下降，体积收缩，在不均匀的温度变化及边界约束下会在其内部产生温度拉应力，存在产生裂缝的危险，对结构的整体性与耐久性构成威胁。因此，大体积混凝土除了满足普通混凝土的强度、刚度、整体性和耐久性等要求外，也要满足一定的温

作者简介：周世康（1992—），男，本科，助理工程师，就职于中交一公局厦门工程有限公司，（电子邮箱）skzhoucqjt@ 163. com。

康梦安（1983—），专科，助理工程师。

本论文依托 2015 年度中交一公局厦门工程有限公司科技开发项目（GSKT2015-12），编制的“隧道锚锚塞体大体积混凝土温度监测与裂缝控制施工工法”荣获中交一公局局级工法，工法编号 CFHEC-GF-2015-93，荣获 2016 年度“公路工程工法”。“隧道锚锚塞体大体积混凝土温度监测与裂缝控制施工技术研究”通过 2016 年度中国公路建设行业协会科技创新成果鉴定，并荣获“公路工程科技创新成果三等奖”。

度要求[1-5]。

不同结构部位的大体积混凝土温度变化特点不同。在桥梁建设过程中,国内外工程界专家对桥梁用大体积混凝土做了大量研究,并得出了丰富的研究成果,但大部分研究成果均是围绕着大体积承台展开的[5-9]。对于隧道锚锚塞体大体积混凝土的温度监测与裂缝控制研究鲜有报道,本文结合万州驸马长江大桥南岸隧道锚锚塞体大体积混凝土温控项目,对其内部温度变化进行了长时间的实时监测,研究了隧道锚锚塞体大体混凝土温度场的分布变化规律,为后续类似工程施工方案和温控措施的制订提供一定的工程借鉴。

2　工程概况

万州驸马长江大桥全长 2.01 km,主桥是主跨为 1 050 m 的双塔单跨钢箱梁悬索桥,南岸锚碇采用框架式前锚室及支墩与隧道锚锚塞体结合的结构方案,利用锚址区附近的岩体对混凝土锚塞体形成一个锁止机构,将主缆中的拉力传递给更深处的岩体,从而对主缆进行锚固。隧道锚洞开挖深度为 63.8 m,其中开挖前锚室部分长 18 m,锚塞体长 35 m,后锚室长 3.8 m;锚塞体中心线倾角为 40°,前锚面尺寸为 12 m×13 m,后锚面尺寸为 18 m×20 m;锚塞体混凝土采用 C40 微膨胀抗渗混凝土,左、右洞总浇筑方量约为 1.5 万 m^3。混凝土采用泵送混凝土施工,坍落度控制在 150～170 mm,共采用两台地泵,从中间向两边布料,在山体边缘部分采用由边缘向中间布料,且边布料边振捣充分振实。左、右洞各分 8 层逐层交替施工,既有效地保证了施工进度,又很好地避开了混凝土的高温时段,降低了混凝土的开裂风险。

3　温控方案设计

3.1　配合比优化

大体积混凝土配合比设计的核心是抗裂,抗裂性能是在温度应力与劈裂强度之间寻求平衡。大体积混凝土中水泥用量是决定水化热大小的主要因素,因此在配合比设计时应尽量降低胶凝材料时水泥用量,增大掺和料比例[10-11]。

本文在原设计配比的基础上降低了水泥掺量,加大了粉煤灰掺和比例,同时对外加剂进行调整,延长了缓凝时间,在一定程度上降低了混凝土开裂的风险。优化后配合比如表 1 所示,其物理力学性能如表 2 所示。

表 1　C40 微膨胀抗渗混凝土配合比优化结果　　单位:kg/m^3

水泥	粉煤灰	砂	大碎石	小碎石	水	外加剂	膨胀剂
220	176	822	804	201	153	5.72	44

表 2　优化配比的物理力学性能

物理性能			力学性能							
坍落度/mm	泌水率/%	粉煤灰上浮	抗压强度/MPa					劈裂强度/MPa		
			3 d	7 d	28 d	60 d	90 d	3 d	7 d	28 d
180	0	无	24.7	31.6	45.8	59.01	61.5	2.22	2.88	3.14

由表 1、表 2 可知:当粉煤灰掺量为 40% 时,混凝土的工作性能仍能满足现场施工要求;60 d抗压强度较 28 d 抗压强度增长 28.8%,90 d 抗压强度较 60 d 抗压强度增长 4.2%。

3.2 冷却水管布置及水流量控制

锚塞体左、右洞各分为 8 层浇筑，1 ~ 8 层浇筑量分别为 380 m^3、1 000 m^3、1 400 m^3、1 600 m^3、1 500 m^3、1 200 m^3、450 m^3、200 m^3。第 1、8 浇筑层不布设冷却水管，第 2 ~ 7 浇筑层各布设 3 层冷却水管，共 18 层；水管水平管间距为 100 cm，垂直管间距为 100 cm，每层设置 3 个进水口、3 个出水口。

混凝土温升阶段：为保证通水降温效果，水流量控制为 40 L/min，水温根据混凝土内部最高温度进行实时调控，使内部最高温度与入水口温度温差控制在 20 ℃左右。

混凝土降温阶段：为控制降温速率，水流量减半为 20 L/min，水循环系统进行自动循环，水温以自然冷却为主，不对水温进行人为调控。

3.3 温度测点布置及监测方法

选取隧道锚锚塞体每层浇筑的中心 1/4 截面作为参考面，每层布设约 10 个测试点，分别位于浇筑层上底面与上顶面、岩体交界面、模板交界面、中心位置和中轴线上。传感器布置如图 1 所示。

温控监测采用 SZWT-MCUxx 无线自动测温系统，进行温度自动采集，该软件的测量范围为 -20 ~ 80 ℃，分辨率为 0.25 ℃，测量误差为 ±0.5 ℃；测量有效长度为 1 000 m，自动采集时间间隔升温阶段为 1 h，降温期可设置为 2 h，数据采集过程中仪器处于不间断供电状态。

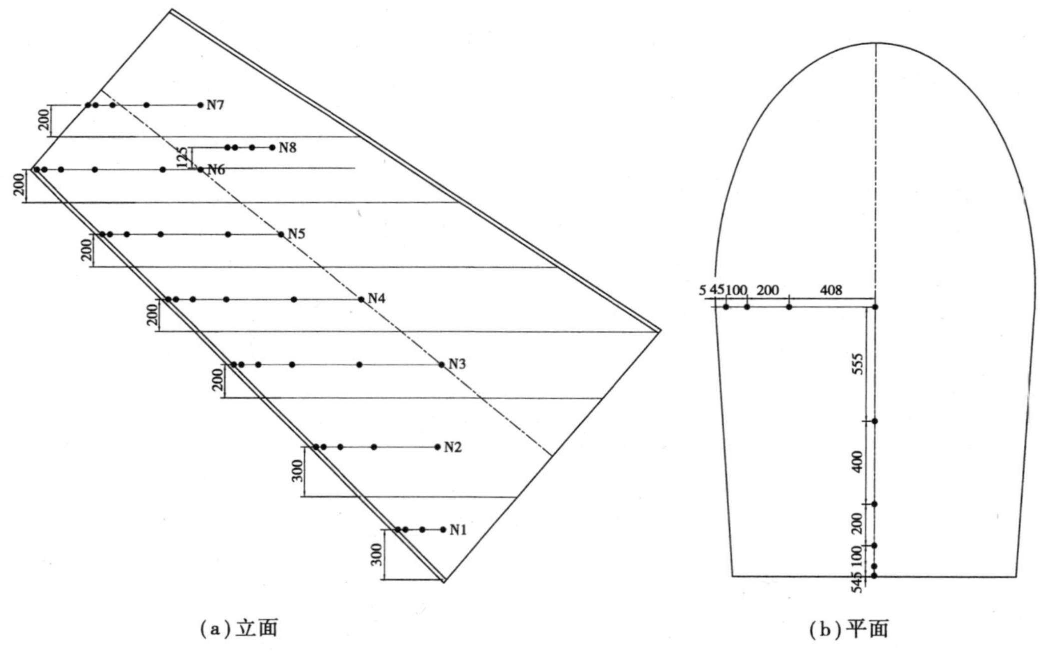

(a) 立面　　(b) 平面

图 1　锚塞体温度测点示意图（单位：cm）

4　锚塞体大体积混凝土温度应力场数值分析

4.1 温度场仿真结果数值分析

隧道锚锚塞体混凝土浇筑温度按照 30.0 ℃取值，风速按小于或等于 4.0 m/s 取值，其他物理热学参数如表 3 所示[12-15]。按本文 3.2 节所述冷却水管布置，利用 ANSYS 有限元分析软件建立仿真模型，并进行仿真分析计算，计算所得温度场分布如图 2 所示，最高温度如表 4 所示。

表 3　C40 微膨胀抗渗混凝土物理热学参数

弹性模量/MPa	热胀系数/$℃^{-1}$	导热系数/[kJ·(m·h·℃)$^{-1}$]	比热容/[kJ·(kg·℃)$^{-1}$]	绝热温升/℃
3.5×10^4	8×10^{-6}	9.06	0.94	46.5

表 4　仿真计算内部最高温度

浇筑层	1	2	3	4	5	6	7	8
最高温度/℃	68.0	67.7	67.9	66.5	68.1	65.1	66.4	67.6

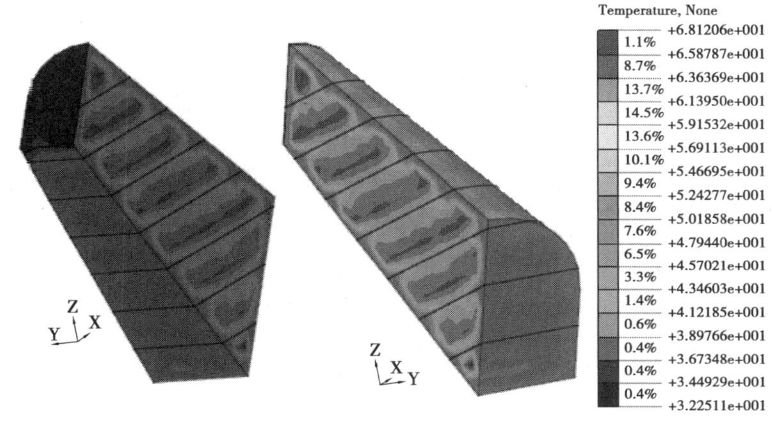

图 2　隧道锚锚塞体内部最高温度包络图(单位:℃)

由表 4 和图 2 可知:每层新浇筑混凝土的最高温度出现在结构中心位置;最高温度相似,为 65 ~ 68 ℃;温峰出现时间为浇筑完成后 2 ~ 3 d。

4.2　应力场仿真结果数值分析

隧道锚锚塞体各浇筑层应力计算结果如表 5 所示。

表 5　锚塞体温度应力场分析结果

龄期	3 d	7 d	28 d
第 1 层温度应力/MPa	1.0	0.59	1.23
第 2 层温度应力/MPa	1.14	0.73	1.56
第 3 层温度应力/MPa	1.34	0.80	1.79
第 4 层温度应力/MPa	1.23	0.79	1.77
第 5 层温度应力/MPa	1.28	0.73	1.71
第 6 层温度应力/MPa	1.43	0.84	1.87
第 7 层温度应力/MPa	1.46	1.14	1.97
第 8 层温度应力/MPa	1.37	1.07	1.67
最小抗裂安全系数	1.52	2.53	1.59

由表 5 可知:锚塞体各浇筑层不同龄期最小抗裂安全系数为 1.52,满足《大体积混凝土施

工规范》(GB 50496—2009)中规定大体积混凝土温控最小抗裂安全系数大于或等于 1.4 的技术要求。

5 温度监测结果及数据分析

本研究以万州驸马长江大桥南岸锚碇左洞锚塞体为例,对内部温度进行长时间实时监测,监测结果如图 3 ~ 图 10 所示。对第 3 ~ 6 层混凝土浇筑后 70 h 和 140 h 时刻距中心不同位置的温度进行统计分析,如图 11 ~ 图 14 所示。

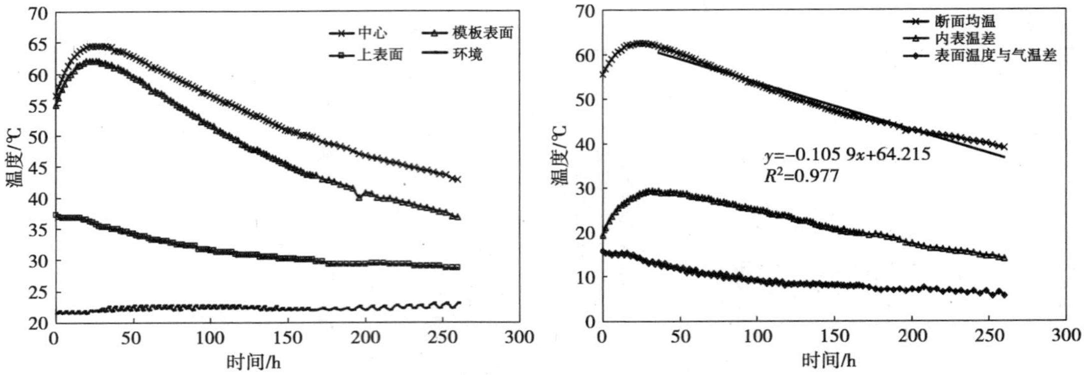

图 3 第 1 层监控数据及分析

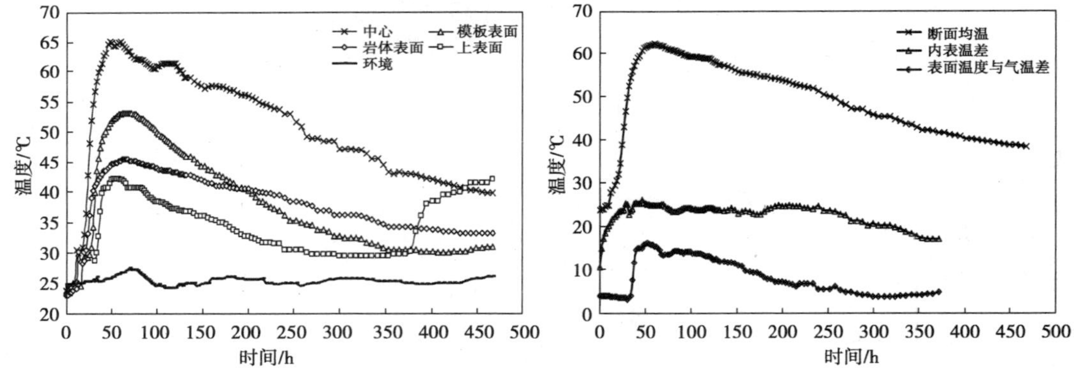

图 4 第 2 层监控数据及分析

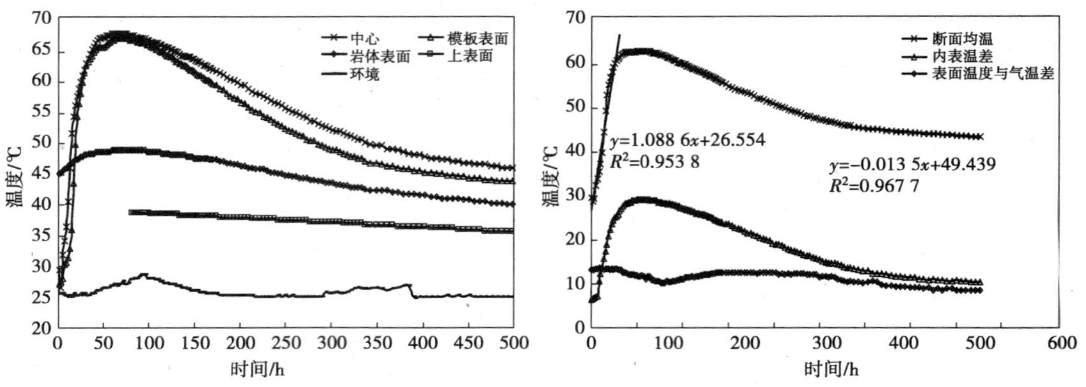

图 5 第 3 层监控数据及分析

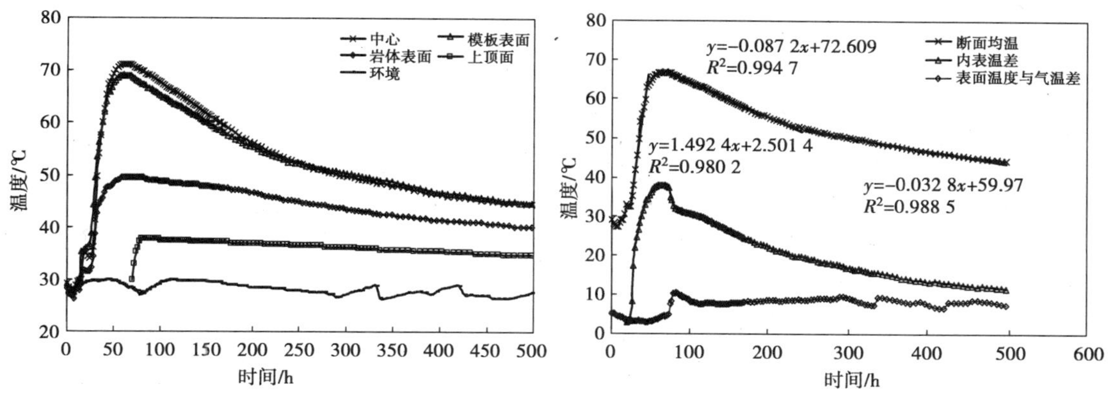

图 6　第 4 层监控数据及分析

由图 3 至图 10 与表 4 对比分析可知：仿真模拟最高温度结果与现场实测结果大体相同，这表明仿真参数准确性较高，现场控制满足设计要求；温度拟合相似性较高也表明应力仿真结果的可信度较高，即表明表 2 与表 5 中计算结果准确，混凝土抗裂安全系数较高，产生内部温度裂缝的概率较小；同时，各层面实测温度与仿真温度都有稍许差别，这表明混凝土浇筑过程中存在浇筑方量误差、入模温度误差等不确定因素。

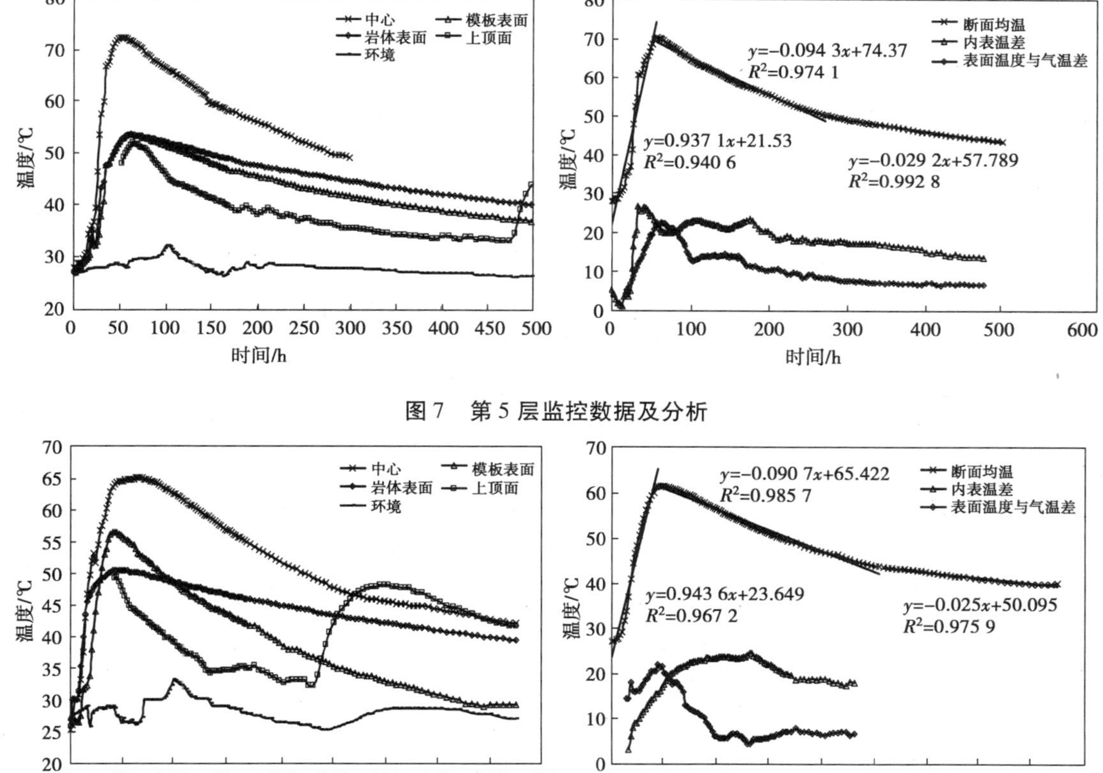

图 7　第 5 层监控数据及分析

图 8　第 6 层监控数据及分析

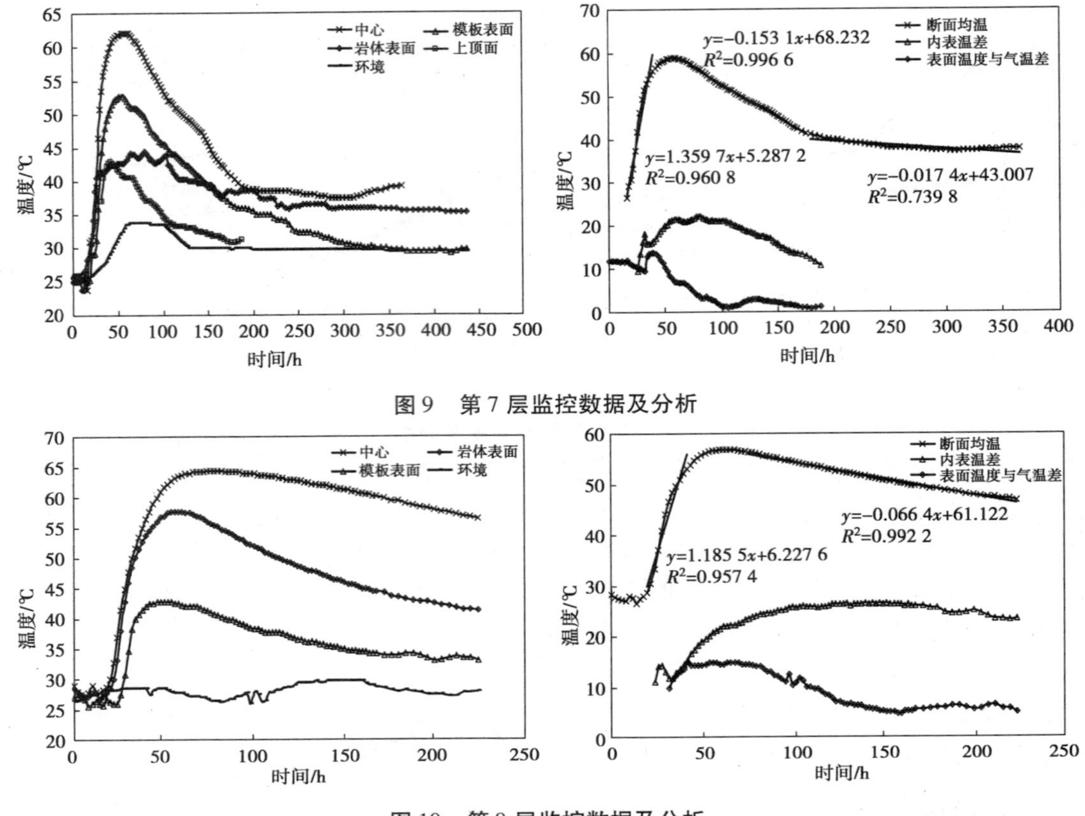

图 9　第 7 层监控数据及分析

图 10　第 8 层监控数据及分析

由图 3 至图 10 可知：隧洞内环境温度较为稳定，随着层数的增加，环境温度也略有升高，这表明隧洞的半封闭环境中，洞内空气对流较小，为混凝土保温提供了较为有利的条件；同时在第 1 层混凝土浇筑前，隧洞内湿度较大，使得 1、2 两层混凝土浇筑完成后环境温湿度接近于标准养护状态，对混凝土强度的增长较为有利；随着浇筑层数的增多，与外部环境的距离越来越短，已浇筑层混凝土的热量辐射逐渐增多等因素，使得环境温度略有升高，最高温度约 31 ℃。

对比分析图 3 至图 10 中模板表面与岩体表面测点温度可知：岩体表面与模板表面温度相差不多，且与中心最高温度差值为 15 ~ 25 ℃，表明隧道锚岩体自保温性能良好，有利于内表温差的控制，降低了温控难度；对于结构整体内表温差的控制只需做好混凝土表面的蓄水保温即可。

对比分析图 3 至图 10 中所示中心测点温度与断面均温可知：温峰出现的时间在混凝土浇筑完成后 50 h 左右；混凝土温升阶段内部温度急剧上升，高温维持时间较短，温峰过后随即转入降温阶段；对升温与降温阶段进行线性拟合，结果表明升温与降温阶段随着时间的变化均有很好的线性关系，降温阶段为分阶段拟合，先期降温较快，后期降温较慢，速率变化点出现在浇筑后 250 h 左右，这是由于上层新浇筑混凝土对下层已浇筑混凝土温度场的影响；但由于此时并未引起已浇筑混凝土层的温度回升，且已浇筑混凝土层温度测点的埋设位置距新浇筑混凝土底面约为 2 m，因此，隧道锚锚塞体上层新浇筑混凝土对下层已浇筑混凝土的温度有一定影响，影响半径约为 2 m。

由图 11 至图 14 可知：隧道锚锚塞体内部高温区域具有温度集中的特点，集中半径为 4 ~ 7 m，这是由于锚塞体半封闭的自然状态使得整体散热性能较弱，且锚塞体内预埋的导索管具有缓慢的降温能力，对内部温度也起到一定的均衡作用。

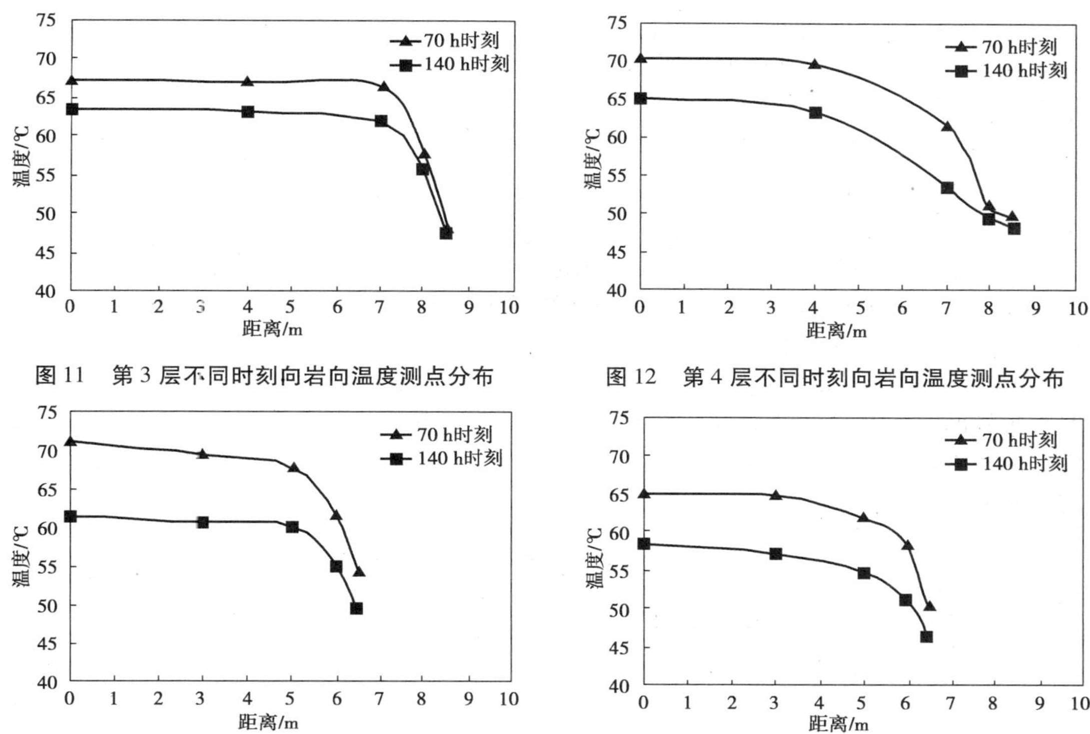

图 11　第 3 层不同时刻向岩向温度测点分布

图 12　第 4 层不同时刻向岩向温度测点分布

图 13　第 5 层不同时刻向岩向温度测点分布

图 14　第 6 层不同时刻向岩向温度测点分布

将各层温控数据进行汇总分析,各参数汇总数据如表 6 所示。

由表 6 可知:各温控参数均在规范要求可控范围内,绝热温升为 35 ~ 45 ℃,内表温差为 15 ~ 25 ℃,表环温差为 5 ~ 15 ℃,温升阶段为 20 ~ 35 ℃/d,降温速率为 1.5 ~ 3.0 ℃/d,高温集中半径为 4 ~ 7 m。

表 6　各层面温控参数

层面	入模温度/℃	最高温度/℃	最大温升/℃	内表温差/℃	表环温差/℃	温升速率/(℃·d^{-1})	温降速率/(℃·d^{-1})	高温集中半径/m
1	28.5	64.50	36.0	20 ~ 25	20 ~ 23	—	2.5	—
2	29.4	67.25	37.8	15 ~ 25	5 ~ 15	19.7	1.5	4
3	28.3	67.25	39.0	15 ~ 25	约 10	27.0	1.7	5
4	27.5	71.00	43.5	15 ~ 25	约 10	35.8	2.1	5
5	28.1	72.50	44.4	约 20	约 10	22.5	2.3	7
6	27.8	65.00	37.2	约 20	5 ~ 10	22.6	2.2	5
7	26.6	62.00	35.4	15 ~ 20	< 10	32.6	3.0	5
8	25.8	64.50	38.7	约 25	5 ~ 10	28.0	1.6	—

6　结　论

对隧道锚锚塞体大体积混凝土温度场监测分析可得出以下结论:

（1）采用横向、竖向均为 1 m 的大间距冷却水管布置，混凝土实测内部最高温度与仿真模拟结果基本吻合，各温控参数均在规范要求可控的范围内，表明冷却水管布置方案及仿真参数选取较为合理。

（2）隧道锚锚塞体半封闭自然环境，减小了空气对流，使锚洞内的温湿度较为稳定，同时隧道锚岩体自保温性能良好，有利于内壁温差的控制，降低了温控难度。对于结构整体内表温差的控制重点在加强混凝土表面的蓄水保温。

（3）采用 40% 粉煤灰大掺量配比，不仅满足力学性能要求，也有效地降低了混凝土的绝热温升，混凝土 28 d 抗压强度约为 45 MPa，60 d 抗压强度较 28 d 抗压强度增长 28.8%，90 d 抗压强度较 60 d 抗压强度增长 4.2%，最小安全抗裂系数为 1.52。

（4）隧道锚大体积混凝土温峰出现时间在混凝土浇筑完成后 50 h 左右，温升与温降阶段均具有很好的线性关系，温降速率先快后慢，速率变化点出现在浇筑完成后 250 h 左右，内部高温区域具有温度集中的特点，集中半径为 4 ~7 m，上层新浇筑混凝土对下层已浇筑混凝土的温度影响半径约为 2 m。

参考文献

[1] 朱伯芳. 大体积混凝土温度应力与温度控制[M]. 2 版. 北京：中国水利水电出版社，2012.

[2] 中华人民共和国国家标准. 大体积混凝土施工技术规范（GB 50496—2009）. 北京：中国计划出版社，2009.

[3] 张念来，盛希，杨遵俭，等. 矮寨特大悬索桥大落差混凝土泵送技术研究[J]. 中外公路 2009（10），29（5）：269-271.

[4] 李鹏辉，刘光廷，高虎，等. 自生体积变形试验方法研究及应用[J]. 清华大学学报（自然科学版），2001，41（11）：114-117.

[5] 刘杰，赵超. 缺水山区大体积混凝土温控技术[J]. 中外公路，2015，35（3）：188-191.

[6] 高锡鹏，周智，李渊. 大体积混凝土桥梁承台温度及应力场模拟[J]. 辽宁工程技术大学学报（自然科学版），2015（11）：1258-1263.

[7] 魏尊祥，夏兴佳，李飞，等. 桥梁承台大体积混凝土温度场监测与数值分析[J]. 公路交通科技，2014，31（4）：82-86.

[8] 罗超云，李志生，周立. 嘉绍大桥承台超大体积混凝土无冷却水管温控技术研究[J]. 公路，2012（7）：101-106.

[9] 王健，延森，王锦力. 筏板基础大体积混凝土温度场实测与数值模拟[J]. 辽宁工程技术大学学报（自然科学版），2015，34（3）：364-368.

[10] 张湧，刘斌，贺拴海. 桥梁大体积混凝土温度控制与防裂[J]. 长安大学学报（自然科学版），2006，26（3）：43-46.

[11] 侯景鹏，熊杰，袁勇. 大体积混凝土温度控制与现场监测[J]. 混凝土，2004（5）：56-58.

[12] 李潘武，曾宪哲，李博渊，等. 浇筑温度对大体积混凝土温度应力的影响[J]. 长安大学学报（自然科学版），2011，31（5）：68-71.

[13] 欧阳燕青，于新华. 隧道锚锚碇胶结面剪切流变力学特性研究[J]. 湘潭大学自然科学学报，2014（12）：38-42.

[14] 林鹏，胡航，郑东，等. 大体积混凝土真实温度场演化规律试验[J]. 清华大学学报（自然科学版），2015（15）：27-32.

[15] 崔溦，吴甲一，宋慧芳. 考虑水化度对热学参数影响的早期混凝土温度场分析[J]. 东南大学学报（自然科学版），2015，45（4）：792-798.

索　塔

复合成孔工艺在大直径灌注桩中的应用

屈加林　宾　熊　郭登科

（中交一公局第三工程有限公司　北京　100029）

摘　要　万州驸马长江大桥所在的重庆市万州区地质情况复杂，桥位以沉积层为主，间有多个夹层，上软下硬且有纵向裂隙，合理选择成孔方式关系到整个索塔的施工进度和质量。对比冲击钻及旋挖钻两种成孔工艺后，采用旋挖钻与冲击钻复合成孔工艺进行施工，施工效率和质量得到提升，对类似地质条件下的工程施工有借鉴作用。

关键词　旋挖钻　冲击钻　大直径　嵌岩桩　成孔工艺　应用

1　引　言

不同的地质条件需要采用不同的成孔工艺，施工中通常选择一种设备进行成孔，同一孔位处不同的地质条件下施工效率差别很大。尤其是对软硬不一样的地层，钻孔灌注桩主要存在钻进效率低、质量难以保证等难题。本文结合工程实际情况，对大直径钻孔灌注桩施工成孔功效、安全、质量进行有效控制，收到了良好的效果。

2　工程概况

2.1　概　述

本桥桩基设计为端承桩（根据设计要求，桩端进入中风化岩层且不小于 3 倍桩径），桩径为 2.5 m，设计桩长为 45 m，桩基平面布置如图 1 所示。

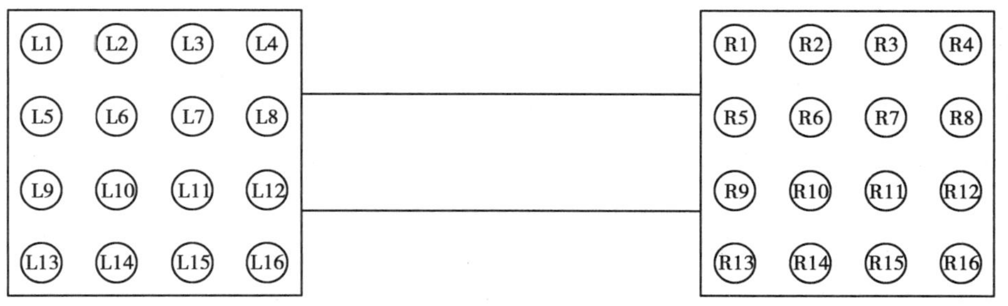

图 1　9 号索塔桩基平面布置图

作者简介：启加林（1985—），男，本科。

宾　熊（1985—），男，本科，工程师。

郭登科（1990—），男，本科，助理工程师。

2.2 工程地质条件

桥址区出露地层从老到新有中-细粒石英质砂岩和紫红色石英质泥岩、钙质粉砂岩、粉砂质泥岩,以及第四系松散堆积层。桩位处地层由上至下分别为粉质黏土、卵石、强风化砂质泥岩、强风化砂岩、中风化砂质泥岩、中风化砂岩。

3 工艺对比

桩基施工穿越粉质黏土、卵石、强风化砂质泥岩、强风化砂岩、中风化砂质泥岩等各层时,其施工难度均不大,普通旋挖钻机和冲击钻机均能完成。但进入持力层中风化砂岩后,由于该岩层强度高,所以只能选用大型或特大型旋挖钻机及冲击钻机进行施工。

3.1 冲击钻施工

冲击钻成孔的特点是:钻机构造简单,适用于卵石、坚硬漂石、岩层及各种复杂地质,操作方便;成孔壁较坚实、稳定,塌孔少,不受施工场地限制。但该施工工艺成孔时间长、施工进度慢,且在穿越泥质岩层时,易出现吸锤、卡锤甚至掉锤等现象。

1)单桩成孔时间长,整体施工周期长

依据本工程数据统计,采用冲击钻施工单桩成孔的平均时间为22.9天(表1)。按进场4台冲击钻计算,32根桩基共计施工7个月。

表1 冲击钻成孔时间表

序号	桩号	桩长/m	平均日进尺深度/m	成孔时间/天
1	8-R1	45	1.8	25
2	8-R1	45	2	22.5
3	8-R9	45	2.1	21.4
4	8-R11	45	2	22.5

2)穿越泥岩层困难,不可预见因素多

冲击钻钻孔施工虽然适用于多种复杂地质的桥梁桩基施工,但在泥质岩层中施工较为困难。泥岩成分及构造和页岩相似,但较不易碎,是一种层理或页理不明显的黏土岩。泥岩遇水后变为黏土,对锤头吸力较大。冲击钻进入该地层时,只能通过泥浆调节,缓慢钻进,且极易出现吸锤、卡锤甚至掉锤等现象。

3)泥浆存放量较大,且运输成本较高

三峡库区对环境保护要求高,泥浆不能随意排放。按单桩需用泥浆为300 m^3 计算,32根桩基共计需用泥浆近一万立方米。如运输不及时,将直接影响工程进度。因此,泥浆的处置也是施工管理的重点之一。

3.2 旋挖钻施工

旋挖钻适用于黏土层、沙土、卵石层等地质条件下的桩基施工,部分特大型旋挖钻也可用于岩层桩基成孔。本工程所采用的SWDM42型旋挖钻机是目前国内最大的旋挖钻机,钻机动力头最大扭矩为42 t · m,可配置长螺旋钻头、短螺旋钻头、回转斗、岩心钻、液压桩锤等钻具,能够完成进黏土层、沙土、卵石层和中风化岩石层桩基成孔作业(表2)。

表 2　旋挖桩钻头配置表

序号	钻头配置	适用地质
1	短螺旋钻具	地下水位以上的黏性土、粉土、填土、中等密实的砂土、风化岩
2	螺旋回转斗	地下水位以下的黏性土、粉土、填土、中等密实的砂土、风化岩
3	岩心螺旋钻头	碎石土、中等硬度的岩石及风化岩
4	岩心回转斗	风化岩及有裂缝的岩石

与冲击钻施工相比，旋挖钻成孔时间短，尤其在黏土、卵石、强风化砂质泥岩、强风化砂岩等地层钻进速度快，且能够解决泥浆排放等问题。但进入中风化砂岩层后，旋挖钻钻进效率较低，配件磨损快，成本较高。

(1)施工成本较高，工程费用增加。就本工程而言，SWDM42 型旋挖钻施工成本约为冲击钻施工的两倍。

(2)配件磨损较快，施工成本增加。虽然 SWDM42 型旋挖钻可在岩层中钻进，但其钻头截齿磨损速度快，更换频率高，导致施工成本增加。

(3)桩底外部松散，桩基竖向承载力难以保证。本工程桩基设计为嵌岩桩，所以桩底必须密实，以承受竖向压力。旋挖钻施工由于采用无泥浆钻进工艺，浮渣无法清理彻底，竖向承载力难以保证。

3.3　旋挖钻与冲击钻结合施工

针对本工程的地质条件及各种钻机自身施工特点，综合考虑施工质量、成本及进度等因素，最终提出将旋挖钻与冲击钻结合施工。施工设备为 CK2500 型冲击钻和 SWDM42 型旋挖钻(图 2、图 3)。首先发挥旋挖钻在黏土、卵石、强风化砂质泥岩、强风化砂岩等地层钻进速度快的优点，由旋挖钻完成上部桩基成孔。然后注入泥浆并更换钻机，由冲击钻进入岩层施工，以保证成桩质量，并降低施工成本。

图 2　CK2500 型冲击钻施工

图 3　SWDM42 型旋挖钻施工

4 施工工艺

4.1 工艺流程

旋挖钻与冲击钻结合施工工艺流程如图4所示。

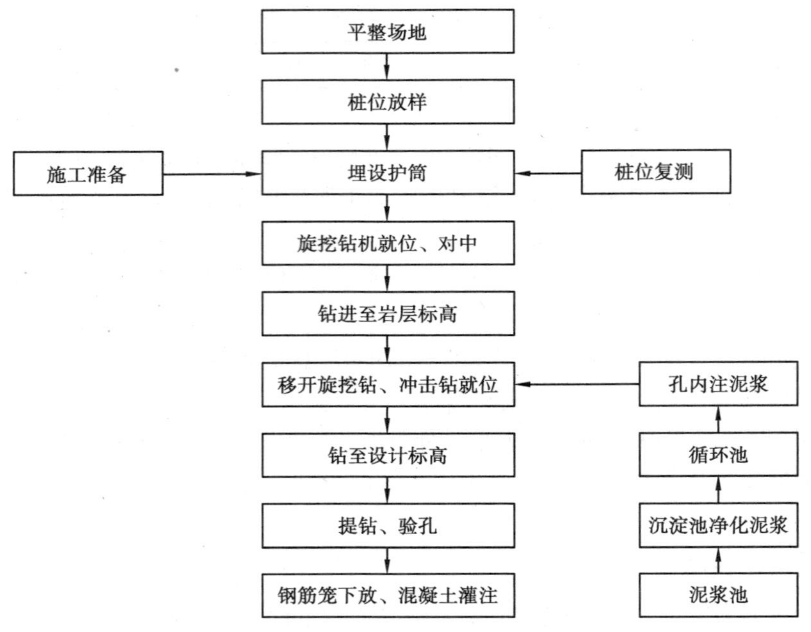

图4 施工工艺流程图

4.2 施工流程

4.2.1 施工准备

旋挖钻机自重较大,整机质量超过136 t,桩机就位前将桩机位置的地面平整、夯实,地基承载力不低于150 kPa,避免地基局部受力产生不均匀沉陷,影响钻机稳定和对孔壁产生压力。

4.2.2 护筒埋设

护筒采用比设计桩径大30 cm的钢护筒。由于旋挖钻施工为干作业成孔,无泥浆护壁。为避免施工中地表塌陷,应使护筒穿越粉质黏土、卵石层,并进入强风化砂质泥岩层。

4.2.3 旋挖钻钻进

本工程主塔桩基桩径达到2.5 m,旋挖钻机无法一次成孔,所以采用先掏小孔、再掏中孔、最后终孔的施工顺序,即先采用直径为1.2 m的钻头钻至设计孔深,再用直径为1.8 m的钻头,最后采用直径为2.5 m的钻头最终成孔。

初始钻进进尺要缓慢,尽量减少钻杆晃动,保证钻孔的垂直度。钻进过程中,应随时调整机架保持钻杆垂直、位置正确,防止因钻杆晃动引起孔径扩大及孔底沉渣增加。钻斗底铁门在钻进中始终要保持关闭状态,以防止钻斗的土砂掉入孔内。钻斗在孔内的升降速度必须控制好,速度过快,钻斗内的水流会冲刷孔壁,甚至在钻斗下方产生负压而导致塌孔。一般情况下,在砂类土中钻斗提土速度为0.5～0.6 m/s,空钻斗升降速度为0.7～0.9 m/s。随钻孔深度的增加,钻斗升降速度宜减小。钻成后,钻头要多次上下往复作业,以保证孔径满足要求。

4.2.4　更换钻机

旋挖钻钻进至中风化岩层后,将其移至其他桩位准备开钻。再次整平场地,准备将冲击钻就位。冲击钻就位前,应对旋挖钻成孔桩径及冲击钻锤头进行实际量测,确保冲击钻开钻后,锤头能自由提升。

4.2.5　冲击钻钻进

1)泥浆配制及管理

桩基泥浆护壁主要采用优质黏土孔内造浆,过程中循环利用(图5)。通过循环池、沉淀池进行循环沉淀净化泥浆。

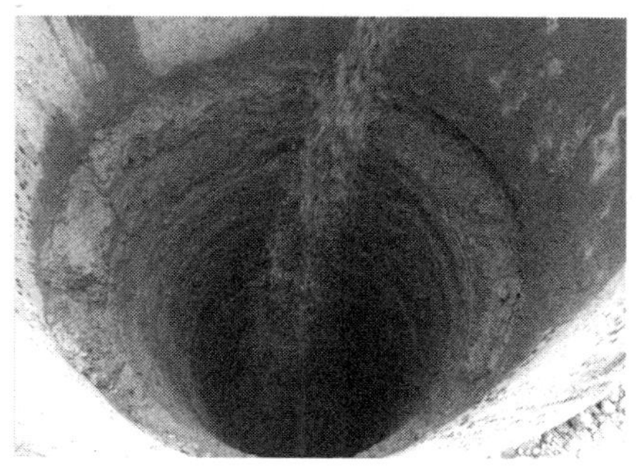

图5　造浆

钻孔过程中要经常测定泥浆技术指标,根据工程钻进需要,随时调整泥浆比重,保持各项指标符合要求。

2)钻进

冲进要连续,不能无故中断。每钻进2 m或在地层变化处,应在泥浆槽中捞取钻渣样品,查明土的种类并记录,及时排除钻渣并置换泥浆。同时注意土层的变化,在岩土层变化处均应捞取渣样,判明岩性并记入记录表中,以便与地质剖面图核对。

5　施工关键点控制

5.1　桩位控制

与一种钻机施工方法不同,本施工工艺涉及两次钻机就位。旋挖钻就位后,应与桩位点对正,将钻头偏差减小。在旋挖桩施工过程中,应将旋挖钻整机固定,以防止由于其移动造成桩基偏位。

旋挖钻钻进至指定标高后,将其移开,重新平整场地,冲击钻就位。冲击钻就位后,将护桩用细线"十"字对拉,将钻头中心和"十"字线中心对正后方可开钻。

5.2　桩径控制

旋挖钻施工扩孔系数较小,成孔形状较为规则,冲击钻则容易出现卡锤等现象。需采取如下措施:

(1)估算两种施工工艺的扩孔系数,合理进行钻头直径选择。

(2)应对旋挖钻和冲击钻钻头进行差别设计,旋挖钻头直径大于冲击钻钻头直径2 cm。

(3)对开孔段的桩径进行控制,确保开孔直径符合冲击钻施工要求。

6　结　论

采用冲击钻与旋挖钻复合成孔工艺进行复杂地层嵌岩桩施工,使万州驸马长江大桥取得了突破性进展,不仅提高了施工功效,而且综合施工成本降低了20%。同时,项目也总结了复合成孔工艺的关键控制技术,有很强的推广应用价值和前景。

参考文献

[1] 朱建新,何清华,郭勇,等. SWDM 系列多功能全液压旋挖钻机[C]//中国桩工机械行业年会,2006.

[2] 王荣,任刃,朱金卫. 大直径素混凝土灌注桩复合地基在高层建筑地基加固中的应用[J]. 四川水力发电,2015(4):98-100.

[3] 赵海云,李贵富,赵海琼. 桩底压浆在地质软弱层地区高架桥梁大直径钻孔灌注桩工艺中的应用[J]. 建筑知识:学术刊,2011:354-355.

[4] 马重刚,谢小飞,李建勇,等. 多机成孔工艺在大直径超长桩施工中的应用[J]. 施工技术, 2013, 42(9):50 – 52.

[5] 彭德华. 灌注桩施工工艺的选择和大直径灌注桩人工成孔方法及注意事项[J]. 中外建筑, 2000(3):53 – 54.

3.2 m 大直径桩基水磨钻成孔技术

张　银

（中交一公局厦门工程有限公司　厦门　361000）

摘　要　万州驸马长江大桥10号索塔桩基为3.2 m大直径桩基础。该桩基施工采取水磨钻取芯与爆破相结合的成孔工艺，施工工艺简单，施工方便，不需要大型机械设备，可多桩同时作业，施工速度相对较快，成孔质量高，节约施工成本。

关键词　大直径　桩基　水磨钻　控制爆破　施工技术

1　工程概况

万州驸马长江大桥南岸索塔承台呈哑铃状，桩基分为左、右两幅，每幅9根桩基，对称布置，共18根桩基。桩基直径为3.2 m，桩中心距为6.4 m，桩长30.0 m，桩尖进入中风化岩层不小于3倍桩径，每根桩基挖除土方量为233.1 m^3，18根桩混凝土方量共计约4 196 m^3。

索塔桩基构造如图1、图2所示，图中尺寸单位以cm计。

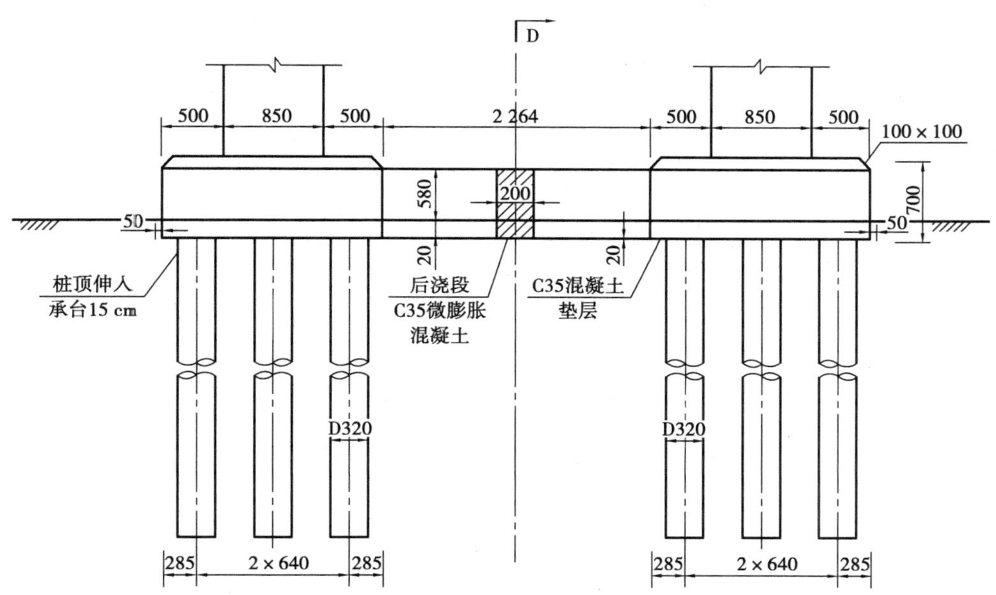

图1　索塔桩基构造图（立面）

作者简介：张银（1989—），男，本科，助理工程师。

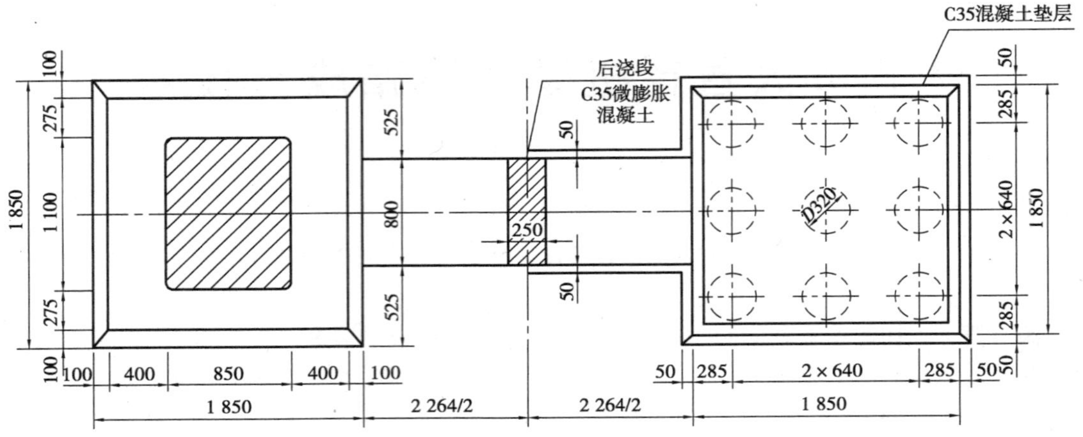

图2 索塔桩基构造图(平面)

2 地质条件

南岸10号索塔工程地质断面如图3所示。

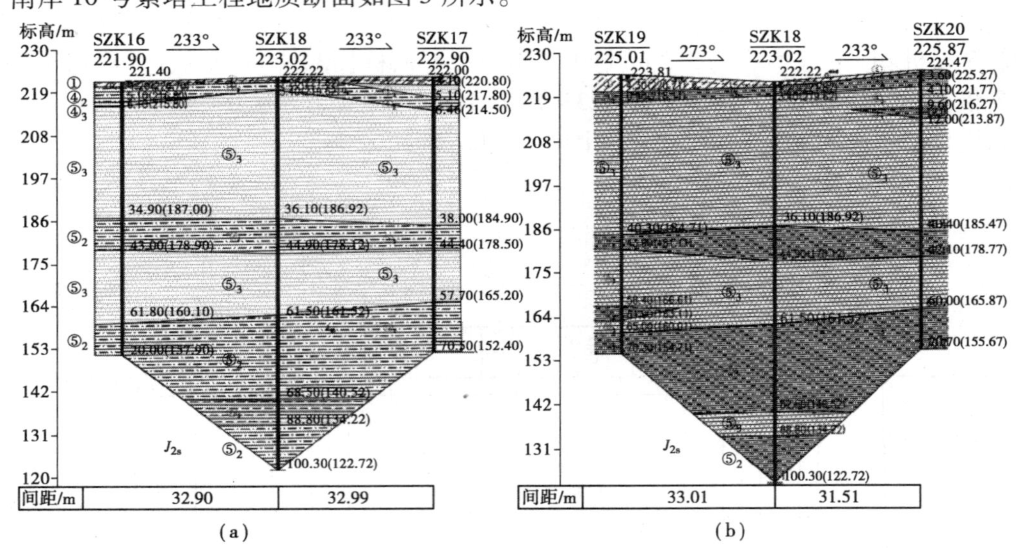

(a) (b)

图3 索塔桩基地质条件(桩顶设计标高为222.250 m)

①层——粉质黏土(Q4el+dl):黄褐色~红褐色,可塑,稍有光滑,干强度及韧性中等,顶部含有植物根系。SZK16~SZK20号钻孔均有揭露,顶板标高221.90~225.87 m(223.74 m)(平均值,下同),层厚0.60~4.30 m(1.88 m)。

④$_1$层——强风化泥岩(J2s):紫红色,泥质结构,中厚层状构造,主要由黏土矿物组成,岩芯较完整,呈短柱状,节长5~18 cm,岩芯遇水易崩解,裂隙较发育,局部岩芯较破碎,SZK17号钻孔有揭露,顶板标高216.27 m,揭露层厚2.40 m。

④$_2$层——强风化砂质泥岩(J2s):褐红色,泥砂质结构,中厚层状构造,主要由石英、黏土矿物组成,岩芯较完整,呈短柱状,节长5~15 cm,岩芯遇水易崩解,裂隙较发育。SZK16~SZK20号钻孔均有揭露。

④$_3$层——强风化砂岩(J2s):灰色,中细粒结构,中厚层状构造,主要由长石、石英、云母矿物组成,钙质胶结,岩芯较完整,呈短柱状,节长 5 ~ 25 cm,裂隙较发育。SZK16、SZK17、SZK20 号钻孔均有揭露。

⑤$_2$层——中风化砂质泥岩(J2s):褐红色,泥砂质结构,中厚层状构造,主要由石英、黏土矿物组成,岩芯较完整,呈长柱状,节长 6 ~ 80 cm,岩芯遇水易崩解,裂隙较发育,RQD = 70% ~ 90% 。SZK16 ~ SZK20 号钻孔均有揭露。

⑤$_3$层——中风化砂岩(J2s):灰色,中细粒结构,中厚层状构造,主要由长石、石英、云母矿物组成,岩芯较完整,呈柱状,节长 5 ~ 80 cm。SZK16 ~ SZK20 号钻孔均有揭露。

3　索塔桩基施工

3.1　桩基施工工艺比选

桩基施工工艺比选详见表 1。

表 1　桩基施工工艺比选

项　目	水磨钻挖孔	冲击钻钻孔	旋挖钻钻孔
成本	1 235 元/m^3	1 389 元/m^3	1 464 元/m^3
进度	0.6 m/d	0.8 m/d	0.5 m/d
投入主要设备	取芯机	冲击钻机	旋挖钻机
扩孔系数(成孔规则)	1.05	1.1	1.05
震动	一般	强烈	一般
噪声	100 dB	100 dB	80 dB
周围环境限制	有噪声、环境限制	有噪声、环境限制	有噪声、环境限制
优点	1. 18 根桩可同时交错开挖,不受施工用电的影响; 2. 重庆市万州区从事人工挖孔的人力及设备资源丰富; 3. 无泥浆,有利于文明施工及环保; 4. 混凝土浇筑工艺简单,有利于保证桩基质量; 5. 施工成本较低; 6. 桩芯硬岩爆破开挖,进度得以保证	成孔安全性可靠,适用于各种地质情况,成孔较快	1. 成本单价低、设备进出场费较高; 2. 震动小、噪声低、机动性强、施工操作方便; 3. 施工速度快、成孔质量高、环境污染小、安全性能高、适用性强

续表

项　目	水磨钻挖孔	冲击钻钻孔	旋挖钻钻孔
缺点	1. 安全管理难度大； 2. 不能在富水层及厚大粒径回填层施工	1. 相邻两根桩基无法同时施工； 2. 用电量大，发电施工费用较高； 3. 需采用泥浆护壁，不利于文明施工及环境保护； 4. 混凝土性能要求较高，成孔与成桩质量控制难度大； 5. 需对泥浆进行处理，费用较高； 6. 孔底泥渣难以掏尽，使桩承载力不够稳定	1. 由于旋挖钻孔的特殊工艺，其自造浆能力较差，必须制备泥浆并及时补充，保证孔内壁的稳定； 2. 适用范围有局限性，根据经验，旋挖钻孔最适用于黏性土及挤密状态以上的砂性土，对于强风化、中风化岩石层，成孔难度非常大

从地质条件中可以看出，万州驸马长江大桥10号主塔桩基岩层以中风化岩层为主，围岩情况良好，水磨钻施工成本较低；从施工工效分析，虽然单根桩施工速度慢于冲击钻，但是人工挖孔桩可以多桩同时施工，整体施工速度优于冲击钻，且万州驸马长江大桥位于长江环境保护区，环保要求较高，加之重庆市万州区从事人工挖孔的人力及设备资源丰富，桥址桩基处无地下水，且无足够的场地作为泥浆池。综合考虑，南岸主塔桩基采用水磨钻与爆破结合的施工方法。

3.2 桩基施工工艺流程

南岸索塔人工挖孔桩桩基施工工艺流程如图4所示。

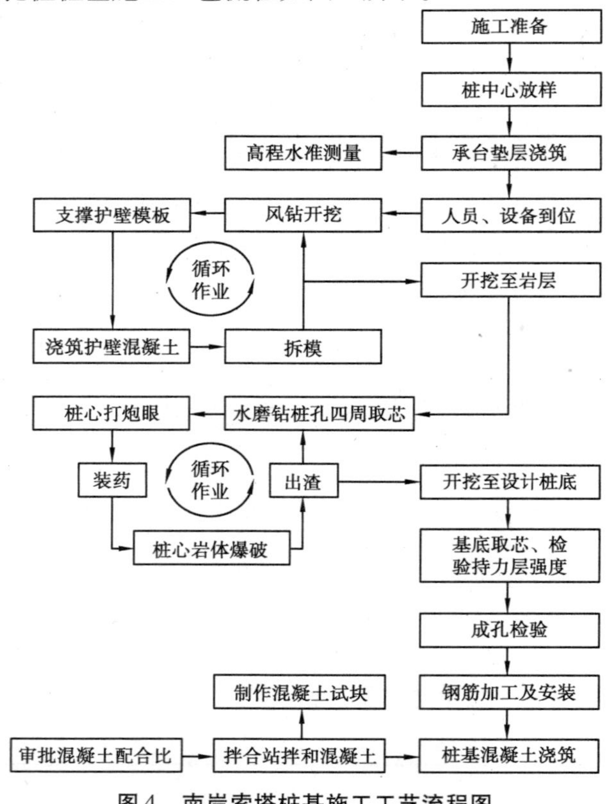

图4　南岸索塔桩基施工工艺流程图

3.2.1　垫层施工

垫层厚20 cm,采用C35混凝土进行浇筑,场地整平后,根据桩孔坐标对桩孔进行放样,预留出桩孔和孔口护圈位置。

以往工程是先施工桩基后开挖基坑、浇筑垫层。本工程的不同之处在于,采用先开挖基坑、浇筑垫层后开挖桩基的顺序。其优势在于,从桩基施工一开始就设置硬化的垫层作为作业平台,便于施工过程中物料放置、场地清理,提升工程文明施工形象。同时,基坑四周排水、临时用电布置一步到位,节省工作量。

3.2.2　孔口护圈施工

为防止施工时杂物掉入孔内伤人,在垫层施工后孔口浇筑混凝土护圈。孔口护圈混凝土内径为320 cm(等于桩基直径),壁厚20 cm,高度为100 cm(图5)。孔口护圈内配置钢筋,采用直径为20 mm的HRB400钢筋,竖向钢筋、环向钢筋间距均为15 cm。

本工程护圈与以往桩基工程的锁口有所不同,其优势在于高度大。一般工程仅为30 cm,本处设置100 cm护圈,使孔内作业人员的安全得到了充分的保障。

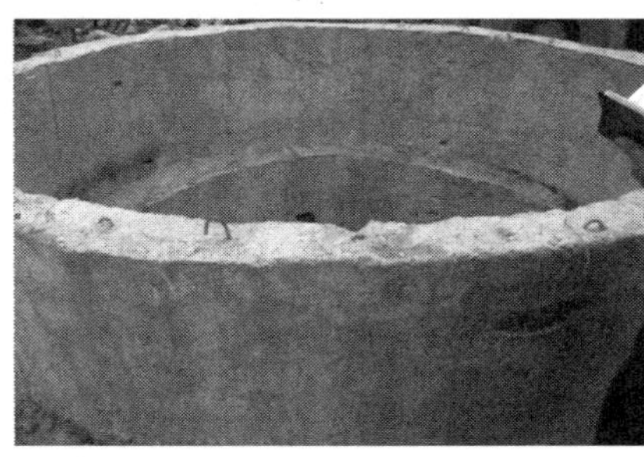

图5　孔口护圈

3.2.3　孔口搭设支架及防护棚

孔口防护棚支架采用ϕ48 mm×3.5 mm脚手管进行搭设,为保证支架整体性,将左、右幅各9个孔的支架分别连成一个整体。支架搭设完成后,四面挂设安全网防护,在支架上方用彩钢瓦覆盖,防止后期孔内爆破导致石块飞溅,同时防雨水进入孔内,保证作业不受下雨的影响。

3.2.4　安装水、电、气及起重设备

支架安装完毕后,迅速安装电力线路及照明设施,同时调试好水泵、空压机、水磨钻、卷扬机等设备。安装防坠器、安全绳、限位器、卷扬机固定和限位装置等安全防护设施,准备安全爬梯、气体检测设备。

3.2.5　桩基开挖

1)较软土质

桩基土质较软的土体用风镐、铁锹进行开挖,遇坚硬土或大块孤石采用锤、钎破碎。

在桩基土质层或者地质条件较为软弱时,为防止塌孔,要在开挖后迅速浇筑护壁混凝土,模板不需光滑平整,以便于与桩体混凝土的黏结。为进一步提高柱身混凝土与护壁的黏结,同时方便混凝土入模,护壁方式采用喇叭错台状护壁。

护壁混凝土等级为C35,混凝土坍落度宜控制在100~140 mm。每挖掘0.8~1.0 m深时,即立模灌注混凝土护壁,厚度为20 cm。由于孔径较大,可在护壁内适当加入钢筋,增加护壁的抗压能力,每20 cm布置一圈Φ12钢筋。混凝土护壁应随孔的加深逐节浇筑至地质条件较为稳定的岩体部位。稳定岩体部位采用水磨钻施工,不再设置混凝土护壁。护壁混凝土施工采取自制的钢模板,钢模板面板厚度为6 mm,浇筑混凝土时拆上节,支下节,自上而下周转使用(图6)。模板间用U形卡连接,上下设两道8号槽钢圈顶紧。钢圈由两个半圆圈组成,用螺栓连接,不另设支承,以便浇筑混凝土和下一节挖土操作。

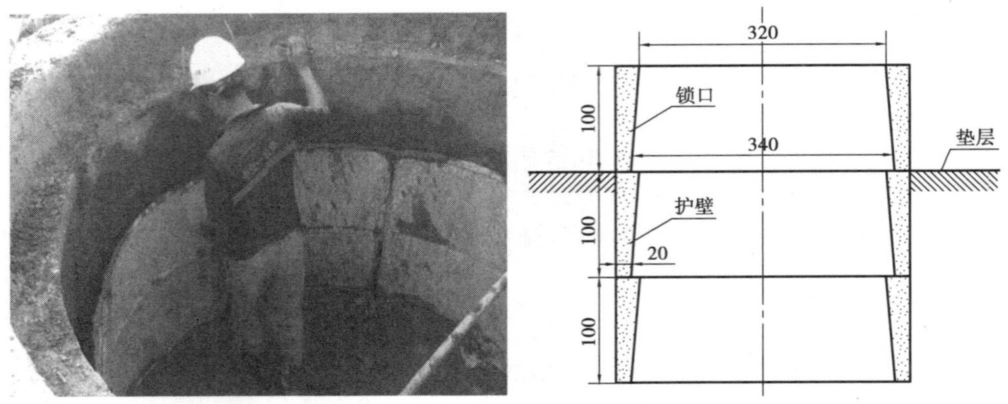

图 6　护壁施工

2)硬质岩层

挖至硬质岩层时,由于本桩直径达 3.2 m,直径较大,岩层开挖采用水磨钻与爆破结合进行。采用水磨钻进行开挖时,沿着孔壁固定取芯机开始取芯,取芯圆紧挨(图 7)。注意保证套筒向孔桩侧壁外倾一定角度,这样在下一次循环才可以保证钻机就位套筒起钻点能置于设计孔桩边线,不至于造成缩孔,保证成孔截面尺寸。用取芯钻头加水旋转取芯,取芯钻头直径为 15 cm,每次取芯高度为 60 cm 的主体岩芯。将周围岩芯全部取出后,桩孔中心岩石与桩孔外原来岩石完全分开,尽量控制每幅 9 根桩同时完成水磨钻周边开挖 60 cm。

图 7　水磨钻取芯

3)爆破

桩孔中心岩石爆破直径为 2.90 m。每循环 60 cm,爆破断面积 $S=6.602\ m^2$,每循环爆破量为 $3.96\ m^3$,炸药单耗 $q=1.01\ kg/m^3$,在实际施工中可根据情况调整。每循环共消耗炸药总量 $Q_{总}=1.01\times3.96=4.00(kg)$,实际装药 4.00 kg。炮孔共计 25 个,平均药量 $Q=0.16$ kg/孔。

桩基炮眼布置及爆破网络示意如图 8、图 9 所示。

(1)掏槽眼:采用中心空孔直眼掏槽,倾角为 90°,深度 $L=0.8$ m,一般取平均药量的1.2 ~ 1.5 倍。

(2)辅助眼:一般取平均药量,炮孔角度作 90°渐变调整,深度 L 依次减少 10 ~ 20 cm。

(3)周边眼:间距为 0.6 ~ 0.7 m。

(4)机械打眼:采用直眼掏槽,炮孔深度为 0.6 ~ 1.0 m。

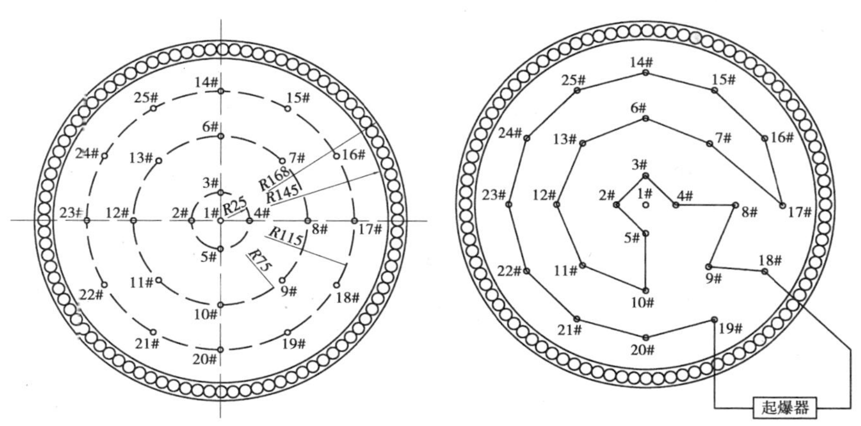

图8　桩基炮眼布置图　　　　图9　爆破网络示意图

(5)爆破参数的选择及技术经济指标见表2、表3。

表2　桩基爆破参数表

炮眼名称	炮孔编号	眼深/m	角度/(°)	眼数	单孔装药量/kg	填塞长度/cm	总装药量/kg	雷管段号
中心孔	1#	1.0	90	1				
掏槽眼	2#～5#	0.8	90	4	0.3	50	1.2	1
辅助眼	6#～13#	0.7	90	8	0.2	50	1.6	3
周边眼	14#～25#	0.6	90	12	0.1	50	1.2	5
合计				25			4.0	

表3　桩基爆破技术经济指标

指标名称	单位	数量
循环进尺	m	0.6
炮眼利用率	%	75
循环掘进实体岩石量	m^3	3.96
循环炸药消耗量	kg	4.0
循环雷管消耗量	个	24
岩石炸药用量	kg/m^3	1.01
岩石雷管用量	个/m^3	6.06

(6)装药方式:采用ϕ32 mm乳化炸药连续柱状正向装药,每个炮孔按照起爆顺序的要求装一发毫秒延时电雷管,起爆药包置于炮孔的中下部,孔内装一发雷管。炮孔装药后,剩余空孔段用黏土密实堵塞。

(7)联线方式为串联;起爆方式为MFB-200型起爆器一次性起爆。

4）出渣

将孔内挖出的土石渣装入吊桶，采用小型卷扬机作为提升设备将渣土垂直运输到地面，通过小型挖掘机将土体运送至承台靠江侧的弃土位置处。吊桶内土石不能超过桶的高度，避免土石滑出桶外，掉入孔内砸伤作业人员。土体堆砌高度不超过孔口护圈混凝土高度，避免小型挖掘机在除渣时，土石掉入孔内砸伤作业人员。挖掘机将土体弃至规定位置，将土体在场地内平整，确保施工道路畅通。

人工挖孔桩共18个，出渣规划如图10所示。其中，1、2、3、10、11、12号孔直接向承台外侧的弃土场出渣；6、9、13、16号孔向承台中心位置处出渣，再由小型挖掘机运至弃土场；4、5、7、8、14、15、17、18号孔出渣至孔与孔之间的空地上，再由手推车人工运至弃土场。

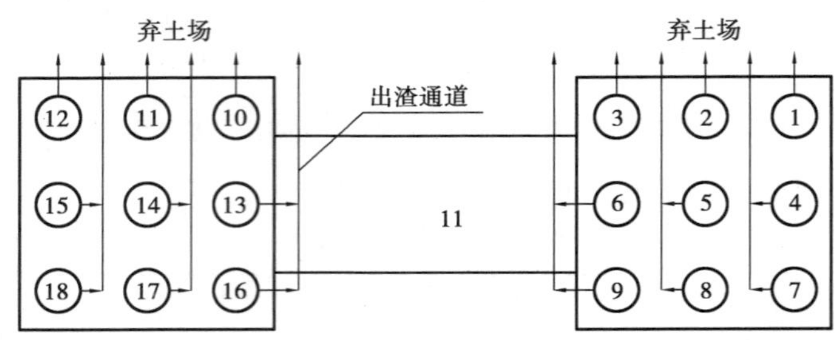

图10　人工挖孔桩出渣示意图

5）爆破注意事项

（1）钻孔。钻孔作业时，一定按照施工要求的孔位现场施钻，并准确地控制好平面位置和角度。

（2）装药。要取得好的爆破效果，仅有爆破参数（孔距、孔深、孔径、单孔药量、一次起爆药量等）还不够。其炸药装填密实度、炮孔填塞质量、雷管的安放都对爆破效果产生不同程度的影响。为保证炸药完全爆炸，装填炸药要按照以下要求进行操作：

a. 连续装药，每节炸药卷都应紧密接触，但不可将药卷冲压过紧、挤烂。

b. 反向装药，即设置雷管的炸药卷，放置在炮孔的最底部，雷管的聚能穴朝向炮孔口部。

c. 装药时使用木棍填实，禁止使用铁棍进行捣紧，避免发生爆炸事故。

（3）堵塞。炮孔堵塞要用黏性好、干湿适中并掺有少量粉砂的泥土堵塞，不能用猛力狠冲、狠压、猛挤：一是防止药卷的最佳密度发生“压死”现象，二是防止用力太猛冲坏雷管脚线，甚至“冲响”雷管。堵塞炮泥接近炮口部位时，应将炮泥填紧、填实。使用木棍填实，切忌不能使用铁棍，以免引爆雷管，造成人员伤亡。

（4）爆破。根据现场实际情况，采用电雷管起爆网路，按串联方式联线。为减少一次起爆药量，采用毫秒微差雷管分段起爆。

为了杜绝“哑炮”，线路连接质量除要求做到不虚接、漏接外，还应在使用前对每个电雷管的电阻进行测定，排除电阻桥丝损坏的雷管。另外，还应读出每个电雷管的电阻值，并使之在串联线路内满足条件：$|R_{大}-R_{小}|\leqslant 0.3\ \Omega$。

3.2.6　桩基成孔

通过水磨钻周边钻孔、钻炮眼、爆破、出渣循环施工，直至开挖至设计标高（较设计孔深超深不小于0.05 m），然后进行成孔验收。

4　安全管理

施工过程中，可能出现塌孔、落石砸伤、人员掉入孔内、中毒等安全事故，防治措施如下：

(1)施工前硬化场地，避免开挖过程中由于雨水浸泡使得孔边土体软化，导致塌孔事故。

(2)孔口护圈施工。为防止小型挖机在孔口扒渣时石块掉入孔内伤人，在孔口浇筑孔口护圈混凝土，孔口护圈内轮廓线为桩基边线，壁厚20 cm，高度为100 cm。

(3)取芯开挖时，应注意相邻两孔不能同时开挖，应该跳孔，桩孔编号如图10所示。一组工人负责两个桩基施工，1号、3号、5号、7号、9号桩孔可同时施工，完成一循环后施工2号、4号、6号、8号桩孔。

(4)工人进行施工时，站在孔上的倒渣人员必须佩戴安全带及安全帽，安全带必须与孔口支架有效连接，防止在出渣时人员滑入孔内。孔下作业人员必须戴安全帽、安全带，未佩戴劳保用品的施工人员不得下孔作业。

(5)桩孔内设置施工临时钢爬梯作为作业人员上下桩孔的通道。

(6)通风措施。挖孔桩施工使用空压机向孔内通风。每班作业前将通气管伸至孔底，启动空压机通风10 min，保证孔底作业区域空气新鲜。每次爆破后，开启空压机向孔内强制通风，排出爆破产生的有毒气体。

(7)有害气体检测。桩基施工现场配备有害气体检测仪及防毒面具。开挖深度超过5 m后，每天下孔作业前及爆破完成后，首先用空压机对孔内通风，并使用检测仪器对孔内有害气体含量进行检测，如发现有害气体超标应立即撤出孔内人员，防止作业期间发生中毒事故。

(8)人工挖孔桩施工过程中钢丝绳易发生磨损，施工人员和现场技术员应经常检查钢丝绳是否发生破损，一旦发生破损应立即更换。

5　结　论

该施工工艺适用于交通不便、大型机具难以进场、对环保要求高、地下岩层坚硬、地质复杂的地区。施工过程中，安全控制仍是重点、难点。

参考文献

[1] 中交一公局万利万达项目总部驸马长江大桥二分部.驸马长江大桥南岸索塔桩基专项施工技术方案，2015.

[2] 中华人民共和国行业标准.公路桥涵施工技术规范(JTG/T F50—2011)[S].北京：人民交通出版社，2011.

万州驸马长江大桥索塔施工控制

肖　正

（中交一公局厦门工程有限公司　厦门　361000）

摘　要　本文介绍了万州驸马长江大桥南塔施工控制测量三维坐标法的主要实施过程与精度分析。实践证明，该方法具有一定的合理性和先进性，对国内在建的其他悬索桥和斜拉桥的索塔施工测量控制，具有很大的借鉴和参考价值。

关键词　悬索桥　索塔　三维坐标法　施工控制

1　工程概况

万州驸马长江大桥索塔为塔柱、横梁组成的钢筋混凝土框架结构，塔柱为普通钢筋混凝土结构，横梁为预应力钢筋混凝土结构。索塔两塔柱横桥向内倾，内侧倾斜率为1/29.900，外侧分3次变化由上至下分别为1/25.058、1/17.408、1/12.498。塔柱断面为矩形空心截面，两索塔除下塔柱外，上塔柱和横梁高度和构造均相同。两岸索塔塔柱底部3 m范围均设置实心段，顶部均设置4.6 m的实心段。索塔共设上、下两道横梁，下横梁梁高8 m、宽9 m、壁厚1.0 m，上横梁梁高7.5 m、宽7.5 m、壁厚0.9 m。

南索塔施工测量技术方案编制结合施工现场情况和施工工艺进行，测量重点是塔柱、横梁平面位置、高程，各部分结构的倾斜率、外形几何尺寸，以及内部预埋件的空间位置。其主要工作内容有劲性骨架定位、钢筋定位、模板定位、预埋件安装定位，以及塔柱、横梁各节段形体竣工测量等。按规范要求，塔柱的倾斜度误差不得大于1/3 000，且不超过30 mm。轴线偏位允许误差为±10 mm，其他各部分尺寸的精度为1/1 000，细部尺寸的精度为1/100。

2　首级施工控制网复测

万州驸马长江大桥首级施工控制网主要为大桥各阶段施工的放样和运营期的变形监测服务。本控制网由长江空间信息技术工程有限公司（武汉）布设，共计布设平面首级控制点8点，长江两岸各4点；岩层水准点共布设4点，两岸各2点（图1）。建网过程中，充分考虑了控制网的精度需要和测量工作的便利性，强制观测墩基础稳固，每个点同一方案至少与网中其他两点通视。各点均避开滑坡地带、局部土溜现象和危岩。

作者简介：肖正（1991—），男，本科，助理工程师，（电子邮件）540790847@qq.com。

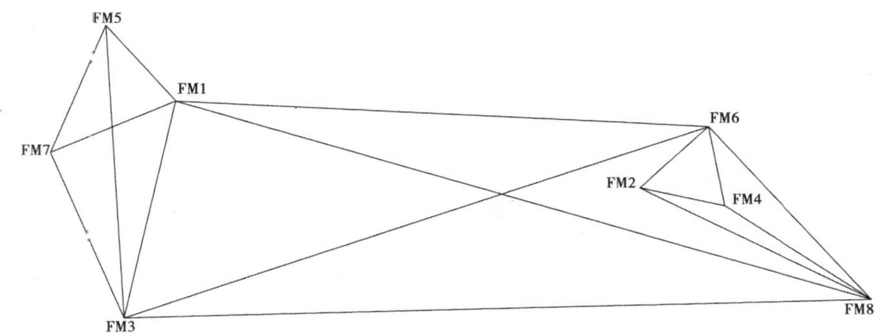

图 1　控制网复测示意图

2.1　控制网坐标系统

2.1.1　平面坐标系

本大桥首级控制网平面坐标系统采用 1980 西安坐标系、独立坐标系（万利坐标系 D1）和桥轴线坐标系。各坐标系有关参数见表 1。

表 1　1980 西安坐标系、万利坐标系和桥轴线坐标系参数

序号	坐标系	中央子午线	归算面高程	备注
1	1980 西安坐标系	108°00′	—	高斯正形投影
2	万利坐标系	108°30′	抵偿高程面 300 m	万利坐标系
3	桥轴线坐标系	—	285 m	边长归算面为桥面平均高程面

2.1.2　高程系统

高程采用 85 国家高程基准。

2.2　平面控制网复测

平面控制网按《全球定位系统（GPS）测量规范》（GB 18314—2009）的 C 级 GPS 网精度等级要求观测，满足技术设计“不低于四等 GPS”的要求，依表 2 中技术指标执行。

表 2　GPS 观测的主要技术指标

等级	卫星高度角	同时观测有效卫星数	重复设站率	时段长	采样率	GDOP
C	≥15°	≥4	≥2%	240 min	15 ~ 30 s	≤6

万州驸马长江大桥由两个分部同时施工建设，为保证控制系统保持一致，两标段决定对首级平面控制网统一观测，并对沿线公路系统的 3 个已知控制点（XL5、XL6、XL7）进行联测。

2.3　高程控制网复测

通过在永川长江大桥运用三角高程测量，验证了三角高程对向观测控制网精度可达到四等，满足施工要求。因此，采用三角高程对向观测法进行观测，每个观测点观测 8 个测回。当观测距离大于 500 m 时，观测 12 个测回，仪器高和棱镜高在测前、测后分别测量 3 次，各测量

差值不得超过 1 mm,最后算得平均值作为仪器和棱镜的高度。

2.4 平面网观测数据处理

(1) GPS 基线解算拟采用 TGO 软件,首先在 WGS-84 下进行三维无约束平差,评定其内部符合精度。

(2) 以已知控制点(XL5、XL6、XL7)为起算点,在 1980 西安坐标系下进行二维平差计算。在该过程中,可以 XL5、XL7 为起算点,检核 XL6,以检验控制网已知点的可靠性。

通过公式(1)、公式(2)直接把 1980 西安坐标系转换为万利坐标系(地方独立坐标系)成果。

$$X_{D_1} = D_X + K \times X_{80} \times \cos T - K \times Y_{80} \times \sin T \tag{1}$$

$$Y_{D_1} = D_Y + K \times Y_{80} \times \cos T - K \times X_{80} \times \sin T \tag{2}$$

转换参数:$D_X = 2\ 478.905\ 138$,$D_Y = -63\ 069.245\ 834$,$T = 4.463\ 224\ 566\ 358\ 81 \times 10^{-3}$,$K = 1.000\ 014\ 584\ 64$。

(3) 桥轴线坐标系平差是利用已解算的 GPS 基线和光电测距边进行混合网平差计算。GPS 基线边和光电测距边统一归算到指定高程面(285 m)上,不进行投影改正,最后对两种边长分别定权,进行固定一点一方位的混合网平差,计算出各点坐标并评定精度。其中,C 级 GPS 控制网二维约束平差最弱边相对误差为 1/100 000。

2.5 高程控制网数据处理

高程网水准、跨河水准观测数据预处理及平差处理采用南方平差易 2002 进行计算。水准网平差前,先进行两项计算:

(1)对外业水准高差进行水准标尺尺长误差改正;

(2)计算跨河水准高差。

在验证了起算点的稳定性后,对高程控制水准网按测段距离定权、采用间接平差严密平差,计算各点高程并评定其精度。

3 施工放样精度及误差分析

3.1 平面控制

根据全站仪三维坐标法测量原理(图 2),建立定位点 P 的三维坐标方程式:

$$x = D \times \sin z \times \cos \alpha \tag{3}$$

$$y = D \times \sin z \times \sin \alpha \tag{4}$$

$$h = D \times \cos z \tag{5}$$

由定位点 P 的三维坐标方程式可知,影响定位点 P 的精度有 3 个因素:斜距 D、天顶距 z 角、水平角 α。现对 X 坐标计算式进行全微分得:

$$d_x = \sin z \times \cos \alpha \times d_D + D \times \cos z \times \sin \alpha \times d_z/\rho - D \times \sin z \times \sin \alpha \times d_\alpha/\rho \tag{6}$$

由测量误差传播定律得:

$$M_x^2 = \sin^2 z \times \cos^2\alpha \times M_D^2 + D^2 \times \cos^2 z \times \sin^2\alpha \times M_z/\rho^2 + D^2 \times \sin^2 z \times \sin^2\alpha \times M_\alpha^2/\rho^2 \tag{7}$$

同理,由误差传播定律可得:

$$M_y^2 = \sin^2 z \times \cos\alpha \times M_D^2 + D^2 \times \cos^2 z \times \sin^2\alpha \times M_z/\rho^2 + D^2 \times \sin z \times \sin \alpha \times M_\alpha^2/\rho^2 \tag{8}$$

$$M_h^2 = \cos^2 z \times M_D^2 + D^2 \times \sin^2 z \times M_z^2/\rho^2 \tag{9}$$

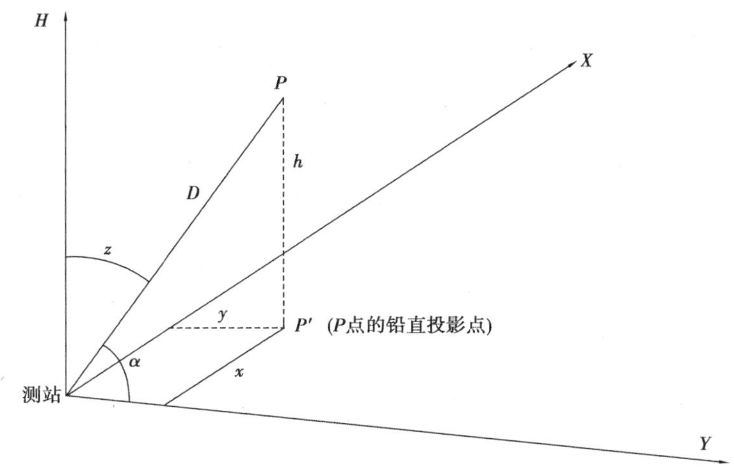

图2 全站仪三维坐标法放样计算原理示意图

全站仪三维坐标施工放样的主要误差来源有测角误差、测距误差、大气折光和地球曲率误差、前视觇标高误差、前视对中杆对点误差、测站仪高误差、全站仪对中误差以及全站仪后视误差。

采用高精度的 TCA 2003 全站仪三维坐标法施工放样，其测角误差角 $M = M_z = M_\alpha = \pm 0.5''$，测距误差 $M_D = \pm 1 + 1 \times 0.7 = \pm 1.7$ mm。根据施工放样测站布设及定位点 P 的空间位置，以测站布设于任一强制观测墩上为例，取 $z = 75°$（最小值），$\alpha = 45°$（最大值），$D = 700$ m（最大值），$\rho = 206\ 265''$。假定大气折光和地球曲率误差 $M_{折} = \pm 3$ mm，前视觇标高误差 $M_{觇} = \pm 1$ mm，测站仪高误差 $M_{仪} = \pm 1$ mm，采用强制对中观测墩，全站仪对中误差 $M_{中} = \pm 1$ mm，全站仪后视误差 $M_{后} = \pm 2$ mm。

由测量误差传播定理可得，全站仪三维坐标施工放样一测回顺桥向（X 轴）放样精度估算为（D 计算时应以 km 计）：

$$m_x = m_y = \pm\sqrt{(M_X^2 + M_{中}^2 + M_{对}^2 + M_{后}^2)/2}$$

$$= \pm\sqrt{(1.35^2 + 0.62^2 + 2.32^2 + 1^2 + 1^2 + 2^2)/2} \approx \pm 2.61 \text{ mm}$$

同理，全站仪三维坐标施工放样一个测回高程（H）放样精度估算为：

$$m_H = \pm\sqrt{(M_h^2 + M_{折}^2 + M_{觇}^2 + M_{仪}^2)/2} = \pm\sqrt{(0.52^2 + 3.28^2 + 3^2 + 1^2 + 1^2)/2} \approx \pm 3.32 \text{ mm}$$

3.2 高程基准传递控制

采用同向小差距（差距小于 5 m）单觇法三角高程测量，即进行三角高程测量时前后视方向相同，视距大致相等。该方法与传统三角高程测量方法相比具有以下优点：

（1）小差距可以减弱大气折光的影响；

（2）量取仪器高，消除量取仪器高引起的误差；

（3）可以避免不同对中杆读数与实际高度有差异引起的误差。

同向小差距单觇法具体步骤为：

（1）把高程控制点作往返水准测量，加密高程控制点到主塔塔脚；

（2）再采用同向小差距单觇法三角高程测量把高程控制点从塔脚引测到塔间横梁；

（3）根据塔间横梁上的高程控制点，采用同向等距单觇法三角高程对索套管进行高程控制。

传统三角高程的高差计算式为：

$$h = s \times \cos z + s^2 \times \sin^2 z(1 - K)/2R + i - v \tag{10}$$

式中 s——测边斜距；

z——天顶距角；

k——大气折光系数；

R——测区地球平均曲率半径；

i——仪器高；

v——觇标高。

同向小差距单觇法三角高程其实是同一测站对两点作传统三角高程的特例。把两点对测站的高差相减即可得到目标两点的高差，由于是同一测站，所以仪器高 $i = i_a = i_b$；大气折光系数 k 无法精确测定，但由于采用同向、小差距的三角高程，k 值的差异只受距地面高度及观测时间不同的影响，可以认为 $k_a = k_b = k$，所以，目标两点的高差计算式为：

$$\begin{aligned} h_{ab} &= s_b\cos z_b - s_a\cos z_a + s_b^2\sin^2 z_b \times (1 - k_b)/2R - s_a^2 \times \sin^2 z_a \times (1 - k)/2R + i_b - i_a - v_b + v_a \\ &= s_b\cos z_b - s_a\cos z_a + (d_b^2 - d_a^2)(1 - k)/2R - v_b + v_a \end{aligned} \tag{11}$$

根据误差传播定律，其中误差计算公式为：

$$m_h = \sqrt{(\cos^2 z_a + \cos^2 z_b) \times m_s^2 + m_z^2(d_a^2 + d_b^2)/\rho^2 + m_k^2 \times (d_a^2 + d_b^2)/4R^2 + 2 \times m \times v^2} \tag{12}$$

式中 m_h——三角高程的中误差；

m_s——测边中误差；

m_z——天顶距观测中误差；

m_k——大气折光系数测定中误差；

m_v——觇标高量取中误差；

z——天顶距的观测值；

d——水平距离，$d = s \times \cos z$；

R——测区地球平均曲率半径；

ρ——取 $\rho = 206\ 265''$。

从中误差计算公式可以看出，采用同向小差距单觇法三角高程可以进一步减弱大气折光系数对高差的影响。对于本工程较短的测量距离来说，其影响可以忽略，中误差计算式可简化为：

$$m_h = \sqrt{(\cos^2 z_a + \cos^2 z_b) \times m_s^2 + m_z^2(d_a^2 + d_b^2)/\rho^2 + 2 \times m_v^2} \tag{13}$$

式中 m_s——测边中误差，取 1.3 mm；

m_z——天顶距观测中误差，取 0.5″；

m_v——觇标高量取中误差，取 1 mm；

其他符号含义与前述相同。

高程控制点中误差 $m_{控} = 1$ mm，则目标点的高程定位中误差为：

$$m_{h目} = \pm\sqrt{m_h^2 + m_{控}^2} \tag{14}$$

4　主塔控制测量

4.1　塔柱施工测量及监控量测

塔柱施工首先进行劲性骨架定位和钢筋绑扎，然后进行塔柱截面轴线点、角点放样及塔柱模板检查定位与预埋件安装定位，各种定位及放样以 TCA 2003 全站仪三维坐标法为主。

根据仰角和通视条件选择测站。测站合理布设于南、北岸主塔两侧强制观测墩上，分别控制上塔柱南北侧截面轴线点、角点以及特征点，下横梁上的施工加密控制点可以作为对岸上塔柱施工放样的观测点。

4.1.1　塔柱截面特征点坐标计算

根据施工设计图纸设计，建立数学模型，编制数据处理程序以及 EXCEL 塔柱放样程序，计算主塔截面轴线点、角点以及特征点三维坐标，经复核后报监理工程师审批。

坐标数据计算完毕必须进行复核，严格执行计算复核双人制。同时为了方便施工放样，使坐标与里程、偏距保持明确的对应关系，索塔坐标看起来简单明了，降低出错的概率，保证施工资料准确无误。施工时，把万州独立坐标系转换成桥轴线坐标系（纵桥向：里程桩号为 X 轴；横桥向：桥梁设计中心为 10 000 m，下游侧为负，上游侧为正），转换公式为：

$$\begin{cases} A_{\mathrm{P}} = (X_{\mathrm{P}} - X_0) \times \cos\alpha + (Y_{\mathrm{P}} - Y_0) \times \sin\alpha \\ B_{\mathrm{P}} = -(X_{\mathrm{P}} - X_0) \times \sin\alpha + (Y_{\mathrm{P}} - Y_0) \times \cos\alpha \end{cases} \tag{15}$$

其中，点$(X_{\mathrm{P}},Y_{\mathrm{P}})$表示 P 点在西安 1980 椭球体 285 m 高程面上的坐标，$(A_{\mathrm{P}},B_{\mathrm{P}})$表示点在桥轴线施工坐标系下的坐标，$\alpha$ 为坐标系旋转角度，(X_0,Y_0)表示施工坐标系原点在西安 1980 椭球体 285 m 高程面上的坐标。

4.1.2　劲性骨架定位

劲性骨架作为索塔施工导向、钢筋定位、模板固定之用，其定位精度直接影响施工进度。一般情况下，在加工场地将劲性骨架加工到一定尺寸，然后现场定位。

劲性骨架底面可直接与已浇筑混凝土内劲性骨架焊接加固。顶面位置通过三维坐标法定位，在劲性骨架四角各焊接一块钢板，在钢板上通过坐标放样定位该点坐标，标记定点。该点既可以定位钢筋，保证钢筋保护层厚度，还可以用作模板初定位，减少了后续模板调试工作，最后对劲性骨架进行加固。

4.1.3　模板安装定位

因塔柱模板为定型钢模板，每个塔肢角点按 1 ~ 8 编号，故只需定位模板的 8 个角点就能实现塔柱精确定位（图 3）。塔柱在顺桥向和横桥向都有倾斜度，根据阶段设计高程，计算相应高程处塔柱角点及轴线点设计三维坐标。塔柱壁厚、内模定位与检查采用检定钢尺直接丈量。

4.1.4　塔柱预偏

为保证预应力钢束张拉完成后，两塔柱在下横梁处与其他高程处的间距符合设计要求。塔柱施工放样需要有一向外侧的预偏量（横桥向），并按设计、监理及监控部门要求进行调整。

4.1.5　主塔变形监测控制

索塔施工过程中，为保证塔柱和下一阶段主梁安装施工的质量和安全，应在塔柱承台上布设沉降观测点作为施工控制基准线，根据塔柱施工进度每隔 5 到 7 天对布设点进行沉降观测，

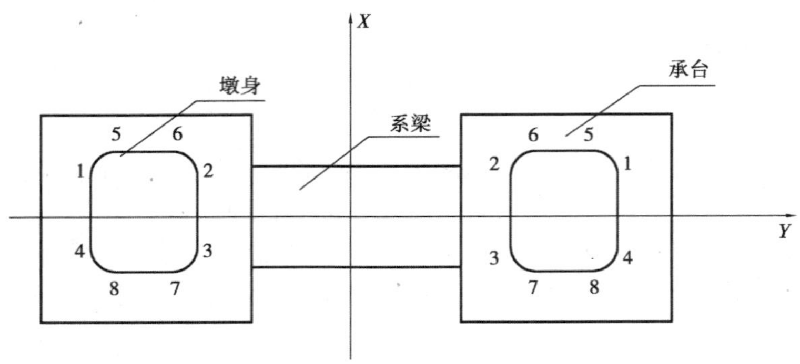

图3　10号主塔塔柱各角点布置示意图

以了解塔柱基础的稳定性,从而保证塔柱施工精度和成桥质量。

4.2　横梁施工测量及监控量测

中横系梁和上横系梁是空腹结构的形体,分别在下塔柱和上塔柱完成后,进行竣工测量,精确标定出两塔肢的横向轴线。根据相对位置放样下横梁的横轴线,进而放出内外模立模边线。模板检查验收时,注意控制内外模的边线到纵、横轴线的距离,保证中心偏差满足设计的要求。检查下腹底模板时,主要控制底模高程,此时要考虑支架的弹性变形与非弹性变形。还要注意控制模板顶面标高。

横梁混凝土的浇筑过程中,应对底模进行跟踪沉降观测,以监测底模的下沉量是否与预抬值相符。

5　结　语

万州驸马长江大桥南岸主塔测量方案是确实可行的:

(1)施工控制网能满足要求。

(2)根据索塔结构和桥位处的地形、气候环境,依据计算结果和实践应用的经验,用高精度的徕卡 TCA 2003 电子全站仪采用极坐标放样能够满足全天候平面测量精度要求。用一台精密水准仪配合钢卷尺辅以三角高程可以完成高程测量工作。

(3)索塔的施工过程中,将监测索塔的变形监测工作交由专业的机构完成,可以有效地确保各测量数据的科学性和实效性,使索塔的变形处于多家机构的监控下,从而使其质量达到精品要求。

参考文献

[1] 中华人民共和国行业标准. 公路桥涵施工技术规范(JTG/T F50—2011)[S]. 北京:人民交通出版社,2011.

[2] 中华人民共和国国家标准. 全球定位系统(GPS)测量规范(GB/T 18314—2009)[S]. 北京:中国质检出版社,2009.

[3] 中华人民共和国行业标准. 公路勘测规范(JTG C10—2007)[S]. 北京:人民交通出版社,2007.

[4] 中华人民共和国国家标准. 工程测量规范(GB 50026—2007)[S]. 北京:中国计划出版社,2008.

[5] 中华人民共和国国家标准. 国家一、二等水准测量规范(GB 12897—2006)[S]. 北京:中国标准出版社,2006.

索塔施工技术改进

陈　敏[1]　张志新[2]

（1. 中交一公局厦门工程有限公司　厦门　361000；
2. 中交第一公路工程局有限公司　北京　100024）

摘　要　万州驸马长江大桥索塔的施工工艺较为复杂，本文通过详细介绍桩基、承台、塔柱和横梁施工技术，并且在传统的施工工艺上进行改进，如桩基摒弃传统的冲击钻和旋挖钻施工工艺、选择水磨钻挖孔+爆破施工工艺、承台引进大体积混凝土智能温控系统、无线接收实时数据、动态温控、改造液压爬模系统、引进布料机的投入使用、创新加工安装平行弦杆桁架简支梁支架等，确保更好更快地完成施工任务。

关键词　索塔　施工技术　改进

1　工程概况

万州驸马长江大桥南岸10号索塔为塔柱、横梁组成的钢筋混凝土框架结构，高166.57 m，采用“塔梁同步”工艺进行施工，其中塔柱为普通钢筋混凝土结构，横梁为预应力混凝土结构，共设置上、下两道横梁。

2　施工背景

目前，交通行业发展迅速，国内大跨径悬索桥、斜拉桥如雨后春笋般涌现，大型桥梁的索塔施工越显重要，属于关键性工程。然而传统的索塔施工工艺较落后，很多问题急需解决，如桩基施工工艺的合理选择，承台大体积混凝土施工的温控措施，尽量减少裂缝的产生，塔柱液压爬模施工过程中的质量、安全管控，横梁支架施工方案的合理选择等，如何成功解决这些问题成为索塔施工任务能否圆满完成的关键。

3　施工概况

3.1　桩基

万州驸马长江大桥10号索塔承台呈哑铃状，桩基分为左、右两幅，每幅9根桩基，对称布置，共18根桩基。每根桩基直径为3.2 m，桩中心距为6.4 m，每根桩长30 m。

根据以往施工经验，桩基成孔主要采用以下3种施工方案：水磨钻挖孔、冲击钻钻孔、旋挖钻钻孔。3种方案施工费用及方案比选如表1、表2所示。

作者简介：陈　敏（1988—），男，本科，助理工程师，（电子邮箱）525049691@qq.com。
张志新（1970—），男，博士研究生，教授级高级工程师。

表1　施工费用一览表

方案	材料费/(元·m^{-3})	劳务费/(元·m^{-3})	合计/(元·m^{-3})
水磨钻挖孔	612	623	1 235
冲击钻钻孔	649	740	1 389
旋挖钻钻孔	611	853	1 464

表2　方案比选表

项目	水磨钻挖孔	冲击钻钻孔	旋挖钻钻孔
成本/(元·m^{-3})	1 235	1 389	1 464
进度/(m·d^{-1})	0.6	0.8	0.5
主要投入设备	取芯机	冲击钻机	旋挖钻机
扩孔系数(成孔规则)	1.05	1.1	1.05
震动	一般	强烈	一般
噪音/dB	100	100	80
周围环境限制	有噪声、环境限制	有噪声、环境限制	有噪声、环境限制
优点	1.18根桩可同时交错开挖,不受施工用电的影响; 2.重庆市万州地区从事人工挖孔的人力及设备资源丰富; 3.无泥浆,有利于文明施工及环保; 4.混凝土浇筑工艺简单,有利于保证桩基质量; 5.施工成本较低; 6.桩芯硬岩爆破开挖,施工进度得以保证	成孔安全性可靠,适合各种地质情况,成孔较快	1.成本单价低,设备进出场费较高; 2.震动小、噪声低、机动性强、施工操作方便; 3.施工速度快、成孔质量高、环境污染小、安全性能高及适用性强
缺点	1.安全管理难度大; 2.不能在富水层及厚大粒径回填层施工	1.相邻两根桩基无法同时施工; 2.用电量大,发电施工费用较高; 3.需采用泥浆护壁,不利于文明施工及环境保护; 4.混凝土性能要求较高,成孔与成桩质量控制难度大; 5.需对泥浆进行处理,费用较高; 6.孔底泥渣难以掏尽,使桩承载力不够稳定	1.由于旋挖钻孔的特殊工艺,其自造浆能力较差,必须制备泥浆并及时补充孔内保证孔壁的稳定; 2.适用范围有局限性,根据经验,旋挖钻孔最适用于黏性土及挤密状态以上的砂性土;对于强风化、中风化岩石层,成孔难度非常大

由于万州驸马长江大桥10号索塔桩基处无地下水影响，同时结合工期要求及前期施工临时用电专线尚未安装到位的情况，水磨钻挖孔方案成本低，施工进度较快，在施工安全措施落实到位的情况下，可行性最高。综上所述，万州驸马长江大桥10号索塔桩基选用水磨钻挖孔施工。

在桩基开挖前，提前硬化施工场地，加强现场文明施工、标准化施工，且每个桩基设置1 m高孔口护圈，保障安全。桩基开挖到位后，采用汽车吊下放安装钢筋笼，并用罐车加串筒的形式完成桩基混凝土的浇筑，24 h连续作业，缩短施工工期。

桩基选用“水磨钻挖孔+爆破”施工工艺，较冲击钻孔节约66.9万元，较旋挖钻成孔节约99.4万元，且18根桩基同时交错开挖，仅用70天就完成主塔桩基施工任务。

桩基施工现场如图1~图3所示。

图1　人工挖孔桩

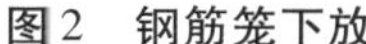

图2　钢筋笼下放

图3　混凝土浇筑

3.2　承台

万州驸马长江大桥10号索塔承台设计为哑铃形，单侧塔柱下承台尺寸为18.5 m×18.5 m×7.0 m，中间设置长22.64 m、宽8.0 m的系梁，为避免产生温度及收缩裂缝，系梁设置2.0 m的后浇段。

通过成本计算分析，万州驸马长江大桥10号索塔承台采用两辆臂长37 m的汽车泵进行混凝土浇筑，相对拖泵省略拆接泵管工序，使混凝土更快地泵送到结构部位，保证混凝土两层间间隔时间较短，混凝土不分层，且合理利用机械。同时，定做模板（标准块加异型块），标准块尺寸为3.2 m×2.25 m，可周转使用（供索塔上、下横梁和其他墩柱承台使用），降低成本。承台混凝土浇筑属于大体积混凝土施工，在混凝土浇筑过程中需采取冷却水智能温度控制系统对混凝土温度进行控制，布设冷却水管，并采购冰块和冷凝机，高温天气，通过冰块和冷凝机降低混凝土入模温度，且及时对已浇筑完成的混凝土进行养护，避免承台混凝土出现裂纹。

2014 年 5 月，承台顺利完成第二次混凝土浇筑，拆模后未发现温度应力裂纹。

承台施工现场如图 4 ~ 图 7 所示。

图4　承台冷却水管布置

图5　承台混凝土浇筑（汽车泵）

图6　冰块

图7　冷凝机组

3.3　塔柱

万州驸马长江大桥索塔为塔柱、横梁组成的钢筋混凝土框架结构，南岸 10 号索塔高 166.57 m。索塔两塔柱横桥向内倾，塔柱断面为矩形空心截面，塔柱底部 3 m 范围设置实心段，顶部设置 4.6 m 的实心段，塔柱壁厚自上向下分别为 1.0 m、1.2 m，与横梁交接范围设置横隔板并局部加厚。

采取技术成熟的液压爬模施工，冬季气温较低，混凝土强度上升较慢，无法满足液压爬模爬升的要求。建议采取混凝土局部加热养护、混凝土配比改进等措施，使混凝土早期强度提高，缩短拆模周期工期，保证塔柱按时封顶。

索塔施工属于高空作业，安全隐患较大，利用合页和竹胶板将液压爬模爬架和塔柱之间封闭，预防高空坠物。

索塔塔柱施工共历时 375 天（含上、下横梁施工），按计划保质保量完成了施工任务，实现安全生产零事故的目标。

塔柱施工现场如图 8、图 9 所示。

3.4　横梁

万州驸马长江大桥索塔共设置上、下两道横梁，下横梁梁高 8 m、宽 9 m、壁厚 1.0 m。上横梁梁高 7.5 m、宽 7.5 m、壁厚 0.9 m。

横梁混凝土浇筑，传统施工是利用拖泵通过泵管将混凝土泵送至指定位置。万州驸马长

图 8　塔柱爬模施工

图 9　液压爬模爬架与塔柱之间全封闭

江大桥下横梁尺寸较大，通过布料机的投入使用，简化了人工安拆泵管控制混凝土布料工序，更方便快捷地完成混凝土布料。万州驸马长江大桥索塔下横梁采用 HGY17/3 布料机，布料半径为 17 m，利用液压系统和电气控制系统进行操作施工。

下横梁底与承台顶之间的距离较短，且混凝土方量较大，横梁支架施工采用落地钢管支架 + 贝雷梁的支架形式。由于上横梁混凝土方量较小，总方量为 634 m^3，第一层混凝土浇筑方量为 317 m^3，故采用平行弦杆桁架简支梁支架形式。

平行弦杆桁架简支梁支架施工与传统的落地支架施工对比如表 3 所示。

表 3　平行弦杆桁架简支梁支架施工与传统的落地支架施工对比表

项目	传统的落地支架施工	平行弦杆桁架简支梁支架施工
材料使用	支架系统由立柱钢管、平联、主横梁、贝雷片、分配梁等组成，需投入钢材 430 t	支架系统由插板牛腿、主横梁、平行弦杆桁架、分配梁等组成，需钢材 103 t
工程质量	钢管支架在现场加工安装，存在交叉作业，加工、安装精度，焊接质量不易保证	桁架在工厂内预制，不存在交叉作业，加工精度、焊接质量得以保证
工程工期	钢管支架在现场加工安装，存在交叉作业，施工不易保证	桁架在预制场内加工，不存在交叉作业，施工工期得以保证
工程安全	钢管支架在安装平联后立即安装防坠网等安全防护，高空作业，危险性大	在桁架起吊安装前，桁架施工平台在地面上已搭设完成，且其安全防护已到位，安全得以保障
安全投入	钢管支架在每一道平联下方需挂设安全网等安全防坠设施，而整个系统共需设 11 道平联，安全费用投入大	在桁架下方挂设安全网等安全防坠设施即可，安全费用投入小

续表

项目	传统的落地支架施工	平行弦杆桁架简支梁支架施工
设备使用	钢管支架立柱间距为 10 m,平联较多,设备使用多	整个桁架系统分 6 次吊装到位,单次吊装最大质量为 9.8 t,设备使用少
拆除作业	上横梁底预留卷扬机钢丝绳孔位,避免起重设备“歪拉斜吊”,但拆除作业次数较多	上横梁底预留卷扬机钢丝绳孔位,避免起重设备“歪拉斜吊”,整个桁架系统分 6 次拆除完成
周转使用	钢管支架安拆复杂,拆除后对钢管损坏较大,不能直接周转至另一索塔使用	桁架安拆简单,拆除对整个支架系统破坏较小;拆除后可直接周转至另一索塔使用,减少了成本投入

综上所述,在工程适用的前提下,平行弦杆桁架简支梁支架较传统的落地支架,不仅节约大量的钢材、机械台班和人工(挂设防坠网等),简化了施工工艺,缩短了工期,而且极大地降低施工风险。

上横梁支架及混凝土施工现场如图 10、图 11 所示。

图 10　上横梁平行弦杆桁架简支梁支架

(a)浇筑前　　(b)浇筑后

图 11　上横梁混凝土浇筑

4 结 语

中交一公局厦门工程有限公司万州驸马长江大桥项目部以“打造主桥索塔施工技术和管理亮点”为依托，全面着力于现场的标准化施工，狠抓安全，精细质量，科学组织，顺利推进大桥各项工程的建设。施工中，项目部克服严寒酷暑恶劣天气、桥塔结构复杂多变、高空作业安全风险大等困难，注重从施工细节着手，通过完善技术方案、细化施工组织，采取“水磨钻 + 爆破”桩基施工工艺、引进大体积混凝土智能温度控制系统、改造自动液压爬模系统、混凝土布料机的投入使用、创新采用平行弦杆桁架简支梁支架等，有效保证了工程质量、安全，提高了施工效率，按照原计划工期完成了索塔施工任务，同时顺利完成安全“三零”指标（安全“三零”：零伤害、零事故、零损失）。本桥索塔施工技术的改进对类似工程同样适用，在节约成本、降低安全风险的同时可提高施工工效，值得推广。

参考文献

中华人民共和国行业标准. 公路桥涵施工技术规范（JTG/T F50—2011）[S]. 北京：人民交通出版社，2011.

万州驸马长江大桥主塔施工关键技术

李　超　王　来

（中交一公局厦门工程有限公司　厦门　361000）

摘　要　本文以万州驸马长江大桥为背景案例，主要介绍悬索桥主塔的施工关键技术，重点介绍混凝土工程、液压爬模技术及上横梁平行弦杆式钢桁架施工存在的问题及分析控制。

关键词　混凝土工程　液压自动爬模系统　平行弦杆桁架简支梁

1　引　言

改革开放以来，我国悬索桥梁施工技术得以快速发展，取得了巨大成就。随着社会的发展，人们对悬索桥施工要求越来越高，在保证桥梁施工安全、质量的前提下，施工进度也成了备受瞩目的问题。面对未来的交通建设需求，合理优化悬索桥施工工艺，加快施工进度和提高施工关键技术水平具有积极的意义。万州驸马长江大桥位于长江边上，江面风速较大，特别是高塔施工，受高空大风影响严重，施工难度大，技术安全措施要求高。由于国内普遍采用的翻模、滑模的方法施工周期较长，高空施工安全隐患较多，无法满足万州驸马长江大桥安全、优质、高效的施工要求，综合分析比较，外模采用液压自动爬模施工。索塔混凝土的外观质量（包括裂缝控制）是保证本工程质量优良的关键，最终确定优化配合比。上横梁支架创新采用平行弦杆桁架简支梁支架，确保更好更快地完成施工任务。

2　工程背景

2.1　工程概况

万州驸马长江大桥南岸索塔为塔柱、横梁组成的钢筋混凝土框架结构，塔柱为普通钢筋混凝土结构，横梁为预应力钢筋混凝土结构。主桥形象如图1所示。索塔采用分层绑扎钢筋、分层支立模板、分段浇筑混凝土施工工艺。需要根据工程实际选择模板形式及横梁支架结构，确定合理的塔梁施工工艺。

2.2　主要设计参数

索塔为门式框架结构，塔柱为普通钢筋混凝土结构，横梁为预应力钢筋混凝土结构，采用C50高性能混凝土。塔柱断面为矩形空心截面，塔柱截面从塔顶至塔底变化为：8.0 m×6.0 m→10.043 m×6.7 m→11 m×8.5 m。塔柱壁厚从上至下分别为1.0 m、1.2 m。索塔共设上、下两道横梁，下横梁梁高8.0 m，宽9.0 m，壁厚1.0 m；上横梁梁高7.5 m，宽7.5 m，壁厚0.9 m。

作者简介：李超（1984—），男，本科，项目副经理。

王来（1992—），男，专科，技术员。

图1 主桥形象

索塔横梁按 A 类预应力混凝土结构设计,采用 15-22 预应力钢束,两端张拉。预应力钢束设计张拉控制应力为 $0.75R_y^b$ =1 395 MPa,张拉控制力为 4 296.6 kN,采用引伸量和张拉力双控。索塔构造如图 2 所示,图中除高程以 m 计外,其余以 cm 为单位。

2.3 工程难点

(1)万州驸马长江大桥位于长江边上,江面风速较大,特别是高塔施工,受高空大风影响严重,施工难度大,外观质量较高,这对模板的要求极为苛刻。

(2)塔身混凝土施工质量的控制、索塔混凝土的外观质量(包括裂缝控制)是保证本工程质量优良的关键。

(3)塔柱底部、顶部实心段的大体积混凝土的浇筑以及超高建筑混凝土的泵送是本工程的难点。

(4)上、下横梁支架的施工以及上横梁支架采用新工艺、新方法——平行弦杆桁架简支梁更是本工程的难点。

3 常见的问题及相应控制措施

作为重庆市目前高速公路中主跨最大的高塔,索塔施工外观质量要求较高,这对模板的要求极为苛刻。所以,外模采用中交武汉港湾工程设计研究院有限公司研究开发的 HF-ACS 100 型液压自动爬模系统,选用其通用部件配置成两套液压自动爬模系统,专用于主塔塔身施工。本系统爬模标准施工节段高 4.5 m,索塔共设 36 个施工节段。

3.1 施工操作平台变形

施工操作平台分配梁两端为悬臂结构,在放置工程材料(如钢筋、电焊机、预埋件等)时,将施工材料堆放于顶平台边缘处,或集中堆放在顶平台横梁之间,容易导致变形,存在一定的安全隐患。

控制措施:合理放置施工中所用的材料和设备。定时清理施工操作平台,将当前工序中不需要的材料和设备清出施工操作平台。将电焊机及备用灭火的水箱放于施工操作平台爬模上架体的正上方,而不可置于施工操作平台边缘。同时,定期检查施工操作平台横梁斜撑,及时加固调整斜撑。

3.2 受力螺栓或定位盘不易拆除

在浇筑完混凝土后,因为受力螺栓(定位盘)与爬锥之间进入水泥浆而导致其不易拆除,

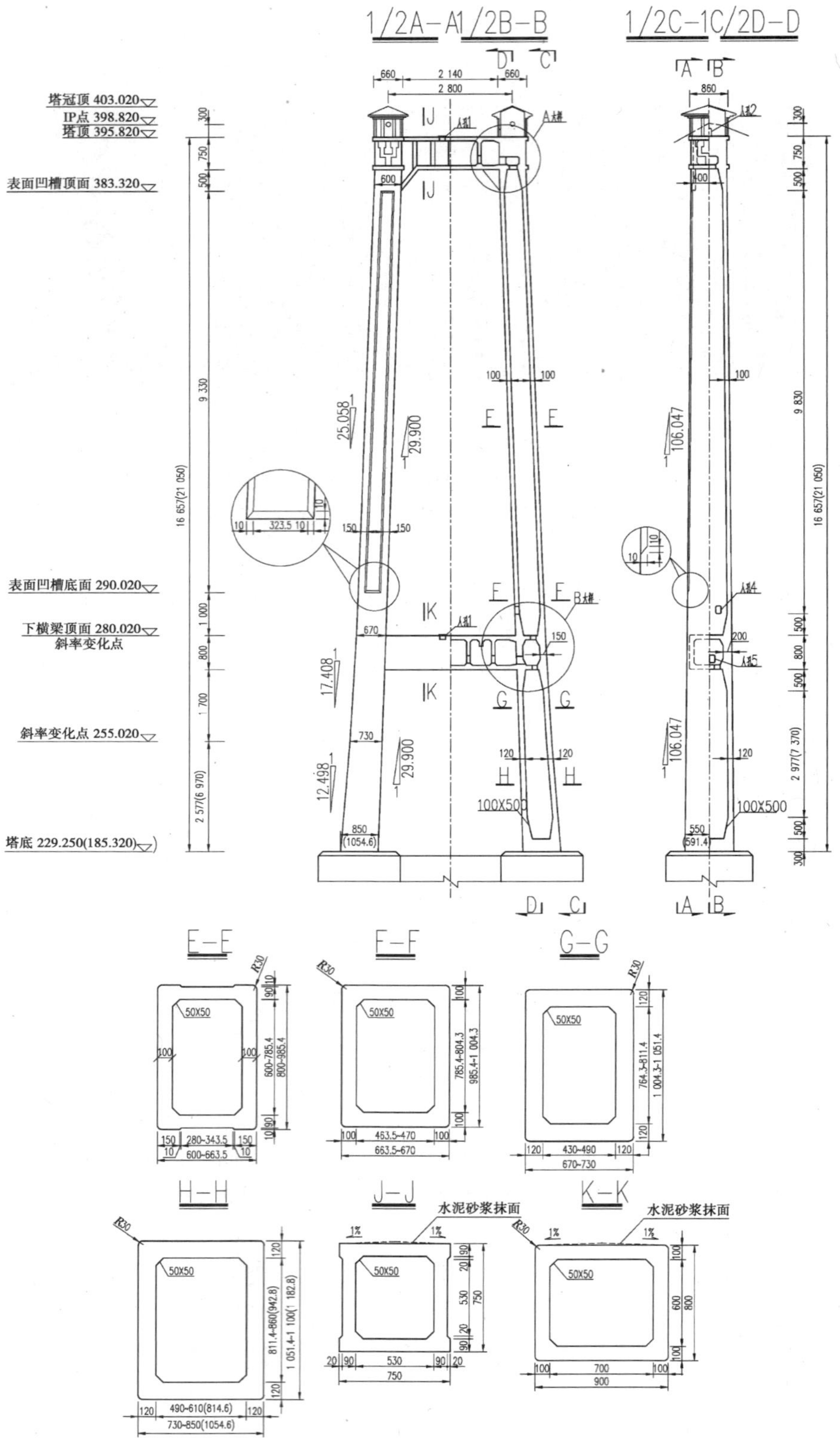
1/2A—A1/2B—B
1/2C—1C/2D—D
塔冠顶 403.020
IP点 398.820
塔顶 395.820
表面凹槽顶面 383.320
表面凹槽底面 290.020
下横梁顶面 280.020
斜率变化点
斜率变化点 255.020
塔底 229.250(185.320)
E—E
F—F
G—G
H—H
J—J
K—K
水泥砂浆抹面
水泥砂浆抹面

图2　索塔构造设计图

无法重复使用。

控制措施:加强交底及监督、管理力度,保证受力螺栓(定位盘)与爬锥之间以及其接口处的外圈涂满黄油。标记出爬锥位置,在混凝土浇筑期间振捣需靠近而不可触碰到爬锥。

3.3 后移装置变形

在浇筑完混凝土后,需用后移装置来脱模板。但后移装置多次使用后常出现变形的情况。

控制措施:在脱模前需检查拉杆是否已抽出或者已割除;检查架体之间的连接是否解除。脱模时,须保证后移装置的同步,可预先在后移装置下标出尺寸,从而使得后移装置不发生变形。

4 混凝土工程

4.1 混凝土配合比

为了保证混凝土的外观质量,确定良好的配合比是关键。主塔施工前,项目部先后进行多次试验,根据设计要求采用 C50 耐久性混凝土,混凝土配合比设计如表 1 所示。

表 1 混凝土配合比设计 单位:kg/m^3

水泥	黄砂	碎石	水	外加剂	粉煤灰
375	746	988	155	6	125

考虑上塔柱、上横梁泵送难度加大,造成对施工进度的影响,对索塔混凝土配合比进行如下优化:

(1)适当增加水胶比。新浇混凝土初期水化反应需要一定量水分,为防止混凝土在初期过程中因为水分过少而产生收缩裂纹。在保证混凝土强度及氯离子渗透的前提下,将水胶比从 0.29 提高到 0.31 ~0.32。

(2)适当提高水泥用量。水泥用量过少,早期混凝土水化速度慢,强度低而造成混凝土抗拉强度低。适当提高水泥用量来提高混凝土抗拉强度,防止混凝土产生早期裂缝。

(3)在满足混凝土和易性的前提下,适当降低砂率。

4.2 混凝土浇筑工艺

混凝土采用地泵泵送,泵管沿索塔外壁倒角处布置上升至浇筑地点,泵管沿索塔上升时每间隔 3 m 设置固定架。模板内部使用串筒将混凝土引入,串筒悬空高度不超过 2.0 m,混凝土分层厚度不大于 30 cm,采用多点均匀布料。防止利用振动棒长距离赶浆,引起混凝土离析或部分区域砂浆过分集中,造成混凝土表面砂线、蜂窝、麻面、气泡、裂缝等外观缺陷。

由于塔壁内水平钢筋网较密,振捣施工人员走动不变,塔身混凝土振捣配置 4 台插入式振动棒施工,而且每条棒明确的负责范围,避免出现漏振或过振情况,振捣时振动棒避免触碰模板。考虑 C50 混凝土黏稠性较强以及部分模板处于俯角状态,混凝土内部气体不易排出,采用大功率振动棒,适当增加振捣时间以及振捣频率。泵管沿索塔外壁倒角布置如图 3 所示。

4.2.1 大体积混凝土施工温控控制

塔柱起步段混凝土采用 C50 混凝土,单个塔肢起步段混凝土方量为 165 m^3,混凝土工程量不大,但其平面尺寸为 11.0 m×8.5 m,且与第二层承台同时浇筑,为典型大体积混凝土结

图3　泵管沿索塔外壁倒角处布置

构，需对其采取温控措施。在起步段范围内设置冷却水管，共设两层，冷却水管竖向间层距为80 cm，底层冷却水管与承台顶面距离为20 cm，每层冷却水管水平间距为100 cm，冷却水管采用ϕ40 mm×2 mm电焊钢管。起步段温控冷却水管布置如图4所示。

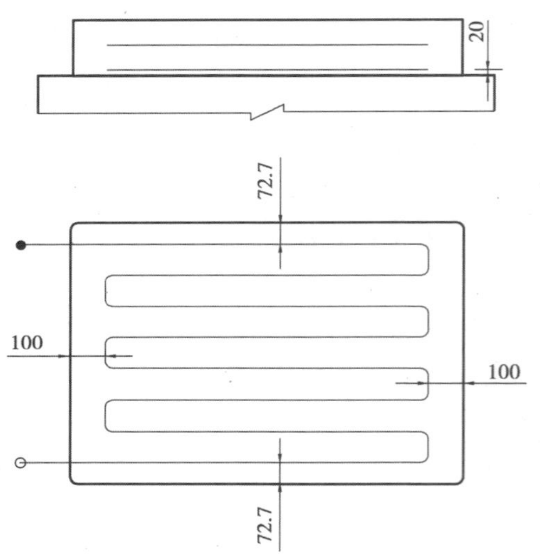

图4　起步段温控冷却水管布置图（单位：cm）

4.2.2　混凝土泵送控制

严格按照混凝土泵的操作要点进行操作。混凝土泵应能稳定和连续工作。输送管线宜直，弯管宜少，转弯应缓，接头应严密。在泵送过程中，泵管应利用埋件及手拉葫芦临时固定。泵送前，应先用适量的、与混凝土内成分相同的水泥砂浆润湿输送管内壁。在泵送过程中，混凝土泵管出料口应套接一定长度的软管，以方便混凝土布料。料斗内应有足够的混凝土，以防止吸入空气而导致泵送困难或产生阻塞，并确保料斗内不进水。严禁质量不良的混凝土放入泵内，严禁随意往混凝土内加水。泵送应连续进行，发生中断时，应采用慢速间歇循环泵送。

4.2.3　混凝土外观质量控制

(1)混凝土表面光泽及平整度控制:为保证混凝土外观色泽均匀,主塔内、外模板均为维萨板,脱模剂采用食用油(图5)。发现损伤及时修补,如螺钉松动、面板局部受损、封堵螺钉眼的原子灰被破坏、棱角被破坏等,以免影响后续混凝土浇筑质量。

图5　模板面板清理

(2)接缝线形控制:对两面模板接缝,模板裁剪时先弹墨线、安装木条,再采用细齿锯刀切割,以确保切割缝顺直;对上、下节段接缝,在每节段混凝土顶面模板做好标记,每节混凝土浇筑完成后用木条刮平模板与钢筋之间的混凝土表面并与标记线平齐。

(3)错台控制:为防止上、下节段接缝出现错台及漏浆现象,模板木工字梁上、下两端各伸出面板25 cm。在已浇筑节段塔壁上用墨线弹画出压模的位置,沿塔壁四周墨线位置粘贴双面胶,确保模板下口与已浇节段混凝土的结合严密,同时应保证模板间接缝严密。混凝土浇筑过程中,观察模板与下节段混凝土面的贴紧情况,若出现漏浆,应及时处理,接缝处的混凝土应充分振捣,使缝线饱满密实。

(4)混凝土裂缝控制:索塔混凝土为C50混凝土,胶凝材料用量较大,大体积部位混凝土内部温度高,升温降温迅速,内外温差大,易于出现温度裂缝。应采取有效措施控制大体积混凝土温度开裂,主要温控措施有:

a.优选水化热低的配合比,掺加粉煤灰,降低水化热;

b.冬季施工加强保温,延长拆模时间;

c.夏季施工采取遮盖骨料,选择低温时段浇筑,降低混凝土入模温度;

d.加强混凝土的养护。

(5)混凝土浇筑过程中安排专人检查,对模板对拉螺栓尤其是最靠底部的3排螺栓应进行逐个检查,发现问题及时处理。

5　上横梁支架

上横梁施工支架采用平行弦杆桁架简支梁结构,支架体系自下而上主要由钢牛腿、型钢(卸荷)支座、轨道梁、主桁架、分配梁、倒角区三角架、底模板体系等组成(图6)。

桁架加工必须在台座上进行,并控制台座高差不超过2 mm(图7)。组单元采用侧卧体位加工,整体竖转,不得竖转单片桁片,防止变形。制作时,先对称电焊,再分段对称施焊,防止侧向变形。桁片预拱度按照按抛物线设置,跨中设预拱5 mm。桁片轴线偏差不超过±5 mm,间

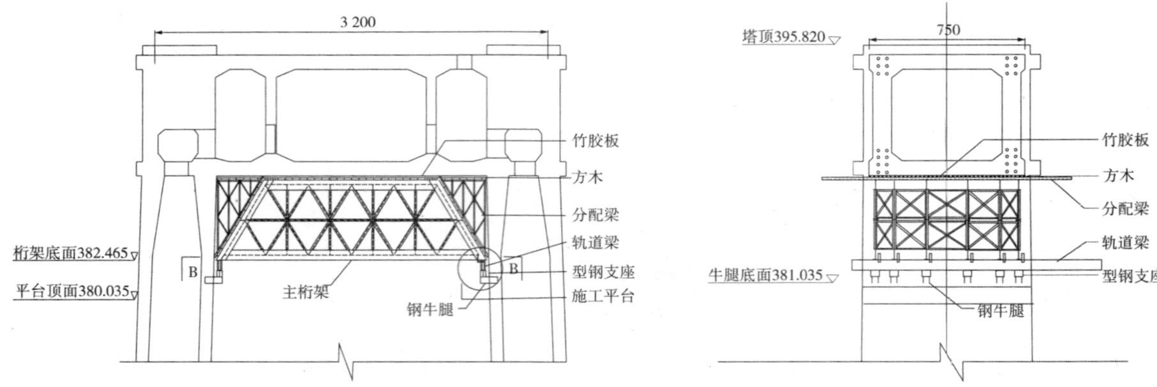

图 6　上横梁支架构造图

距偏差不超过 5 mm。上、下层桁片贴合弦杆面,间隙不超过 2 mm。下层桁架吊装点采用穿销式,其穿销的卡板作为上层桁架拼装时的定位板。

图 7　桁架现场制作

5.1　桁架起吊控制

用双塔吊抬吊每一个单元的桁架,每组分上、下单元。为使吊装直接就位,减少横移量,中间桁架单元组(A 组)采用两端对角起吊(配特殊设计的吊具),两侧桁架单元组(B 组)采用两端中心起吊。中间桁架两端对角吊装如图 8 所示。

索塔施工期间,两台塔吊均选用沈阳三洋 K40/21 塔吊,其中东侧(下游)塔吊编号为 1 号塔吊,西侧(上游)塔吊编号 2 号塔吊。两台塔吊在高度方向上错开,1 号塔吊高于 2 号塔吊,塔吊大臂宽度为 160 cm,两台塔吊进行抬吊。起吊时,位于下方的 2 号塔吊大臂处于 1 号塔吊起吊钢丝绳的北侧,起吊后两塔吊大臂同时向索塔另一侧转动。

桁架起吊位置布置如图 9 所示。

吊装顺序:中间下层桁架单元→外侧下层桁架单元→另一侧下层桁架单元→中间上层桁架单元→另一侧上层桁架单元→外侧上层桁架单元。

图 8　中间桁架两端对角吊装

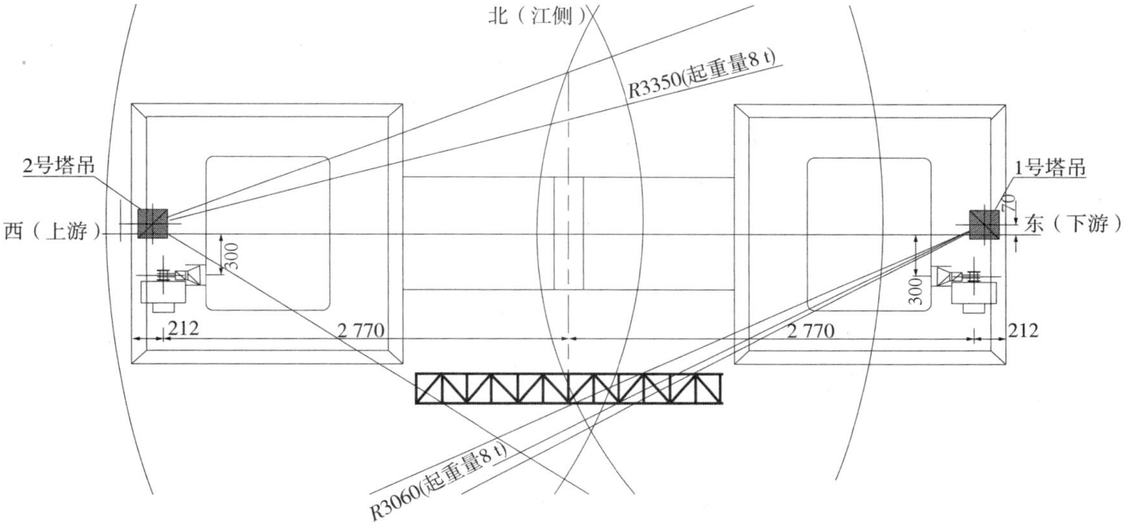

北（江侧）
R3350(起重量8 t)
2号塔吊
1号塔吊
西（上游）
东（下游）
70
300
300
212
2 770
2 770
212
R3060(起重量8 t)

图 9　桁架起吊位置(单位:cm)

5.2　桁架拆除控制

落架:通过预留孔吊住倒角区三角架,同时采用千斤顶提紧轨道梁,将整个桁架吊住,割除钢支座,再下落轨道梁并与牛腿焊接,模板与上横梁底脱空 40 cm。抽出竹胶板和方木,抽出分配梁。修整梁底混凝土。分割桁架组的组间联系,同时用倒链和钢丝绳与上横梁连接保护,防止桁架组倾倒。将桁架单元平移到上横梁以外。

拆除过程中,顶部用两个倒链挂在上横梁混凝土的预埋件上调整松紧程度进行保护,防止倾倒及坠落;前后方向也用倒链和钢丝绳连接桁架中部与轨道梁进行保护。

割除上、下层单元之间的联系。应仔细检查,防止未割断联系,吊起时形成断裂冲击,或引起下层桁架组倾覆。割除上、下层单元之间的联系如图 10 所示。

用塔吊逐一将桁架单元起吊至地面,垫平并加支斜撑,防止桁架单元倾倒。将桁架单元分段切割成不大于 10 m 段,待运。桁架逐一拆除落地如图 11 所示。吊放倒角区三角架。拆除轨道梁和牛腿、拆除操作平台。将所有支架材料运至北塔,按照前述要求组拼使用。

图 10　割除上下层单元之间的联系

图 11　桁架逐一拆除落地

6　结　语

本文通过对万州驸马长江大桥主塔施工关键技术分析,可以得出以下结论:

(1)万州驸马长江大桥采用液压自动爬模施工能够达到安全、优质、高效的施工要求,且操作便捷和可调节性高。

(2)为了保证混凝土的外观质量,确定良好的配合比是关键。

(3)考虑上塔柱、上横梁泵送难度加大,造成对施工操作的影响,对索塔混凝土配合比进行优化,如适当增加水胶比、适当提高水泥用量、适当降低砂率。

(4)创新采用平行弦杆桁架简支梁支架,确保更好更快地完成上横梁施工任务。

参考文献

[1] 中华人民共和国行业标准. 公路桥涵设计通用规范(JTG D60—2004)[S]. 北京:人民交通出版社,2004.

[2] 中华人民共和国国家标准. 建筑结构荷载规范(GB 50009—2001)[S]. 北京:中国建筑工业出版社,2001.

[3] 中华人民共和国行业标准. 公路桥涵施工技术规范(JTG/T F50—2011)[S]. 北京:人民交通出版社,2011.

万州驸马长江大桥主塔下横梁施工技术实例分析

王　来　蔡　宇

（中交一公局厦门工程有限公司　厦门　361000）

摘　要　本文以万州驸马长江大桥南岸主塔下横梁施工为例，施工中采用了较为少用的塔梁同步施工技术，详细地阐述了下横梁采用落地钢管贝雷支架作为支承的施工过程，尤其对支架竖直度的控制及如何快速安全地安装拆除做了详细的说明。工程实践证明，这种技术施工安全可靠，下横梁施工质量优良，取得了良好的社会效益和经济效益。

关键词　主塔下横梁　落地支架　施工技术

1　引　言

随着我国经济的快速发展，公路、铁路及市政建设中经常会遇到整体式现浇箱梁或框架桥的问题，而支架是整体现浇梁施工过程中最主要的支承结构。支架的刚度、强度、疲劳和稳定性将直接影响桥梁的质量及施工安全性。目前，钢结构支架在铁路建设以及高速公路建设上应用比较广泛。现浇箱梁、门式墩、框架桥的支架通常采用满堂钢管支架、碗口式钢管支架、门形架支架和梁式支架等形式，在设计支架时，应该根据现场实际情况综合考虑选取合适的支架形式。结合万州驸马长江大桥实际在建工程情况，确定万州驸马长江大桥下横梁采用落地式钢管贝雷支架法施工，此方法不仅施工简便、速度快，而且具有施工安全、操作简单等特点。

2　工程背景

2.1　工程概况

万州驸马长江大桥南岸索塔下横梁采用等截面箱形断面，梁高 8.00 m，宽 9.00 m，顺桥向和高度方向壁厚均为 1.00 m，下横梁内共设 4 道 0.80 m 厚的隔墙。下横梁构造如图 1 所示。

下横梁采用 C50 混凝土，混凝土总方量为 1 090 m^3。下横梁内布置有 52 束 $22\phi^s15.2$ 预应力钢筋，所有预应力钢筋锚固点均设在塔柱外侧，采用深埋锚形式。

2.2　工程难点

（1）混凝土方量大，支架的安全可靠是本工程的重点，需严格验算其强度、刚度、稳定性。

（2）主塔下横梁与承台间高差达 40 m，如何保证立柱钢管的垂直度是工程的难点。

（3）下横梁施工完成后，上塔柱施工与支架拆除属于交叉作业，如何快速、安全地拆除支

作者简介：王来（1992—），男，专科，技术员。

蔡宇（1990—），男，本科，助理工程师。

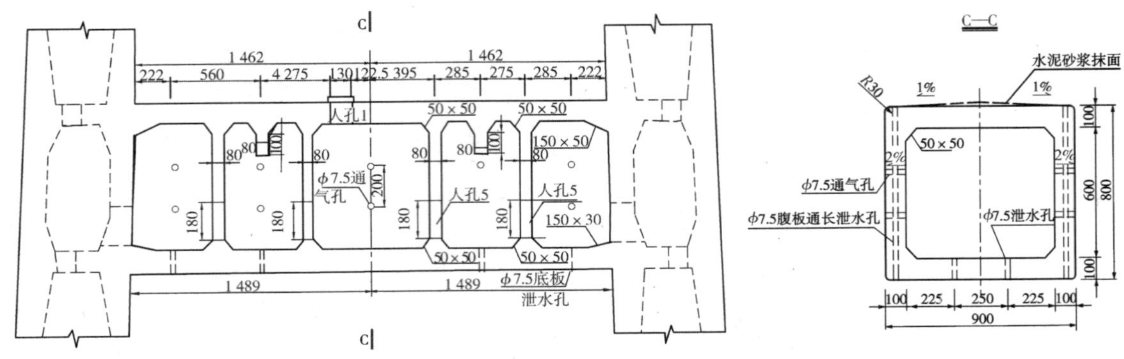

图1 下横梁构造图

架是工程的重点。

(4)支架安装、拆除均属于高空作业,施工过程中安全控制是本工程的难点。

2.3 主要施工方法

下横梁采用钢管贝雷作为支承架,混凝土分两层浇筑完成,每层浇筑高度为4.0 m,相应位置处的第10、11节段塔柱与下横梁同步施工。

塔柱第9节段混凝土浇筑完成,拆掉塔柱内侧面液压爬模,并对另外3侧液压爬模面进行端头封闭,保证整个液压爬模处于全封闭施工状态。

3 下横梁支架设计与施工

3.1 下横梁支架设计

下横梁支架主要由钢管立柱、柱间平联、附墙平联、直板牛腿、卸落砂筒、柱脚结构、型钢主横梁、贝雷梁、分配梁及木模板等组成,支架布置形式如图2所示。

3.1.1 细部组成与布置

钢管立柱采用ϕ800 mm×10 mm钢管,纵桥向共3排,每排6根,钢管连接采用对焊焊接+加强板的形式,立柱之间竖向每隔10 m设置一道水平联系,平联采用ϕ400 mm×6 mm钢管。

钢管立柱之间的间距为6.0 m+6.0 m+5.0 m+6.0 m+6.0 m=29 m,横向排间距为2×3.5 m=7.0 m。

承台横系梁顶埋设预埋钢板,上面支立立柱,立柱钢管顶安放卸落砂筒,贝雷梁通过双HN700型钢主横梁搁置在砂筒上,贝雷梁采用单层16排贝雷。

贝雷梁上采用I 14a型钢作为分配梁,间距为60 cm,在横隔板位置加密为25 cm,分配梁上铺设方木和竹胶板,方木在腹板位置满铺,其余位置间距为0.2 m。

3.1.2 支架验算

为保证下横梁施工的安全性及经济性,必须对下横梁支架结构构件的强度、刚度、稳定性进行验算,使其均符合有关规范标准要求。荷载计算按下横梁一次全部浇筑8.0 m进行取值。

下横梁支架结构计算通过有限元分析,采用midas Civil软件计算出主要构件的内力、应力和变形,再根据相关规范进行强度和稳定性验算。

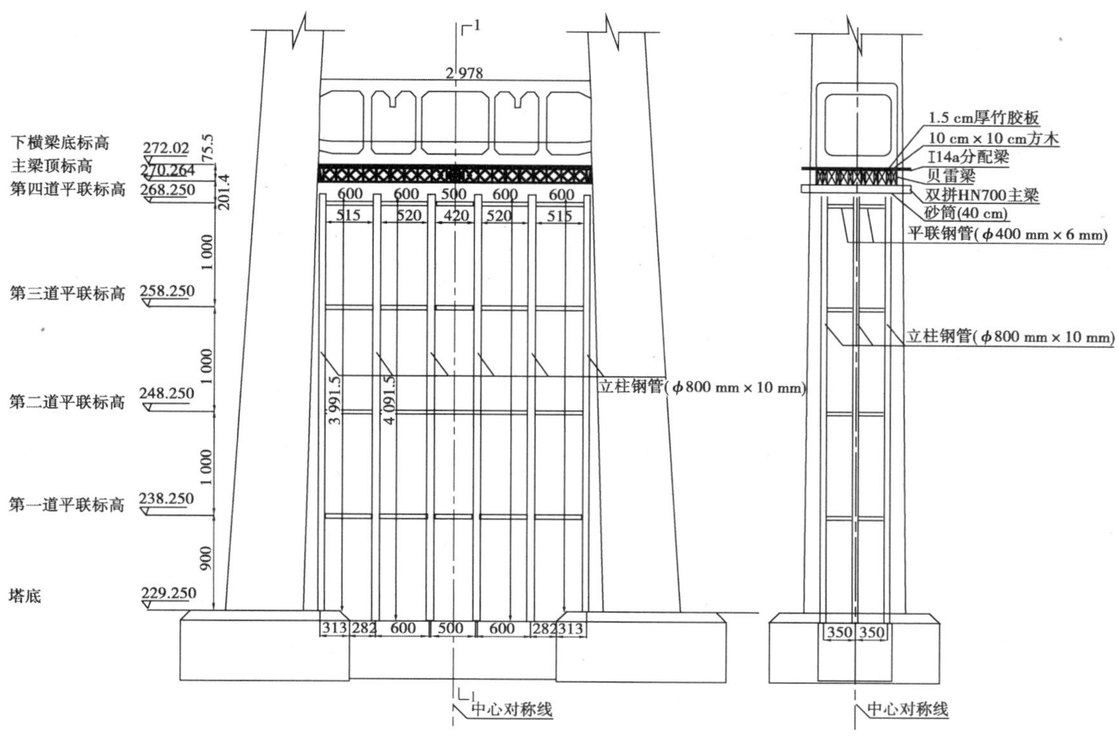

图 2　下横梁支架布置

由于支架验算内容较多,在此对其验算具体过程不予详细说明,仅对验算结果统计,如表 1所示。

表 1　下横梁支架计算结果表

项次	结构名称	正应力			剪应力		
		强度设计值 f/MPa	计算结果 σ/MPa	安全系数 k	强度设计值 f_v/MPa	计算结果 τ/MPa	安全系数 k
1	15 mm 厚竹胶板	50	7.2	6.9	—	—	—
2	10 cm×10 cm 方木	11	4.5	2.4	1.7	0.86	2.0
3	I 14a 分配梁	215	32.4	6.6	125	60.5	2.1
4	贝雷主梁	3 152.8 kN · m	981 kN · m	3.2	980.8 kN	947 kN	1.05
5	根部受力架	215	58.8	4.6	125	24	5.2
6	HN700 主横梁	205	67.4	3.0	120	92.6	1.3
7	立柱钢管	215	159	1.35	—	—	—

综合上述计算可知,下横梁支架强度、刚度均满足要求。

3.2　支架施工

在承台北侧场地完成钢管立柱、平联、纵联的加工制作,钢管基本分节长度取为 12 m,节间通过焊接连接,钢管之间设置平联、纵联。

承台施工时,在承台横系梁顶准确预留锥形螺母。支架钢管安装前,将连接钢板通过锥形螺母固定于承台横系梁上,如图3所示。

相应塔柱节段施工时,在内塔柱混凝土壁准确预埋锥形螺母。支架平联钢管安装前,将连接钢板通过锥形螺母固定于塔柱混凝土壁上(图4)。采用这种方式预埋比传统把钢板预埋在混凝土里具有以下优点:

(1)平联支架拆除快,拆除时直接拧松套筒和紧固丝杆即可。

(2)预埋钢板合理利用,支架拆除后钢板还可以用到其他施工部位。

(3)塔柱外观修饰面积小,仅对4个预埋锥形螺母位置进行修补。

图3 承台横系梁预埋螺母

图4 平联钢板预埋

施工预埋注意以下要点:

(1)测量人员需精准放样出预埋件安装的中心位置及横桥向或纵桥向任意两个预埋锥形螺母的位置。根据施工预埋尺寸,用直尺量取另外两个预埋锥形螺母的位置,量取过程中需保证两条对角线相互垂直。

(2)测量人员完成预埋中心位置放样后,现场技术人员均需用卷尺现场复核放样位置及尺寸。

(3)预埋件钢筋需与承台系梁钢筋焊接牢固,锥形螺母需用透明胶带包裹封闭,防止混凝土浇筑过程中水泥浆流入锥形螺母。

3.2.1 立柱钢管垂直度施工控制

下横梁支架高达40 m,如何保证立柱钢管的垂直度是本工程的难点。安装第一节钢管时进行平面位置与垂直度调整,在钢管底部焊接两个千斤顶作为临时支撑点,每台经纬仪控制一个千斤顶。采用千斤顶微调到位后,将钢管与底座钢板先点焊,后将环焊缝满焊,最后焊接钢管底部加劲板。吊装第二节钢管立柱,调整垂直度满足要求后再与第一节钢管焊接连接。

施工过程中,采用以下竖直度控制措施:

(1)安装第一节钢管时,现场配备两台经纬仪观测测量,两台经纬仪呈90°观测布置,用两台仪器十字丝的竖丝同时对立柱钢管垂直度进行调整控制,保证两台仪器十字丝的竖丝与立柱钢管壁平行。

(2)待第一节钢管垂直度安装满足要求后,吊立第二节钢管立柱,同样用两台经纬仪观测测量,垂直度满足要求后再与第一节钢管对焊连接。第三节钢管立柱安装同样如此观测控制。

(3)待所有钢管安装完成后,安放承重梁前,测量人员均需用全站仪对每根钢管立柱中心位置及高程进行复核。

通过测量观测数据可知,下横梁共立18根钢管立柱,钢管立柱垂直度最大偏差为2.1 cm,

最小垂直度偏差为 8 mm,均满足立柱钢管垂直度小于 1/1 000,且绝对值不大于 3 cm 的支架施工规范要求。钢管从上游到下游依次按 A、B、C、D、E 进行编号,按从小里程桩号到到大里程桩号依次布置 3 排。表 2 所示为下横梁支架垂直度观测结果。

表 2　下横梁支架垂直度观测结果　　单位:mm

布置＼编号	A	B	C	D	E	F
横桥向第一排	12	10	17	16	14	11
横桥向第二排	10	20	17	15	21	13
横桥向第三排	8	10	15	13	11	11

3.2.2　下横梁支架施工安全控制

主塔下横梁与承台间高度大,高差达 40 m,支架安装、拆除均属于高空作业,施工过程中安全控制是本工程的难点。支架安装拆除均分 3 次进行。

支架施工采用以下安全控制措施:

(1)支架荷载计算按下横梁一次全部浇筑 8.0 m 进行取值,其强度、刚度均满足要求。

(2)每节支架吊装前,支架均需在现场用角钢焊接操作平台,用 ϕ16 mmHPB235 钢筋按步距为 20 cm 在钢管壁上焊接施工爬梯。第一节支架准确安装完成后,用木跳板铺设操作平台。第一层安装完成,挂好防坠网后再进行下一节钢管的吊装。安全防护布置如图 5 所示。

(3)柱脚底板厚度为 16 mm,焊脚尺寸≥8 mm,焊缝饱满。钢管、预埋板和三角形加劲板两两之间焊缝焊脚尺寸≥8 mm,焊缝饱满,套筒与紧固丝杆链接长度不小于 3.5 cm,如图 4 所示。

(4)平联钢管采用一端哈弗接头,哈弗接头与平联钢管搭接长度≥20 cm。平联钢管哈弗接头与立柱钢管连接咬合紧密,哈弗接头之间焊缝焊脚尺寸为 7 mm,焊缝饱满,如图 6 所示。

图 5　安全防护布置

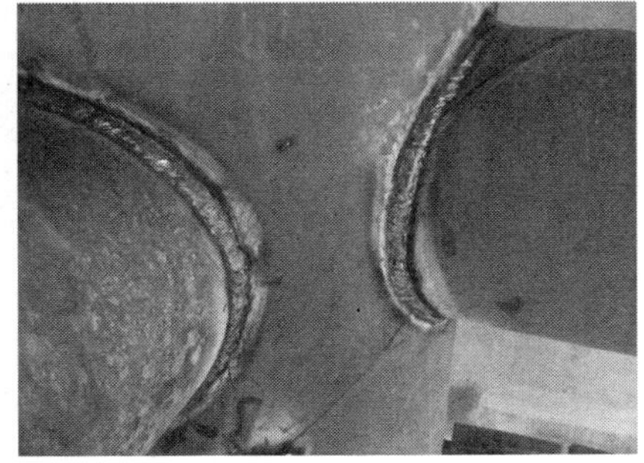

图 6　平联与立柱钢管焊接

(5)砂筒内外钢管封底钢板、砂筒外钢管三角形加劲板焊脚尺寸≥8 mm,焊缝饱满。砂筒的砂应干燥,颗粒均匀,2 ~ 5 mm 过筛中砂,5 cm 分层夯实均匀。砂筒顶可采用钢板调整标高,标高精度为 0 ~ 5 mm。砂筒外钢管加劲如图 7 所示。

(6)双 HN700 型钢截面尺寸、厚度、线形满足要求,主梁采用双拼间断焊,焊缝长度为 50 mm、间距为 1 m,焊脚平整,两双拼型钢之间高差小于 2 mm。双 HN700 型钢对接接头翼板加强板厚 30 mm,腹板加强板厚 14 mm,焊脚尺寸为 12 mm。主梁与砂筒(或调整钢板)电焊固定。主梁安装施工如图8所示。

图7 砂筒外钢管加劲

图8 主梁安装

(7)贝雷片不得有变形、损坏等,拼接后线形要顺直,销子连接到位且有弹簧销固定,花架、加强斜撑与贝雷要连接牢固。贝雷片与主纵梁交接处用型钢固定,设置加强竖杆和上、下弦杆顶紧。贝雷安装施工如图9所示。

图9 贝雷安装施工

(8)下横梁距地面高度大、施工工期长,为给下横梁施工提供足够的安全防护,将下横梁支架I14型钢分配梁悬挑。在下横梁外侧搭设脚手管支架,既作为钢筋、模板、混凝土施工时的操作平台,又作为安全临边防护。下横梁施工操作平台如图10所示。

3.2.3 支架变形控制

大型现浇支架一般在支架施工完成后进行预压,以便于梁体线形控制。下横梁支架变形包括弹性变形和非弹性变形,非弹性变形主要包括基础沉降、支承结构间的间隙。首先,钢管贝雷支架弹性变形较小,可根据结构计算予以确定,施工时通过设置预拱度进行抵消;其次,由于支架基础利用索塔承台的系梁,系梁传力至群桩基础,故可考虑为刚性基础,可忽略基础沉降引起的非弹性变形;再次,根据以往施工经验,钢管支架支承结构间的间隙引起的非弹性变

图 10　下横梁施工操作平台

形为 10 mm 左右,也可通过叠加设置预拱度进行抵消。综合以上因素,在下横梁支架施工完成后不再对支架系统进行预压。

为保证下横梁混凝土成品外观线形、内在质量,在施工中具体采取以下几项措施以减小支架非弹性变形和抵消支架弹性变形:

(1)下横梁混凝土分两次浇筑,每次浇筑高度为 4 m。支架设计计算时,其荷载按一次浇筑取值。

(2)根据支架结构形式及实践经验,分析支架系统弹性、非弹性变形因素,最终确定底模预拱值,对底模设置预拱度。

(3)配制和易性好、坍落度损失小、缓凝时间较长的混凝土,确保混凝土在初凝前完成浇筑。

(4)选择温度变化小的时段进行混凝土浇筑,尽量减小环境温度对钢支架的影响。

(5)第二层混凝土浇筑前,张拉第一层部分预应力,张拉力取设计张拉力的 15%。

在混凝土浇筑过程中,为了保证下横梁支架的安全性,要随时监测支架的挠度、变形,并密切注意支架和模板的受力情况,确保混凝土安全、顺利完成浇筑。横梁施工前测量初始值,底模底层浇筑完成观测一次,腹板浇筑 1/3 观测一次,腹板浇筑 2/3 观测一次,浇筑到 4 m 观测一次。变形观测点 A、B、C、D、E 为索塔下横梁南侧由左向右布置,测点设置于I 14a 型钢分配梁上,各点间距约为 560 cm,其中 C 点位于下横梁跨中位置。表 3 所示为下横梁支架变形观测结果。

表 3　下横梁支架变形观测结果

序号	测量时间	测点编号	测量值/m	本次变形值/m	累计变形值/m
1	测量初始值	A	271.923	—	—
		B	271.922	—	—
		C	271.935	—	—
		D	271.927	—	—
		E	271.924	—	—

续表

序号	测量时间	测点编号	测量值/m	本次变形值/m	累计变形值/m
2	底板浇筑完成	*A*	271.927	0.004	0.004
		B	271.925	0.003	0.003
		C	271.932	-0.003	-0.003
		D	271.922	-0.005	-0.005
		E	271.921	-0.003	-0.003
3	腹板浇筑 1/3 时	*A*	271.919	-0.008	-0.004
		B	271.917	-0.008	-0.005
		C	271.922	-0.010	-0.013
		D	271.916	-0.006	-0.011
		E	271.914	-0.007	-0.010
4	腹板浇筑 2/3 时	*A*	271.910	-0.009	-0.013
		B	271.909	-0.008	-0.013
		C	271.916	-0.006	-0.019
		D	271.911	-0.005	-0.016
		E	271.913	-0.001	-0.011
5	混凝土浇筑到 4m 时	*A*	271.912	0.002	-0.011
		B	271.910	0.001	-0.012
		C	271.917	0.001	-0.018
		D	271.911	0	-0.016
		E	271.915	0.002	-0.009

支架跨中理论计算最大变形值为 25 mm,混凝土浇筑完成后实测最大变形值为 19 mm。

4 混凝土施工

下横梁混凝土施工面积大、体积大,又包含有预应力孔道、塔柱等,在施工前需对有关人员进行详细的技术交底。下横梁混凝土在拌合站集中拌和,采用两台坐地泵泵送到下横梁浇筑点。下横梁混凝土浇筑采用斜向分段,水平分层施工方法。第一层浇筑时,从下横梁中间向两端分层浇筑;第二层浇筑时,从下横梁两端向中间分层浇筑。

为保证混凝土的质量,要求混凝土配合比初凝时间不得小于 15 h(混凝土采用两台坐地泵输送,每点每小时按 20 m^3,共需要 15 h 左右)。初凝时间必须满足当时的气温,并且早强,保证浇筑的混凝土在支架挠度变形完成以后才开始初凝,同时保证每步混凝土在初凝以前浇筑完成。

下横梁与塔柱截面共长达 35 m,混凝土浇筑时靠人工来回接拆泵管布料根本保证不了在混凝土初凝前完成塔梁混凝土的浇筑。来回接拆泵管还必须清洗泵管,混凝土质量没有保证(污水流入混凝土里),人工布料不均匀。因此,在下横梁上、下游各安放一台布料机来配合混凝土的浇筑施工。

下横梁外模加固完成后,吊装双 HN700 型钢作为布料机支腿的安装加固。双 HN700 型钢用I 14a 型钢横向与对角方向均需连接加固,再用钢筋与塔柱主筋连接,布料机支腿与双 HN700 型钢用钢板卡住。下横梁布料机布置如图 11 所示。

图 11　下横梁布料机布置

5　支架拆除

为加快施工进度，不耽误上塔柱施工，下横梁混凝土施工完成待预应力张拉施工完后，利用卷扬机与塔吊相配合进行下横梁支架拆除。下横梁支架拆除时间选定在上塔柱合模或混凝土浇筑期间，尽量避开交叉作业，合理利用现场设备。

支架拆除前，索塔承台周围 20 m 半径范围内设置护栏或警戒标志，并安排专人守护，严禁非作业人员入内，以确保下横梁支架拆除工程的顺利进行。支架拆除遵守由上而下、先搭后拆、逐层拆除的原则。

拆除顺序：外侧钢板平台清理→卸落砂筒→底模→I 14 型钢分配梁→贝雷梁→双 HN700 型钢主纵梁→拆除砂筒→立柱、平联钢管。

（1）钢管拆除：先拆除平联钢管，再拆除立柱钢管，平联钢管与立柱钢管对应拆除；未拆除立柱钢管处可先保留平联钢管，保证支架钢管形成一体，提高稳定性。

（2）拆除平联钢管：直接用卷扬机钢丝绳从下横梁底面泄水孔处放出至平联处，施工人员沿立柱钢管割除平联，卷扬下放到位。

（3）拆除立柱钢管：卷扬机钢丝绳从下横梁底面泄水孔处放出，开动卷扬使钢丝绳绷紧受力，人工进行钢管的割除，整根钢管分 4 次拆除，平均每次 10 m，下放至承台处并及时用板车转走。下横梁支架拆除如图 12 所示。

图 12　下横梁支架拆除

6 结　语

本文通过对万州驸马长江大桥下横梁施工实例的分析，各项检查结果均符合施工规范要求，可以得出以下结论：

(1)支架结构设计合理，各部件传力明确，下横梁支架设计计算时其荷载按一次浇筑取值(即以下横梁全部荷载作为支架设计计算荷载)。在下横梁支架搭设施工完成后，不再进行支架系统预压，其强度、刚度均满足要求。

(2)现场施工预留、预埋件尺寸较小，不影响塔柱实体外观质量。

(3)支架竖直度控制良好，尺寸精度、焊缝质量得到有效保证，结构安全性提高。

(4)支架变形控制较好，保证了下横梁混凝土成品外观线形及内在质量。

(5)下横梁混凝土浇筑采用布料机配合施工，省时省力、布料均匀，混凝土质量有保证。

(6)下横梁支架拆完即可周转利用于现浇箱梁施工，节约施工成本。

参考文献

[1] 中华人民共和国行业标准. 公路桥涵设计通用规范(JTG D60—2004)[S]. 北京：人民交通出版社，2004.

[2] 中华人民共和国国家标准. 建筑结构荷载规范(GB 50009—2001)[S]. 北京：中国建筑工业出版社，2001.

[3] 中华人民共和国行业标准. 公路桥涵施工技术规范(JTG/T F50—2011)[S]. 北京：人民交通出版社，2011.

[4] 中华人民共和国国家标准. 钢结构设计规范(GB 50017—2003)[S]. 北京：中国计划出版社，2003.

门式混凝土索塔横梁装配式桁架设计与施工技术研究

张志新[1]　徐厚庆[2]　屈加林[2]　王　来[3]

（1. 中交第一公路工程局有限公司　北京　100024；2. 中交一公局第三工程有限公司　北京　100029；3. 中交一公局厦门工程有限公司　厦门　361000）

摘　要　万州驸马长江大桥南、北索塔上横梁的结构形式相同，其中北塔距地面最大高度近 200 m，南塔高度为 160 m，安全风险较大，同时若支架可进行周转，可以节约成本。项目自行设计了一种装配式桁架并进行了现场实施，施工效果良好。装配式桁架竖向分层、横向分块，共计 15 块。本文主要探讨了装配式桁架的设计思路、设计要点、加工制造、使用、拆除等内容。

关键词　索塔横梁　桁架　装配式桁架　设计　使用　拆除

1　工程概况

1.1　依托工程概况

万州驸马长江大桥索塔为门式结构类型，采用 C50 高性能混凝土，驸马镇侧（北岸）塔高 210.5 m，太龙镇侧（南岸）塔高 167.8 m。梁体底板长 22 m，宽度为 7.5 m，高度为7.5 m，底板四角与上塔柱各有一道尺寸为 5.00 m × 3.75 m 的倒角。梁体混凝土方量共计 614 m^3，钢筋 74 t。施工现场道路狭窄，南、北塔间运输往来仅能通过陆运，难以通行较大车辆。

索塔及其上横梁结构如图 1、图 2 所示。

1.2　装配式桁架概况

上横梁施工支架采用平行弦杆桁架简支梁结构，支架体系自下而上主要由钢牛腿、型钢（卸荷）支座、轨道梁、主桁架、分配梁、倒角区三角架、底模板体系等组成（图 3）。

（1）钢牛腿采用插入式直板钢牛腿，单组牛腿由 2 块 80 mm 厚钢板组成，高度为 40 cm，长度为 140 cm，每组牛腿内钢板间距为 30 cm，与塔柱竖向主筋间距匹配，每组设计承载力为 200 t。

（2）型钢支座采用 HW400 型钢制作，长、宽、高均为 40 cm。

（3）轨道梁采用I 63a 型钢，长度为 1.2 m，作为主桁架安装和拆除时滑移调整的平台。

（4）主桁架由 3 组主桁片组成，分 A、B 两种，组与组之间设置组间联系，每组主桁片由上、下两层组成，分体加工和安装，安装后连成整体。桁架横桥向断面形状为正梯形，以适应上横

作者简介：张志新（1970—），男，博士研究生，教授级高级工程师。
徐厚庆（1990—），男，助理工程师，本科。
屈加林（1985—），男，本科，工程师。
王　来（1992—），男，专科，技术员。

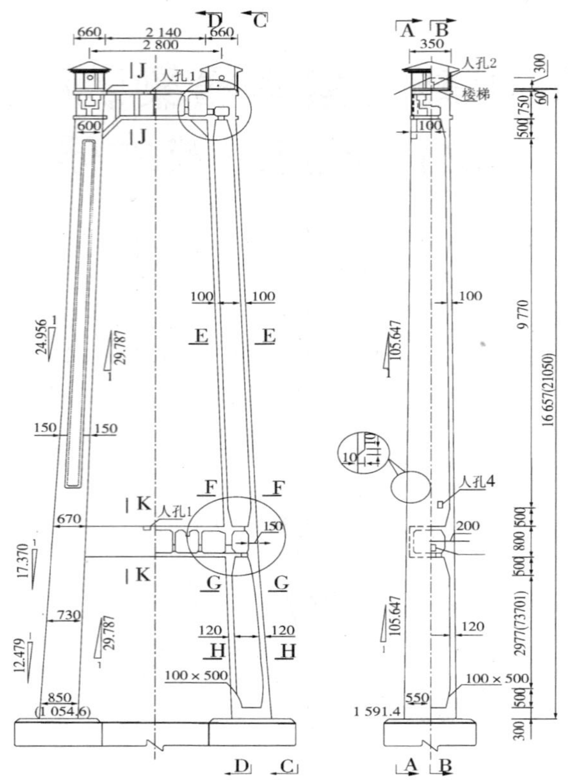

图 1　索塔结构设计图

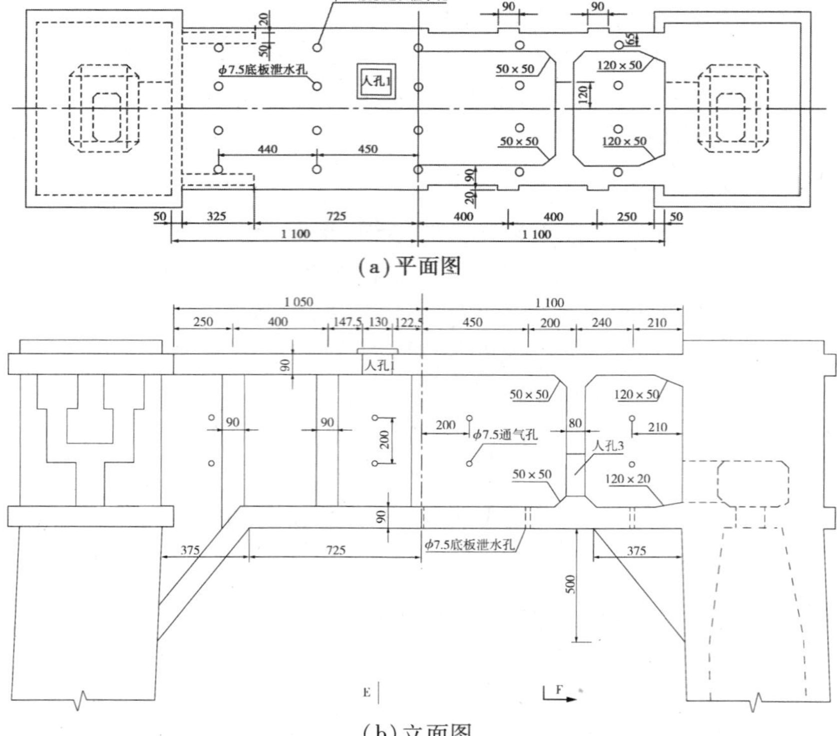

(a)平面图

(b)立面图

图 2　索塔上横梁结构设计图

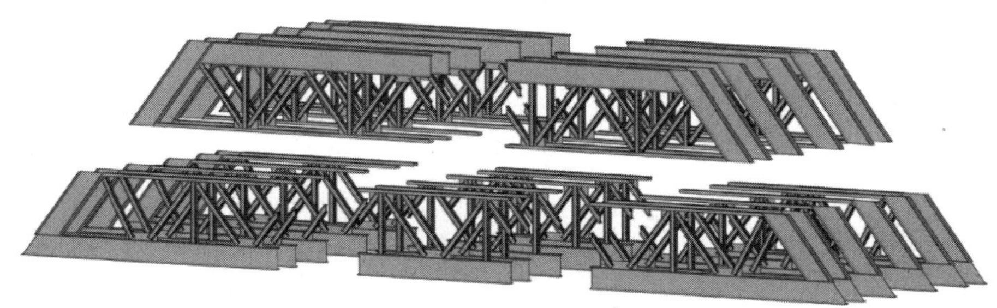

图 3　装配式桁架设计图(立面)

梁下方的腋板(倒角)设计外形。组单元包括两个桁片和桁片之间的平、竖联系杆件等组内联系。组单元之间设组间联系,包括水平直杆件和水平、竖向斜(剪刀撑)杆件。

装配式桁架现场如图 4 所示。

图 4　装配式桁架现场(安装完成后)

2　装配式桁架设计

2.1　模拟计算

对装配式桁架的模拟计算分为杆件验算和局部验算。杆件计算包括桁架单元、横向联系、分块截面参数提取,局部验算包括牛腿、牛腿混凝土、型钢(卸荷)支座计算。使用有限元分析软件 midas Civil 2012、ALGOR 2011 以及手算辅助。面板、方木、分配梁、模板的设计验算不再赘述。

2.1.1　荷载分析

根据《钢结构设计规范》(GB 50017—2003)第 3.2.1 条,荷载组合为 1.1 × [1.2 × 恒载 + (1.1 × 风荷载 + 1.4 × 其他可变荷载)],1.1 为结构重要性系数。其中,结构自重及钢筋混凝土荷载(一次浇筑)按恒载考虑,活载包括施工荷载及风荷载。

2.1.2　桁架验算

桁架主要为杆件单元,使用 midas Civil 建立三维模型进行验算。桁架为简支梁受力体系,对支点进行位移约束,不限制转动。恒、活荷载直接施加于模型上,结构自重模型自动计入。主要计算杆件刚度、强度、稳定性(图 5、图 6)。

图 5　杆件组合应力结果云图

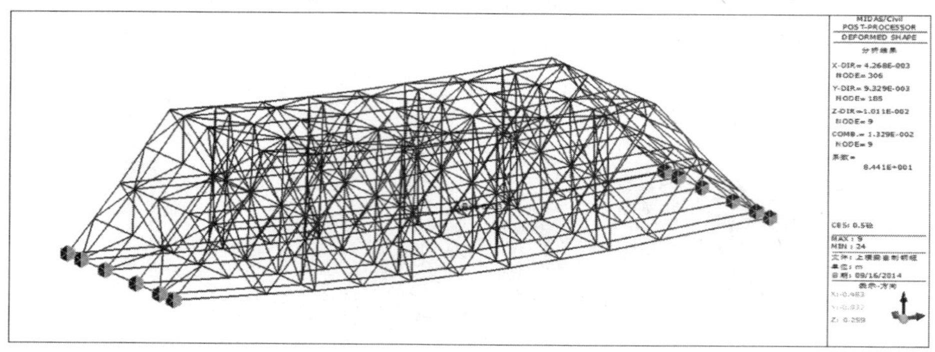

图 6　杆件最大变形量计算结果

对桁架进行模拟验算后，桁架（所有杆件）最大组合应力为 145 MPa < 215 MPa，最大位移为 1.3 cm < $L/400$ = 4 cm，其他各项指标均满足规范及施工要求。其中，最大位移量作为上横梁支架预拱度设置的重要依据。局部稳定性分析受压杆件计算长细比，根据稳定性系数进行稳定性验算。

对于不同型材的连接保证焊缝厚度大于型材最大厚度，对于斜杆可加焊节点板进行连接，节点板厚度大于小型材的最大厚度。

2.1.3　局部验算

对于钢结构及混凝土的局部验算，钢钢接触、钢混接触、钢混黏接、摩擦系数等因素的影响难以计算精确，与构件的实际受力情况有一定的差异。为精确地对局部受力进行验算，现使用有限元实体计算软件 ALGOR 2011 对钢板牛腿及混凝土局部受压进行验算。

（1）钢板牛腿：最大组合应力为 163 MPa，最大变形为 3.8 mm，满足规范及施工要求（图 7、图 8）。牛腿变形量与桁架变形统一考虑，为预拱度的设置提供依据。

（2）混凝土局部受压：由模型计算可知，混凝土局部受压最大压应力为 49.5 MPa，最大变形为 0.3 mm（图 9、图 10）。塔柱混凝土为 C50，设计抗压强度为 23.1 MPa，需对混凝土进行加强。根据《公路钢筋混凝土及预应力混凝土桥涵设计规范》（JTG D62—2004）进行局部配筋的抗压设计。上、下承压点均按此设计进行加强，在此对配筋的设计验算过程不再赘述。

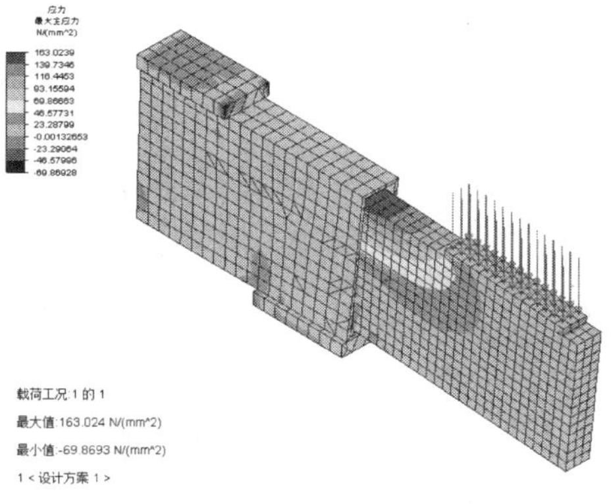

图 7　钢牛腿最大主应力云图

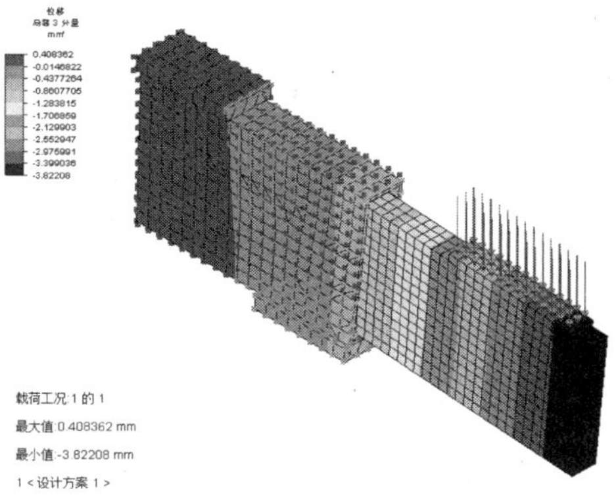

图 8　钢板位移量云图

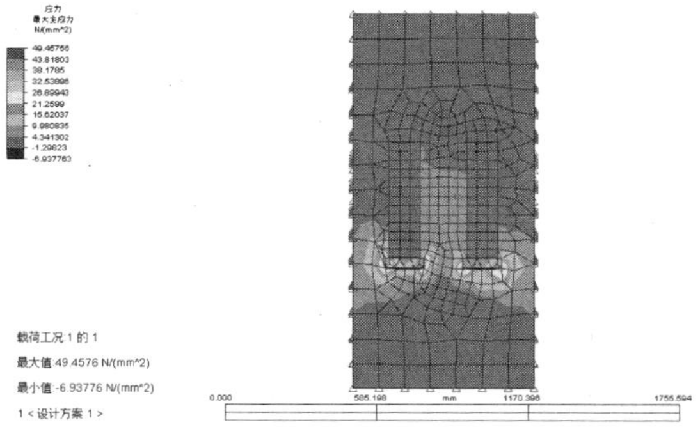

图 9　混凝土局部应力云图

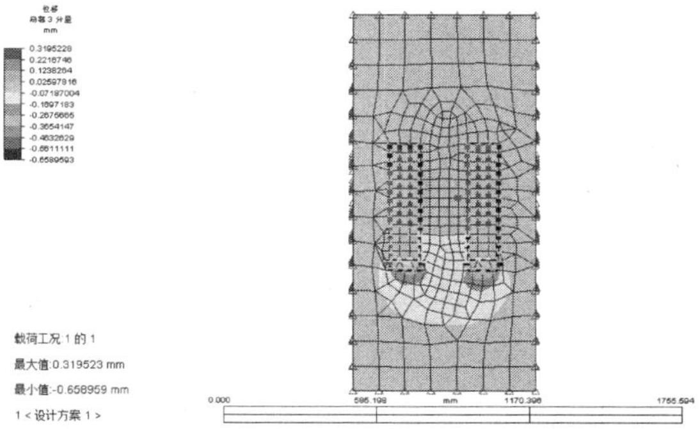

图 10　混凝土局部位移云图

（3）型钢（卸荷）支座：通过软件对型钢支座的实际受力体系进行模拟，通过轨道梁承受桁架反力，定义轨道梁与型钢支座、型钢支座与钢牛腿间为表面接触，并定义摩擦系数为 0.3。最大组合应力为 79.6 MPa，最大变形为 0.3 mm（图 11、图 12）。

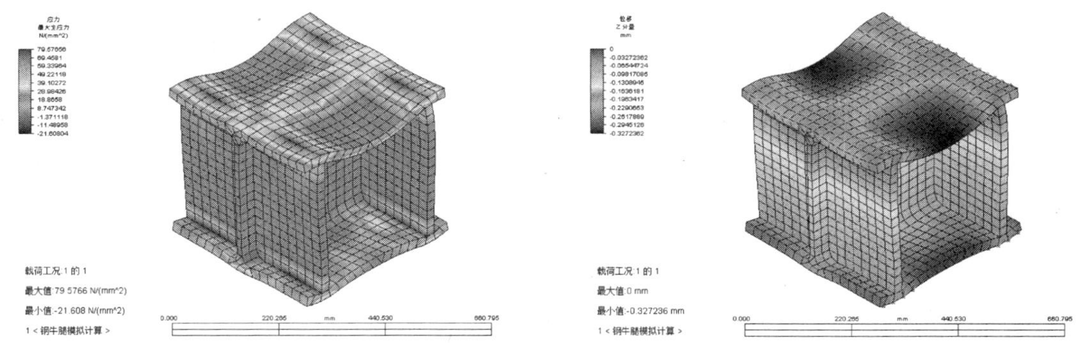

图 11　型钢支座组合应力云图

图 12　型钢支座位移云图

2.2　分层分块方式的确定

该桁架结构分层分块遵循以下原则：

（1）竖向分块需选取弯矩或剪力较小的截面作为分块截面；

（2）对于简支梁结构，水平分层在梁中轴位置；

（3）分块最大质量需满足运输吊装要求；

(4)均匀分块,避免切割过多型钢,减少后期装配工作量;

(5)分块质量应与现场起吊系统布置匹配;

(6)分块后运输应与现场实际情况匹配。

整体桁架分为 A、B 两组,每组由中性轴分为两层,上弦杆主要为受压杆件,装配方式对杆件受力影响较小,上层在跨中附近分为两块,下层分为 3 块,分块面与上层分块截面错开布置(图 13)。

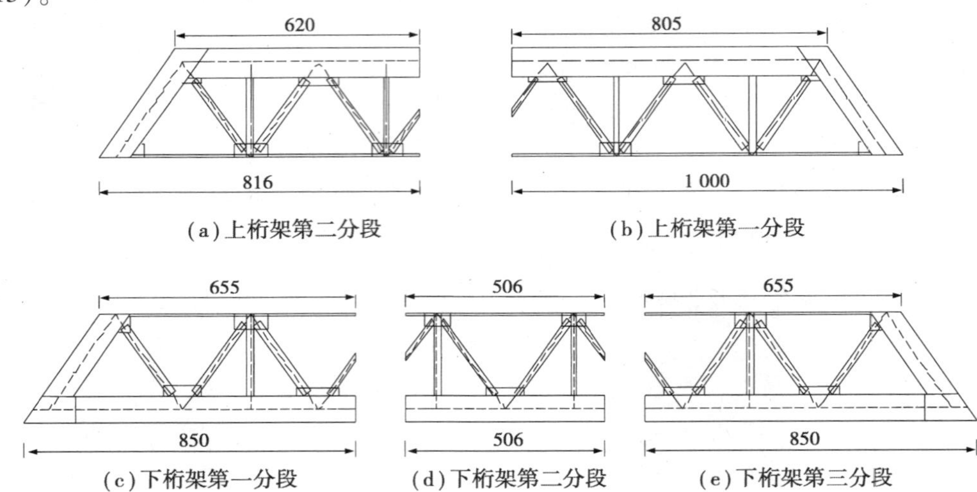

图 13 每组桁架分层分块设计图

2.3 装配连接方式

2.3.1 装配连接比选

型钢装配连接方式一般有栓接和焊接两种。使用连接板栓接的栓孔一般为车床加工,在连接板位置需进行喷砂等特殊处理。桁架整体性要求高,需在胎架上进行加工,难以具备工厂化加工条件,同时该桁架需要进行周转,使用后或在运输过程中在连接位置可能产生少许变形,对整体结构受力影响小,但对螺栓的连接及连接质量影响较大。桁架采用焊接方式进行连接,则需对焊接进行工艺设计。

2.3.2 焊接方式

焊接应采用自动焊、半自动焊和 E43 焊条的手工焊,焊接材料应采用与母材相匹配的焊条、焊剂、焊丝,工艺简单、焊接变形小。焊接材料应符合《碳钢焊条》(GB/T 5117—1995)、《气体保护电弧焊用碳钢、低合金钢焊丝》(GB/T 8110—2008)、《碳钢药芯焊丝》(GB/T 10045—2001)、《埋弧焊用碳钢焊丝和焊剂》(GB/T 5293—1999)等技术规定。CO_2 气体保护焊的气体纯度不小于 99.5%。

3 装配式桁架施工

3.1 加工制作、试拼接桁架

(1)桁架加工必须在台座上进行,且控制台座高差不超过 2 mm。

(2)组单元采用侧卧体位加工,整体竖转,不得竖转单片桁片,防止变形。

(3)制作时,先对称电焊,再分段对称施焊,防止侧向变形。

(4)桁片预拱度按照抛物线设置,跨中设 5 mm 预拱。

(5)桁片轴线偏差不超过 ±5 mm,间距偏差不超过 5 mm。

(6)上、下层桁片贴合弦杆面,间隙不超过 2 mm。

(7)下层桁架吊装点采用穿销式,其穿销的卡板作为上层桁架吊装时的定位板。

(8)桁架组之间的杆件预加工,高空现场焊接。

桁架现场加工见图 14。

图 14　桁架现场加工

3.2　桁架装配

3.2.1　装配步骤

桁架安装共分为 8 步,其装配步骤见图 15。

3.2.2　吊装主桁架

(1)用双塔吊抬吊每一个单元的桁架,每组分上、下单元。为尽量使吊装直接就位,减少横移量,中间桁架单元组(A 组)采用两端对角两点起吊,两侧桁架单元组(B 组)采用两端 4 点起吊。

(2)吊装顺序:中间下层桁架单元→中间上层桁架单元→外侧下层桁架单元→另一侧下层桁架单元→外侧上层桁架单元→另一侧上层桁架单元。

(3)吊装中间单元上、下层对接后,平移到位。平移在轨道梁上用 10 t 导链滑动就位,采用 3 t 倒链保护导向。

(4)上、下层桁架单元的现场连接采用跳焊,单条焊缝长度不短于 5 cm,焊缝总长度不少于 1/4 拼缝长度。

(5)外侧单元吊装直接到位。

(6)每单元起吊前在下层铺设 4 cm 厚木板,采用钢丝将其与单元下弦杆绑扎牢固,作为主桁架内施工平台。A、B 组桁架木板长度分别为 1.5 m 和 2.5 m。

(7)安装底层防护网。焊接剩余全部组间联系和连接。

桁架安装完成后如图 16 所示。

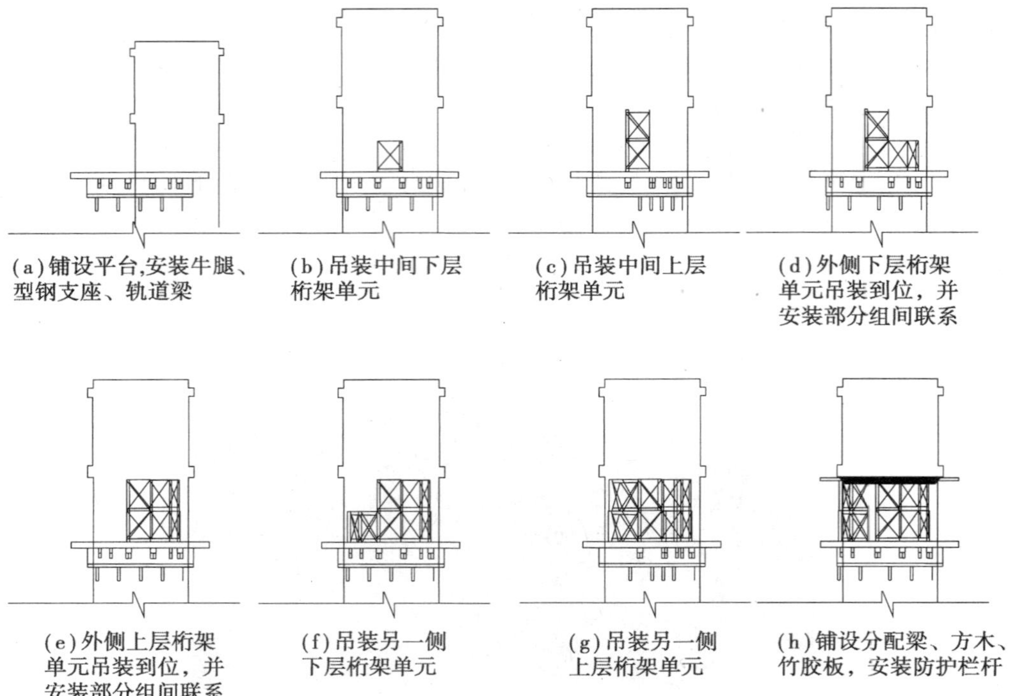

图 15　桁架装配步骤

图 16　桁架安装完成

3.3　桁架拆除

3.3.1　拆除时机

南、北索塔上横梁均两次浇筑完成,第一层浇筑完成后,为防止第二层浇筑荷载以及温度影响产生裂缝,对第一层浇筑的横梁施加 30% 的初始预应力。两次浇筑并全部张拉完成后,开始准备拆除桁架。

3.3.2　拆除步骤

桁架拆除共分为 8 步,其拆除步骤见图 17。

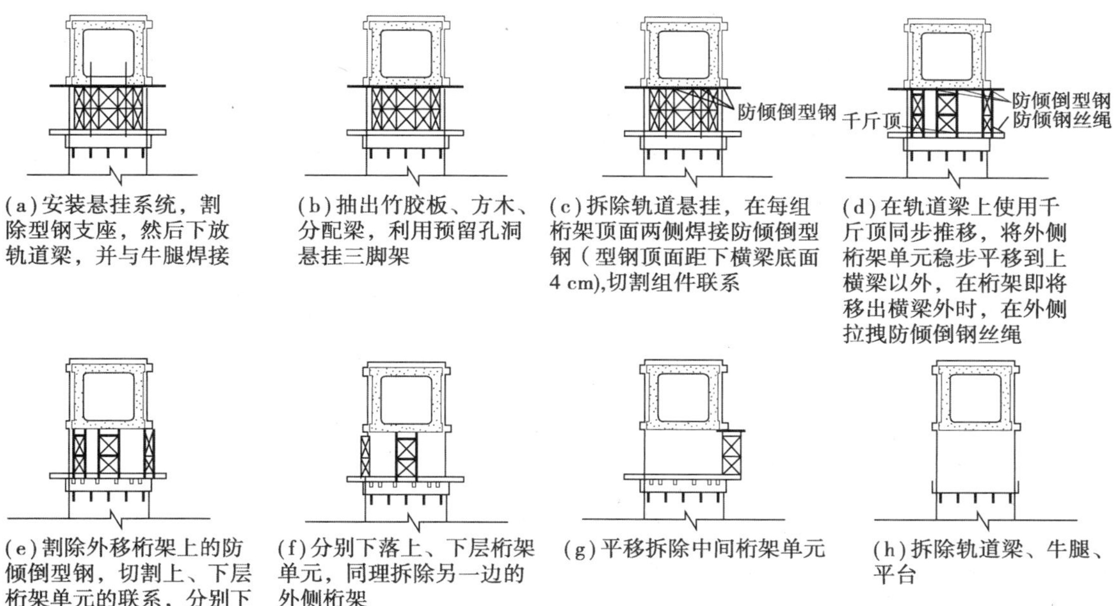

图 17　桁架拆除步骤

(1)落架:安装悬挂系统,采用千斤顶提紧轨道梁,将整个桁架吊住,割除型钢支座,再下落轨道梁并与牛腿焊接,模板与上横梁底脱空 40 cm。

(2)抽出竹胶板、方木、分配梁,通过预留孔吊住倒角区三角架,修整梁底混凝土,拆除悬挂系统。

(3)在每组桁架顶面两侧焊接防倾倒型钢(型钢顶面距下横梁底面 4 cm),切割组件联系。

(4)在轨道梁上使用千斤顶同步推移,将外侧桁架单元稳步平移到上横梁以外。在桁架即将移出横梁外时,在外侧拉拽防倾倒钢丝绳。

(5)割除上、下层单元之间的联系。应仔细检查,防止未割断联系,吊起时形成断裂冲击,或引起下层桁架组倾覆。

(6)用塔吊逐一将桁架单元起吊至地面,垫平并加支斜撑,防止桁架单元倾倒。将桁架单元分段切割成不大于 10 m 段,待运。

(7)拆除另一侧桁架单元,拆除中间桁架单元。

(8)吊放倒角区三角架,拆除轨道梁和牛腿、拆除操作平台。

(9)将所有支架材料运至北塔,按照前述要求组拼使用。

4　效益分析

装配式桁架在万州驸马长江大桥上横梁施工中的使用,取得了较好的经济效益,比初步设计方案理论上节省约 60 万元。

5　结　语

(1)模拟计算:杆件计算采用有限元软件 midas Civil,对于牛腿混凝土接触受力及型钢支座,使用 ALGOR 2011 建立实体计算模型进行验算,两套软件辅助手算的配合使用可解决临时支架设计验算的绝大部分问题。

(2)装配式桁架为简支梁受力结构,全部荷载作用于塔壁预埋的钢牛腿上,受力明确,支架安全性易于保证。装配式桁架的使用避免了现有技术中高支架施工大量钢构支架的安装和拆除,减少了索塔施工时预埋件的安装及后期修补工作,减少高空焊接工作量和材料,大大降低了高空作业风险。

参考文献

[1] 中华人民共和国国家标准.钢结构设计规范(GB 50017—2003)[S].北京:中国计划出版社,2003.

[2] 翟文静,张茂华.贝雷架在桥梁快速施工中的应用[J]. 四川建筑. 2010,30(3):167-169.

[3] 黄绍金,刘陌生.装配式公路钢桥多用途使用手册[M].北京:人民交通出版社,2004.

[4] 王胜利,卜东平.主塔下横梁在百米高空施工的新技术[J]. 公路,2008(4):99-102.

万州驸马长江大桥索塔日照变形监测技术

方鹏程　何晓军　丁永康

（中交一公局第三工程有限公司　北京　100029）

摘　要　万州驸马长江大桥索塔为塔柱、横梁组成的钢筋混凝土框架结构。本文以北岸9号索塔为例，使用徕卡TM30全站仪对索塔进行全天候的变形监测，得到索塔在日照及温度变化影响下的变形规律，确定索塔线形控制和主索鞍安装测量的最佳时段，满足索塔施工控制及上部结构安装的精度要求。

关键词　索塔　日照　变形监测　应用

1　工程概况

万州驸马长江大桥索塔基础设计采用钻孔灌注桩，塔身设计采用门式结构，塔高210.5 m，主要由上、下塔柱及上、下横梁组成。索塔主索鞍IP点高程为398.820 m，北散索鞍IP点高程为263.000 m，南散索鞍IP点高程为266.000 m。悬索桥施工对测量控制要求高。

2　索塔施工及索鞍安装主要技术要求和影响因素分析

2.1　索塔施工及索鞍安装主要技术要求

索塔施工期间，主要通过几何测量控制塔柱各节段线形，准确的测量数据是索塔线形控制和索鞍安装的基本依据。

2.1.1　索塔与横梁施工主要技术要求

（1）塔柱倾斜度误差不大于塔高的1/3 000，且不大于30 mm，同时满足设计要求。

（2）塔柱轴线偏差为±10 mm，断面尺寸偏差为±20 mm；塔顶高程偏差为±10 mm。

（3）下横梁、上横梁高程偏差为±10 mm。

2.1.2　索鞍安装主要技术要求

主索鞍安装测量检查项目见表1。

2.2　索塔施工及索鞍安装影响因素分析

由于索塔结构较高，影响索塔线形的外部因素众多，其中风力作用和温度变化对索塔线形的影响最大。风力主要对塔柱和索鞍的平面位置产生影响；温度变化可分为温度均匀变化和日照产生的温度不均匀变化，前者仅对塔柱和索鞍的高程产生影响，后者主要对塔柱和索鞍的

作者简介：方鹏程（1987—），男，专科，技术员。

何晓军（1985—），男，本科。

丁永康（1993—），男，专科，技术员。

平面位置产生影响。风速与温度共同影响使塔柱处于动态变化之中。如何减弱风力作用和温度变化对测量的影响,是索塔线形控制和索鞍安装面临的问题。

表1 主索鞍安装测量检查项目表

项次	检查项目		规定值允许值	测量检查方法
1	主鞍座最终偏位/mm	顺桥向	符合设计要求	经纬仪或全站仪
		横桥向	10	
2	顶面高程偏差/mm		+20,0	全站仪和水准仪
3	四角高差/mm		2	水准仪或全站仪

2.2.1 风力的影响

风力对塔柱平面位置的影响随风速、风向的变化而变化,具有一定的随机性。通过对2~5级风作用下的索塔塔偏分析计算表明:当离地10 m处的风速为4.4 m/s(3级的中等风速)时,塔顶(高程为395.820 m)的塔偏值为5 mm;而风力为5级时,纵横桥向塔偏值分别达到18 mm和9 mm。因此,索塔测量控制和索鞍安装测量应在3级风以下进行。

2.2.2 温度的影响

在日照作用下,混凝土索塔塔柱阳面温度比阴面温度高,这种温差的存在导致阳面混凝土收缩,从而使塔柱产生挠度变形。随着混凝土塔柱高度的增加,塔柱的这种挠度变形会更加显著,因此索塔线形控制和索鞍安装测量必须考虑温度的影响。

3 索塔日照变形监测

温度变化导致的索塔挠度变形随着日照方向的周期性变化而变化。索塔日照变形监测的目的是掌握索塔静态变形的大小和规律,获知索塔一天中变形最小(即塔柱处于直立位置)的时段,该时段作为索塔线形控制和索鞍安装测量的最佳时段。

3.1 索塔日照变形监测方法

索塔日照变形监测使用徕卡TM30全站仪,测角精度为0.5″,测距精度为±(0.6 mm+1 ppmXD),采用极坐标法进行三维坐标测量,24 h连续监测索塔的坐标变化情况。数据采集由机载程序控制全站仪自动进行,每小时采集一次数据,每次测角测两个测回,测距测两个测回。同时,测量测站点和索塔顶部变形监测点的气压、温度、湿度等气象数据,对测距边进行气象改正;测量索塔顶部变形监测点处风速、记录索塔施工情况及塔式起重机运转情况等,作为索塔变形分析的参考。

3.2 索塔日照变形监测精度分析

全站仪极坐标法观测时,测站点、后视点及索塔顶部变形监测点均设置强制对中装置,且索塔24 h变形监测期间全站仪、后视棱镜、监测棱镜等均相对于强制对中装置固定不动。索塔顶部变形监测点的点位误差主要来源于测角误差和测距误差,测站点与变形监测点间距离小于300 m,则索塔顶部变形监测点的点位中误差为:

$$M = \pm \sqrt{(m_\alpha/\rho''D)^2 + m_D^2}$$

$$= \pm \sqrt{[(0.5/\sqrt{2})/(206\ 265 \times 300 \times 1\ 000)]^2 + (0.8/\sqrt{2})^2}$$
$$= \pm 0.764 \text{ mm}$$

可见,利用徕卡 TM30 全站仪监测索塔变形平面分辨率优于 1 mm。

索塔变形监测计算使用桥梁施工坐标系,以桥轴线方向为 X 轴(里程为 X 轴刻度值,X 轴近似指向南),桥轴线垂线指向上游为 Y 轴(Y 轴近似指向西),索塔中心线为 Z 轴(高程为 Z 轴刻度值)。在此坐标系下,索塔坐标变化值即为索塔在顺桥向、横桥向及高程上的三维变形值。

3.3　索塔日照变形监测注意事项

为了使索塔日照变形监测成果在索塔一定高度段、一定气象条件下具有普遍代表性,并具有较高的精度,变形监测应注意以下几点:

(1)变形监测应选择日照充分、昼夜温差较大的天气进行, 变形监测前后几天气象条件应基本一致。

(2)变形监测时,索塔施工电梯应提前回到塔底,并应停止工作。

(3)用于索塔施工的塔式起重机应停止作业,变幅小车应回到起重臂荷载平衡位置。

(4)应尽量避免其他施工作业的干扰。若无法避免,必须听从现场测量人员的指挥。

(5)每月应进行一次索塔日照变形监测,以保证监测成果的时效性。

4　索塔日照变形监测数据分析

当万州驸马长江大桥北塔施工至 395.820 m 高程(塔柱第 47 节)时,对其进行 24 h 连续变形监测。为了检验索塔日照变形的周期性,变形监测比原定的 24 h 延后 2 h,从 2015 年 10 月 22 日 8:00 开始,至 10 月 23 日 10:00 结束,每隔 1 h 观测 1 次,共采集有效监测数据 27 次。索塔变形监测期间天气晴朗,风速较小,能见度好,变形监测数据见表 2。

表 2　索塔日照变形监测记录表

观测时间	坐标/m			温度/℃
	X	Y	Z	
2015 年 10 月 22 日 8:00	8 870.528 3	9 993.498 1	396.415 8	22
9:00	8 870.530 2	9 993.497 1	396.416 9	24
10:00	8 870.523 1	9 993.499 0	396.423 0	29
11:00	8 870.511 8	9 993.505 3	396.418 3	31
12:00	8 870.508 3	9 993.500 0	396.414 3	32
13:00	8 870.508 5	9 993.498 2	396.414 2	33
14:00	8 870.502 0	9 993.501 5	396.413 0	33
15:00	8 870.502 1	9 993.499 8	396.410 5	32
16:00	8 870.501 7	9 993.499 3	396.414 9	32
17:00	8 870.499 6	9 993.499 4	396.415 7	32

续表

观测时间	坐标/m			温度/℃
	X	Y	Z	
18:00	8 870.503 6	9 993.496 5	396.418 5	30
19:00	8 870.506 2	9 993.497 8	396.416 9	27
20:00	8 870.507 9	9 993.497 3	396.416 0	25
21:00	8 870.507 9	9 993.497 9	396.419 0	24
22:00	8 870.512 2	9 993.497 2	396.416 9	23
23:00	8 870.514 7	9 993.497 1	396.416 2	23
2015 年 10 月 23 日 0:00	8 870.515 1	9 993.496 7	396.416 9	21
1:00	8 870.515 9	9 993.496 6	396.417 8	20
2:00	8 870.518 2	9 993.497 1	396.417 4	20
3:00	8 870.520 4	9 993.495 6	396.414 7	20
4:00	8 870.521 6	9 993.495 3	396.416 4	20
5:00	8 870.521 1	9 993.497 4	396.417 2	20
6:00	8 870.518 9	9 993.501 0	396.417 1	19
7:00	8 870.523 3	9 993.496 9	396.415 4	19
8:00	8 870.524 9	9 993.496 8	396.419 1	20
9:00	8 870.526 3	9 993.497 2	396.419 5	22
10:00	8 870.523 1	9 993.497 7	396.419 2	23

4.1 索塔日照变形监测数据滤波

在对索塔进行日照变形监测前,索塔的变形量是未知的。但是通过对索塔结构、索塔建筑材料及索塔变形影响因素的分析,可以判定索塔的变形趋势和变形值范围。在变形监测过程中,由于受施工干扰、气象条件变化、仪器误差及观测误差等因素的影响,使得监测数据不可避免地含有某些误差,表现在索塔变形曲线出现明显的跳跃现象。如图 1 所示,索塔 X 轴方向变形曲线在 17:00、21:00、6:00 等时刻均出现异常变化。

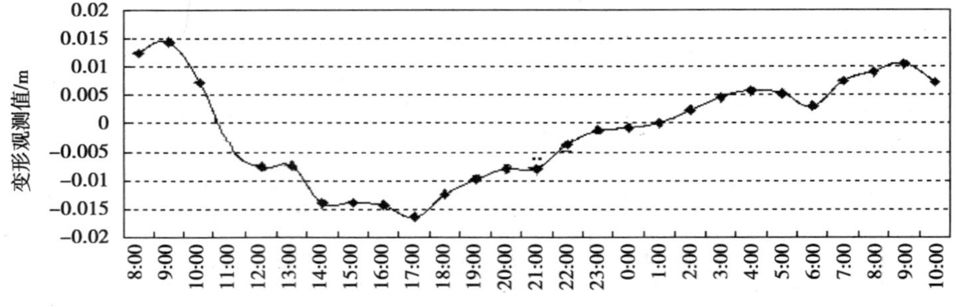

图 1　索塔 X 轴变形曲线

在对索塔进行日照变形监测时，采取一定措施后，索塔挠度变形主要受日照方向和温度变化的影响。由于一天之内日照方向和温度呈平稳变化，索塔挠度变形产生的塔体运动也呈平稳运动（图 2）。如果剔除测量误差的影响，由变形监测数据绘制的索塔日照变形曲线应该是平稳变化的光滑曲线。基于此，可以对索塔日照变形监测数据进行滤波处理，剔除各种误差对监测数据的干扰，得到索塔在 X 轴、Y 轴、Z 轴 3 个方向上的变形曲线。图 3 ~ 图 5 所示为滤波处理后的索塔变形曲线。

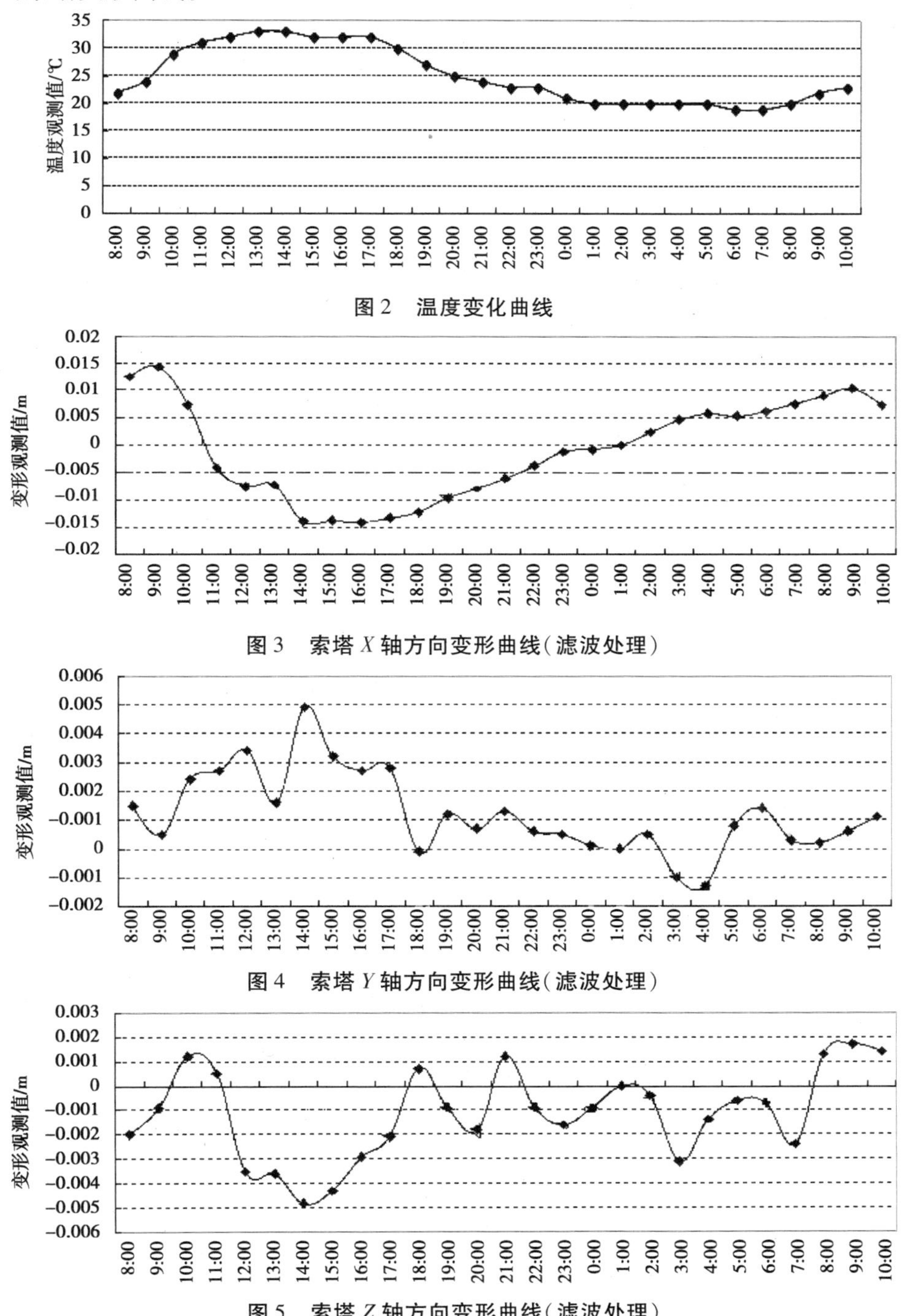

图 2　温度变化曲线

图 3　索塔 X 轴方向变形曲线（滤波处理）

图 4　索塔 Y 轴方向变形曲线（滤波处理）

图 5　索塔 Z 轴方向变形曲线（滤波处理）

4.2　索塔日照变形监测数据检验

为了检验监测数据质量和滤波效果，根据监测滤波数据和监测周期，分别计算出索塔 X 轴、Y 轴及 Z 轴方向上各监测周期内的平均运动速率，绘制出索塔变形速率曲线，如图 6 ~ 图 8 所示。

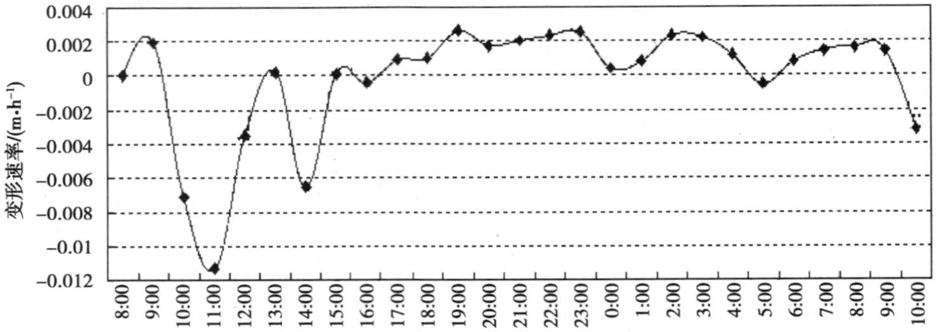

图 6　索塔 X 轴方向变形速率

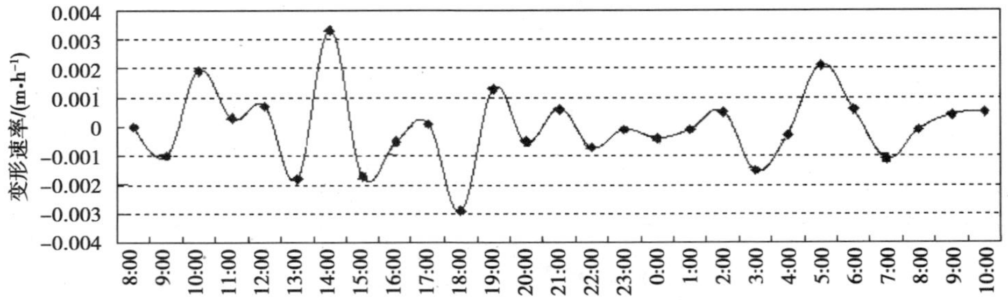

图 7　索塔 Y 轴方向变形速率

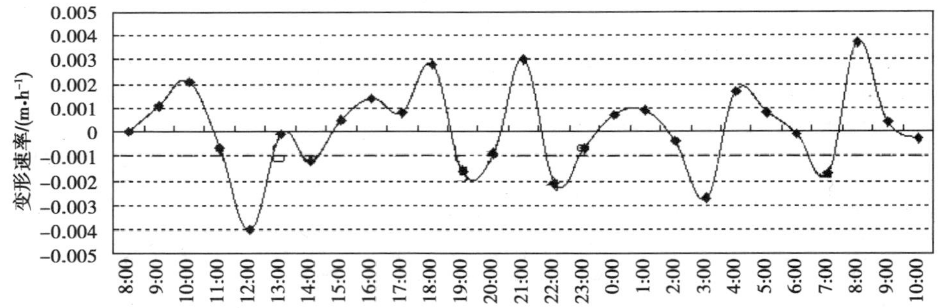

图 8　索塔 Z 轴方向变形速率

4.3　索塔日照变形轨迹

根据索塔各时段监测坐标绘制出索塔日照变形轨迹，如图 9 所示。

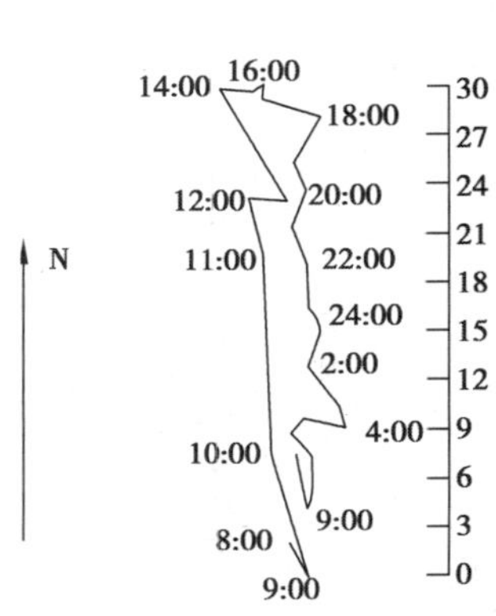

图 9　索塔日照变形轨迹
（单位：mm）

从索塔日照变形轨迹可知，由于受日照影响索塔温度变化较快，上午索塔在桥轴线方向向北方迅速变形，下午过后又往反方向变形，逐渐恢复到原来位置，说明白天是索塔的不稳定期；夜间温度变化比较缓慢，因而索塔变形较小，夜间是索塔的稳定期。

在 24 h 日照变形监测中，索塔在 X、Y 两个方向上的变化最大幅值分别为 28 mm 和 5 mm，说明索塔受日照影响平面变形较大，在桥轴线方向上变形尤为显著。

4.4　索塔日照变形监测成果分析

根据索塔的日照变形曲线、索塔日照变形速率曲线及索塔日照变形轨迹,可以确定22:00至次日2:00,索塔在桥轴线方向、横桥向及高程方向上均趋于稳定状态,该时间段是施工控制的最佳时段。

同时发现,索塔在桥轴线方向变形显著且与日照方向相关性强,因为索塔在桥轴线方向有较大的柔性;索塔在横桥向受日照影响最大,但是变形不显著,因为上横梁限制了索塔的横向变形;索塔在高程上的变形受温度变化影响较大,但是基本上不受日照方向变化的影响。

5　监测成果在索鞍施工中的应用效果

在索塔施工完成后,根据对索塔日照变形监测数据分析,得出索塔变形趋势最稳定的观测时段,对主索鞍进行连续3天的轴线定位测量,3次定位偏差都在2 mm以内,最终确定主索鞍轴线的位置。

5.1　主索鞍施工测量

主索鞍位于主塔顶,主要由鞍座和鞍体两部分组成。

主索鞍鞍座主要作用为保证与塔顶平面平整,鞍体接触良好,使主鞍的垂直反力均匀分布于塔顶平面。同时控制鞍座顶面高程,也就是控制主索鞍IP点高程。主塔空缆状态下,北岸主索鞍向边跨预偏1.138 m,南岸主索鞍向边跨预偏1.767 m。主塔鞍座安装前,采用Trimble DINI03数字精密水准仪(精度±0.3 mm/km)配条码铟钢尺、小型卡垫进行测量,精准检核鞍座高程调整板四角高程。鞍座定位利用鞍座轴线对准定位的纵横轴线,鞍座定位完成后,进行混凝土浇筑,在浇筑过程中对其进行观测,发现偏差及时进行调整,直至满足精度要求,完成主塔鞍座定位施工。

5.2　应用效果分析

北岸索塔主索鞍施工完成后,对主索鞍特征点进行成品检测,检测数据见表3。

表3　北岸主索鞍特征点成品检测数据

位置(部位)		设计坐标/m			实测坐标/m			差值/mm		
		X	Y	Z	X	Y	Z	ΔX	ΔY	ΔZ
鞍座轴线	1	8873.0000	9984.5900	395.9050	8873.0012	9984.5908	395.9054	1.2	0.8	0.4
	2	8873.0000	9987.4100	395.9050	8873.0006	9987.4109	395.9058	0.6	0.9	0.8
	3	8875.9300	9986.0000	395.9050	8875.9307	9985.9997	395.9054	0.7	−0.3	0.4
	4	8870.0700	9986.0000	395.9050	8870.071	9985.9996	395.9053	1.0	−0.4	0.3
	5	8873.0000	10012.5900	395.9050	8872.9993	10012.5911	395.9055	−0.7	1.1	0.5
	6	8873.0000	10015.4100	395.9050	8872.9995	10015.4106	395.9056	−0.5	0.6	0.6
	7	8875.9300	10014.0000	395.9050	8875.9306	10014.0004	395.9055	0.6	0.4	0.5
	8	8870.0700	10014.0000	395.9050	8870.0703	10014.0002	395.9056	0.3	0.2	0.6

续表

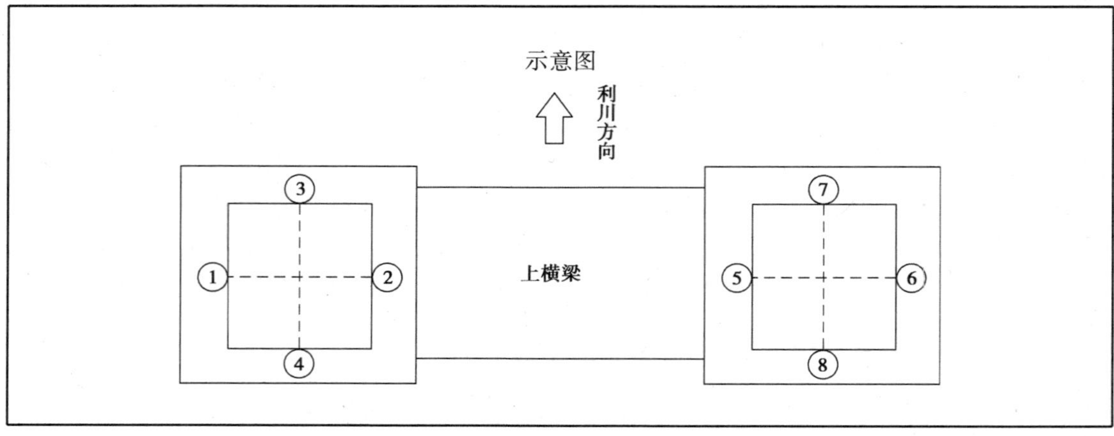

由表3数据可知，主索鞍纵桥向、横桥向最大偏位分别为1.2 mm、1.1 mm，由此可见，对索塔进行日照变形监测，保证了主索鞍高精度的安装定位，提高了索塔施工质量。

6 结 语

通过对索塔进行24 h连续变形监测，绘制出索塔日照变形曲线，清晰地反映了索塔在日照影响下的变形规律，得到索塔处于稳定位置的时段。另外，在索塔最佳测量时段进行的索塔线形控制和索鞍安装测量还应同时满足风力小于3级的要求。在该时段进行索塔几何轴线控制和索鞍安装测量，满足了施工测量的精度要求，为类似工程的施工有一定的借鉴作用。

同时应该注意到，随着季节变化，索塔日照变形曲线也将随之改变。所以，索塔日照变形监测一般情况下应每月进行一次，以保证监测成果的时效性。

参考文献

[1] 刘成龙，张德强，黄泽纯. 大跨悬索桥施工索塔变形成因分析与监测[J]. 西南交通大学学报(自然科学版)，2000，35(5)：501-504.

[2] 岳建平，高永刚，谢波，等. 利用全站仪坐标法放样桥梁高塔柱的精度分析[J]. 测绘通报，2005(8)：39-41.

[3] 赵虎. 数据采集中的未确知有理数滤波方法[J]. 自动化仪表，2008，29(8)：12-14.

[4] 赵阳，项贻强，汪劲丰. 文辉大桥索塔变形监测[J]. 施工技术，2004，33(11)：61-63.

[5] 中华人民共和国国家标准. 工程测量规范(GB 50026—2007)[S]. 北京：中国计划出版社，2008.

[6] 中华人民共和国行业标准. 公路桥涵施工技术规范(JTG/T F50—2011)[S]. 北京：人民交通出版社，2011.

[7] 中华人民共和国行业标准. 公路工程质量检验评定标准(JTG F80/1—2004)[S]. 北京：人民交通出版社，2004.

超高主塔泵送混凝土控制

李学峰　杨　洋　郭登科

（中交一公局第三工程有限公司　北京　100029）

摘　要　万州驸马长江大桥北索塔高 210.5 m，浇筑方量为 17 991 m^3，为大体积超高泵送混凝土，在满足混凝土强度要求的前提下，通过进一步控制混凝土的和易性来确保泵送稳定性，控制混凝土裂缝的产生，提高混凝土施工质量和外观质量。

关键词　超高主塔　泵送　控制

1　工程概况

万州驸马长江大桥主塔塔柱高 210.5 m，设计混凝土方量为 17 991 m^3，采用分节段浇筑工艺。为了进一步提高高性能混凝土的黏聚性、泵送效果等工作性能，现对原有 C50 主塔塔柱混凝土进行对比研究。

2　超高混凝土泵送控制

2.1　高度对坍落度的影响

为了进一步提高高性能混凝土的黏聚性、泵送效果等工作性能，随着高度的增加，对泵送混凝土坍落度进行控制。

2.1.1　配合比

泵送河砂高性能混凝土配合比为：水泥：河砂：碎石：粉煤灰：水：外加剂 = 312：751：1 081：168：168：5.76。

2.1.2　坍落度

对主塔塔柱混凝土出机坍落度及泵送至模板内的坍落度损失情况的实测数据进行统计，其结果如表 1 所示，并对相应数据进行分析，分析结果如图 1 所示。

表 1　主塔坍落度统计表

施工部位（9 号主塔）	出机坍落度/mm		现场坍落度/mm		调整坍落度/mm		坍落度损失/mm	
	左幅	右幅	左幅	右幅	左幅	右幅	左幅	右幅
第 1 节	200	205	200	200	200	200	0	0

作者简介：李学峰（1971—），女，本科，高级技师。
杨　洋（1990—），男，本科，助理工程师。
郭登科（1990—），男，本科，助理工程师。

续表

施工部位（9号主塔）	出机坍落度/mm		现场坍落度/mm		调整坍落度/mm		坍落度损失/mm	
	左幅	右幅	左幅	右幅	左幅	右幅	左幅	右幅
第2节	205	205	200	200	200	200	5	5
第3节	205	205	205	200	205	200	0	5
第4节	210	205	205	205	205	205	5	0
第5节	205	210	205	210	205	210	0	0
第6节	210	210	205	210	205	210	5	0
第7节	205	205	200	195	200	200	5	5
第8节	210	210	205	210	205	210	5	0
第9节	205	205	200	200	200	200	5	5
第10节	210	205	205	205	205	205	5	0
第11节	210	210	210	210	210	210	0	0
第12节	205	210	205	205	205	205	0	5
第13节	205	205	200	200	200	200	5	5
第14节	210	205	210	205	210	205	0	0
第15节	205	205	205	205	205	205	0	0
第16节	210	205	205	205	205	205	5	0
第17节	205	205	200	200	200	200	5	5
第18节	210	205	200	200	200	200	10	5
第19节	210	200	205	200	205	200	5	0
第20节	205	205	200	200	200	200	5	5
第21节	210	205	210	205	210	205	0	0
第22节	205	205	200	205	200	205	5	0
第23节	210	210	205	205	205	205	5	5
第24节	205	210	205	210	205	210	0	0
第25节	205	205	205	200	205	200	0	5
第26节	210	210	205	205	205	205	5	5
第27节	205	210	195	205	200	200	10	5
第28节	210	210	205	205	205	205	5	5
第29节	205	205	200	200	200	200	5	5
第30节	210	210	205	200	205	205	5	10
第31节	205	210	205	205	205	205	0	5

续表

施工部位（9号主塔）	出机坍落度/mm		现场坍落度/mm		调整坍落度/mm		坍落度损失/mm	
	左幅	右幅	左幅	右幅	左幅	右幅	左幅	右幅
第32节	210	210	210	205	210	205	0	5
第33节	200	200	195	195	200	200	5	5
第34节	215	210	205	200	205	205	10	10
第35节	210	210	205	205	205	205	5	5
第36节	210	215	200	205	205	205	10	10
第37节	215	210	200	200	205	205	15	10
第38节	210	215	210	210	210	210	0	5
第39节	210	210	200	205	200	205	10	5
第40节	215	210	205	200	205	205	10	10
第41节	210	205	195	195	200	200	15	10
第42节	210	215	200	205	205	205	10	10
第43节	215	215	210	210	210	210	5	5
第44节	210	215	200	200	205	205	10	15
第45节	215	215	200	200	210	210	15	15
第46节	215	210	200	200	210	210	15	10
第47节	215	215	200	200	205	205	15	15

由表1和图1可知，随着泵送高度的增加，坍落度损失越来越明显，且坍落度损失的速率越来越快。当主塔柱高0～50 m时，控制混凝土出机坍落度为180～220 mm；当主塔柱高50～100 m时，控制出机坍落度为185～220 mm；当主塔柱高100～150 m时，控制出机坍落度为190～220 mm；当主塔柱高150～200 m时，控制出机坍落度为195～220 mm；当主塔柱高度为200～220 m时，控制出机坍落度为195～220 mm。

2.2 温度对坍落度的影响

（1）环境气温连续5天日平均温度为5～30 ℃，开始使用常温配合比。

（2）环境气温连续5天日平均温度低于5 ℃，开始使用冬季施工配合比，对基准配合比进行微调。

（3）选择适当品种的水泥是提高混凝土抗冻性能的重要手段。试验结果表明，应使用早强硅酸盐水泥。该水泥水化热较大，且在早期放出强度最高，一般3天抗压强度大约相当于普通硅酸盐水泥7天的强度，效果较明显。

（4）尽量降低水胶比，稍增水泥用量，从而增加水化热量，缩短达到龄期强度的时间。

（5）使用掺入引气剂的减水剂。在保持混凝土配合比不变的情况下，加入引气剂后生成的气泡，相应增加了水泥浆的体积，提高拌合物的流动性，改善其黏聚性及保水性，缓冲混凝土内水结冰所产生的水压力，提高混凝土的抗冻性。

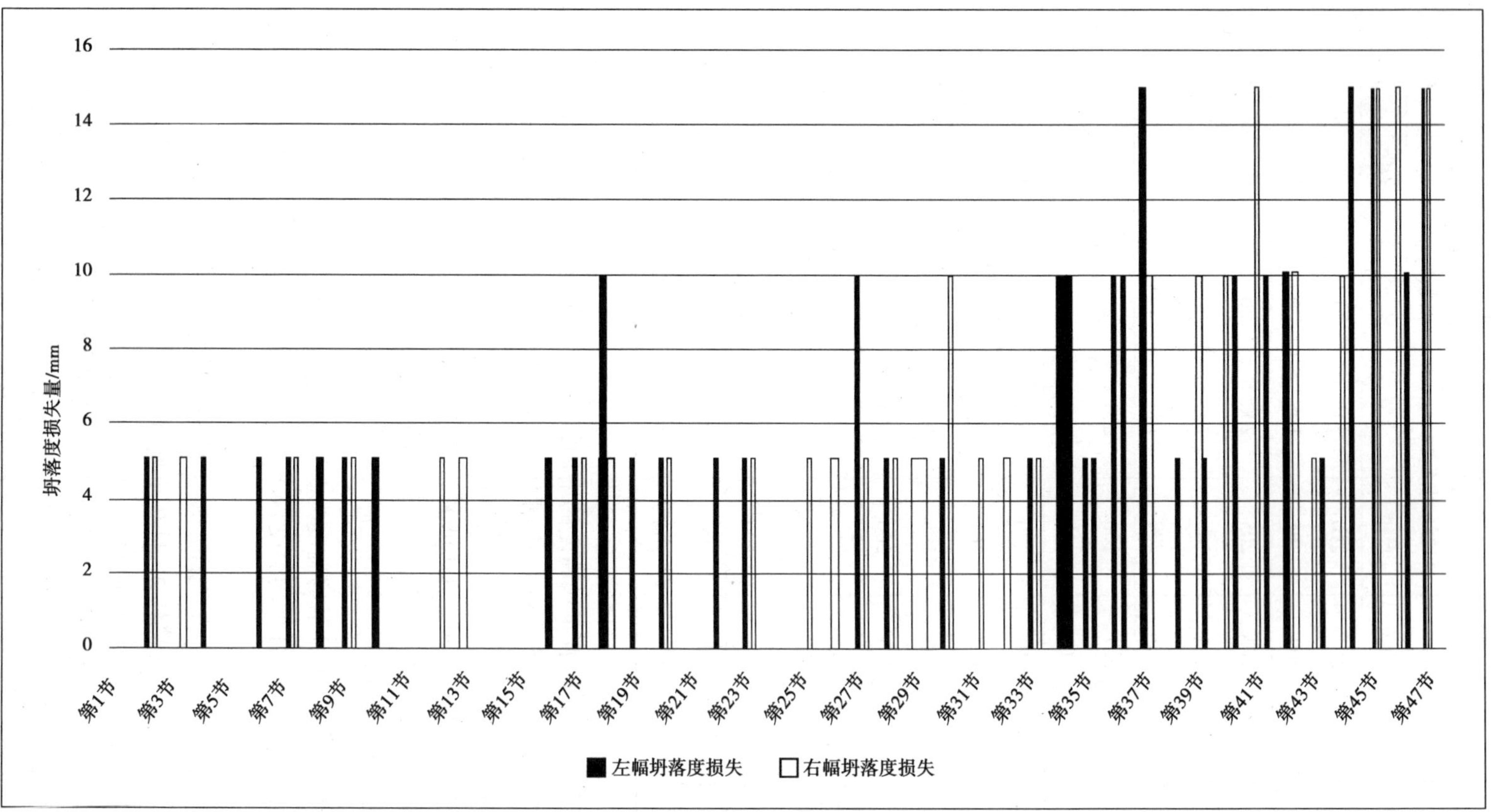

图1 主塔混凝土坍落度损失图

(6)水胶比减少0.05,用水量不变。m_{co}: m_{fo}: $m_{so河}$: $m_{go小}$: $m_{go大}$: m_{wo}: β_a =435: 153: 733: 440: 660: 153: 6.47 =1: 0.35: 1.68: 1.01: 1.52: 0.35: 0.015。

进行冬期施工,由于温度低,水分挥发较慢,通过减少水胶比来控制混凝土的坍落度,保证在施工的过程中不会离析。

混凝土浇筑时间不同,施工时间跨度大,也是造成混凝土坍落度损失的一个重要原因。早上和晚上气温低,水分蒸发慢,中午和下午气温高水分蒸发快,水分损失越快,混凝土坍落度损失越大,混凝土的流动性、黏聚性等越差,质量越难保证(表2)。

表2　混凝土坍落度与温度的关系

外界温度/℃	<5	5 ~ 10	10 ~ 15	15 ~ 20	20 ~ 25	25 ~ 30	30 ~ 35
出机坍落度/mm	195	195	200	205	210	215	215
入模坍落度/mm	195	190	195	195	200	200	195

由表2可知,要尽量选择温度变化小的时间段进行施工,避免温度过高,可以达到控制混凝土坍落度稳定性的目的。当温度在5 ℃以下时,控制出机坍落度为180 ~ 220 mm,现场坍落度为180 ~ 220 mm;当温度在5 ~ 30 ℃时,控制出机坍落度为195 ~ 220 mm,现场坍落度为180 ~ 205 mm;当温度在30 ~ 35 ℃时,控制出机坍落度为200 ~ 220 mm,现场坍落度为180 ~ 200 mm。

2.3　地泵的选择

由于现场主塔柱高度大于200 m,所以采用高等级、高性能混凝土,综合比选后选择HBT9022CH-5D地泵进行泵送。该地泵主要由普通泵管和高压泵组成,泵管直径为125 mm,壁厚为9 ~ 10 mm,直管单根长度为3 m。卧泵泵管沿主塔外墙布置上升至浇筑地点。

混凝土输送泵使用时,应注意以下问题:

(1)冬季泵送混凝土冻泵问题的处理,出机温度必须保证;

(2)泵送时间要得到合理控制,不能让混凝土在泵管内停留太久;

(3)挪泵时,将混凝土清空;

(4)用热水润泵;

(5)泵管可以考虑保温措施。

2.4　施工过程中色差控制

主塔柱为210 m超高塔柱,分节进行浇筑。在浇筑过程中难免会产生混凝土色差,在施工中控制影响混凝土色差的因素,保证混凝土的外观质量。

2.4.1　本色

混凝土的颜色主要是水泥颜色呈现出来的,普通混凝土常以灰色为主,但由于水泥原材料有所不同,只是其灰色的深度稍微有所差异。在评价混凝土颜色时,通常要设一基准点,即为颜色变化前的“本色”。设色的方法是在玻璃板上浇以混凝土,待干燥后,以从玻璃面所看到的颜色作为基准色。现场通过混凝土的本色来判断其颜色变化程度的大小。

2.4.2 产生色差的原因以及控制

(1)模板制作安装质量控制结构混凝土施工能达到整体美观的要求,首先取决于模板,模板制作安装的质量是关键,混凝土的平整度、光洁度、色差度都与模板直接相关。由于潮湿环境下模板的涂刷不能很好阻止局部氧化成锈斑,颜色多呈黄褐色。对施工用模板的涂刷应及时,并且使用质量好的脱模剂,如环氧树脂脱模剂等,以阻止锈源的产生。一旦混凝土出现锈斑,应及时处理。通常,表层小面积可用钢刷刷除,范围较大的采用 1∶10 的草酸溶液进行擦洗后再用砂轮机打磨,以还原混凝土本色。

(2)严格控制水泥、粉煤灰来源,避免不同种类不同厂家水泥、粉煤灰混用,加强水泥、粉煤灰颜色的检测。工地上常有同种水泥、粉煤灰不同批次的颜色却有很大差异的现象发生,有时呈灰色,有时呈青灰色,有时又呈黑色,要求工地每进一批水泥、粉煤灰,要对其颜色进行目测对比和混凝土本色的试验,若颜色发生较大的变化,应禁止使用,如图 2、图 3 所示。

图 2 标准粉煤灰颜色

图 3 不合格粉煤灰颜色

(3)砂率。砂石骨料含砂百分率除与级配、孔隙率相关外,还与砂的粗细程度相关。最佳含砂率是指在砂石骨料级配的规定条件下,选择能同时满足混凝土质量、工作和易性要求的砂最佳含量。在原材料进场前严格控制砂的质量,保证稳定的货源,调节最佳砂率。

(4)混凝土搅拌必须达到 3 个基本要求:计量准确、搅拌透彻、坍落度稳定。否则,混凝土拌合物中必然出现水泥砂浆分布不匀现象,给混凝土灌注带来“先天性”不足,会在混凝土表面留下“胎记”色差,或容易出现混凝土振捣离析、泌水等非匀质现象。主塔第 41 节由于坍落度过大,导致泌水而出现色差(表 3)。

表 3 主塔第 41 节坍落度

施工部位	出机坍落度/mm		现场坍落度/mm		调整坍落度/mm		坍落度损失/mm	
	左幅	右幅	左幅	右幅	左幅	右幅	左幅	右幅
第 41 节	210	205	195	195	200	200	10	10

由图 2、表 3 可知,严格控制原材料的进场,是保证混凝土不出现色差的先决条件;通过坍落度的调节,混凝土的和易性得到满足,并在拆模后对混凝土表面的水泥浆进行打磨,使之出现本色,减少混凝土的色差。调整最佳砂率,确保混凝土不因砂率出现色差。

2.5 施工裂缝的产生与分析

主塔柱属于大体积混凝土的施工,在施工中会产生施工裂缝,而施工裂缝主要包括材料型裂缝。这类裂缝是由非受力变形变化引起的,主要由温度应力引起。

2.5.1 裂缝现象

表面温度裂缝走向无规律性;梁板式或长度尺寸较大的结构,裂缝多平行于短边;大面积结构裂缝常纵横交错。深进和贯穿的温度裂缝,一般与短边方向平行或接近于平行,裂缝沿全长分段出现,中间较密。裂缝宽度沿全长没有太大的变化。温度裂缝多发生在施工期间,缝宽受温度变化影响较明显,冬季较宽,夏季较窄。沿断面高度,裂缝大多呈上宽下窄状,但个别也有下宽上窄的情况。对于下边缘区配筋较多的结构,有时也出现中间宽两端窄的梭形裂缝。现场施工裂缝及裂缝观测记录如图4、表4所示。

图4 现场施工裂缝

表4 裂缝观测记录表

施工部位(9号主塔)	裂缝出现时间	裂缝长度/mm	裂缝宽度/mm	裂缝方向/mm	长度增量/mm	宽度增量/mm
右幅第17节	2015年1月20日 12:06	35.15	3.42	竖向	0	0
	2015年1月26日 11:02	42.27	3.44	竖向	7.12	0.02
	2015年2月03日 09:33	48.28	3.46	竖向	6.01	0.02
	2015年2月11日 14:44	52.60	3.47	竖向	4.32	0.01
	2015年2月19日 10:07	54.73	3.48	竖向	2.13	0.01
	2015年2月28日 11:21	55.98	3.48	竖向	1.25	0
	2015年3月15日 13:57	55.98	3.48	竖向	0	0

2.5.2 产生原因

混凝土结构,特别是大体积混凝土浇筑后,在硬化期间放出大量水化热,内部温度不断上升,使混凝土表面和内部温差很大。当温度产生非均匀的降温时(如施工中注意不够,过早拆除模板;冬季施工,过早除掉保温层,或受到寒潮袭击),将导致混凝土表面的温度产生急剧变化而发生较大的降温收缩,此时表面受到内部混凝土的约束,将产生很大的拉应力(内部降温慢,受自约束而产生压应力)。因此,裂缝只在表面较浅的范围出现,表面层以下结构仍保持完整。

2.5.3 控制方法

(1)选用低热水泥配制混凝土;在混凝土中掺适量粉煤灰;利用混凝土的后期强度,降低水泥用量,以减少水化热量。

(2)选用良好级配的骨料,并严格控制砂、石子含泥量,降低水灰比,加强振捣,以提高混凝土的密实性和抗拉强度,避开炎热天气浇筑大体积混凝土;必须在热天浇筑时,可采用冰水或深井凉水拌制混凝土,骨料存放于背阴料仓中,并对骨料进行喷水预冷却,以降低混凝土搅拌和浇筑的温度。

(3)分层浇筑混凝土,每层厚度不大于30 cm,以加快热量散发,并使温度分布均匀,同时也便于振捣密实。

(4)拆模时,块体中部和表面温差不宜大于20 ℃,以防止急剧冷却造成表面裂缝。拆模后,用养护剂进行养护。

3 结 语

(1)对于高度大、高等级、高性能混凝土的泵送坍落度控制可以根据高度和温度等因素进行调节。随着高度的增加,增加混凝土的出机坍落度;根据温度的增加,增加混凝土的出机混凝土性能,减少坍落度损失。

(2)C50高强高性能混凝土的应用,通过控制混凝土坍落度、含气量等施工措施,得出高性能泵送混凝土最佳温度为18~30 ℃,最佳坍落度为190~210 mm,最佳含气量为4.5%~5.2%,能有效地防止混凝土温度裂缝的产生。

(3)施工各阶段混凝土的抗压强度均达到C50高性能混凝土的要求,强度离散值在规定范围内。施工中混凝土的可泵性能良好,施工中控制出现离析、泌水、堵泵等现象,混凝土的凝结时间也达到高温施工的要求,未发生早凝现象。

(4)从砂率、原材料、和易性等方面控制混凝土的色差,保证外观质量合格。

参考文献

[1] 中华人民共和国行业标准.公路工程水泥及水泥混凝土试验规程(JTG E30—2005)[S].北京:人民交通出版社,2005.

[2] 中国工程建设标准化协会标准.高性能混凝土应用技术规程(CECS 207:2006)[S].北京:中国计划出版社,2006.

[3] 中华人民共和国行业标准.公路桥涵施工技术规范(JTG/T F50—2011)[S].北京:人民交通出版社,2011.

索塔与承台混凝土配合比研究

徐刘浩

（中交一公局厦门工程有限公司　厦门　361000）

摘　要　悬索桥、斜拉桥等大型桥梁，其承台大体积混凝土与塔柱底部起步段高强度混凝土一般设计为一次性浇筑，但是两者混凝土等级、性能要求存在差异。本文通过试验研究，总结出采用低水化热胶凝材料体系、高效缓凝减水剂及级配良好的碎石，可有效减少承台与塔柱混凝土弹性模量的差异，提高索塔与承台连接部位的质量，并在万州驸马长江大桥南岸索塔与承台混凝土工程实践中取得成功。

关键词　索塔　承台　混凝土　配合比

1　引　言

随着我国交通事业的飞速发展，大型跨河桥梁大规模新建，工程质量显得越来越重要。对于悬索桥、斜拉桥等大型桥梁结构，索塔承台一般为大体积混凝土。为防止承台与塔柱连接处因温度差异发生开裂影响工程质量，本文以万州驸马长江大桥南岸索塔为依托，采用低水化热胶凝材料体系、高效缓凝减水剂及级配良好的碎石配制混凝土在实体工程中的应用，系统研究了混凝土力学性能和水化热等性能，为塔柱起步段与承台混凝土同步施工取得了有效经验。

2　配合比设计路线

万州驸马长江大桥南岸索塔共有 2 个承台，承台之间采用系梁连接，单个承台长18.5 m、宽 18.5 m、高 7 m，系梁长 22.64 m、宽 8 m、高 5.8 m，混凝土等级为 C35，属于大体积混凝土，设计要求水胶比不大于 0.42。塔柱采用 C50 混凝土，设计要求水胶比不大于 0.35。承台分两层浇筑，塔柱起步段与承台第二层同时施工，考虑到重庆市万州区 5 月平均最高气温为 32.8 ℃，平均最低气温为 19.5 ℃，施工期间昼夜温差大，施工难度大。

为了混凝土配合比各项指标达到规范要求，需要严格控制混凝土的水化热和水胶比，C35 承台混凝土胶凝材料总量为 395 kg/m^3，水胶比为 0.40，选用 3 种比例的粉煤灰掺量，分别占胶凝总量的 40%、30%、0，配合比分别对应承台 1、承台 2、承台 3，砂率为 48%，细集料采用长江卵石破碎机制砂和宜昌河砂双掺（表 1）。C50 塔柱混凝土胶凝材料总量为 500 kg/m^3，水胶比为 0.31，选用 3 种比例的粉煤灰掺量，分别占胶凝总量的 25%、15%、5%，配合比分别对应塔柱 1、塔柱 2、塔柱 3，砂率为 43%，细集料采用洞庭湖河砂（表 1）。两者的粗集料采用级配良好的碎石，规格为 5 ~ 20 mm，减水剂的掺量以满足混凝土拌合物要求为准。

作者简介：徐刘浩（1988—），男，专科，助理工程师。

表 1 承台混凝土和塔柱混凝土试验配合比

组号	水泥/(kg·m⁻³)	砂/(kg·m⁻³)	碎石/(kg·m⁻³)	水/(kg·m⁻³)	外加剂/(kg·m⁻³)	粉煤灰/(kg·m⁻³)	水胶比	掺和料用量/%
承台 1	237	866	987	158	5.53	158	0.40	40
承台 2	276	866	987	158	5.53	119	0.40	30
承台 3	395	866	987	158	5.53	0	0.40	0
塔柱 1	375	746	988	155	7.0	125	0.31	25
塔柱 2	425	746	988	155	7.0	75	0.31	15
塔柱 3	475	746	988	155	7.0	25	0.31	5

3 原材料情况

3.1 水 泥

采用 P. O42.5 水泥,物理性能、力学性能、水化热如表 2、表 3 所示。

表 2 水泥物理力学性能

检测项目	凝结时间/min		抗折强度/MPa		抗压强度/MPa		标准稠度用水量/%	安定性
检测结果	初凝	终凝	3 d	28 d	3 d	28 d	25.4	合格
	273	355	5.1	8.2	29.4	49.4		

表 3 水泥水化热汇总

名 称	龄期	100% 水泥	60% 水泥
水化热/(kJ·kg⁻¹)	3 d	241	156
	7 d	272	181

3.2 粉煤灰

采用珞璜电厂 F 类Ⅱ级粉煤灰,其各项检测指标如表 4 所示。

表 4 粉煤灰物理力学性能

检测项目	细度/%	含水量/%	烧失量/%	需水量比/%	三氧化硫/%
检测结果	21.3	0.2	5.89	98	2.77

3.3 集 料

3.3.1 *砂*

长江卵石破碎机制砂和宜昌河砂双掺,细度模数为 2.8,堆积密度为 1 640 kg/m³,表观密度为 2 628 kg/m³;洞庭湖砂,细度模数为 2.7,堆积密度为 1 624 kg/m³,表观密度 2 618 kg/m³。

3.3.2　碎石

长江卵石反击破碎石，表观密度为 2 653 kg/m^3，压碎值为 6.5%，针片状含量为 7.2%，连续级配为 5 ~ 20 mm。

3.4　外加剂

选用 KDSP 聚羧酸高性能缓凝型减水剂，减水率为 31.0%，固含量为 31.42%，含气量为5.6%。

4　试验分析

4.1　水化热和掺和料

根据表 1 的胶凝材料比、水胶比和外加剂掺量制备净浆，研究不同掺量粉煤灰净浆的水化热，经试验检测的水化热如图 1、图 2 所示。掺粉煤灰的各组水化热均小于承台 3 和塔柱 3，其中承台 1 和塔柱 1 的水化热分别为承台 3 和塔柱 3 的 61%、60%，且放热总量明显低于承台 3 和塔柱 3。当承台 1 粉煤灰掺量为 40%、塔柱 1 粉煤灰掺量为 25% 时，两者的水化热差异不明显。

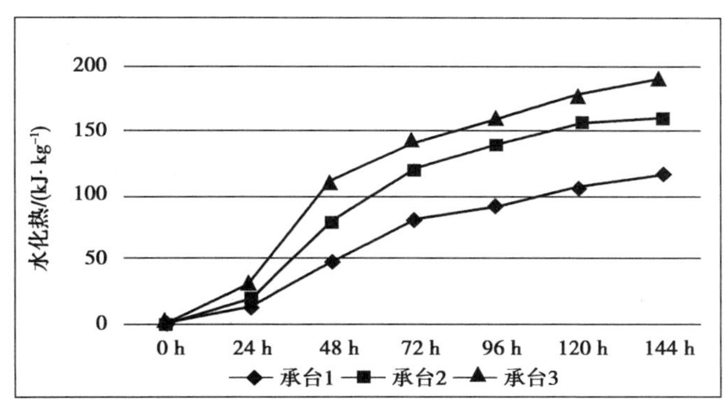

图 1　承台混凝土水化热

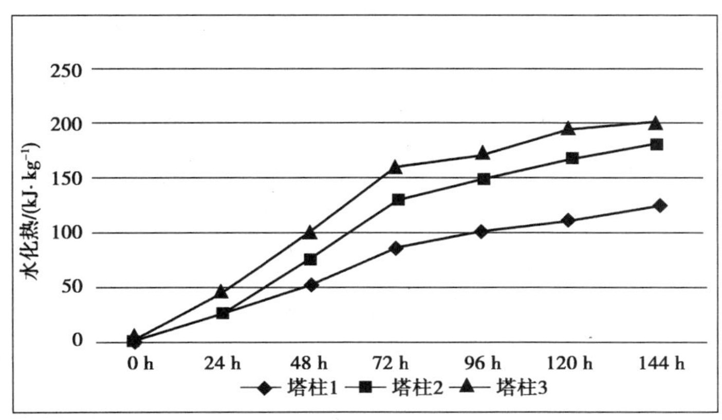

图 2　塔柱混凝土水化热

随着粉煤灰掺量的增加，减少水泥用量优化胶凝体系组成，一方面可以取代一部分水泥，减少水化放热量，另一方面可以滞后水泥的水化，推迟水化峰值的出现，从而降低大体积混凝土中心温度,有效控制早期裂缝的产生。若继续加大粉煤灰掺量,胶凝材料的水化热将进一步优化。考虑到早期强度,承台胶凝材料组成择优选用60%水泥+40%粉煤灰,塔柱胶凝材料组成择优选用75%水泥+25%粉煤灰。

4.2 聚羧酸减水剂

选用性能优良的KDSP聚羧酸高效缓凝型减水剂与传统的萘系KDNOF高效减水剂进行水化热对比试验。采用直接水化热法,可以得出KDSP聚羧酸高效缓凝减水剂与传统的萘系KDNOF减水剂对水泥水化热的影响,试验结果如图3所示。

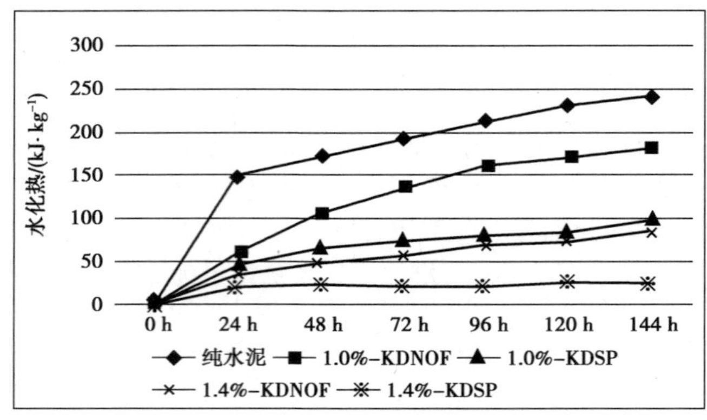

图3 减水剂对水泥的水化热影响曲线

由图3可知,使用掺量1.4%和1.0%减水剂进行水化热试验,其中1.4%高效缓凝减水剂的水化热明显低于1.4%传统的萘系KDNOF减水剂的水化热,相对1.0%掺量的减水剂和纯水泥的水化热明显降低,且延缓放热,可推迟放热峰值的出现。对大体积混凝土而言,采用聚羧酸高效缓凝型减水剂可减少用水量,节约水泥,降低混凝土绝热温升,延迟水化峰值的出现,避免温度积聚,提高大体积混凝土的稳定性和抗开裂性。

5 试验结果

5.1 基本性能

根据表1配制各组混凝土的性能如表5所示。承台3和塔柱3没有使用掺和料,和易性较其他配合比差,其混凝土成本较高,配合比的工作性能均能满足承台和塔柱的施工需求。

表5 承台混凝土和塔柱混凝土物理指标检测结果

组号	坍落度/mm	1 h后坍落度/mm	经时坍损/mm	含气量/%	表观密度/(kg·m^{-3})	和易性
承台1	218	210	8	5.7	2 417	良好
承台2	208	187	19	5.8	2 410	良好
承台3	186	173	13	4.9	2 421	较好
塔柱1	218	210	8	5.5	2 408	良好
塔柱2	210	195	15	5.1	2 417	良好
塔柱3	200	173	27	4.8	2 398	较好

5.2 混凝土力学性能

标准养护下的各组混凝土立方体抗压强度如表6所示。从表6可以看出,承台组和塔柱组的28 d强度分别超过35.0 MPa、50.0 MPa,满足C35和C50混凝土的强度要求。即使是粉煤灰掺量40%的承台1和粉煤灰掺量25%的塔柱1的28 d强度分别为48.9 MPa、59.9 MPa,满足设计要求。

表6　承台混凝土和塔柱混凝土的立方体抗压强度　单位:MPa

组号	1 d	3 d	7 d	14 d	28 d	56 d
承台1	10.6	20.2	26.2	34.6	48.9	57.5
承台2	12.7	26.4	30.4	39.5	46.9	54.3
承台3	14.4	30.4	36.1	41.9	45.7	50.2
塔柱1	14.5	27.5	45.1	48.9	59.9	68.2
塔柱2	17.2	32.5	47.4	54.2	63.4	66.9
塔柱3	19.8	38.2	50.9	55.8	60.9	63.3

标准养护下的各组混凝土劈裂抗拉强度如表7所示,静力抗压强度弹性模量如表8所示。从表7和表8中的测试结果可以得出,28 d承台1和塔柱1的劈裂强度为7.04 MPa、7.33 MPa,28 d的静力受压弹性模量为41.0 GPa、42.0 GPa,随着混凝土龄期的增长,两者的检测结果差异不大,可以为施工提供参考。

表7　承台混凝土和塔柱混凝土的劈裂抗拉强度　单位:MPa

组号	3 d	7 d	14 d	21 d	28 d	56 d
承台1	1.22	3.22	4.28	5.34	7.04	8.37
承台2	1.93	4.37	4.67	4.74	5.77	7.24
承台3	2.31	5.06	5.2	5.45	6.36	6.67
塔柱1	1.60	3.54	4.5	6.18	7.33	8.54
塔柱2	2.49	4.36	5.59	6.45	8.91	9.82
塔柱3	2.96	4.14	4.7	5.57	6.89	7.76

表8　承台混凝土和塔柱混凝土的静力受压弹性模量　单位:GPa

组号	3 d	7 d	14 d	21 d	28 d	56 d
承台1	24.6	31.0	33.5	37.9	41.0	43.5
承台2	27.4	33.9	37.8	39.0	41.9	42.5
承台3	29.6	35.1	34.8	39.9	43.1	44.0
塔柱1	24.3	32.0	36.8	37.5	42.0	43.3
塔柱2	28.7	35.3	37.7	39.3	45.4	47.8
塔柱3	30.5	37.2	38.9	40.2	44.1	48.5

6 工程实践

6.1 实施过程

严格按照万州驸马长江大桥南岸主塔的设计要求施工，提前将胶凝材料冷却，碎石洒水降温（图4）；承台和塔柱埋循环冷水管，实时跟踪混凝土的入模温度（图5）；塔柱施工选择在凌晨，加强温控，及时对成品混凝土构件进行养护（图6）。针对不同胶凝材料体系配合比的研究，施工过程中采用工作性更加良好的承台1和塔柱1配合比。

图4 碎石洒水降温

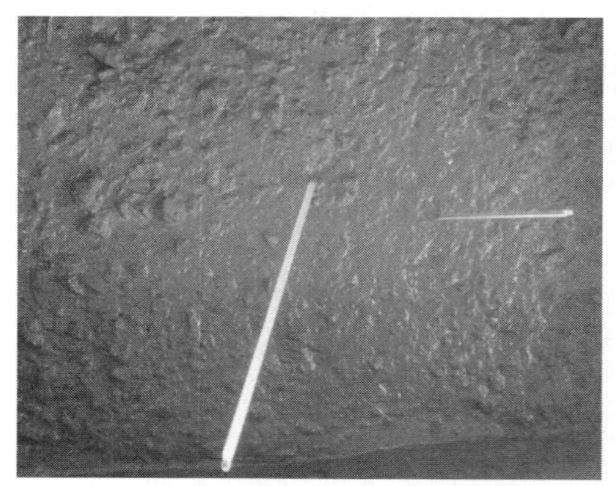

图5 混凝土的入模温度检测

图6 成品混凝土构件的养护

6.2 应用效果

通过使用工作性良好的承台1和塔柱1试验配合比，转化为施工配合比后，在工程实际中得到了很好的运用。试验所测施工配合比混凝土的基本物理性能、抗压强度、劈裂强度、弹性模量数据汇总如表9及图7～图9所示。

表9 承台和塔柱试验组及施工组混凝土物理指标检测结果

组号	坍落度/mm	1 h后坍落度/mm	经时坍损/mm	含气量/%	表观密度/(kg·m^{-3})	和易性
试验承台1	220	210	8	5.7	2 417	良好
施工承台1	210	201	9	5.3	2 402	良好
试验塔柱1	220	210	8	5.5	2 408	良好
施工塔柱1	200	195	6	5.2	2 421	良好

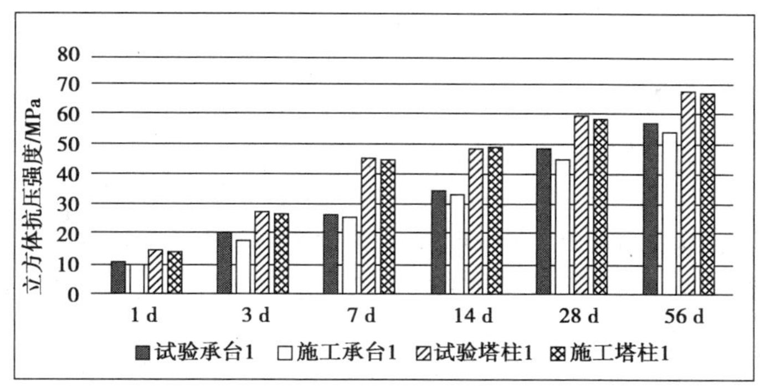

图7　承台和塔柱试验组及施工组混凝土的立方体抗压强度

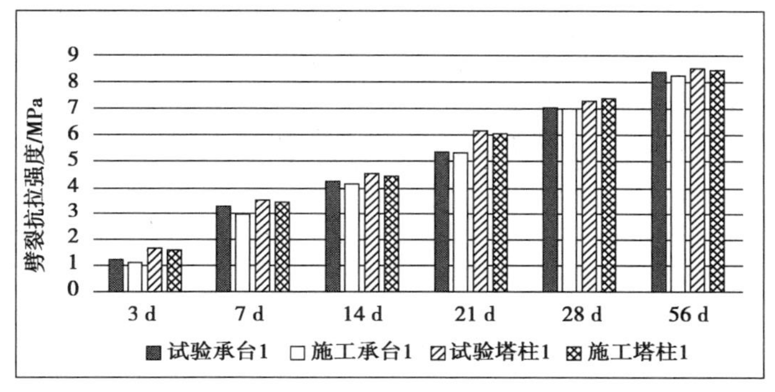

图8　承台和塔柱试验组及施工组劈裂抗拉强度

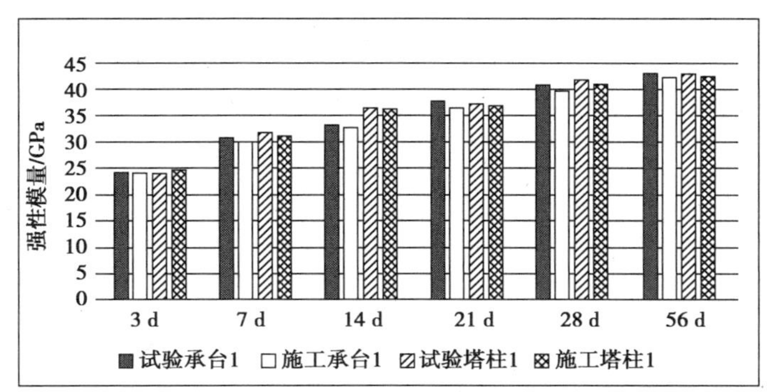

图9　承台和塔柱试验组及施工组静力受压弹性模量

通过试验数据分析可知，施工配合比和试验配合比所检测的相关技术指标变化不大，均能满足施工要求，两者配合比的施工运用有效减少承台混凝土与塔柱混凝土的弹性模量差异。施工过程中混凝土拌合物无离析、泌水、无堵管现象，浆体匀质性好。经养护后，表面没有出现裂缝，外观质量良好，无明显蜂窝、麻面等缺陷，提高索塔与承台连接部位的工程质量。

7　结　论

通过本文研究，得出以下结论：

（1）采用低水化热胶凝材料体系、高效缓凝减水剂及级配良好的碎石，能很好控制承台和塔柱混凝土一次性浇筑因龄期增长对抗压强度、劈裂抗拉强度、静力抗压弹性模量、水化热差异造成的影响。

（2）大体积承台的大部分水化热集中释放在 2 ~ 3 d 内，使用粉煤灰代替部分水泥可以使混凝土绝热温升有所降低，严格控制水化热，避免温度积聚，提高大体积混凝土的稳定性和抗开裂性。

（3）为了提高混凝土的耐久性，在标准养护条件下，采用了良好的水化热胶凝材料体系、高效缓凝减水剂、级配良好的碎石及低水胶比，承台 1 和塔柱 1 配合比的 28 d 强度均满足设计要求，都具有一定的富余系数，还有进一步优化的空间。

参考文献

[1] 秦鸿根，王伦，庞超明，等. 崇启大桥承台混凝土配合比设计及性能研究[J]. 世界桥梁，2011(4)：57-60.

[2] 周志鸿，李国刚. 西江特大桥承台大体积混凝土配合比设计及施工措施研究[J]. 公路交通科技：应用技术版，2010(11)：286-288 + 300.

[3] 蒋林华，仇高山，李士伟，等. 桥梁承台大体积高性能混凝土试验研究[J]. 混凝土，2010(1)：121-123.

索塔大体积混凝土配合比优化

李学峰　王　晨　曾雄星

（中交一公局第三工程有限公司　北京　100029）

摘　要　万州驸马长江大桥主塔塔柱高 210.5 m，设计混凝土方量为 17 991 m^3。为了进一步提高高性能混凝土的黏聚性、泵送效果等工作性能以及降低混凝土生产成本的实际需要，本文对原有主塔塔柱 C50 混凝土配合比进行优化。本文着重介绍 C50 大体积混凝土配合比优化的过程及成果分析，确保达到效益与质量双赢。

关键词　大体积混凝土　配合比　优化　原材料

1　工程概况

万州驸马长江大桥北塔塔柱高 210.5 m，设计混凝土方量为 17 991 m^3。主塔塔柱完成 5 个节段的混凝土浇筑后，浇筑高度为 22.5 m，已完成混凝土总方量为 1 200 m^3，已完工混凝土强度均偏高，但坍落度损失严重。为了进一步提高高性能混凝土黏聚性、泵送效果等工作性能以及节约混凝土生产成本的实际需要，对原有主塔塔柱 C50 混凝土配合比进行优化。

2　大体积混凝土配合比优化

2.1　优化原因

混凝土结构物实体最小几何尺寸不小于 1 m 的大体积混凝土，或预计会因混凝土中胶凝材料水化热引起的温度变化和收缩而导致混凝土有害裂缝产生。

2.2　C50 塔柱配合比优化设计方案

原有 C50 主塔塔柱配合比见表 1。

表 1　原有 C50 配合比

水泥/（$kg \cdot m^{-3}$）	砂/（$kg \cdot m^{-3}$）	碎石/（$kg \cdot m^{-3}$）	水/（$kg \cdot m^{-3}$）	外加剂/（$kg \cdot m^{-3}$）	粉煤灰/（$kg \cdot m^{-3}$）	水胶比	砂率/%
375	715	1 072	165	5.5	125	0.33	40

优化内容主要从以下两个方面进行考虑：

（1）混凝土应该具有良好的泵送性及保坍效果，满足施工工艺要求，易于现场操作施工。

作者简介：李学峰（1971—），女，本科，高级技师。

王　晨（1989—），男，专科，助理工程师。

曾雄星（1986—），男，本科，助理工程师。

(2)在保证混凝土工作性能的前提下,设法降低经济成本。

针对上述两个方面,试验室采取了相应的措施:首先,现场浇筑混凝土随泵送高度的增加,对其坍落度损失情况进行统计分析,给出配合比优化方案设计,然后对各个方案的工作性能及力学性能进行分析,确定优化后的最佳配合比,并对已确定优化配比进行现场实测论证及质量跟踪。

2.3 原有 C50 塔柱配合比实测坍落度损失统计分析

对主塔塔柱 1 ~5 节出机坍落度及泵送至模板内的坍落度损失的 20 组实测数据进行了统计,结果如表 2 所示。对相应数据进行分析,分析结果如图 1 所示。

表 2 坍落度损失数据统计

节数(左侧)	1		2		3		4		5	
坍落度损失/mm	15	16	15	17	16	16	17	19	18	17
施工日期	2014 年 10 月 27 日		2014 年 11 月 07 日		2014 年 11 月 16 日		2014 年 11 月 22 日		2014 年 11 月 27 日	
节数(右侧)	1		2		3		4		5	
坍落度损失/mm	16	14	15	17	16	17	16	17	18	16
施工日期	2014 年 11 月 03 日		2014 年 11 月 12 日		2014 年 11 月 19 日		2014 年 11 月 25 日		2014 年 12 月 01 日	

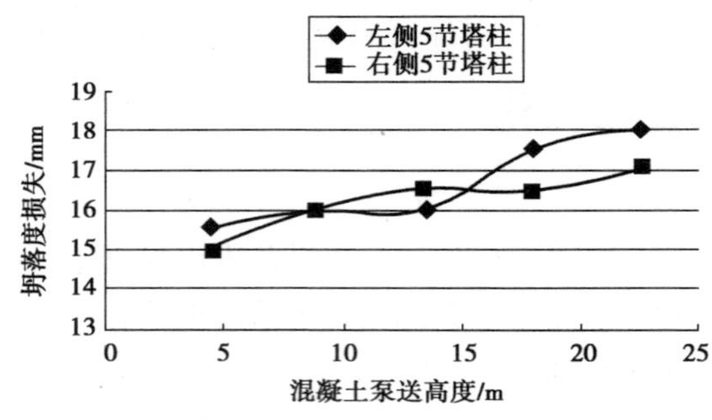

图 1 混凝土泵送高度和坍落度损失关系实测数据曲线图

由表 2 和图 1 可看出,随着泵送高度的增加,坍落度损失越明显,且坍落度损失的速率越来越快。为使混凝土有较好的保坍效果,需对原有 C50 塔柱配合比进行调整优化,保证施工的顺利进行,保证“零”堵管。

2.4 配合比优化方案比选

2.4.1 原材料选择

1)水泥

公路桥涵工程采用的水泥应符合现行国家标准《普通硅酸盐水泥》(GB 175—2007)的规定,水泥的技术指标应符合表 3 的要求。

表 3　水泥的技术指标

序号	项目	技术要求
1	比表面积/($m^2 \cdot kg^{-1}$)	≥300
2	烧失量/%	≤0.5
3	三氧化硫/%	≤3.5
4	初凝时间/min	≥45
5	终凝时间/min	≤600
6	Cl^-含量	不宜大于0.10%(钢筋混凝土)
		≤0.06%(预应力混凝土)
7	28 d抗折强度/MPa	≥6.5
8	28 d抗压强度/MPa	≥42.5

2)掺和料

在混凝土中掺入一定量的矿物掺和料,可以有效改善和提高混凝土的工作性和耐久性。这里掺入矿物掺和料不是仅从经济上考虑的,主要是从混凝土的耐久性能上考虑。在配制耐久性混凝土时,通常选用粉煤灰矿物掺和料,粉煤灰的技术指标如表4所示。

表 4　粉煤灰的技术指标

序号	项目	技术要求	
		C50以下混凝土	C50及以上混凝土
1	细度/%	≤20	≤12
2	Cl^-含量/%	不宜大于0.02	
3	需水量比/%	≤105	≤95
4	烧失量/%	≤5.0	
5	含水率/%	≤1.0(对干排灰)	
6	SO_3含量/%	≤3.0	
7	CaO含量/%	≤10(对于硫酸盐侵蚀环境)	

3)细集料

细集料宜采用级配良好、质地坚硬、颗粒洁净且粒径小于5 mm的河砂。当河砂不易得到时,可采用符合规定的其他天然砂或人工砂。细集料的技术指标如表5所示。

表 5　细骨料的技术指标

项目	类别		
	Ⅰ类	Ⅱ类	Ⅲ类
含泥量/%	≤2.0	≤3.0	≤5.0
泥块含量/%	≤0.5	≤1.0	≤2.0
人工砂单级最大压碎指标/%	<20	<25	<30
硫化物及硫酸盐含量(折算成 SO_3)/%	≤1.0		
Cl^- 含量/%	<0.01	<0.02	<0.06
表观密度/($kg \cdot m^{-3}$)	>2 500		
松散堆积密度/($kg \cdot m^{-3}$)	>1 350		
空隙率/%	<47		
碱集料反应	经碱集料反应试验后,由砂制配的试件无裂缝、酥裂、胶体外溢现象,在规定试验龄期的膨胀率应小于0.10%		

4)粗集料

粗集料宜采用质地坚硬、洁净、级配合理、粒形良好、吸水率小的碎石或卵石,粗集料的技术指标见表6。

表 6　粗骨料的技术指标

项目	类别		
	Ⅰ类	Ⅱ类	Ⅲ类
碎石压碎指标/%	<10	<20	<30
卵石压碎指标/%	<12	<16	<16
针片状颗粒含量(按质量计)/%	<5	<15	<25
硫化物及硫酸盐含量(折算成 SO_3)/%	<0.5	<1.0	<1.0
含泥量(按质量计)/%	<0.5	<1.0	<1.5
表观密度/($kg \cdot m^{-3}$)	>2 500		
松散堆积密度/($kg \cdot m^{-3}$)	>1 350		
空隙率/%	<47		
碱集料反应	经碱集料反应试验后,由砂制配的试件无裂缝、酥裂、胶体外溢现象,在规定试验龄期的膨胀率应小于0.10%		

5)拌和用水

拌和水可采用地下水或饮用水,拌和用水直接抽取长江水,经沉淀合格后直接使用,性能指标符合表7的规定。

表7　拌和用水的技术指标

项目	预应力混凝土	钢筋混凝土	素混凝土
pH 值	≥5.0	≥4.5	≥4.5
不溶物/($mg \cdot L^{-1}$)	≤2 000	≤2 000	≤5 000
可溶物/($mg \cdot L^{-1}$)	≤2 000	≤5 000	≤10 000
氯化物(以 Cl^- 计)/($mg \cdot L^{-1}$)	≤500	≤1 000	≤3 500
硫酸盐(SO_4^{2-} 计)($mg \cdot L^{-1}$)	≤600	≤2 000	≤2 700
碱含量(以当量 NaO 计)/($mg \cdot L^{-1}$)	≤1 500	≤1 500	≤1 500

2.4.2　对比方案的选定

对原有 C50 塔柱配合比砂率和减水剂掺量等做相应调整,选出以下两个方案进行优化设计研究:

(1)原配比:砂率为 40%,外加剂掺量为总胶凝材料的 1.1%,水胶比 $W/B=0.35$。

(2)方案一:砂率为 40%,外加剂掺量为总胶凝材料的 1.15%,水胶比 $W/B=0.31$。

(3)方案二:砂率为 41%,外加剂掺量为总胶凝材料的 1.2%,水胶比 $W/B=0.33$。

各方案配合比情况汇总如表 8 所示。

表8　各试验方案配合比汇总

材料	水泥/($kg \cdot m^{-3}$)	砂/($kg \cdot m^{-3}$)	碎石/($kg \cdot m^{-3}$)	水/($kg \cdot m^{-3}$)	外加剂/($kg \cdot m^{-3}$)	粉煤灰/($kg \cdot m^{-3}$)	水胶比	砂率/%
方案一	343	735	1 103	152	5.64	147	0.31	40
方案二	312	751	1 081	168	5.76	168	0.35	41
原配比	375	715	1 072	165	5.50	125	0.33	40

2.4.3　优化配合比性能分析

将以上两种方案在塔柱第 6 节浇筑时进行试验验证,各方案对应工作性能及力学性能如表 9 所示。

表9　各方案配合比性能

性能	初始坍落度/mm	1 h 后坍落度/mm	1 h 坍落度损失/mm	力学性能/MPa	
				28 d	60 d
方案一	210	200	10	61.8	70.0
方案二	210	205	5	60.2	66.3
原配比	205	185	20	64.2	72.5

由表9可看出，方案一、方案二及原配比对照组力学强度相差不大，增加外加剂掺量时坍落度损失最小，此参数对混凝土的保坍效果影响较大，同时增加砂率也会对混凝土的坍落度损失有所改善。方案一中增加了砂的用量，即加大了混凝土的用水量，配合比优化对比中在外加剂掺量不变的情况下，可知减小坍落度损失的效果不太明显；当同时增加砂率和外加剂掺量，即如方案二所述，能有效地改善坍落度损失，综合分析选定方案二为最终优化方案。

2.5 抗裂性能分析

2.5.1 试验方法及流程

采用试件尺寸为600 mm×600 mm×63 mm的平面薄板，模具底板采用厚度为16 mm的复合板，并在底板上铺一层聚乙烯薄膜，防止试件水分从底面蒸发损失（图2）。拌和混凝土及浇筑、振捣、抹面后，将试件和模具一起放入标养室养护，收缩24 h后结束，观察并记录裂缝，测量裂缝宽度和长度。

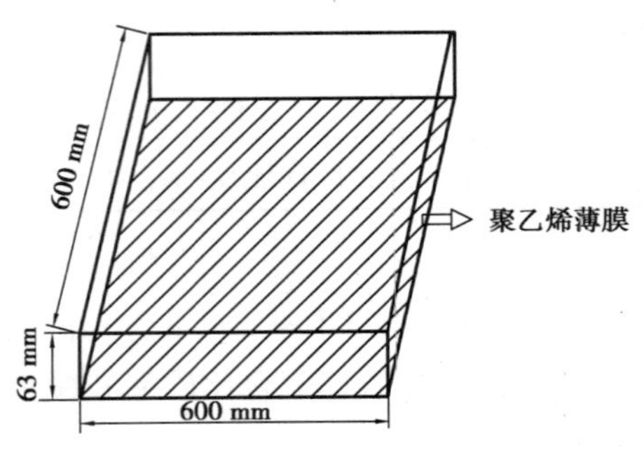

图2 试件示意图

2.5.2 对比试验结果

裂缝对比试验分析如表10所示。

表10 裂缝对比试验分析

试件编号	坍落度/mm	60 d抗压强度/MPa	最大裂缝宽度/mm	裂缝数量/个	裂缝面积/mm²
方案一	210	70.0	1.12	16	407.6
方案二	210	66.3	0.96	10	301.5
原配比	205	72.5	1.26	20	563.9

从试验结果看，方案二的裂缝宽度的数量均较少，证明其有较优的抗裂性能。

2.6 经济效益分析

不同配合比设计所产生的经济成本也不尽相同，各原材料成本如表11所示，经计算4种配合比的经济成本如表12所示。由于施工中水的成本仅由电费附加产生，成本可忽略。

表11 各原材料成本

水泥/(元·t^{-1})	粉煤灰/(元·t^{-1})	减水剂/(元·t^{-1})	黄砂/(元·t^{-1})	碎石/(元·t^{-1})
340	280	5 400	90	50

表12 各配合比成本核算

方案	方案一	方案二	原配比
成本/(元·m^{-3})	309.5	305.9	310.2

由表12可看出，方案二比原有配比成本减少4.3元/m³，预计可为工程建设节约成本为(17 991 - 1 200)×4.3 = 72 201.3元。

3 后期跟踪

优化后的配合比能否满足现场施工要求，能否达到设计及规范标准，需要在施工过程中验证。在确定优化后的配合比后，对其进行了后期的质量跟踪，主要从能否满足现场施工要求及达到设计强度两个方面来评定优化后的配合比的实际情况。

3.1 现场施工情况

通过对9号主塔柱左、右幅共10节混凝土浇筑的全程监控，认定优化后的配合比能够满足现场施工工艺的要求，搅拌过程和浇筑过程中混凝土工作性良好。

3.2 强度评定

强度评定主要通过试验室混凝土试块强度和现场回弹两方面进行评价。

3.2.1 试验室混凝土试块强度

对于试验室标准养护150 mm×150 mm×150 mm立方体试块60天龄期抗压情况，共选取了C50混凝土优化前后各12组混凝土试块进行对比，见表13。

表13 优化前后的强度对比表

设计强度等级/MPa		50	龄期/d	60	养护方式	标准养护	
优化前				优化后			
实际抗压强度/MPa	达到设计强度/%	实际抗压强度/MPa	达到设计强度/%	实际抗压强度/MPa	达到设计强度/%	实际抗压强度/MPa	达到设计强度/%
60.9	122	59.9	120	58.8	118	59.3	119
60.6	121	60.1	120	59.4	119	58.8	118
61.3	123	60.7	121	59.4	119	59.2	118
59.8	120	59.6	119	59.2	118	59.5	119
60.6	121	60.1	120	60.1	117	58.9	118
60.0	120	59.2	11.8	59.8	120	57.9	116
$R_n = 60.2$	$S_n = 0.572$	$R_n - K_1S_n = 59.2$		$R_n = 59.2$	$S_n = 0.536$	$R_n - K_1S_n = 58.3$	
$R_{min} = 59.6$	$K_1 = 1.70$	$\geq 0.9R$	合格	$R_{min} = 57.9$	$K_1 = 1.70$	$\geq 0.9R$	合格

注：按《公路工程质量检验评定标准》(JTG F80/1—2004)进行。

3.2.2 工程实体主塔柱现场回弹

共选取了C50混凝土优化前后各12个区域主塔柱侧面进行回弹。每模10个测区，每个测区16个点，表14所示数据为每模修正前后的回弹强度对比。

表 14 优化前后的回弹强度对比表

设计强度等级/MPa		50	龄期/d	60	洒水养护
优化前/MPa			优化后/MPa		
59.2	58.1	59.1	59.3	61.9	59.4
59.8	59.2	58.9	59.4	59.2	59.5
59.4	59.3	58.9	58.6	59.5	58.3
59.9	60.1	59.5	57.8	57.2	58.6
平均值	59.3		59.0		

4 结 论

根据前述研究成果,可得出以下结论:

(1)在不影响混凝土力学性能的前提下,当同时增加砂率和外加剂掺量,能有效地改善坍落度损失。优化后的混凝土具有良好的泵送性能及保坍效果,满足施工工艺要求,易于现场操作施工。优化后 C50 主塔塔柱的配合比为:水泥∶砂∶碎石∶粉煤灰∶水∶外加剂 = 312∶751∶1 081∶168∶168∶5.76 。

(2)所选优化方案比原有配合比,将坍落度损失从 20 mm 降低为 5 mm,极大地改善了混凝土的工作性能。

(3)优化后配合比较原有配比成本减少 4.3 元/m^3,预计可为工程建设节约成本 7.2 万元,同时工作性能的改善降低了机械的损耗和意外情况的发生概率,减少了材料的浪费,保证了工程质量,提高了施工效率,增加了工程建设的综合效益。

参考文献

[1] 中华人民共和国行业标准. 公路桥涵施工技术规范(JTG/T F50—2011)[S]. 北京:人民交通出版社,2011.

[2] 中华人民共和国行业标准. 普通混凝土配合比设计规程(JGJ 55—2011)[S]. 北京:中国建筑工业出版社,2011.

多回路冷却水管通水时机对大体积混凝土的影响

宾　熊　顾跃强　杨世好

（中交一公局第三工程有限公司　北京　102205）

摘　要　以万州驸马长江大桥为依托，根据大体积混凝土工程现场施工的普遍特点，着重对冷却水的通水时机进行研究，并总结出其对大体积混凝土施工质量的影响。

关键词　大体积混凝土　多回路　冷却水　通水时机　质量

1　引　言

随着国内外科学技术的发展，各种建设工程中大体积混凝土施工已日益常规化。对大体积混凝土的温控技术也日趋成熟。在大体积混凝土中埋设水管进行通水冷却是一种有效的温控措施。一般是通过蛇形冷却水管的一期通水来削减混凝土的绝热温升，降低其最高温度[1]。实际工程中，为了更有效地控制混凝土最高温度，采用的方法是尽早开始通水和降低通水温度[2]。

但是对于冷却水的通水时机，一般都没有明确的要求，只是说混凝土浇筑过程中或等混凝土浇筑完成后再进行通水，以尽早削减水化热温升[3]。但是施工现场因为冷却水管接头处理不好，容易渗水、现场配备的水泵不足、停电、冷却水温度过低等客观原因的存在，可能导致施工现场无法及时进行通水冷却。针对以上情况，在保证大体积混凝土施工质量的前提下，对冷却水的通水时机进行了详细的研究。

2　万州驸马长江大桥索塔承台施工简介

2.1　万州驸马长江大桥北索塔承台与系梁设计简介

万州驸马长江大桥北岸索塔承台为哑铃形结构，单个承台高 7 m，顶部 1 m 段设置 45°倒角，承台底部顺桥向和横桥向尺寸为 19.5 m×19.5 m，顶部尺寸为 17.5 m×17.5 m，左、右幅承台间设置一道长 26.635 m、宽 8 m、高 5.8 m 的横系梁。系梁中间设置 2 m 后浇段（图 1）。

承台与系梁混凝土总方量为 6 390.1 m^3（不含垫层），后浇段为 92.8 m^3。除后浇段采用 C35 微膨胀混凝土外，承台及系梁均采用 C35 混凝土。

2.2　万州驸马长江大桥北索塔承台与系梁施工简介

北岸索塔承台与系梁混凝土属于大体积混凝土施工。施工时，采用分层分块的方式进行，

作者简介：宾　熊（1985—），男，本科，助理工程师。

顾跃强（1976—），男，本科，工程师。

杨世好（1983—），男，本科，工程师。

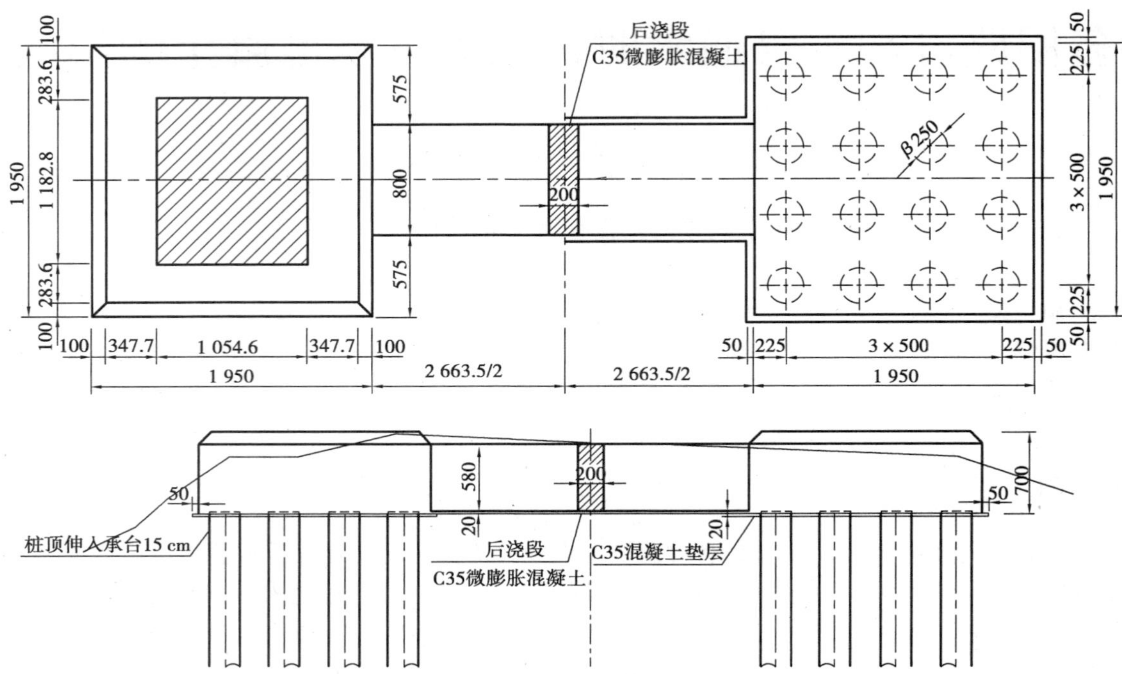

图1　北索塔承台平面、立面图

第一层施工高度为4 m,第二层施工高度为3 m,单幅第一层浇筑方量为1 915.16 m^3,单幅第二层浇筑方量为1 279.89 m^3,后浇段浇筑方量为92.8 m^3(图2)。

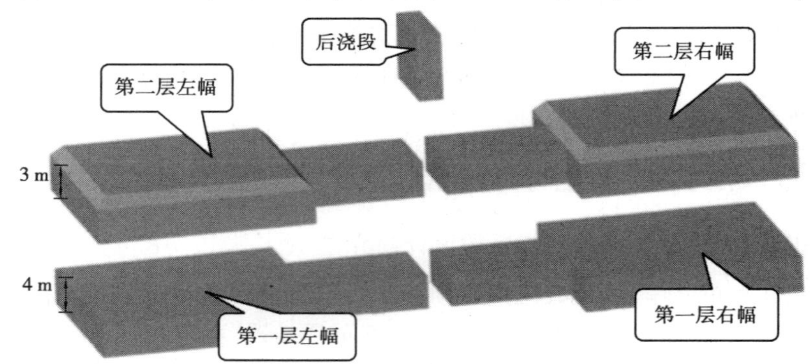

图2　北索塔承台及系梁分层、分块施工示意图

为了满足设计要求,保证大桥结构安全,除对混凝土的原材料和入模温度进行控制外,还进行了必要的温控和监测。

2.2.1　温控及通水方案

承台和系梁冷却水管规格为ϕ40 mm×2 mm,具有一定强度、导热性能好的电焊钢管,布设密度按照1.0 m层间距和1.0 m水平间距,呈梅花形布置(图3)。冷却水管进口采用每管一阀,每阀单独控制流量。承台冷却水采用压力自流。冷却水为江水。系梁单套冷却水管总长为65 m,承台单套冷却水管最长为132 m。

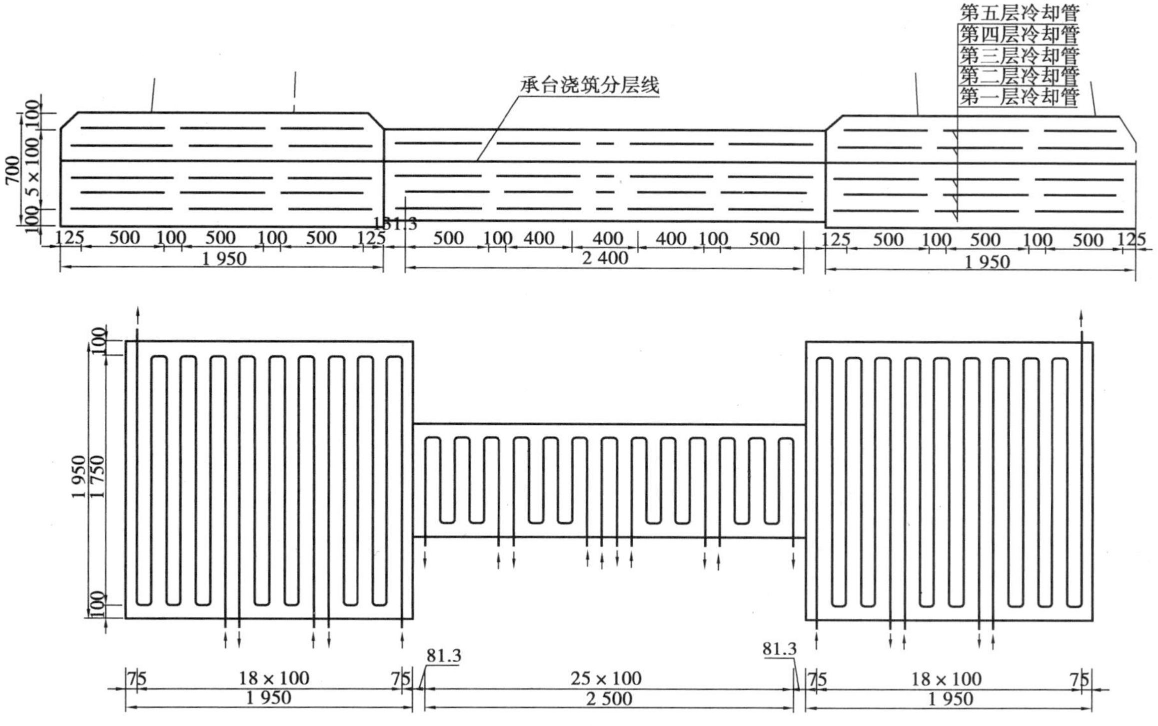

图 3　北索塔承台及系梁冷却水管立面、平面布置图(单位:cm)

第一层混凝土现场通水时间如表 1 所示。

表 1　冷却水通水时间设置表

左幅承台及系梁		右幅承台及系梁		备　注
水管层数	通水时间	水管层数	通水时间	
第一层冷却水管	混凝土浇筑完成后立即开始	第一层冷却水管	混凝土浇筑完成后立即开始	整个通水时间不少于 7 天,具体以温度监测结果为准
第二层冷却水管		第二层冷却水管	第一层通水 10 小时后开始	
第三层冷却水管		第三层冷却水管	第二层通水 10 小时后开始	

2.2.2　温度监控方案

为获得承台及系梁混凝土内部温度,及时调整温控方案。根据结构的对称性和温度变化的一般规律,在承台和系梁的 1/4 侧、混凝土外表以内 5 cm 及底面以上 5 cm 处布置测温元件(图 4)。

测温元件为 PN 结温度传感器,其分层安装及编号如表 2 所示,温度检测仪采用八路温度巡检检测仪。

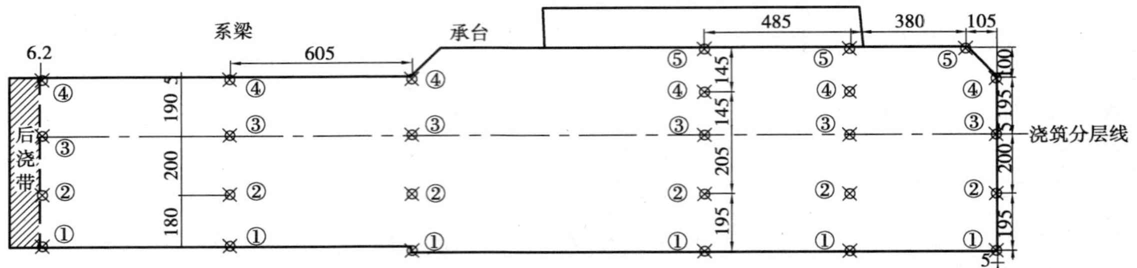

(a) 1/2承台立面示意图

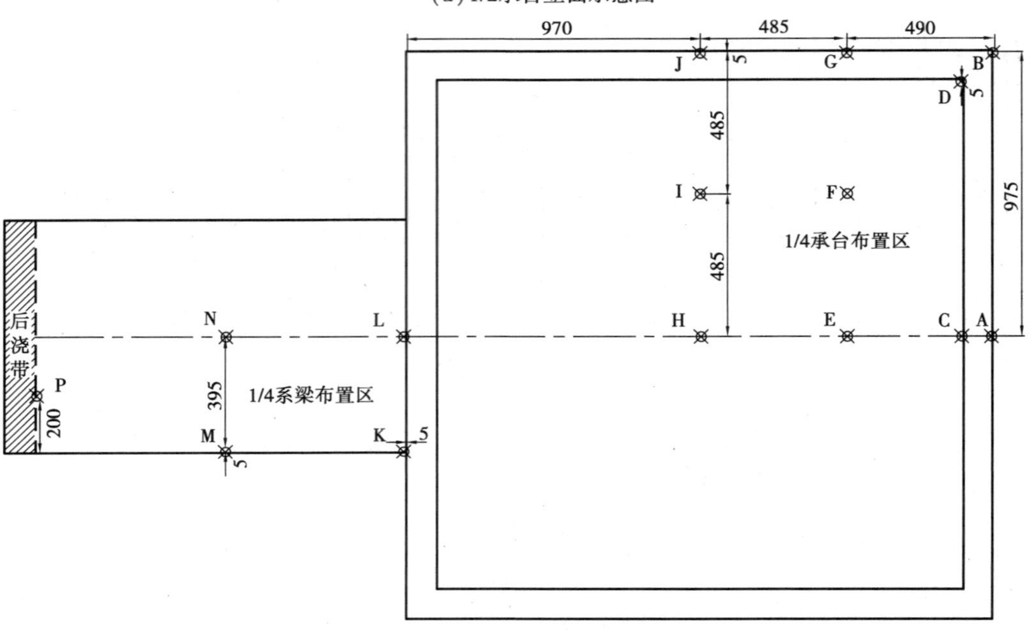

(b) 1/2承台平面示意图

图4　北索塔承台及系梁测温元件立面、平面布置图(单位:cm)

表2　测温元件分层安装列表

测温元件		编　号	位　置
第一层	承台	A1,A2;B1,B2;E1,E2;F1,F2;G1,G2;H1,H2;I1,I2;J1,J2	1号元件距离混凝土底面5 cm处布置;2号元件距离混凝土底面2 m处布置
	系梁	K1,K2;L1,L2;M1,M2;N1,N2;P1,P2	1号元件距离混凝土底面5 cm处布置;2号元件距离混凝土底面1.8 m处布置
第二层	承台	A3,A4;B3,B4;C5,D5;E3,E4,E5;F3,F4,F5;G3,G4,G5;H3,H4,H5;I3,I4,I5;J3,J4,J5	3号元件距离第一层混凝土顶面5 cm处布置;4号元件距离第一层混凝土顶面2 m处布置;5号元件距离第二层混凝土顶面5 cm处布置
	系梁	K3,K4;L3,L4;M3,M4;N3,N4;P3,P4	3号元件距离第一层混凝土顶面5 cm处布置;4号元件距离第二层混凝土顶面5 cm处布置

2.2.3 现场实施及模拟计算结果

北索塔承台左幅第一层混凝土于 2014 年 9 月 20 日完成浇筑，右幅第一层混凝土于 2014 年 9 月 30 日完成浇筑。现场施工及温度监测如图 5 所示。

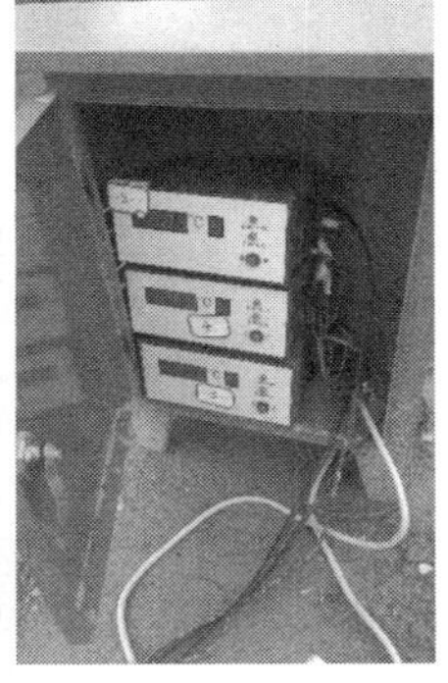

图 5 现场施工及温度监测

两次混凝土浇筑和通水冷却期间，现场环境温度都比较均衡，白天约为 20 ℃，夜晚约为 13 ℃。左、右幅第一层混凝土入模平均温度均约为 28 ℃。冷却水温度约为 20 ℃。

根据现场测温元件埋设的位置，为了便于数据分析对比，特选择 A(承台边缘)、H(承台中心)、L(承台与系梁交接处)共计 6 个点位进行数据分析。针对前期 7 天的温度监测情况进行了数据统计，并与模拟计算的数据进行了对比。

现场监测和模拟计算的数据对比如图 6 所示。

(1)第一层温度监控点 A1、H1 和 L1 的温度。从实测温度和计算温度来看，左、右幅的差值不大。因为两者的冷却通水时间点和通水时间长度基本相同。

(2)第二层温度监控点 A2、H2 和 L2 的温度。

前 5 h 内，左、右幅温度基本一致，但是右幅温度逐渐升高，渐渐超过了左幅温度。

第 5 ~ 10 h，左、右幅之间的差值越来越大，到第 10 h 时，差值达到最大。

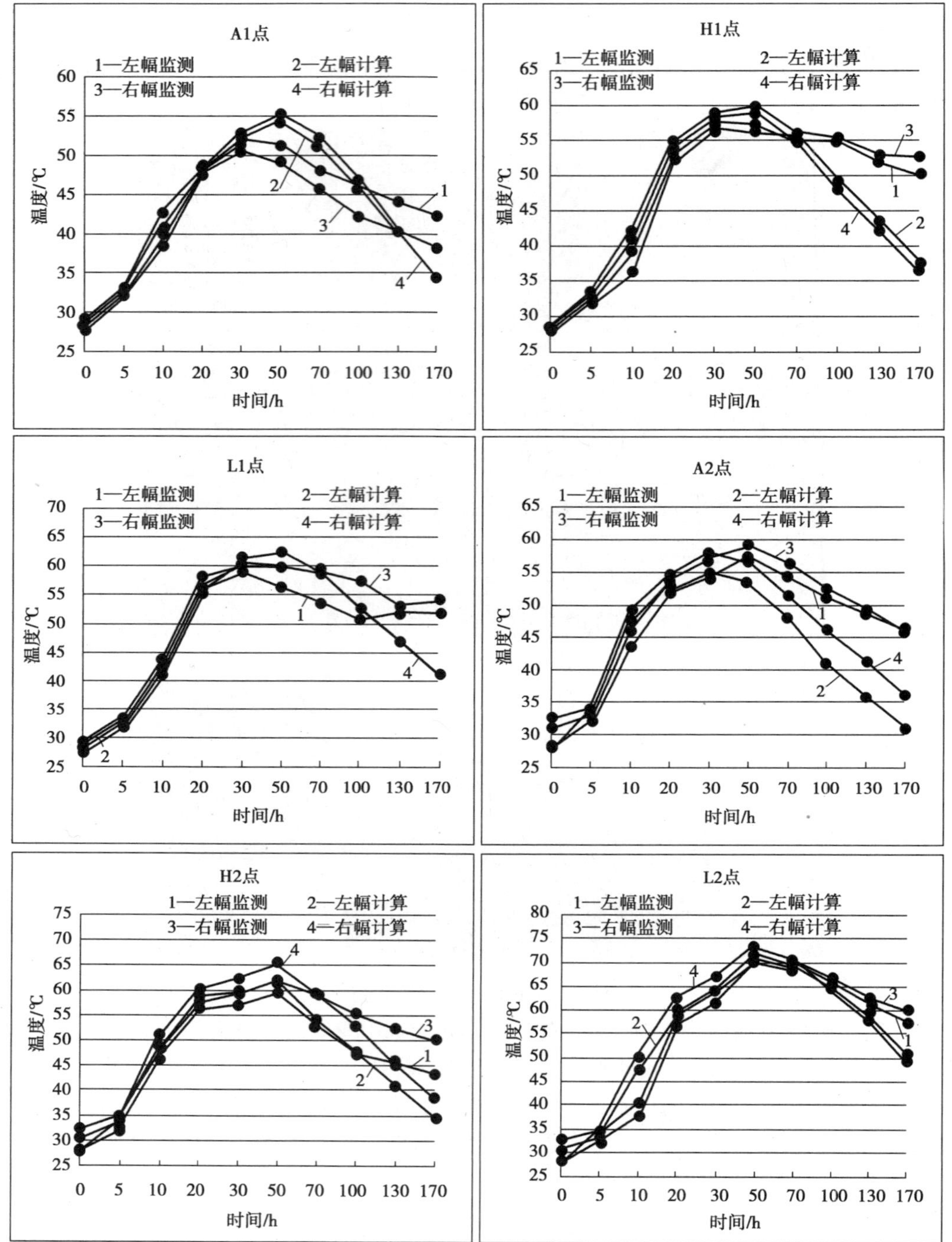

图6　承台与系梁左右幅各点实测温度与计算温度的对比图

第10～20 h,根据水管梅花形布置的冷却范围[3],右幅第二层开始通水。因为第一层水管的冷却能力有限,第二层测温元件点位的温度还处于一个较快上升的趋势,因此该时段的温度右幅的温度依然比左幅高,且差值越来越大。

(3)第20～30 h,第三层冷却水管开始通水,但是此时因通水时间较晚,冷却水管不能很好地起到削弱芯部温度峰值的作用,所以此时混凝土芯部的温度还处于上升的状态。此时间段左、右幅之间的温度差值依然较大。

(4)第30~50 h,左、右幅混凝土芯部温度此时还在上升。约第50 h时,混凝土内部达到最大温度,左幅实测温度为69.9 ℃,计算温度为70.28 ℃,右幅实测温度为72.2 ℃,计算温度为73.27 ℃。

(5)第50~170 h,随着冷却水继续带走混凝土的热量,左、右幅混凝土的温度逐步降低,并逐步趋于一致。

3 大体积混凝土温度数据采集

通过索塔承台及系梁现场温度监测数据和理论数据分析对比可以发现,左、右幅混凝土内部达到最大温度的时间约是浇筑完成后50 h,实际和理论数据基本吻合。可见,通水时间的延后对混凝土本身达到最大温度的时间没有影响。

但是通水时间的延后,对混凝土内部最大温度值有一定的影响。因为第一层监控点距第一层冷却水管较远,且离地基较近,该点的温度受外界影响较大。对此,仅对第二层A2、H2和L2三点达到最大温度前进行分析。

3.1 理论计算

A2、H2和L2三点温度及温度差理论计算值对比如图7所示。

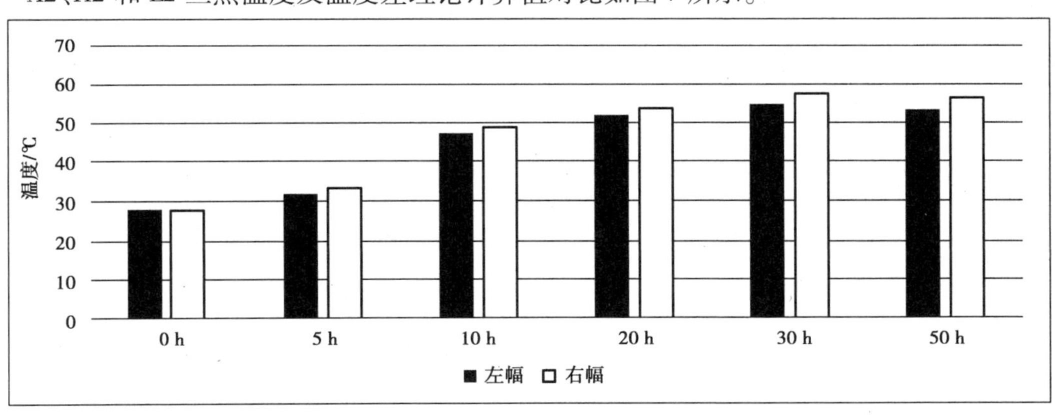

(a) A2点温度对比

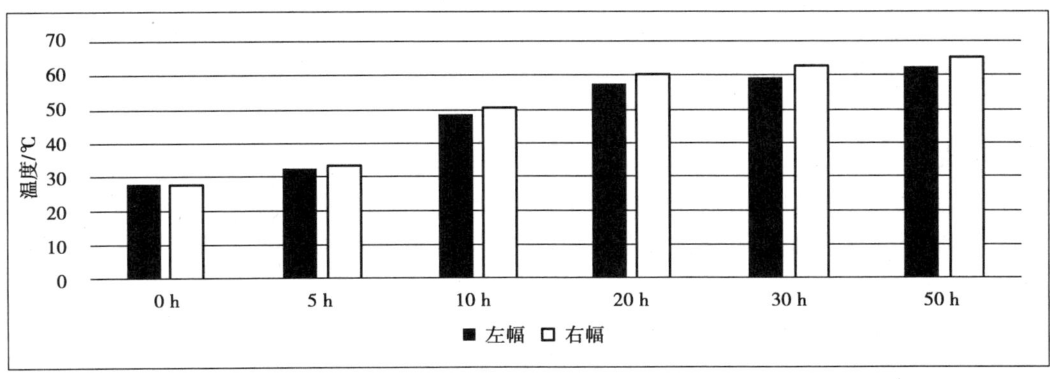

(b) H2点温度对比

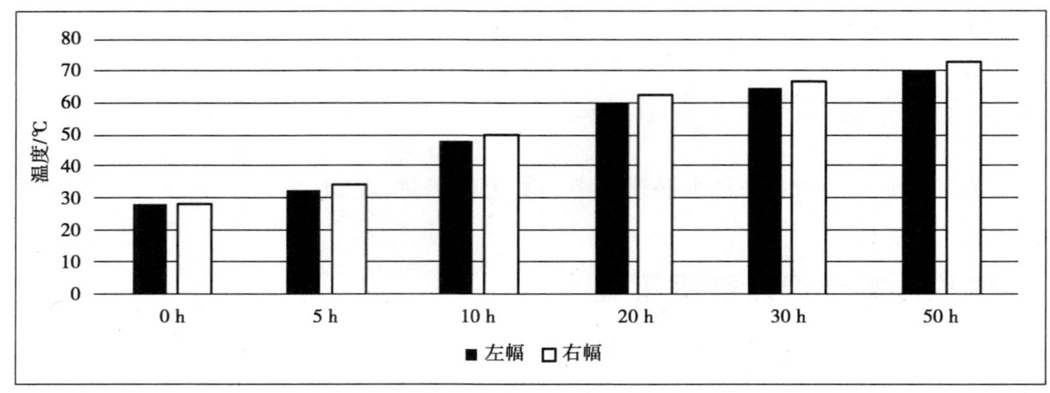

(c) L2点温度对比

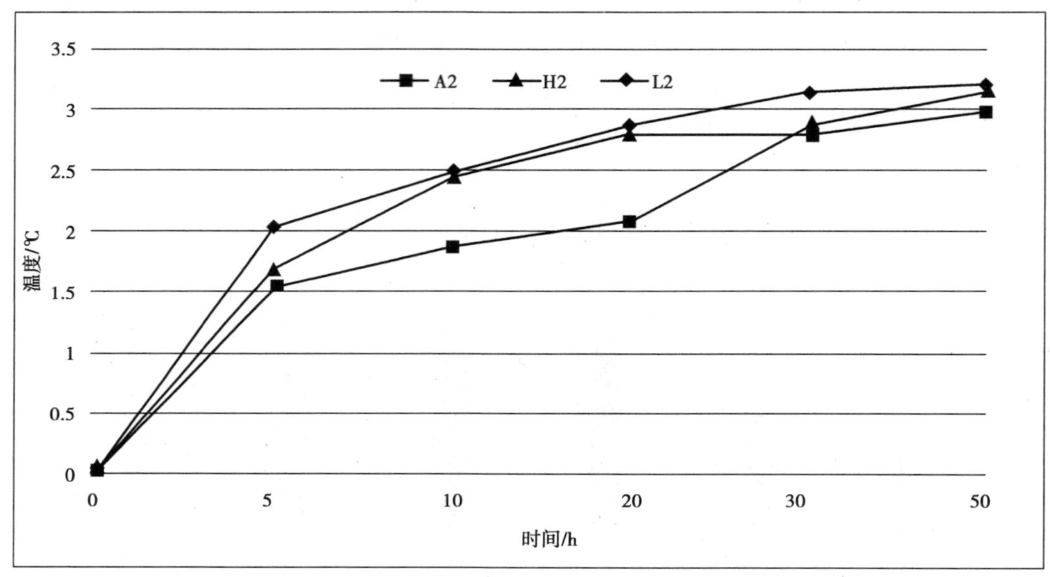

(d) 通水时间与温度差值对比图（理论计算）

图 7　A2、H2 和 L2 三点温度及温度差值对比图(理论计算)

根据温度差值对比可以看出,在前 50 h 以内,这 3 个点的温差值是逐步增大的。同时根据通水的情况,总体来说,各点各时段温度差值的差越来越小。例如,L2 点在第 30 h 与 20 h 的温度差值的差,要比第 20 h 与 10 h 的温度差值的差要小,这与通水时间有一定的关系。

3.2　现场监测

A2、H2 和 L2 三点温度及温度差值现场监测结果如图 8 所示。

根据现场监测的温度差值对比来看,因混凝土浇筑完成后,底部的混凝土已开始放热,所以实际情况下,第 0 h 的监测温度比入模温度要高。继续通水阶段,除边缘外,内部的温度差值有总体下降的趋势,但右幅混凝土内部的最高温度最终还是比左幅略高。

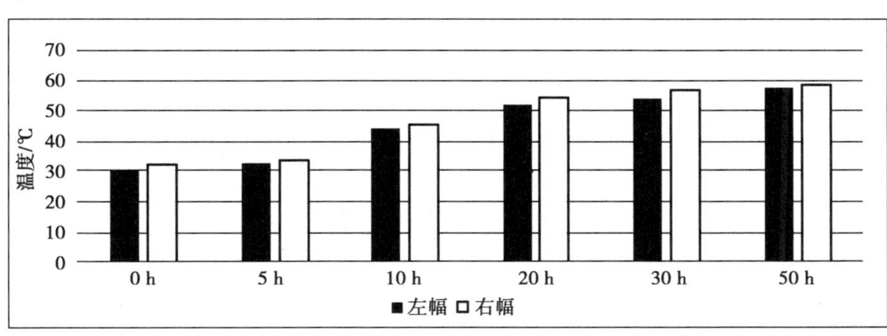

(a) A2点温度对比

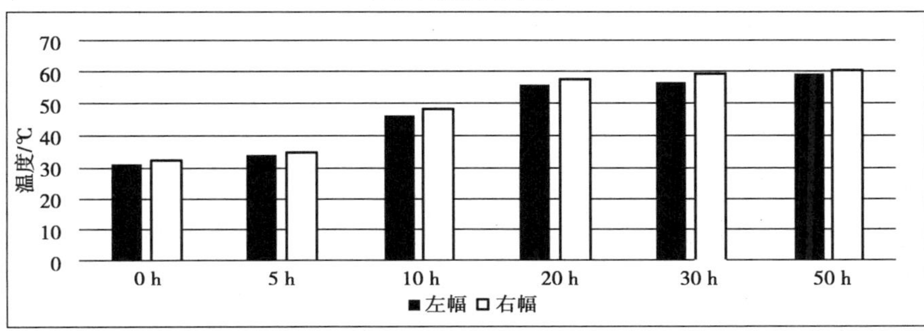

(b) H2点温度对比

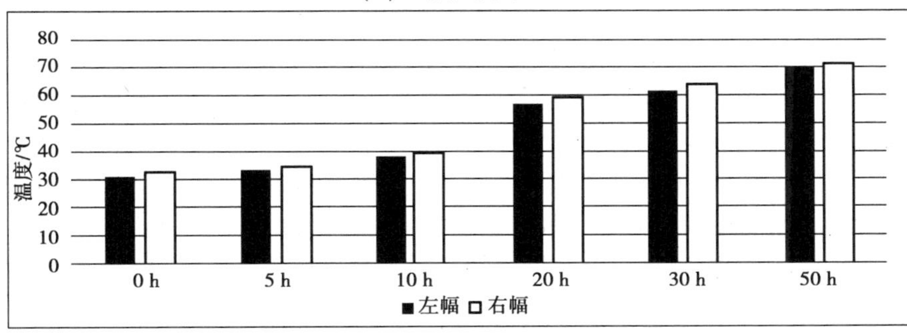

(c) L2点温度对比

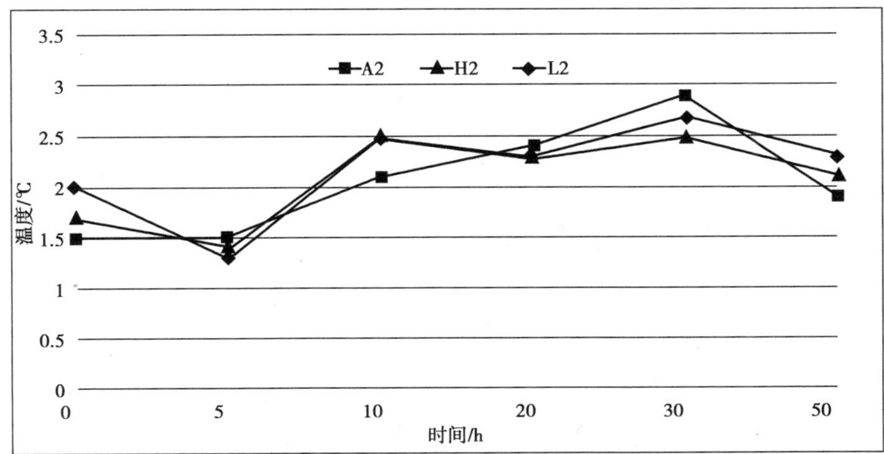

(d) 通水时间与温度差值对比（现场监测）

图8 温度及温度差值对比图(现场监测)

4 对比分析及总结

4.1 通水时间的影响

4.1.1 对混凝土最高温度的影响

通过以上数据分析,可以得出分时间点对大体积混凝土进行冷却降温,不能有效降低混凝土内部的最大温度,削减其温度峰值。

4.1.2 对混凝土整体温度的影响

根据以上曲线图可以看出,越到后期混凝土外缘温度与同时通水的温度越接近,而内部还是有一定的温度差值。由此可以看出,分时间点通水对整个大体积混凝土到了后期,也存在着较大的温度梯度。170 h 后,左幅的里表温差约为 10 ℃,但右幅的里表温差却为 15 ℃,差值约为 5 ℃。

4.2 其他因素的影响

4.2.1 冷却水管

在混凝土施工前,对冷却水管进行了严格的通水试验,防止其渗水。为了更好地采集混凝土前期的温度数据,曾在混凝土浇筑期间就进行通水冷却,但因接头渗水的影响导致现场积水严重,只能停止浇筑期间的通水冷却。这样必然导致实际监测的温度与理论计算值有一定差异。

4.2.2 冷却水

现场施工的冷却水通水采用自流式,在高差较大的情况下,其流速还能得到保证,但在高差较小的情况下,冷却水的流速就无法满足要求的通水流速 25 L/min。因此浇筑高度越高,其通水流速越低,进而混凝土内部温度越高。

综上所述,一般情况下,越早对大体积混凝土进行通水冷却,越能减少其水化热温升,降低混凝土内部温度,有效地控制混凝土的内外温差差值,降低混凝土产生裂缝的可能。

大体积混凝土的温度控制是一个系统性的研究内容,除了要保证通水外,还要保证混凝土的入模温度、冷却水的通水条件、冷却水的通水温度等,这些都直接影响大体积混凝土的施工质量,影响裂缝的产生。

5 结　语

目前,国内已研制成大体积混凝土通水冷却智能温度控制系统,并在溪洛渡特高拱坝的施工中投入使用,且效果良好[4]。随着科技的发展,相信不久之后大体积混凝土裂缝这一难题将被彻底解决。

参考文献

[1] 李守义,赵丽娟,周伟,等. 碾压混凝土重力坝冷却水管的冷却效果研究[C]//第五届碾压混凝土坝国际研讨会论文集(下册),2007:586-591.

[2] 唐忠敏,李松辉,张国新,等. 高混凝土拱坝一期水冷温度对水管周边混凝土的影响[J]. 中国水利水电科学研究院学报,2010,8(4):299-303.

[3] 朱伯芳. 大体积混凝土温度应力与温度控制[M]. 北京: 中国电力出版社,1999:634.

[4] 林鹏,李庆斌,周绍武,等. 大体积混凝土通水冷却智能温度控制方法与系统[J]. 水利学报,2013,44(8):950-957.

万州驸马长江大桥下横梁施工安全控制措施

蔡　宇

（中交一公局厦门工程有限公司　厦门　361000）

摘　要　万州驸马长江大桥南主塔高166.57 m,下横梁与塔柱同步施工,采用落地钢管贝雷支架作为支承,落地支架由钢管、贝雷、型钢等组成。支架安装、拆除均属于高空作业。本文主要对下横梁施工安全控制措施进行阐述。工程实践证明,施工安全控制措施可靠,取得了良好的社会安全效益。

关键词　主塔下横梁　施工安全　控制措施

1　工程背景

1.1　工程概况

万州驸马长江大桥南岸索塔下横梁采用等截面箱形断面,梁高8.00 m,宽9.00 m,顺桥向和高度方向壁厚均为1.00 m,下横梁内共设4道0.80 m厚隔墙。下横梁构造如图1所示。

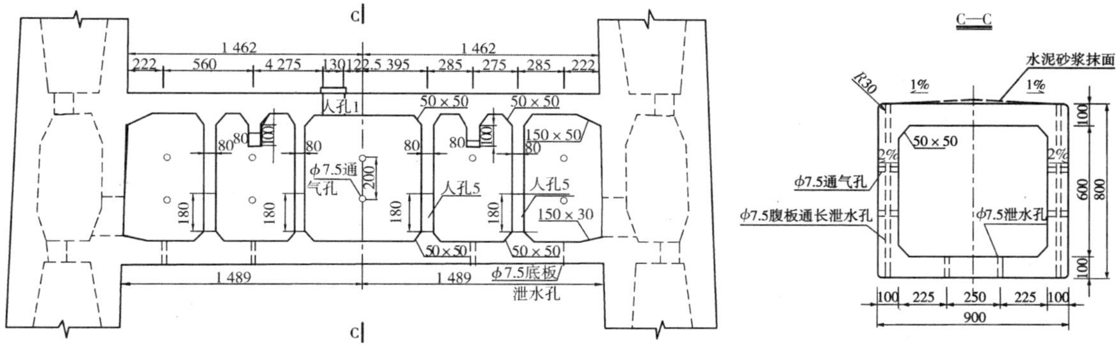

图1　下横梁构造图

下横梁设计为C50预应力钢筋混凝土,混凝土总方量为1 090 m^3。下横梁内布置52束22ϕ^s15.2预应力钢束,所有预应力锚固点均设在塔柱外侧壁内,采用深埋锚形式。

1.2　工程特点

（1）主塔下横梁与承台间高度大,高差达40 m;支架安装、拆除均属于高空作业,施工过程中安全控制是本工程的难点。

作者简介:蔡宇(1990—),男,本科,助理工程师。

(2)混凝土方量大,对支架的安全可靠设计是本工程的重点,需严格验算其强度、刚度、稳定性。

(3)下横梁施工完成后,上塔柱施工与支架拆除属于交叉作业,如何快速、安全地拆除支架是工程的重点。

2 主要施工方法

下横梁采用钢管贝雷作为支承架,混凝土分两层浇筑完成,每层浇筑高度为4.0 m,相应位置处的第10、11节段塔柱与下横梁同步施工。

3 下横梁施工安全控制措施

3.1 有效开展危险源识别工作

为了有效地控制索塔下横梁施工过程中的各类危险源,结合现场实际情况,采用半定量计值的评价方法分析每个危险源导致风险发生的可能性和后果。用与系统危险性有关的3个因素指标之积来评价系统人员伤亡危险的大小,其简化公式是 $D=L\times E\times C$。

3.1.1 发生事故的可能性(L)

事故或危险事件发生的可能性,当用概率来表示时,绝对不可能的事件发生概率为0,而必然发生的事件概率为1。但在考虑系统安全时,绝对不发生的事故是不可能的,所以人为地将"发生事故可能性小"的分数定为0.1,而必然要发生的事件分数定为10,介于这两种情况之间的情况指定为若干个中间值,如表1所示。

表1 事故发生的可能性(L)

分数值	事故发生的可能性
10	完全可以预料
6	相当可能
3	可能,但不经常
1	可能性小,完全意外
0.5	很不可能,可以设想
0.2	极不可能
0.1	实际不可能

3.1.2 暴露于危险环境的频繁程度(E)

人员出现在危险环境中的时间越多,危险性越大。因此,将人员连续出现在危险环境的情况定为10,将非常罕见出现在危险环境的情况定为0.5,而介于两者之间的各种情况分别规定出若干中间值,如表2所示。

表 2 暴露于危险环境的频繁程度(E)

分数值	暴露于危险环境的频繁程度
10	连续暴露
6	每天工作时间内暴露
3	每周一次或偶然暴露
2	每月一次暴露
1	每年几次暴露
0.5	非常罕见暴露

3.1.3 发生事故的后果(C)

在项目范围内所有的活动、服务过程中,因各种过失酿成机械设备损坏和安全设施失当造成人身伤亡或重大经济损失的事故,按其可能产生的后果即人员受到伤害的程度、经济损失额度的变化范围进行界定,如表 3 所示。

表 3 发生事故的后果(C)

分数值	发生事故产生的后果
100	10 人以上死亡/直接经济损失 100 ~ 300 万元
40	3 ~ 9 人死亡/直接经济损失 30 ~ 100 万元
15	1 ~ 2 人死亡/直接经济损失 10 ~ 30 万元
7	伤残/经济损失 1 ~ 10 万元
3	重伤/经济损失 1 万元以下
1	轻伤(损失 1 ~ 105 工日的失能伤害)

3.1.4 危险性分值(D)

根据公式就可以计算作业的危险性程度,但关键是如何确定各分值和总分的评价(表 4、表 5)。

表 4 风险等级划分

D 值	危险程度	风险等级
>720	极其危险,不能继续操作	5
500 ~ 720	高度危险,要立即整改	4
400 ~ 500	显著危险,需整改	3
100 ~ 400	一般危险,需注意	2
<100	稍有危险,可以接受	1

表5 危险因素辨识及评价表

序号	工序	行为(活动)或设备、环境	危险因素	可能导致的伤害(事故)	作业条件危险性评价				风险等级
					L	E	C	D	
1	支架的安装及拆除	塔吊、汽车吊、龙门吊、平板车	1. 操作人员未持证上岗,不熟悉起重作业; 2. 起重设备未及时保养、维修,或者存在故障; 3. 操作过程未按照操作规程操作,或者未执行“十不吊”; 4. 高处作业人员安全防护不到位; 5. 支架平台、拆除平台临边围挡、防坠措施不到位	起重伤害	3	6	15	270	3
				物体打击	3	6	7	126	3
				坍塌	1	6	40	240	3
				高空坠落	1	6	15	90	3
2	钢筋施工	电焊机、气割	1. 临时设施不符合安全规定; 2. 没有特种作业岗位培训及资格证书; 3. 没有按照操作规程进行作业; 4. 夜间施工照明设备不符合规定; 5. 丙烷和氧气存放不规范,距离低于安全距离; 6. 气割工具使用不当; 7. 作业平台临边围挡不到位; 8. 施工用电不规范	物体打击	3	6	3	54	2
				高空坠落	1	6	15	90	3
				火灾事故	1	6	7	42	2
				触电	3	6	7	126	3
3	模板安装	塔吊、钢丝绳	1. 操作人员未持证上岗,不熟悉起重作业; 2. 起重设备未及时保养、维修,或者存在故障; 3. 操作过程未按照操作规程操作,或者未执行“十不吊”; 4. 钢丝绳日常检查不到位; 5. 高空作业不系安全带; 6. 丙烷和氧气存放不规范,距离低于安全距离; 7. 气割工具使用不当	起重伤害	3	3	15	135	3
				物体打击	6	3	7	126	3
				机械伤害	3	3	7	63	2
				高空坠落	1	3	15	45	2
				火灾事故	1	3	40	120	3

续表

序号	工序	行为(活动)或设备、环境	危险因素	可能导致的伤害(事故)	作业条件危险性评价				风险等级
					L	E	C	D	
4	混凝土浇筑	搅拌机、运输罐车、振捣棒、布料机	1. 没有按照操作规程进行作业; 2. 作业人员违章指挥、违章作业; 3. 车辆不符合安全规定; 4. 没有设置相关人员指挥; 5. 临时设施不符合安全规定搭设; 6. 布料机未固定牢固	机械伤害	3	3	7	63	2
				物体打击	3	3	7	63	2
				高空坠落	1	3	15	45	2
5	预应力施工	千斤顶、油泵	1. 作业人员违章指挥、违章作业; 2. 张拉设备不符合安全规定; 3. 没有按照操作规程进行作业; 4. 临时设施不符合安全规定搭设; 5. 没有设置安全防护栏、标志灯等	物体打击	3	2	3	18	1
				机械伤害	3	2	7	42	2
				高空坠落	1	2	15	30	2

在对施工过程中的危险源进行细致详尽地梳理、分析、识别,得出在索塔下横梁施工中容易造成事故的危险源主要有支架安装及拆除、支架坍塌、高处坠落、机械伤害、触电等。

3.2 下横梁支架安装、拆除

3.2.1 下横梁支架设计

下横梁支架主要由钢管立柱、柱间平联、附墙平联、直板牛腿、卸落砂筒、柱脚结构、型钢主横梁、贝雷梁、分配梁及木模板等组成,支架布置形式如图 2 所示。

3.2.2 细部组成与布置

钢管立柱采用 ϕ800 mm × 10 mm 钢管,纵桥向共 3 排,每排 6 根,钢管连接采用对焊焊接 + 加强板的形式,立柱之间竖向每隔 10 m 设置一道水平联系,平联采用 ϕ400 mm ×6 mm 钢管。

钢管立柱之间间距为 6.0 m + 6.0 m + 5.0 m + 6.0 m + 6.0 m = 29 m,横向排间距为 2 × 3.5 m = 7.0 m。

承台横系梁顶埋设预埋钢板,上面支立立柱,立柱钢管顶安放卸落砂筒,贝雷梁通过双 HN700 型钢主横梁搁置在砂筒上,贝雷梁采用单层 16 排贝雷片。

贝雷梁上采用工 14a 型钢作为分配梁,间距为 60 cm,在横隔板位置加密为 25 cm,分配梁上铺设方木和竹胶板,方木在腹板位置满铺,其余位置间距为 0.2 m。

3.2.3 支架安装及拆除

主塔下横梁与承台间高度大,高差达 40 m,支架安装、拆除均属于高空作业,施工过程中

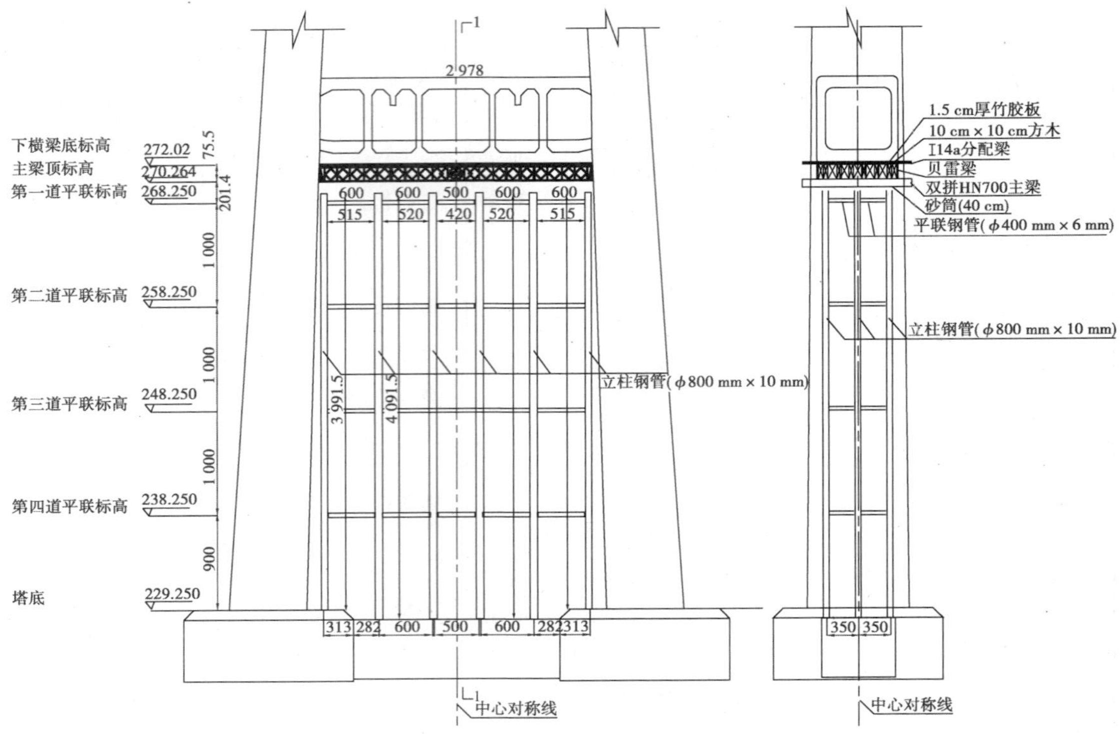

图 2　下横梁支架布置

安全控制是本工程的难点。支架安装、拆除均分 3 次进行。

支架安装施工安全控制措施：

(1)操作人员必须持证上岗，操作过程必须按照操作规程操作，严格执行“十不吊”。

(2)每节支架吊装前，支架均需在后场用角钢焊接操作平台(图 3)，用 $\phi16$ 光圆钢筋按步距为 20 cm 在钢管壁上焊接爬梯(图 4)。第一节支架准确安装完成后，用木跳板铺设焊接操作平台。第一层安装完成，挂好防坠网后再进行下一节钢管的吊装。

图 3　焊接平台构造

为加快主塔施工进度，不影响上塔柱施工，合理利用塔吊设备，支架拆除时间选定在上塔柱关模或者混凝土浇筑期间，尽量避开交叉作业，快速、安全地将支架拆除。

支架拆除遵守由上而下、先搭后拆、逐层拆除的原则，不准分立面拆解或在上、下两步同时进行拆架，做到一步一清。

图4　焊接爬梯构造

拆除顺序为：外侧钢板平台清理→卸落砂筒→底模→I 14a 分配梁→贝雷梁→双 HN700 主纵梁→拆除砂筒→立柱、平联钢管。支架拆除过程中，应注意以下几点：

(1)对拆除所用的机械设备进行安全检查，主要检查卷扬机的开关、刹车是否灵敏及钢丝绳、滑车设备质量是否完好等情况，发现问题及时更换或整改。检查每个拆除人员是否都配备了安全帽、安全带，并督促作业人员正确使用。

(2)现场拆除工作设置一名总指挥，现场安全员、技术员必须现场旁站。总指挥负责施工人员调配、下达命令及紧急事情的处理，现场技术员负责检查各个吊点的受力情况，现场安全员负责督促施工人员做好安全防护。

(3)拆除前对被拆除构件进行清理，防止落物伤人。拆除过程中，现场安全员对拆除作业区域下方进行警戒，并督促施工人员不得停留。

下横梁支架拆除现场如图5所示。

图5　下横梁支架拆除

3.3　认真开展危险源评价工作，采取必要的现场安全控制措施

3.3.1　坍塌

下横梁施工中，坍塌事故的发生主要集中在以下两个方面：

(1)支架设计不科学、不合理，搭设不按要求进行；

(2)施工荷载超出设计值,或施工前未进行预压试验。

坍塌事故很大程度会造成群死群伤。因此,为防止支架支承体系因局部超载或失稳造成坍塌事故,应采取以下措施:

(1)为保证下横梁施工的安全性及经济性,必须对下横梁支架结构构件的强度、刚度、稳定性进行验算,使其均符合有关规范标准要求。荷载计算按下横梁一次全部浇筑8.0 m进行取值。下横梁支架计算结果如表6所示。

表6 下横梁支架计算结果表

项次	结构名称	正应力			剪应力		
		强度设计值 f/MPa	计算结果 σ/MPa	安全系数 k	强度设计值 f_v/MPa	计算结果 τ/MPa	安全系数 k
1	15 mm厚竹胶板	50	7.2	6.9	—	—	—
2	10 cm×10 cm方木	11	4.5	2.4	1.7	0.86	2.0
3	I14a分配梁	215	32.4	6.6	125	60.5	2.1
4	贝雷主梁	3 152.8 kN·m	981 kN·m	3.2	980.8 kN	947 kN	1.05
5	根部受力架	215	58.8	4.6	125	24	5.2
6	HN700主横梁	205	67.4	3.0	120	92.6	1.3
7	立柱钢管	215	159	1.35	—	—	—

综合上述计算结果可知,下横梁支架强度、刚度均满足要求。

(2)制定钢管进场验收记录表及下横梁支架检查验收记录表(表7)。钢管进场验收记录表主要是对钢管尺寸、壁厚、长度等进行逐一检查验收;支架检查验收表主要是对钢管立柱底口的加工、安装、钢管立柱对接的焊缝、顶口构件焊接、平联焊接、砂筒、主梁、贝雷片拼装及安装、分配梁加工及安装、钢管爬梯及作业平台等方面进行检查、记录,对不合格项立即进行整改或返工处理。

下横梁专架施工现场如图6~图9所示。

表7 下横梁支架检查记录表

序号	支架部位	检查项目	质量要求
1	钢管立柱整体	倾斜度	竖直度≤1/1 000,且绝对偏位≤10 cm
		钢管对接焊接	加强板尺寸为20 cm×10 cm,焊脚尺寸为8 mm,对接坡口焊、焊缝饱满
2	平联	平联自身构件焊接	平联钢管采用一端哈弗接头,哈弗接头与平联钢管搭接长度≥20 cm
			同组钢管平联相互间标高差不大于5 cm
		平联与钢管连接焊接	与钢管立柱采用哈弗接头连接,哈弗接头包裹平联圆钢管不得小于0.8倍直径,哈弗接头与平联、钢管立柱间需满焊,焊缝焊脚尺寸为8 mm

续表

序号	支架部位	检查项目	质量要求
3	砂筒	加工	砂筒内外钢管封闭钢板、砂筒外钢管三角形加劲板焊脚尺寸≥8 mm,焊缝饱满;砂筒装砂要求干燥,颗粒均匀,为2~5 mm过筛中砂,5 cm分层夯实均匀
4	主梁	拼装	采用单根HN700,其截面尺寸、厚度、线形满足要求,腹板加强板厚度为14 mm,焊脚尺寸为12 mm,主梁与砂筒电焊固定
5	贝雷片	拼装及安放	每片贝雷片不得有变形、损坏等,拼接后线形要顺直;销子连接到位且有弹簧销固定,花架、加强斜撑与贝雷要连接紧;贝雷片与主纵梁交接处用型钢固定,设置加强竖杆和上、下弦杆顶紧

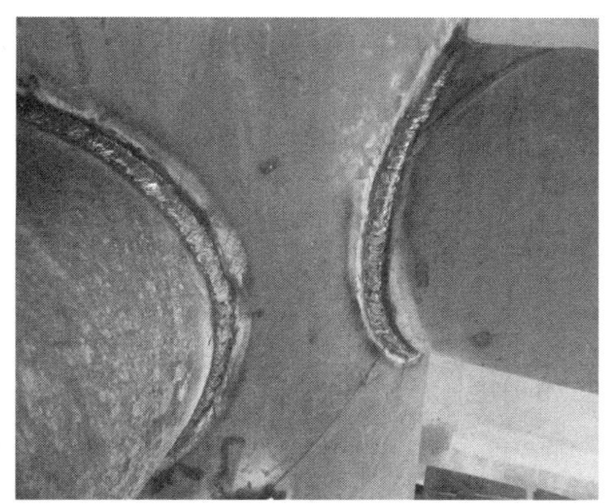

图6　平联与立柱钢管焊接

图7　砂筒外钢管加劲

图8　砂筒外钢管三角形加劲

图9　贝雷安装施工

(3)吊运横梁钢筋时要在支承架上分散堆放,既方便施工搬运,又有利于支承体系的承载受力。若横梁钢筋在地面预先分段绑扎成型,则在吊运组装过程中严格按照预定的吊装顺序进行。

(4)横梁混凝土体浇筑时,应严格按照施工组织设计所要求的顺序进行浇筑,不得随意更改落灰点，以免造成支承体系受力不均而失稳。第一层混凝土浇筑时，从下横梁中间向两端分层浇筑；第二层混凝土浇筑时，从下横梁两端向中间分层浇筑。

在混凝土浇筑过程中，为确保下横梁支架的安全性，要随时监测支架的挠度、变形，并密切注意支架的受力情况和模板的受力情况，确保混凝土安全顺利浇筑完毕。横梁施工前测量初始值，底板浇筑完成观测一次，腹板浇筑 1/3 观测一次，腹板浇筑 2/3 观测一次，浇筑到 4 m 观测一次（表 8）。支架跨中理论计算最大变形值为 25 mm，混凝土浇筑完成后实测最大变形值为19 mm。变形观测点 *A*、*B*、*C*、*D*、*E* 为索塔下横梁南侧由左向右布置，测点设置于Ⅰ14a 型钢分配梁上，各点间距约为 560 cm，其中 *C* 点位于下横梁跨中位置。

表 8　下横梁支架变形观测结果

序号	测量时间	测点编号	测量值/m	本次变形值	累计变形值
1	测量初始值	*A*	271.923	—	—
		B	271.922	—	—
		C	271.935	—	—
		D	271.927	—	—
		E	271.924	—	—
2	底板浇筑完成	*A*	271.927	0.004	0.004
		B	271.925	0.003	0.003
		C	271.932	-0.003	-0.003
		D	271.922	-0.005	-0.005
		E	271.921	-0.003	-0.003
3	腹板浇筑 1/3 时	*A*	271.919	-0.008	-0.004
		B	271.917	-0.008	-0.005
		C	271.922	-0.010	-0.013
		D	271.916	-0.006	-0.011
		E	271.914	-0.007	-0.010
4	腹板浇筑 2/3 时	*A*	271.910	-0.009	-0.013
		B	271.909	-0.008	-0.013
		C	271.916	-0.006	-0.019
		D	271.911	-0.005	-0.016
		E	271.913	-0.001	-0.011
5	混凝土浇筑到 4 m 时	*A*	271.912	0.002	-0.011
		B	271.910	0.001	-0.012
		C	271.917	0.001	-0.018
		D	271.911	0	-0.016
		E	271.915	0.002	-0.009

3.3.2 高处坠落

高处坠落伤害易发生在钢管搭设、钢筋安装、模板安装等施工环节，做好临边防护措施及稳固的作业平台是防止此类事故的首要任务。

下横梁距地面高度大、施工工期长，为了给下横梁施工提供足够的安全防护，将下横梁支架I 14 分配梁悬挑，在下横梁外侧搭设脚手管支架，既作为钢筋、模板、混凝土施工时的操作平台，又作为安全临边防护(图 10)。

图 10 下横梁施工操作平台

护栏横杆采用 ϕ48 mm×3.5 mm 管材，以扣件固定，每 3 根立柱钢管均设置一道剪刀撑，护栏外侧挂设铁丝安全网，内侧设置踢脚板，行走通道满铺 1 m 宽的脚手板，在平台下方挂设防坠网，整体形成相对封闭的作业区域。

为了解决爬架平台与塔柱不紧贴导致小型物件易从间隙中掉落，造成坠物伤人的问题，在液压爬模安装完成后，用竹胶板和反扣件在液压爬模中间层施工平台上安装活动翻板(图 11)。翻板除在液压爬模爬升时离开塔壁，保证爬架上升时翻板不与塔柱接触，发生变形，其他时间均翻搭在塔壁上。

图 11 现场活动翻板

图 12 安全带专用存储箱

人员的安全防护用品在高处作业期间也起到了极大的保护作用，但在施工现场中经常会发生安全带随意存放的现象。安全带暴露在户外，日晒雨淋，且经常与施工器具同时存放，极易损坏安全带。对此，制订登高作业人员安全管理制度，设置安全带专用存储箱(图 12)，统一管理，统一编号，作业人员每日作业前统一领取，作业后按编号存放在存储箱内。同时，制度要求对安全带开展自检、互检、周检，检查内容包括安全带有无裂纹、缝线处是否牢靠，以及金属件有无缺少、裂纹及锈蚀情况等。

3.3.3 起重伤害

在支架施工、拆除及模板施工中易发生起重伤害事故,在要求特种机械设备人员必须持证上岗,严格遵守操作规程,专门人员指挥,不得私自作业或野蛮指挥危险作业外,还需要注意以下几点:

(1)塔吊须有专业维修人员对标准节螺栓、各类限位器等方面定期检修,发现故障及时维修,维修后设备须经检查合格后方可再次投入使用。

(2)现场管理人员应对钢丝绳加强检查,按照钢丝绳相关规范,发现断股、断丝等超过规范情况,立即报废。钢丝绳报废标准见表9。

表9 钢丝绳报废标准(一个节距内的断丝数)

采用的安全系数	钢丝绳种类					
	6×19		6×37		6×61	
	交互捻	同向捻	交互捻	同向捻	交互捻	同向捻
6以下	12	6	22	11	36	18
6~7	14	7	26	13	38	19
7以上	16	8	30	15	40	20

(3)钢管等大型钢材在吊装或拆除过程中,现场沿10 m范围设置安全警戒线及警示标志。

3.3.4 触电伤害

触电事故通常是用电设备未能良好接地、或保护设施失效、或违规使用电气设备等原因对人身造成伤害。因此,加强临时用电安全管理主要从配电箱设置、用电线路布设、用电设备接地、操作人员等方面着手实施。

(1)作业人员必须由持有合格证件的专职电工,负责现场临时用电管理及安拆,并且定期组织专业电工及作业人员学习安全用电常识,增加安全意识,提高安全作业水平。

(2)现场施工线路繁多,应对用电线路用绝缘木板或材料进行分路设置,且做出敷设路线标志(图13)。

图13 用电线路敷设

4　结　语

万州驸马长江大桥下横梁施工中各项生产安全指标均达到预期目标，可以得出以下结论：

(1)科学的支架设计方案及安拆过程中的监控是现场安全管控的重要技术手段。

(2)危险源辨识的有效开展及对应现场防控措施使下横梁现场安全管控更有针对性。

(3)积极开展交底、培训工作，强化作业人员安全意识。

(4)爬模合页、临时用电管理等细节上的管控使现场文明施工得到了大幅度改善。

下横梁施工安全可靠，取得的良好的经济效益、社会效益，为今后类似工程的安全施工积累了重要经验。

参考文献

[1] 赵挺生，李小瑞，邓明. 建筑工程安全管理[M]. 北京：中国建筑工业出版社，2006.

[2] 方东平，张剑，黄吉欣. 建筑安全管理的目标和手段[J]. 清华大学学报(哲学社会科学版)，2005(1)：89-90.

[3] 窦进. 悬索桥索塔下横梁施工安全控制措施[J]. 安徽建筑，2011，18(3)：107-108.

缆索系统

悬索桥缆索系统创新施工技术

李鸿盛[1]　陶昌贤[2]　屈加林[2]

（1.中交第一公路工程局有限公司　北京　100024;2.中交一公局总承包经营分公司　北京　100024;3.中交一公局第三工程局有限公司　北京　100029）

摘　要　悬索桥缆索系统施工技术事关索鞍吊装、猫道设计施工、主缆架设安装等关键工序的安全质量以及作业便捷程度。万州驸马长江大桥索鞍吊装、猫道、索股架设施工中借鉴国内外现有施工技术，并在安全和标准化设计及施工管理方面有独到的做法。该创新施工技术有效应用于万州驸马长江大桥，在总结经验的基础上提出系统安全和标准化施工思路，对特殊和常规悬索桥项目管理有重要借鉴意义。

关键词　缆索系统　大临结构设计　施工　创新技术

1　引　言

万州驸马长江大桥为主跨 1 050 m 的单跨双铰钢箱梁悬索桥，桥塔为不等高设计，大吨位主索鞍采用分块铸造、安装，主缆采用 PPWS 法架设。为了保证大桥缆索系统优质、高效、安全完成，项目技术人员对国内外缆索系统施工技术成果进行了充分调研。国内外桥梁种类繁多的施工工艺和方法，不但不利于标准化体系的构建，而且也使各个桥梁施工完成后大量的特种构件无法通用而造成资源的极大浪费。在借鉴成功经验的基础上，结合施工实践进行进一步的优化和创新并提出标准化设计和施工的概念。希望对大临结构设计施工、主体结构施工组织方面进行统一，在保证质量安全的基础上提升设备构件的周转率，降低资源消耗，提高工作效率。

2　大临结构设计创新

桥梁建设标准化要求越来越高，为配合项目部推行现代工程管理，促进工程管理标准化、规范化、精细化，在满足设计结构安全和质量的前提下，万州驸马长江大桥大临结构设计时，对门架结构和猫道系统的设计探索了新的思路，并进行了设计创新。

2.1　多功能门架设计创新

2.1.1　门架在悬索桥施工中的功能

门架是悬索桥上部结构安装施工中的主要大临结构之一，包括塔顶门架和锚碇支墩顶门

作者简介：李鸿盛（1971—），男，本科，教授级高级工程师。

陶昌贤（1980—），男，本科，工程师。

屈加林（1985—），男，本科，工程师。

架。门架在施工中的功能有：

(1)索鞍吊装。在悬索桥上部结构安装施工中，主、散索鞍构件常采用门架悬臂吊装施工。

(2)缆索系统辅助安装。除索鞍吊装外，门架在猫道、主缆索股架设、紧缆、索夹吊索安装等工作中发挥着极其重要的作用。

(3)辅助安装跨缆吊机。

2.1.2 门架的设计原则

门架设计时，需遵循安全、经济、适用等原则。

1)安全性原则

门架设计时，经过初步设计计算(确定门架结构形式及主要构件型号)和详细设计计算(门架设计完成后的验算)，确保门架结构受力安全。

2)经济性原则

在满足安全性和适用性原则的前提下，尽量合理选择门架结构形式和各杆件型号、各杆件及安装接头尺寸等，并统筹考虑悬索桥上部施工相关的界面，如塔顶及支墩顶空间、地面状况、其他类似桥梁的周转及通用性等。

3)适用性原则

门架设计时，必须考虑门架在悬索桥上部施工各个阶段的功能性(如卷扬机布置、各类耳座设置)，充分发挥门架的作用，还要考虑结构加工、运输方便、安拆便捷、周转使用等。

2.1.3 门架结构形式和设计创新

1)门架结构形式

根据索鞍吊装工艺，锚碇门架和索塔门架均采用悬臂钢桁架结构形式，单个门架均由 2 个片架、片架间的横向联系以及工作平台组成，这也是悬索桥常用的门架结构组成。

与以往门架设计不同的是门架加工单元构件及连接方式，万州驸马长江大桥门架结构采用大杆件单元(单元内型钢组件和钢板组件的连接采用工厂焊接方式)、高强螺栓连接组装的结构形式。

2)门架结构设计创新特点

(1)这套门架的主要特点是杆件之间的连接方式，共采用了 4 种连接方式。

a. 门架立柱、悬臂大斜撑、横杆、主要竖杆等通过拼接板采用高强螺栓连接。

b. 小斜撑、顶面斜撑、平台牛腿上弦杆及次要竖杆等通过节点板采用高强螺栓连接。

c. 主梁接长及主梁与横梁之间连接：腹板通过拼接板采用高强螺栓连接，翼缘板采用全熔透焊接(焊接原因是索鞍吊装系统轨道铺设)。

d. 横桥向斜撑、平台牛腿斜杆通过端板采用高强螺栓连接。

(2)门架的第二大特点是门架柱脚轻型化，索塔门架柱脚与猫道在塔顶的转索鞍一体化设计。轻型柱脚不仅制造简单，而且降低了成本。索塔门架柱脚与猫道转索鞍一体化设计，不仅减小了猫道转索鞍结构尺寸，减少了材料用量，节约了施工成本，而且因占用了塔顶较小的空间，在一定程度上也降低了安全风险。

(3)门架的第三大特点是结构的模块化设计，更加便于加工、运输、安装、周转使用。本门架主梁和立柱采用 400 mm × 400 mm 宽翼缘 H 型钢，杆件的接头尺寸主要以 400 mm 和 800 mm

为模数，主要是为便于堆码存放和转运。

2.1.4 门架设计及计算

门架结构设计时，通常需解决门架高度 H、门架宽度 W、门架悬臂长度、门架结构材料选型等参数。

1）门架高度 H

门架高度根据其吊装索鞍的构件尺寸、起吊吊具高度、起吊系统构成等诸多因素确定。

2）门架宽度 W

门架宽度也需根据其吊装尺寸、猫道结构等诸多因素确定，同时还要考虑索塔或支墩顶部结构尺寸因素。

3）门架悬臂长度

门架悬臂长度除了考虑吊装构件尺寸、起吊系统构成等因素外，还需考虑索塔塔柱顺桥向倾角（索塔门架需考虑）、吊装构件距索塔或支墩和门架端部的安全距离，以及后期塔顶处安装跨缆吊机（索塔门架需考虑）等因素，合理的悬臂长度是影响门架钢材用量的重要参数。

4）门架结构材料选型等

门架的高度、宽度及悬臂长度确定后，根据不同工况，找出最不利的荷载组合进行门架结构的受力分析，并根据对门架各构件的强度、刚度、稳定性的计算来确定门架最终结构，以及门架组成构件材料的规格、结构节点的处理方式、门架柱脚结构形式等。

万州驸马长江大桥门架立柱、大斜撑、纵向主梁及主要横梁采用 HW400 mm×400 mm 型钢；横杆、竖杆、端横梁及横桥向斜撑采用 HN400 mm×300 mm 型钢；小斜撑和顶面斜撑采用双拼[25a 型钢（图 1）。

根据索塔门架的施工使用状况及荷载分析，索塔门架分为 5 种工况进行计算，如表 1 所示。

表 1 索塔门架的 5 种工况

工况编号	名称	主要荷载
1	索鞍吊装阶段（吊装格栅、鞍体最不利的一次）	门架自重＋吊装重量＋门架施工风荷载＋人群机具荷载
2	猫道施工阶段	门架自重＋猫道转索鞍处荷载＋牵引索荷载＋门架施工风荷载＋人群机具荷载
3	索股横移阶段	门架自重＋猫道转索鞍处荷载＋猫道门架承重索荷载＋卷扬机提索荷载＋牵引索荷载＋施工风荷载＋人群机具荷载
4	非工作状态极限风荷载（横桥向）	门架自重＋门架极限风荷载
5	非工作状态极限风荷载（横桥向）	门架自重＋门架极限风荷载＋猫道转索鞍处荷载＋猫道门架承重索荷载＋牵引索荷载

2.2 猫道系统设计创新

猫道作为悬索桥上部结构施工的工作平台，在悬索桥施工中扮演着重要角色，从其设计、施工再到拆除，需要进行选型、计算、制图、选材、架设、拆除、材料处理等一系列工作，工作量

图1 墩顶门架实体

大,消耗大量人力、物力。猫道拆除后留下大量材料废弃变卖,且不能重复利用,通用性差。在施工其他悬索桥时,需要重新设计,造成了资源极大的浪费,增加了工程成本。从调查情况看,设计理念、结构形式、材料选择、安全措施等方面没有统一的规范和要求。

本标准化体系主要包括猫道承重索、门架系统、猫道下拉装置、变位装置和悬挂式平台一体化设计、猫道转索鞍一体化设计、横向通道节段拼装模式,以及猫道所有外露的螺栓全部利用塑料帽进行保护,以减少对施工人员衣裤钩挂的隐患,从而提高安全性能。本套猫道系统有很强的通用性,适用于各种跨径和宽度的桥梁上部结构施工。

2.2.1 结构形式标准化

分离式或连续式猫道一直困扰施工人员的选择,因此有必要对猫道的结构形式进行统一,单跨悬索桥采用连续式猫道施工是最佳选择,而两跨以上的则尽量采用分离式猫道。

2.2.2 抗风稳定性

猫道的抗风稳定性一直是工程人考虑的重点,在不进行风洞试验的基础上,可以通过借鉴类似工程环境下猫道结构形式来提高猫道的抗风稳定性,常用的做法是通过增加横向通道数量来提高结构抗风性和整体稳定性。风荷载大的地方(如临海地区)按 150 ~ 180 m 间距布置,而风荷载小的地方(如内陆)可按 180 ~ 200 m 的间距布置。地理环境复杂的特殊情况,可通过风洞试验来确定其合理的结构形式。

横向通道的标准化设计,采用钢管为主体的三角形(或矩形)钢桁架,分段设计、现场组拼。三角形桁架尺寸大小对应上下游猫道外侧间距,可以设计 6 m 的标准节段和插入段,如此不同主缆间距的猫道都能利用。

2.2.3 猫道承重索标准化

猫道设计除了在安全性上满足抗风稳定性外,其中最主要的是猫道承重索的安全强度须满足使用要求。

猫道承重索为受力主体,主要承受恒载、活载大部分、风荷载以及温度应力的影响,其安全系数应不小于 3.0。运用分段悬链线理论建模,使用 BNLAS 软件进行各参数精细化计算。以精度较高的荷载加载方式计算,猫道承重索、面网、扶手索等按均布荷载加载,猫道横梁、门架横梁、制振横梁和横向通道等自重按集中荷载加载计算。

万州驸马长江大桥每条猫道设 8 根 $\phi48(6\times36SW+IWR)$ 钢芯镀锌钢丝绳可以满足安全储备需要,同时也满足不大于本桥跨径的悬索桥周转使用。

猫道承重索塔顶布设及照明和防护措施如图2、图3所示。

图2　猫道承重索在塔顶布设

图3　猫道顶照明和防护设施

2.3　牵引系统设计标准化

猫道和主缆索股架设需要用到纵向牵引系统，两套牵引系统相互承接、转换应用。合理的牵引系统设计能够提高设备使用效率。

除猫道承重索架设外，跨径小于800 m的悬索桥主缆架设适宜采用单线往复式牵引系统，超过1 000 m的悬索桥采用双线往复式牵引系统能够保证每天8～10根的索股架设速度，施工工效极佳。其他的大循环或小循环施工牵引系统则可以根据自有设备情况和施工习惯进行选择。

牵引系统的塔顶和支墩顶导轮组和门架顶导轮组的结构设计和设置数量关系到牵引系统的顺畅运行，合理的设计能够有效降低牵引系统对牵引卷扬机牵引力的需求。

3　缆索系统创新施工技术

缆索系统施工涉及索鞍吊装、主缆架设、锚跨张力调整、紧缆以及索夹安装等内容。施工标准化也是保证质量安全的重要措施。

3.1　缆索系统施工需要考虑的关键问题

(1)从上部索鞍开始，缆索系统进入实质性施工阶段，索鞍的吊装需要用到门架起重系统或汽车吊辅助作业。工期一般控制在30天内，主散索鞍同时开始吊装，合理利用牵引系统的卷扬机完成，同时还可以考虑利用门架顶中等吨位的卷扬机组成起吊系统完成索鞍吊装作业，为同时进行主散索鞍的吊装作业制订合理的施工工艺。

(2)猫道架设安全风险相对较高，必须对牵引力、施工过程中的垂度进行严格控制，避免影响水上交通。

(3)对超过1 000 m跨径的悬索桥，主缆牵引必须按双线往复式牵引系统进行设置。塔顶门架上的辅助施工卷扬机数量和规格要与猫道和主缆牵引过程中的索股提升要求相适应。

(4)紧缆施工是索夹安装前的重要工序，必须配置足够数量的紧缆设备，至少从跨中开始不少于4台，完成主跨后再进行边跨的施工，能够为有吊索区的索夹安装提供足够的时间。紧缆施工一个月的工期控制比较合理，根据每天80 m的施工工效进行控制。

(5)索夹安装需要考虑索夹放样方式对安装精度的影响，考虑常规的天顶线作业放样与后续二次张拉的影响。

(6)除了考虑运输吊装设备外,索夹安装采用的安装设备还要考虑张拉工装的投入。安排4个工点进行安装作业,至少配置16台张拉设备进行索夹拉杆的紧固作业。

(7)索夹安装完毕后的改吊作业与吊索安装作业可以同步安排,猫道改吊作业时要控制改吊高度一致以及保证改吊绳张力均匀。猫道锚固侧的调节装置调节量要与钢箱梁安装过程中的猫道线形变化相匹配。

3.2 缆索系统施工的做法

3.2.1 门架施工创新

(1)门架钢结构制造:门架作为临时结构,一直不受重视,造成加工阶段存在先天性不足,必须加以重视,选择具有专业资质的加工制造单位进行制作,要求有专业的设备、人员以及有效的质量管理体系。

(2)加工精度及涂装:门架桁片结构应在组装平台(或专用模架)上进行匹配制造,并进行厂内试组装。

(3)现场安装:预埋件安装精度控制关系到门架能否快速安装,尤其是关系到结构的受力合理性。误差较大的预埋锚栓将对门架的结构产生致命的影响,必须采取专门的定位和控制措施,混凝土浇筑后及时检测。

(4)试验:门架使用前必须进行荷载试验,包括静力试验和动载试验,采用千斤顶反拉工艺能够对门架系统进行定量试验和检测,保证提升系统的安全性能。

3.2.2 猫道施工创新

1)猫道悬挂式施工平台与变位架一体化设计

猫道施工阶段采用了悬挂式整体平台,变位钢架、下拉装置一体化设计。施工平台与变位架分别设计加工,利用高强螺栓在地面连接成整体后一次提升安装就位,铺设简易钢架网即可在塔侧形成安全的作业平台,工人在悬挂平台内施工,安全性能极大提高(图4、图5)。这样减少了塔前巨大的作业平台设计和安装节省材料、人力资源的投入。

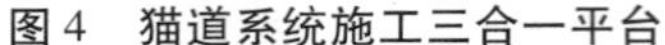

图4 猫道系统施工三合一平台

图5 猫道横向通道安装

2)通航区域猫道承重索架空牵引技术创新

万州驸马长江大桥采用单线往复式牵引系统牵引承重索,牵引最大吨位大约28 t。施工中利用牵引索(直径36 mm)悬挂吊环支撑猫道承重索,吊环的设置间距为100 m,以吊环后的承重索下垂曲线长度不超过塔高为原则,使猫道承重索顺利牵引过江就位。

3)猫道转索鞍一体化设计创新

利用塔顶门架立柱与猫道转索鞍整体化设计,减少了转索鞍的预埋工程量,结构自重减少,与门架立柱的锚固系统共同受力。

3.2.3　主缆架设施工技术创新

1)放索区

操作系统和卷扬机的布置根据施工现场情况进行布设,采用单侧放索能够将放索设备和起重设备集中管理,提高设备的使用效率,便于维护和保养(图6)。

放索区的转向轮轴线必须与牵引索的行走方向一致,从卷扬机出来的钢索必须与转向轮的入绳段轮槽相切,避免出现分力。

图6　索股放索区集成设计

2)锚头牵引安装工装

索股锚头的质量超过200 kg。为便于索股锚头从放索盘出来后通过转向轮架与拽拉器连接,在放索区利用塔吊或吊车辅助是常规做法。本标准化系统提出了一种不用大型塔吊或吊车辅助的转向轮架内轨道滑移方式进行锚头的牵引和连接。

3)索股移动通道

(1)猫道顶托滚轮:索股在猫道顶牵引过程中,托滚轮除限制索股的扭转外,合适的间距还能保证索股不发生过大的垂度而使缠包带破坏。

(2)索鞍处转向滚轮:索股牵引通过塔顶时,索鞍的宽度影响以及竖曲线半径小。为了保证索股匀顺通过,需要对索鞍侧的转向托滚轮系统进行合理布置,尽量保持滚轮系统贴近塔顶。

(3)隧道锚室内的处置:牵引系统牵引索股进入隧道锚的过程中,由于已安装索股的影响,需要考虑相互之间的影响,尤其是拽拉器和索股锚头作用下牵引索的垂度较大会落入索股群内造成剐蹭。

4)索股厂内整形

索股整形是索股安装阶段的重要环节,传统的现场整形不仅要考虑丝股排列的准确性,还要防止作业工具对索股镀锌层的损伤。因此,在厂内整形能够保证索股的钢丝排列符合设计要求，尤其是对异性索股需要增加填充丝的厂内整形更有优势（图7）。

图7　索股厂内整形

4　采用创新施工技术的效果

应用标准化设计和施工的总体思路，使万州驸马长江大桥上部施工有序推进，质量安全可控，施工进度严格按进度计划执行，这是万州驸马长江大桥上部施工的一大组织管理特色。施工过程中，塔顶和支墩顶构造简洁、现场干净整齐，登临塔顶，令人耳目一新。猫道系统线形顺畅，与主缆协调变形，为作业人员提供了良好的作业场所。猫道顶面整齐有序的防护帽、防护网、照明设施、配电系统等提高了猫道系统的安全性。

以万州驸马长江大桥上部缆索系统的施工为依托，在严谨的理论分析和全方位的实践检验基础上，提出了缆索系统标准化的概念。本体系形成一种有广泛通用性、标准化程度高的特殊意义上的大临结构设计、施工理念，解决现有施工实践中存在的设计形式和施工工艺通用性差造成资源浪费的技术问题。

参考文献

[1] 何光. 马鞍山长江公路大桥施工安全风险源辨识与管理[M]. 北京：人民交通出版社，2014.

[2] 周孟波. 悬索桥手册[M]. 北京：人民交通出版社，2003.

[3] 中交第二公路工程局有限公司. 公路桥梁施工系列手册：悬索桥［M］. 北京：人民交通出版社，2014 .

[4] 王勇. 大跨径悬索桥猫道参数设计、架设与结构分析[D]. 西安：长安大学，2013.

[5] 阳华国，李鸿盛. 刘家峡大桥建设论文集[M]. 北京：人民交通出版社，2014.

万州驸马长江大桥索鞍门架安装技术

李　亚　曾雄星

（中交一公局第三工程有限公司　北京　100029）

摘　要　大跨径悬索桥索鞍吊装施工具有体量大、提升高、起吊系统要求严的特点，本文结合万州驸马长江大桥施工实践介绍索鞍吊装施工技术。

关键词　悬索桥　索鞍　安装技术　门架

1　工程概况

1.1　项目简介

重庆万州至湖北利川高速公路项目由中交第一公路工程局有限公司与重庆高速公路集团有限公司合伙采用“BOT + EPC 模式”投资建设，是重庆高速公路网“三环十射三联线”中“十射”的重要支线之一，其中万州驸马长江大桥是万利高速公路重庆万州境内跨越长江的一座特大型桥梁，桥型为双塔钢箱梁悬索桥，主桥跨径设计为 1 050 m，两岸各设置 480 m 引桥，全长 2 030 m，是三峡库区跨径最大的一座悬索桥。万州驸马长江大桥两根主缆中心距为 28 m，成桥状态下的中跨垂跨比为 1∶10。大桥北岸锚碇为重力式锚，锚碇基础为扩大基础，南岸锚碇为隧道锚。索塔均为钢筋混凝土门式框架结构，北岸索塔塔柱高 210.5 m，南岸索塔塔柱高 166.57 m。桥型结构如图 1 所示。

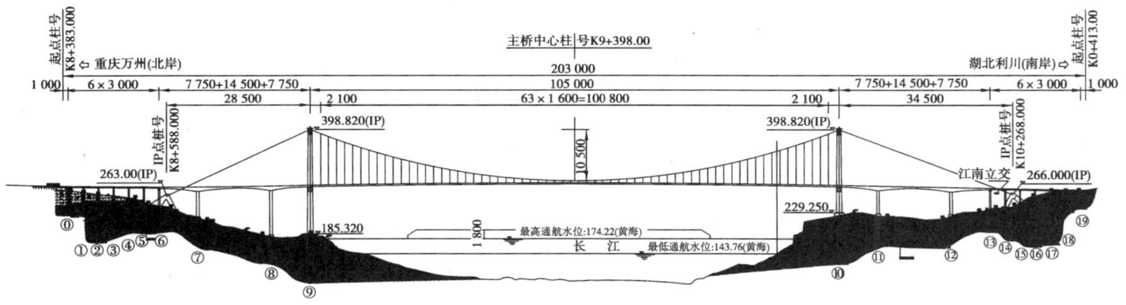

图 1　万州驸马长江大桥桥型结构

1.2　索鞍安装工程简介

索鞍安装施工内容包括塔顶主索鞍和锚碇支墩顶散索鞍及其附属构件的安装施工，全桥主索鞍和散索鞍各 4 套，安装构件包括格栅、上下承板、底座、底板以及主、散索鞍鞍体等部分，均采用塔顶门架配合卷扬机起吊系统吊装。

作者简介：李　亚（1990—），男，本科，助理工程师。

曾雄星（1986—），男，本科，助理工程师。

1.2.1 主索鞍

主索鞍安装于主塔顶，主要用于支撑主缆竖向分力并传递至主塔。主索鞍采用全铸型结构，采用 ZG 270-480H 铸钢铸成，主要由格栅、下承板、上承板及鞍体组成，鞍体下设不锈钢板-聚四氟乙烯板滑动副，以适应施工中的相对位移。为增加主缆与鞍槽间的摩阻力，鞍槽内设竖向隔板。在索股全部就位后，顶部用锌块填平，并进行封水处理，再将鞍槽侧壁用螺栓夹紧。塔顶设有格栅底座，以安装主索鞍，如图 2 所示。

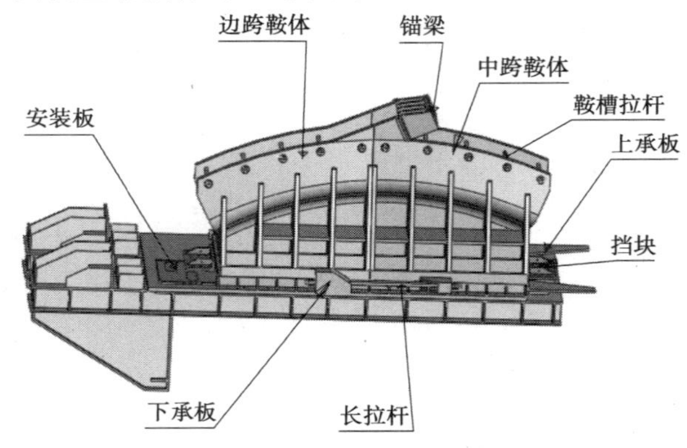

图 2 主索鞍结构立体图

为减轻吊装、运输重量，设计将鞍体分为两部分，吊至塔顶后用高强度螺栓拼接。单个主索鞍鞍体分两块吊装，最大分块质量为 43.1 t，鞍体耳板共设置 10 道螺栓孔，采用 M30 × 160 高强螺栓连接。北岸主索鞍由水上运输至现场临时码头，采用平板车运至吊装位置，南岸主索鞍采用汽车运输至施工现场。主索鞍安装时向边跨侧预偏，北岸塔顶鞍座设计预偏 1.252 m，南岸塔顶鞍座设计预偏 1.709 m，最终值以监控指令为准。

1.2.2 散索鞍

散索鞍位于锚碇散索鞍支墩顶，散索鞍主要由底板、底座和鞍体组成，其主要作用是将主缆经散索鞍后在水平、竖向两个方向转向分散并与锚碇锚固系统连成一体。散索鞍为摆轴式结构，采用铸焊结合的形式，鞍槽用铸钢制造，鞍体由 Q345R 钢板焊接而成。全桥共 4 套散索鞍，单个散索鞍体质量为 50.9 t，其结构如图 3 所示。索鞍安装时设有一定预偏角度，偏向锚跨方向，随着桥面铺装完成后，鞍体应向索塔侧自行转动至“成桥位置”。北散索鞍设计预偏 1.148°，南散索鞍设计预偏 1.709°，最终值以监控指令为准。

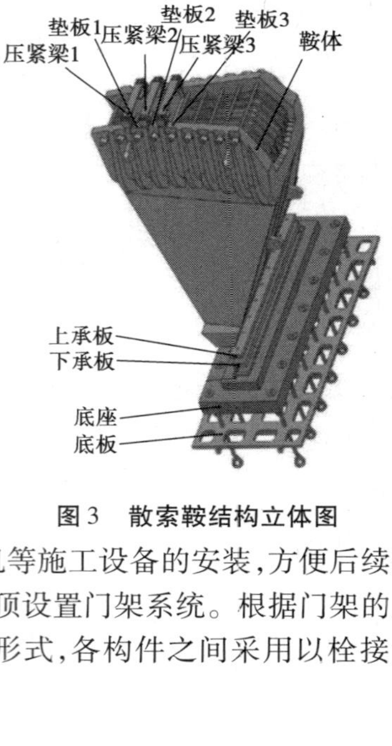

图 3 散索鞍结构立体图

2 门架系统设计安装

为满足主、散索鞍及其附属设施的提升安装，同时便于施工猫道、牵引系统等大临设施以及紧缆机、缠丝机、缆载吊机等施工设备的安装，方便后续架设主缆、索夹、吊索、钢箱梁等永久性结构，在塔顶及锚碇支墩顶设置门架系统。根据门架的用途，本着安全、经济、适用、方便的原则，门架均设计成钢桁架形式，各构件之间采用以栓接为主、栓焊结合的方式连接，以简化施工安装。

2.1 塔顶门架、锚碇门架和吊装系统设计

塔顶门架采用钢桁架式结构,主要由型钢拼装而成。塔顶门架高 8.8 m,宽 8.05 m(净宽 4.9 m),沿顺桥向主跨方向设计为悬臂结构,悬臂长度为 12.95 m,索鞍吊装悬臂端距塔中心 16.25 m。塔顶提升门架柱脚 H 型钢与塔顶的预埋件栓接。塔顶门架最大起吊质量为 50 t,结构如图 4 所示。

锚碇门架采用钢桁架结构。北锚门架高 12.3 m,宽 9.05 m(净宽 5.9 m),索鞍吊装端距索鞍中心间距为 9.75 m;南锚门架高 12.3 m,宽 9.05 m(净宽 5.9 m),索鞍吊装端距索鞍中心间距为 9.75 m。南岸散索鞍从顺桥向靠隧道锚锚室方向起吊,北岸散索鞍从顺桥向朝锚块方向起吊。锚碇门架最大起吊质量为 60 t,结构如图 5 所示。

2.2 塔顶门架、锚碇门架和吊装系统的加工、安装

每个门架均由两片桁架和横向联系组成,根据主塔塔吊的起重能力及门架现场拼装条件,在工厂内将门架分成若干个小的加工单元,单元间采用栓接为主、焊接为辅的连接方式,试拼合格后将门架分片组件及零部件运至施工现场进行门架施工。现场拼装前对门架构件的数量及质量进行全面清查,对装运过程中产生的缺陷和变形的杆件,予以矫正、处理,符合要求后方可使用。经矫正、处理后仍不符合要求时,予以更换。

门架拼装采用先组装后拼装的方式,在主塔下采用 25 t 汽车吊先拼装门架片,采用塔吊起吊至塔顶定位安装门架片。在安装过程中,采用手拉葫芦调整门架片的位置,使其柱脚铁板与预埋件相对应。安装就位后,测量门架 4 个柱脚铁板的标高,调整定位准确后安装门架平联,采取先边跨、后中跨的顺序进行。上口采用手拉葫芦做微调整并对孔,全部安装完成调整门架对角后,拧紧高强螺栓,之后安装门架平联下口斜撑。最后,将柱脚底板与塔顶面的间隙采用灌浆料进行二次灌浆,确保门架在吊装过程中的稳定性。

门架拼装完成后,在门架上弦杆顶面设置轨道、运行天车等行走系统及检修平台、梯子,在塔下、锚碇支墩基础及主塔承台上分别布置导向滑轮及 18 t 卷扬机,安装提升系统。对整个吊装、行走系统进行系统检测、调试,检查整个系统全长范围内有无绞绕或其他设备故障,确保所有机具设备安全、正常工作,然后进行过荷载提升试验,进一步检查门架及吊装提升系统的安全和运行情况,为正式吊装索鞍做好充分准备。

2.3 吊装系统的调试

在吊装前需对吊装系统进行试验,采用不同的加载方案进行试验,配重 8 t 进行滑车运行,静载试验使用植筋连接反力梁千斤顶精确加载方式进行试验,动载试验采用实体主索鞍鞍体进行试验。

通过空载试验,检查卷扬机、钢丝绳、滑轮组、导向轮、门架顶移位器、滑车组纵向位移等的组合运转性能和人员操控情况,整个空载运行试验良好,各部位运转正常。

静载试验采用反力架方法进行施压(图 6、图 7)。反力架系统由 ϕ32 mm 精轧螺纹钢(作为锚固基础)、反力梁、猫道承重索大拉杆、千斤顶组成。试验步骤为:千斤顶施加 80% 顶力(稳定)→千斤顶施加 100% 顶力(稳定)→千斤顶施加 120% 顶力(稳定)→千斤顶卸荷至 80%→完全卸荷→试验完毕。整个加载过程中,质检部和测量组对门架进行应力应变监测和变形监测。通过数据分析监测结果显示,门架系统满足要求。动载试验按照起吊索鞍 10 m→刹车→再起吊→进行索鞍吊装的顺序安装。

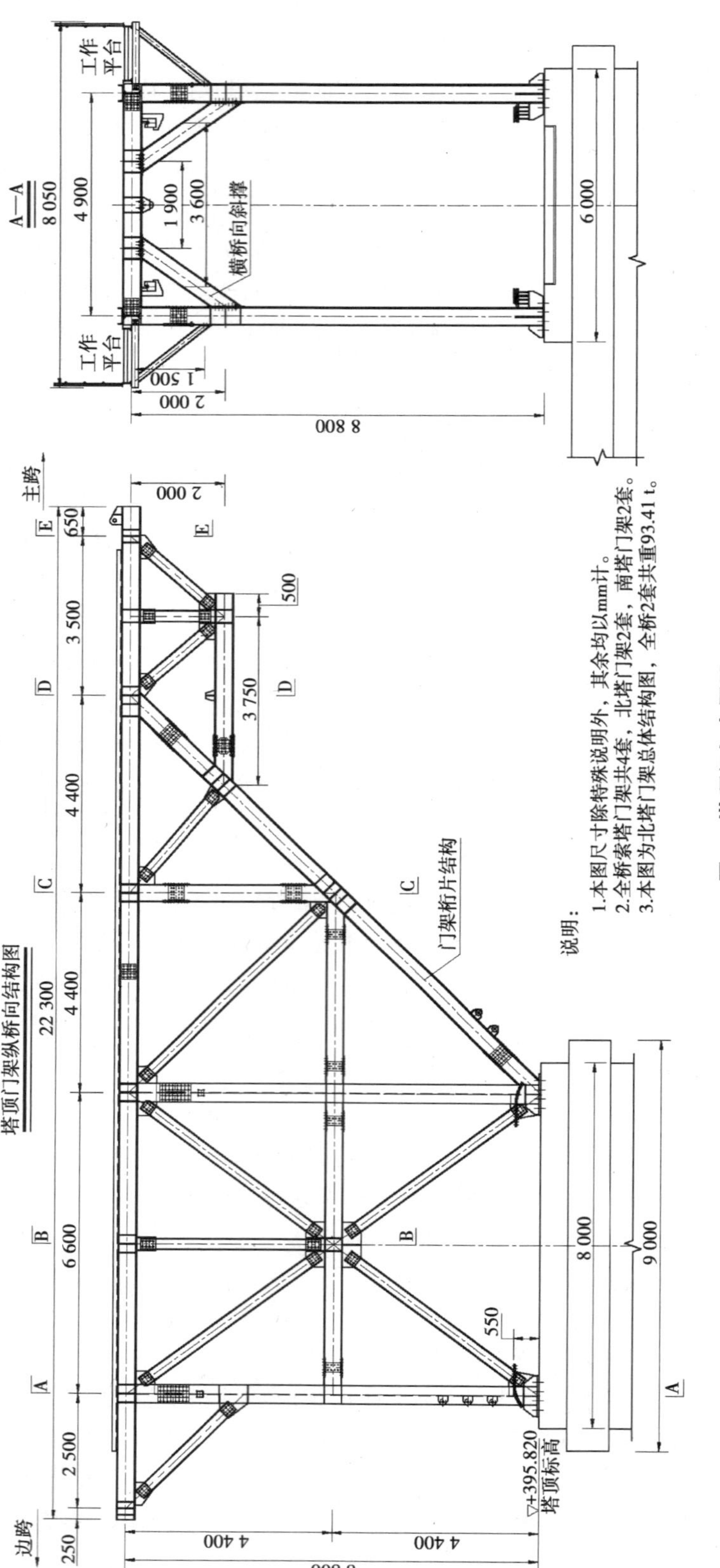
A—A
工作平台
横桥向斜撑
工作平台
塔顶门架纵桥向结构图
主跨
边跨
门架桁片结构
▽+395.820
塔顶标高
说明：
1.本图尺寸除特殊说明外，其余均以mm计。
2.全桥索塔门架共4套，北塔门架2套，南塔门架2套。
3.本图为北塔门架总体结构图，全桥2套共重93.41 t。

图4 塔顶门架布置图

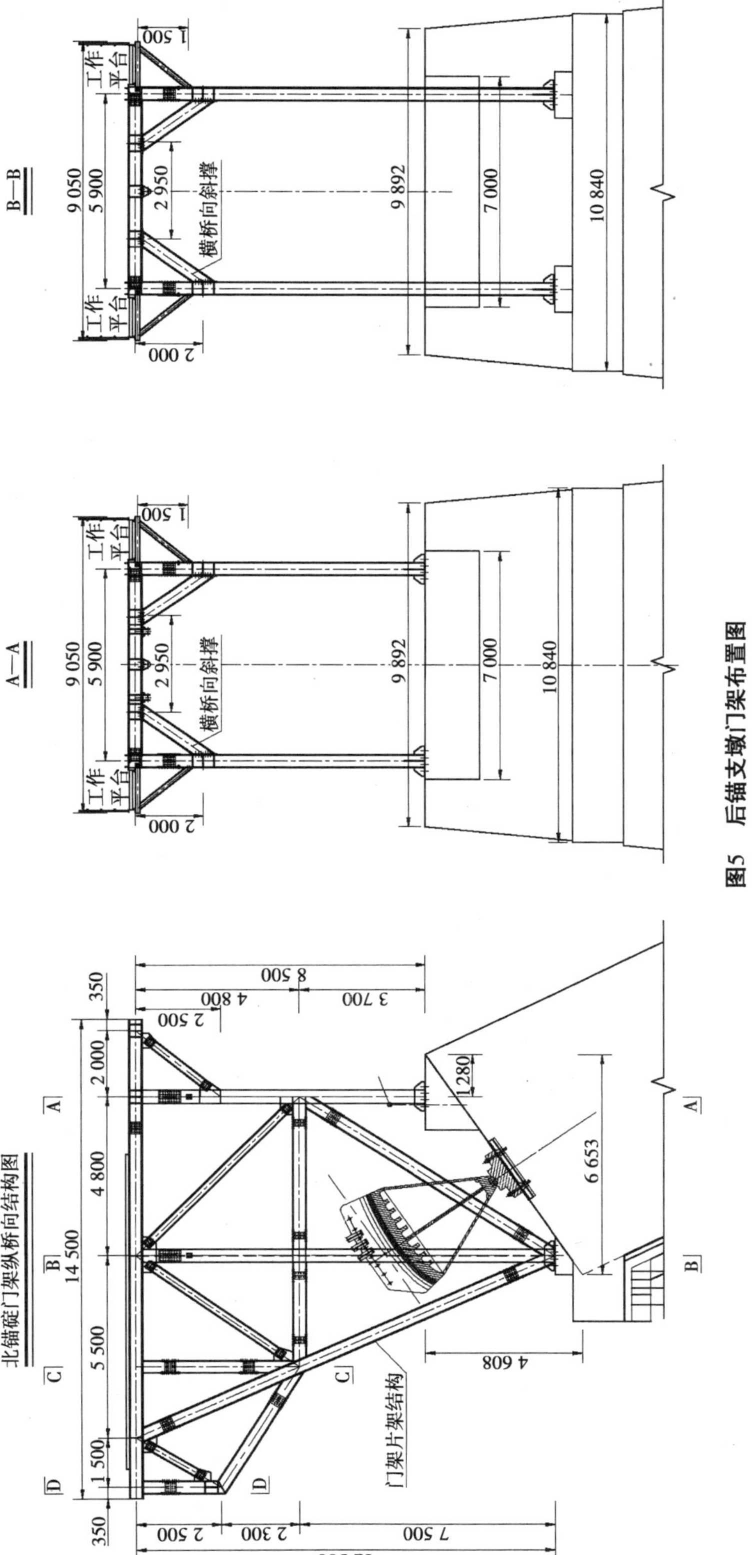

图5　后锚支墩门架布置图

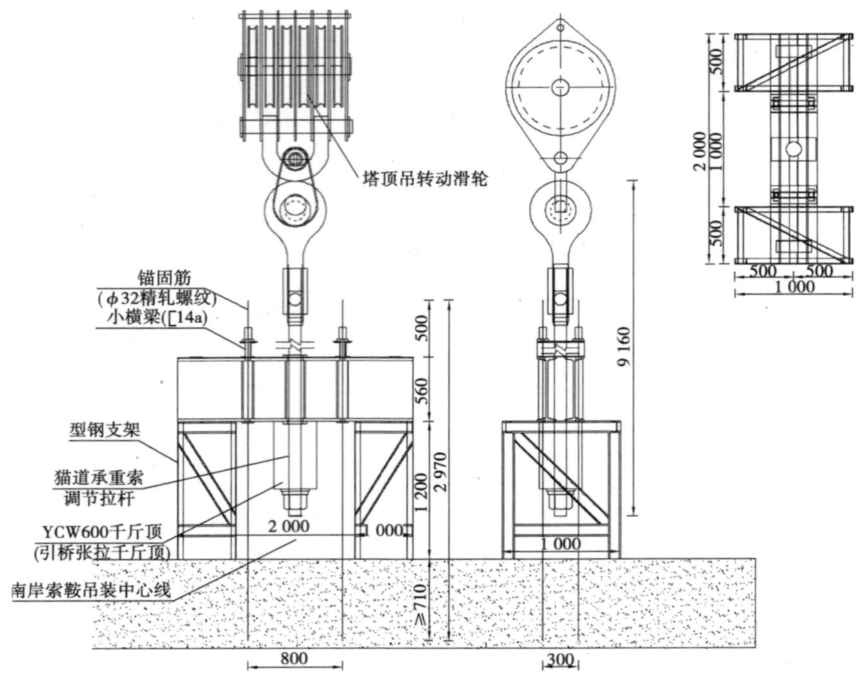

图6 塔顶反力架布置图

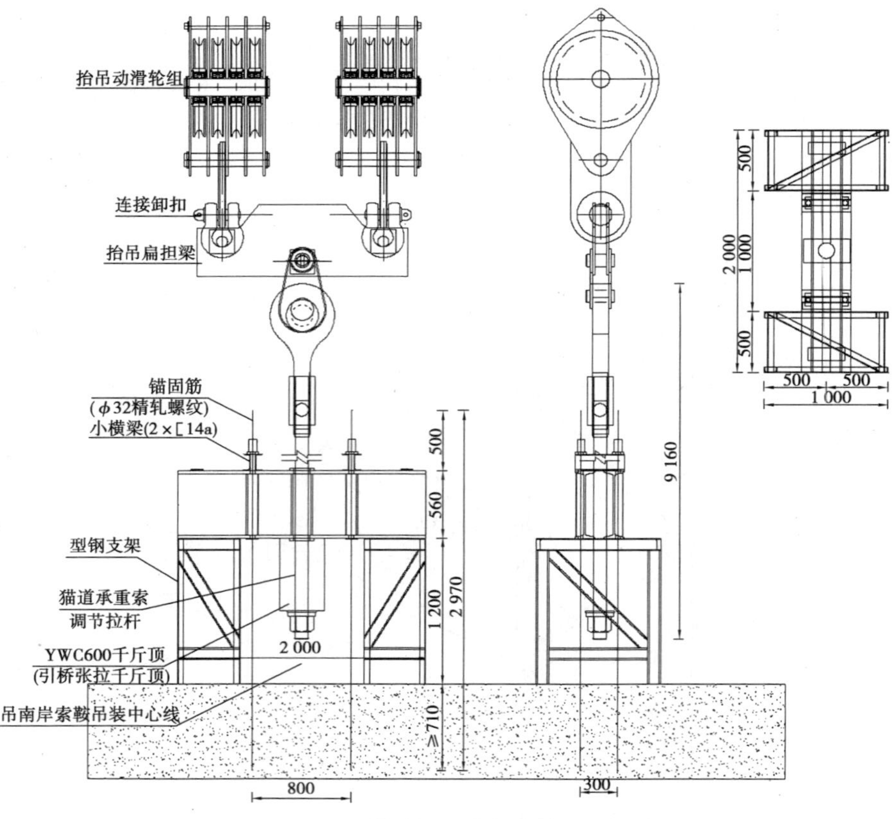

图7 锚碇顶反力架布置图

3　索鞍吊装施工

3.1　主索鞍吊装

主索鞍吊装施工如图 8 所示。

3.1.1　格栅安装

格栅采用一台 18 t 卷扬机起吊安装，吊装过程中设置两台 5 t 卷扬机对称拽拉，保证格栅的平稳吊装。起吊前，定位运输车将格栅运至索塔根部吊装处（中跨侧），用吊车将格栅卸下放在垂直起吊正下方（为了保证格栅能垂直起吊，注意格栅的摆放位置准确），注意将有反力架一端靠塔柱边跨，另一端朝向中跨并用事先布置好的支架垫平，支垫采用钢管支架完成，同时控制支承钢管支架的地基承载力满足要求。

3.1.2　格栅精度控制

在塔顶控制点上架设全站仪，后视塔顶另一个控制点，按坐标测量控制格栅的平面位置，在塔顶与格栅底均画出其纵横轴线位置。格栅底标高为 395.32 m（包括设计预抬高 10 cm），其平面位置采用精密水平仪 DINI12 控制。为了保证测量的精度，尽量选择在气温条件较好、风力较小、对索塔总体位置影响较小的情况进行轴线位置调整。格栅调整时，用楔形垫块调整精确定位格栅的高程及平面位置，调整过程中使用手拉葫芦及 32 t 千斤顶等调整格栅的纵横位置，用木槌轻敲垫块，使所有垫块支承受力，经过多次反复调整，使格栅高程及平面位置均符合设计和监控指令要求。调整好后进行全桥联测，满足规范要求后方可进行下一道工序。

3.1.3　格栅混凝土浇筑

格栅位置符合设计要求后，利用预埋的定位型钢对格栅进行固定定位，确保格栅在塔顶混凝土浇筑及振捣过程中位置不变，卸除吊具连接，立模浇筑混凝土至塔顶标高。混凝土应浇筑均匀，减少冲击，振捣过程中不能接触格栅和垫块，确保格栅位置不变。

3.1.4　上、下承板吊装

格栅混凝土达到设计强度后，吊装下、上承板。将上、下承板地面上组拼并涂抹油脂后转至起吊位置，上、下承板一起吊装。

3.1.5　鞍体吊装

主索鞍鞍体吊装与格栅吊装相同，索塔主索鞍安装时向边跨侧预偏，北岸塔顶鞍座设计预偏 1.252 m，南岸塔顶鞍座设计预偏 1.709 m，最终偏移值以监控复核计算后的索鞍预偏监控指令为准。安装前，先根据索鞍纵向长度值计算出鞍体预偏后的接缝位置，并做好标记。由于鞍体由两部分组成，并从中跨侧起吊，安装时先吊装边跨侧鞍体，再吊装中跨侧鞍体。当鞍体运到现场后，注意鞍体的摆放位置及方向，以便于安装。每侧鞍体均采用一台 18 t 卷扬机起吊，起吊到设定高度后，利用塔顶门架顶部的电动葫芦牵引纵移后下放至预偏位置。鞍体吊装完成后，将两部分鞍体用高强螺栓连为整体。

利用手拉葫芦对鞍体纵向位置进行微调，使主索鞍鞍体顺桥向满足预偏设计要求。最后安装锁紧拉杆，对索鞍进行固定，并对预偏出的上承板部分安装盖板进行防护。在主桥上部结构安装过程中，随着钢箱梁的吊装和桥面铺装的完成，索鞍逐步顶推到位，最后割除格栅千斤顶反力架，并补浇筑塔顶缺口处混凝土。主索鞍吊装如图 8 所示。

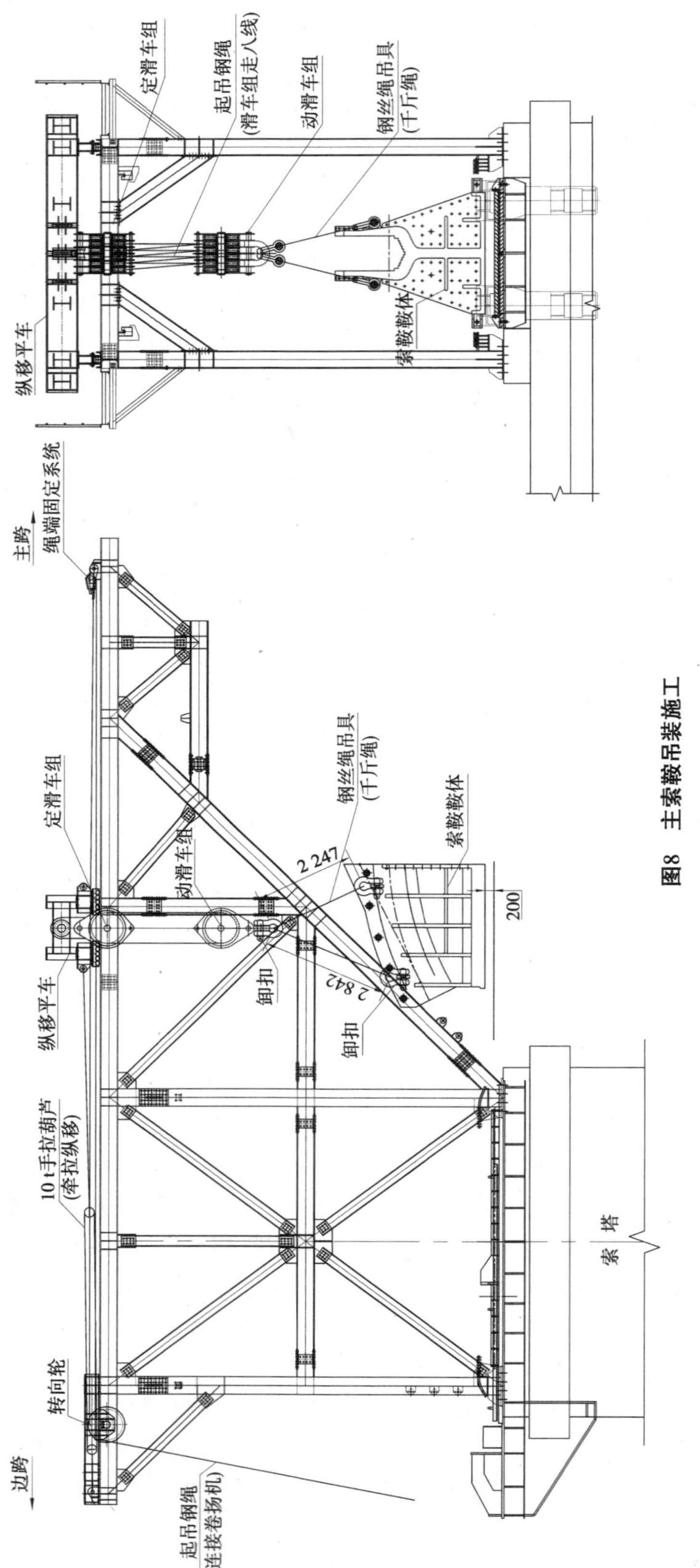
定滑车组
起吊钢绳
(滑车组走八线)
动滑车组
钢丝绳吊具
(千斤绳)
索鞍体
纵移平车
绳端固定系统
主跨
定滑车组
动滑车组
钢丝绳吊具
(千斤绳)
2 247
索鞍体
200
纵移平车
卸扣
2 842
卸扣
10 t手拉葫芦
(牵拉纵移)
索塔
转向轮
边跨
起吊钢绳
(连接卷扬机)

图8　主索鞍吊装施工

3.2　散索鞍吊装

散索鞍由主鞍体、底座、底板等组成。底板较轻，仅 5 035 kg，利用锚区塔吊在支墩侧起吊。底座质量约 20 061.69 kg，利用门架起吊。塔吊起吊底板并将需要安装的地脚螺栓安装好，一起起吊至支墩顶部，利用手拉葫芦及千斤顶调整底板的顶面标高、倾角及纵横中心线位置，使其符合设计要求，然后利用预埋定位型钢定位，浇筑支墩顶混凝土并振捣密实。待混凝土达到设计强度后，起吊底座至设计位置安装。调整到位后，拧紧地脚螺栓螺母将底座与底板连接固定。

由于散索鞍形状不规则，为保证起吊阶段重心平稳，需利用专用平车转运至起吊吊点下方。首先，在散索鞍支墩后铺设横移轨道，在轨道上布置移位器，其上放置三角支架，支架的斜边与散索鞍安装角度相同。运输车将鞍体运到锚碇支墩附近，采用 180 t 汽车吊卸车放至三角支架上，卷扬机牵引横移，将散索鞍牵引到吊点下方。然后将专用吊具与散索鞍连接，调整吊具低点螺杆长度，使鞍体的吊装倾斜角度与安装就位角度一致。起吊散索鞍体上升到设计高度后，用纵向行走系统将鞍体缓慢移到安装位置上方，用导链葫芦调整索鞍位置，使索鞍与底座横向导向标记对齐。缓慢下降索鞍鞍体，在接近底座时，停止下放，安装纵横向调整框架系统。利用纵向行走系统和纵横向调整框架系统，精确调整鞍体与底座的相对位置，使鞍体与底座安装结合面纵横两个方向完全对准后，缓慢下放鞍体。鞍体安装好后，安装索鞍定位调整拉杆，初步固定鞍体。

根据监控指令，利用全站仪等测量仪器配合索鞍定位，调整拉杆将索鞍调整到设计空缆位置，固定后，拆除吊具及调整框架等调节工具，完成散索鞍吊装。散索鞍吊装施工如图 9 所示，拉杆固定如图 10 所示。

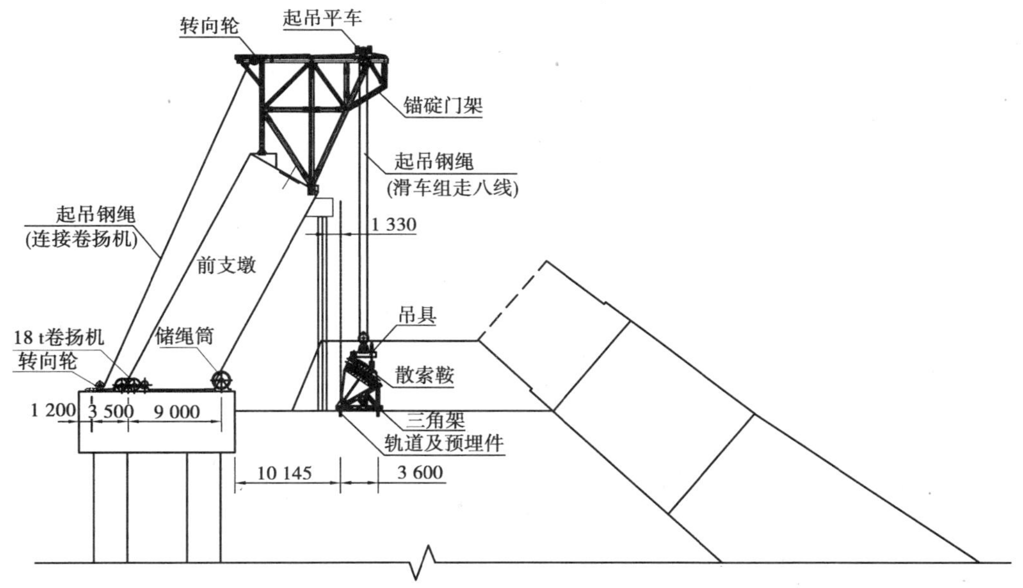

图 9　散索鞍吊装施工

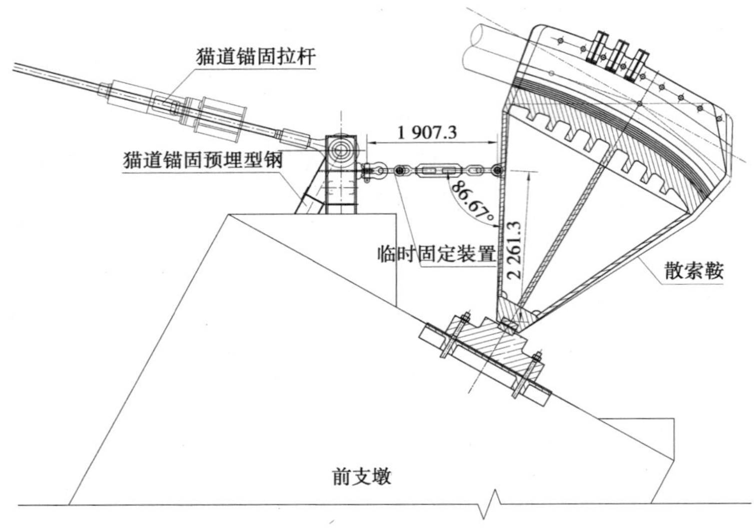

图 10 散索鞍安装定位图(单位:cm)

4 结 语

万州驸马长江大桥索鞍施工具有索鞍体量大、提升高、起吊系统设计要求严的特点,通过调研,选用塔顶门架起吊方式用于索鞍吊装。门架设计采用以栓接为主、栓焊结合的方式减轻了门架自重,且更易于现场安装施工,极大地提升了现场的施工效率及安全性。选择单机吊装配合卷扬机缆风绳的提升方案,有效防止了钢丝绳的扭绕,且单机起吊方式比常规双机起吊方式节省工期和设备。

综上所述,万州驸马长江大桥主塔门架、锚碇门架及起吊系统设计合理,起吊方案具有良好的可操控性能,使得索鞍安装工作得以安全、高效地完成。

参考文献

[1] 喻胜刚,沈良成,牛亚洲,等. 润扬大桥悬索桥索鞍吊装施工技术[J]. 桥梁建设,2004(4):21-24.

[2] 中华人民共和国行业标准. 公路桥涵施工技术规范(JTG/T F50—2011)[S]. 北京:人民交通出版社,2011.

[3] 韦世国,薛光雄,欧阳效勇. 公路桥梁施工系梁手册:悬索桥[M]. 北京:人民交通出版社,2014.

万州驸马长江大桥悬索桥索鞍吊装施工技术

屈加林　靖振帅　杨世好

（中交一公局第三工程有限公司　北京　100029）

摘　要　大跨径悬索桥索鞍吊装施工难度大、安全风险高。本文以万州驸马长江大桥主、散索鞍吊装施工为例，介绍了索鞍吊装施工工序优化方案，并对起吊试验方案及临时吊具设计进行合理改进。这些技术创新大大节省了施工成本，创造了一定的社会和经济效益。

关键词　悬索桥　索鞍　吊装　技术创新　效益

1　引　言

在国内已经完成的悬索桥施工中，虽然对于索鞍吊装作业已有相关经验，但仍然存在工艺烦琐、工期较长、危险性高等问题。万州驸马长江大桥索鞍吊装通过总结以往类似工程相关经验，改进了荷载试验监测手段，简化吊装器具，将双机抬吊改为单机吊装。在减少了机械设备投入的同时，保证了施工的顺利开展，取得了良好的社会和经济效益。

2　工程概况

万州驸马长江大桥索鞍吊装包括主索鞍系统吊装和散索鞍系统吊装。主索鞍系统吊装施工主要包括格栅、上下承板、主索鞍鞍体等吊装施工；散索鞍吊装主要包括底板、底座及散索鞍鞍体吊装等施工。万州驸马长江大桥共计主索鞍、散索鞍各4套，其中主索鞍鞍体质量为97 t，

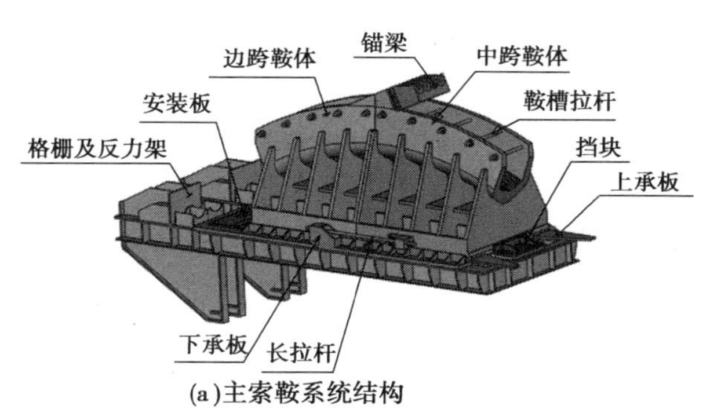

(a)主索鞍系统结构

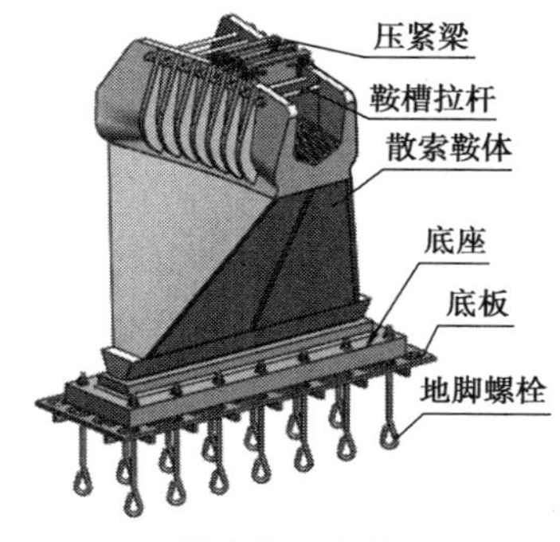

(b)散索鞍系统结构

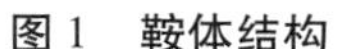

图1　鞍体结构

作者简介：屈加林（1985—），男，本科，工程师。
靖振帅（1987—），男，本科，助理工程师。
杨世好（1983—），男，本科，工程师。

散索鞍鞍体单件质量为53 t。主索鞍采用卷扬机配合钢桁架形式门架吊装，散索鞍分别采用吊车及门架进行吊装。为减轻主索鞍单次吊装质量，将主索鞍鞍体分成两部分进行制造，主索鞍吊装最大质量为43 t，散索鞍鞍体整件进行制造，吊装质量为53 t。主、散索鞍构造如图1所示。

3 起吊系统

3.1 门架设计及安装

门架是悬索桥上部施工中重要的临时结构，在索鞍吊装、猫道架设、索股架设等阶段均起着重要的作用。门架分为索塔顶门架和锚碇支墩顶门架两种。本工程根据门架的用途，本着安全、经济、适用、方便的原则，门架均设计成钢桁架形式，各构件之间采用栓接为主（单元杆件之间拼装）、焊接为辅（单元杆件构成）的连接方式，以简化施工安装。门架采用多种规格的型钢和板材制作而成，除纵梁、立柱、悬臂大斜撑和横梁（H400×400）材料采用Q345外，其余均采用Q235钢材，顶面设工作平台。门架预埋件采用整体式柱脚设计，在塔顶预埋地脚锚栓，每个柱脚设16-M36地脚锚栓进行锚固。

索塔顶门架高8.8 m，宽4.9 m，主梁长22.3 m，主梁沿顺桥向中跨方向设计为大悬臂结构，悬臂长度为13 m。索塔顶门架自重约47 t，总体结构如图2(a)所示。

锚碇支墩顶门架前高12.3 m，宽5.9 m，主梁长14.5 m，沿顺桥向锚跨方向设计为大悬臂结构，悬臂长度为7.35 m。锚碇支墩顶门架自重约41 t，总体结构如图2(b)所示。门架在厂内按设计图纸分单元加工经试拼后运往施工现场用高强螺栓拼装连接。门架加工完成并通过验收后，利用塔吊进行拼装。

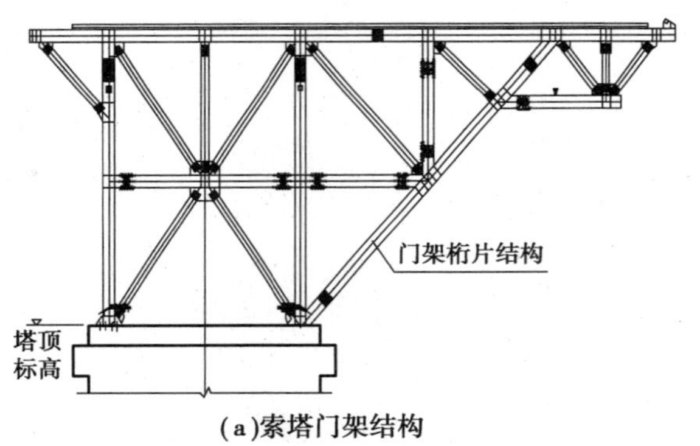

(a)索塔门架结构

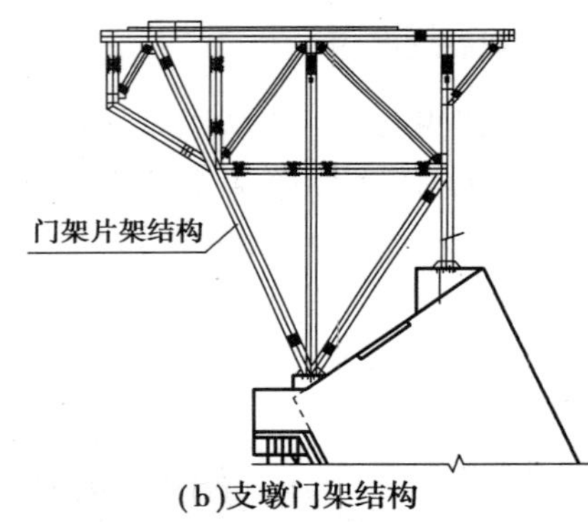

(b)支墩门架结构

图2 门架结构

3.2 吊装方案

单机吊装与双机抬吊相比具有占用作业场地面积较小、吊装过程较简单、较双机抬吊配合操作要求低、使用机械设备少、安装过程短、经济成本低等特点。

为避免与引桥施工相冲突，万州驸马长江大桥南、北岸主索鞍系统各部件均在桥梁跨中侧起吊安装，采用一台18 t卷扬机单机吊装方案。南岸主索鞍吊装采用一台18 t卷扬机吊装双塔肢主索鞍，即将一台18 t卷扬机布置于索塔承台顶部，完成一侧塔肢顶鞍体吊装作业后，调整竖直转向轮位置，将滑动平车整体转移至另一侧塔肢进行吊装，具体布置如图3所示。北岸主索鞍吊装采用两套起吊系统同步作业，即左、右幅索塔各布设一台18 t卷扬机，同时进行索鞍吊装，具体布置如图4所示。

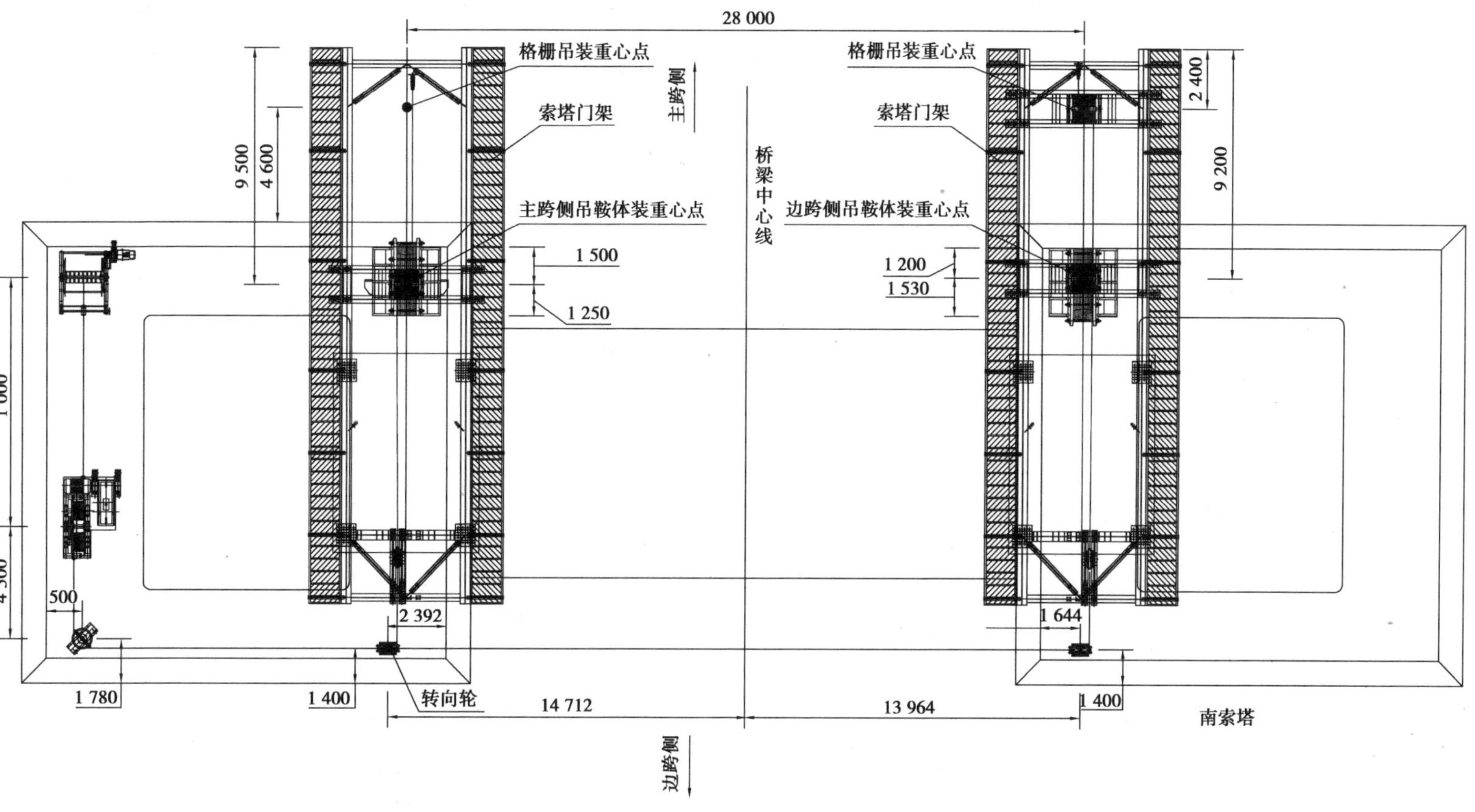

图3　南岸主索鞍吊装卷扬机布置(单位:mm)

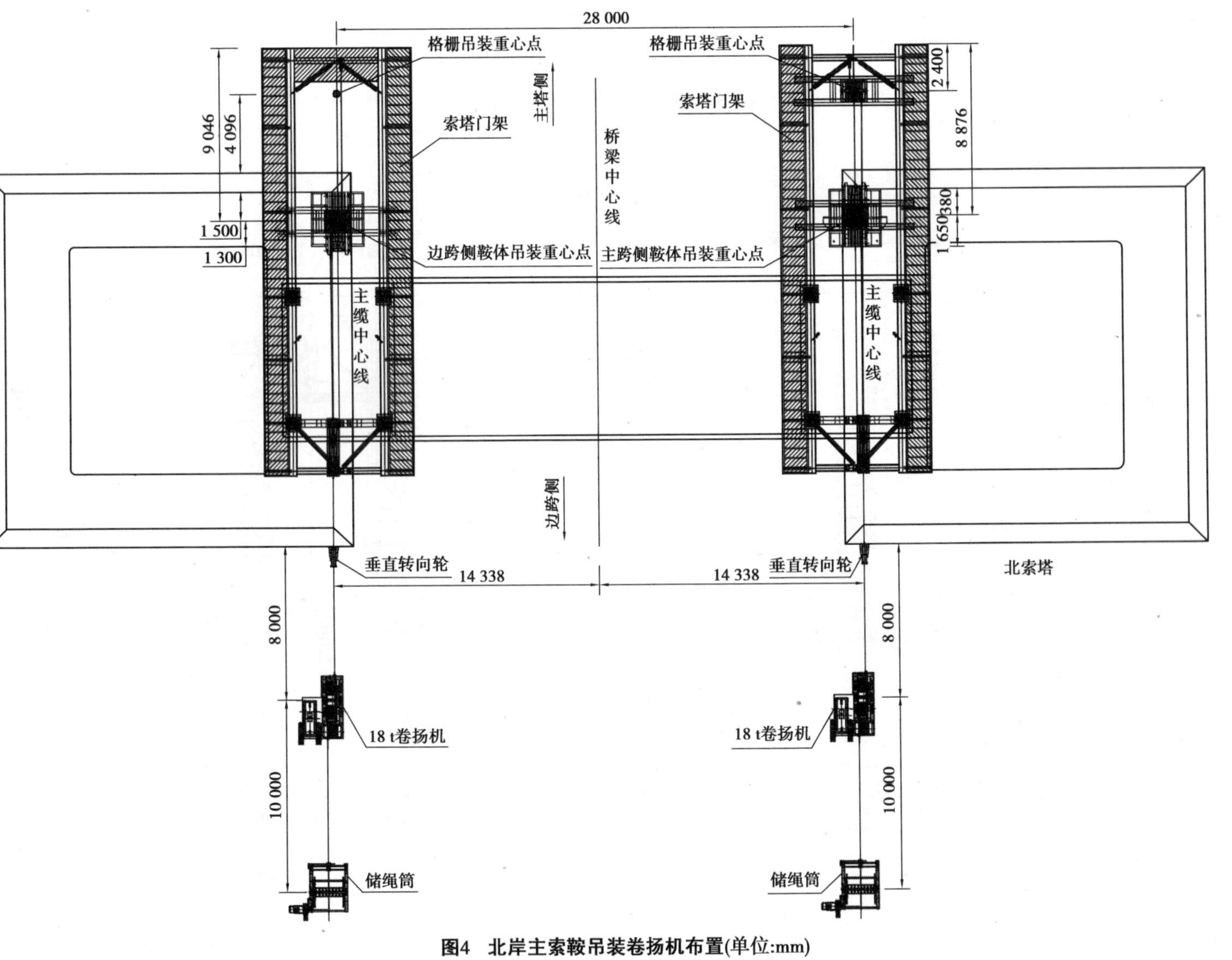

图4 北岸主索鞍吊装卷扬机布置(单位:mm)

散索鞍吊装根据支墩高度不同,可以采用200 t吊车吊装或10 t卷扬机吊装。万州驸马长江大桥南岸散索鞍支墩高约为22 m,采用200 t吊车直接吊装。北岸散索鞍支墩高约为40 m,利用门架起吊。

3.3 起吊系统荷载试验

为确保吊装安全,在吊装前需对起吊系统进行荷载试验。起吊系统试验分别为空载运行试验、120%静载试验、100%动载试验。空载试验检查整个起吊系统的组合性能和可操作性;120%静载试验验证门架结构的安全性、消除非弹性变形;100%动载试验验证提升系统、制动系统的稳定性。试验完成并确定起吊系统整体安全性后,方可进行索鞍吊装。

以往在进行索鞍起吊系统试验时,大部分采用重物堆载的方式来进行。该方法在进行堆载时最大需要1.2倍于索鞍质量的重物,存在一定的安全风险,同时在进行试验时受力上存在一定的误差,且堆载方案不经济,施工效率也不高。

反拉试验和重物堆载试验对比如表1所示。

表1 反拉试验和重物堆载试验对比表

序号	对比项目	反拉静载试验	重物堆载试验
1	试验时间	时间短	时间长
2	施工操作	简单	工作量大
3	荷载情况	结果准确	偏差较大
4	成本	成本低	成本高
5	安全性	风险低	风险高
6	模拟工况	与实际相符	偏差较大

经过方案比选,采用猫道大拉杆+千斤顶反力架方式进行起吊系统加载试验(图5)。利用千斤顶逐级加载,通过应变计测量墩顶门架变形值,依据变形值判断门架整体稳定性能,变形监测结果如表2所示。在降低施工风险和施工成本的同时,还提高了试验的精度,确保试验结果的准确性。

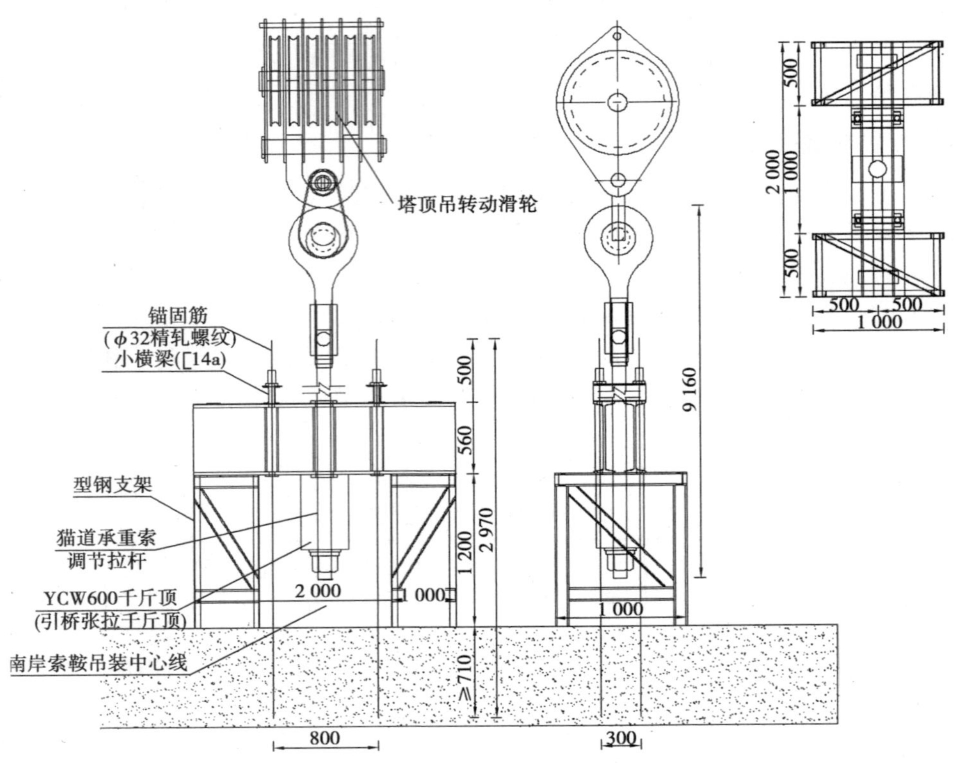

图5 起吊系统加载试验

表2 起吊系统加载试验塔顶门架变形监测表

序号	项目		北岸左幅门架		北岸右幅门架		预警值/mm
			1号	2号	1号	2号	
1	加载过程	初始读数	404.582 1	404.621 9	404.603 4	404.598 4	25.8
2		80%	404.580 1	404.620 1	404.601 2	404.596 5	
3		差值/mm	-2.0	-1.8	-2.2	-1.9	
4		100%	404.579 8	404.620 8	404.600 7	404.596 1	
5		差值/mm	-2.3	-1.1	-2.7	-2.3	
6		120%	404.579 0	404.619 9	404.600 1	404.595 8	
7		差值/mm	-3.1	-2.0	-3.3	-2.6	
8	卸载过程	80%	404.579 3	404.620 4	404.601 1	404.596 4	
9		差值/mm	-2.8	-1.5	-2.3	-2	
10		0%	404.582 2	404.621 7	404.603 3	404.598 2	
11	弹性变化		0.1	-0.2	-0.1	-0.2	

3.4　吊具设计

万州驸马长汇大桥索鞍采用不等长钢丝绳作为吊具进行吊装。根据鞍体几何尺寸及重心位置，主索鞍采用直径为36 mm的镀锌钢丝绳作为吊具，通过卸扣分别与吊耳和动滑车组连接。钢丝绳吊具长度根据索鞍上的临时吊耳及重心确定。

散索鞍同样采用直径为36 mm的镀锌钢丝绳作为吊具，配手拉葫芦调节角度，使鞍体的吊装倾斜角度与安装角度一致。

索鞍吊装过程中，相较于刚性吊具而言，采用钢丝绳吊具施工操作简便，不需要进行专项加工制造，可减少施工投入，而且通过精确设计来达到调整吊具重心的目的，大大提高了施工效率。

主索鞍钢丝绳吊具设计及吊装现场如图6、图7所示。

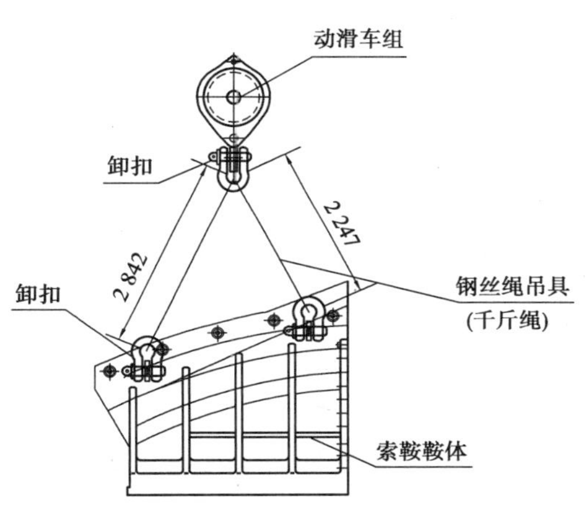

图6　主索鞍柔性钢丝绳吊具设计

图7　主索鞍吊装

4　索鞍系统吊装

4.1　主索鞍系统吊装

主索鞍系统吊装顺序为：格栅→承板→鞍体。

格栅是主索鞍系统吊装施工的第一步，由于其安装精度直接影响主索鞍的安装精度，所以在格栅安装时，必须反复测量校对，并最终锁定轴线位置和四角高差。首先在顶面画出纵、横轴线。吊具连接完成后缓慢起吊，并通过一台5 t卷扬机对称牵拉，防止扭转。当格栅起吊到高出塔顶预留槽20 cm后，用两个10 t电动葫芦牵拉门架顶部纵移装置，使格栅纵移至设计位置(图8)。然后缓慢下放，利用起吊系统与手拉葫芦共同调节格栅位置与塔顶标记线对齐，经反复测量后浇筑混凝土。

格栅混凝土达到设计强度后，吊装上、下承板(图9)。上、下承板在地面组合后共同吊装，吊装方法与格栅相同。承板安装就位后，对承板顶面进行清理，同时涂刷油脂，准备主鞍体吊装。

依据起吊位置，万州驸马长江大桥主索鞍吊装顺序为先边跨侧后中跨侧。由于主索鞍起吊高度大，所以滑车组钢丝绳在起吊初期极易发生扭转。为避免鞍体扭转，在起吊初期应严格控制两台5 t对拉卷扬机的放绳速度，使其与起吊卷扬机速度相匹配，确保鞍体缓慢上升(吊

图 8　格栅吊装

图 9　组合承板吊装

装滑车走 10 线,速度为 16 m/min)。两半鞍体按设计预偏位置就位后用高强螺栓相连。

4.2　散索鞍系统吊装

散索鞍系统吊装作业顺序为底板吊装、底座吊装、鞍体吊装。其中,底板重 5 t,利用锚区塔吊直接安装。底板吊装完成后,准确定位,同时全桥联测并浇筑混凝土。

万州驸马长江大桥南岸支墩底座及鞍体采用 200 t 吊车吊装,北岸采用 10 t 卷扬机吊装(图 10、图 11)。门架起吊散索鞍体上升到设计高度后,用纵向行走系统将鞍体缓慢移到安装位置上方,用导链调整索鞍位置,使索鞍与底座横向导向标记对齐。缓慢下降索鞍鞍体,在接近底座时,停止下放,安装纵横向调整系统。利用纵向行走系统和纵横向调节系统,精确调整鞍体与底座的相对位置,使鞍体与底座安装结合面纵横两个方向完全对准后,缓慢下放鞍体。鞍体安装好后,安装索鞍定位调整拉杆,初步固定鞍体。

图 10　吊车吊装散索鞍

图 11　门架吊装散索鞍

5　结　语

采用优化的索鞍吊装工艺和技术方案,在完成施工进度计划的同时取得了良好的社会和经济效益。在施工过程中,进行经验总结,以便为以后类似工程提供借鉴。

(1)用不等长钢丝绳取代了钢结构组合吊具来进行主、散索鞍的吊装,优化了施工工序,降低了施工成本。

(2)利用猫道拉杆结合500 t千斤顶组成的反力架系统取代重物堆载的方法进行吊装系统反拉加载试验,提高了起吊系统试验的准确性。

(3)用一台18 t卷扬机辅以一台5 t对拉卷扬机实现了单机吊装主索鞍。为了降低主索鞍在起吊的过程中,因风载和起吊绳内力不均发生的扭转,特配备一台5 t卷扬机来进行牵拉调整,从而保证主索鞍吊装顺利进行。该施工方法较以往的双机抬吊施工降低了施工费用,节省了施工工期,详见表3。

表3　单机吊装法和抬吊法对比表

序号	项目类别	单吊法吊装	抬吊法吊装
1	人工费/万元	4×9×0.024×10=8.7	4×10×0.024×22=21.1
2	材料费/万元	2×0.3=0.6	2×2.857 4=5.7
3	卷扬机租赁费/万元	2×21.4+2×0.75=44.3	4×21.4=85.6
4	塔吊电梯租赁费/万元	7	15
5	电费/元	2×220×16×2=14 080	4×220×16×2=28 160
6	项目管理费/万元	10×45/30=15	22×45/30=33
7	合计/万元	77	141.2
8	工期/天	10	22

参考文献

[1] 喻胜刚,沈良成,牛亚洲,等.润扬大桥悬索桥索鞍吊装施工技术[J].桥梁建设,2004(4):21-24.
[2] 王春明.清水河大桥悬索桥索鞍吊装施工技术公路[J].公路,2015(7):169-174.

万州驸马长江大桥猫道设计与施工

宾　熊[1]　屈加林[1]　杨世好[1]　张志新[2]

(1. 中交一公局第三工程有限公司　北京　100029;
2. 中交第一公路工程局有限公司　北京　100024)

摘　要　猫道是悬索桥上部结构施工重要的高空作业通道和施工平台,其贯穿整个悬索桥上部结构安装工程。随着时代的进步和科技的发展,猫道的材料和结构形式伴随着悬索桥的发展也在不断改进。万州驸马长江大桥为千米级悬索桥,施工难度大、技术含量高。本文结合本工程特点,通过对猫道系统设计及施工方案进行合理的优化,极大地提高了猫道施工效率,降低了安全风险,保证了施工质量。

关键词　悬索桥　猫道　设计　施工　优化

1　引　言

猫道作为主缆系统乃至悬索桥整个上部结构的施工平台,需架设在主缆之下,平行于主缆布置,是施工人员进行空中作业的高空脚手架,在整个主缆系统施工过程中担负着输送索股、调股紧缆、安装索夹及吊杆、加劲梁吊装及缠丝防护等重要任务[1]。结构安全、抗风稳定性影响整个上部构造施工中各个主要分项工序的质量、进度和施工安全。万州驸马长江大桥主桥施工难度大、技术含量高,是整个项目的管控重点。

2　工程概况

万州驸马长江大桥跨径组成为285 m+1 050 m+345 m。两根主缆中心间距28 m,成桥状态下的中跨垂跨比为1∶10。主缆索股最长1 837.89 m,质量约38.931 t。采用双线往复式牵引系统架设,索引系统需要与猫道协调设计。

3　猫道设计

3.1　设计原则及要点

(1)猫道的线形应平行于主缆空缆状态下的线形[1]。猫道面层与主缆之间保持合适的距

作者简介:宾　熊(1985—),男,本科,工程师。
屈加林(1985—),男,本科,工程师。
杨世好(1983—),男,本科,助理工程师。
张志新(1970—),男,本科,博士研究生,教授级高级工程师。

离,一般控制在 1.5 m 左右。

(2)在安全上有足够的强度和抗风稳定性。猫道在各设计荷载工况下,安全系数均应大于3.0,保证足够的强度安全储备和整体刚度。另外,横向通道和门架间距设置应满足猫道抗风稳定性和横向抗扭刚度的要求[2]。

(3)功能上要满足主缆架设、索夹安装、吊索安装、加劲梁吊装、主缆缠丝、主缆涂装等施工作业时的需要。

(4)猫道本身需结构简单,自重较轻,造价低廉,应受力明确,安装和拆除方便。猫道面层设计时,在满足强度、刚度要求的前提下尽量减少受风面积。

(5)猫道不能或需尽可能减小对塔、锚碇和主缆等永久结构产生附加影响。

3.2　总体设计及重点设计思路

3.2.1　总体设计

本桥选用“三跨连续”的无抗风缆体系的猫道系统。猫道横桥向与主缆轴线呈对称布置,在上、下游对应于主缆中心线下方各设一幅猫道。中跨猫道面距主缆轴线 1.5 m,边跨猫道距主缆中心线铅垂方向控制距离为 1.7 m,猫道宽度为 4 m。

猫道承重索安全系数不小于3.0。猫道抗风按工作风速 $v = 13.8$ m/s,最大阵风风速 $v = 28.78$ m/s 设计,主跨设置横向通道 5 道,间距为 180 m。两边跨各设置一道横向通道,位于边跨猫道正中。

猫道系统主要包括猫道承重索及扶手索、猫道侧网及面层、猫道锚固体系统及调节系统、塔顶转索鞍、变位及下拉系统、横向通道、猫道门架承重索及猫道门架等。猫道总体布置如图 1所示,图中除标高以 m 计外,其余以 cm 计。

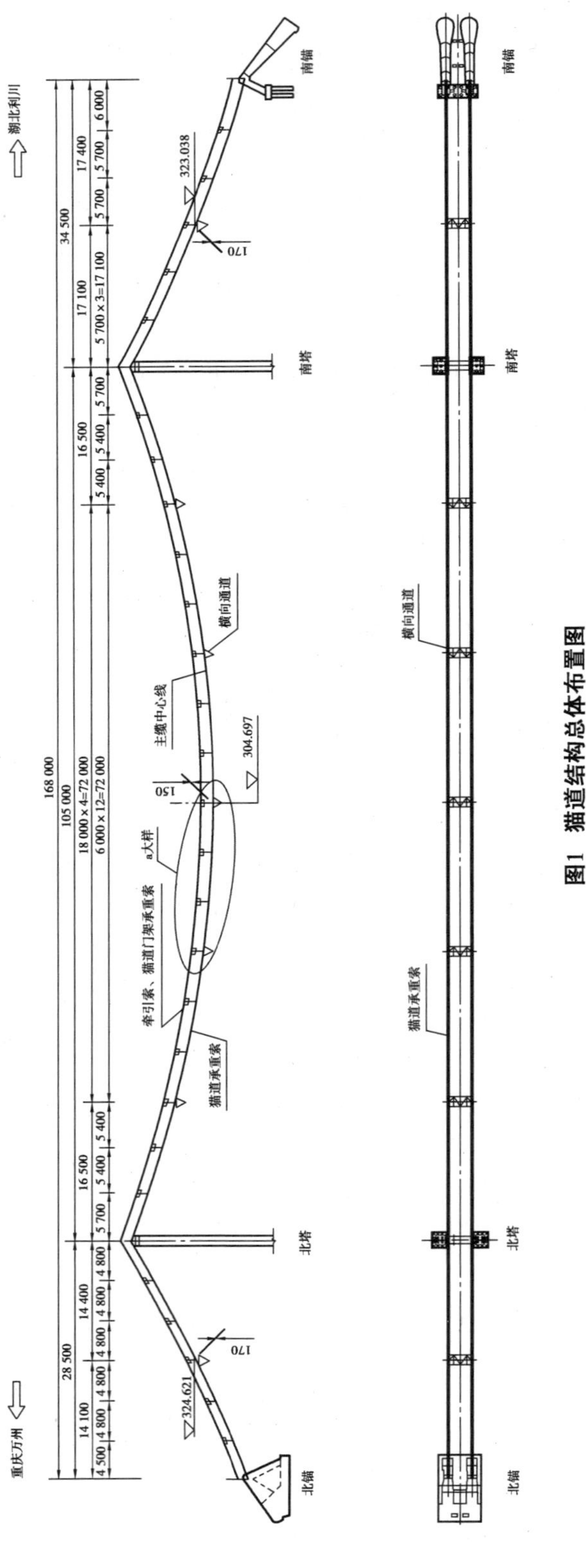

图1 猫道结构总体布置图

3.2.2 重点设计思路及设计结果

1) 猫道承重索及扶手索

每条猫道设 8 根 ϕ48mm(6×36SW+IWR)钢芯镀锌钢丝绳猫道承重索,扶手索上层采用 ϕ22 mm 镀锌钢丝绳,下层采用 2×ϕ16 mm 镀锌钢丝绳。猫道断面如图 2 所示。

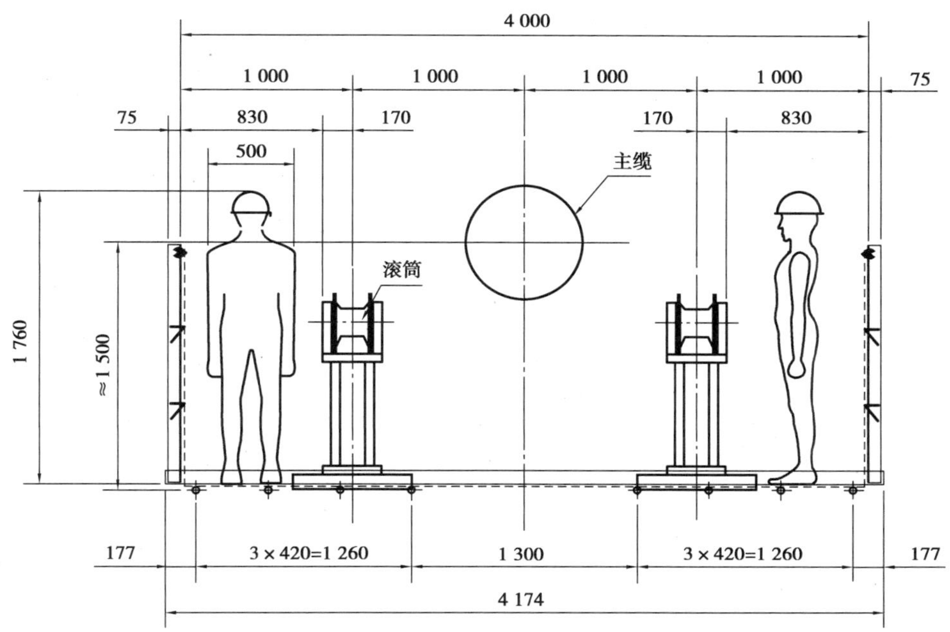

图 2 猫道横断面(单位:mm)

2) 猫道侧网及面层

猫道面层由两层镀锌钢丝网构成,底层规格为 ϕ5×50 mm×70 mm,顶层规格为 ϕ2×25 mm×25 mm,其上每隔 0.5 m 绑扎一根防滑木条。在猫道面层网上每 3 m 交替设置面层小横梁(50 mm×50 mm×2.5 mm 方钢管)和大横梁(80 mm×80 mm×4 mm 方钢管),如图 3 所示。

3) 猫道锚固体系及调整系统

(1) 猫道承重索的张力通过锚固系统传递给锚碇,锚固系统的安全性关系到猫道的安全,同时锚固系统还应具备一定的长度收放调整功能。

常用锚固系统有两种形式:拉杆及锚梁组合结构和滑车组锚固系统。两种方式各有优劣,主要与施工单位的使用习惯有关[3]。猫道承重索一般可锚固在锚碇支墩或前锚面上,具体位置根据现场情况而定。

万州驸马长江大桥猫道承重索锚固系统通过在锚碇散索鞍支墩上预埋钢板耳座+拉杆的方式锚固,锚固拉杆通过销栓将猫道承重索力传递到锚碇散索鞍支墩。

锚固系统设计方案对比见表 1。

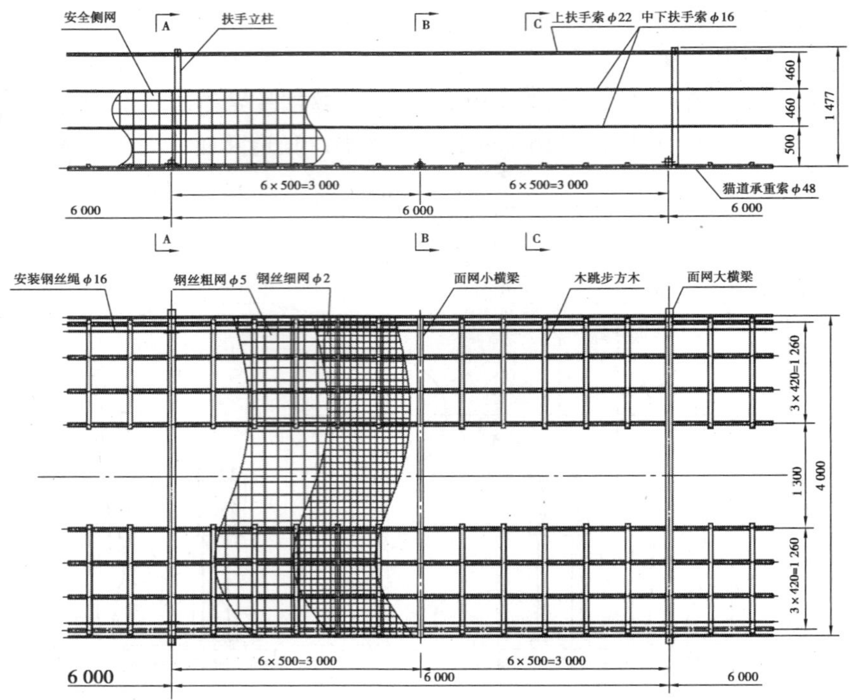

图 3　猫道面层结构图(单位:mm)

表 1　锚固系统设计方案比对表

锚固系统方案	方案简述	示意图	优缺点
预埋筋	大型深埋预埋筋与混凝土锚固		材料少、易操作,抗剪能力受预埋材料性能影响
锚筋锚板型钢框架	框架梁+群锚栓		抗剪能力受预埋材料性能影响

续表

锚固系统方案	方案简述	示意图	优缺点
锚栓刚性柱脚	深埋群锚栓	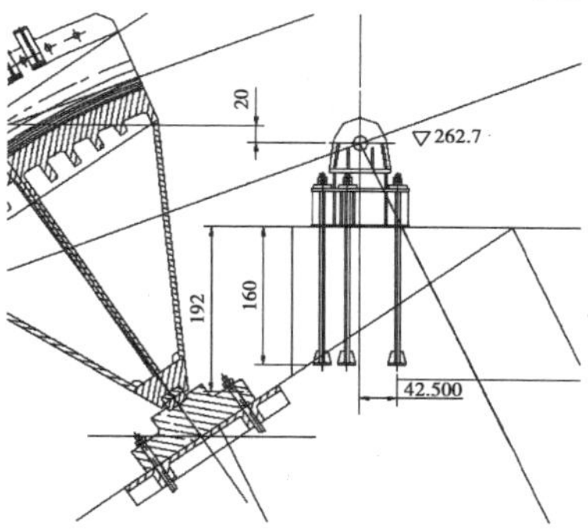 20 ▽262.7 192 160 42.500	偏载受力，受拉侧锚栓布置空间受到一定局限
预埋钢板	预埋型钢于支墩混凝土内	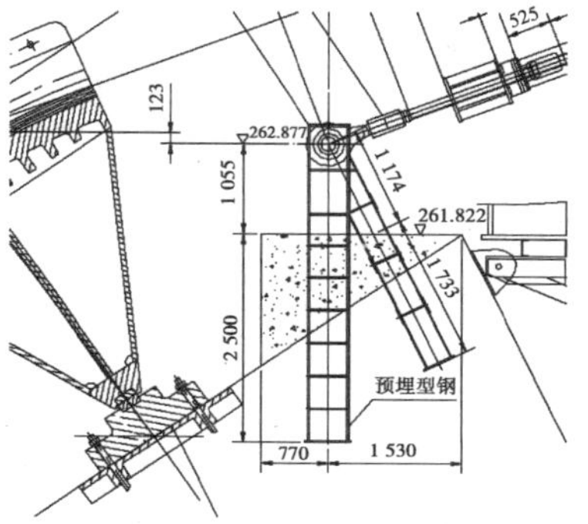 525 123 ▽262.877 1 055 1 174 ▽261.822 1 733 2 500 预埋型钢 770 1 530	目前使用较多的方式，但是材料使用量最大，不够经济

根据表1，对预埋钢板锚固方案进行了设计优化，从埋深和结构上都做了调整，比之前相近跨度的猫道锚固构造，材料用量减少约40%，降低了施工成本。猫道锚固体系平面如图4所示。

(2)猫道调整系统采用大小拉杆及锚梁组合结构，每幅猫道两岸各设置4根大锚固拉杆，用以整体调整猫道线形，并与锚固横梁相连。在锚固横梁上设置槽孔，承重索短拉杆穿过锚固横梁的槽孔后依靠锚固垫板进行锚固，锚固垫板采用圆柱面结构，满足风力等荷载作用下猫道的横向摆动需要。

4)塔顶转索鞍及变位系统

连续式猫道承重索连续穿越塔顶，为适应线形与主缆线形的平行、解决与主索鞍的冲突，在塔顶设置转索鞍；在塔顶附近设置变位刚架及下拉装置，以满足承重索穿越塔顶和施工操作的需要。

变位、下拉梁采用型钢作为受力构件，铸钢夹具用以固定承重索。下拉力通过滑车组传递至塔身预埋件上。

一般情况下，猫道安装操作平台采用贝雷梁悬臂平台。本桥猫道设计时，将操作平台与变位钢架进行一体化设计(图5)，解决了传统贝雷平台预埋件多、工程量大、施工危险性高等问题。同时，将猫道承重索塔顶转索鞍与门架柱脚一体化设计，降低了材料用量，节省了塔顶空间。

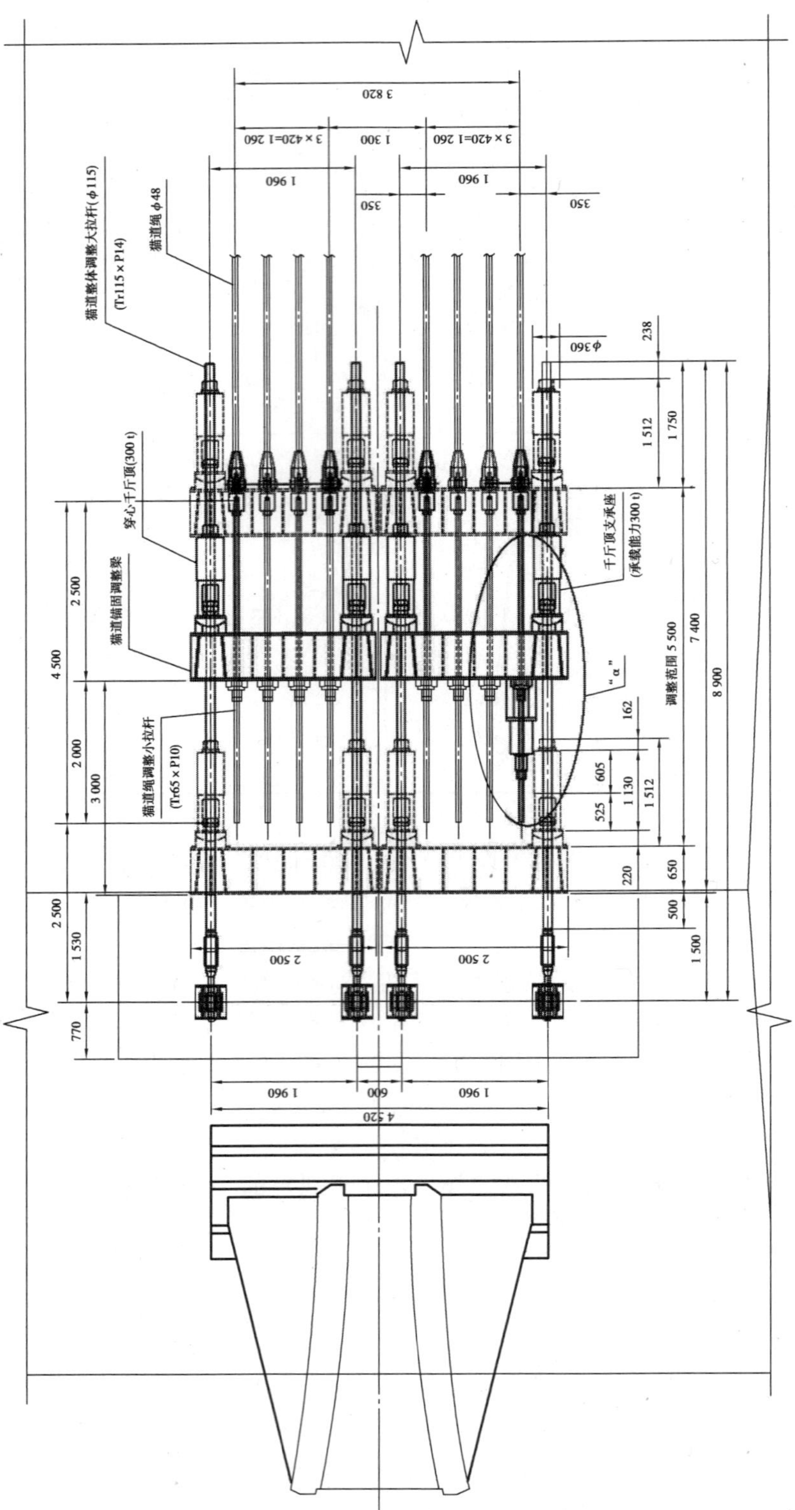

图4　猫道锚固体系平面图(单位：mm)

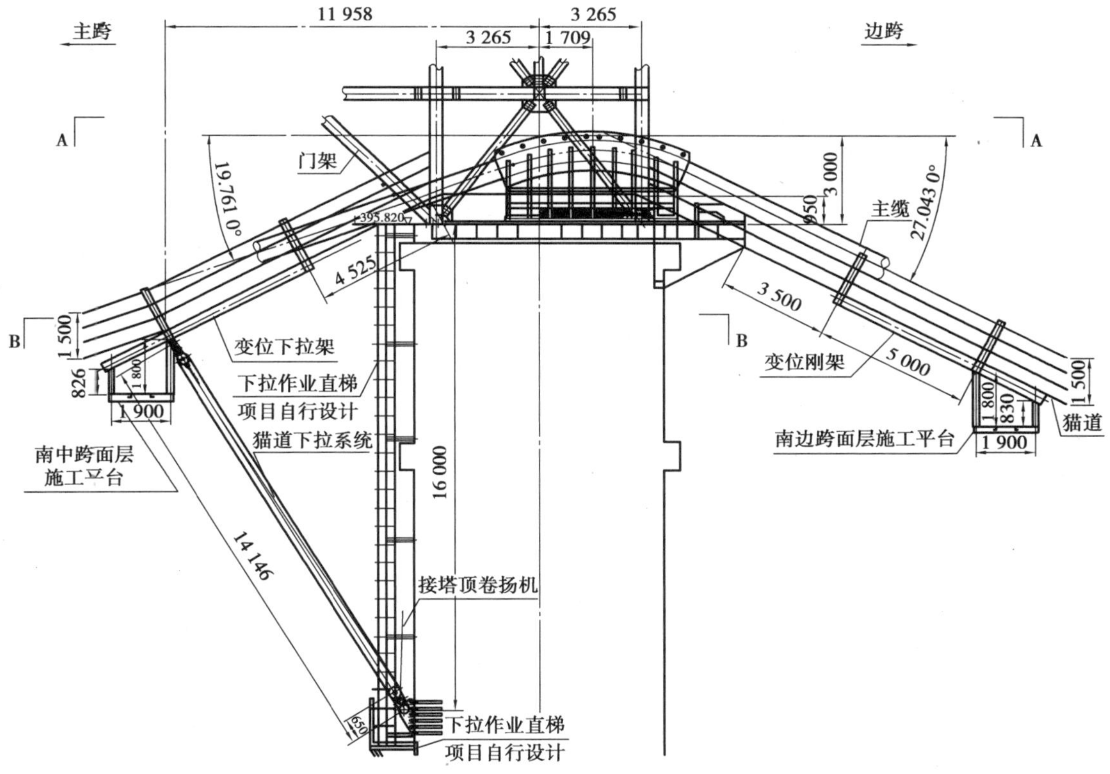

图 5 猫道塔侧变位、下拉系统对比图

5）横向通道

根据研究成果表明：猫道的空气静力失稳主要是由于横向通道之间的猫道面层床面在风力作用下发生过大的扭转变位而致。因此，提高猫道床面的抗扭刚度是提高猫道抗风稳定性的关键。猫道的抗风稳定性取决于合理的横向通道间的小跨间距。

万州驸马长江大桥地处长江上游山区，主桥重现期 100 年设计风速 $U_{桥面}=36.5$ m/s；施工阶段重现期 20 年，基准风速 $U_{桥面}=32.12$ m/s。

国内外部分悬索桥不设抗风缆施工猫道技术参数见表 2。

表2　国内外部分悬索桥不设抗风缆施工猫道技术参数表

桥名	主跨跨径/m	主桥设计风速/(m·s⁻¹)	主跨横向通道数量(间距/m)	抗风体系
润扬大桥南汊悬索桥	1 490	$U_{10}=29.1$	9(149)	无抗风缆+制振系统
厦门海沧大桥	648	$U_{20}=47.4$	5(108)	无抗风缆
日本明石海峡大桥	1 991	$U_{10}=46$	11(166)	无抗风缆+制振系统
宜昌长江公路大桥	960	$U_{10}=29$	6(137)	无抗风缆
西堠门大桥	1 650	$U_{10}=41.12$	11(137.5)	无抗风缆+制振系统
阳逻长江公路大桥	1 280	$U_{10}=27.9$	7(160)	无抗风缆+制振系统
珠江黄埔大桥	1 108	$U_{20}=41.4$	7(138.5)	无抗风缆+制振系统
韩国光阳大桥	1 545	$U_{10}=40.4$	7(193)	无抗风缆

由表2可知,日本明石海峡大桥、韩国光阳大桥设计风速远大于本桥设计风速 $U_{桥面}=36.5$ m/s,光阳大桥横向通道间距达193 m。通过类比研究,万州驸马长江大桥猫道横向通道间距为180 m,抗风稳定性可满足工程需要。

故猫道共设置7道横向通道,中跨设5道横向通道,边跨各设1道横向通道,除满足左、右幅猫道之间人员的通行外,同时也提高猫道自身的整体稳定性,使猫道具备足够的抗风能力。横向通道结构布置如图6所示。

4　猫道施工

4.1　施工技术要点

(1)猫道整体架设,应遵循纵向平衡、横向对称的原则。

(2)为便于猫道的架设,引桥与猫道冲突处需进行预留预埋,确保猫道施工顺畅。

(3)在架设新绳前必须进行预张拉,以消除非弹性变形。方法为:张拉力不小于钢绳的0.5倍破断拉力,持荷60 min,张拉两次,其残余变形量达到原值的0.12%。

(4)猫道承重索中跨及南边跨采用吊环辅助法架设,北边跨猫道承重索采用直接上提法架设。

(5)猫道面层采用下滑铺设法进行常规工艺施工。在猫道面层铺设过程中,在塔底拼装横向通道,根据其在猫道上的具体位置适时利用塔吊安装,并随面层一起下滑。

4.2　猫道承重索架设施工

悬索桥猫道架设施工中,猫道承重索的架设方法主要有直接上提法、空中自由拽拉法、托架间接架设法。

4.2.1　承重索架设技术验算

为减少猫道承重索托架法间接架设技术中托架承重索、定位索、托架的物资材料投入,节省托架承重索、定位索、托架安装、拆除作业时间,充分利用本桥大净空(桥面距离江面最小净空约120 m)的特点,确定本桥猫道首根承重索采用增加辅助吊环的空中自由拽拉法技术架设(图7)。

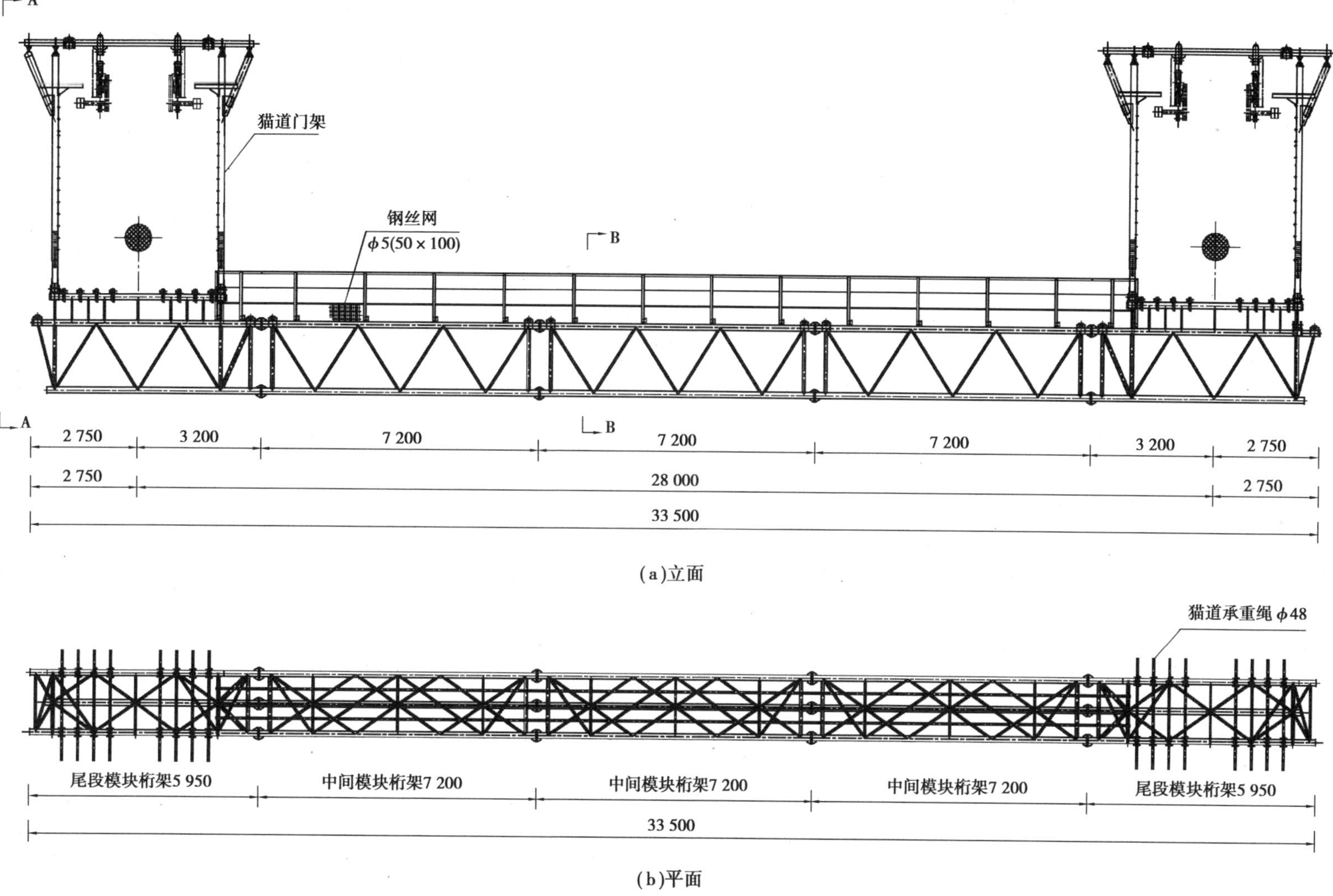

图6　横向通道结构图(单位：mm)

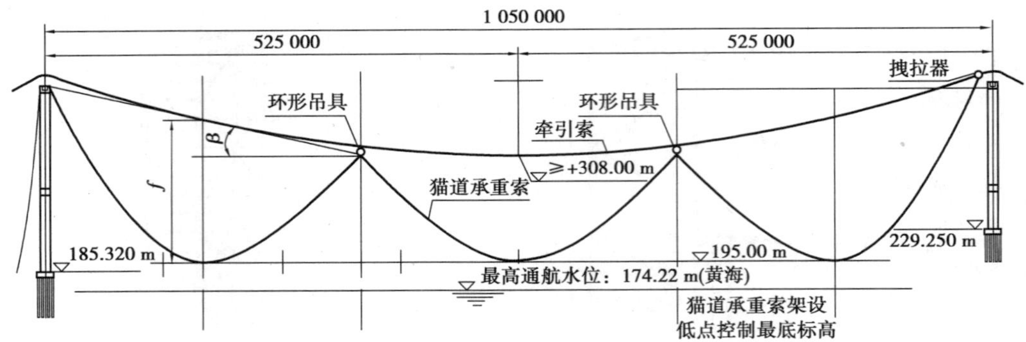

图 7　承重索吊环施工设计示意图(单位:mm)

(1)计算塔侧跨猫道承重索由北塔底提升至塔顶、塔身的自由高度,可提供的猫道承重索最大水平力为:

$$H_A = H_B = ql^2/(8f\cos\beta)$$ [4]

$$f = ql^2/(8H\cos\beta)$$

根据设计图参数得:

$$H = hq = 2\ 027.115\ \text{kN}$$

垂度:

$$f = ql^2/(8H\cos\beta) = 73.756\ \text{m}$$

采用 3 道吊环半跨猫道承重索支点连线,距通航净空以上竖向距离为:

$$h = 156.91\ \text{m} > 73.756\ \text{m}$$

在猫道承重索塔高自重反力作用下,垂度满足通航安全要求。

(2)近塔侧高低支点猫道承重索架设张力计算:

$$T_A = H\sqrt{1+\left(\frac{4f}{L}-\frac{C}{L}\right)^2} = 23\ 610.2\ \text{N}(\text{低点})$$

$$T_B = H\sqrt{1+\left(\frac{4f}{L}+\frac{C}{L}\right)^2} = 30\ 184.7\ \text{N}(\text{高点})$$

(3)跨中处等高支点猫道承重索架设受力计算:

水平力:

$$H = \frac{qL^2}{8f}$$

竖向力:

$$V = \frac{qL}{2}$$

张力:

$$T_0 = \frac{H}{\cos\alpha_0}$$

按照保守计算方法,将猫道承重索自重直接附加到牵引索上,对牵引索受力进行分析计算。

牵引索后端受力:

水平力：

$$H = \frac{(q_{牵} + q_{猫承})L^2}{8f} = 232\ 296.7\ \text{N}$$

竖向力：

$$V = \frac{(q_{牵} + q_{猫承})L}{2} = 78\ 387.3\ \text{N}$$

张力：

$$T_0 = \frac{H}{\cos \alpha_0} = 245\ 648.4\ N$$

对于牵引索前端，水平力增加北塔高猫道承重索自重反力，受力计算：

总水平力为牵引索水平力与索塔高度承重索之和：

$$H_{合} = 252\ 567.8\ \text{N}$$

则前端牵引力：

$$F_{前端} = \sqrt{H_{合}^2 + V^2} = 266\ 452.4\ \text{N}$$

式中 H——索的水平力；

q——索沿弧长方向的集度（包括自重和其他均布荷载）；

f——矢高；

α——各支点处索的水平倾角；

T_A、T_B——A、B 点的索张力。

简化计算所得的牵引力较大，接近卷扬机最大 280 kN 牵引力。

同时，采用“桥梁非线性分析系统 BNLAS4.21”对牵引索受力进行模拟试算，计算模型如图 8 所示。

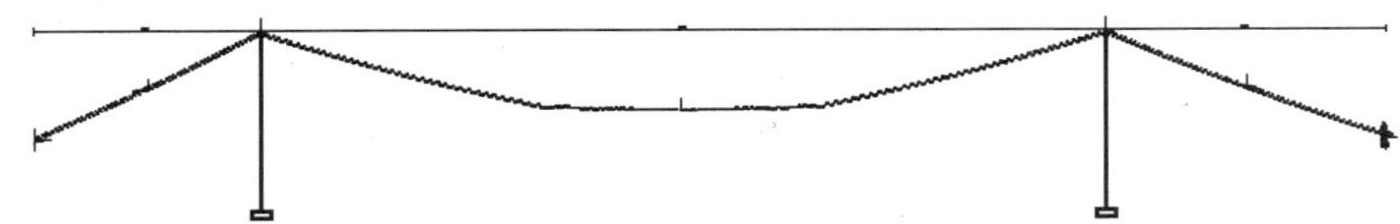

图 8　BNLAS4.21 模拟牵引索受力计算模型

经程序模拟计算分析，牵引索跨中标高为 308.0 m 时，牵引索后端水平力为 174.5 kN，牵引索最大张力为 190.8 kN，简化计算比程序模拟计算受力高约 20%。从侧面验证简化计算结果可用于指导施工。同时，确定了猫道承重索吊环法架设时吊环间距不大于 350 m 即可。

4.2.2　*承重索架设施工*

本桥猫道承重索中跨及南边跨采用吊环辅助法架设，北边跨猫道承重索采用直接上提法架设。

首根承重索架设时采用单吊环法。吊环与牵引索固结，吊环类似托架，对首根承重索起到支承作用。牵引索由北塔顶每牵出约 100 m 钢丝绳，设置一个吊环。

其余猫道承重索采用双吊环法（图 9、图 10）。将已架设完和即将架设的猫道承重索用吊环和卸扣连接到牵引索上，承重索与其上的卸扣是活动的，而牵引索上则是通过卸扣将牵引索与吊环固定。牵引索由北塔顶每牵出约 100 m 时，在其上加设一道吊环。

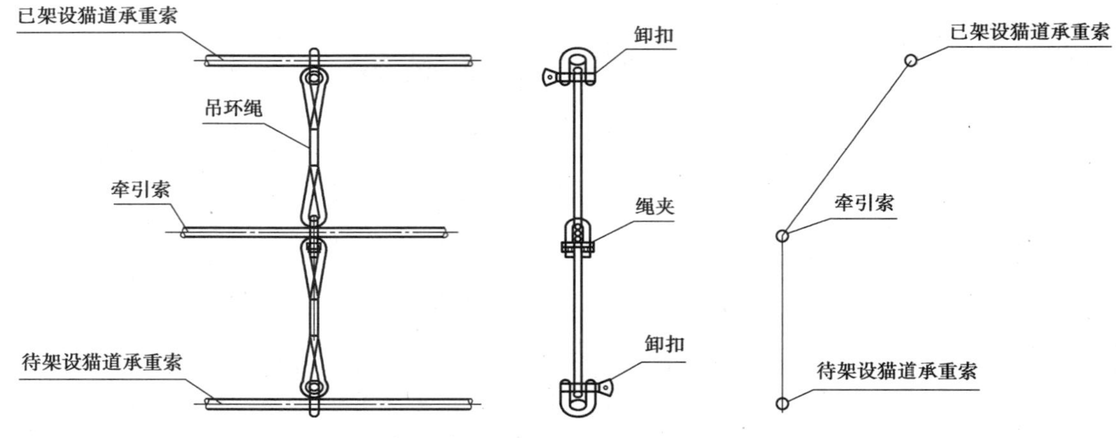

图9 双吊环法架设布置

图10 双吊环法架设施工

5 结 语

(1)万州驸马长江大桥采用三跨连续式猫道设计,优质地完成了后续主缆架设、紧缆等施工。这充分说明,该桥所选取的猫道设计参数是合理的,为后续类似桥梁的施工积累了宝贵的经验。

(2)该桥对猫道设计和施工方案进行合理优化和改进,不仅大大提高了猫道架设的施工工效,并取得了良好的经济效益,达到了预期的目标。

(3)部分设计和施工还有待提高。例如,横向通道的加工和安装,在施工过程中,因横向通道的加工误差,导致安装存在一定的偏差,使横向通道在下滑过程中,摩阻力太大,无法自行下滑,只能通过拽拉器辅助牵引进行滑动。

万州驸马长江大桥为万利高速公路控制性工程,猫道架设施工的顺利完成,为后续上部结构施工提供了有利条件。

参考文献

[1] 王丰平. 猫道设计、架设和静力计算[D]. 西安:长安大学,2004.
[2] 黄志如. 北盘江大桥猫道设计与施工[J]. 公路交通科技:应用技术版,2007(9):102-103.
[3] 中交第二公路工程局有限公司. 公路桥梁施工系列手册:悬索桥[M]. 北京:人民交通出版社,2014.
[4] 周水兴,何兆益,邹毅松,等. 路桥施工计算手册[M]. 北京:人民交通出版社,2001.

悬索桥猫道承重索架设双吊环法施工技术

屈加林　毛超军　付茂林

（中交一公局第三工程有限公司　北京　100029）

摘　要　本文以万州驸马长江大桥为依托，对猫道承重索双吊环法架设进行研究。双吊环法在满足通航要求的前提下，实现了大跨径悬索桥猫道承重索自由牵引架设，极大地提高了猫道施工效率。

关键词　悬索桥　猫道承重索　双吊环法　架设

1　引　言

猫道承重索架设主要有直接上提法、空中自由拽拉法、托架间接架设法 3 种。在内河往来船舶较少、通航便于控制等条件下，直接上提法可显著地缩短工期，产生较好的效益；空中自由拽拉法适用于跨径不大、承重索直径较小、所需牵引力不大的山区或通航要求不高的地区；托架法的显著特点是可降低设备的要求，通航净空有保障。

目前，在有通航要求的航道上建造大跨径悬索桥，托架法是猫道承重索架设的主要方法，但该方法所需辅助材料、设备多，工效较低。双吊环法在满足通航要求的前提下，实现了大跨悬索桥猫道承重索架设自由牵引架设，极大地提高了猫道施工效率。

2　工程概况

万州驸马长江大桥选用“三跨连续”无抗风缆体系猫道系统。猫道横桥向与主缆轴线呈对称布置。猫道设计宽度为 4 m，承重索采用 8 根 $\phi48$ mm（6×36SW + IWR）钢芯镀锌钢丝绳，扶手索采用 $\phi22$ mm 镀锌钢丝绳，侧绳采用 $2\times\phi16$ mm 镀锌钢丝绳；侧网为 $\phi5$ mm $\times$ 50 mm $\times$ 100 mm 镀锌钢网；底层面网为 $\phi5$ mm $\times$ 50 mm $\times$ 70 mm 镀锌钢丝网，顶层面网为 $\phi2$ mm $\times$ 25 mm $\times$ 25 mm 镀锌钢丝网，顶层面网上绑扎防滑木条；猫道共设置 7 道横向通道，中跨设 5 道横向通道，边跨各设 1 道横向通道。猫道总体布置如图 1 所示。

3　猫道承重索架设牵引系统

猫道施工阶段上、下游各布设 1 套单线往复牵引系统。该牵引系统主要用于猫道承重索、猫道门架承重索、猫道扶手索架设及猫道面网铺设，以及横向通道、猫道门架下滑时的辅助牵引拽拉作业等（图 2）。

作者简介：屈加林（1985—），男，本科，工程师。
毛超军（1986—），男，本科，工程师。
付茂林（1992—），男，本科，技术员。

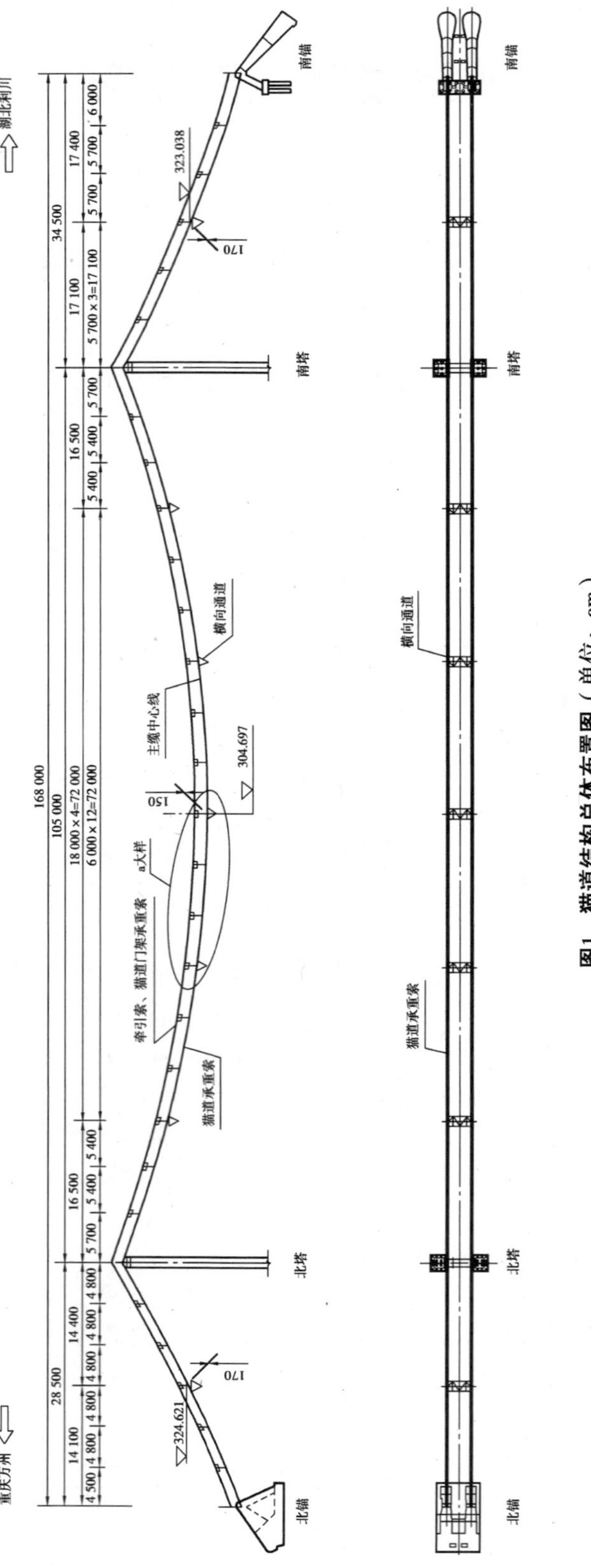

图1 猫道结构总体布置图（单位：cm）

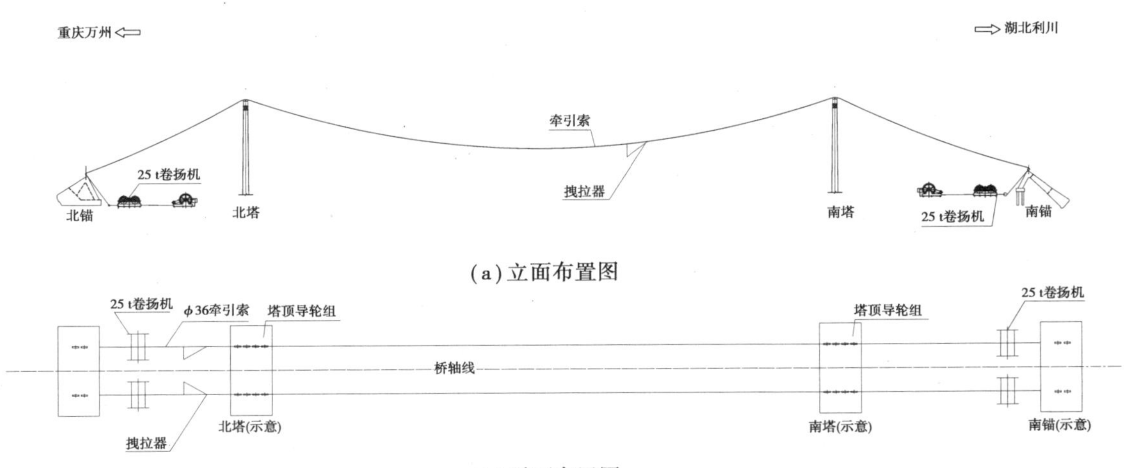

(a)立面布置图

(b)平面布置图

图2　猫道架设牵引系统布置图

一套牵引设备包括在北锚碇放索区布设一台25 t卷扬机，南锚碇支墩前布设一台25 t卷扬机，每个塔顶布置1台10 t卷扬机，锚碇支墩门架上布置一台10 t卷扬机(图3～图6)。

图3　南岸10 t卷扬机与过渡索连接

图4　上游侧过渡索牵引

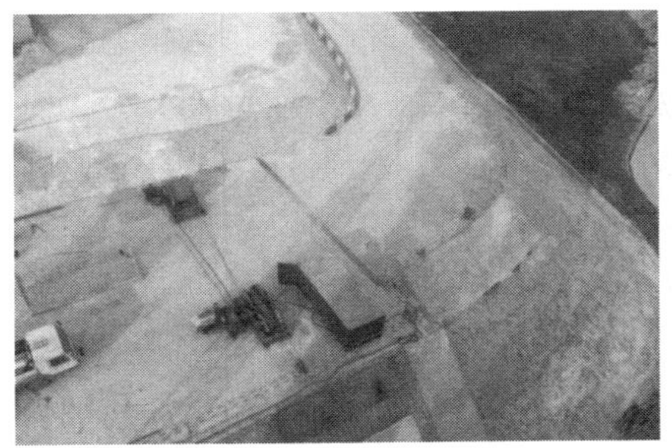

图5　放索区25 t卷扬机

图6　门架顶10 t卷扬机

在塔顶、锚碇支墩门架上安装导轮组及承重索架设支撑滚轮(图7)。

图 7　塔顶门架导轮组

4　猫道承重索架设

猫道承重索架设采用双吊环法进行架设,双吊环法即采用两根 ϕ22 mm 吊环绳分别连接牵引绳、已架设猫道承重绳和待架设猫道承重绳。其中,牵引绳和吊环连接处采用两个 50 绳夹分别将两个吊环与牵引绳连接,两根吊环绳另外一端与已架设和待架设猫道承重索连接均采用 12 t 卸扣连接。所用机械材料如表 1 所示。

表 1　猫道承重绳架设所用机械材料表

名称	规格型号	数量	备注
卷扬机	25 t	2 台	牵引用
卷扬机	10 t	4 台	反拉用
卷扬机	5 t	4 台	辅助反拉用
卸扣	12 t	30 个	双吊环用
绳夹	50	30 个	双吊环用
吊环绳	8 m	15 根	连接承重绳与牵引绳

5　猫道承重索双吊环法架设

(1)猫道上放索盘:利用 25 t 汽车吊将承重索索盘提升安装入放索架上,并将承重索锚头提出。

(2)锚头提出:利用塔顶塔吊将锚头提升至塔顶。

(3)锚头与拽拉器连接:待锚头提升至塔顶后与拽拉器连接。

(4)猫道承重索牵引:南、北岸两台 25 t 卷扬机同时收放绳,开始牵引作业,在牵引过程中随时监控牵引索跨中垂度,确定承重索最低点标高大于 220.0 m(满足通航要求),同时放索机提供一定的反张力,控制放索速度(图 8)。

(5)吊环安装:在拽拉器牵引承重绳行走 100 m 时牵引系统停止牵引,同时工人在门架施工平台处安装吊环,吊环由两根长 8 m 的 ϕ22 mm 的钢丝绳、绳夹、卸扣组合而成(图 9、图 10)。吊环与牵引绳连接处安装绳夹锁死,与猫道承重索和定位绳(先架设的猫道承重绳)连接处采用卸扣连接(活结)。以后每牵引 100 m 安装一副吊环。牵引过程中,随时监测跨中猫道承重索的标高。

图 8　猫道承重索牵引

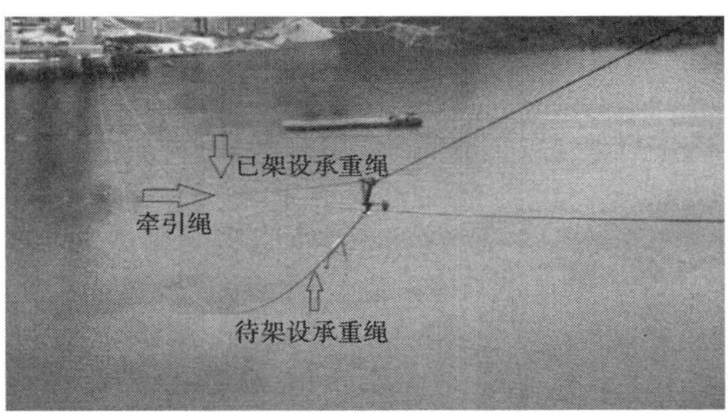

图 9　猫道承重索双吊环法架设

100　100　100　100　125　125　100　100　100　100
ϕ32 mm牵引绳
已架设猫道承重绳
ϕ22 mm吊环绳
待架设猫道承重绳
跨中最低点标高220 m以上
水面标高175.000 m

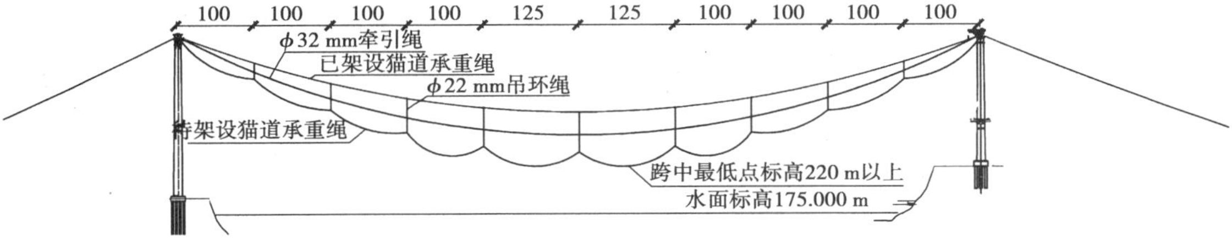

图 10　猫道承重索双吊环法架设工艺（单位：m）

（6）吊环拆除：当第一个双吊环到达南塔顶时，两台卷扬机停止工作，工人通过预先安装的操作平台对牵引绳上的绳夹进行拆除。同时，下方的工人拆除卸扣与承重绳的连接，并用麻绳与吊环绳连接，待上方工人拆除完成后牵引吊环绳进主索鞍操作平台存放。待猫道承重绳线形粗调及锚固连接完成后进行中跨处吊环拆除。此时，北锚 25 t 卷扬机收卷牵引索，南锚卷扬机放出牵引索，拽拉器返回北塔顶。吊环随牵引索返回到北塔顶时，拆除吊环备用。

（7）猫道承重索锚固段连接：当索盘剩余 3 ~ 5 圈钢绳时，暂时停止牵引，将承重索全部从索盘上放出；由北锚门架上布置的 10 t 卷扬机走四线滑车与猫道承重索后锚头连接。先将北岸锚头牵引至锚固梁入锚，再继续牵引承重索至南锚锚固梁入锚。锚头连接时，南锚采用 25 t 汽车吊配合散索鞍门架 10 t 卷扬机提升锚头连接锚固梁。北岸采用 10 t 卷扬机和 5 t 卷扬机配合提升锚头与锚固梁连接。待两边锚头与锚固梁连接完成后，将钢管插入锚头，防止锚头旋转。

猫道承重索施工现场如图 11 ~ 图 14 所示。

图 11　猫道承重索塔顶门架

图 12　猫道承重索提升入转索鞍

图 13 猫道承重索入北锚

图 14 猫道承重索压板安装

（8）猫道承重索线形粗调：猫道承重索全部安装完成后，由北边跨→中跨→南边跨逐跨粗调猫道未经变位的承重索线形。具体步骤为：

a. 南锚门架上的 10 t 卷扬机将猫道承重索后锚头向南锚牵引，同时南、北塔顶 10 t 卷扬机滑车组辅助配合，粗调猫道承重索垂度。

b. 北塔处猫道承重索标记点与北塔转索鞍基准点对齐、夹板锁死。此时，猫道承重索跨中逐步抬升，中跨猫道承重索跨中标高约为 307.00 m。与此同时，南锚卷扬机微动收绳，牵引索跨中标高随猫道承重索抬升而抬升，保持牵引索稍高于猫道承重索线形。

c. 南锚碇门架上的 10 t 卷扬机反拉承重索后锚头，锚头导入锚固梁拉杆。

（9）猫道承重索塔顶锚固：承重索线形调整完成后，南北岸塔顶转索鞍处将压板螺丝拧紧，同时在两个转索鞍之间安装绳夹打保，每端安装 3 个，防止承重索滑移。

6 首根猫道承重索架设方法

首根猫道承重索架设方法除塔顶吊环安装与普通猫道承重索架设方式不同外，其余施工工序基本相同。

塔顶单吊环安装方式：在拽拉器行走 100 m 时，两台卷扬机停止牵引，同时工人在门架施工平台处安装吊环，吊环由单根长 8 m 的 $\phi 22$ mm 的钢丝绳、50 绳夹、12 t 卸扣组合而成（图 15）。在吊环与牵引绳连接处安装绳夹，与猫道承重索连接处采用 12 t 卸扣连接。以后每隔 100 m 进行一次吊环安装。

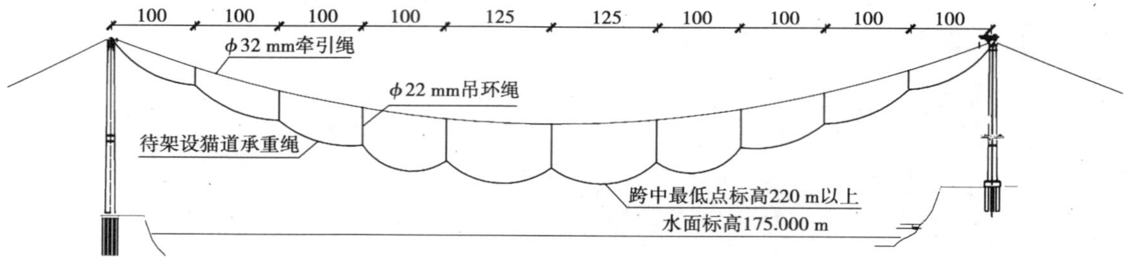

图 15 首根猫道承重索单吊环架设工艺（单位：m）

7 猫道承重索垂度调整

待猫道承重索全部架设且变位架连接就位后，根据空缆阶段猫道承重索线形，进行垂度整体调整，调整顺序为先中跨后边跨(图 16)。调整过程如下：

(1)全站仪实测中跨跨中点的垂度及主跨跨径，并实测温度，与监控单位计算值比较。利用塔顶门架上的卷扬机及滑车组逐根调整直至满足垂度要求后，在塔顶转索鞍处用压板锚固好，并用油漆做好标志。

(2)待中跨猫道承重索固定好后，即可进行边跨猫道承重索调整。全站仪实测边跨跨中点的垂度及边跨跨径，并实测温度，与监控单位计算值比较。利用猫道锚固调整系统小拉杆调节单根承重索以消除制作精度误差，长拉杆系统整体调节猫道垂度，直至边跨垂度满足要求。

图 16　猫道承重索线形调整

8　猫道承重索牵引双吊环法架设要点

8.1　吊环长度的确定

吊环长度根据塔顶门架净高来确定，门架顶到主索鞍底部高为 9 m，工人平均身高 1.7 m，考虑吊环安拆方便，所以合适的吊环绳长度为 6 ~ 8 m。

8.2　双吊环与承重索的连接及牵引索的连接

吊环安装时，牵引索处于门架导轮上，高度较高，需要从门架顶安装临时吊篮，工人通过吊篮平台进行吊环安装。吊环与牵引绳连接部分采用 $\phi 50$ 的绳夹进行连接固定。吊环与承重索连接采用 12 t 卸扣连接，将卸扣开口方向调整为向上后继续进行牵引。

8.3　监控测量

猫道承重绳架设期间，始终保持对跨中猫道承重绳高程的监控以及索塔偏位的监控(图 17)。

在南、北两岸地面均设置监控点，在猫道承重绳架设期间，在地面控制点架设仪器，用三角高程法观测猫道索的跨中点高程，同时测量环境温度及猫道索的温度。将实测值与设计值比较，高程控制在跨中标高 308.00 m 左右，并观察通航净空是否满足要求，必要时通过加快或减慢牵引索牵引速度进行垂度微调。

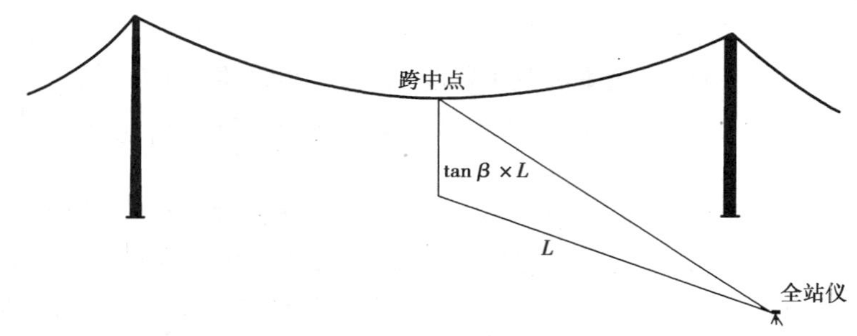

图 17　垂度测量示意图

9　结　语

通过对猫道承重绳架设施工进行设计优化以及在施工中对施工工艺的改进，极大提高了施工工效，并取得了良好的经济效益。相较于传统的托架法架设节约成本 36.12 万元。猫道系统的安全、快速完成为后续施工按时开展提供了条件。

参考文献

[1] 王丰平. 猫道设计、架设和静力计算[D]. 西安：长安大学，2004.
[2] 黄志如. 北盘江大桥猫道设计与施工[J]. 公路交通科技：应用技术版，2007(9)：102-103.
[3] 中交第二公路工程局有限公司. 公路桥梁施工系列手册：悬索桥[M]. 北京：人民交通出版社，2014.
[4] 周水兴，何兆益，邹毅松，等. 路桥施工计算手册[M]. 北京：人民交通出版社，2001.

万州驸马长江大桥主缆架设施工技术

屈加林　付茂林　荣　伟

（中交一公局第三工程有限公司　北京　100029）

摘　要　随着悬索桥施工技术的不断发展，主缆架设方法渐趋成熟。本文以万州驸马长江大桥主缆架设施工为例，集成并创新了主缆架设施工方法，分别介绍了悬索桥放索区的布置及双线往复式牵引系统等工艺，为以后同类悬索桥施工积累经验。

关键词　悬索桥　主缆架设　放索区　牵引系统　施工技术

1　工程概述

万州驸马长江大桥主桥为1 050 m单跨双铰钢箱加劲梁悬索桥，桥跨布置为(285 + 1 050 + 345)m，中跨为悬吊结构。主缆矢跨比为1/10，主缆横桥向中心间距为28.0 m，吊索顺桥向标准间距为16.0 m。

主缆预制平行钢丝索股(PPWS)由127根直径为5.2 mm的高强度镀锌钢丝组成，钢丝标准强度不小于1 770 MPa。通长索股有108股，北边跨另设4根索股(背索)。中跨及南边跨主缆索夹内直径为673 mm，索夹外直径为681 mm；北边跨主缆索夹内直径为685 mm，索夹外直径为693 mm。通长索股每盘质量约39 t，背索每盘质量约8 t(图1)。

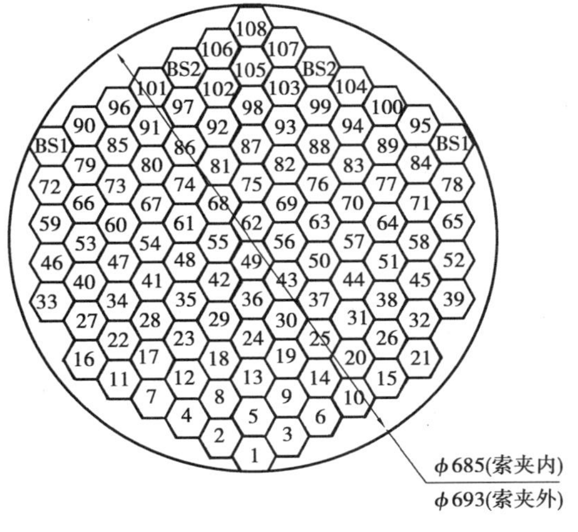

(a)北边跨主缆断面

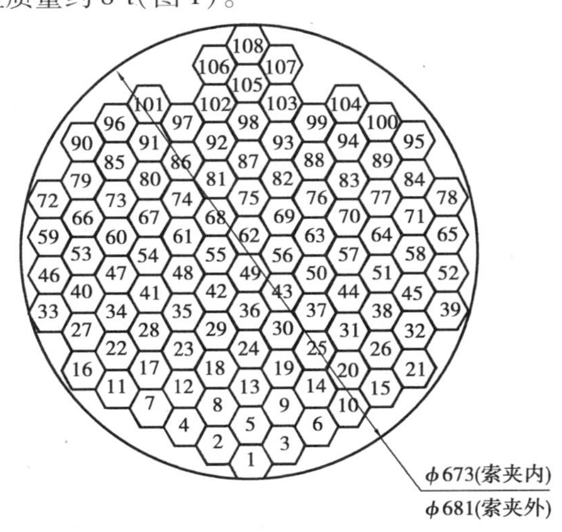

(b)中跨、南边跨主缆断面

图1　主缆断面

作者简介：屈加林(1985—)，男，本科，工程师。
付茂林(1992—)，男，本科，技术员。
荣　伟(1992—)，男，本科，助理工程师。

2 主缆双线往复式牵引系统架设准备工作

2.1 双线往复式牵引系统的转换及形成

(1)架设3号牵引索:利用单线往复式牵引系统从北锚碇处牵拉3号牵引索至南锚碇处。

(2)拆除南锚2号卷扬机,转移至北锚锚后。

(3)牵拉2号牵引索至北锚支墩前猫道上与3号牵引索用拽拉器连接。

(4)3号牵引索绕过南锚前锚面导向轮组,并牵拉至南锚支墩前猫道上,确定3号牵引索精确长度后割除多余部分,拽拉器连接1号牵引索和3号牵引索。

(5)将牵引索置入各导轮组,系统试运转、调试完成后,即完成索股架设双线往复式牵引系统转换。

牵引索转换前后状态如图2、图3所示。

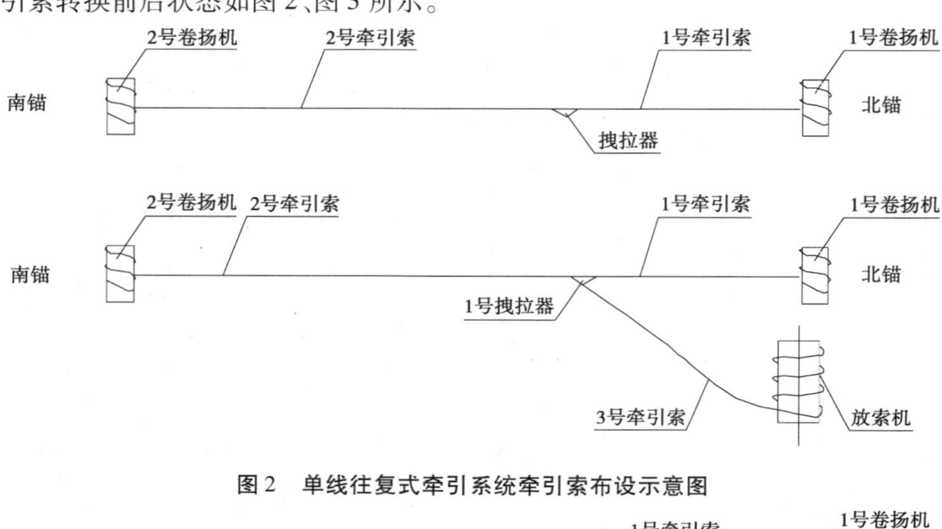

图2 单线往复式牵引系统牵引索布设示意图

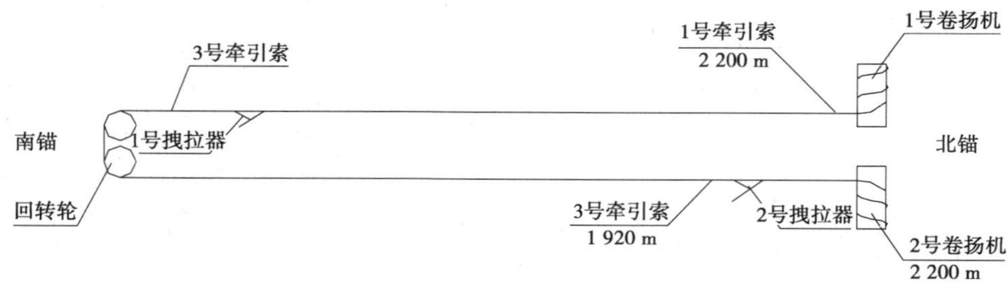

图3 转换后双线往复式牵引系统牵引索布设示意图

2.2 牵引设备及布置

2.2.1 放索区的布置

国内大部分千米级以上悬索桥在主缆架设阶段选择的牵引系统均为门架拽拉式+双线往复式牵引系统。万州驸马长江大桥受地理环境影响,将4台25 t卷扬机均布置在北锚侧。放索区位于北岸重力式锚碇锚后回填区。

万州驸马长江大桥主缆索股索盘吊运原计划采用门式桁架吊辅助施工,其安装调试、报验等时间长,施工成本较高,且采用门式桁架吊受场地限制需要搭设高支架,存在一定的安全风险。经过方案优化决定改用100 t履带吊进行吊运作业。

万州驸马长江大桥放索区为3级平台布置,1级平台为牵引卷扬机、放索机及100 t履带吊行走通道,2级平台为索盘存放区,3级平台为索盘转运车辆通行区(图4、图5)。

放索区:可存放20个索盘。临时索盘存放区:在高水位码头设置临时索盘存放区,高水位码头平台面积约为1 000 m^2,可存索多于20盘。北岸锚碇钢筋场、北塔南侧场地均可作为临时索盘存放区。

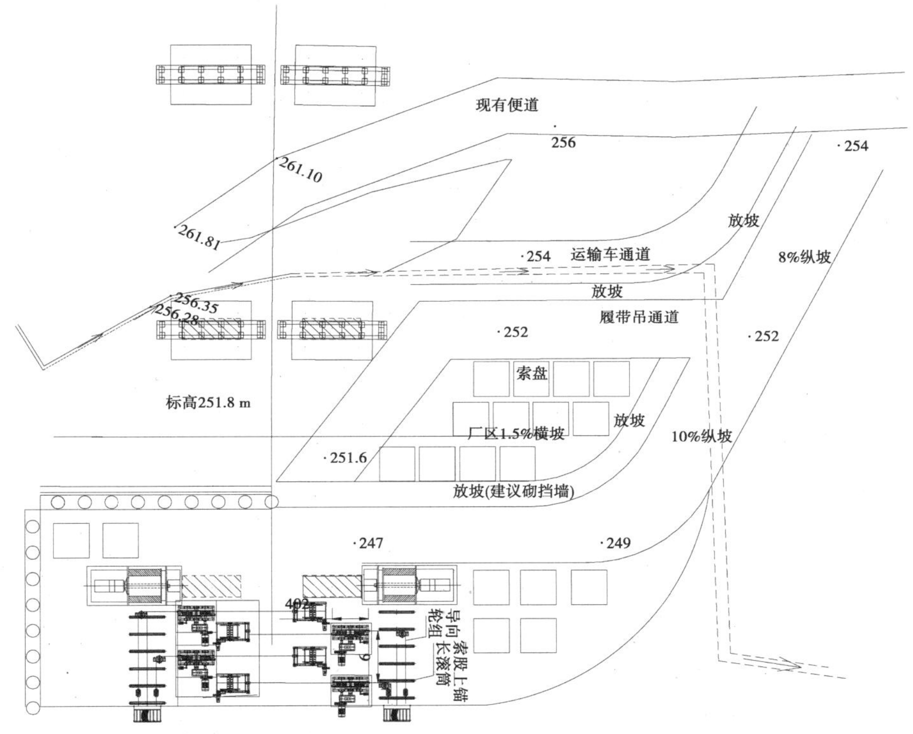

图4　放索区总体布置图

2.2.2　主要设备布置

1)北岸(万州)锚碇区设备布置

北岸锚碇区设备布置如表1所示。放索区机械布置如图6所示。

表1　北岸放索区设备布置

功能区		主要设备及功能
锚后	放索区	2台放索装置、1台100 t履带吊、水平滚筒及竖向限位滚筒
	牵引区	4台25 t牵引卷扬机、储绳筒及操作室,卷扬机水平、竖向导向轮
锚跨		小托架、锚头入锚装置
散索鞍支墩		门架及门架顶10 t、5 t卷扬机,提索、整形、入鞍

图5 北锚放索区集中一体化布置

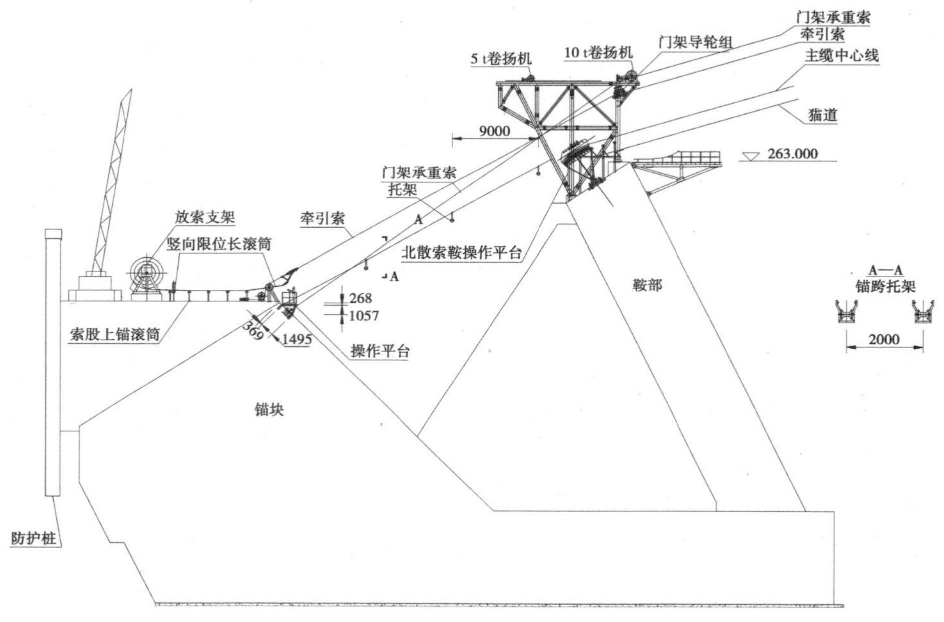

图6 放索区机械布置

(1)牵引绳的设置(图7):卷扬机的出绳空间受卷扬机储绳筒和主机排绳器的影响,储绳筒和主机高差一般不得大于1.0 cm。卷扬机出绳位置与牵引系统转向轮支架出绳位置最小高差约为2.5 m,竖向空间上有一个变化。

(2)索股和牵引绳的空间影响:以往索股架设时,因转换轮影响,牵引绳和索股在空间上交叉。本工程空间狭小且布置设备较多。在索股锚头出盘到与拽拉器连接阶段,也存在着索股与牵引绳冲突的可能。为此,专门设计了门式转向轮架,确保牵引绳和索股从空间上完全分开,提高施工效率。

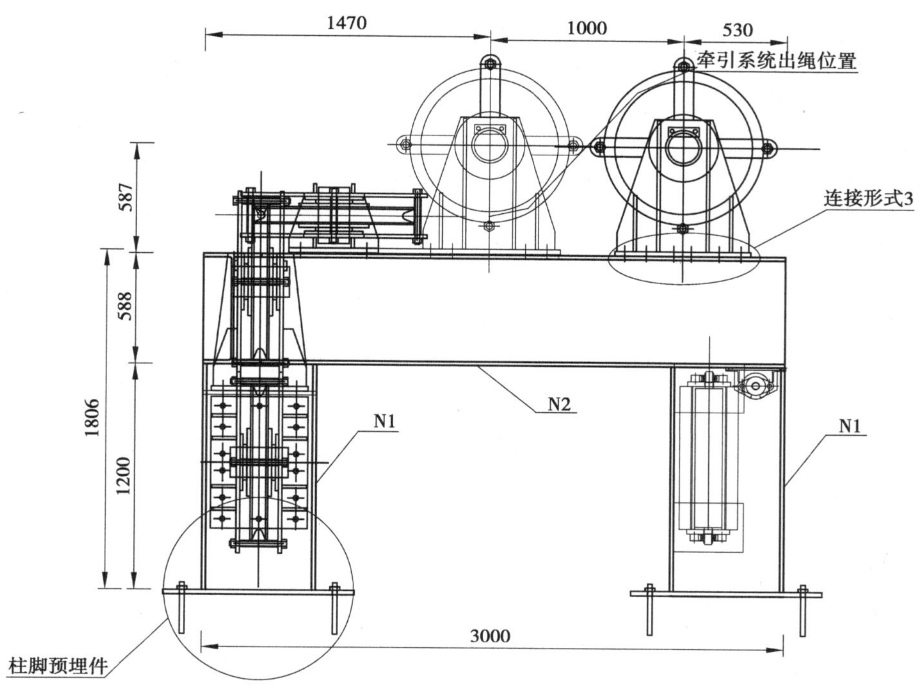

图7　牵引绳立面布置示意图(单位:mm)

2)南岸(利川)锚碇区设备布置

南岸锚碇区设备布置如表2、图8所示。

表2　南岸锚碇区设备布置

功能区		主要设备及功能
前锚面	锚头卸锚,入锚	锚洞顶导向滑车(卸锚头),入锚(均需用门架5 t卷扬机导向牵拉)
	牵引系统导向轮	前锚面导向轮组
散索鞍支墩		门架及门架顶10 t、5 t卷扬机,提索、整形、入鞍

3　主缆架设

3.1　主缆架设总体工序

主缆架设分为索股牵引→入南锚→横移入鞍→入北锚→索股调整等步骤。完成准备工作后,先架设基准索股,然后根据基准索股架设一般索股。

3.2　索股牵引

(1)利用布置在北岸放索区的100 t履带吊,将索盘安装在放索机上,放索机前设置水平滚筒。

(2)人工辅助放索装置放出索股前端锚头,小型机具配合提起锚头与牵引系统拽拉器连接。

(3)启动主副牵引卷扬机进行索股牵引,牵引过程中两台牵引卷扬机保持同步进行,收、

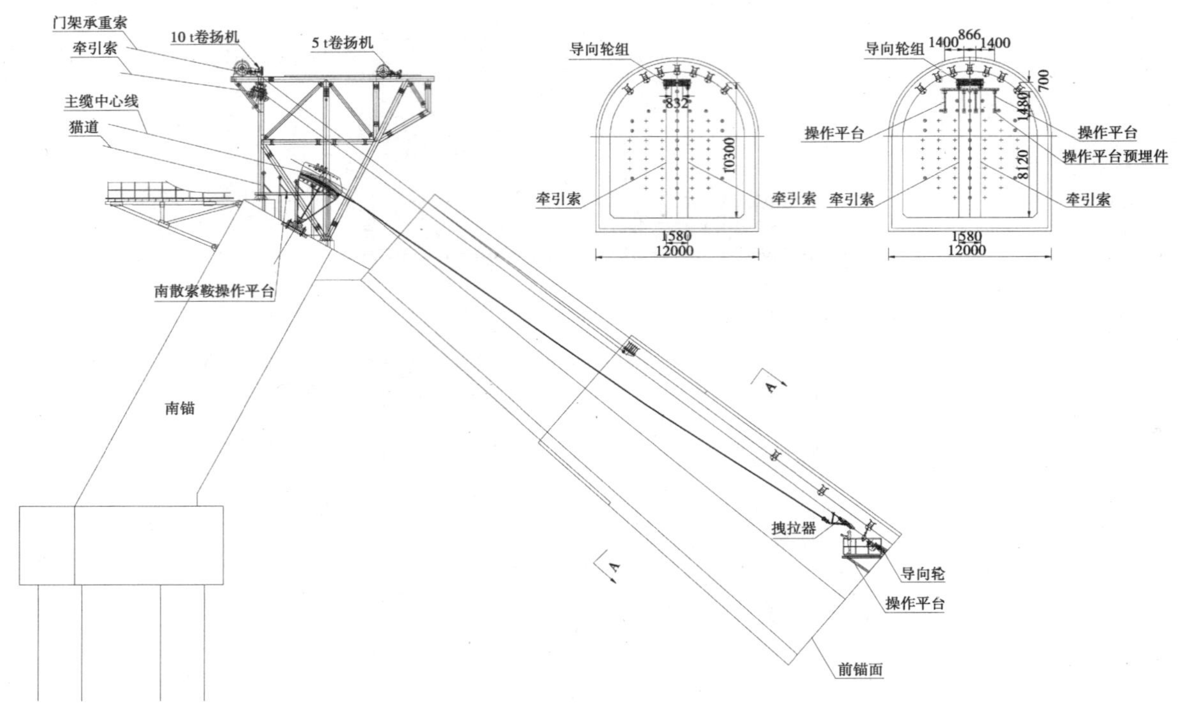

图 8　锚碇区设备布置图

放速度一致，牵引被动卷扬机始终保持一定的反拉力（图 9）。

图 9　索股牵引

（4）当索股前锚头接近南锚前锚面时，将已从放索装置索盘脱出的后锚头装上专用托板小车，继续牵引，并在后锚端用卷扬机反拉，以保证牵引平稳。

（5）在南锚前锚室内，当前锚头到达预定位置后，利用手拉葫芦辅助，解除索股前锚头与拽拉器的连接，并将前锚头徐徐放下。

（6）索股两端锚头均放入前锚室固定，待各索鞍处索股横移、整形、入鞍完成后，利用手拉葫芦配合，将索股两端的锚头通过拉杆与索股对应位置的锚固系统相连，临时进行锚固。

3.3　索股入锚

当索股牵引至隧道锚内时，在隧道锚内利用锚室内安装的倒链和 5 t 卷扬机反拉索股锚头，将主缆索股锚头与该索股相应位置的锚固系统连接器通过拉杆相连。北锚室使用塔吊下放锚头至对应位置（图 10）。

图 10　索股入锚

3.4　索股整形横移入鞍

当索股牵拉到位后，利用支墩门架、塔顶门架卷扬机进行索股的上提、横移入鞍（图 11）。

图 11　索股横移入鞍

3.4.1　安装索股提升系统

在距离主、散索鞍前后约 20 m 处，将握索器安装在主缆索股上，塔顶门架、支墩门架的卷扬机滑车组与握索器相连，组成提升系统。

3.4.2　索股提升横移

待全部握索器提升系统安装完毕后，启动各提升卷扬机，将整条索股提离猫道面托滚，同时利用索鞍处门架上吊挂的手拉葫芦，将支墩处、主塔处索股提离托滚后横移至对应鞍槽上方。此时，主、散索鞍前后两握索器之间的索股呈无应力状态。

3.4.3　索股整形

本项目索股采用厂内预整形，缠包带和铅丝，开口用夹具固定，牵引阶段注意保护索股预整形部位。

3.4.4　索股入鞍

预整形索股入鞍流程：采用专用吊具提起索股→拆除先入鞍段绑扎带，六边形和四边形夹片梳理钢丝→逐段入鞍→打入方木固定，下放索股，入鞍施工完成。

索股入鞍的顺序为：塔顶由边跨侧向主跨侧，支墩顶由锚跨向边跨方向依次放入鞍槽内。索股入鞍时，适当抬高主、边跨跨中索股垂度，便于调索。

4　索股调整

主缆索股调整分为基准索股垂度调整和一般索股垂度调整。索股的垂度调整一般选择在温度稳定、风力较小、成像清晰的夜间进行。白天架设的索股在夜间进行垂度调整，调整前须进行温度及主塔塔高、塔偏等测量。观测时间段根据施工监控要求确定，索股温度由监控部门进行数据采集。监控部门在索股节点位置处设置温度元件，量测结果满足温度稳定条件，即可进行垂度调整测量工作。雨天、温度超高或风力超大，须等待观测条件成熟时，再进行观测调整。

基准索股垂度调整采用三角高程测量法，一般索股垂度调整采用相对基准索股方法进行。每根索股架设完成垂度调整好后，进行锚跨索股张力调整。锚跨张力调整采用两台专用千斤顶调整拉杆螺母，使锚跨索股张力达到设计要求。为准确掌握索股张力的变化规律，除采用液压千斤顶做测量外，施工监控单位以弦振法测试索力作为复核手段。若两种方法差值超过 10 kN，则需对该索股索力重新进行调整，直到合格为止。

5　常见问题及解决办法

针对悬索桥主缆索股架设中经常出现的“呼啦圈”、扭转、散丝、鼓丝及索股表面划伤等不良现象，根据以往的施工经验及深入研究，采用多项新工艺和高性能机具设备，确保主缆架设质量。

5.1　索股散丝、缠丝带断裂

（1）工厂制索时，选用具有性能稳定、高强度和黏着性能、对钢丝无腐蚀作用的缠包带。联合制索厂对索股成型质量进行分析，对缠包带材质、包缠力、包缠带间距和层数进行优化。

（2）采用被动放索装置，索股牵引过程中，始终保持合理的张力，避免索盘上索股的“呼啦圈”现象导致磨损。

（3）通过适当加密锚、塔等处托滚间距，增加托滚数量，特制托滚支架，降低支撑高度，增大此区段竖向支撑弯曲半径，并且与猫道滚筒间设置平滑过渡，使得主缆经过的竖向曲线更加平滑，索股与支撑托滚间的压强降低，从而减少索股断带和散丝，提高索股架设质量。

（4）全部采用尼龙托滚，对索股缠包带有较好的保护，防止缠包带断裂造成散丝。

5.2　索股扭转

（1）拽拉器与索股锚头之间采用刚性连接，消除起始段索股因内力产生的扭转，同时避免锚头软连接使扭转加剧。

（2）提高猫道刚度，减小不平衡荷载造成的猫道倾斜。猫道门架与猫道承重绳之间进行连接，增加猫道刚度。

（3）设计合理的托滚侧向锥角为 60°，索股与托滚保持一个面接触，限制索股扭转。

（4）如果索股扭转不可避免，在索股上间隔 300 m 安装一道防扭转鱼雷夹，人工跟踪控制索股扭转，并且可防止索股扭转扩展到下一段。

（5）滚轮支架与猫道固定绑扎牢靠，防止滚轮左、右窜动。索股架设前及架设期间，定期对滚轮进行检查,确保所有滚轮滚动灵活且运行正常。

5.3 索股鼓丝

(1)要求索股制作时通过改进制作工艺等手段,减小股内钢丝相对误差,从根本解决鼓丝问题。

(2)索股牵引过程中,沿线路派人全过程严密监控,杜绝钢丝被挂拉,确定合理的整形入鞍工艺和顺序。

(3)确定适度的预提高量,减小或消除索股调整时产生的鼓丝,中跨预抬高 30 ~ 40 cm,边跨预抬高 10 ~ 20 cm。

(4)调整索股时,采用木锤在调整部位附近反复不停敲打这根索股钢丝,并用手拉葫芦适当上提索索股,以减小鞍槽摩擦影响。

(5)对于锚跨的人为鼓丝,必须将锚跨鼓丝赶至边跨跨中位置,远离散索鞍,便于后期恒载增加时,达到消除鼓丝的目的。

5.4 镀锌层索股损伤

(1)握索器及小型夹具边角应打磨或圆角,增大握索器与索股的接触面积,降低握索器对索股的比压,减少索股夹痕及损伤,并对小机具表面进行镀锌处理。

(2)钢丝绳与索股接触部位采用隔离方式,以防止摩擦造成镀锌层损伤。

(3)索股整形时,在塔顶、锚碇门架处,采用尼龙吊带吊挂索股整形入鞍,形状夹具与索股接触部分用软质材料保护,以保护索股镀锌层。调整好的索股用木楔、千斤顶进行顶压,防止索股在散索鞍鞍槽中滑动。

(4)索股表面局部镀锌层出现损伤时,应按要求修复。

6 结　语

悬索桥的主缆是整座悬索桥的生命线,是上部结构最为重要的部分。悬索桥主缆架设施工工艺复杂,作业点众多,不同作业点之间的协调配合程度决定着主缆架设的效率。

万州驸马长江大桥通过对北岸锚碇后锚场区的合理规划,达到了预期的效果,不仅在空间上,也从时间上验证了整个牵引系统的规划和施工组织的安排是可行的。同时结合万州驸马长江大桥主缆架设实际施工情况,采取一系列切实有效的措施,保证了万州驸马长江大桥主缆架设按期完工以及索股架设完成后的质量。

参考文献

[1] 薛光雄,牛亚洲,程建新. 润扬大桥悬索桥主缆架设施工技术[J]. 桥梁建设, 2004(4):32-35.

[2] 毕旭东,冯玉祥,杨敏. 马鞍山大桥主缆索股架设成套技术改进与施工[J]. 公路交通科技:应用技术版. 2014(7):215-218.

[3] 徐金华,刘耀东,张茫茫. 悬索桥主缆架设方法浅谈[J]. 山西建筑, 2011, 37(27):162-164.

[4] 中交第二公路工程局有限公司. 公路桥梁施工系列手册:悬索桥[M]. 北京:人民交通出版社,2014.

三峡库区大跨径悬索桥基准索股调整与监测分析

方鹏程[1]　何晓军[1]　荣　伟[1]　余　鑫[2]

（1. 中交一公局第三工程有限公司　北京　100029；
2. 中交第一公路工程局有限公司　北京　100024）

摘　要　本文阐述了万州驸马长江大桥大跨径悬索桥基准索股施工测量控制中的主要技术，包括控制网的布设、前期关键参数的收集、基准索股测量、基准索股的调整与监测分析等，顺利完成了基准索股垂度调整，保证了一般索股的顺利架设，对同类型工程建设有一定的参考价值。

关键词　悬索桥　基准索股　调整　监测分析

1　工程概况

万州驸马长江大桥是重庆万州至湖北利川高速公路（重庆段）跨越长江的重要控制性工程，桥跨布置为285 m＋1 050 m＋345 m，桥址位于万州长江二桥下游6 km处。

大桥主缆由5跨组成，由北向南依次为：北锚跨、北边跨、主跨、南边跨、南锚跨。主缆预制平行钢丝索股（PPWS）由127根直径为5.2 mm的高强度镀锌钢丝组成，钢丝标准强度≥1 770 MPa，通长索股有108股，北边跨另设4根索背索。

主缆线形是决定成桥线形的关键，主缆的架设精度将决定成桥线形的精度。主缆的线形控制包括基准索股线形控制和一般索股线形控制，其中基准索股的线形尤为重要。

2　基准索股垂度测量

2.1　测量目的

基准索股的线形是基准值，一般索股的线形是通过相对于基准索股线形的相对高差来控制的，同时考虑相对温差进行修正。因此，基准索股线形控制离不开精确的垂度测量。

2.2　准备工作

2.2.1　控制点位的布设

万州驸马长江大桥施工中，在上游侧、下游侧共建立4个控制点，北塔左幅为FMX1，北塔

作者简介：方鹏程（1987—），男，本科，技术员。
何晓军（1985—），男，本科，助理工程师。
荣　伟（1992—），男，本科，助理工程师。
余　鑫（1987—），男，本科，工程师。

右幅为 FMX2，南塔左幅为 FMX3，南塔右幅为 FMX4。控制点的建立同时满足主跨和南、北边跨索股的垂度测量，南北塔各布置 2 个观测墩用于主索鞍定位，南、北锚各布置 1 个观测墩用于散索鞍定位与偏角测量，控制网的布设如图 1 所示。

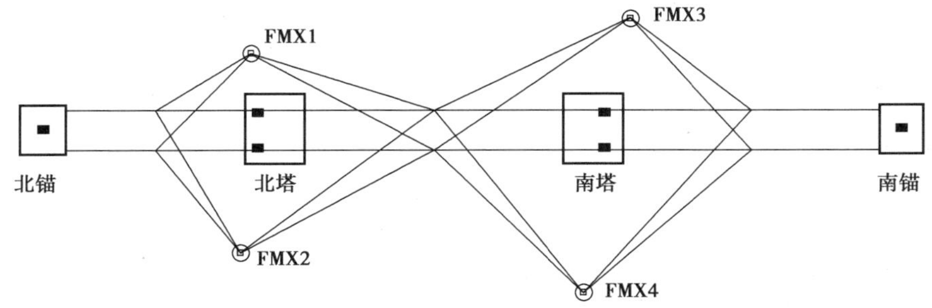

图 1　控制网布设示意图

2.2.2　塔锚联测

根据监控指令要求，对裸塔状态下的塔、锚进行联系测量，以确定索鞍的位置、里程及高程，为监控单位计算主缆索股加工长度提供依据。塔锚联测的内容及方法如下：

(1)对桥塔塔顶偏位和高程测量初始值、锚碇水平位移沉降测量初始值，测量方法采用三维坐标测量。

(2)对索塔在裸塔状态下连续监测 48 h，观测其变化情况。数据采集由机载程序控制全站仪自动进行，每 20 min 采集一次数据，每次测角测 2 个测回，测距测 2 个测回。同时，根据测量测站点和索塔顶部变形监测点的气压、温度、湿度等气象数据，对测距边进行气象改正；测量索塔顶部变形监测点处风速、记录索塔施工情况及塔式起重机运转情况等，作为索塔变形分析的参考。

(3)对主索鞍格栅、散索鞍底板的纵、横轴线及高程进行检测。平面位置采用极坐标法，高程采用高精度电子水准仪进行测量。

(4)对主索鞍 IP 点的实际预偏量进行检测，主索鞍预偏量采用钢尺直接量取到格栅中心的水平距离；对散索鞍实际偏角进行检测，散索鞍偏角采用三维坐标法进行测量。

2.2.3　监控测量人员分工

针对万州驸马长江大桥基准索股垂度调整工作，进行人员分工，详见表 1。

表 1　基准索股垂度调整人员分工

序号	职务	人数	工作分工
1	总指挥	1	负责发出索股调整指令
2	监控组长	1	负责基准索股线形计算和收集索股温度
3	监控组员	2	
4	测量组长	1	负责收集测量数据，反馈给监控单位
5	测量组员	6	负责北岸主、散索鞍偏位、偏角测量，以及主跨与南岸中跨索股垂度测量
			负责南岸主、散索鞍偏位、偏角测量，以及主跨与北岸中跨索股垂度测量

2.2.4 索股调整时间的选择

在悬索桥主缆线形调整控制中，基准索股的测量控制最为重要，而索股线形受风吹及气温的影响极为严重，所以基准索线形调整应选择在无光照影响和气温稳定的夜间进行，同时满足长度方向索股温差 $\Delta T \leqslant 2$ ℃，横截面索股温差 $\Delta T \leqslant 1$ ℃，风速≤3 级。

2.2.5 测控的方法

待基准索股入鞍后，采用高精度全站仪对跨中索股的垂度进行测量，实测标高与理论标高进行对比，利用索长与垂度的变化关系式，即中跨 $\Delta s = \Delta h/2.15$、万州侧边跨 $\Delta s = \Delta h/7.71$、利川侧边跨 $\Delta s = \Delta h/6.48$。通过索股调入或调出进行索股垂度的调整，直至中边跨垂度达到对应温度、跨径修正后的高程值。

2.2.6 技术要求

基准索股垂度调整完成后，需对索股垂度连续观测不少于 3 个晚上，观测结果必须满足以下要求，详见表 2。

表 2 基准索股垂度控制标准

检查项目		允许偏差/mm	检查方法
基准索股	中跨跨中	+30、-20	全站仪，测量跨中
	边跨跨中	+40、-20	
	上、下游误差相对高差	10	

3 基准索股架设阶段

3.1 温度测量

温度监测采用温度传感器，精度为 0.1 ℃，采用西南交通大学自主开发的无线采集系统进行监测，索股温度由监控部门进行数据采集。

3.1.1 布置原则

温度对结构变形及内力的影响较为显著。温度对结构的影响可以分为均匀温度影响与非均匀温度影响。均匀温度影响指整个结构均处于相同的温度场下，非均匀温度指结构各部分由于日照或热传导速度的影响造成各部分温度不一致的情况。均匀温度场的温度改变对结构的影响较小，因此，悬索桥的施工控制选择在结构各部分温度尽量接近的情况下进行。温度场监测的目的是为结构线形调整、监控计算提供参数。

3.1.2 测温点布置

温度测点沿纵向布置如图 2 所示，测试断面为：塔处、主跨 1/4、主跨 1/2、主跨 3/4、边跨 1/2、锚处，共 9 个断面，每个测点测量上、下、左、右四面温度，取平均值作为测量断面温度。

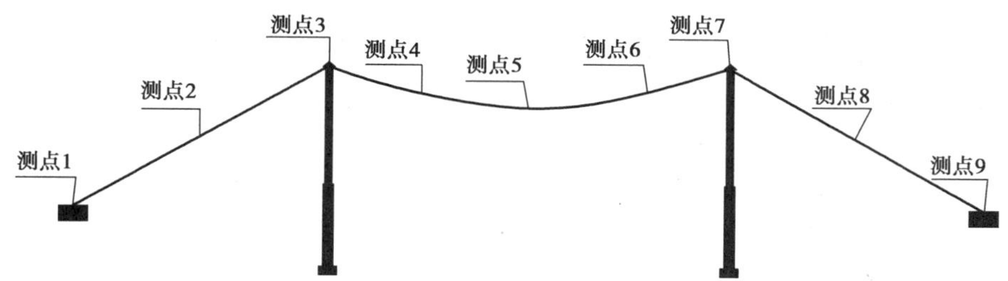

图2　温度测量测点布置

3.2　垂度测量

基准索股垂度测量应选择在气温稳定、风力较小的夜间进行，通过全站仪三角高程测量基准索股跨中位置的棱镜高程，然后换算到索股中心垂度并与其理论值相比，从而计算出索股调整量。

3.2.1　监测点布置

为提高基准索股垂度测量精度，对棱镜安置也提出了很高的要求。监测点布置的方法有两种：第一种方法采用对中杆测量，此方法虽然简单，由于索股表面平滑不易固定，棱镜不能直接安置在索股中心，且江面上风大，对中杆会晃动，从而降低测量精度；第二种方法采用特制工装，需提前加工，此工装可消除索股扭转产生的安置误差，还可以有效减少风力等外界因素产生的误差影响，大大提高测量精度。因此，采用第二种方法可满足基准索股垂度测量精度。现场使用工装如图3所示。

图3　工装的现场使用

3.2.2　测量方法

基准索股垂度测量采用EDM三角高程测量法。主跨采用两台全站仪，在两岸的控制点观测索股测点上设置的棱镜，各观测两个测回，取其平均高程得上、下游单根基准索股的垂度。边跨采用与另外两台全站仪同样的方法进行上、下游基准索股垂度测量，同时进行塔偏和散索鞍偏角测量。

三维坐标法测量误差一般与观测视线长度成正比关系，因此，以现场最不利工况（FMX1测站观测主跨跨中监测点），进行最差精度估算。

1）三角高程精度估算

单向三角高程测量时，计算测站点 A 到观测点 B 的高差公式为：

$$h = d \times \tan\alpha + i - v + f$$

式中 d——测站点 A 到观测点 B 的水平距离；

α——测站点 A 到观测点 B 的竖直角；

i——观测点的高程；

v——观测点 B 的高度；

f——测站点 A 到观测点 B 的差改正。

将式（1）全微分并化中误差关系式为：

$$m_h = \pm\sqrt{\tan^2\alpha \times m_d^2 + \frac{d^2 \times m_\alpha^2}{\cos^4\alpha \times \rho^2} + m_i^2 + m_v^2 + m_f^2}$$

式中 m_d——距离测量的中误差；

m_α——竖直角测量的中误差；

m_i, m_v——仪器高的中误差；

m_f——两差改正的中误差。

取 $d=632.9$ m，$\alpha=10.91°$，$m_d=0.92$ mm，$m_\alpha=0.5''$，$m_f=0.26$ mm，可得 $m_h=\pm1.7$ mm，满足精度要求。

2）平面点位精度估算

$$\begin{aligned} M &= \pm\sqrt{(m_\alpha/\rho''d)^2 + m_d^2} \\ &= \pm\sqrt{[(0.5/\sqrt{2})/(206\ 265 \times 650 \times 1\ 000)]^2 + (0.92/\sqrt{2})^2} \\ &= \pm 1.29(\text{mm}) \end{aligned}$$

取 $d=650$ m，$m_d=0.92$ mm，$m_\alpha=0.5''$，可得 $M=\pm1.29$ mm，满足精度要求。

3.3 测量数据计算要点

基准索股垂度调整前，监控组根据塔、锚实测数据（各跨跨长、塔顶标高、索鞍预偏量等）计算出基准索股跨中标高及温度修正、跨度修正表，以及跨中垂度调整值与索长调整量关系表。

经过计算，索股跨中标高变化与索长变化量的关系如下：

中跨：$\Delta s = \Delta h/2.15$

万州侧边跨：$\Delta s = \Delta h/7.71$

利川侧边跨：$\Delta s = \Delta h/6.48$

在标高偏离理论标高 ±20 cm 的范围内，上述关系均具有较高的精度，因此可用于索股标高的调整，应用如下：

（1）从中跨调出索长 1 cm，则中跨的控制点标高增加约 2.15 cm，调入 1 cm 索长到中跨，则中跨的控制点标高减少约 2.15 cm；如果中跨实测标高与理论标高之差为 Δh = 实测标高 −

理论标高,则调索量为 $\Delta s=\Delta h/2.15$,Δh 为正时调入,Δh 为负时调出。

(2)从万州侧边跨调出索长 1 cm,则万州侧边跨的控制点标高增加约 7.71 cm,调入 1 cm 索长到万州侧边跨,则万州侧边跨的控制点标高减少约 7.71 cm;如果万州侧边跨实测标高与理论标高之差为 Δh = 实测标高 - 理论标高,则调索量为 $\Delta s=\Delta h/7.71$,Δh 为正时调入,Δh 为负时调出。

(3)从利川侧边跨调出索长 1 cm,则利川侧边跨的控制点标高增加约 6.48 cm,调入 1 cm 索长到利川侧边跨,则利川侧边跨的控制点标高减少约 6.48 cm;如果利川侧边跨实测标高与理论标高之差为 Δh = 实测标高 - 理论标高,则调索量为 $\Delta s=\Delta h/6.48$,Δh 为正时调入,Δh 为负时调出。

3.4 基准索股垂度调整

监控单位根据收集到的相关资料,对基准索股架设线形进行了计算,其中包括基准索股线形、基准索股跨中标高与索长调整量的关系式,并提交了基准索股架设线形控制指令,指导基准索股的架设。

3.4.1 基准索股垂度调整步骤

(1)在基准索股调整前,现场监理、监控组、测量及现场人员和施工操作人员到位。

(2)监控组对全桥温度场进行测温,同时满足长度方向索股温差 $\Delta T\leqslant 2$ ℃,横截面索股温差 $\Delta T\leqslant 1$ ℃,风速≤3 级。

(3)在索股跨中利用工装安装反光棱镜,采用两台全站仪对索股各跨中棱镜进行观测,每组数据各观测两个测回取平均值,同时进行塔偏、散索鞍偏角测量,并反馈给监控组。

(4)监控组将索股跨中的实际标高与设计标高进行比较,根据标高变化与索长变化量的关系,算出索股需移动调整的长度,并作跨度、温度修正。例如:南塔为固定端,调整主跨基准索,跨中实测标高比设计标高低 10 cm,根据标高变化与索长变化量的关系为 $\Delta s=\Delta h/2.15$,计算调索量为 4.65 cm,则需要从中跨向北边跨方向调出 4.65 cm;如实测标高与理论标高之差大于 20 cm,可分级进行调整。

(5)现场总指挥将监控计算结果传达现场技术员,由技术员组织施工队将握索器固定在主索鞍跨中侧 3 ~4 m 处,通过手拉葫芦将中跨索股向边跨方向拉 4.65 cm,同时技术员在索股上做好标记,并用钢板尺卡控;如跨中实测标高比设计标高高 10 cm,则反之。

(6)边跨索股垂度调整是通过后锚千斤顶调进或调出,使索股垂度达到理论标高,基准索股的调整顺序是先主跨、后边跨,直至垂度误差符合基准索股的架设控制精度:主跨为 +30 mm、-20 mm;边跨为 +40 mm、-20 mm。

(7)在索股绝对垂度符合要求后,同时进行上、下游两根基准索股相对垂度测量,其相对垂度误差不大于 10 mm,如超出,则需要重新调整上游或下游基准索股垂度。

(8)基准索股垂度调整完成后,须进行至少 3 天稳定观测,确认索股线形完全符合要求,如全部结果都未超过允许偏差的范围,第一根索股的垂度即调整完成。将连续 3 天观测数据经算术平均后作为基准索股最终线形,如有一天的数据不符合要求,则需要重新调整,直至符合要求,再进行 3 天稳定观测。

3.4.2 注意事项

(1)工装棱镜安装时,使用索股整形器将索股完全卡紧后,再将工装棱镜螺栓对称扭紧,以保证上、下棱镜中心到索股中心的距离一致。

(2)基准索股垂度测量时,索股观测点应选择在跨中或跨中前后范围30 m处,并与测站点通视;在测量过程中,视线需通过猫道侧网,由于温度的变化,猫道与索股线形变化不一致,猫道侧网会阻挡视线,造成无法通视,需将测点沿纵向调整位置或把侧网进行小面积的切割,使其视线通视。

(3)索股垂度调整时,操作人员按照要求调完索股后,需等待索股稳定后再进行复测调整索股线形。

(4)仪器使用前将温度、气压、*K*值等参数进行改正,测站几何投影变形换算至全桥统一投影面后,进行索股垂度的测量工作。

(5)在索股垂度实际标高偏离理论标高±20 cm的范围以外,标高变化与索长变化量的关系精度偏低,需分级进行调整,以免出现反复调整的情况。

4 基准索股稳定观测

根据基准索股架设控制指令(WZFMCJDQ-ZQ-JK-014),项目部于2016年4月7日开始对基准索股进行了调整,于4月13日精调完成。于4月14日、4月15日、4月16日对基准索股进行了稳定观测,在稳定观测时所有监测数据都由监控单位计算,并交测量监理工程师复核。

4.1 基准索股观测数据

根据测量的数据,监控单位结合实时采集的基准索股温度,计算出各测点的理论跨中标高值,并与实测值作对比,计算结果详见表3~表5。

4.2 基准索股观测数据分析

(1)万州侧边跨上游绝对标高误差为-1.2~28 mm,下游绝对标高误差为8.8~32.2 mm,相对高差为1.8~10 mm,满足边跨垂度(+40 mm、-20 mm)和上、下游高差(10 mm)的要求。

(2)中跨上游绝对标高误差为-9.5~6.3 mm,下游绝对标高误差为-7.5~14.0 mm,相对高差为4.7~9.3 mm,满足主跨垂度(+30 mm、-20 mm)和上、下游高差(10 mm)的要求。

(3)利川侧边跨上游绝对标高误差为2.2~20.5 mm,下游绝对标高误差为-2.5~22.0 mm,相对高差为-4.7~8.0 mm,满足边跨垂度(+40 mm、-20 mm)和上、下游高差(10 mm)的要求。

表 3 主缆基准索股稳定观测结果(2016 年 4 月 14 日)

分跨	上/下游	时刻	温度/℃	左塔偏位/m	右塔偏位/m	左塔标高/m	右塔标高/m	测点位置/m	测点标高/m	跨中理论标高/m	跨中实际标高/m	标高误差/mm	理论相对高差/mm	实际相对高差/mm	相对垂度/mm
左	下游	1:34	20.0	0.001	-0.030	0.000	-0.010	744.795	330.124	323.931	323.963	32.2	53.9	58.1	4.2
	上游	1:33	20.1	-0.001	-0.028	0.000	-0.016	746.034	330.663	323.877	323.905	28.0			
左	下游	3:17	19.0	0.001	-0.030	0.000	-0.010	744.792	330.130	323.954	323.966	11.5	51.6	55.7	4.1
	上游	3:14	19.0	-0.001	-0.028	0.000	-0.016	746.029	330.671	323.903	323.910	7.4			
中	下游	1:44	19.8	0.001	-0.027	0.000	-0.009	1398.200	304.821	304.776	304.788	12.0	2.0	7.0	5.0
	上游	1:46	19.4	-0.001	-0.027	0.000	-0.017	1398.197	304.822	304.774	304.781	7.0			
中	下游	3:23	18.6	0.001	-0.030	0.000	-0.010	1398.201	304.868	304.768	304.782	14.0	4.0	6.0	2.0
	上游	3:27	18.7	-0.001	-0.028	0.000	-0.015	1398.197	304.864	304.764	304.776	12.0			
右	下游	1:43	19.2	-0.006	0.001	-0.007	0.000	2093.728	322.654	322.637	322.657	20.0	9.0	16.0	7.0
	上游	1:46	19.7	-0.011	-0.001	-0.005	0.000	2093.759	322.727	322.628	322.641	13.0			
右	下游	3:53	18.3	-0.005	0.001	-0.006	0.000	2093.740	322.679	322.641	322.663	22.0	14.0	22.0	8.0
	上游	3:55	18.5	-0.010	-0.001	-0.008	0.000	2093.767	322.741	322.627	322.641	14.0			

注:表中分跨一栏中,“左”表示万州侧边跨,“中”表示中跨,“右”表示利川侧边跨。

表 4 主缆基准索股稳定观测结果(2016 年 4 月 15 日)

分跨	上/下游	时刻	温度/℃	左塔偏位/m	右塔偏位/m	左塔标高/m	右塔标高/m	测点位置/m	测点标高/m	跨中理论标高/m	跨中实际标高/m	标高误差/mm	理论相对高差/mm	实际相对高差/mm	相对垂度/mm
左	下游	4:42	18.3	0.001	-0.022	0.000	-0.011	744.765	330.191	324.012	324.029	17.2	54.2	61.8	7.6
	上游	4:40	18.3	-0.001	-0.021	0.000	-0.016	746.004	330.726	323.958	323.968	9.6			
左	下游	5:57	18.5	0.001	-0.022	0.000	-0.011	744.767	330.187	324.007	324.025	17.9	54.2	56.0	1.8
	上游	5:54	18.5	-0.001	-0.021	0.000	-0.016	746.005	330.727	323.953	323.969	16.1			
中	下游	00:28	18.7	-0.025	-0.005	-0.011	-0.006	1304.634	307.720	304.782	304.792	9.4	2.6	7.9	5.3
	上游	23:49	18.9	-0.028	-0.011	-0.017	-0.010	1401.155	304.787	304.780	304.784	4.1			

续表

分跨	上/下游	时刻	温度/℃	左塔偏位/m	右塔偏位/m	左塔标高/m	右塔标高/m	测点位置/m	测点标高/m	跨中理论标高/m	跨中实际标高/m	标高误差/mm	理论相对高差/mm	实际相对高差/mm	相对垂度/mm
中	下游	4:04	18.3	-0.022	-0.002	-0.011	-0.006	1304.644	307.736	304.794	304.808	14.0	1.4	10.7	9.3
	上游	3:53	18.3	-0.022	-0.008	-0.011	-0.012	1401.136	304.800	304.793	304.797	4.7			
右	下游	5:18	18.2	-0.002	0.000	-0.006	0.000	2093.396	322.718	322.595	322.593	-2.5	-76.7	-81.4	-4.7
	上游	5:28	18.0	-0.009	0.001	-0.010	0.000	2093.494	322.773	322.672	322.674	2.2			
右	下游	6:40	18.0	-0.002	0.000	-0.006	0.000	2093.403	322.730	322.600	322.607	6.9	-71.7	-65.8	5.9
	上游	6:40	18.0	-0.009	0.001	-0.010	0.000	2093.493	322.772	322.672	322.673	1.0			

注:表中分跨一栏中,“左”表示万州侧边跨,“中”表示中跨,“右”表示利川侧边跨。

表5　主缆基准索股稳定观测结果(2016年4月16日)

分跨	上/下游	时刻	温度/℃	左塔偏位/m	右塔偏位/m	左塔标高/m	右塔标高/m	测点位置/m	测点标高/m	跨中理论标高/m	跨中实际标高/m	标高误差/mm	理论相对高差/mm	实际相对高差/mm	相对垂度/mm
左	下游	2:17	19.0	0.001	-0.023	0.000	-0.007	744.770	330.182	324.003	324.020	17.3	50.2	59.5	9.3
	上游	2:09	19.1	-0.001	-0.022	0.000	-0.010	746.008	330.720	323.953	323.961	8.0			
左	下游	3:12	18.8	0.001	-0.023	0.000	-0.007	744.771	330.180	324.008	324.016	8.8	50.1	60.1	10.0
	上游	3:15	18.9	-0.001	-0.022	0.000	-0.010	746.009	330.717	323.957	323.956	-1.2			
中	下游	2:00	18.8	-0.023	-0.003	-0.007	-0.005	1304.634	307.705	304.783	304.775	-7.5	7.0	9.0	2.0
	上游	2:02	18.9	-0.022	-0.010	-0.010	-0.007	1401.124	304.769	304.776	304.766	-9.5			
中	下游	3:30	18.8	-0.023	-0.003	-0.007	-0.005	1304.631	307.708	304.783	304.778	-4.4	7.0	7.6	0.6
	上游	3:31	18.9	-0.022	-0.010	-0.010	-0.007	1401.106	304.774	304.776	304.771	-5.0			
右	下游	3:01	19.6	-0.003	0.000	-0.008	0.000	2093.396	322.704	322.563	322.584	20.5	-77.3	-72.1	5.2
	上游	3:02	19.6	-0.010	0.001	-0.009	0.000	2093.486	322.753	322.641	322.656	15.3			
右	下游	3:50	19.0	-0.003	0.000	-0.007	0.000	2093.711	322.592	322.576	322.593	17.0	-50.0	-48.0	2.0
	上游	3:54	19.0	-0.010	0.001	-0.008	0.000	2093.740	322.636	322.626	322.641	15.0			

注:表中分跨一栏中,“左”表示万州侧边跨,“中”表示中跨,“右”表示利川侧边跨。

5 结　语

万州驸马长江大桥基准索股调整环境非常恶劣，长期刮东风且横跨长江，距江面垂直高度约为200 m，对基准索股垂度测量技术有着更高的要求，采用工装布置棱镜减小了外界因素的影响，提高了测量精度。虽然基准索股调整与稳定观测经历10天之久，但累积工作时间不超40 h，稳定观测时段最高温度为20.1 ℃，最低温度为18.0 ℃。实践证明，塔锚联测工作富有成效，基准索股的监测与调整方法正确，监控计算参数取值合理，顺利完成了基准索股垂度调整，最终观测结果满足施工规范要求，对同类型工程建设有一定的参考价值。

参考文献

[1] 中华人民共和国国家标准. 工程测量规范(GB 50026—2007)[S]. 北京：中国计划出版社，2008.

[2] 中华人民共和国行业标准. 公路桥涵施工技术规范(JTG/T F50—2011)[S]. 北京：人民交通出版社，2011.

[3] 中华人民共和国行业标准. 公路工程质量检验评定标准 第1册：土建工程(JTG F80/1—2004)[S]. 北京：人民交通出版社，2004.

[4] 冯兆祥，钟建驰，岳建平. 现代特大型桥梁施工测量技术[M]. 北京：人民交通出版社，2010.

万州驸马长江大桥主缆架设空缆线形控制施工技术

靖振帅　谭利华

（中交一公局第三工程有限公司　北京　100029）

摘　要　本文以万州驸马长江大桥主缆架设过程为背景，介绍了万州驸马长江大桥在主缆架设过程中如何保证主缆线形、架设前采集的关键技术信息内容，以及基准索股和一般索股调整过程和控制方法，为以后类似悬索桥施工提供借鉴。

关键词　主缆　索股　空缆线形　技术

1　工程概况

万州驸马长江大桥为双塔单跨双铰钢箱加劲梁悬索桥，其跨径布置为(285 + 1 050 + 345) m，主缆跨径组成由北向南依次为：北锚跨、北边跨、主跨、南边跨、南锚跨。主跨为1 050 m，矢跨比为1/10。万州侧散索鞍理论IP点高程为263.000 m，利川侧散索鞍理论IP点高程为266.000 m。万州侧塔顶主缆IP点的高程为398.820 m，利川侧塔顶主缆IP点的高程为398.820 m。

主缆共两根，中心间距为28.000 m，每根通长主缆由108股预制的高强镀锌平行钢丝股索(PPWS)编制而成，在北边跨另设4根背索。主缆预制平行钢丝股索(PPWS)由127根ϕ5.2 mm的高强镀锌钢丝组成，标准强度不小于1 770 MPa。通长索股每盘质量约39 t，背索每盘质量约8 t。万州驸马长江大桥主桥线形如图1所示，图中除高程以m计外，其余以mm计。

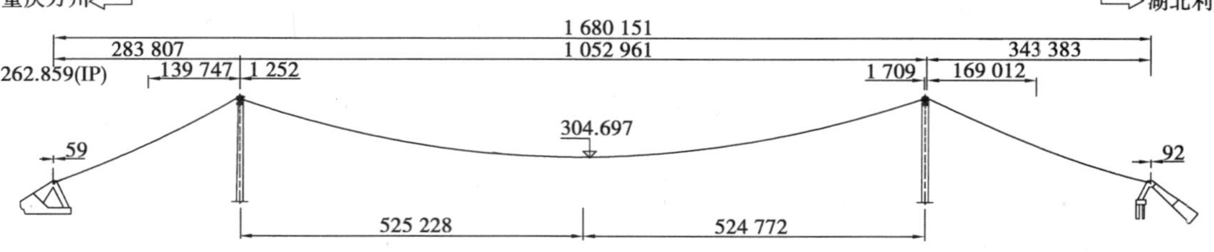

图1　万州驸马长江大桥主缆线形示意图(空缆)

2　相关参数的确定

主缆架设是悬索桥施工的一个关键阶段，主缆线形对全桥的受力情况具有决定性影响，必须进行严格控制，确保主缆的线形达到设计值。施工过程中，因条件限制，使索塔、锚碇等结构

作者简介：靖振帅(1987—)，男，本科，助理工程师。

谭利华(1985—)，男，本科，工程师。

产生一定的误差，这些误差的累计将直接影响主缆架设施工控制，造成主缆线形的变化。因此，主缆架设前必须测量索塔、锚碇和索鞍的相关参数（也称为塔锚联测），以便确定架设过程中的空缆线形。

主缆架设前索塔、锚碇已施工完成，主、散索鞍已经吊装到位。塔锚联测内容包括索塔、锚碇、主索鞍、散索鞍（套）的实际里程和高程。另外，应准确地收集荷载参数，以减小后期不确定性误差。

主缆架设前应确定的相关参数如下：

（1）南北岸主塔塔顶标高和纵向水平偏位测定（初始值为一天中温度稳定情况下其偏位状态）；

（2）锚碇水平位移沉降测量初始值；

（3）北岸索塔裸塔 48 小时变形；

（3）南岸索塔裸塔 48 小时变形；

（4）散索鞍 IP 点位置；

（5）主索鞍 IP 点位置。

3　索股架设线形控制原理

索股线形变化时，跨中某点的高程和里程都会发生变化。有两种方法可以用来确定用于索股线形测控的控制点空间位置，对应的测控手段和计算方法亦有所不同。

方法一是取跨中索股上固定点，在索股上做好标记，将棱镜固定在标记点位置处，同时采用两台全站仪观测其里程和高程，结合计算公式调整索股，直至标记点里程和高程都达到控制目标值（图 2）。

图 2　基准索股监测棱镜

方法二是固定跨中里程位置，只测量该里程处索股标高，根据观测的结果调整索股，直至该里程处索股达到目标标高值。

两种方法均能实现高精度的施工控制。第一种方法标记点在索股上的位置固定，在不同的温度、塔偏状态及塔顶标高情况下，该点的里程和高程都会发生变化，需要结合理论计算公式和实测温度将该点精确放样。第二种方法虽然只需控制固定里程处索股的标高，但需要每次重新安装棱镜，操作误差较大。万州驸马长江大桥以第一种方法为索股控制点定位的主要方法，以第二种方法为辅助方法。

4 基准索股架设

基准索股的线形基本决定了整个主缆的线形。因此,基准索股的架设又是主缆架设施工控制的关键所在。万州驸马长江大桥基准索股为主缆断面的 1 号索股(图 3),采用绝对高程法架设控制。

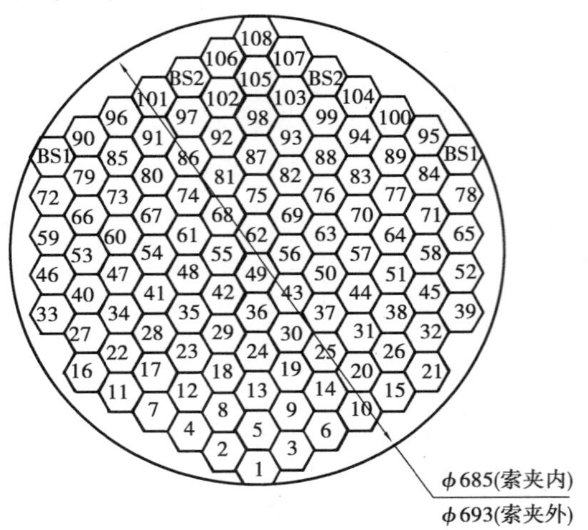

(a)北边跨主缆断面

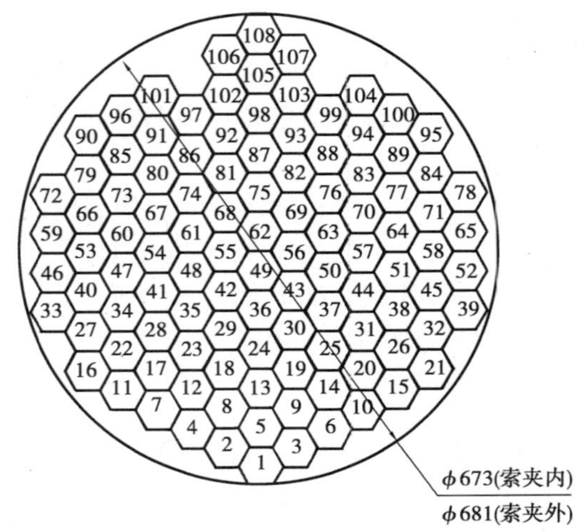

(b)中跨、南边跨主缆断面

图 3 主缆编号截面图

基准索股架设的控制内容包括基准索股架设线形、基准索股锚跨张力。基准索股架设精度:主跨为 +30 mm、-20 mm;边跨为 +40 mm、-20 mm;上、下游基准索股的相对高差不能超过 10 mm。

4.1 基准索股线形

通过对测定的相关参数资料进行分析,发现万州驸马长江大桥左、右幅桥塔施工误差不一样,所以架设线形也略有差异。基准索股的线形影响因素主要包括主跨跨度变化、索塔标高、环境温度等。基准索股线形控制如表 1、表 2 所示。

表 1 上游(右侧)基准索股跨中位置线形

分跨	跨度变化范围/m	温度变化范围/℃	测点到桥塔中心线的距离/m	索股中心标高/m
万州侧边跨	$-0.05 \leq D < +0.05$	$+5.0 \leq T < +15.0$	$dX = 141.25 - 0.01 \times T + 3.24 \times D + 0.39 \times D^2 + 1.28 H_w$	$Y = 324.72 - 0.02 \times T + 5.73 \times D + 0.82 \times D^2 + 3.23 H_w$
		$+5.0 \leq T < +25.0$	$dX = 141.25 - 0.01 \times T + 3.21 \times D + 0.45 \times D^2 + 1.28 H_w$	$Y = 324.72 - 0.02 \times T + 5.65 \times D + 0.95 \times D^2 + 3.23 H_w$
中跨	$-0.06 \leq D < 0$	$+5.0 \leq T < +15.0$	$dX = 525.23 + 0.50 \times D + 0.09(H_l - H_w)$	$Y = 305.24 - 0.03 \times T + 2.11 \times D + 0.02 \times D^2 + 0.5(H_w + H_l)$
		$+15.0 \leq T < +25.0$	$dX = 525.23 + 0.50 \times D + 0.09(H_l - H_w)$	$Y = 305.24 - 0.03 \times T + 2.10 \times D + 0.02 \times D^2 + 0.5(H_w + H_l)$

续表

分跨	跨度变化范围/m	温度变化范围/℃	测点到桥塔中心线的距离/m	索股中心标高/m
中跨	$0 \leqslant D < +0.06$	$+5.0 \leqslant T < +15.0$	$dX = 525.23 + 0.50 \times D + 0.09(H_l - H_w)$	$Y = 305.24 - 0.03 \times T + 2.11 \times D + 0.02 \times D^2 + 0.5(H_w + H_l)$
		$+15.0 \leqslant T < +25.0$	$dX = 525.23 + 0.50 \times D + 0.09(H_l - H_w)$	$Y = 305.24 - 0.03 \times T + 2.10 \times D + 0.02 \times D^2 + 0.5(H_w + H_l)$
利川侧边跨	$-0.05 \leqslant D < +0.05$	$+5.0 \leqslant T < +15.0$	$dX = 170.91 - 0.01 \times T + 2.56 \times D + 0.34 \times D^2 + 0.758H_w$	$Y = 323.09 - 0.02 \times T + 5.32 \times D + 0.87 \times D^2 + 2.54H_l$
		$+15.0 \leqslant T < +25.0$	$dX = 170.91 - 0.01 \times T + 2.52 \times D + 0.34 \times D^2 + 0.758H_w$	$Y = 323.09 - 0.02 \times T + 5.32 \times D + 0.87 \times D^2 + 2.54H_l$

表 2　下游(左侧)基准索股跨中位置线形

分跨	跨度变化范围/m	温度变化范围/℃	测点到桥塔中心线的距离/m	索股中心标高/m
万州侧边跨	$-0.05 \leqslant D < +0.05$	$+5.0 \leqslant T < +15.0$	$dX = 141.25 - 0.01 \times T + 3.24 \times D + 0.39 \times D^2 + 1.28H_w$	$Y = 324.72 - 0.02 \times T + 5.73 \times D + 0.82 \times D^2 + 3.23H_w$
		$+5.0 \leqslant T < +25.0$	$dX = 141.25 - 0.01 \times T + 3.21 \times D + 0.45 \times D^2 + 1.28H_w$	$Y = 324.72 - 0.02 \times T + 5.65 \times D + 0.95 \times D^2 + 3.23H_w$
中跨	$-0.06 \leqslant D < 0$	$+5.0 \leqslant T < +15.0$	$dX = 525.23 + 0.50 \times D + 0.09(H_l - H_w)$	$Y = 305.24 - 0.03 \times T + 2.11 \times D + 0.02 \times D^2 + 0.5(H_w + H_l)$
		$+15.0 \leqslant T < +25.0$	$dX = 525.23 + 0.50 \times D + 0.09(H_l - H_w)$	$Y = 305.24 - 0.03 \times T + 2.10 \times D + 0.02 \times D^2 + 0.5(H_w + H_l)$
	$0.00 \leqslant D < +0.06$	$+5.0 \leqslant T < +15.0$	$dX = 525.23 + 0.50 \times D + 0.09(H_l - H_w)$	$Y = 305.24 - 0.03 \times T + 2.11 \times D + 0.02 \times D^2 + 0.5(H_w + H_l)$
		$+15.0 \leqslant T < +25.0$	$dX = 525.23 + 0.50 \times D + 0.09(H_l - H_w)$	$Y = 305.24 - 0.03 \times T + 2.10 \times D + 0.02 \times D^2 + 0.5(H_w + H_l)$
利川侧边跨	$-0.05 \leqslant D < +0.05$	$+5.0 \leqslant T < +15.0$	$dX = 170.91 - 0.01 \times T + 2.56 \times D + 0.34 \times D^2 + 0.758H_w$	$Y = 323.09 - 0.02 \times T + 5.32 \times D + 0.87 \times D^2 + 2.54H_l$
		$+15.0 \leqslant T < +25.0$	$dX = 170.91 - 0.01 \times T + 2.52 \times D + 0.34 \times D^2 + 0.758H_w$	$Y = 323.09 - 0.02 \times T + 5.32 \times D + 0.87 \times D^2 + 2.54H_l$

表 1、表 2 中字母代表的含义如下：

D:相对于第一次塔锚联测的跨度变化量,增加为正,减小为负,m;

T:索股调整的平均温度,℃;

H_w:万州侧索塔相对于第一次锚联测的标高变化量,m;

H_l:利川侧索塔相对于第一次锚联测的标高变化量,m;

dX:测点的位置,为到桥塔中心线的距离(万州侧边跨和中跨为到万州侧桥塔中心线的距离,利川侧边跨和中跨为到利川侧桥塔中心线的距离),m;使用时需用 dX 计算出测点位置的

X,并换算到全桥统一的投影面;

Y:丝股中心的标高,m。

基准索股架设过程中,需要对其标高进行调整,通过计算,索股跨中标高变化与索长变化量的关系如下:

(1)中跨:$\Delta s=\Delta h/2.15$,即从中跨调出索长 1 cm,则中跨的控制点标高增加约 2.15 cm,调入 1 cm 索长到中跨,则中跨的控制点标高减少约 2.15 cm。

(2)万州侧边跨:$\Delta s=\Delta \mathrm{h}/7.71$,即从万州侧边跨调出索长 1 cm,则万州侧边跨的控制点标高增加约 7.71 cm;调入 1 cm 索长到万州侧边跨,则万州侧边跨的控制点标高减少约 7.71 cm。

(3)利川侧边跨:$\Delta s=\Delta h/6.48$,即从利川侧边跨调出索长 1 cm,则利川侧边跨的控制点标高增加约 6.48 cm;调入 1 cm 索长到利川侧边跨,则利川侧边跨的控制点标高减少约 6.48 cm。

索股调整时,主跨利用手拉葫芦 + 滑轮组,对索鞍位置索股进行收放,达到调整垂度的目的。

锚跨则利用液压螺杆拉伸器张拉索股进行调整。

4.2 锚跨张力调整

万州侧锚跨张力控制公式为:

$$FT = 418.807 - 6.382 \times (t - 20) \tag{1}$$

利川侧锚跨张力控制公式为:

$$FT = 411.628 - 6.382 \times (t - 20) \tag{2}$$

式中 FT——锚跨张力,kN;

t——温度,℃。

锚跨张力控制误差应小于 10 kN。万州侧锚跨锚头位置调整近似公式:$\Delta L=\Delta FT/16.6$,即实测张力比计算值小 16.6 kN 时,应使锚头沿锚固拉杆向锚面位置前进 1 mm;利川侧锚跨锚头位置调整近似公式:$\Delta L=\Delta FT/11.0$,即实测张力比计算值小 11.0 kN 时,应使锚头沿锚固拉杆向锚面位置前进 1 mm。

锚跨张力调整现场施工如图 4 所示。

图 4 锚跨张力调整

5　一般索股架设

基准索股以外的索股为一般索股,一般索股是依据基准索股进行垂度调整。一般索股垂度调整采用相对高程法进行控制,即相对基准索股高差进行控制。

一般索测量垂度测量不使用全站仪,只使用水平尺和钢直尺进行测定,但要求在风速较小、温度稳定的夜间进行(图 5)。

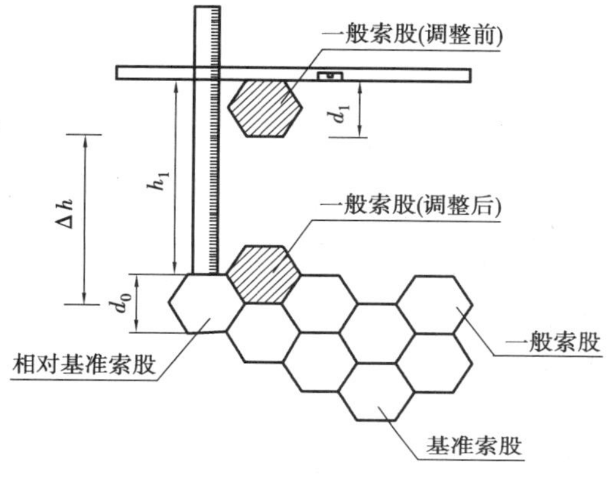

图 5　一般索股架设精度控制

一般索股的控制点为跨中控制点。当温度稳定后,采用卡尺测量,根据待调索股与基准索股的相对垂度差,确定索长调整量。万州驸马长江大桥由于各索股之间距离较小,上、下层索股要求保持一种若即若离状态,方可保证垂度测量准确。综合考虑各种因素,要求一般索股架设精度为 0 ~ 5 mm。

垂度和锚跨张拉力的调整,调整方法与基准索股相同。

6　结　语

为保证主缆架设的精度,基准索股架设前必须多次测量索塔标高、水平偏位,主、散索鞍预偏量和环境温度等,消除前期永久误差和减小后期不确定性误差。基准索股测量控制点采用跨中固定标记点,以减小操作误差。根据计算调出与调入索股控制跨中标高,从而达到控制精度的目的。

参考文献

[1] 廖灿,张念来,易继武. 矮寨特大悬索桥主缆架设关键技术[J]. 施工技术,2013,42(5):5-8.
[2] 陆云. 自锚式悬索桥主缆架设线形控制技术[J]. 新材料新装饰,2014(4).

万州驸马长江大桥锚跨张力施工调整

靖振帅　郭永兵

（中交一公局第三工程有限公司　北京　100029）

摘　要　本文以万州驸马长江大桥主缆架设过程为背景，介绍了在主缆架设过程中锚跨张力施工情况。通过对锚跨张力的监控，实现了对索股张力的精确控制。监控方案包括检测设备、检测方法、检测目的、测点布置、数据采集等工作。通过对万州驸马长江大桥锚跨张力的监测并进行反馈，索股锚跨张力精度达到满足施工要求的目的。

关键词　锚跨张力　施工技术　监控

1　引　言

悬索桥的主缆线形控制主要是通过中跨与边跨控制主缆标高、锚跨控制张拉力来实现的。中跨与边跨的线形采用分段悬链线，用非线性迭代法来计算精确的成桥线形，再以成桥时索股的无应力长度为条件计算架缆线形。工程实际应用表明，此方法能很好地与实际相符，但需要在锚跨张拉力满足要求的前提下才能得到保证。

本文以万州驸马长江大桥为背景，对锚跨张力施工监控技术进行研究。其跨径布置为（285 + 1 050 + 345）m，主缆跨径组成由北向南依次为：北锚跨、北边跨、主跨、南边跨、南锚跨。主跨为 1 050 m，矢跨比为 1/10。

万州驸马长江大桥主缆线形如图 1 所示，图中除里程以 m 计外，其余的均以 mm 计。

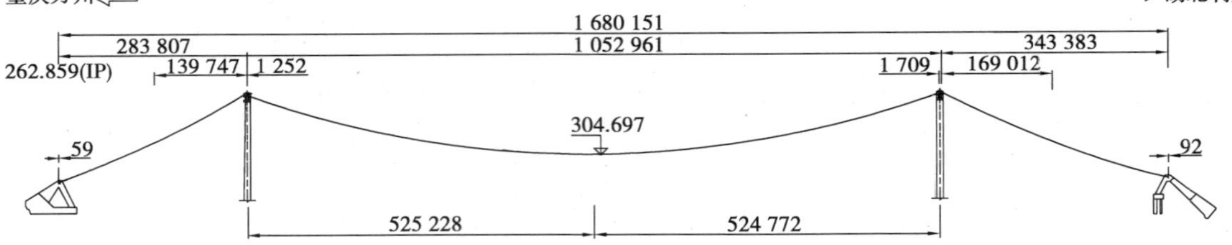

图 1　万州驸马长江大桥主缆线形示意图（空缆状态）

2　锚跨张力监控目的

索股锚跨张力是悬索桥施工过程中最重要的监测指标之一。主缆锚跨索股张力监测具有以下 3 个主要目的：

作者简介：靖振帅（1987—），男，本科，助理工程师。

郭永兵（1989—），男，本科，助理工程师。

(1)确保锚固张力准确；

(2)为施工控制误差分析、参数识别提供实测参数；

(3)用于计算锚跨索股的架设无应力长度和主缆锚跨张力的合力。

主缆架设阶段通对索股锚跨张力进行检测，利用实测值与理论值进行比较，得出调整量，在施工一部分索股后对锚跨张力进行初调。全索股架设完成后，进行锚跨张力通测再次得出调整量，进行锚固力的精调，使锚跨张力能够得到精确控制。

3　锚跨张力调整设备

根据本桥索股拉杆和索股之间的空间位置关系，锚固端索股张拉力调整采用穿心式千斤顶。千斤顶量程不得大于60 t，锚跨张拉千斤顶与油压表必须一一对应进行标定，千斤顶标定应按《液压千斤顶检定规程》(JJG 621—2005)执行；标定千斤顶的标准测力计精度应不低于0.4级；油压表应满足《精密压力表》(GB/T 1227—2010)的相关要求，精度应不低于0.4级；千斤顶应满足《工作测力计》(JJG 455—2000)的相关要求，精度等级应不低于3级。千斤顶还应满足如下有关规定：

(1)千斤顶校验系数不应大于1.03；

(2)配套标定数据应进行线性回归，并确定校正方程，且相关系数不小于0.999。

4　索力检测方法

对于大跨度悬索桥，如架设期间的温度变化比较大，在复杂温度场的作用下和索鞍受自立前后的体系变化影响，各索股的张力调整比较困难。

为准确掌握索股张力的变化规律，除采用液压千斤顶作直接测量外，还可以用弦振法测试索力作为复核手段。当两种方法差值超过10 kN时，则需对该索股索力重新进行调整，直到合格为止。

主缆架设完成后，需进行长期测试，一般要求在每个锚室内选取5%且不少于5根，每隔3天进行一次测试。在重大工况或者特殊工况下，将对所有的索股进行通测。

万州驸马长江大桥每个锚室选取17根索股作为长期监测索股。在主缆架设完毕、加劲梁吊装完毕、成桥状态等工况将对所有索股进行通测(图2、图3)。

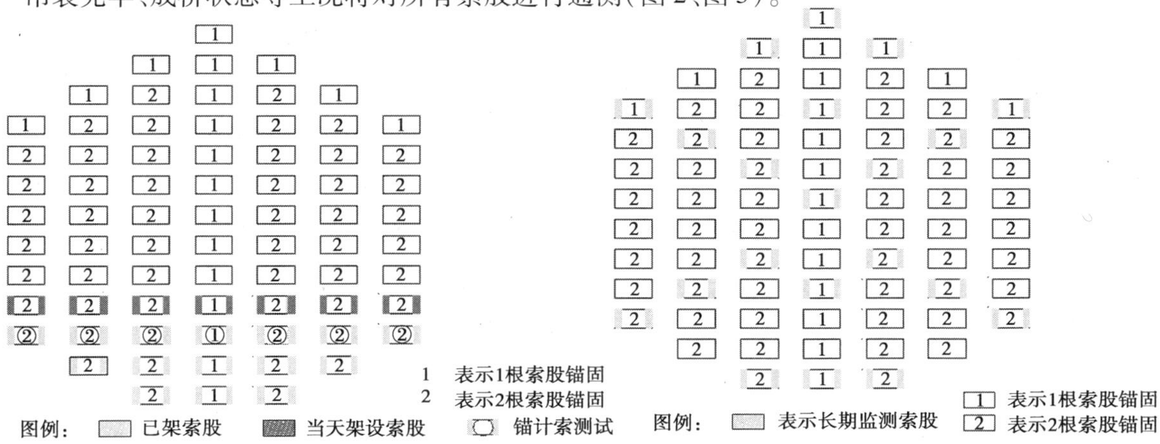

图2　测点布置图

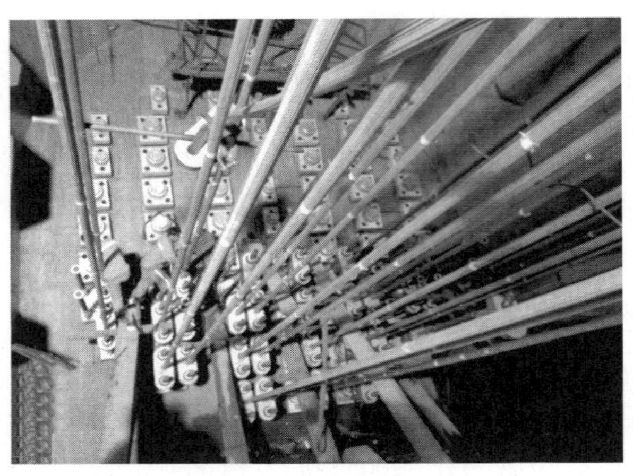

图3　锚跨张力现场检测

因锚跨张力对温度比较敏感，为避免因温度变化过大索股在鞍槽中产生滑动，除以保证索股稳定为条件确定的初调索股锚固张拉力外，还应采取有效的控制和辅助检查方法：

(1)在散索鞍槽口处，对调整好的索股用红油漆标记画线，观察索股是否发生滑移；

(2)锚跨张力在温度稳定、温度场分布均匀的夜间进行调整；

(3)调整好的索股用木楔、千斤顶进行顶压，防止索股在散索鞍鞍槽中滑动。

5　锚跨张力控制

5.1　基准索股锚跨张力控制

对于基准索股，锚跨张力控制可按下式计算：

万州侧锚跨张力控制公式为

$$FT = 418.807 - 6.382 \times (t - 20) \tag{1}$$

利川侧锚跨张力控制公式为

$$FT = 411.628 - 6.382 \times (t - 20) \tag{2}$$

式中　FT——锚跨张力，kN；

t——温度，℃。

锚跨张力控制误差应小于10 kN。万州侧锚跨锚头位置调整近似公式：$\Delta L = \Delta FT/16.6$，即实测张力比计算值小16.6 kN时，应使锚头沿锚固拉杆向锚面位置前进1 mm；利川侧锚跨锚头位置调整近似公式：$\Delta L = \Delta FT/11.0$，即实测张力比计算值小11.0 kN时，应使锚头沿锚固拉杆向锚面位置前进1 mm，反之则向相反方向调整。

5.2　一般索股锚跨张力控制

一般索股应按下式进行索股锚跨张力控制：

$$T_i = T_{i0} - 6.382t$$

式中　T_i——第 i 号索股的张力，kN；

T_{i0}——监控单位提供张力，kN；

t——温度，℃。

万州侧锚跨头位置调整近似公式：$\Delta L = \Delta T/16.6$，即实测张力比计算值小16.66 kN时，应使锚头沿锚固拉杆向前面位置进1 mm；利川侧锚跨头位置调整近似公式：$\Delta L = \Delta T/11.0$，即实测张力比计算值小 11.0 kN 时，应使锚头沿锚固拉杆向锚面位置前进 1 mm。

散索鞍约束解除以后，温度变化对锚跨索股张力影响很小，不必进行温度修正。

6　索股锚跨张力检测分析

2016 年 6 月 28 日完成主缆索股架设，2016 年 6 月 30 日开始对锚跨张力进行测试，2016 年 7 月 12 日全部调整完成。测试时间为每晚的 21:00 至次日 6:00。根据测试结果计算锚跨索股的调整量，共进行 4 次锚跨张力调整（利川侧上游进行 5 次调整）。每次各锚跨索股调整数量汇总如表 1 所示。

表 1　各次锚跨张力调整索股数量表

调整次数	万州上游调整索股数量/根	万州下游调整索股数量/根	利川上游调整索股数量/根	利川下游调整索股数量/根
第 1 次	107	97	106	107
第 2 次	58	42	60	44
第 3 次	25	21	39	24
第 4 次	3	3	23	6

从表 1 中可知，随着调整次数的增多，索股调整数量相继减少。第 1 次基本上所有的锚跨索股张力都进行了调整，第 2 次调整数量约为总数量的 50%，第 3 次调整数量约为总量的 25%，第 4 次调整数量除利川侧上游外不超过 6 根。

所有锚跨索股调整到位后，对所有索股锚跨张力进行通测，万州侧上游锚跨索股张力实测值与设计值差值为 -11 ~10 kN，万州侧下游锚跨索股张力实测与设计值差值为 -11 ~12 kN，利川侧上游锚跨索股张力实测值与设计值差值为 -11 ~10kN，利川侧下游锚跨索股张力实测值与设计值差值为 -9 ~10 kN（表 2）。

表 2　锚跨张力偏差范围表　　单位：kN

万州上游	万州下游	利川上游	利川下游
-11 ~10	-11 ~12	-11 ~10	-9 ~10

所有索股的实测锚跨张力与理论值控制误差在 3% 以内，满足《公路桥涵施工技术规范》（JTG/T F50—2011）要求。

7　结　语

采用液压表和弦式振动仪进行“双控”，使锚跨索股张力得到了有效保证。索股张拉完成后，配合索股频率测试设备，还可以实现对锚跨索股张力的调整。通过对万州驸马长江大桥锚跨张力控制技术的研究，实现了对悬索桥锚跨索股张力的施工工艺的全面掌握，为其他悬索桥施工提供了借鉴。

参考文献

[1] 黄平明，慕玉坤. 悬索桥锚跨张力控制系统[J]. 长安大学学报：自然科学版，2007，27(4)：42-45.

[2] 李程，柯红军，陈凯. 澧水悬索桥锚跨张力施工控制若干问题研究[J]. 山西建筑，2012，38(2)：188-189.

万州驸马长江大桥索夹放样及精度分析

荣　伟　杨　洋　郭登科

（中交一公局第三工程有限公司　北京　100029）

摘　要　索夹的施工放样在悬索桥施工中是相当重要的一个环节。索夹的位置正确与否，影响结构的受力情况，直接影响全桥的质量及使用年限。因此，在施工过程中必须保证高质量、精确地放样各索夹位置，满足设计规范要求。本文以万州驸马长江大桥索夹放样为例，阐述悬索桥索夹相对距离放样法的计算和具体放样方法，并对其放样结果进行分析，指出其特点。

关键词　悬索桥　索夹放样　精度分析

1　工程概况及目标

1.1　工程概况

万州驸马长江大桥主桥为 1 050 m 单跨双铰钢箱梁悬索桥，桥跨布置为 285 m + 1 050 m + 345 m，中跨为悬吊结构。主缆跨径组成由北向南依次为北锚跨、北边跨、主跨、南边跨、南锚跨。主缆预制平行钢丝索股有 108 股，北边跨另设 4 根背索。全桥索夹共 8 种，其中有吊索索夹 4 种，边跨紧缆索夹 2 种，锥形索夹 2 种，共 198 个索夹。

1.2　工程目标

索夹的施工放样在悬索桥施工中是相当重要的一个环节。索夹的位置正确与否，将直接影响结构的受力情况，是悬索桥施工的重中之重。决定索夹位置的有主缆线形、南北塔塔顶高程、主索鞍预偏量、塔偏、索温等一系列重要因素。

因此，在索夹的放样中必须要把控上述影响因素，才能精确地放样各索夹位置，满足设计规范要求，确保全桥结构受力正确及后续施工的顺利进行，保证全桥质量。

2　总体测量方案

桥梁施工时，已布设高精度施工控制网，复测后转换为桥轴坐标系统，方便后续施工测量需要。主缆施工完成后，用徕卡 TM30 全站仪采用三角高程测量的方法实测出主缆的线形、两主塔的高程和三跨跨径，并适时测量索温，确定主缆实际线形，为索夹位置的监控计算和测量放样提供依据。

作者简介：荣　伟（1992—），男，本科，助理工程师。

杨　洋（1990—），男，本科，助理工程师。

郭登科（1990—），男，本科，助理工程师。

根据监控单位给出的指令和以上数据，计算实时空缆状态下索夹安装标记点到桥塔格栅中心的水平距离和安装点的切线角，然后计算出各个索夹天顶线两端头分别到桥塔格栅中心的水平距离。

本桥索夹放样采用相对距离放样法，因顺桥向为直线，没有角度的变化，故采用此方法。在此工况下，该方法便捷、高效、精确。施测时，测站点和后视点均设置在塔顶，测站点和后视点在不同塔柱上。因为夜间主缆顺桥向和横桥向温度、主缆内外温度以及上、下游主缆间温度差较小，主缆不发生扭转。故测量放样的时间选择在风小和夜间温度稳定时段进行，夜间在测量条件允许的情况下，进行精确放样。对中跨索夹放样时，每隔一小时测量一次温度，在按此温度内插进行放样。索夹放样时，采用鉴定过的钢尺量距，对每个索夹位置进行复核，保证测量放样误差控制在规范内。

索夹放样结束后，采用相对距离复核法和绝对坐标复核法进行最后的复核，以确保索夹位置正确，满足规范要求（纵向允许偏差值为 10 mm，横向允许偏差值为 3 mm），以确保全桥结构受力正确及后续施工的顺利进行，保证全桥质量。

2.1 主塔塔顶标高和跨径变化测定

监控单位指令给出，精确测量工作在夜间 23:00 ~ 次日 5:00 进行，此段时间主缆平均温度和塔偏相对比较稳定。利用徕卡 TM30 全站仪采用三角高程测量的方法，并进行温度、气压、K 值改正，换算至全桥统一投影面，测定主塔塔顶标高和跨径。测量数据与塔锚联测初值进行对比计算，求出主塔塔顶标高和跨径变化。

2.2 散索鞍标高变化和扭转测定

在主塔塔顶标高和跨径变化的同时，采用相同的仪器与方法测定散索鞍标高和平面位置。测量数据与塔锚联测初值进行对比计算，求出标高变化量和散索鞍扭转角度。

2.3 空缆线形测定

在主塔塔顶标高和跨径变化测定的同时，利用徕卡 TM30 全站仪采用三角高程测量的方法对主缆空缆线形进行测定，同时测量记录主缆温度及主缆直径。主缆空缆线形测定的具体位置为：南北岸上、下游两边跨布置在 1/2 处，中跨上、下游布置在两主塔中心间 1/4、1/2、3/4处。

2.4 主索鞍顺桥向预偏量的测定

主索鞍顺桥向预偏量的测定采用水平尺结合鉴定过的钢直尺量取，量取格栅中心到主索鞍中心的实际预偏量。

2.5 主缆紧缆后直径的测定

主缆紧缆后直径的测定，在夜间 23:00 ~ 次日 5:00 主缆平均温度稳定时，测定南北岸上、下游两边跨布置在 1/2 处，中跨上、下游布置在两主塔中心间 1/4、1/2、3/4 处的直径，计算平均直径用于后续计算。

3 索夹放样数据计算

索夹放样前，必须进行相应的计算准备工作。由监控单位提供空缆状态下的吊索中心和主缆中心的交点到桥塔格栅中心的距离、空缆状态下的索夹位置的水平倾角初值 α、相对初始跨径变化 d 和相对初始温度分别对跨径和索夹位置水平倾角的修值系数。索夹计算示意如图1所示。

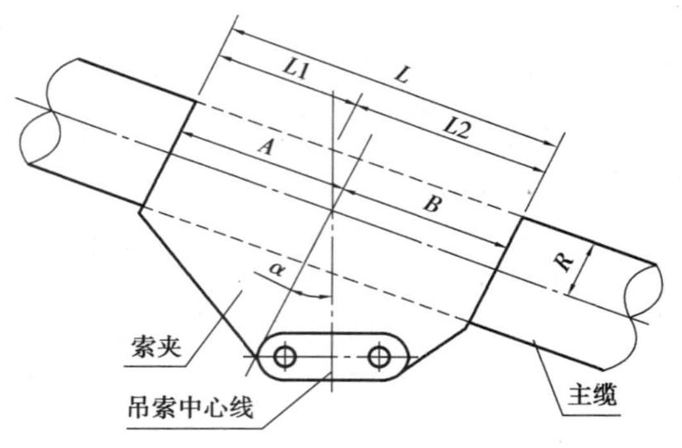

图1 索夹计算示意图

3.1 边跨索夹位置计算

监控指令给出，采用相对距离放样时，在夜间23:00～次日5:00进行，此间主缆平均温度和塔偏相对比较稳定，计算放样数据，无须进行温度和跨径变化量修正。

根据监控单位给出的空缆状态下索夹安装标记点到桥塔格栅中心的水平距离 x（对于万州侧边跨为到万州侧桥塔格栅中心的距离，对于利川侧边跨为到利川侧桥塔格栅中心的距离），各个索夹处的切线角 α 及主缆直径 d，计算各个索夹天顶线 $L1$、$L2$ 到桥塔格栅中心的水平距离，用于现场实际放样。

3.2 中跨索夹位置计算

监控指令给出，采用相对距离放样时，在夜间23:00～次日5:00进行，此间主缆平均温度和塔偏相对比较稳定，计算放样参数，无须进行温度和跨径变化量修正。

监控单位给出的空缆状态下索夹安装标记点到桥塔格栅中心的水平距离 x 和切线角 α 的计算参数 x_0、α_0、k_{tx}、k_{dx}、$k_{d\alpha}$，具体计算如下：

$$x = x_0 + t \times k_{tx} + d \times k_{dx} \tag{1}$$

$$\alpha = \alpha_0 + t \times k_{t\alpha} + d \times k_{d\alpha} \tag{2}$$

式中 α——安装点切线角，(°)；

x——空缆状态下索夹安装标记点到桥塔格栅中心的水平距离，对于中跨索夹（编号0～32）为到万州侧桥塔格栅中心的距离，对于中跨索夹（编号33～65）为到利川侧桥塔格栅中心的距离，m；

t——跨内平均温度，℃；

d——跨径变化量，增大为正，减小为负，m；

k_{tx}——温度影响 x 的系数，m/℃；

$k_{t\alpha}$——温度影响 α 的系数，°/℃；

k_{dx}——跨度影响 x 的系数；

$k_{d\alpha}$——跨径变化量影响 α 的系数，°/m。

根据上述公式计算出实时空缆状态下索夹安装标记点到桥塔格栅中心的水平距离 x 和安装点切线角 α，从而计算出各个索夹天顶线 $L1$、$L2$ 到桥塔格栅中心的水平距离。

在现场放样时，测量索股指定断面温度、实时跨径，进行修正。修正采用编制好的 Excel 表格，利用其自动重算功能，进行实时修正。

4 精度估算分析

采用徕卡 TM30 全站仪进行距离放样产生的误差包括测距误差、仪器安置误差、主索鞍位置量取误差 3 部分。

4.1 测距误差

距离放样采用两台徕卡 TM30 全站仪，测角精度为 ±0.5″，测距精度为 ±(0.6 mm + 1ppm × D)。

万州驸马长江大桥主跨为 1 050 m，采用两台徕卡 TM30 全站仪在南北索鞍中心处对称进行放样，因此，最大放样距离为 525 m，故放样点点位误差为：

$$m_s = \pm (0.6 + 0.525 \times 1) \text{mm} = \pm 1.125 \text{ mm} \tag{3}$$

4.2 仪器的安置误差

根据经验，全站仪安置中误差可取 $m_1 = \pm 1$ mm，棱镜安置中误差一般取 $m_2 = \pm 2$ mm。

4.3 主索鞍位置量取误差

由主索鞍位置量取误差：

$$m_3 = \pm 2 \text{ mm}$$

综合上述 4 项误差，按误差传播定律：

$$m = \pm \sqrt{m_s^2 + m_1^2 + m_2^2 + m_3^2} = \pm \sqrt{1.125^2 + 1^2 + 2^2 + 2^2} \text{mm} = \pm 3.2 \text{ mm}$$

取两倍中误差 6.40 mm 作为极限误差。

由此可见，采用相对距离法进行索夹放样可控制在 10 mm，完全满足施工要求。

5 现场放样及点位复核

5.1 索夹点位现场放样操作

监控单位指令给出，索夹精确测量工作在夜间 23:00 ~ 次日 5:00 进行，此段时间主缆平均温度和塔偏相对比较稳定，因此，放样工作在此时间段内进行。

施测时，测站点和后视点均设置在塔顶，测站点和后视点在不同塔上。因为夜间主缆顺桥向和横桥向温度、主缆内外温度以及上、下游主缆间温度差较小，主缆不易发生扭转。

对于中跨，采用相对距离放样法，进行以下操作：

(1) 分别量取南北岸主索鞍中心点，将徕卡 TM30 全站仪安置于主索鞍中心处。

(2) 分别量取南北岸主索鞍中心点连线向跨中 1 m 的点，架设后视棱镜。

(3) 用南北岸主索鞍中心处的徕卡 TM30 全站仪放样，观测对岸南北岸主索鞍中心点向跨中方向 1 m 处的棱镜，测出水平距离并定向，计算跨径变化量。

(4) 实测中跨主缆 1/4、1/2、3/4 处的温度，实时修正放样数据(索夹天顶线两端 *L*1、*L*2 的位置)。

(5) 利用全站仪测定索夹天顶线两端 *L*1、*L*2 的位置，并用油性记号笔做精确标记点，后向南北两侧沿天顶线各量取 10 cm 用相同方法做精确标记点，方便索夹安装后进行检核。

(6)用鉴定过的钢尺量取索夹天顶线两端 L1、L2 之间的距离,对相邻索夹天定线两端 L1、L2 之间的距离做实时检核。

对于边跨,则无须进行跨径和温度修正,其余同上述精确放样操作。

本次放样数据纵向偏差、横向偏差均不大于 3 mm。

5.2 索夹点位复核

索夹放样点位复核采用两种方法:相对距离复核法和绝对坐标复核法。

(1)相对距离复核数据与原始放样数据的对比如图 2 所示(因数据较多,本文中取北中跨下游进行数据对比)。

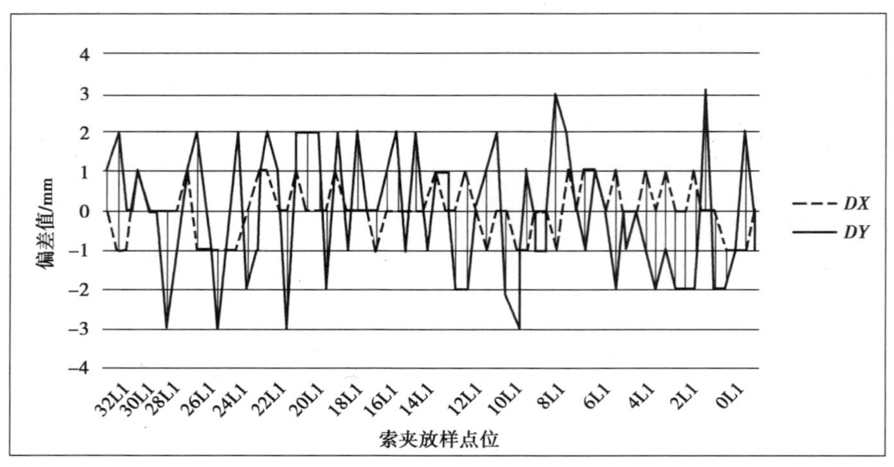

图 2 北中跨上游放样结果相对距离法复核分析

(2)绝对坐标复核法是采用桥轴坐标系坐标,其所测坐标与距离放样法所用数据存在一个固定常数,即塔顶格栅中心位置坐标,对比结果如图 3 所示(以南岸数据随机抽取部分为例)。

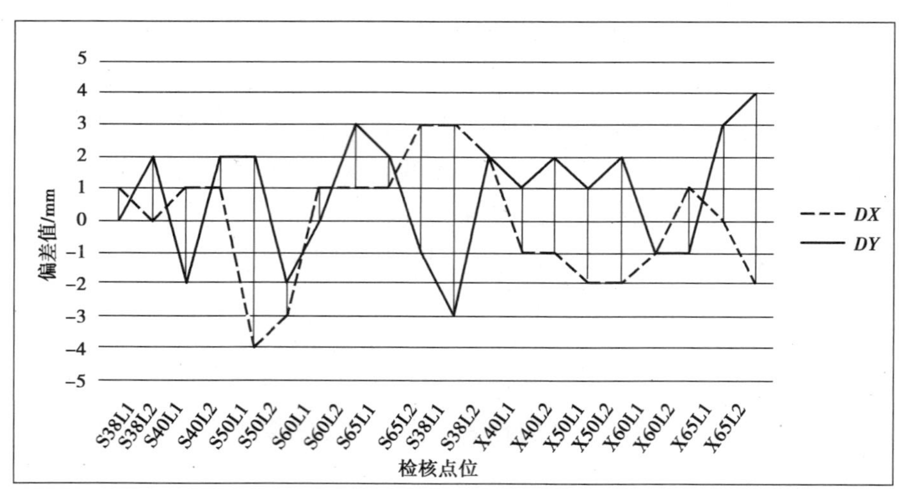

图 3 南岸放样结果绝对坐标法复核分析

通过相对距离复核法和绝对坐标复核法两种方法,对原放样点位进行复核。复核结果与初始放样数据存在极小误差,最大为 4 mm,其中多数在 2 mm 之内,因此采用相对距离放样法,其精度可靠且十分便捷。

6 结 论

万州驸马长江大桥的索夹放样检核结果表明:采用相对距离放样法,放样结果纵向偏差、横向偏差均不大于 3 mm,其精度可靠,简便高效,且完全满足规范要求(纵向允许偏差值为 10 mm,横向允许偏差值为 3 mm)。此法对同类工程是一种优选的索夹放样方法。

参考文献

[1] 中华人民共和国行业标准. 工程测量规范(GB 50026—2007)[S]. 北京:中国计划出版社,2008.

[2] 中华人民共和国行业标准. 公路桥涵施工技术规范(JTG/T F50—2011)[S]. 北京:人民交通出版社,2011.

[3] 中华人民共和国行业标准. 公路工程质量检验评定标准 第 1 册:土建工程(JTG F80/1—2004)[S]. 北京:人民交通出版社,2004.

[4] 汪耀武,方梅. 全站仪三角高程测量代替三四等水准测量分析研究[J]. 武汉理工大学学报(交通科学与工程版). 2014,38(6):1413-1416.

[5] 胡旭伟. 大跨径悬索桥施工测量方法与精度分析[J]. 测绘技术装备,2003,5(2):34.

主缆与前锚室、边跨悬浇主梁交叉施工技术

毛超军　顾跃强　程敬臣

（中交一公局第三工程有限公司　北京　100029）

摘　要　悬索桥的主缆多位于桥梁两侧，与引桥和锚碇空间交叉布置，主缆架设前猫道的设计又决定了引桥和锚碇施工前必须提供足够的作业空间，使得锚碇和引桥施工显得尤为复杂，同时也要求工程建设者必须采取有效措施，合理避让并解决施工预留等带来的安全、质量隐患。本文以万州驸马长江大桥主缆架设施工为例，在确定悬索桥上部结构施工工艺和大型机械的前提下，模拟主、引桥的施工工况，针对其与前锚室、边跨悬浇主梁交叉施工存在的诸多问题，通过明确连续刚构挂篮悬臂浇筑先行施工，在猫道架设、索夹安装后进行前锚室顶板和前墙的施工顺序，对局部部位采取预留后施工的方法和设计保护或分离装置进一步减小相互施工的影响，提高施工质量。

关键词　主缆架设　前锚室　边跨　交叉　影响　质量

1　概　述

万州驸马长江大桥是主跨为 1 050 m 的单跨钢箱梁悬索桥，北边跨主缆直径为 693 mm，中跨和南边跨主缆直径为 681 mm，由 108 根通长索股和北边跨 4 根背索组成，两根主缆中心间距为 28 m，猫道宽 4 m，距主缆中心 1.5 ~ 1.7 m，双幅猫道内侧净空 24 m。北岸为重力式锚碇，南岸为隧道锚。南、北岸引桥为 6 × 30 m T 梁桥 +（77.5 + 145 + 77.5）m 连续刚构桥，桥面宽度为 26.5 m（图 1）。

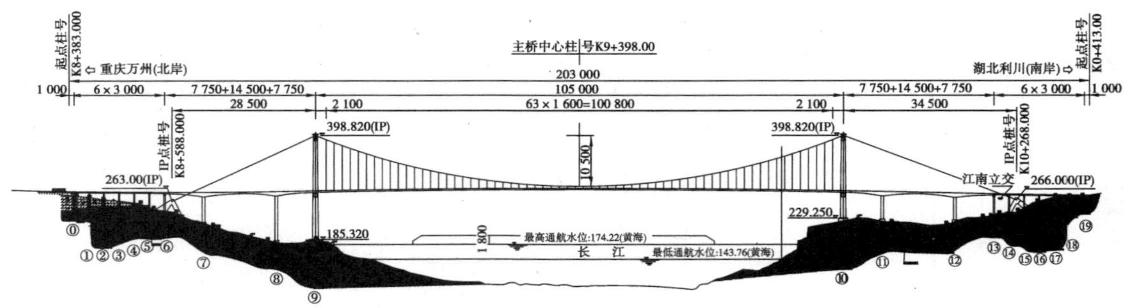

图 1　万州驸马长江大桥立面图

作者简介：毛超军（1986—），男，本科，工程师。
顾跃强（1976—），男，本科，工程师。
程敬臣（1987—），男，专科，助理工程师。

2　主缆与前锚室、边跨悬浇主梁交叉影响分析

主缆与前锚室、边跨悬浇主梁在空间上和时间上都存在交叉作业(图 2),受猫道线形控制,对引桥塔吊作业范围和施工升降机的位置、运行高度均有影响。而前锚室施工因主缆架设需要,底板和侧墙先施工完成作为作业平台,顶板在主缆架设完成后施工(图 3)。受锚碇门架、前锚室内索股分散布置和顶板自重的多重因素影响,顶板施工多采用扣件式钢管支架法施工,同时对散索段索股成品进行保护。

图 2　北边跨下游侧猫道与引桥、前锚室空间关系

图 3　主缆散索段在前锚室内的布置

为了平衡主桥钢箱梁自重以确保索塔受力合理,施工要求引桥连续刚构上部结构必须在钢箱梁吊装前合龙,主跨为 145 m 的连续刚构桥上部结构悬浇施工需要 10 个月,而从猫道架设到钢箱梁吊装前施工仅需要 8 个月。若猫道先于连续梁悬浇施工,则挂篮施工势必无法正常通过交叉前后节段。因此,连续梁施工必须尽早先行,以确保在猫道架设时已悬臂浇筑完成冲突节段。又因主缆索股架设需要穿越前锚室顶板空间,故确定引桥上部结构与悬索桥上部结构施工顺序为:先进行引桥挂篮悬臂浇筑,再进行猫道架设,待索夹安装后进行前锚室顶板和前墙施工。

施工过程中,存在的交叉影响主要体现在挂篮上横梁和下横梁外悬臂长度影响到猫道承重索,与猫道空间重合的悬浇节段翼缘板预留槽口长时间外露钢筋及钢绞线防锈蚀保护,猫道边跨线形调整前施工升降机无法通行至桥面;拽拉器向索塔侧牵拉主缆索股时,可能与翼缘板预留钢筋碰撞剐蹭,边跨合龙后挂篮拆除因空间有限,更为复杂,必须保证猫道架设时边跨施工完成有空间冲突的悬浇节段。

3　交叉施工技术

3.1　主缆与前锚室顶板交叉施工技术

3.1.1　顶板施工方案比选

前锚室顶板因散索鞍支墩顶门架(以下简称墩顶门架)布置无法连续浇筑完成和主缆索股架设及在前锚室内散索布置的双重影响,前锚室多采用分节段预制安装和支架法施工。从施工成本、场地需要、起重设备性能上看,支架法较分节段预制安装都有明显优势。

考虑到大型钢管支架施工前锚室顶板需要预留多个槽口,且对塔吊性能要求高,故采用扣件式钢管支架施工。为充分利用相邻索股之间的空间,从索股前锚面锚固端向散索鞍处全断面搭设 $\phi48$ mm×3.5 mm 扣件式钢管支架,在靠近散索鞍处采用 $\phi48$ mm×3.5 mm 扣件式钢

管支架和I 56a 工字钢组成门式支架(图4、图5)。顶板施工时,为平衡顶板施工荷载优化结构受力,保留前锚室底板及侧墙施工用大型钢管下的支架。

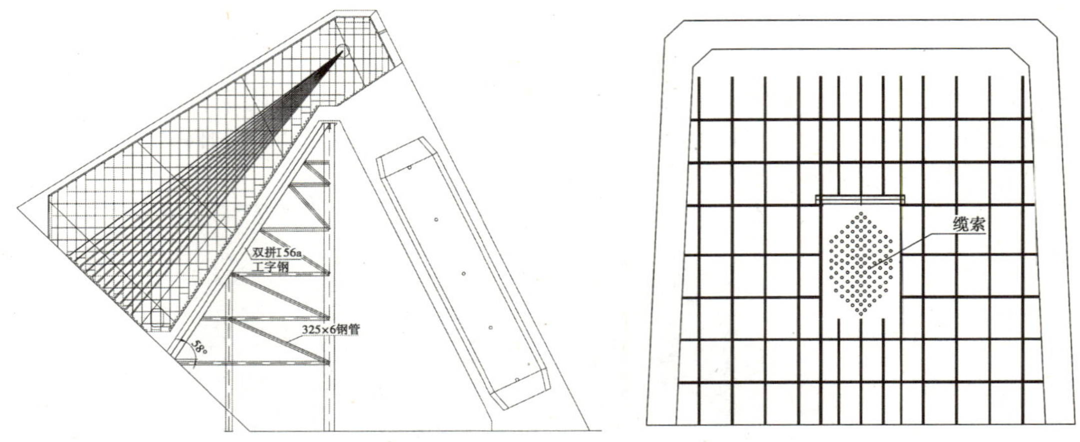

图4　北岸前锚室顶板施工支架　　图5　靠近散索鞍附近支架横断布置图

3.1.2　支架设计

支架最大立杆高度为20.532 m,支架横向长度由11.4 m渐变到6.6 m,顺桥向长度最大为19.5 m。立杆布置为:横向0.6 m,纵向标准长0.9 m(部分部位0.6 m),水平杆步距1.2 m。

立杆由缆索中心向两侧布设,缆索间距较小时,横杆进行适当调整,并采取可靠连接以确保支架的稳定性。支架搭设前,对已安装的缆索采用阻燃胶带缠绕缆索,缆索上方设置一层竹胶板和密目式绿色金属网进行多层保护(图6)。支架搭设时,禁止在缆索区域焊接施工,并采用全新模板,拼缝平顺,防止钢筋焊接火花坠落灼伤缆索。同时,还要规避电焊机等设备接地线与支架或主缆相接触导致电流的产生。

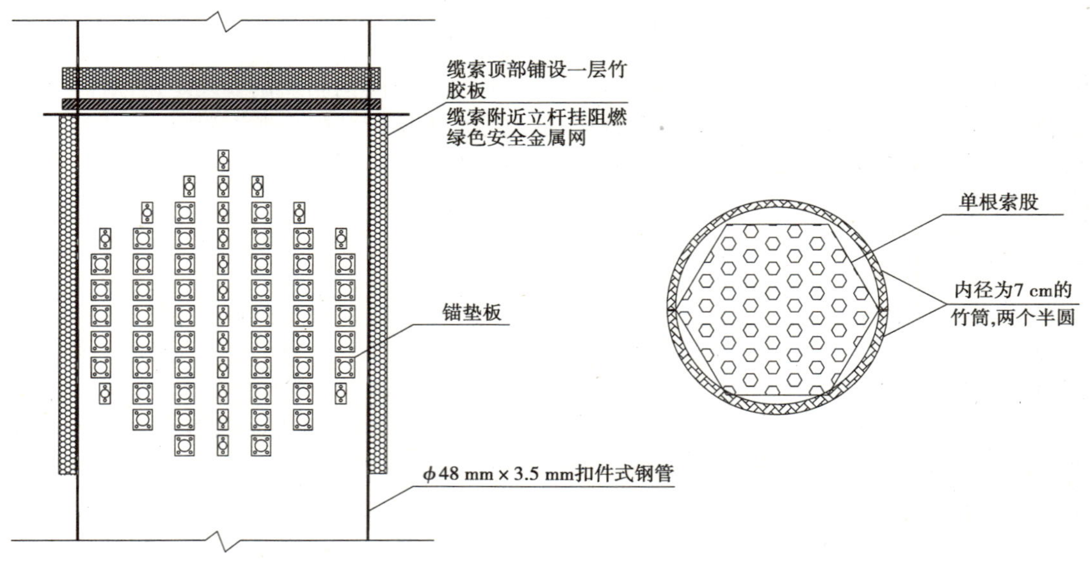

图6　顶板施工散索段索股成品保护

3.2　主缆与边跨悬浇主梁交叉施工技术

3.2.1　合理避让技术

考虑到与猫道承重索架设可能出现冲突，挂篮选择时应考虑其门架梁、上横梁、下横梁的外悬臂长度和外滑梁位置，避免相互施工干扰。若无法避免时，以调整承重索垂度和线形来保证挂篮施工安全（图 7）。承重索架设过程中，应安排专人在挂篮上观察指挥卷扬机操作。

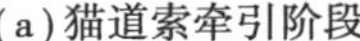
(a)猫道索牵引阶段

(b)猫道索成型阶段

(c)猫道索拆除阶段

图 7　猫道与挂篮的影响

由于猫道承重索索盘放置在北塔引桥侧地面，待进入南岸散索鞍支墩顶锚固系统后，再进行北岸引桥侧承重索安装。北岸侧承重索锚头与从北岸散索鞍支墩门架顶的 5 t 卷扬机钢丝绳连接，由地面缓慢提升至支墩顶锚固。锚固后的承重索处于自然状态，其垂度小于设计垂度，必须调整支墩顶锚固系统的大小拉杆，来控制垂度直到高出施工升降机立柱一定距离。提升过程中，要做好引桥侧人员和设备管理，禁止作业人员进入和施工升降机运行。

随着猫道面层构件的安装，猫道线形随时调整，直到猫道门架、滚筒等全部安装完成后才能达到设计线形。施工过程中，对于施工升降机的运行高度也应提前考虑（图 8）。当无法满足要求时，必须降低立柱高度，设计悬挂式安全通道由吊笼内爬行至桥面。

(a)猫道索牵引阶段

(b)猫道索成型阶段

图 8　猫道与引桥施工升降机的影响

猫道架设完成后，其线形与桥面施工用塔吊的运转半径交叉影响，塔吊无法从猫道低处的区域起吊大吨位物件。通过确定引桥施工塔吊的高度与回转范围，避免交叉，划定作业范围，安装起重限制器，做到预警保证安全（图 9）。

为了避免承重索牵引过程中与引桥翼缘板或边墩盖梁发生剐蹭，在翼缘板上悬挑型钢、设置简易滚轮和绳槽来梳理钢丝绳；根据猫道成型阶段线形分析盖梁影响程度来确定盖梁预留部分，并在墩侧采用手拉葫芦横向牵拉钢丝绳（图 10）。

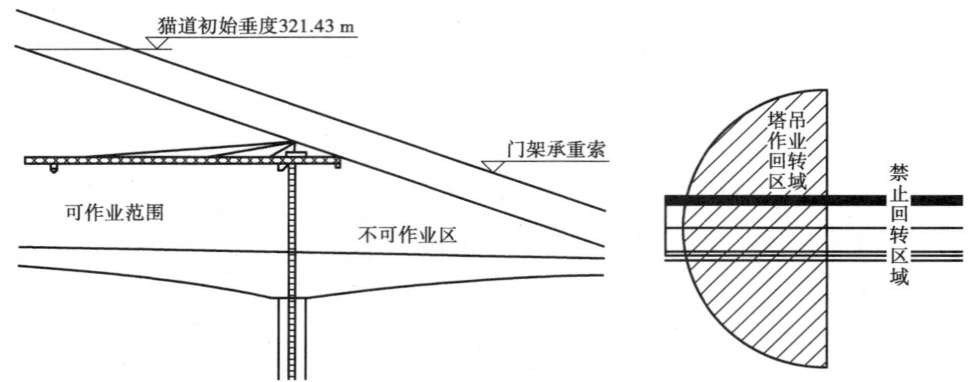

图 9　猫道与引桥塔吊的影响(猫道成型阶段)

图 10　引桥连续刚构桥与猫道承重索施工避让措施

外露钢绞线采用粗铁丝固定并向临边护栏弯起,以避免与猫道侧网和主缆索股牵引发生冲突(图 11)。

图 11　引桥连续刚构与主缆索股架设施工避让措施

对应主缆索股在内侧滚筒向上牵引或提升时,与引桥外侧翼缘板可能发生的剐蹭,可以在内侧滚筒上方对应的引桥翼缘板底安装一个滚筒,并通过现场试验调整至合理位置,进一步方便主缆索股架设。

南岸引桥 30 m T 梁桥外侧设计有一道猫道门架。从图 12 可以看出,T 梁边梁基本全部处于门架内，同时主缆缠丝机通过T梁桥时与其边梁翼缘板部分冲突，必须保证在缆索系统正常施工的状况下，边跨T梁待缠丝作业完成后安装。

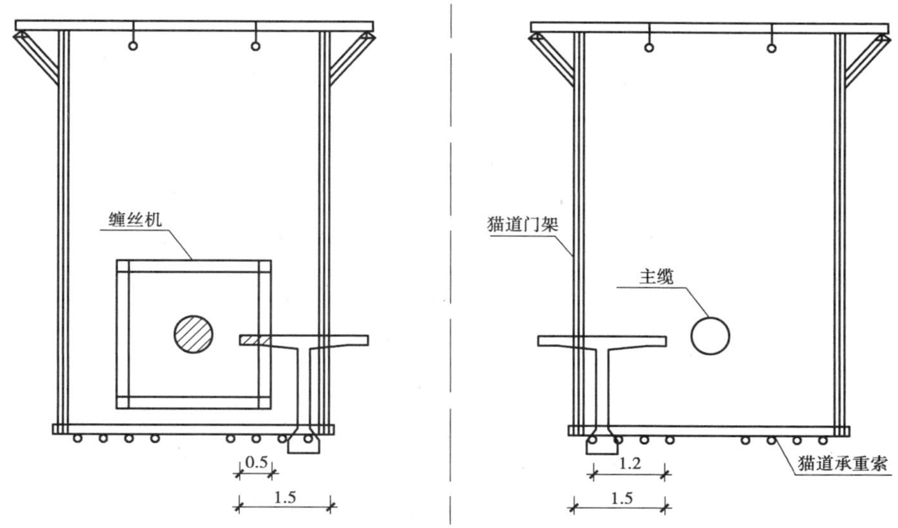

图12　南岸引桥30 m T梁桥与主缆缠丝施工干扰状况(单位:m)

3.2.2　后期恢复技术

引桥横桥向预应力设计为15.2-3钢绞线，一端张拉，张拉端与锚固端交错布置，预应力管道为60 mm×22 mm塑料波纹管。翼缘板槽口预留1.5 m宽，超出外侧翼缘板张拉和锚固范围。缺口梁段横桥向预应力采用挂篮施工时，内侧采用预埋后张拉技术施工。

槽口外露钢绞线暴露时间长，不加处理易锈蚀，对预应力张拉质量影响较大。通过喷涂重锈转化膜处理剂，用钢丝球擦除钢绞线铁锈后涂抹脱水防锈油，按照保鲜膜、浸有油脂的土工布、防水布密封的顺序由内到外逐层包裹，防止雨水冲刷流失(图13)。脱水防锈油脂使得钢绞线早期防锈，用时根据产品说明在油脂失效前重新处理，达到长期防锈的目的。

图13　防锈处理后的钢绞线

4 结 论

万州驸马长江大桥主缆与前锚室、边跨悬浇主梁交叉施工安全可控，质量满足设计和规范要求。本文以万州驸马长江大桥主缆施工为例介绍了项目在交叉作业处理上的技术与施工经验，在实际工程中具有较高的应用价值。

（1）猫道承重索架设阶段，在引桥上悬挑的分梳钢梁未设计临边护栏，存在一定安全风险，建议在钢梁上设计一个钢平台，保证作业人员安全。

（2）猫道承重索架设阶段，应加强现场管理，严格控制机械设备运转，并采取错位作业来保证安全。

（3）缆索系统施工复杂，工序转换快，交叉作业是悬索桥施工的一大特点，应及早确定分部分项工程施工的顺序和施工方案，细致策划，不断优化设计。

参考文献

[1] 中华人民共和国行业标准. 公路桥涵施工技术规范（JTG/T F50—2011）[S]. 北京：人民交通出版社，2011.

[2] 中交第二公路工程局有限公司. 公路桥梁施工系列手册：悬索桥[M]. 北京：人民交通出版社，2014.

[3] 中交一公局万利万达项目总部驸马长江大桥一分部. 驸马长江大桥上部结构安装实施性施工组织设计，2015.

[4] 李龙飞. 浅析公路桥梁施工中的交叉工程施工技术[J]. 江西建材，2016(14)：208.

[5] 杨学祥，张明卓，朱艳，等. 大跨度悬索桥施工猫道若干问题综述[J]. 世界桥梁，2007(2)：61-64.

[6] 韦世国，薛光雄，沈良成，等. 润扬大桥悬索桥猫道系统设计与施工[J]. 桥梁建设，2004(4)：29-31.

[7] 周长陈. 舟山大陆连岛工程西堠门大桥 E 合同段北锚前锚室顶板施工[J]. 西部公路，2011(3)：76-79.

边跨猫道整体提挂、下放装置设计与施工技术

荣　伟　靖振帅　程敬臣

（中交一公局第三工程有限公司　北京　100029）

摘　要　悬索桥边跨猫道改吊绳拆除是悬索桥大临设施拆除过程中安全风险最高的控制点，目前常用的办法是采用手拉葫芦进行提升猫道，逐个拆除改吊绳。也有采用多个手拉葫芦将猫道整体提升，同时拆除所有的改吊绳。本文以万州驸马长江大桥猫道拆除为例，创新采用塔顶及引桥面卷扬机配合转向轮整体提升猫道，拆除改吊绳，为边跨改吊绳拆除提供了新的思路。

关键词　猫道　改吊绳　整体提升　拆除

1　概　述

万州驸马长江大桥主桥为 1 050 m 单跨双铰钢箱加劲梁悬索桥。猫道横桥向与主缆轴线呈对称布置，在上、下游对应于主缆中心线下方各设一幅猫道。中跨猫道面距主缆轴线 1.5 m，边跨猫道距主缆中心线铅垂方向控制距离为 1.7 m，猫道宽度为 4 m。每条猫道设 8 根 ϕ48 mm（6×36SW + IWR）钢芯镀锌钢丝绳猫道承重索，采用三跨连续的布置形式（图 1）。主缆系统施工完成后，需要将猫道系统拆除。由于边跨猫道改吊绳应力较集中，需要选择合理的拆除工艺进行施工。

2　方案比选

2.1　手拉葫芦拆除法

在有门架横梁的位置大约每 48 m 设置一处辅助提升点（共 5 个），每一个作业吊点需要提前准备好钢丝绳与 2 个 10 t 手拉葫芦，主缆上提前做好防护措施，以免施工损伤主缆防腐结构（图 2）。

2.2　卷扬机整体提升拆除法

在有门架横梁的位置大约每 48 m 设置一处辅助提升点（共 5 个），每处改吊点处由 6 个定滑轮组成，靠塔侧和锚碇侧的吊点分别利用塔顶卷扬机和引桥桥面上的卷扬机钢丝绳串联穿过所有定滑轮的方式完成穿束，最后两卷扬机绳头在边跨中间位置用 U 形卡扣连接（图 3）。施工中，注意采用硬质材料对改吊点处主缆进行防护，避免损伤防腐涂层。

作者简介：荣　伟（1992—），男，本科，助理工程师。
靖振帅（1987—），男，本科，助理工程师。
程敬臣（1987—），男，专科，助理工程师。

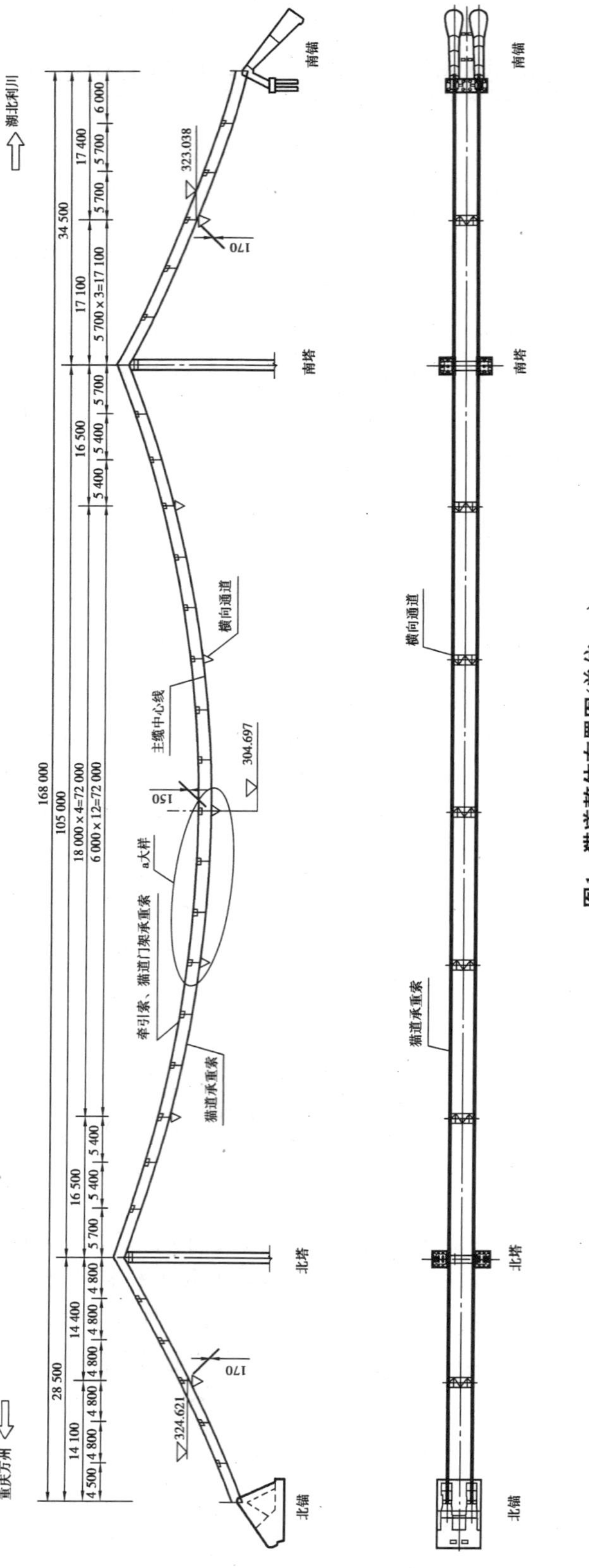

图1 猫道整体布置图(单位:cm)

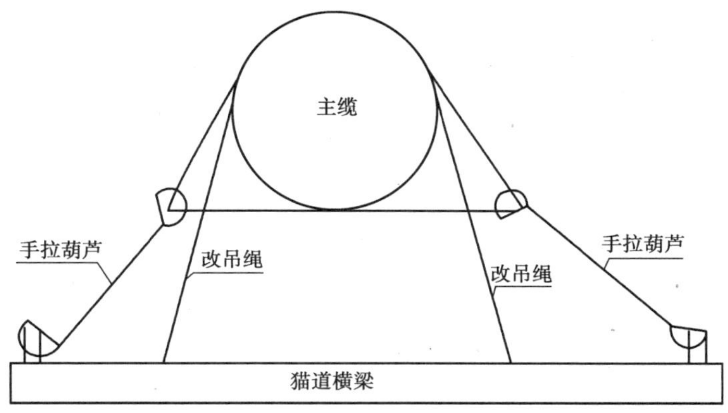

图2 手拉葫芦拆除法布置图

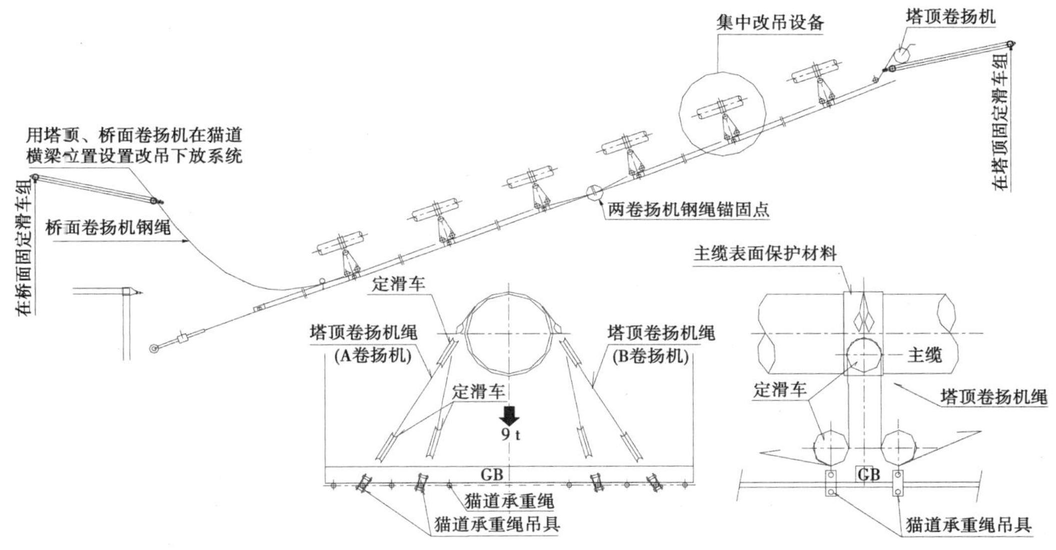

图3 改吊绳拆除滑车组穿绳示意图

现将手拉葫芦拆除法与卷扬机整体提升拆除法进行分析对比，如表1所示。

表1 手拉葫芦拆除法与卷扬机整体提升拆除法对比分析表

项目	手拉葫芦拆除法	卷扬机整体提升拆除法	对比
安全性	每一道提升点拆除后受力越来越大，危险性越来越高	每一道提升点均匀受力，拆除时安全风险低	卷扬机整体提升拆除法优
进度	总体工期4天	总体工期2天	卷扬机整体提升拆除法优
经济性	材料设备人工等总体费用5万元	材料设备人工等总体费用7万元	手拉葫芦拆除法优
先进性	国外常用、国内已有工程案例	国内先进	卷扬机整体提升拆除法优

综上所述，从施工安全、先进性上来看，卷扬机整体提升拆除法具有较好的优势；从进度、经济性上来说，手拉葫芦拆除法具有更为显著的优势。但是猫道改吊绳拆除安全风险高，现场施工应在考虑安全的前提下再进行进度和经济性考虑，因此卷扬机整体提升拆除法更加适合现场施工。

3 卷扬机整体提升施工技术

3.1 施工准备

3.1.1 卷扬机准备

卷扬机在整个施工过程中起着重要的作用，需提前在塔顶及引桥面进行 10 t 卷扬机的布置，并提前计算好钢丝绳的长度。注意，引桥上卷扬机布置时与引桥侧护栏、翼缘板等避让。

3.1.2 滑车

每个提升处由 6 个定滑轮组成，主缆两侧各 3 个，呈三角形布置（图 4）。滑车准备时，注意吨位的要求及安装时主要受力点的情况。

图 4 滑车布置

3.1.3 钢丝绳穿线

钢丝绳从下方第一个滑车外侧穿过到上方滑车的外侧，再到下方第二个滑车内侧穿过，以此类推完成所有滑车的穿束，最后两卷扬机绳头在边跨中间位置用 U 形卡扣连接。

3.2 猫道改吊绳拆除

3.2.1 猫道整体提升

塔顶及后锚卷扬机进行收绳，先将猫道提升起一定高度待改吊绳全部松弛，之后拆除猫道改吊绳。

（1）在猫道上大约每 48 m 设置一处辅助提升点，每处由 6 个定滑轮组成。塔顶卷扬机和引桥桥面上的卷扬机钢丝绳穿过所有定滑轮形成提升系统，绳头在中间位置用 U 形卡扣与猫道连接，对在主缆或索夹上的滑轮固定点采用硬质材料对改吊点处主缆进行防护。

（2）作业人员撤离猫道，塔顶、引桥桥面逐渐用卷扬机收绳，使所有提升点处钢丝绳受力，将猫道整体提升，使原有改吊绳受力并松弛，然后在塔顶和引桥上的卷扬机出绳处将钢丝绳锚固在桥面和塔柱上，将猫道面的所有重量由滑车组承担（图 5）。

3.2.2 猫道整体下放

猫道边跨侧改吊绳全部拆除完成后人员离开猫道，塔顶及后锚卷扬机钢丝绳解除锚固开始卸载，将猫道下放至自由下垂状态，直至提升滑车不再受力为止，拆除整体提升系统（图 6）。

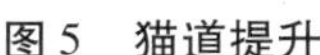

图 5　猫道提升

图 6　猫道改吊绳拆除完毕

4　施工关键点控制

(1)猫道提升以及下放过程中,注意观察提升钢丝绳形态,防止与主缆、索夹及吊索防腐层发生剐蹭。

(2)提升钢丝绳在穿线时,严格控制钢丝绳扭转情况,防止在提升及下放过程中发生危险。

(3)猫道改吊绳拆除过程中由于稳定性较差,严格控制人员安全。

(4)人员在已经下放完成的猫道上施工时,注意对称施工,防止因重力不平衡发生侧翻。

5　结　论

本文以万州驸马长江大桥猫道拆除施工为例,介绍了边跨改吊绳拆除的技术与施工经验,在实际工程中具有较高的推广应用价值。

(1)整体提升的装置来拆除边跨改吊绳,施工工艺简单,安全性高,避免了改吊绳受力不均或发生崩断从而导致猫道侧翻的事故发生。

(2)利用现场已有设备材料进行更安全地施工,避免配置大量手拉葫芦,经济效益显著。

参考文献

[1] 中华人民共和国行业标准. 公路桥涵施工技术规范(JTG/T F50—2011)[S]. 北京:人民交通出版社,2011.

[2] 中交第二公路工程局有限公司. 公路桥梁施工系列手册:悬索桥[M]. 北京:人民交通出版社,2014 .

[3] 中交一公局万利万达项目总部驸马长江大桥一分部. 驸马长江大桥猫道拆除实施性施工组织设计,2015.

[4] 刘京,殷治宁,倪振松. 悬索桥施工中猫道架设安全风险事态及成因分析[J]. 公路交通科技(应用技术版),2014(2).

[5] 黄丽霞,刘卫来,冯炳生. 猫道架设与拆除安全技术探讨[J]. 中国安全生产科学技术,2010,06(4):157-160.

[6] 叶冬,尚龙,张全德. 三塔两跨悬索桥猫道拆除施工技术[J]. 世界桥梁,2015(1):27-31.

钢箱梁

万州驸马长江大桥
正交异性桥面板自动化加工技术

徐　贺

（中交世通重工（北京）有限公司　北京　100024）

摘　要　正交异性桥面板是由钢板、U形肋和横隔板组成，是钢结构桥梁的重要组成部分，万州驸马长江大桥主桥钢箱梁就是采用正交异性结构。针对桥面板U形肋自动化组装和焊接技术进行了研究，分析如何通过提高U形肋与桥面板的组焊质量来提高正交异性桥面板的焊缝质量。U形肋的组装及定位焊在专用机床上完成，定位焊由焊接机器人完成，U形肋和桥面板焊接采用船位焊接技术和用多头双丝龙门焊机焊接，既保证了U形肋焊接熔深应达到设计80%熔深的要求，又保证了焊缝外观成型，使焊接质量稳定，焊缝平顺，应力集中大大降低。

关键词　正交异性桥面板　U形肋　焊接机器人　船位焊技术

1　引　言

钢箱梁是桥梁的基本组成部分，相对于现场施工受到的地形等问题的限制，它的工厂化程度高，制作条件能得到很好的保证。正交异性桥面板是由纵横向互相垂直的纵向或横向的加劲肋和桥盖板所组成的共同承受载荷的结构，主要具有自重轻、极限承载力大等优点（图1）。

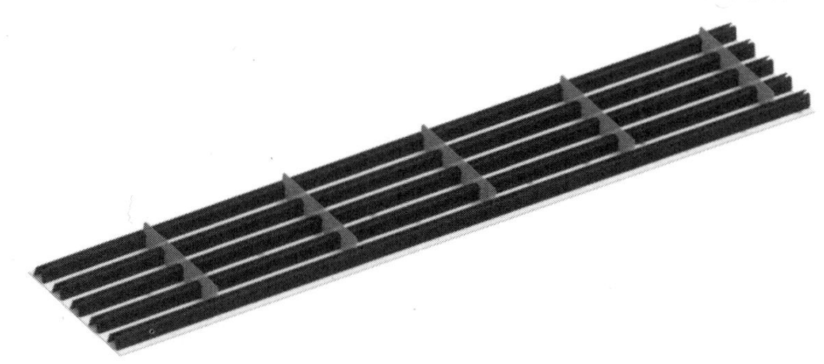

图1　正交异性桥面板示意图

正交异性桥面板的自重约为钢筋混凝土桥面或预应力混凝土桥面板自重的1/3～1/2，在受到桥梁自重影响较大的桥梁中是有利的结构形式。

万州驸马长江大桥钢箱加劲箱梁由顶板、底板、腹板、横隔板及加劲肋组成，顶板采用正交异性桥面板形式。

作者简介：徐贺（1988—），男，本科，助理工程师。

本文对桥面板自动化焊接技术进行研究，重点分析如何通过提高桥面板与 U 形肋的组焊质量来提高正交异形桥面板的焊缝质量。

2 零件加工技术

零件的尺寸精度直接影响正交异性桥面板的装配精度和焊接质量。由于顶板为矩形零件且四周都开设焊接坡口，故选用半自动小车切割下料。利用这种切割方式有效地避免了焊件坡口切割锐角的二次受热。过程中利用了新型的双枪头切割设备，能对切割的区域产生较好的预热效果，保证了切割坡口的成型质量。

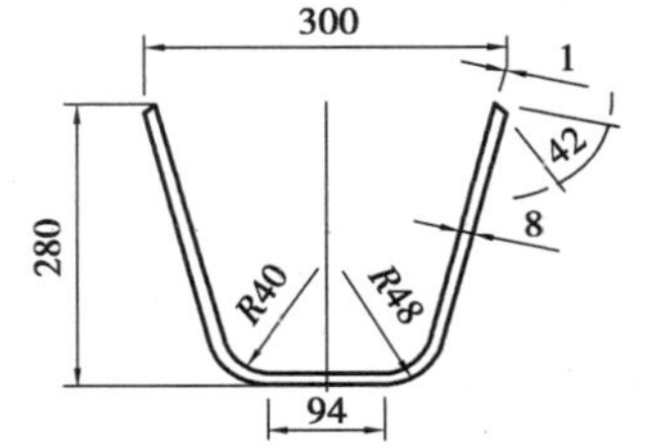

图 2 U 形加劲肋示意图(单位:mm)

桥面板的制作，焊缝位置需要达到 80% 的熔深要求，而仅仅凭借 U 形肋冷折制作而产生的自然坡口是无法达到要求的，故将其坡口样式进行深化设计设置为图 2 所示样式。

3 U 肋板单元自动组装和定位焊技术

正交异形桥面板板单元加劲肋组装定位的精度和定位焊接质量是板单元制造的重点。本桥 U 形肋的组装、定位焊在专用机床上完成，实现了板单元无码组装。

3.1 自动化组装技术

装配精度直接影响正交异性桥面板的各项性能，利用自动装配机对板单元进行装配。自动装配机配有液压自动定位、压紧机构，能够精确完成 U 形肋的定位，确保组装精度。

装配前，利用砂布将焊道位置打磨、清理，确保焊道位置清洁无油漆等会影响焊接质量的物质后，方可进行装配工作。万州驸马桥长江大桥每个标准节段以跨中侧的基准端为组装的横向基准，以保证钢箱梁的基准端环口准确；同时，U 形加劲肋组装以 U 形肋孔的位置来进行装配工作，有效保证两 U 形肋间的孔群间距。

将板单元面板在机床平台上定位，通过装配机上的 U 形模具将 U 形肋准确就位后压紧，压紧后能保证 U 形肋的两肢高尺寸和开口宽度。机器上 U 形模具横向间距、U 形模具的纵向行走间距通过电脑编程控制，从而保证组装后板单元上 U 形肋间距偏差在 ±1 mm 以内(图 3)。

图 3 U 形加劲肋装配

在正交异性桥面板的组装中，U形肋与钢板的装配间隙是非常重要的质量控制点。设备自带的液压压紧功能可以通过U形模具对U形肋施加向下的力，从而将其压紧在钢板表面上，使装配间隙达到小于0.5 mm的要求(图4)，有效地扼制了烧穿现象的产生，减少了因烧穿而造成的内部缺陷。

图4　压紧U形肋示意图

3.2　自动定位焊技术

采用自动装配机装配后，U形肋与桥面板定位焊由焊接机器人完成。该焊接机器人具有精确的电弧跟踪功能，对U形肋焊缝根部自动进行跟踪调整，确保焊接质量和焊接熔深。焊接机器人由智能化程序控制，能够实现自动寻找、跟踪焊缝，对焊接的焊速、电流、电压、定位焊间距、定位焊长度及焊角高度进行有效控制，解决了定位焊传统工艺受焊工个人因素的影响、定位焊质量不稳定的难题。

定位焊是通过自动装配机上的机械手臂完成的，它与压紧等操作一样都是完全受编制程序的控制，自动化程度非常高(图5)。设备的焊接枪头处设有高精度的传感器，当初始的焊接位置存在问题时，其会自动调整到正确位置，而且还能感应焊缝位置处是否存在影响焊接的物质(图6)。

图5　定位焊接

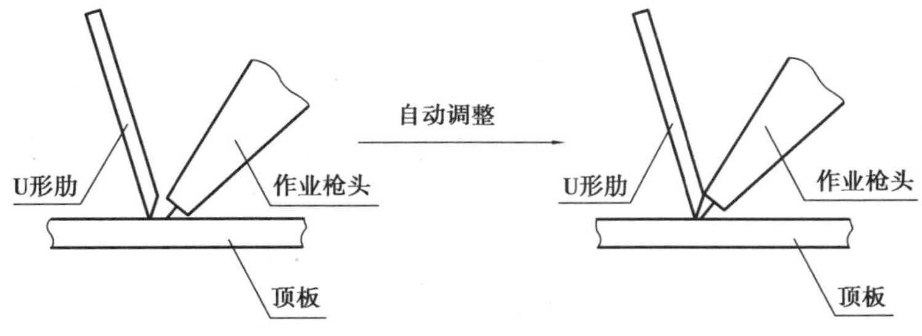

图6　定位焊调整

定位焊采用 CO_2 气体保护焊的方法，焊丝为桶装药芯焊丝，焊接材料采用 E501T-1（ϕ1.2 mm）。

在完成压紧位置的全部定位焊接工作后，液压系统会根据程序卸掉载荷向下一压紧位置行进，再次完成此位置组装工作。设备上带有位置记录模块，能准确地执行程序中的距离命令，所以能非常好地保证定位焊间距。人工定位焊由于操作者的原因无法保证焊接过程中的焊接位置和摆丝速度每一次都相同，所以无法有效地保证定位焊的质量，很容易出现收弧气孔、咬边等内部缺陷。而通过设备可以实现所有参数的有效固定，确保了整体的质量控制。

4 多头龙门焊接机自动化焊接技术

控制 U 形肋与桥面板焊缝根部的熔透深度和熔合质量，是板单元焊接质量的关键。为了保证 U 形肋与桥面板的焊接质量和稳定性，板单元焊接采用了多头龙门焊机自动化焊接技术。

4.1 全液压反变形胎

传统的船位焊接采用手动摇摆式反变形胎架，采用手动的方式夹紧板单元在弧形胎板上，手动翻转反变形胎架。此工艺受人工因素影响较大，反变形胎架上手动夹紧的力度不均匀，焊接完成后容易产生扭曲变形。板单元变形如图 7 所示。

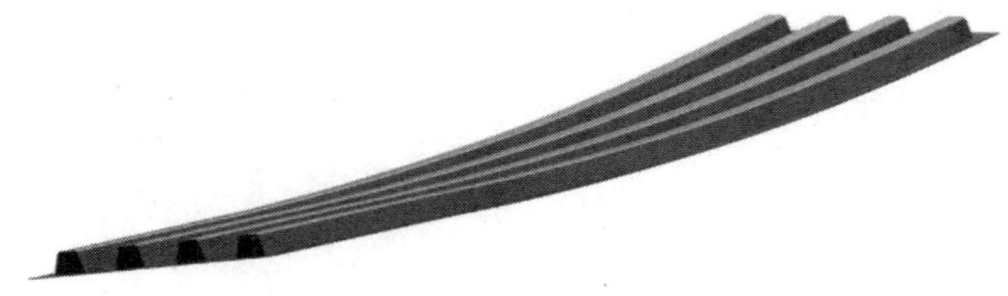

图 7 板单元变形示意图

采用全液压反变形胎架，是板单元在反变形胎架上预设反变形，夹紧后翻转（±30°）成船位形状。通过液压系统控制胎架，可以对板单元自动定位、夹紧和翻转，使夹紧板单元的各个受力点均匀受力。这样完美地解决了传统的胎架由于对板面的夹紧力不均匀，在焊接后很可能出现扭曲的问题，而且自动化程度高。

反变形技术是通过反变形胎架预设变形以抵消焊接时产生的板单元焊接变形，使焊接变形得到控制，减少火焰修整量，降低再次热输入对钢材性能的影响（图 8）。

焊接前需要将定位焊打磨过渡，其焊脚不能高出 U 形肋肢边，以防止在龙门焊机的固定焊接速度下出现焊脚不均的情况（图 9、图 10）。

图 8 液压反变形胎架

图 9　定位焊打磨不好，导致焊脚不均匀

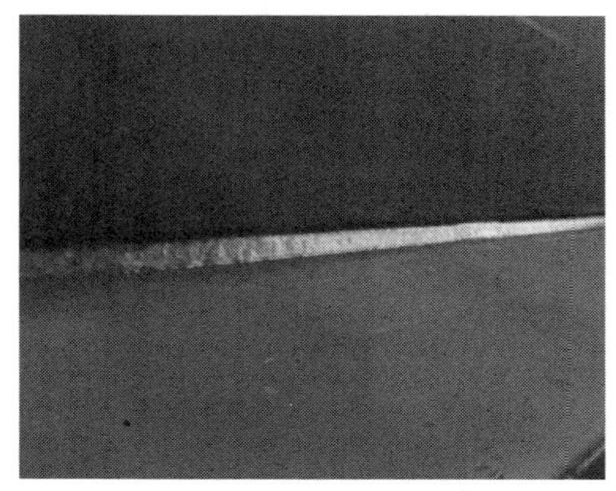

图 10　定位焊打磨较好的焊缝

4.2　自动化焊接技术

为了提高 U 形肋焊缝的焊接质量和稳定性，万州驸马长江大桥采用了多头龙门焊接专用机床，有效地保证了坡口根部焊缝的熔合和熔透深度。

焊接工序利用多头龙门焊接机来完成。龙门焊接机有多个焊接作业枪头，每个枪头都有独立的送气及送丝机构，所以 5 个枪头可以同时作业，也可以单个枪头独立作业，这就使设备的适用性变得更加广泛（图 11）。相对于传统工艺半自动小车而言，其焊接参数更稳定可靠，而且避免了作业中线路拉设的复杂，更能有效地保证焊缝 80% 的熔深要求。

图 11　多头龙门焊接机

U 形肋与顶板间的焊缝焊接，采用 CO_2 气体保护焊的方法。焊丝为桶装药芯焊丝，焊接材料采用 E501T-1（ϕ1.4 mm），焊接参数见表 1。焊道焊接两遍，第一遍要保证焊接位置不会产生烧穿的现象，第二遍要保证焊缝外观和焊脚尺寸。

表 1　焊接参数表

道次	焊接方法	焊条或焊丝		焊剂或保护气	保护气流量 /(L · min^{-1})	电流/A	电压/V	焊接速度 /(cm · min^{-1})
		型号	ϕ/mm					
1	CO_2 气体保护焊	E501T-1	1.4	CO_2	20 ~ 25	280 ± 20	28 ± 2	40
2	CO_2 气体保护焊	E501T-1	1.4	CO_2	20 ~ 25	300 ± 20	30 ± 2	40

4.3　船位焊接技术

采用船位焊接技术，保证了焊缝外观成型，使桥面板与 U 形肋间连接焊缝更加平顺，应力集中降低。多头龙门焊接机能更好地与液压反变形胎架配合使用,通过全液压胎架预设反变形,最大限度地减小了板单元焊接后变形矫正的工作量,提高生产效率。

万州驸马长江大桥的顶板单元制作全部采用船位焊接技术,使焊丝更容易伸到坡口根部,焊接过程中的焊速、电流、电压及焊枪高度由多头龙门自动焊机自动控制焊接参数,有效地保证了焊接熔深和焊缝外观成型。自动化焊接系统与全液压反变形胎架的结合,焊缝外观得到很大的提高,焊缝熔深达到设计要求。

5 板单元的修补打磨

龙门焊接机焊接完成的板单元要进行火工矫正和最后的修补打磨工作。在修补打磨过程中,顶板的过焊孔是很容易被忽略的位置(图 12)。按设计及规范要求,所有自由边都需要打磨出半径为2 mm的圆角,一方面是为了油漆在喷涂此位置时效果比较好,另一方面就是能使应力集中的尖角得到及时处理。成桥后的桥面板会受到来自车辆的动载荷,在不断的振动过程中,U 形肋过焊孔位置如果是尖角会更容易撕裂,所以将此处打磨成圆角能更好地增强此处的韧性,从而提高整体的受力性能。

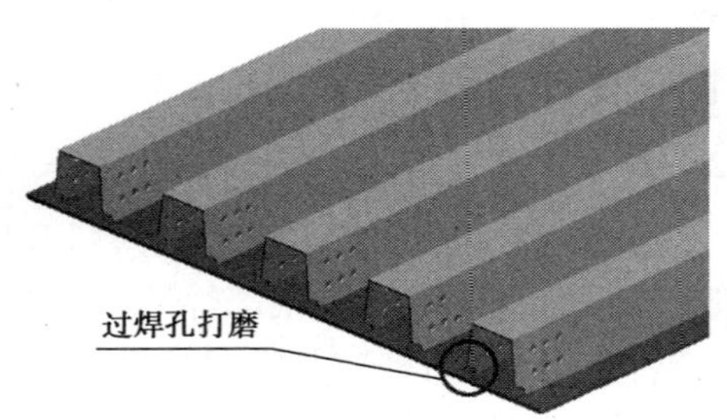

图 12　需打磨过焊孔

6 结　语

万州驸马长江大桥钢箱加劲梁的桥面板制作全部运用 U 形肋自动装配机和多头龙门焊接机完成,通过严格按规范施工和新设备的应用,提高了桥面板的质量,包括从组装间隙的保证、定位焊质量的提升、焊缝熔深要求的保证和整体的受力性能提升。

随着正交异性桥面技术的不断进步和发展,在未来对其的要求会越来越高,要保证其整体质量符合现有的要求,需要从制作和检测两方面出发。首先就是提高自身的施工工艺技术和过程施工的执行力度,其次是要加强施工现场桥面板各项质量指标的检测工作,如此才可以逐步提高整体质量。

参考文献

[1] 中华人民共和国行业标准. 公路桥涵施工技术规范(JTG/T F50—2011)[S]. 北京:人民交通出版社,2011.

[2] 中国铁路总公司企业标准. 铁路钢桥制造规范(Q/CR 9211—2015)[S]. 北京:中国铁道出版社,2015.

[3] 中交一公局公路勘察设计院有限公司. 重庆万州至湖北利川高速公路(重庆段驸马长江大桥施工图设计),2014.

万州驸马长江大桥
钢箱梁板单元火焰矫正技术

于浩东

（中交世通重工（北京）有限公司　北京　100024）

摘　要　火焰矫正是钢结构制作过程中必不可少的一项重要工作，本文根据万州驸马长江大桥钢箱梁板单元的不同结构形式，详细介绍了顶板单元、底板单元和隔板单元所采用的不同火焰矫正方法，有效地提高了生产效率，减少了火焰矫正时间。

关键词　板单元　焊接　变形　火焰矫正

1　引　言

近年来，随着国民经济的不断发展，钢结构桥梁制造业已经成为热点行业。目前，钢箱梁制造过程中普遍采用板单元、分段、总装的制作流程，其中板单元的制造精度直接影响到钢箱梁的整体制造精度，而在板单元制作过程中焊接变形是不可避免的，只能将焊接变形控制在一定的允许范围内。除在焊接前采取各种措施进行反变形之外，一般多采用火焰矫正的方法对已焊接完成的板单元进行焊接变形矫正，使制造精度达到标准要求。

2　工程概况

万州驸马长江大桥为全长 2 030 m，主跨为 1 050 m 的单跨双铰钢箱加劲梁悬索桥。主缆分跨为 278 m + 1 108 m + 344 m，中跨为悬吊结构。钢箱梁底板单元底板板厚 10 mm，支座附近加厚至 16 mm，底板 U 形肋厚度为 6 mm，间距为 800 mm；顶板板厚 16 mm，顶板 U 形肋厚度为 8 mm，间距为 600 mm；隔板单元板厚 10 ~ 16 mm。

3　万州驸马长江大桥工程技术难点

万州驸马长江大桥钢箱梁共 66 个梁段，深化设计后全桥共 726 块底板单元，660 块顶板单元，隔板单元 332 块。每个顶、底板单元长度达 16 m，制作及运输过程中极易导致弯曲变形。为了有效控制制作过程中的组装误差和焊接变形，保证梁段线形是制作的关键之一。底板、顶板、隔板单元标准结构如图 1 ~ 图 3 所示。

由于顶、底板厚度与刚度较小，而 U 形肋数量较多，隔板加劲肋较多，焊缝密集，且 U 形肋长度均在 15 m 以上，板单元焊接时容易产生应力集中、焊接变形及焊接收缩，且不容易校正。

采用焊接方式制作的板单元必然会有焊接变形，如 H 形钢构件的翼缘板有横向折弯变形或翼缘板与腹板不垂直，这样的变形可以用矫正机矫正，但板单元的各种变形主要靠火焰矫

作者简介：于浩东（1993—），男，本科，助理工程师。

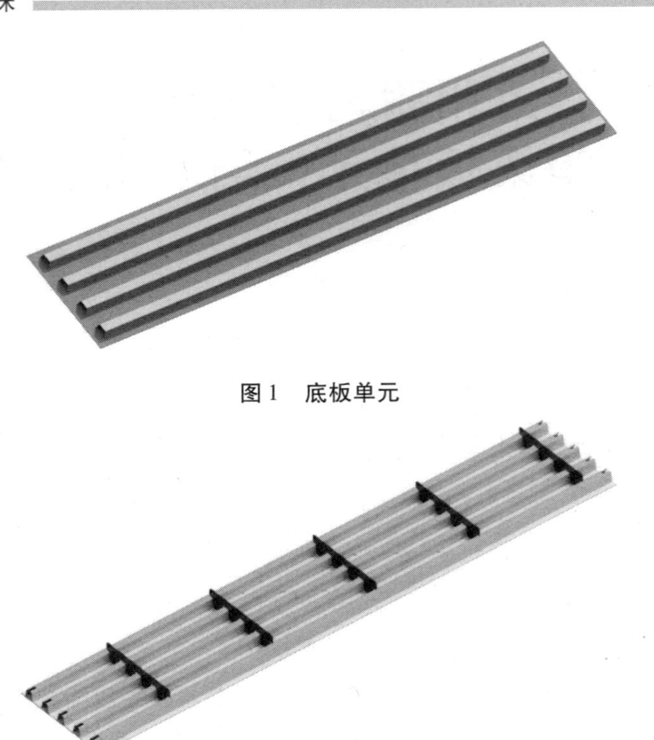

图 1　底板单元

图 2　顶板单元

图 3　隔板单元

正。火焰矫正是利用钢材热胀冷缩原理针对变形的构件局部火烤得到矫正。

4　板单元焊接变形

板单元焊接是不均匀加热过程,热源只集中在焊接部位,且以一定速度向前移动。局部受热金属的膨胀能引起整个板单元发生平面内或平面外的各种形态的变形。焊接过程中,随时间改变的变形称为焊接瞬时变形,它对焊接施工过程产生影响。焊完冷却后,焊件上残留下来的变形称焊接残余变形,严重的会使板单元产生 10 mm 以上的旁弯,它对制品质量和适应性产生影响。按照变形后的形态不同,万州驸马长江大桥板单元焊接残余变形分为 3 类,即横向变形、纵向变形、扭曲变形。

4.1　横向变形

横向变形即垂直焊接方向的变形。板单元在制作过程中会采用反变形措施进行焊接,以此减少焊接变形。当反变形量过少时,焊接完成后会出向 U 形肋面的角变形,如图 4 所示;但当反变形量过大时，焊接完成后就会出现 U 形肋面反面的角变形，如图 5 所示。

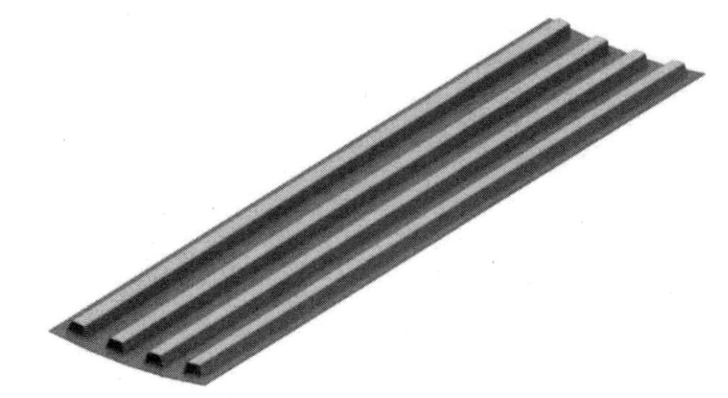

图 4　板 U 形肋面角变形

图 5　板背向 U 形肋面角变形

4.2　纵向变形

纵向变形即焊接方向的变形。由于板单元抗纵向弯矩较强，一般不预置纵向反变形。因此，引起的纵向焊接变形一方面取决于焊缝及两侧的单位收缩量，另一方面取决于构件的截面积和长度。前者与焊接线能量和焊接工艺有关。图 6 所示为板单元出现的纵向弯曲变形。

图 6　纵向弯曲变形

4.3　扭曲变形

板单元组装质量不良，焊接工艺参数、焊接顺序等出现问题，导致板单元绕自身轴向扭转而产生的变形为扭曲变形，如图 7 所示。

万州驸马长江大桥板单元在实际生产制作中很少出现以上单一变形，基本都是多种变形结合到一起的综合变形。

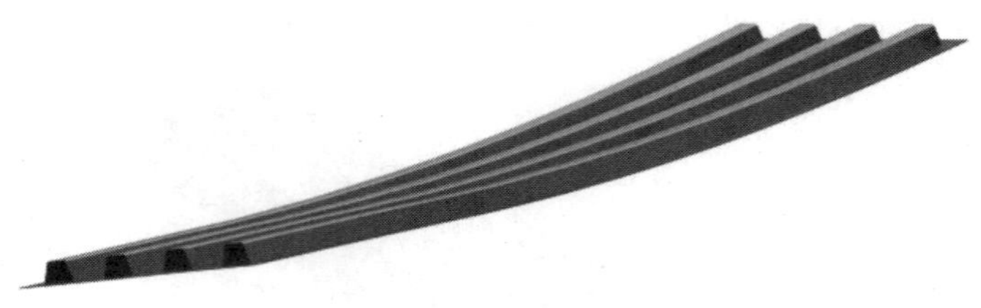

图 7　扭曲变形

5　板单元火焰矫正工艺

火焰矫正工艺为:矫正顺序、加热位置、加热温度、加热区形状。不同的变形形式对应不同的矫正参数,在矫正过程中必须严格执行。

5.1　矫正顺序

火焰矫正的总体顺序为:先矫正横向角变形,后矫正纵向结构弯曲变形。该顺序在复杂焊接变形的矫正过程中体现得尤为明显。

首先矫正横向角变形,加热顺序为:将板单元件结构面朝下,放置在胎架平台上,或者板单元结构面朝上,在板单元下面进行火焰矫正,但必须保证板单元件结构受到胎架均匀支承。先矫正纵向两侧板边角变形达到精度要求,并以此为基准,由两边向中间对称矫正其他变形,最后达到平面度要求,如图 8 所示。

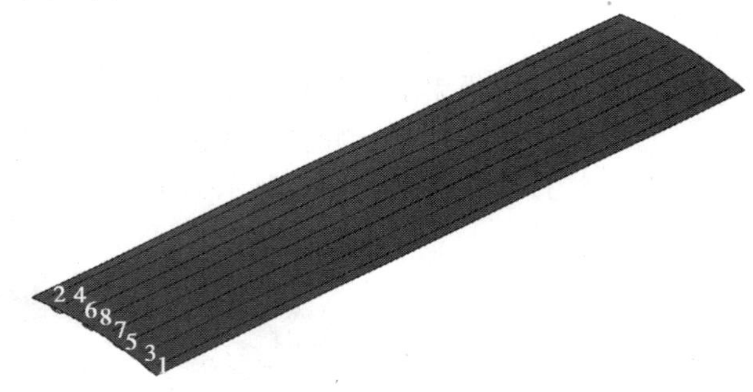

图 8　横向角变形加热顺序

矫正纵向弯曲变形与矫正横向角变形有相似之处,矫正纵向弯曲变形时加热方向一定要与 U 形肋垂直,两端对称向中间加热。最重要的是,纵向加热时方向须保持一致,避免出现新的扭曲变形。

5.2　加热位置

不同的加热位置可以矫正不同方向的变形,加热位置应选择在金属较长的部位,即材料弯曲部分的外侧。如果加热位置选择错误,不但不能起到应有的矫正效果,而且会产生新的变形,与原有的变形叠加,变形将更大。用不同的火焰热量加热,可以获得不同的矫正变形的能力。所以,火焰矫正要充分考虑焊接收缩应力的作用位置,并采用与之相对应的加热方式,使焊接收缩应力与火焰矫正收缩应力相互平衡,最后达到所要求的平面度,如图 9 所示。

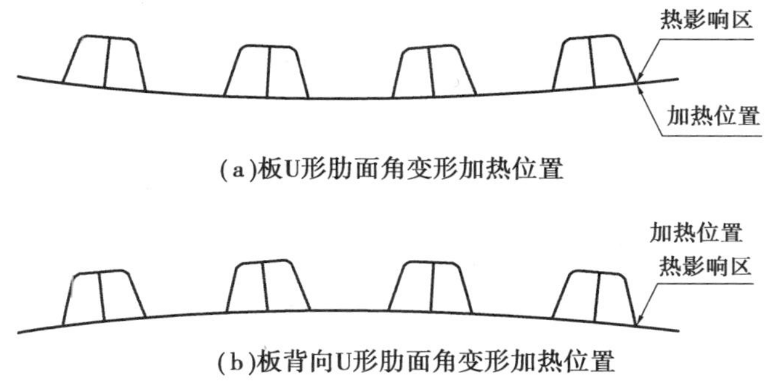

(a)板U形肋面角变形加热位置

(b)板背向U形肋面角变形加热位置

图 9　加热位置

5.3　加热温度和加热位置

根据《钢结构工程施工质量验收规范》(GB 50205—2012)规定,用于矫正的加热温度应严格控制,以免钢材发生温度脆化现象。所以在火焰矫正时,必须配备点温计。图 10 所示为火焰矫正常用的两种点温计,图 10(a)所示点温计的测量原理是测量被测区域内的平均温度,区域的大小由距离系数比 $D:S$ 决定,即测温仪与被测物体的距离和被测物的面积成正比关系。图 10(b)所示为接触式点温计。所以,矫正面积大的变形时使用图 10(a)所示点温计;如果被测物体面积小,又需要精确测量的话则使用接触式点温计。

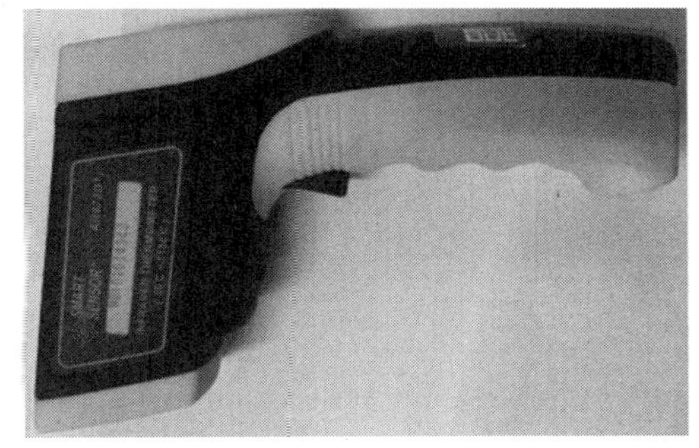

(a)手持式点温计

(b)接触式点温计

图 10　点温计

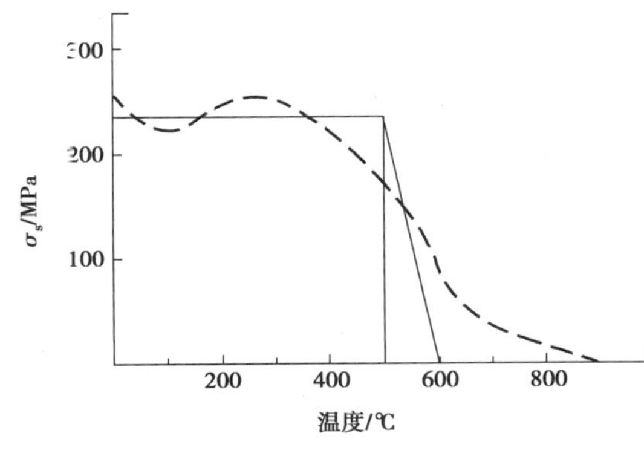

图 11　屈服点与温度的关系曲线

对 Q235 钢材可以用水冷却以提高矫正效果,但对 Q345 钢材则只能自然冷却,防止加速冷却造成钢材明显脆性化。同时还应注意,环境温度过低不宜进行火焰矫正,同样是为了防止钢材脆性化。

图 11 所示为火焰矫正时的加热温度与屈服点的关系曲线。

(1)低温矫正:500 ~ 600 ℃,冷却方式:水。

(2)中温矫正:600 ~ 700 ℃,冷却方式:空气和水。

(3)高温矫正:700 ~ 800 ℃,冷却方式:空气。

注意:火焰矫正时,加热温度不宜过高,过高会引起金属变脆,影响冲击韧性。16Mn 钢在高温矫正时不可用水冷却,包括厚度或淬硬倾向较大的钢材。

5.4 加热区形状

火焰矫正的加热区形状及适用范围见表 1。

表 1 火焰矫正的加热区形状及适用范围

加热方法		加热区形状	适用范围
圆点加热法		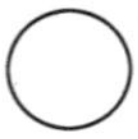	1. 箱形梁、柱及圆管的弯曲变形; 2. 薄板件的波浪变形
线状加热法	直线	加热宽度≤25 mm	≤20 mm 的钢板结构件的各种变形
	环形		>20 mm 的中厚钢板结构件的各种变形
	曲线	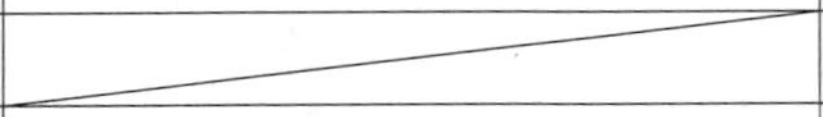	大厚度钢板结构件的各种变形
三角形加热法			1. 构件的弯曲变形; 2. 梁端部腹板翘曲变形

6 板单元火焰矫正方法

焊接变形经常采用 3 种火焰矫正方法:线状加热法、点状加热法、三角形加热法。

线状加热时,要注意以下两点火焰矫正的一般原则:

(1)不应在同一位置反复加热;

(2)加热过程中不要浇水。

钢箱梁拼装焊接后,隔板会出现波浪变形。矫正波浪变形首先要找出凸起的波峰,用圆点加热法配合手锤矫正。加热圆点的直径一般为 50 ~ 90 mm,当钢板厚度或波浪形面积较大时,直径也应放大,可按下式计算:

$$d = 4\delta + 10$$

式中 d——加热点直径;

δ——板厚。

烤嘴从波峰起作螺旋形移动,采用中温矫正。当温度达到 600 ~ 700 ℃时,将手锤放在加热区边缘处,再用大锤击手锤,使加热区金属受挤压,冷却收缩后被拉平。矫正时,应避免产生过大的收缩应力。矫正完一个圆点后再进行加热第二个波峰点,方法同上。为加快冷却速度,可对 Q235 钢材进行加水冷却。这种矫正方法属于点状加热法,加热点的分布可呈梅花形或链式密点形。注意,温度不要超过 750 ℃。

图 12 所示为火焰矫正作业人员在矫正板单元。图 12(a)为三嘴烘炬,图 12(b)为单嘴烘炬。两者功能互有异同,三嘴烘炬适合修正变形较缓的板单元,其加热面积大,矫正变形见效快,且不需要外力即可矫正板单元变形,但三嘴烘炬不适合矫正加劲肋。单嘴烘炬适合矫正变形严重的板单元和箱形梁、柱及圆管的弯曲变形,还适合矫正薄板件的弯曲变形。因为单嘴烘

炬加热面积小,板单元受热集中,还可以借助外力矫正变形,效果显著。

(a)三嘴烘炬

(b)单嘴烘炬

图 12　火焰矫正板单元

万州驸马长江大桥顶、底板单元均为 U 形肋结构单元,材质为 Q345D。因为 U 形肋钢板较薄,加热温度不可过高,加热火焰也要注意摆动幅度不可过大,以免造成加热区收缩量过大,出现新的变形。根据实测数据确定 U 形肋矫正参数,按表 2 进行施工,矫正纵向弯曲变形效果较好。

表 2　U 形肋矫正参数

序号	U 形肋板厚/mm	加热温度/℃	加热速度/(mm・s^{-1})
1	6	650	10 ~ 11
2	8	750	7 ~ 8

7　注意事项

(1)火焰矫正不可多次重复,在首次火焰矫正完成后,已形成特定的残余应力模式,以后如果再多次重复同样的矫正,将不再有效,因为非火烤区域的残余应力的回弹会抵消重复火焰烘烤的效果。因此,火焰矫正应由有经验的技工操作,仔细制订操作方案,避免多次重复矫正。

(2)火烤后的不均匀收缩必然会产生较大的残余应力,其残余应力分布规律是:火烤区域有拉应力,非火烤的区域有与之相平衡的压应力。钢箱梁拼装焊接后,在荷载作用下,残余应力与外荷载应力相叠加,大大提前进入其弹塑性状态的时间。这意味着刚度退化,挠度加大,稳定承载能力也会受一些影响,因此在钢结构工程实践中应尽量避免对构件受力平面内的弯曲进行火焰矫正。

8　结　语

万州驸马长江大桥板单元种类与数量繁多,通过上述两种火焰矫正方式的合理利用,大大加快了万州驸马长江大桥的施工进度。钢箱梁火焰矫正的参数是相互关联的,根据板单元的不同材质、板厚等条件,正确选择并严格控制矫正参数,提高了总拼装的质量,并保证了梁段整体受力性能,为桥位吊装梁段环口合龙对接打下了坚实的基础。

参考文献

[1] 付荣柏. 焊接变形的控制与矫正[M]. 北京:机械工业出版社,2006.
[2] 陈祝年. 焊接工程师手册[M]. 2 版. 北京:机械工业出版社,2010.
[3] 中华人民共和国行业标准. 公路桥涵施工技术规范(JTG/T F50—2011). [S]北京:人民交通出版社,2011.
[4] 中国铁路总公司企业标准. 铁路钢桥制造规范(Q/CR 9211—2015). [S]. 北京:中国铁道出版社,2015.
[5] 黄镇. 船体火工[M]. 北京:国防工业出版社,2008.
[6] 赵全第,贾福华,程公振,等. 火工工艺学[M]. 哈尔滨:哈尔滨工程大学出版社,1988.
[7] 杨忠望. 钢箱梁变形火焰矫正技术[D]. 武船重型工程有限公司,2010.

万州驸马长江大桥钢箱梁梁段制作腹板组装精度控制

徐　贺

（中交世通重工（北京）有限公司　北京　100024）

摘　要　万州驸马长江大桥钢箱梁腹板作为主要的受力构件，保证梁段制作腹板组装精度至关重要。而钢箱梁腹板与顶板平齐，突出底板的结构形式，梁段制作腹板组装定位难、组装难度大、焊接要求高的特点，使得梁段腹板组装精度控制又成为难点。通过对钢箱梁腹板结构的认真分析，结合制作工艺，在制作过程中采取分步骤组焊、严格控制组焊顺序及预留配切量等措施，使钢箱梁腹板结构的制作精度满足设计及相关标准规范的要求。

关键词　钢箱梁　腹板　组装精度　控制

1　工程概况

万州驸马长江大桥主桥中跨加劲梁采用流线型扁平钢箱梁，梁高 3.2 m（主梁中心线处）。钢箱梁（含风嘴）全宽 32.0 m。桥面设 2% 双向横坡。钢箱梁共分为 66 个梁段。

吊索通过销轴连接于钢箱梁腹板吊耳之上，腹板为主要受力构件，梁段制作阶段腹板组装精度直接影响成桥后吊索的传力方向，进而影响大桥的整体质量。为此，必须采取有效措施控制梁段腹板组装精度。

2　影响制作精度的要素分析

要控制钢箱梁梁段腹板组装精度，既要控制腹板的垂直度、腹板顶面与顶板的平齐、同一梁段两腹板吊耳中心在一条横轴线上，又要控制同一梁段两腹板吊耳的横向距离 B 和相邻梁段腹板吊耳的纵向距离 L。通过对钢箱梁整体结构特点的分析，确定制作流程为：腹板与定位的边隔板组焊，然后再组焊成梁段，最后进行梁段匹配制作。所以，从钢箱梁腹板与边隔板的组焊、钢箱梁梁段的组焊及梁段匹配制作 3 个工序来分析影响钢箱梁腹板组装精度的因素。

2.1　钢箱梁腹板单元与边隔板组装时的影响因素

钢箱梁吊点结构由腹板单元、边隔板、顶板单元、底板单元及补强加劲组成，腹板顶面与顶板平齐并突出底板，没有腹板组装定位的基准面（图 1），腹板组装难度大。所以，腹板顶面与顶板平齐的控制是控制梁段腹板组装精度的关键因素。

钢箱梁梁段由两个腹板单元组成。在组装腹板单元时，控制纵桥向两腹板吊耳中心在同一条直线上，是控制梁段腹板组装精度的关键因素。

作者简介：徐贺（1988—），男，本科，助理工程师。

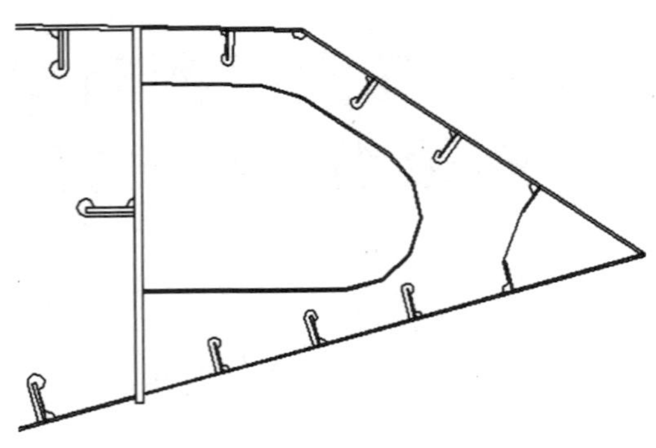

图1　腹板位置细部图

2.2　钢箱梁梁段组焊时的影响因素

钢箱梁梁段由多块顶板单元、平底板单元、斜底板单元、横隔板单元、横梁单元和腹板单元焊接而成(图2)。

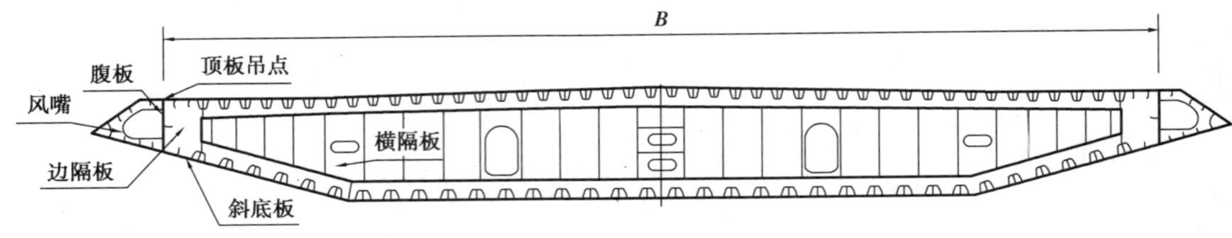

图2　钢箱梁梁段结构示意图

从钢箱梁梁段的结构可以看出,钢箱梁梁段的制作有大量的组装和焊接工作,腹板的组装位置的精度及大量的焊接产生的横向焊接收缩都会影响钢箱梁腹板组装的精度,即影响钢箱梁节段两腹板的横向距离 B 和腹板的垂直度。所以,在钢箱梁梁段制作工序中,腹板的位置精度控制和减少焊接收缩对腹板影响是控制钢箱梁腹板组装精度的关键因素。

2.3　钢箱梁梁段匹配制作时的影响因素

钢箱梁梁段组焊中,大量的焊接还使钢箱梁节段纵向产生焊接收缩。对于梁段的纵向收缩。会使梁段变短,影响梁段间的间隙,从而影响相邻梁段间腹板吊耳的纵向距离 L(图3)。所以,钢箱梁梁段长度的控制是控制钢箱梁腹板吊点纵向距离的关键因素。

3　制作精度控制措施

针对影响钢箱梁梁段制作腹板组装精度的影响因素,分析原因并在钢箱梁腹板单元与边隔板的组焊、钢箱梁梁段的组焊及梁段匹配制作3个工序中,采取相应措施对各影响因素加以控制。

3.1　钢箱梁腹板单元与边隔板组装时的控制措施

钢箱梁梁段组焊时,控制腹板顶面与边隔板顶面的组装高差,即可以保证钢箱梁腹板顶面与顶板平齐。要保证腹板的垂直度,首先在斜底板上按线精确组装边隔板,然后通过控制边隔板与腹板的组装间隔,从而保证钢箱梁腹板顶面与顶板平齐。

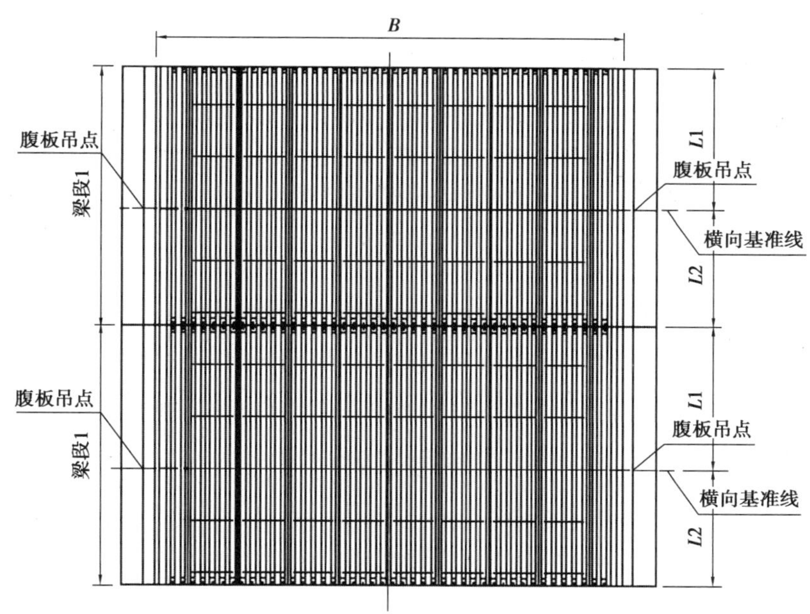

图 3　钢箱梁吊点位置分布图

钢箱梁梁段纵桥向两腹板吊耳中心在同一条直线上。在腹板单元组装时,腹板吊耳中心与梁段横向基准线准确组装,并用经纬仪检验,保证两腹板吊耳中心在一条直线上。

3.2　钢箱梁节段组焊时的控制措施

钢箱梁节段组焊时,控制腹板垂直度及控制焊接对腹板位置精度的影响,即可以保证钢箱梁腹板垂直度及两腹板吊点的横向距离 B(图 2)。

为了减少焊接对腹板位置精度的影响,梁段组装时,先预留靠近腹板处的顶板不组装。梁段焊接时,按照图 4 所示焊接顺序完成其他焊缝的焊接:预留腹板与斜底板及横隔板的焊缝㉓㉔暂不焊接;对腹板进行精确定位并预留一定的横向焊接收缩量后,根据实际尺寸配切靠近腹板处的顶板并完成最后一块顶板的组装;然后,依次完成顶板的对接焊缝㉕的焊接、腹板与横隔板的焊缝㉓的焊接、腹板与斜底板和顶板的焊缝㉖㉔的焊接。

通过以上的工艺方法和控制措施,使纵腹板的位置精度得到有效保证,从而保证钢箱梁腹板吊点的横向距离 B 和腹板垂直度满足相关要求。

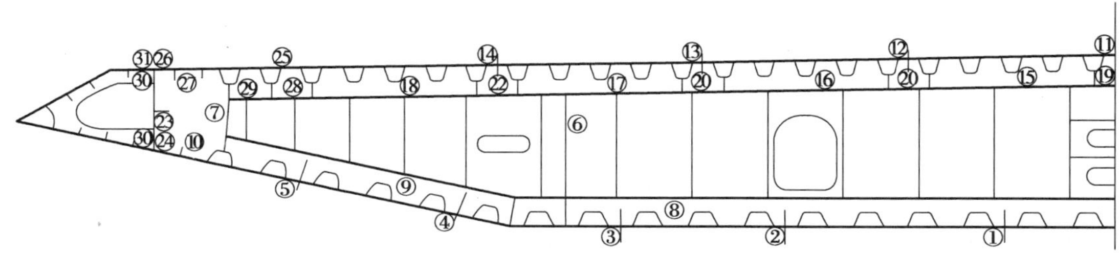

图 4　钢箱梁梁段焊接顺序(1/2 断面)

3.3 钢箱梁节段匹配制作时的控制措施

由于梁段焊接量大，焊接会在纵向产生较大的焊接收缩量，采取在梁段纵向预留二次切割量的方法来保证梁段的纵向尺寸，从而保证相邻腹板吊点的纵向距离。梁段制作时，*L*1 作为腹板组装时的纵向定位尺寸，每个梁段在 *L*2 端预留二次切割量。在梁段匹配制作时，根据 *L*1 的实测尺寸配切相邻梁段 *L*2 端的预留量，从而保证相邻两腹板吊点的纵向距离满足要求。

4 结 语

先精确定位边隔板位置，再进行腹板吊点精确定位，梁段组焊时采取腹板先定位完成大部分焊接工作后再次调整，以及梁段长度方向预留二次切割量的方法，有效地控制了钢箱梁梁段腹板组装精度，对保证万州驸马长江大桥钢箱梁的质量起到了关键作用。

参考文献

[1] 中华人民共和国行业标准. 公路桥涵施工技术规范(JTG/T F50—2011)[S]. 北京：人民交通出版社，2011.

[2] 中华人民共和国行业标准. 公路工程质量检验评定标准 第1册：土建工程(JTG F80/1—2004)[S]. 北京：人民交通出版社，2004.

万州驸马长江大桥中隔板焊接收缩控制

吴　昊　程敬臣

（中交世通重工（北京）有限公司　北京　100024）

摘　要　在钢结构的施工作业中，焊接就会伴随着变形和收缩，只是有的表现比较明显，有的比较隐蔽。焊接收缩量一直是人们讨论和研究的课题，只有具备丰富的实践经验，才能在理论上进行较精准的控制。焊接收缩量的控制主要在于焊接顺序和焊接参数的合理控制，同时还要预留合理的板面收缩余量来抵消焊接对外形尺寸的影响。本文重点通过万州驸马长江大桥的中隔板焊接收缩问题对焊接收缩进行探讨和研究。

关键词　焊接　收缩量　隔板

1　引　言

在板面受热冷却后，其受热位置会产生收缩，而该收缩值即焊接收缩量。只要焊接就会出现收缩，所以在放样时就要根据具体情况将该收缩量补偿给待焊接的零件，尤其是对于焊接量比较大的位置要着重注意。

万州驸马长江大桥钢箱梁的隔板为分体式隔板。隔板分为多个板单元制造，其中最大的为长度 15 996 mm 的中隔板，因为其板面上的加劲肋数量较多，所以对其焊接收缩量的研究能有效地控制梁段的整体装配精度和总拼焊缝间隙（图 1）。

图 1　万州驸马长江大桥中隔板示意图

2　影响中隔板收缩的主要因素

2.1　施工焊接参数

焊接参数包括焊接电流、焊接电压及焊接速度等参数，其中焊接电流在作业过程中最容易被作业者擅自更改。焊接电流调大后，焊接速度就会变得比较快，所以焊件在单位时间内的受热量就会变大，引起收缩量变大。由于电流变大会使隔板单元产生的变形变大，就会直接增加

作者简介：吴　昊（1992—），男，本科，技术员。

程敬臣（1987—），男，专科，助理工程师。

火工矫正的工作量,这不仅增加了板单元修平的工作难度,同时还会增加火工矫正对板单元带来的收缩量。对此,施工管理人员对施工过程中的焊接参数进行了实时的监测,具体数据如表1所示。

表1 实际焊接参数统计表

操作人员编号	施工电流/A	施工电压/V	操作人员编号	施工电流/A	施工电压/V
1号	254	31	6号	260	29
2号	263	30	7号	250	30
3号	256	32	8号	244	30
4号	280	28	9号	260	28
5号	252	29	10号	290	31

根据表1所示的数据,相对于规定隔板上的平位角焊缝电流为(200±20)A、电压为(28±2)V,现场施工电流都要高于规定值。虽然《焊接作业指导书》中所给的焊接参数相对较小,但是通过表1可以看出有部分作业人员在焊接过程中所用的焊接参数还是较大的,尤其是焊接电流。所以,施工焊接参数是影响焊接收缩量的主要因素。

2.2 焊接顺序

合理的焊接顺序能有效地减少焊接给板单元带来的焊接变形,能很好地降低因大量的火工矫正而带来的板面收缩。因为中隔板只有一侧带有加劲肋,如果不按照合理的焊接顺序施工会给板面带来难以矫正的变形。

2.3 预留收缩量

要确保焊后尺寸为工程中需要的构件尺寸,需要大量的施工经验和理论知识,合理的预留收缩余量能很好地保证板单元的装配尺寸,同时还能确保板单元在总拼工序中与其他板单元间的装配间隙也满足要求。

3 保证中隔板焊后外形尺寸措施

3.1 控制焊接参数

焊接参数中,电流控制“熔深”,电压控制“熔宽”,根据焊接位置、钢板厚度和焊接要求制定的《焊接作业指导书》要具备较强的指导作用。若想确保施工方案和施工工艺有效落实并达到预期效果,就必须增加现场质量管理力度。利用仪器对现场焊接施工工序进行焊接参数的实时监测(图2)。为了保证数据的准确性,不仅需要参考主机显示的焊接参数,还要在焊接枪头处对其进行测量,同时还要以焊后焊缝的成型效果作为参考。

及时更换显示参数不准或者电流电压不稳的焊机,防止对焊接质量产生影响。在焊接参数的监测过程中,如果发现测量数据超出规定值,即时要求操作者停止作业,将超出标准的参数调到范围内方可重新进行作业。对多次出现此种问题的操作者需给予警告。

3.2 焊接顺序控制

在万州驸马长江大桥的中隔板制作过程中,经现场实际检查,实际的焊接顺序基本和工艺

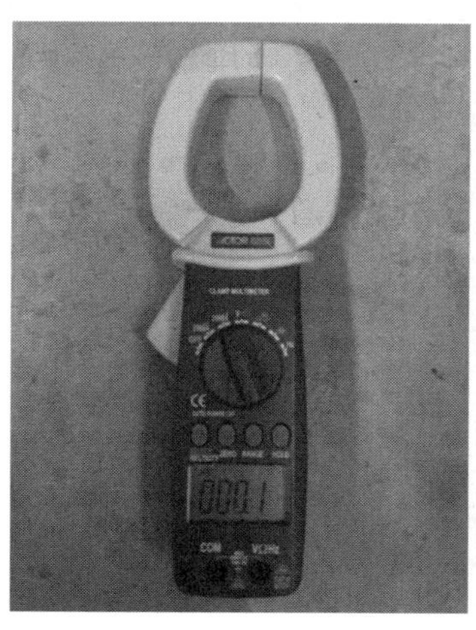

图 2 对焊接参数进行实时监测

文件要求的一致,它不是导致万州驸马长江大桥中隔板收缩量大的主要原因(图 3)。但是在钢结构制作过程中,焊接顺序是影响焊接收缩和焊接变形的重要因素。如果焊接顺序不合理很可能导致板单元整体收缩量较大,而且焊后板单元的变形量非常大,增加火工矫正工作量的同时会使板面的最终收缩值变得更大。

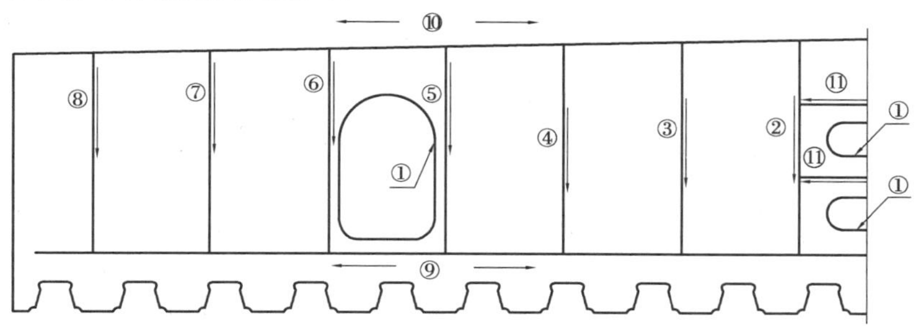

图 3 中隔板焊接顺序示意图

根据实际经验,对称类的板单元在焊接过程中宜对称焊接。因为在焊接过程中,板单元两侧同时受热,能有效地相互约束板面的变形,使板单元的变形规律化、可矫化。这种对称焊接还能有效地减少焊接顺序混乱导致的板单元内应力无法良好释放,进而影响其整体的受力性能。

3.3 合理设置预留收缩量

通过现场施工过程调查,前述两种主要因素对中隔板的收缩量有一定的影响。随着前两个对策的落实,在一定程度上增大了板单元制作完成后的长度方向尺寸,但是最终结果并不是很理想。所以在所有操作皆符合规范的情况下,就只能证明施工前所预留的 4 mm 收缩量过小,需要将中隔板零件在排料图中的尺寸在长度方向上加大。根据数据统计,中隔板的宽度方向上在制作完成前后并没有明显变化,所以宽度方向上不需要加宽。中隔板的焊后理论长度尺寸应该为 15 992 mm,在放样过程中只把长度设置为 15 996 mm。

在长度方向上,根据数据信息将零件长度从原来的 15 996 mm 增加到 16 007 mm。但是,为了保证 U 形槽口的位置相对于底板单元上的 U 形肋的精度,方便装配工作,需将每一个槽口的间距都进行调整,具体的增加量根据数据确定。图 4、图 5 所示为中隔板调整前后尺寸。

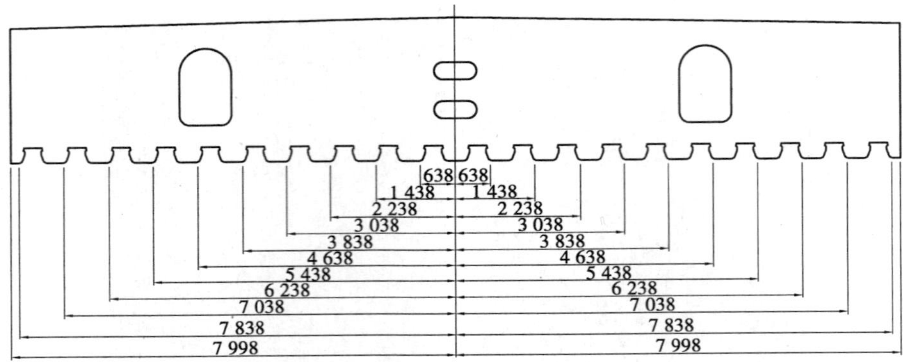

图4 原中隔板焊前尺寸(单位:mm)

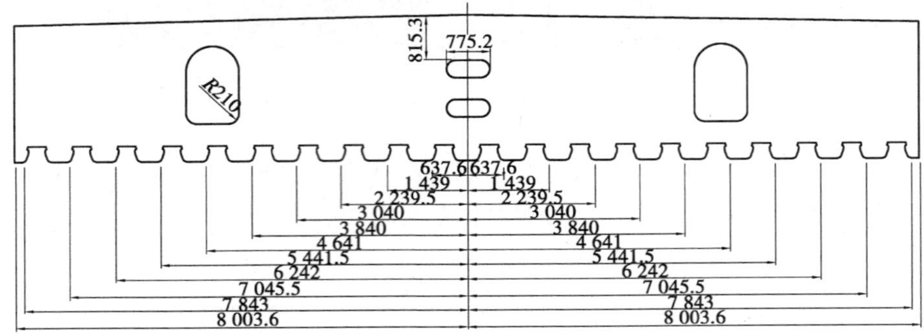

图5 更改后中隔板尺寸(单位:mm)

因为隔板上加劲的密集程度不同,所以单位面积上其焊接量不同。焊接收缩并不是局部的,而是整个板单元在焊接过程中一点点积累的,所以在测量时不能仅仅只测量整个长度的尺寸,还需要测量每一节段或者具备装配特征位置的相对尺寸。经过下料尺寸的更正,后续板单元的焊后尺寸都符合要求。

在工程施工放样过程中,收缩量的合理预留是非常重要的,只有准确设置才能有效地保证板单元成型后其与其他构件的装配精度,而且还能较好地控制焊缝间隙,既避免了由于焊接间隙过大导致填充量大而造成的板面受热过大,又节省了作业时间。

4 总 结

焊接收缩量的准确控制有利于工程施工质量的有效控制,能够改善工程整体质量。收缩预留量主要是通过具体的焊缝施焊要求、钢板厚度等相关数据综合考虑决定的。若想使预留量能较好地抵消焊接所带来的收缩,就要确保施工方案和工艺文件的有效落实,更要加大施工现场的质量管理,严格执行工艺要求。

参考文献

[1] 中华人民共和国行业标准.公路桥涵施工技术规范(JTG/T F50—2011)[S].北京:人民交通出版社,2011.

[2] 中华人民共和国行业标准.铁路钢桥制造规范(TB 10212—2009)[S].北京:中国铁道出版社,2009.

[3] 中交第一公路勘察设计研究院有限公司.重庆万州至湖北利川高速公路(重庆段驸马长江大桥施工图设计),2014.

[4] 驸马长江大桥焊接作业指导书.

[5] 驸马长江大桥焊接工艺规程.

U 形肋多头龙门焊机在钢箱梁制造中的应用

刘新洋

（中交世通重工（北京）有限公司　北京　100024）

摘　要　焊接是钢箱梁制作过程中非常重要的一项工作，本文根据万州驸马长江大桥钢箱梁板单元的不同焊接方式，详细介绍了不同结构形式所采用不同的焊接方法，并有效地提高了生产效率，减少了质量缺陷。

关键词　板单元　焊接　龙门焊机

1　工程概述

万州驸马长江大桥钢箱梁的顶板、底板均采用传统的 U 形加劲肋正交异性板结构形式，大大增加了箱梁的整体刚度。顶板厚 16 mm，U 形肋厚 8 mm；平、斜底板厚度分别为 10 mm、12 mm，底板 U 形肋厚 6 mm。在箱梁的制作焊接中，U 形肋与桥面板的坡口角焊缝质量是钢箱梁的关键。为保证该焊缝的质量，应尽可能地采用自动焊方法。

2　U 形肋多头龙门焊机简介

早期焊接 U 形肋角焊缝时，主要采用单台自动小车拖动 CO_2 焊枪进行焊接，其缺点是焊枪角度调节不方便，每台小车需配备一名焊工，效率低，劳动强度大。有的专业桥梁制造厂现已使用机器人焊接该焊缝，虽然自动化程度高，但是单台设备造价昂贵，效率不高，占用厂房面积大，后期维修费用高。

结合对国内相关厂家进行调研，通过比较，国内某厂家针对 U 形肋板单元的焊接所研制的多头焊机比较实用（图 1）。其跟踪精确灵活，调整焊枪角度方便；可根据板单元 U 形肋数量选择焊枪数量；采用双头焊枪，一条双道焊缝可一次焊完；效率高，节约人力。

利用这种先进的 U 形肋多头龙门焊机进行焊接，一块 5 条 U 形肋的顶板单元采用 5 个焊接机头，同时焊接 5 条焊缝，与可调式液压反变形胎架组合（一套 U 形肋龙门焊接机配两套可调式液压反变形胎架），系统采用双工位配置，能够在不同工位进行焊接，可节省上、下工件的时间，缩短生产周期。我公司以往采用的是焊接小车进行 U 形肋板单元焊接，考虑到焊接布线等因素，一个工位最多只能布置两台焊接小车，较目前使用的新设备生产效率低。

龙门焊接机焊接自动化程度高，操作简单方便，焊接机头具有垂直升降、角度调整等功能。为适应不同焊接工件的需要，两个焊接机头既能同时焊接，又能单独焊接。它还有自动双向导弧装置，能对焊缝进行动态跟踪，实现双向往复焊接保证焊缝质量，提高生产效率。焊接电源与主机实行集中控制，联动操作，简单方便。焊接行走电机采用交流变频调速，可实现无级调

作者简介：刘新洋（1991—），男，本科，助理工程师。

节。焊接工艺可根据要求采用单丝单弧、双丝单弧或双丝双弧方式。

图 1 龙门焊接机焊接作业

3 U 形肋多头龙门焊机焊接参数

万州驸马长江大桥顶板采用 8 mm 厚 U 形加劲肋,材质为 Q345D,顶板板厚 16 mm,使用 CO_2 气体保护焊,焊接材料选择 E501T-1,焊丝直径为 1.4 mm,坡口角度为 55°。第一道电流选择 280 A,电压选择 28 V,焊速为 45 cm/min,气体流量为 24 L/min。第二道电流选择 300 A,电压选择 30 V,焊速为 30 cm/min,气体流量为 25 L/min。

底板采用 6 mm 厚 U 形加劲肋,材质为 Q345D,底板板厚 12 mm,使用 CO_2 气体保护焊,焊接材料选择 E501T-1,焊丝直径为 1.4 mm,坡口角度为 55°,电流选择 280 A,电压选择 28 V,焊速为 30 cm/min,气体流量为 25 L/min。

4 常见问题及解决办法

由于钢箱梁顶板 U 形肋角焊缝疲劳性能要求高,因此在焊接工艺设计及焊接施工时,必须考虑 U 形肋角焊缝根部熔合质量问题,其常见的根部熔合不良问题有焊缝熔深不足、焊缝烧穿及根部裂纹等。

4.1 控制 U 形肋焊缝根部熔合缺陷

为保证良好的 U 形肋焊缝根部熔合质量,可采用以下技术措施:

(1)合适的坡口尺寸及精度,钝边尺寸控制在 0.5 ~ 1 mm,坡口角度控制在 50° ~ 55°。

(2)控制 U 形肋装配间隙,U 形肋与顶板间的装配间隙控制在 0.5 mm 以内。

(3)合适的焊丝指向角度与位置,合适的焊接参数,打底焊道电流控制在 290 ~ 310 A。

(4)加强定位焊焊缝的质量控制,避免焊偏、焊漏及弧坑裂纹等缺陷。

龙门焊机焊缝成型情况如图 2 所示。

图 2 龙门焊机焊缝成型情况(较好)

4.2 控制焊接裂纹、气孔

首先,药芯焊丝熔敷金属的扩散氢含量指标一般控制在 5 mL/100 g 以下;其次,为选用合理的焊接工艺及在不利焊接环境下采取必要的预热措施。为了控制焊接热裂纹，选购焊丝要求厂家降低焊丝的杂质含量。同时，提高构件的装配质量、优化工艺参数及改善焊缝成型系数等方面进行控制。为防止 CO_2 焊出现焊接气孔，可以加强气体保护、焊接坡口清理、降低焊丝的氢含量及优化焊丝成分等方面进行控制。

4.3　焊道波浪成形

采用龙门式多头焊机焊接钢箱梁板单元时，可能会出现焊道波浪成形问题，经分析其主要是由于桶装药芯焊丝在送丝过程中电弧端位置不稳定引起的，可通过提高送丝机构焊丝的送丝性能和工作的稳定性来避免。

4.4　焊接变形控制

钢箱梁板单元焊接变形控制措施有以下两个方面：

(1) U 形肋板单元采用了液压横向反变形胎架焊接，根据经验和试验值，不同的顶板板厚预设不同的反变形量，以抵消焊后变形量。同时采用液压装置与平胎架夹紧固定，减少焊接变形量。

(2) 龙门式自动焊机多个焊炬同向同步焊接，避免 U 形肋板单元、板肋板单元的旁弯、扭曲变形。

4.5　板单元焊缝外观成形

采用龙门式多头自动焊机、机器人焊接等技术，钢箱梁板单元焊缝外观成型质量得到了大幅提升。

5　U 形肋龙门焊机在实际施工中起到的作用

在万州驸马长江大桥钢箱梁早期制作过程中，因为 U 形肋龙门焊机在调试而未投入生产，暂时使用半自动小车进行板单元 U 形肋焊接。半自动小车焊接作为传统 U 形肋焊接方式，具有操作简单的优点，但由于焊工技能不同、焊机老化等问题会影响焊缝的质量和焊缝的成型，且工作效率较低，每台半自动小车只能焊接一条焊缝。若想加快生产进度，就需要投入更多的设备及人力，增加成本。

U 形肋龙门焊机的投入加快了现场生产的进度，同时可以进行 5 条焊缝的焊接，既减少了设备的投入，又减少了人工的费用，极大地降低了成本。U 形肋龙门焊机焊接参数稳定，焊接速度均匀，排除了焊工本身技能参差不齐对产品质量及外观成型的影响。

通过对 U 形肋龙门焊机的调试，设备可以稳定地完成板单元的焊接，焊缝质量及成型情况有了大幅度的提升，气孔、咬边等缺陷较半自动小车焊接减少了 80%，焊缝成型平顺，无明显凹陷突出。龙门焊机能同时进行 5 条焊缝的焊接，双枪头减少了焊接次数。对于一块由 5 根 U 形肋组成的板单元，U 形肋龙门焊机的效率是半自动小车的 10 倍，且节省了设备的数量及人力的投入，大大地降低了成本，经济效益显著提升。

参考文献

[1] 中华人民共和国行业标准. 公路桥涵施工技术规范(JTG/T F50—2011)[S]. 北京：人民交通出版社，2011.

[2] 中华人民共和国行业标准. 公路工程质量检验评定标准 第 1 册：土建工程(JTG F80/1—2004)[S]. 北京：人民交通出版社，2004.

万州驸马长江大桥钢箱梁集中排水管制作精度控制

吴　昊

（中交世通重工（北京）有限公司　北京　100024）

摘　要　本文以万州驸马长江大桥钢箱梁制作为依托，对内插式集中排水管的特点和应用进行了介绍。通过制作过程中遇到的问题和解决方案来总结纵向排水管场内制作精度和桥位现场安装精度的控制重点和措施，以保证纵向排水管安装使用性能满足相关要求。

关键词　集中排水　排水管　制作精度

1　工程概况

万州驸马长江大桥是重庆万州至湖北利川高速公路（重庆段）跨长江的重要控制性工程，为主跨 1 050 m 的单跨双铰钢箱加劲梁悬索桥。钢箱加劲梁采用流线型扁平钢箱梁，梁高 3.2 m（主梁中心线处），钢箱梁全宽 32 m，桥面设 2% 双向横坡，主桥排水采用集中排水构造，其纵向排水管采用内插式结构。万州驸马长江大桥钢箱梁集中排水管构造如图 1 所示。

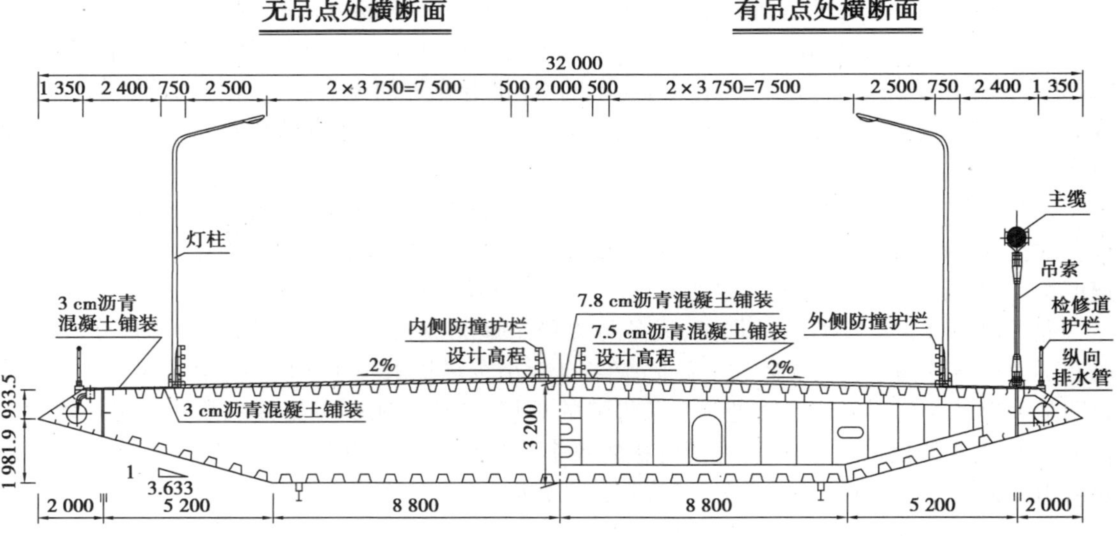

图 1　万州驸马长江大桥钢箱梁集中排水构造图（单位：mm）

作者简介：吴昊（1992—），男，本科，助理工程师。

2　集中排水系统及内插式纵向排水管简介

万州驸马长江大桥主桥采用集中排水的方式进行桥面雨水排出。钢箱梁设置了双向横纵坡度，在坡度的作用下，桥面上的水向钢箱梁横桥向的两侧流去，经过集水槽、排水方管和泄水槽流入风嘴内的纵向排水管中，再流入桥塔两侧的集水箱中统一处理排放。这种方式对长江流域的环境保护有着非常积极的作用。

在桥梁的排水系统施工过程中，多采用外挂式的排水方式，而内插式的构造并不多见。内插式排水构造便于排水系统各个位置的检查维修，可不通过检查小车，直接从检修人孔进入，即可对各结构进行检查和处理。同时，内插式的排水管由于其并不暴露在外界，能得到较好的保护，使用年限能得到有力的保障。对于大型桥梁而言，风嘴不作为主要的受力构造，其主要的功能是分散横桥向的风对桥梁的影响，内插式排水管可以节省空间与风嘴形成一个整体，使桥梁抗风能力得到提升。因为大型桥梁的排水量较大，内插式的纵向排水管因与风嘴整合在了一起，其承载水的能力得到了大大提升。

3　工程特点

(1)纵向排水管间连接采用栓接，内设密封垫。

(2)施工空间狭小。

(3)全桥共66个梁段，且桥梁具有纵向线形，其连续匹配精度较难控制。

4　制作工艺流程及精度控制

4.1　板单元制作主要工艺流程

(1)风嘴与梁段匹配制作完毕并防腐处理。

(2)排水管组装。排水管与风嘴组装前，先将一侧法兰与钢管焊接且防腐涂装[图2(a)]。

(3)排水管与梁段整体组装。排水管穿插置于风嘴内。

(4)梁段运输至桥位。将梁段运输至桥位待梁段焊接完毕后，用铳钉将另一侧法兰与已焊接法兰定位，并将另一侧钢管与活动法兰点焊固定[图2(b)]。

(5)画出泄水槽位置线并旋转焊接。画出泄水槽位置线，抽掉销轴，并将钢管旋转，焊接法兰，切泄水槽孔[图2(c)]。

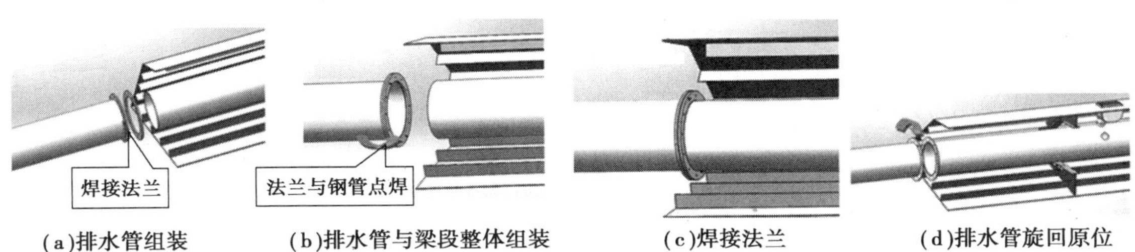

(a)排水管组装　(b)排水管与梁段整体组装　(c)焊接法兰　(d)排水管旋回原位

图2　制作工艺流程

(6)排水管旋回原位。排水管旋回原位,并按要求连接螺栓紧固,焊接泄水槽位置[图2(d)]。

4.2 施工精度控制

在钢箱梁纵向排水管的场内施工过程中,施工空间较大,可以对其各个部位进行不同工位的操作,只要保证其内部连接紧密即可,其精度较容易控制。而在桥位现场因钢箱梁段间已经匹配就位,作业空间狭小、连续匹配距离较长,所以纵向排水管间的法兰盘连接位置的焊接质量和匹配栓接精度是本工程的控制重点。

4.2.1 法兰盘与排水管焊接

在钢箱梁场内制作时,只对一侧法兰盘进行焊接,另一侧在桥位现场完成焊接。主要是因为钢箱梁吊装就位后,桥梁整体具有竖曲线线形,为确保两法兰盘对接密实,另一侧法兰盘现场调节后再通过焊接工艺连接,以抵消桥梁线形对装配精度的影响(图3)。通过这种施工方法使纵向排水管的安装精度得到控制。

为保证纵向排水管间留有施工空间,在施工作业前必须将非固定侧的纵向排水管向跨中拖动,因为纵向排水管已经放置在风嘴隔板上,不方便拖动且容易使涂层受损。为避免发生这种情况,可以利用自制的滚轮支架(图4),通过轴承将滑动摩擦转变为方便省力的滚动摩擦,还可以保证排水管涂层的完整性。

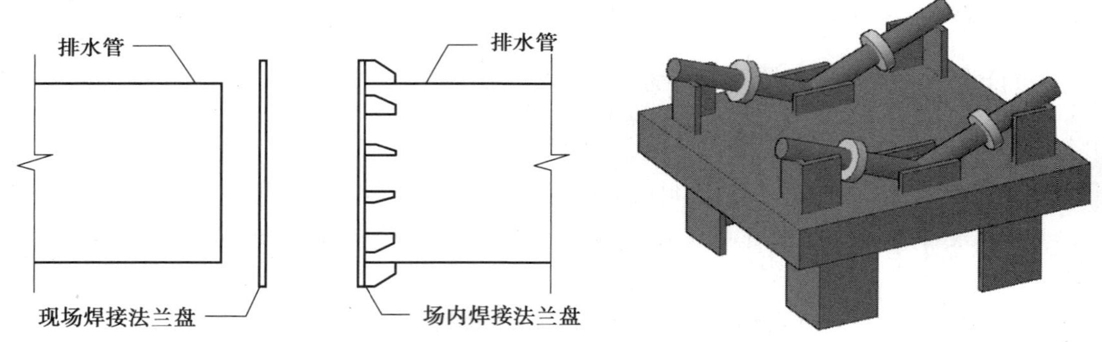

图3 施工方法示意图　　图4 施工用滚轮支架示意图

因焊接作业时其作业空间狭小,外侧无法全部焊接完成,通过将纵向排水管支承去除,使排水管在风嘴隔板上滚动,完成焊接后再将其复位,以确保没有漏焊的部位存在,保证管内的密封性(图5、图6)。

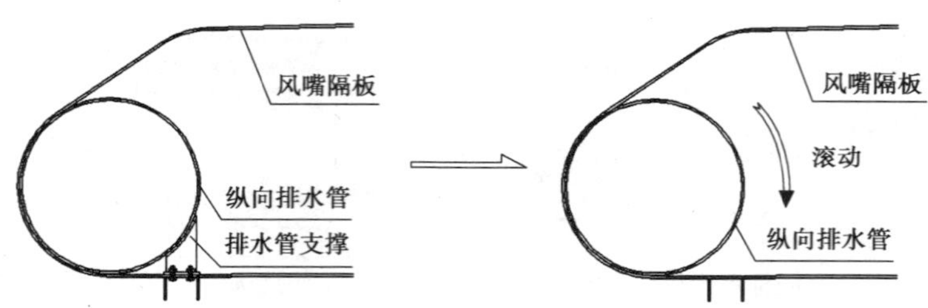

图5 施工方法示意图

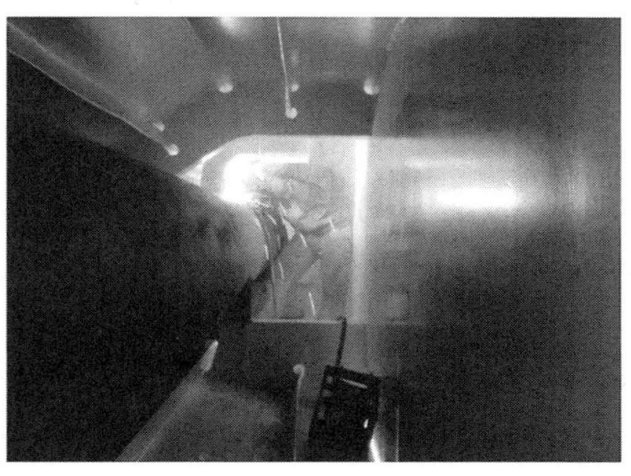

图 6 法兰盘焊接作业

4.2.2 法兰盘间的栓接精度控制

纵向排水管的法兰盘连接通过栓接的方式完成,每个栓接节点通过 12 套螺栓紧固(图 7、图 8)。两法兰盘间设置石棉垫,防止水在连接位置渗出。

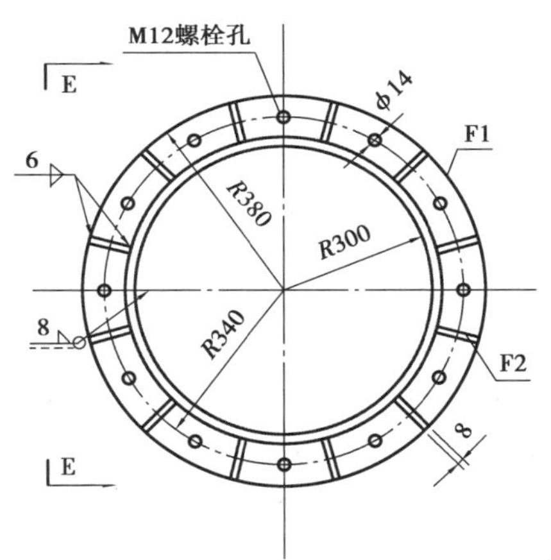

图 7 法兰盘示意图

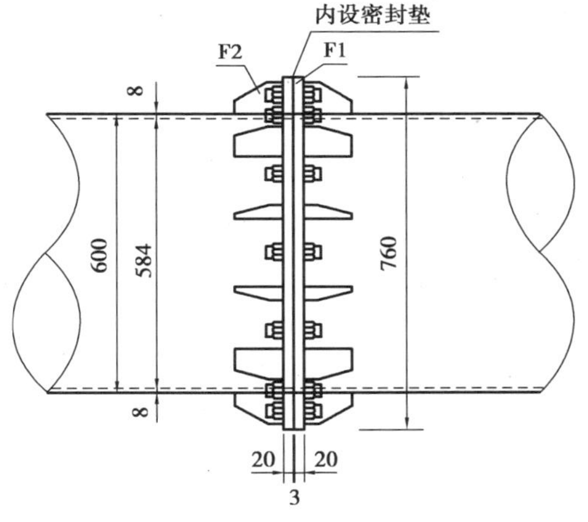

图 8 法兰盘栓接示意图

因法兰盘的一侧在工厂内已经焊接完成,另一侧法兰盘在与之连接时,应在焊接前先进行试匹配,并穿栓检测,确保 12 套螺栓都能顺畅穿入后再用定位焊将法兰盘相对于排水管的位置固定。两者匹配时,应确保两者间无缝隙,趋于完全平行。然后在法兰上画细线标示,再次装配时以此为准以保证其装配的状态与之前一致。

因风嘴内施工空间狭小无法使用电动扳手,使用手动扳手将螺栓一一拧紧,直到人力无法再拧紧为止。这样能确保两者间的缝隙被螺栓的紧固力所消除,从而使两者间的密封性达到要求。在螺栓的施拧过程中,因排水管已经固定无法进行移动,所以其内部存在一颗螺栓无法被拧紧,如图 9 中所示位置。

为拧紧此螺栓使栓接节点紧固完整,需将此位置处风嘴底板加劲临时去除,待完成螺栓施拧后再将其恢复(图 10)。

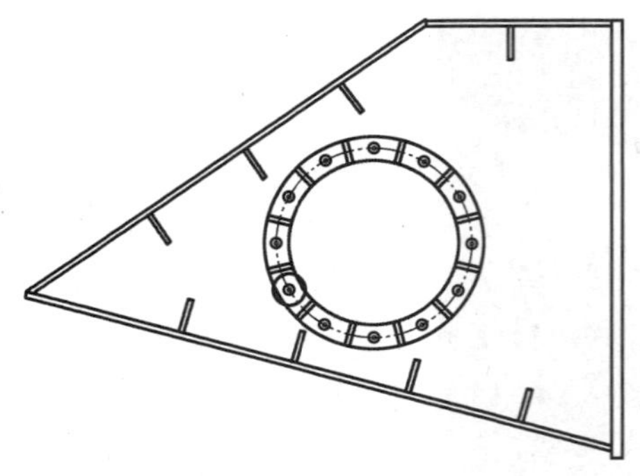

图 9　栓接节点示意图

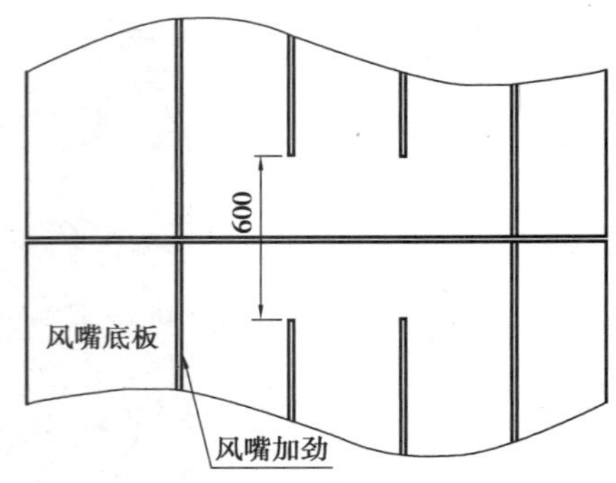

图 10　加劲去除位置示意图

每一个节点在完成栓接后都对法兰盘连接间隙进行复查,对于不满足条件的予以返工处理。对于螺栓的检测通过手拧扳手试拧进行,发现松动或拧紧扭矩达不到要求的重新施拧。

对于多个零件组装的结构,其精度控制永远都不是单一的。若想达到预期的装配目标,必须把每一道工序都控制在要求的范围内,才能控制整体的质量。对于内插式纵向排水管而言,其制作精度控制最重要的环节就是对法兰盘连接间隙精度的控制,只有两者连接紧密了才能确保排水管不渗水。

5　结　语

通过对内插式纵向排水管的研究,制作了相关的安装方案和制作用工装,以此来保证了纵向排水管的安装质量和精度。严格的现场质量检查也使现场实际质量得到了有效的控制。作为一个施工过程比较有特点的分项工程,其质量对于全桥的运营使用也是至关重要的。排水管如果存在漏水现象,会使相对密封的风嘴内部存水,导致内部结构使用寿命降低,所以排水系统的制造精度控制具有重要意义。

参考文献

[1] 中华人民共和国行业标准. 公路桥涵施工技术规范(JTG/T F50—2011)[S]. 北京:人民交通出版社,2011.

[2] 中交一公局公路勘察设计院有限公司. 重庆万州至湖北利川高速公路(重庆段驸马长江大桥施工图设计),2014.

[3] 张科,孙海滨,张华. 高速公路跨水域桥梁排水收集系统方案设计[J]. 公路,2010(9):141-143.

[4] 尹家哲. 谈桥梁桥面排水设计技术[J]. 低碳世界,2014(15).

[5] 刘新宏. 公路桥梁防排水系统缺陷及防治措施分析[J]. 交通运输研究,2013(1):124-126.

万州驸马长江大桥钢箱梁制造线形控制

杨　永

（中交世通重工（北京）有限公司　北京　100024）

摘　要　大型连续钢箱梁桥具有结构强度高、自重轻、跨越能力大、工期短等优点，且外形优美，因此越来越受到重视。随着连续钢箱梁跨度不断增大，控制技术、线形控制等要求也随之提高。如何控制好钢箱梁的拼装制造线形及整体尺寸，提高桥梁的安全系数，成为钢箱梁施工控制技术的关键所在。

关键词　钢箱梁　线形　精度　控制

1　工程概况

万州驸马长江大桥采用流线型扁平钢箱梁，梁高3.2 m（主梁中心线处）。钢箱梁（含风嘴）全宽32.0 m。桥面设2%双向横坡。钢箱梁共分为66个梁段。

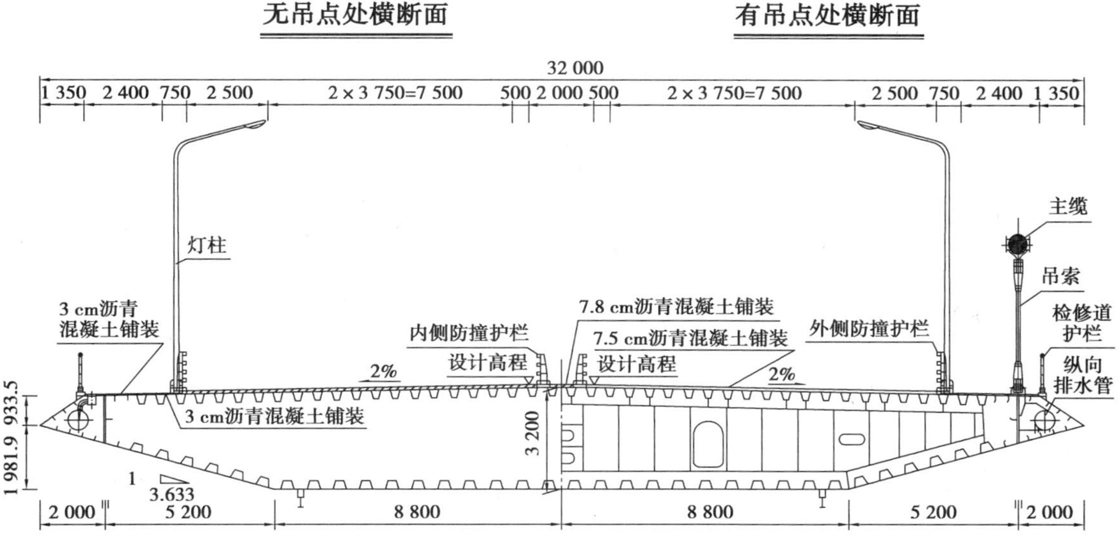

图1　钢箱梁标准横断面（单位：mm）

作者简介：杨永（1988—），男，专科，助理工程师。

万州驸马长江大桥钢箱加劲梁由顶板、底板、斜底板、边纵腹板、横隔板、风嘴、附属结构单元组成梁段后连续匹配拼装而成(图1)。采用厂内制造梁段,运输至现场悬吊于吊索上临时安装,待全部梁段安装完毕后进行环缝焊接。为保证成桥线形,需要从梁段制造、组拼精调方面进行严格控制。

2 影响钢箱梁制造线形精度的要素

大跨度钢箱梁制造线形是衡量桥梁整体质量的主要项目之一。线形的好坏直接影响桥梁的外观质量,更直接关系到桥梁整体力学性能。

2.1 预拱度

预拱度为抵消梁、拱、桁架等结构在荷载作用下产生的挠度,而在施工或制造时所预留的与位移方向相反的校正量。

为保证成桥线形符合预定目标,主梁施工过程中需设置预拱度。预拱度是计算线形的基础,预拱度值设置的合理性决定了桥梁最终的外观形态。本桥预拱度及拼装线形由监控单位根据设计图、体系转换、弹性模量数据、桥面铺装设计参数等前提资料,按照设计温度计算得出。

2.2 施工过程执行的偏差

线形精度的控制很大程度上体现在施工过程工序质量的控制。板单元制造尺寸、梁段几何尺寸、总拼测量工艺、梁段高差、焊接变形等均为影响线形精度的重要因素。如果在施工过程对这些要素进行有效控制,则很大程度上保证了制造线形精度,为今后成桥整体线形符合安装要求打下了坚实的基础。

2.3 温度的影响

温差的影响会造成测量定位的误差,影响高差测量精度,导致线形精度不足。

3 控制方法

3.1 预拱度设置

通常,设计文件都会给出结构预拱度,而考虑到钢梁因自重会产生较大下挠,实际施工状态与设计状态不一致,且梁段制造会产生焊接变形,故应预留变形量。根据以往成熟的钢箱梁制造经验(借鉴重庆涪陵青草背大桥、浙江舟山西堠门大桥)及钢箱梁成型后在场内停留的时间(一般超过2个月会变形),将预拱度加上25 mm,并在总拼胎架上表现出来。通过首制件验收,测量结果符合设计及规范要求,证明拱度设置合理。

3.2 施工过程措施控制

万州驸马长江大桥钢箱加劲梁由各类板单元组成梁段后,在总拼胎架上进行多梁连续匹配组焊和预拼装,即梁段组焊和预拼装在胎架上一次完成。组装采用“正装法”,以胎架为外胎,以横隔板为内胎,各板单元按纵、横基线就位,辅以加固设施以确保精度和安全。

钢箱梁几何尺寸及匹配精度决定了钢箱梁的最终线形。

3.2.1 板单元制造

板单元外形尺寸的高精度控制是保证钢箱梁整体几何尺寸的基础。

板单元制造按照“钢板赶平及预处理→精切下料→组装U形肋及板肋→板单元反变形焊接→矫正”的工艺顺序进行。首先，利用等离子数控精密设备及一次成型无余量切割技术对钢板进行切割下料，最大程度保证零件尺寸；其次，利用液压反变形胎架及U形肋龙门自动焊接机有效减少焊接变形；最后，焊接完毕后，采用火焰矫正的方法对变形区进行矫正，保证板单元件最终合格尺寸及平面度(图2～图5)。

图2　七辊矫平机

图3　等离子数控下料

图4　十头龙门自动焊接机

图5　火焰矫正

3.2.2　梁段制造

1)先进的测量工艺保证测量精度

原理：采用配有测微仪的水准仪对场地永久性沉降观测点进行测量标记，然后用全站仪的坐标放样功能，准确、方便地建立整个拼装场地的平面控制网，并设置辅助的参考点与定位地样点。

钢箱梁制造测量工艺流程如图6所示。

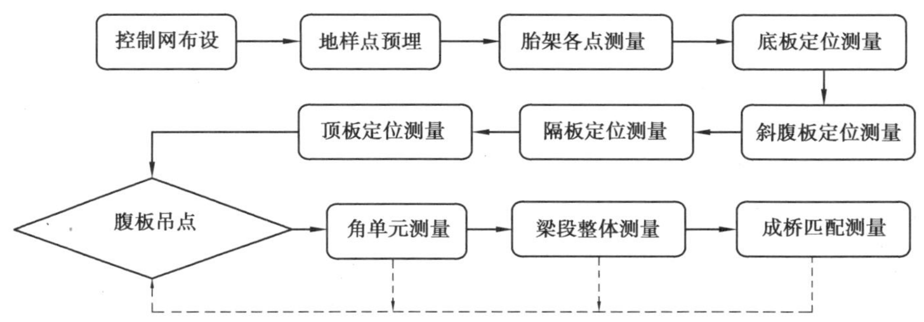

图6　钢箱梁制造测量工艺流程图

(1)测量操作顺序。从总拼胎架制作到底、隔、腹、顶板上胎制作完毕,每一步均必须进行控制点标高测量及尺寸检测。

(2)纵横向基准测量(图7)。按总装工艺要求建立纵向基准线,保证桥梁纵向基准;利用经纬仪开角尺线,保证钢箱梁横向基准。

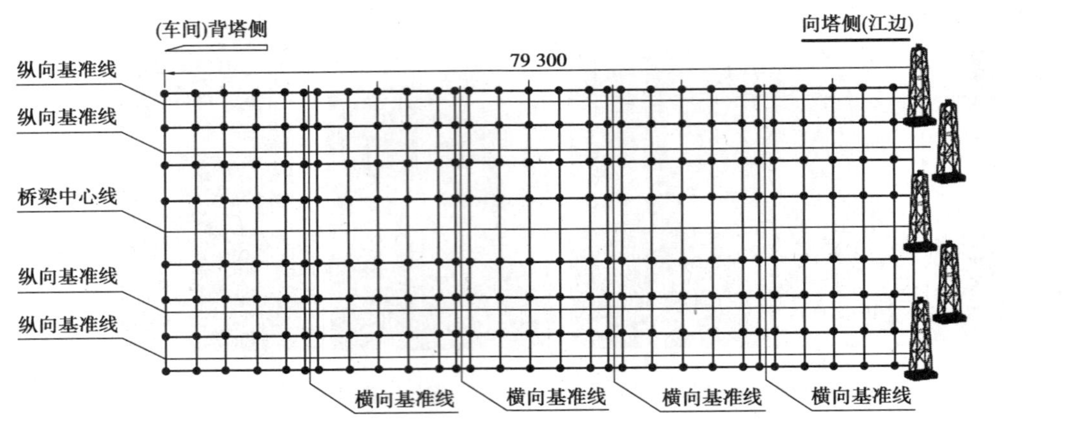

图7　钢箱梁纵横基准测量平面图

(3)梁段控制点布测,如图8所示。

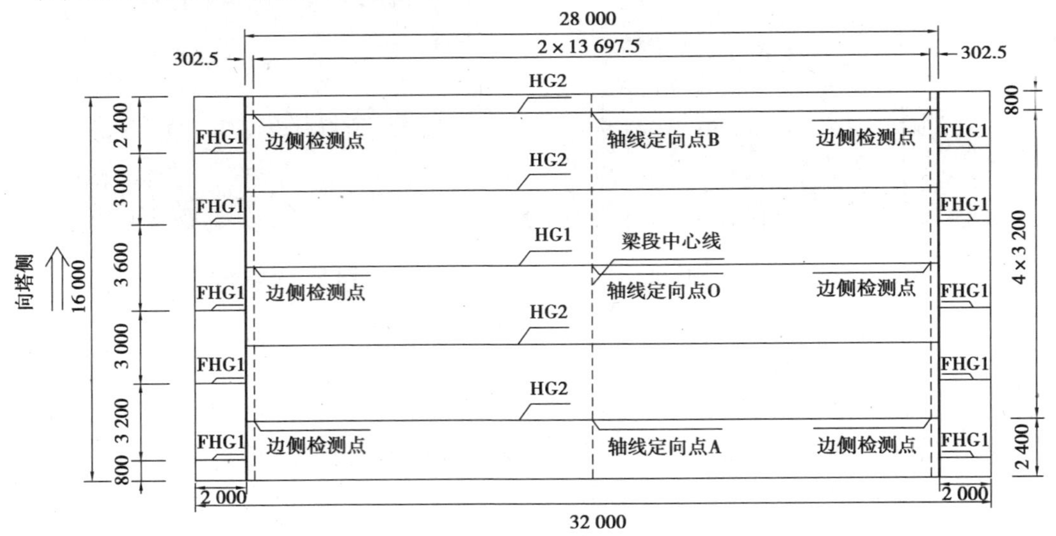

图8　标准梁段测量控制点布置(标准梁段B)

2)严格的梁段组焊工艺控制梁段外形尺寸

(1)梁段焊接顺序:为保证梁段的外形和几何尺寸,防止产生过大的内应力,梁段的焊接应分步进行,并遵循先内后外、先下后上、由中心向两边的施焊原则。优先选用 CO_2 气体保护焊方法,同时尽量采用陶质衬垫单面焊双面成型的焊接工艺。

(2)预留焊接收缩量:该桥为正交异性板的焊接构造,焊接收缩和焊接变形对钢箱梁整体的尺寸影响很大,尤其是对接全熔透焊缝。当钢板厚度在20 mm以下时,焊缝的平均收缩量约为2 mm,在组装定位过程中必须考虑预留焊接收缩量。

(3)组装顶板时,必须精确测量标高,控制箱体高度(表1)。

表1 钢箱梁高程检测记录表

梁段编号	桩号	实测高程/m			设计高程/m			差值/mm		
		左	中	右	左	中	右	左	中	右
N_1	B	-0.141	0.136	-0.140	-0.138	0.136	-0.118	-3	0	-2
	O	-0.135	0.142	-0.133	-0.132	0.142	-0.132	-3	0	-1
	A	-0.117	0.159	-0.117	-0.114	0.160	-0.114	-3	-1	-3
N_2	B	-0.114	0.166	-0.114	-0.111	0.163	-0.111	-3	3	-3
	O	-0.108	0.167	-0.108	-0.105	0.169	-0.105	-3	-2	-3
	A	-0.102	0.177	-0.099	-0.099	0.175	-0.099	-3	2	0
N_3	B	-0.102	0.173	-0.102	-0.099	0.175	-0.099	-3	-2	-3
	O	-0.101	0.173	-0.101	-0.098	0.176	-0.098	-3	-3	-3
	A	-0.100	0.173	-0.101	-0.098	0.176	-0.098	-2	-3	-3
N_4	B	-0.104	0.176	-0.101	-0.101	0.173	-0.101	-3	3	0
	O	-0.110	0.165	-0.110	-0.107	0.167	-0.107	-3	-2	-3
	A	-0.112	0.160	-0.110	-0.113	0.161	-0.113	1	-1	3
N_5	B	-0.120	0.158	-0.117	-0.118	0.156	-0.118	-2	2	1
	O	-0.130	0.147	-0.126	-0.129	0.145	-0.129	-1	2	3
	A	-0.142	0.136	-0.128	-0.141	0.133	-0.141	-1	3	3

(4)梁段组焊过程中同时考虑预拼装。多节梁段匹配组焊中,按制造长度(预留焊接间隙和焊接收缩量)配切梁段的一端。在不受日照影响的条件下,精确调整和测量线形、长度、端口尺寸、直线度等,检验合格后用临时匹配件将梁段接口匹配固定。

3.2.3 连续匹配与预拼装

连读匹配是在场内进行的模拟安装,进行连续匹配与预拼的前提条件如下:

(1)首轮次各梁段制造完成后,各梁段检验合格,才能进行梁段连续匹配。

(2)修正钢箱梁节段的纵、横基准线。钢梁节段组焊完成后,解除与胎架的连接。由于焊接收缩、变形等影响会使梁体产生微小变形,同时带动原布设的基线发生变化,因此修整梁段合格后,应重新修正纵、横基准线,准备预拼装。

(3)修正梁段顶板配切后长度。

(4)钢梁制造完成后,解除所有马板释放临时约束,保持梁端自由;随后,按监控单位给出的控制点进行精密测量,测量前不得安装临时匹配件。

(5)修整对接口。相邻吊装梁段的接口在预拼装时加以调整,尤其在安装临时匹配件后,使两接口在自由状态下匹配,保证钢箱梁在高空安装时顺利对正。

3.2.4 预拼装检查验收

钢箱梁整体组焊完成后,直接在胎架上进行预拼装检查,重点检查桥梁纵向线形及节段纵向累加长度、扭曲、节段间端口匹配情况等。检查验收条件如表 2 所示。

表 2　预拼装验收检查表

项目	允许偏差/mm	条件	检测工具和方法
组拼长度 L	±(5+0.15L)	L 为预拼装时最外两吊耳中心距,m	钢盘尺、弹簧秤
	±2	分段时两吊点中心距	
全长	±2×N	分段累加总长,N 为节段数(梁段接口间隙 40 mm 左右)	钢盘尺、弹簧秤。当预拼装分段累计总长超差时,要在下次预拼装时进行调整
耳板中心距	±3	纵、横向间距	钢盘尺、弹簧秤
顶板对角线差	≤4	待顶板顺桥向两端已切边后量测	钢盘尺、弹簧秤
旁弯	3+0.1L 且最大 12	桥中心线在平面内的偏差 L 为预拼装长度	累线器、钢丝线、(经纬仪)钢板尺
	≤5	单段箱梁	
左、右吊点高度差	≤5	左右高低差	水准仪、钢板尺
面板、腹板平面度	H/250,2t/3 取小值	H 为加劲肋间距,t 为板厚	平尺、钢板尺

3.2.5　预拼装检查测量要求

(1)各梁段的标高、长度等重要尺寸的测量,应避免日照影响,并记录环境温度。

(2)测量用的钢带或标准尺在使用前,应与被检测工件同条件存放,使两者温度一致,并定期送计量检测部门检定。

(3)测量用水准仪、经纬仪、仪表等量具均需经二级计量机构检定。使用前应校准,并按要求使用。

(4)操作人员应经专门培训,持证上岗,并实行定人定仪器操作。

(5)钢尺测距所用的拉力计的拉力应符合钢尺说明书的规定。

3.3　温度控制

当定位钢箱梁的顶板单元时,日光将直接照射到顶板,因此造成顶板温度高于底板温度,产生如图 9 所示的变形趋势。所以,在定位顶板高程时,要通过低温和高温不同阶段的实际监控数据进行调整,标高按照规范允许的负误差执行。同时,为避免温差影响,所有的测量工作在日落 2 h 后开始,并于日出前结束。

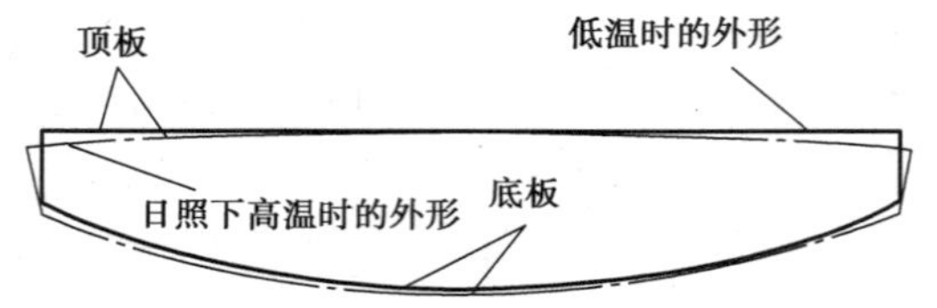

图 9　不同温度下钢箱梁外形变化

4　结　语

钢箱梁线形的控制是钢箱梁整体质量的关键所在。如何通过施工技术来有效控制钢箱梁线形,已然成为此行业的技术要点及攻关对象。万州驸马长江大桥利用先进的工装设备、施工技术实现了钢箱梁线形的有效控制,为今后大型钢箱梁线形控制积累了宝贵的经验。

参考文献

[1] 中华人民共和国行业标准. 公路桥涵施工技术规范(JTG/T F50—2011)[S]. 北京:人民交通出版社,2011.

[2] 中华人民共和国行业标准. 公路工程质量检验评定标准 第1册:土建工程(JTG F80/1—2004)[S]. 北京:人民交通出版社,2004.

[3] 向中富. 桥梁施工控制技术[M]. 北京:人民交通出版社,2001.

[4] 胡广瑞. 大型公路钢箱梁整体拼装制造线形和尺寸的控制[J]. 钢结构,2006,21(5):74-75.

悬索桥岸坡区梁段吊装技术综述

郭永兵　靖振帅　张玉佰

（中交一公局第三工程有限公司　北京　100029）

摘　要　为了安全高效地完成万州驸马长江大桥悬索桥端梁及岸坡梁段的吊装，综合考虑了传统的支架法很难适应大桥两岸的险峻地势，且支架法施工造价较高，这无疑给大桥端梁及岸坡梁段的吊装带来了困难。大桥技术团队针对这一吊装难题进行了深入研究，摒弃了传统的支架法，最终提出了一种不受地形影响的施工方法，即利用永久吊索和临时吊索进行多次接力式荡移法。这种施工方法在我国也是首次提出，并在万州驸马长江大桥成功应用。实践证明，该项技术研究成果创新性强、安全高效，并取得了很好的经济、社会效益，具有广泛的推广价值。

关键词　悬索桥　端梁及岸坡梁段吊装　支架法　荡移法

1　工程概况

万州驸马长江大桥是三峡库区跨度最大的悬索桥，是万利高速公路的控制性工程。大桥全长 2 030 m，主跨为 1 050 m。桥型布置如图 1 所示。

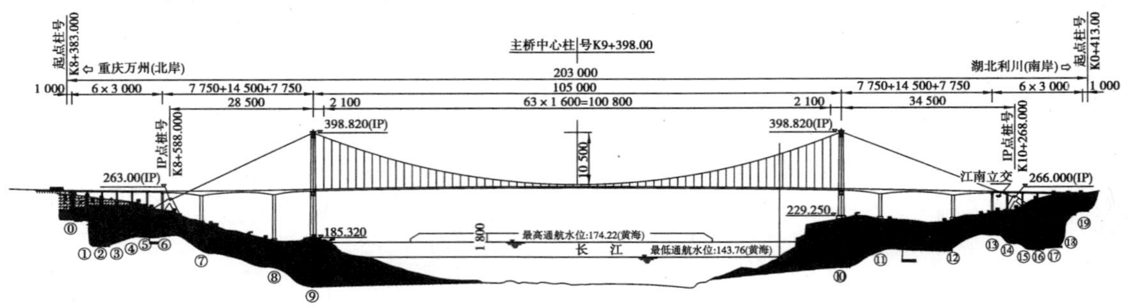

图 1　万州驸马长江大桥桥型布置

加劲梁采用流线型扁平钢箱梁，梁高 3.2 m（主梁中心线处）。钢箱梁（含风嘴）全宽 32.0 m。桥面设 2% 双向横坡。梁高与跨径之比为 1/328，与宽度之比为 1/10。钢箱梁采用全焊结构，钢箱梁标准横断面如图 2 所示。

钢箱梁架设采用小节段吊装方案，即每个制造梁段为一个吊装节段，全桥共 66 个梁段（3 种类型）：标准梁段（B 类）长 16.0 m ，共 63 个（含 2 个合龙段）；跨中梁段（C 类）长 14.4 m，共

作者简介：郭永兵（1989—），男，本科，助理工程师。

靖振帅（1987—），男，本科，助理工程师。

张玉佰（1990—），男，本科，助理工程师。

1 个;特殊梁段(A 类)长 11.85 m,共 2 个。梁段吊装质量为 200.2 ~ 220.9 t,B 类梁段吊装质量最大。

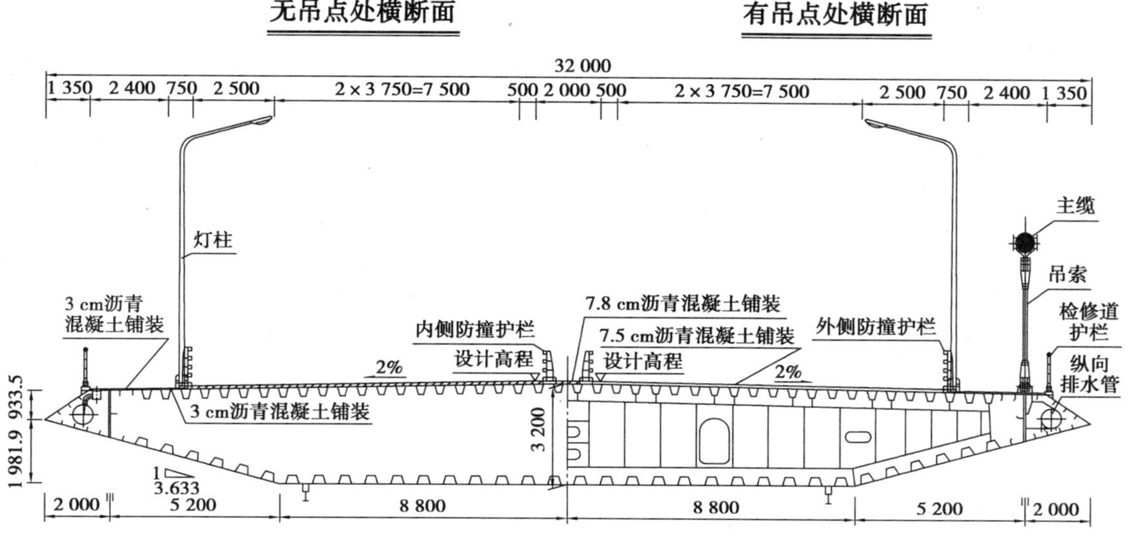

图 2　钢箱梁标准横断面(单位:mm)

2　方案比选

梁段吊装方案比选如表 1 所示。

表 1　方案比选

方案	施工难易度	成本	进度	安全	环保
支架法	由于岸坡区地势险峻,支架法施工难度大	施工成本高	进度慢	安全风险较小	对库区影响大
荡移法	长吊索荡移法施工简便易行	施工成本低	进度快	安全风险较大	环保性好

经过方案比选后,确定采用荡移法进行岸坡区梁段的施工。

3　端梁及岸坡区段钢箱梁的吊装方法

3.1　端梁段安装

在南、北岸索塔内侧设置临时吊索锚固点,荡移端梁段存放在陆地平台上,通过跨缆吊机垂直起吊与临时吊索连接,悬吊在安装位置。悬吊系统如图 3 所示。

3.2　南岸岸坡梁段安装

南岸岸坡区有 7 片钢箱梁无法直接起吊安装,在岸上设置移梁导轨。钢箱梁节段船运至桥位后,利用跨缆吊机垂直起吊并通过长吊索多次荡移至岸上平台的导轨上,再将 S30 ~ S32 号梁段纵移至相应吊装位置,用跨缆吊机垂直起吊安装。S26 ~ S29 号梁段利用跨缆吊机垂直起吊并通过吊索荡移到位后,用跨缆吊机垂直起吊安装。

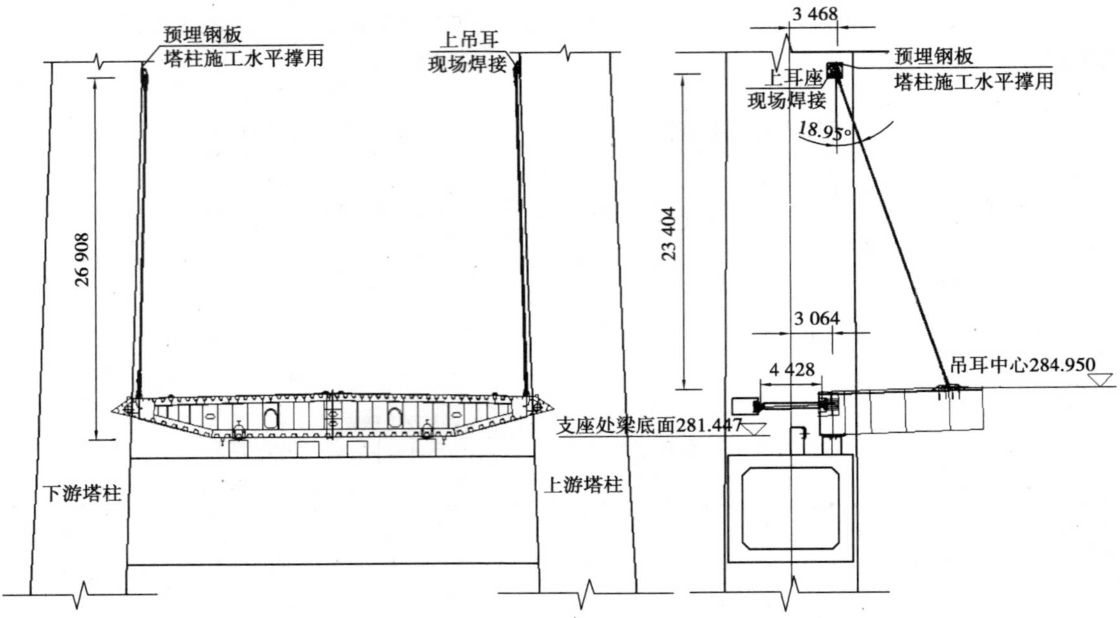

图 3　端梁段悬挂系统(单位:mm)

南岸岸上存梁平台布置及荡移施工现场如图 4、图 5 所示。

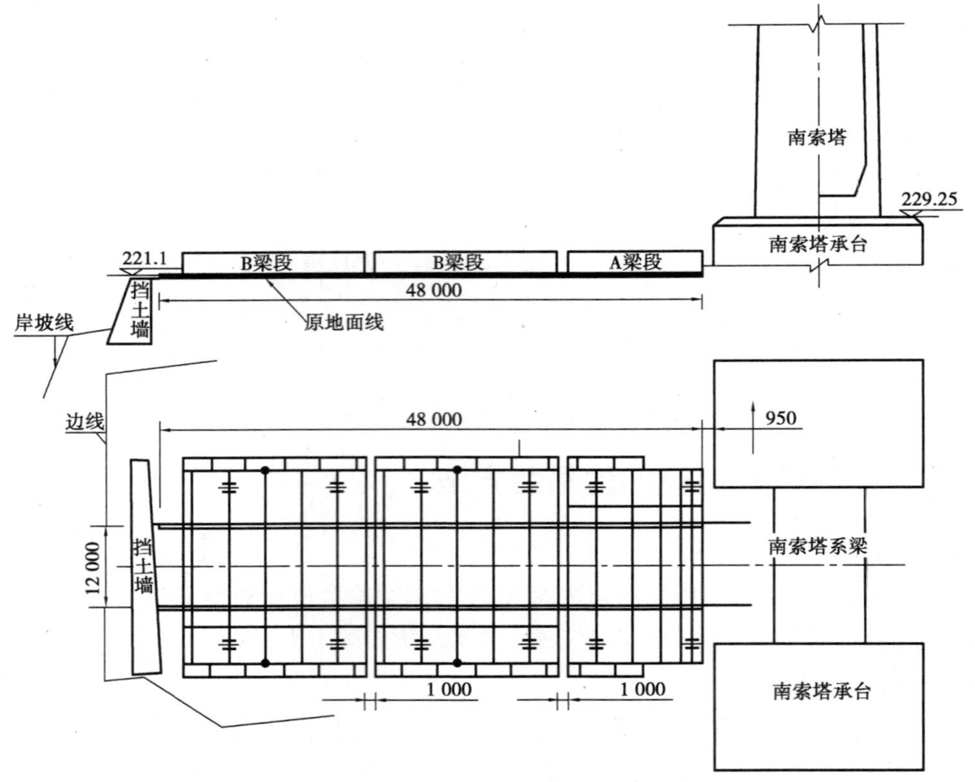

图 4　南岸岸上存梁平台布置(单位:mm)

图 5　南岸荡移施工

3.3　北岸岸坡梁段安装

北岸有 3 片梁无法利用跨缆吊机直接起吊安装，在岸上设置 4 个临时支墩。钢箱梁节段船运至起吊位置后，利用跨缆吊机垂直起吊并荡移至临时支墩上，然后再通过跨缆吊机垂直起吊安装。N31 号梁段利用跨缆吊机垂直起吊，并通过永久吊索荡移到位。

北岸岸上存梁平台布置如图 6 所示。

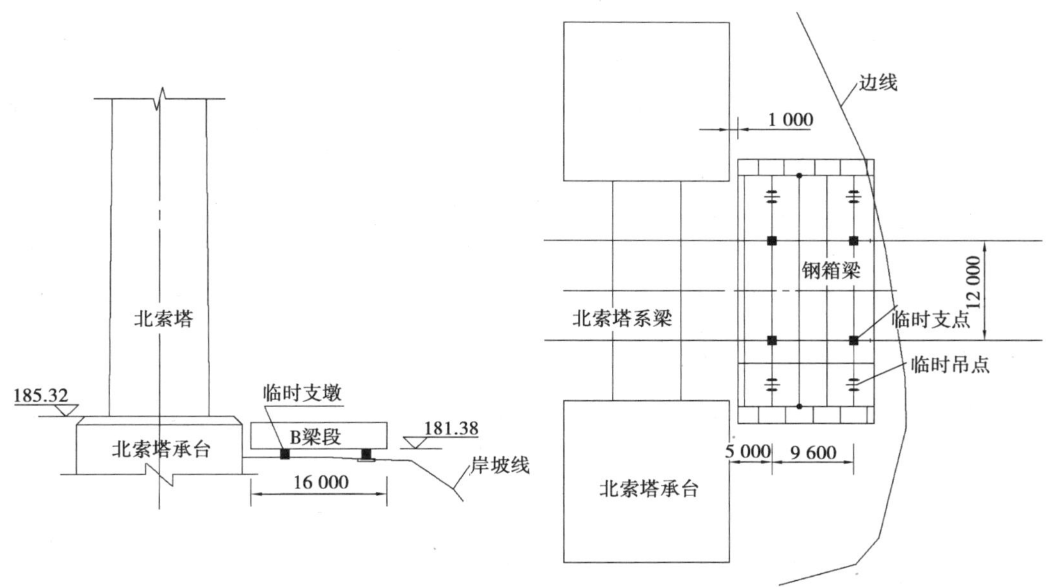

图 6　北岸岸上存梁平台布置(单位:mm)

4　运梁船舶选型及定位

4.1　运梁船舶选型

根据钢箱梁最大运输质量，选用 7 400 t 级 1 470 kW 散货船舶 3 艘、原重滚船舶一艘承担本项目钢箱梁运输任务。参与船舶均具备川东船厂码头至万州驸马长江大桥桥址航段的适航证书。

4.2　运输船舶现场定位方案

在运输船船艏部布置两个 C 型霍尔锚。将 C 型霍尔锚与 ϕ34 mm 的钢丝绳相连，沿吊具纵向中心线上行150 m,将船艏的两个锚抛入水中,并利用卷扬机将钢丝绳拉紧,形成“八”字形定位锚。根据待吊梁段重心确定船舶在水中的位置,以固定运输船不随水流上、下游移动;再利用船艏甲板装卷扬机和车舵调整运输船吊装梁段位置进行最终定位。若水流加急,可利用运输船自身动力进行精确定位。定位方式如图7所示。

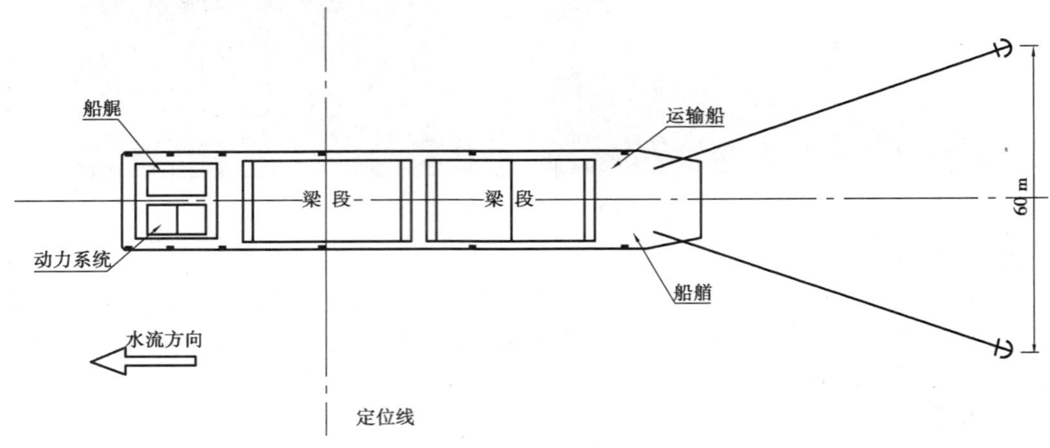

图7　运输船舶现场定位图

5　端梁段及岸坡梁段梁体施工工艺

5.1　南塔附近梁段荡移转运施工流程

南岸岸坡区A梁段及59号~64号吊索对应的7个梁段,在57号吊索对应梁段吊装完成后,从A梁段开始向跨中方向进行吊装,采用跨缆吊机+吊索荡移吊装方案,荡移时主要采用长吊索荡移工艺。此外,A梁段为无吊索梁段,需借助临时吊索进行安装。

南塔附近梁段荡移施工如图8所示。

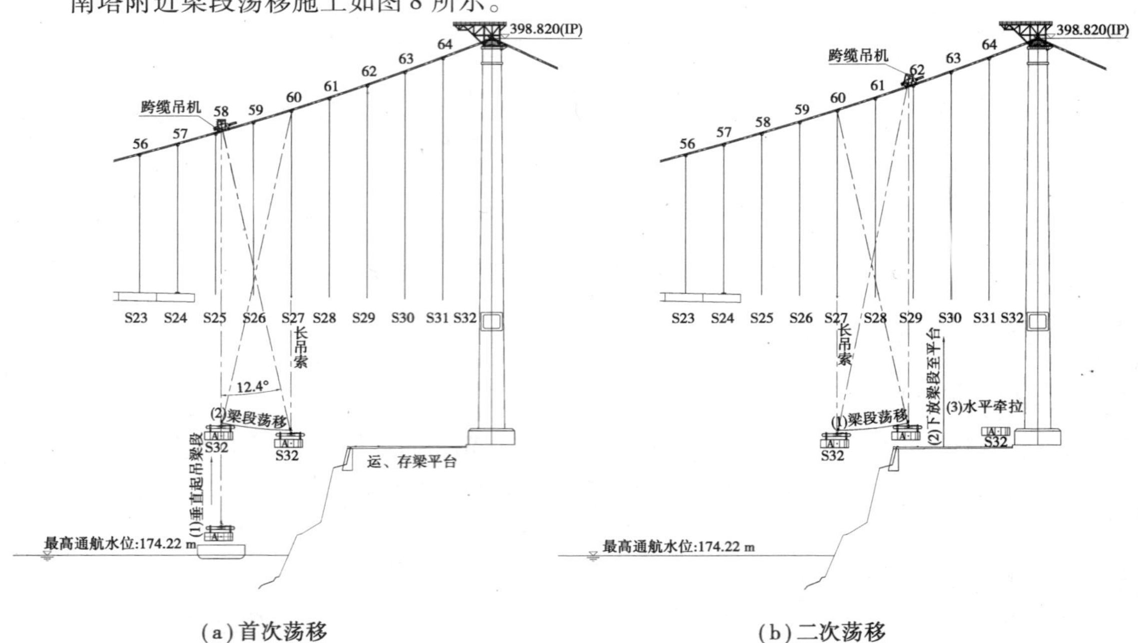

(a)首次荡移　　(b)二次荡移

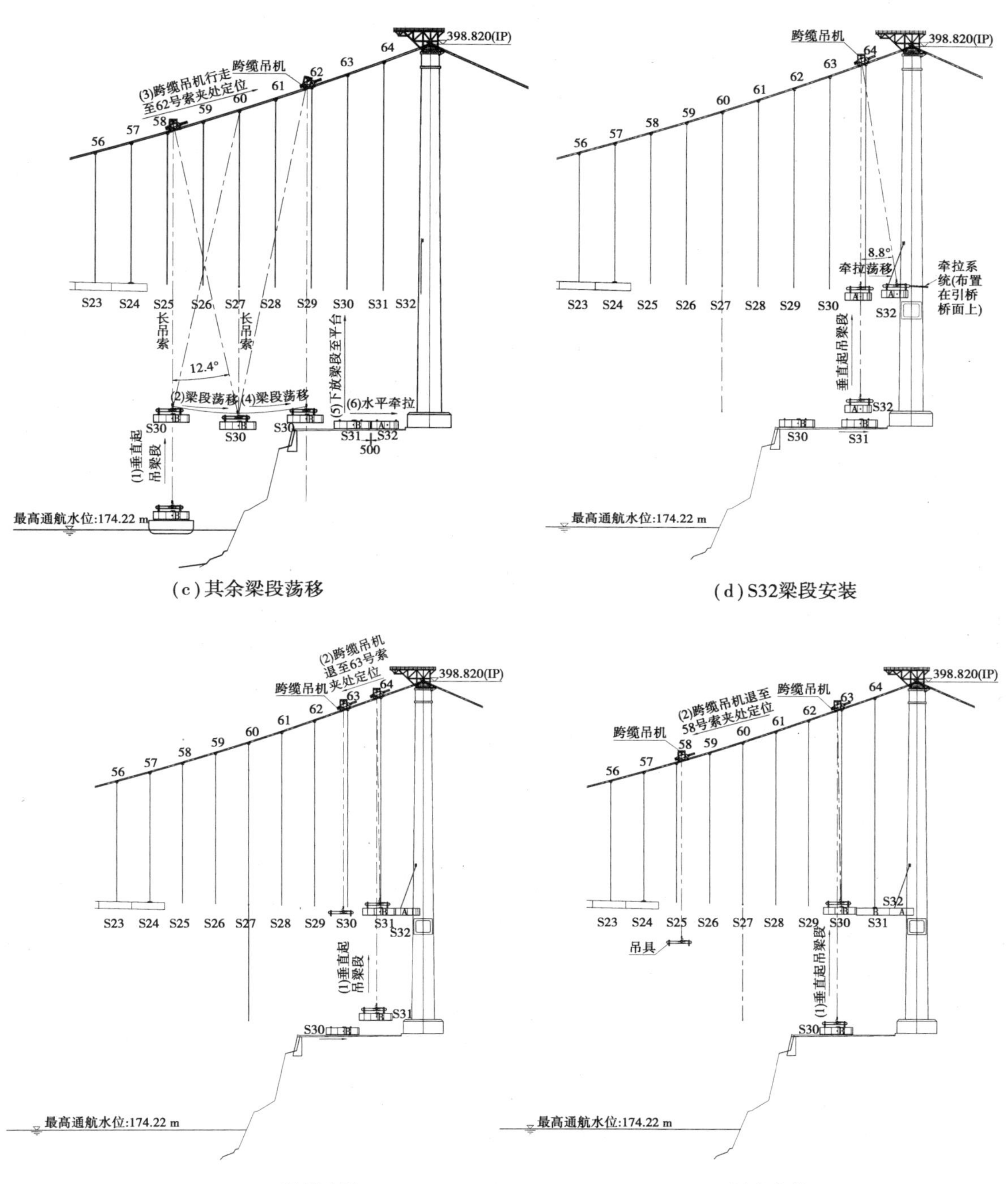

(c)其余梁段荡移

(d)S32梁段安装

(e)S31梁段安装

(f)S30梁段安装

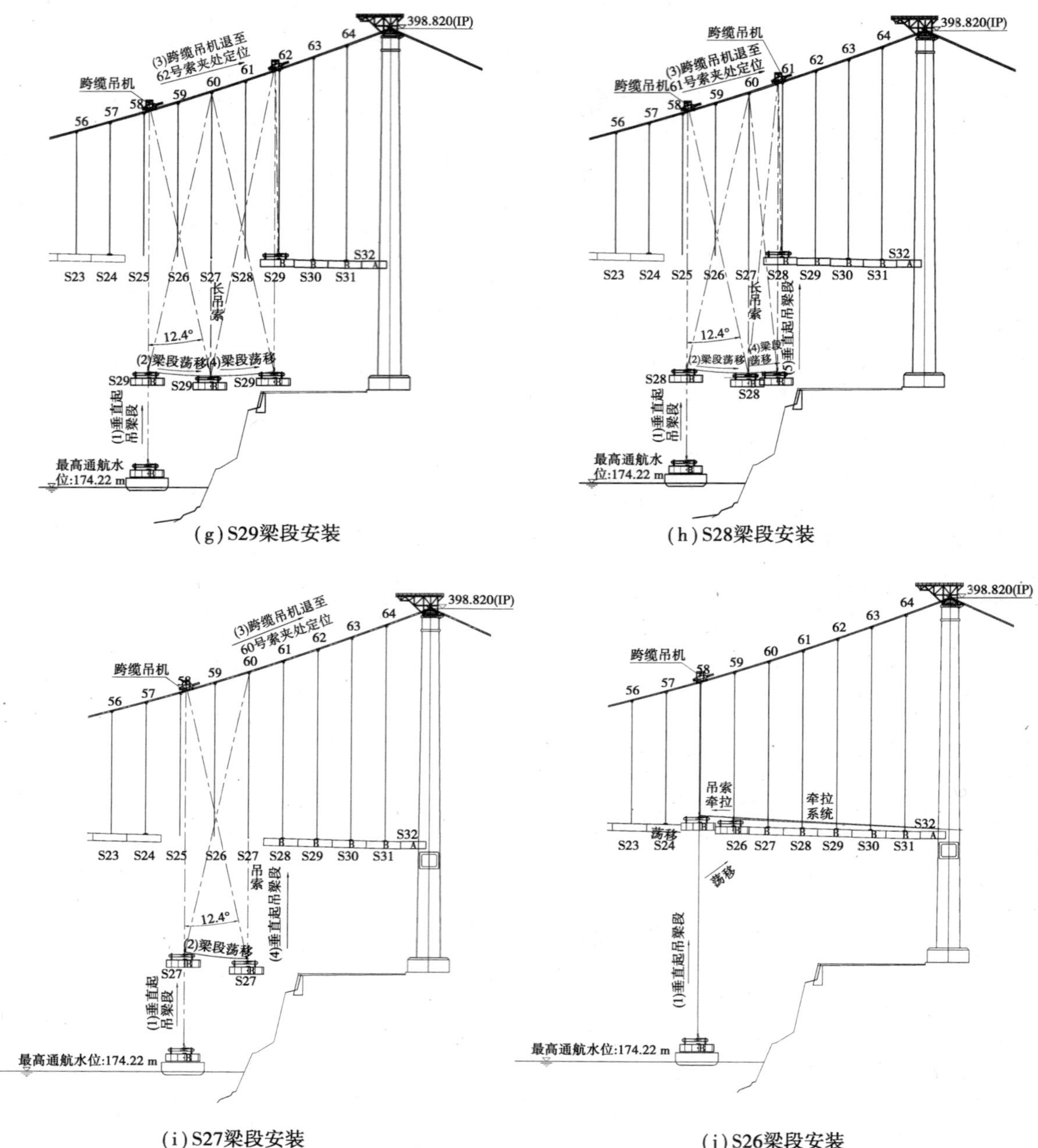

(g) S29梁段安装

(h) S28梁段安装

(i) S27梁段安装

(j) S26梁段安装

图 8　南塔附近梁段荡移施工

5.1.1　荡移 S32A 梁段——长吊索转换

(1) 跨缆吊机在 58 号吊索位置垂直起吊梁段至荡移高度。

(2) 牵拉荡移长吊索至吊具处，并将吊索下锚头与吊具吊板连接，跨缆吊机下放梁段进行荡移。

(3) 梁段荷载完全转移至长吊索后，解除跨缆吊机锚头与吊具的连接。

(4) 跨缆吊机空载行走至 62 号索夹处定位。

5.1.2　荡移 S32A 梁段——存梁平台上存放

(1)跨缆吊机下放锚头,并牵拉锚头至吊具处与吊板连接,然后跨缆吊机提升梁段进行荡移。

(2)荡移梁段,直到梁段荷载完全转移至跨缆吊机钢绞线吊索后,解除荡移长吊索与梁段的连接。

(3)跨缆吊机下放梁段至存梁平台上的移位器上,解除吊具与梁段临时吊耳的连接。

(4)连接地面牵拉系统,纵向牵拉梁段至指定位置存放,同时跨缆吊机携带吊具退至 58 号索夹位置处定位。

5.1.3　荡移 S31、S30 梁段(64 号、63 号吊索对应梁段)

(1)采用与荡移 S32A 梁段相同的工艺分别荡移 S31、S30 梁段(64 号、63 号吊索对应梁段)至存梁平台上。

(2)荡移 S30 梁段至存梁平台上后,跨缆吊机前移至 64 号索夹处定位。

5.1.4　吊装 S32A 梁段

(1)跨缆吊机在 64 号索夹处垂直起吊 A 梁段略高于竖向支座顶面。

(2)水平牵引荡移 A 梁段至安装位置,将其与临时吊索连接。

(3)安装纵向定位梁和支座滑板。

(4)调整定位至设计位置后,解除吊具与梁段临时吊点连接,完成 A 梁段吊装。

5.1.5　吊装 S31 梁段

(1)跨缆吊机在 64 号索夹处垂直起吊 S31 梁段至安装位置。

(2)调整梁段位置并连接永久吊索,与 S32 梁段临时匹配连接。

(3)解除吊具与梁段临时吊点的连接,完成 S31 梁段吊装。

(4)跨缆吊机携吊具行走至 63 号索夹处定位。

5.1.6　吊装 S30 梁段

(1)跨缆吊机在 63 号索夹处垂直起吊 S30 梁段至安装位置。

(2)调整梁段位置并连接永久吊索,与 S31 梁段临时匹配连接。

(3)解除吊具与梁段临时吊点的连接,完成 S30 梁段吊装,并解除 A 梁段与临时吊索的连接。

(4)跨缆吊机携吊具行走至 58 号索夹处定位。

5.1.7　吊装 S29 梁段

(1)跨缆吊机在 58 号吊索位置垂直起吊梁段至荡移高度。

(2)牵拉荡移长吊索至吊具处,并将吊索下锚头与吊具吊板连接,跨缆吊机下放梁段进行荡移。

(3)梁段荷载完全转移至长吊索后,解除跨缆吊机锚头与吊具的连接。

(4)跨缆吊机空载行走至 62 号索夹处定位,下放锚头,并牵拉至吊具处与吊板连接,然后跨缆吊机提升梁段进行荡移。

(5)荡移梁段,直到梁段荷载完全转移至跨缆吊机吊装钢绞线后,解除荡移长吊索与梁段的连接。

(6)跨缆吊机62号索夹处继续垂直起吊S29梁段至安装位置。

(7)调整梁段位置并连接永久吊索,与S30梁段临时匹配连接。

(8)解除吊具与梁段临时吊点的连接,完成S29梁段吊装。

(9)跨缆吊机携吊具行走至58号索夹处定位。

5.1.8 吊装S28梁段

(1)跨缆吊机在58号吊索位置垂直起吊梁段至荡移高度。

(2)牵拉荡移长吊索至吊具处,并将吊索下锚头与吊具吊板连接,跨缆吊机下放梁段进行荡移。

(3)梁段荷载完全转移至长吊索后,解除跨缆吊机锚头与吊具的连接。

(4)跨缆吊机空载行走至61号索夹处定位,下放锚头,并牵拉至吊具处与吊板连接,然后跨缆吊机提升梁段进行荡移。

(5)荡移梁段,直到梁段荷载完全转移至跨缆吊机吊装钢绞线后,解除荡移长吊索与梁段的连接。

(6)跨缆吊机61号索夹处继续垂直起吊S28梁段至安装位置。

(7)调整梁段位置并连接永久吊索,与S29梁段临时匹配连接。

(8)解除吊具与梁段临时吊点的连接,完成S28梁段吊装。

(9)跨缆吊机携吊具行走至58号索夹处定位。

5.1.9 吊装S27梁段

(1)跨缆吊机在58号吊索位置垂直起吊梁段至荡移高度。

(2)牵拉荡移长吊索至吊具处,并将吊索下锚头与吊具吊板连接,跨缆吊机下放梁段进行荡移。

(3)梁段荷载完全转移至长吊索后,解除跨缆吊机锚头与吊具的连接。

(4)跨缆吊机空载行走至60号索夹处定位,下放锚头,并牵拉至吊具与吊板连接。

(5)垂直起吊S27梁段至安装位置,同时解除临时吊索与吊具的连接,退出并回收临时吊索。

(6)调整梁段位置并连接永久吊索,与S28梁段临时匹配连接。

(7)解除吊具与梁段临时吊点的连接,完成S27梁段吊装。

(8)跨缆吊机携吊具行走至58号索夹处定位。

5.1.10 吊装S26梁段

(1)跨缆吊机在58号吊索位置垂直起吊S26梁段略高于S27梁段。

(2)牵拉S26梁段对应59号吊索下锚头与永久吊点连接。

(3)跨缆吊机下放梁段,荡移梁段至安装位置。

(4)调整梁段位置并与S27梁段临时匹配连接。

(5)解除吊具与梁段临时吊点的连接,完成S26梁段吊装。

5.2 北塔附近梁段吊装施工流程

北岸附近岸坡区A梁段及1号、2号吊索对应的2个梁段,在4号吊索对应梁段吊装完成后,从A梁段开始向跨中方向进行吊装,采用跨缆吊机+水平牵引荡移吊装方案,其中A梁段为无吊索梁段,需借助临时吊索进行安装。

5.2.1　荡移 A 梁段至运存梁平台上存放

(1)吊机在 3 号吊索位置垂直起吊梁段略高于平台顶面。

(2)水平牵引荡移梁段放置在平台临时支墩上。

(3)解除吊具与梁段的连接,水平牵拉吊具回放至自由下垂状态。

(4)跨缆吊机空载行走至 1 号索夹处定位。

5.2.2　A 梁段吊装

(1)吊机在 1 号索夹处垂直起吊 A 梁段略高于竖向支座顶面。

(2)水平牵引荡移 A 梁段,将其与临时吊索连接。

(3)水平牵引纵移 A 梁段至安装位置。

(4)解除吊具与梁段临时吊点的连接,完成 A 梁段吊装。

5.2.3　吊装 N32B 梁段

(1)吊机在 3 号吊索位置垂直起吊 N32B 梁段略高于平台顶面。

(2)水平牵引荡移梁段放置在 1 号吊索下方存放。

(3)解除吊具与梁段的连接,跨缆吊机空载行走至 1 号索夹处定位。

(4)跨缆吊机垂直起吊安装梁段就位并连接永久吊索,与 N33A 梁段临时匹配连接。

(5)解除吊具与梁段临时吊点的连接,完成 N32B 梁段吊装。

5.2.4　吊装 N31B 梁段

(1)跨缆吊机在 3 号吊索位置垂直起吊 N31 梁段略高于 N32 梁段。

(2)牵拉 N31 梁段对应 2 号吊索下锚头与永久吊点连接。

(3)跨缆吊机下放梁段,荡移梁段至安装位置。

(4)调整梁段位置并与 N32 梁段临时匹配连接。

(5)解除吊具与梁段临时吊点连接,完成 N31 梁段吊装。

6　效益分析

6.1　经济效益

本项目中,荡移法与传统的支架法相比,不仅节省了施工成本,而且更加安全、高效地完成了端梁及岸坡梁段的吊装。由于万州驸马长江大桥两岸地势险要,传统的支架搭设难度极大,将耗费巨大的人力、物力、财力。项目部研究制定的荡移法很好地解决了这一难题。经现场实践可知,荡移法较传统的支架法施工可节约工期 15 天。

6.1.1　人工费用

现场南北岸各配置 20 人,可节约成本:220 ×20 ×2 ×15 =13.2 万元。

6.1.2　机械费用

钢箱梁的吊装主要涉及的施工机械是跨缆吊机,辅助机械有卷扬机、吊车、塔吊、电梯等。除卷扬机由项目部自购外,其余机械全部租赁,可节约成本:15 × (800 000 ×2 +24 000 +100 000 ×2 +33 000 ×2 +27 000 ×2)/30 =97.2 万元。

6.1.3　材料费用

传统的支架法涉及各类材料,主要有 ϕ1 000 mm ×12 mm 钢管、双拼I56a 工字钢、[32 槽钢,总质量约为 595 t;支架基础混凝土为 C30,方量为 89.9 m^3。总费用为 595 ×3 500 +89.9 × 360 =211.5 万元。

荡移法主要吊装材料为 2 根长吊索及端梁段 4 根临时吊索,总质量约为 24 t。总费用为 30 000 ×12 =36 万元。

荡移法较传统的支架法在材料方面可节约成本:211.5 -36 =175.5 万元。

综合以上分析可知,荡移法较传统的支架法可节约总成本为 285.9 万元。

6.2 社会效益

荡移法很好地适应了端梁及岸坡梁段的吊装施工,有效地解决了两岸地势险要的难题。施工过程中不产生废弃物,环保效果好,展示了良好的企业形象,获得了业主以及社会的一致好评,产生了良好的社会效益,具有极强的推广价值。

7 结 语

万州驸马长江大桥端梁及岸坡梁段的成功吊装,不仅证明了荡移法能够适应悬索桥钢箱梁的吊装,同时也取得了良好的经济效益和社会效益。该方法提供了一种钢箱梁悬索桥端梁及岸坡梁段吊装的新思路。它能充分发挥跨缆吊机的功能,且有效地避免了传统施工方法在陆上、浅滩区搭设临时支架,不受地势的影响,即可进行端梁及岸坡梁段的吊装,可为同类型悬索桥钢箱梁吊装方法的选择提供依据,具有较强的推广价值。

参考文献

[1] 薛光雄,金仓,沈良成,等. 钢箱梁悬索桥陆上、浅滩区梁段安装双吊机荡移施工方法[J]. CN, 2005.
[2] 胡文柱. 浅滩区钢箱梁吊装施工工艺[J]. 公路,2014(6):96-100.

连续荡移安装大吨位钢梁关键技术

李鸿盛[1]　宾　熊[2]

（1. 中交第一公路工程局有限公司　北京　100024；2. 中交一公局第三工程有限公司　北京　100029）

摘　要　钢箱梁安装由于体量硕大，需要的吊装设备与移运通道要求高，因此，常规的钢梁安装均采用吊装设备水中垂直起吊安装和支架荡移上岸安装的方法来完成。万州驸马长江大桥针对库区“三高一深”的恶劣条件，首次采用单台跨缆吊机辅助接长吊索二次荡移钢箱梁，完成钢箱梁从水中到岸坡区域的转运。本文介绍该方法的关键技术，对今后类似工程施工将有重要借鉴意义。

关键词　钢梁安装　荡移　荡移吊索　施工技术

1　工程概况

万州驸马长江大桥岸侧钢箱梁安装阶段由于岸崖高度超过60 m，岩石破碎且基本呈垂直分布，局部悬挑，岸坡平面投影与桥轴线斜交70°左右，陡崖边缘距离桥塔约60 m，如何将钢箱梁转运上岸是钢箱梁吊装工作的重要难题。经过方案比选和调研，利用南侧的一台跨缆吊机＋接长荡移吊索进行钢箱梁的二次接力荡移上岸，完成了2个端梁段和8个标准梁段的上岸作业。钢箱梁的特征如表1所示。

表1　荡移施工钢箱梁结构参数

梁段种类	单位	数量	规格/m	单节吊装质量/t
B类标准梁段	节	8	16×32×3.2	220.9
A类端梁段	节	2	11.85×32×3.2	200.2

2　钢箱梁常规转运方案的局限性

2.1　跨缆吊机支架法荡移方案

国内外桥梁大部分采用钢支架配合跨缆吊机进行岸坡区钢箱梁的荡移安装，对岸上梁段或浅水河段运输船无法抵达的区域搭设钢支架配合跨缆吊机进行梁段荡移转运，需要的支架用钢量大，搭设或拆除需要的设备和人工多，经济性较差。

2.2　缆索吊提梁方案

缆索吊机在悬索桥施工中有重要的优势，可以利用桥塔作为缆索吊承重索的索鞍支撑装

作者简介：李鸿盛（1971—），男，本科，教授级高级工程师。

宾　熊（1985—），男，本科，工程师。

置、利用锚碇作为承重索的锚固装置,能够提梁行走并完成钢箱梁的转运和安装,但是此方案需要塔侧区域有足够的场地完成钢箱梁的组拼作业,或者需要将加工好的钢箱梁直接运输至塔侧平台上,本桥不具备相应的施工条件。

2.3 轨道法上岸方案

在岸坡与水面存在较小高差的情况下,可以利用轨道接驳技术将运输船上的钢箱梁通过运梁小车转运至塔侧平台上,但是本桥的塔侧地面与高水位时的江面高差达60 m,不具备相应的施工条件。

2.4 低支架二次荡移上岸

对岸坡存在阶地、阶地平台较长有足够的长度能容纳梁段存放与牵引设备布设的区域,可以采用低支架二次荡移上岸方案(图1)。此方案不需要接长吊索,跨缆吊机荡移距离短,支架搭设的数量相对高支架安全性强。钢箱梁首次利用跨缆吊机从水中垂直起吊后利用水平牵引系统将钢箱梁荡移至低支架上,然后跨缆吊机继续行走至二次荡移位置,从低支架上起吊钢箱梁后利用地面的水平牵引系统将钢箱梁荡移至塔侧地面。此方案需要的地形条件无法满足,因此无法实施。

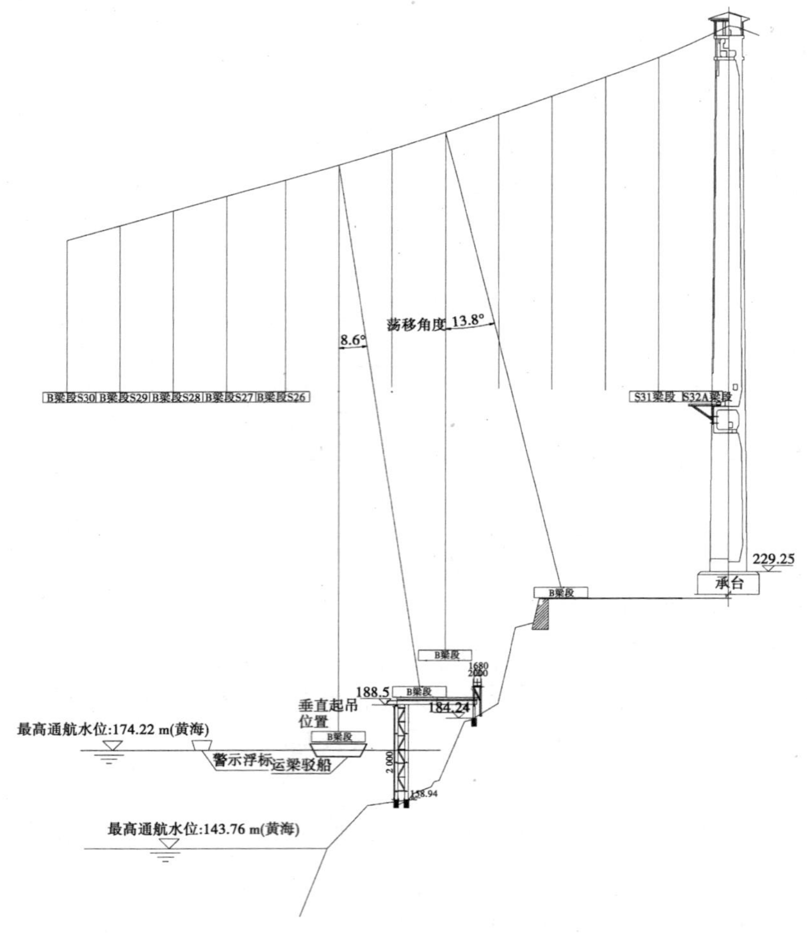

图1 低支架二次荡移施工流程图

2.5　双跨缆吊机荡移

利用双跨缆吊机进行岸坡区域钢箱梁的荡移作业可以不需要支架等辅助设施，但是再投入一台跨缆吊机的费用较高，本项目不考虑。

综上所述，采用跨缆吊机 + 接长吊索接力荡移钢箱梁转运方案有较大的优势。

3　荡移技术的工作原理

此无支架荡移上岸技术的关键是利用跨缆吊机 + 接长吊索进行钢箱梁的远距离接力荡移作业。主要原理是利用跨缆吊机 + 接长吊索作为荡移施工的主要工具，分首次荡移和接力荡移两个关键工序。首次荡移是利用跨缆吊机提升钢箱梁后与接长吊索连接，通过跨缆吊机逐级卸载将钢箱梁向岸侧荡移并悬挂在接长吊索上。接力荡移是指跨缆吊机行走至岸坡平台区域上方的索夹位置固定，跨缆吊机提升悬挂在接长吊索上的钢箱梁，通过逐级加载完成钢箱梁的二次荡移，直至钢箱梁荷载完全由跨缆吊机提升。接力荡移完成后，解除钢箱梁与接长吊索的连接，跨缆吊机将钢箱梁直接下放到地面存梁轨道上，完成钢箱梁的无支架远距离荡移上岸施工。

荡移阶段主要工艺流程如图 2 所示。

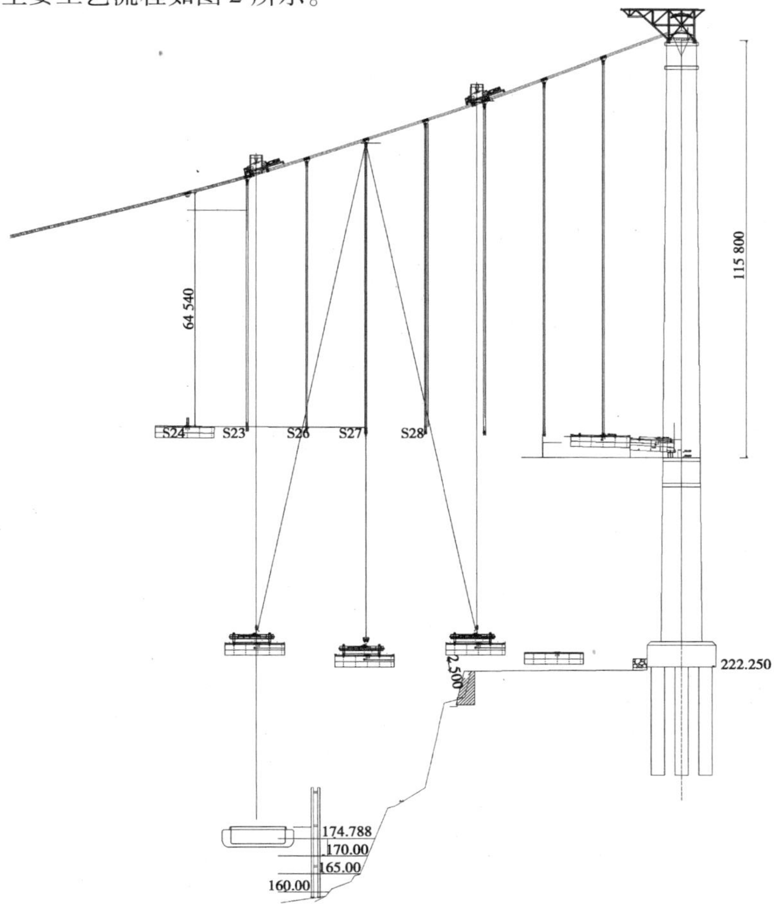

图 2　钢箱梁荡移上岸施工工艺流程图

4 钢箱梁荡移施工需要解决的主要技术问题

4.1 跨缆吊机的荡移角度

由于主缆的倾角靠近塔侧后逐渐变大,跨缆吊机荡移时将使吊索的作用方向改变。为保证跨缆吊机的机械正常工作位置,跨缆吊机设定工作状态时综合角度即主缆倾角 α 和荡移角度 β 之和不大于 30°。因此,施工中需要综合考虑荡移阶段的跨缆吊机停机位置、最大水平牵引距离、吊索长度等再决定荡移角度的大小(图 3、图 4)。

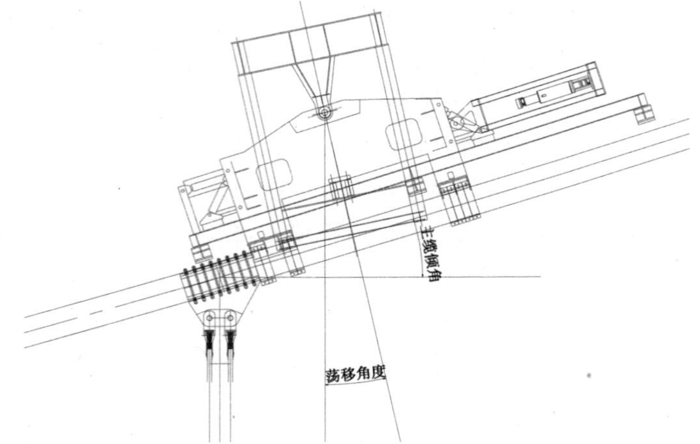

图 3 首次起吊后正向荡移工况

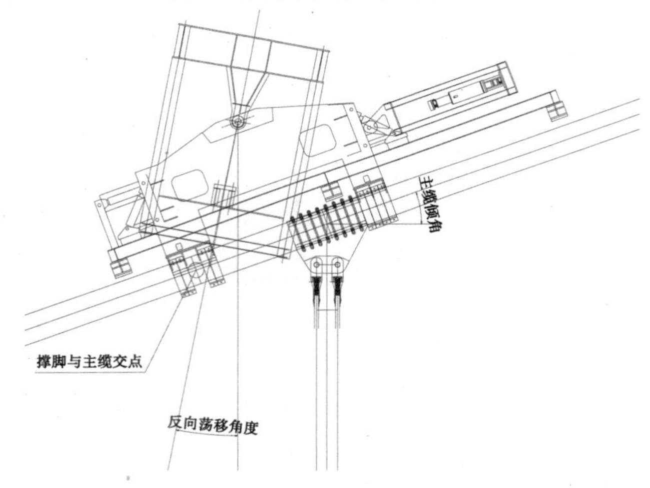

图 4 二次荡移阶段的反向荡移工况

跨缆吊机吊索长度的影响因素与梁段高度、运输船停靠位置、梁段存梁轨道顶面标高、跨缆吊机停靠处主缆标高有关系。水平荡移距离与跨缆吊机停靠位置、梁段在存梁轨道顶重心位置距离运输船的距离有关系。本项目首次荡移距离为 32 m,荡移角度为 12.485°。综合荡移角度为 17.229° + 12.485° = 29.714°,满足设备使用要求。

荡移角度还有一个重要的控制指标,即跨缆吊机的吊索作用方向不超过跨缆吊机撑脚中心线与主缆中心的交点,防止跨缆吊机倾覆。

施工中，主要控制反向荡移阶段的荡移角度符合规定要求。

本项目反向荡移阶段主缆处中心标高为375.443 m，轨道顶标高222.08 m，主缆倾角为19.869°，梁高3.2 m，吊具的计算长度约为375.443 + 3 − 222.08 − 3.2 = 153.16 m。水平荡移距离为32 m。荡移角度为arctan[(32 − 2.6)/153.16] = 10.86°。

综合荡移角度为19.869° + 10.86° = 30.73°，虽然角度超了0.73°，但是由于起始荡移阶段的荷载只有钢箱梁自重的10%，同时，荡移开始的吊索作用线没有超过撑脚与主缆中心线的交点，因此满足设备使用要求。

4.2　荡移吊索长度控制

荡移吊索长度计算过程中，考虑了不同钢箱梁吊装数量和跨缆吊机停机位置处主缆的标高，钢箱梁自重对主缆高程的影响、吊索长度、吊索伸长量、吊索连接件、钢箱梁吊具的高度、钢箱梁的高度以及南岸移梁轨道顶面高程后综合确定。

60 号索夹处主缆施工阶段最低标高为368.31 m，索夹中心到吊耳中心距离为0.95 m，永久吊索总成长度为80.3 m，连接耳板高度为0.44 m，移梁轨道顶标高为222.08 m，荡移曲线下缘标高按220.08 m进行控制。吊具吊耳中心距离荡移曲线高度为8.62 m，据此计算短吊索长度为55.92 m，吊索总成长度为136.33 mm。要求吊索在1 000 kN拉力下进行精确长度控制，最终按56 m制造控制吊索总成长度保证各个梁段荡移阶段不和支架或地面发生冲突。

4.3　跨缆吊机的荷载变化与索长协调关系

钢箱梁荡移阶段通过卸载或加载完成梁段的纵向移位。施工中，对加载与索长变化的规律进行监控统计。

从表2可知，首次荡移阶段跨缆吊机钢绞线下放约6.6 m后跨缆吊机卸载完成，与计算结果相吻合。25 t是钢箱梁吊具的质量，吊索呈松弛状态。每卸载200 kN，需要放索50 cm左右。二次荡移阶段需要提升2.57 m才能完成荡移作业，每提高20 cm，增加荷载200 kN。

表2　钢箱梁荡移阶段跨缆吊机相关数据

序号	首次荡移实测数据		序号	二次荡移实测数据	
	千斤顶荷载/kN	累计放索长度/m		千斤顶荷载/kN	累计收索长度/m
1	2 050	1.0	1	700	0.08
2	1 850	1.5	2	900	0.29
3	1 650	2.2	3	1 100	0.49
4	1 450	2.9	4	1 300	0.69
5	1 250	3.4	5	1 500	0.99
6	1 050	3.9	6	1 700	1.19
7	850	4.5	7	1 900	1.49
8	650	5.0	8	2 100	1.79
9	450	6.1	9	2 300	1.99
10	250	6.6	10	2 500	2.45

4.4 吊机吊索横向间距与荡移吊索横向间距差异问题

荡移阶段还有一个重要的问题需要关注，就是要考虑吊索间距与跨缆吊机吊索间距存在差异的问题。永久吊索的横向间距为 28 m，跨缆吊机的吊索横向间距为 23 m，而钢箱梁顶临时吊点的横向间距为 22.8 m。所以在吊索与钢箱梁吊具的转向耳板连接后，在荷载转移过程中荡移吊索会对吊具产生 23.0 kN 的横向水平分力，在 2.5 m 高度处的吊具有 1.4 cm 的位移。因此，采用软吊索连接吊具与钢箱梁很好地解决了该问题，保证荡移过程中吊索具均受拉力作用。荡移过程中吊索具的工作状况如图 5 所示。

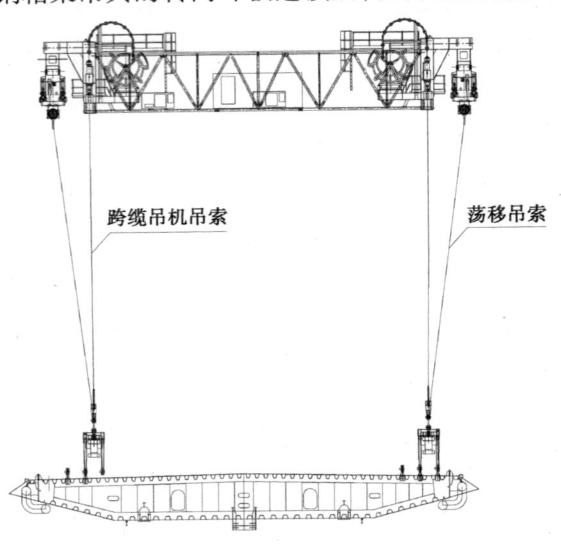

图 5 钢箱梁荡移阶段吊索横向位置图

4.5 重心转移关键构件

梁段荡移施工中要用到一种转换连接耳板和一种重心转移用转向耳板，分别满足不同的功能需要，通过销轴和耳板之间的承压接触完成荷载转移和传递。

在钢箱梁利用吊索荡移过程中，为了保证钢箱梁的重心始终与主吊具拉力方向一致，需要设计专用转向耳板来完成此项工作。由于荡移过程中先由跨缆吊机提升，然后再转换到接长吊索上承担钢箱梁自重，二次荡移阶段则需要再次将钢箱梁的自重转由跨缆吊机承担，而且还要求始终保持钢箱梁至少有一个吊具来提挂，直至钢箱梁下放到支撑平台上。因此，设计一种四孔转向耳板完成此项任务。荡移过程中转向耳板连接如图 6、图 7 所示。

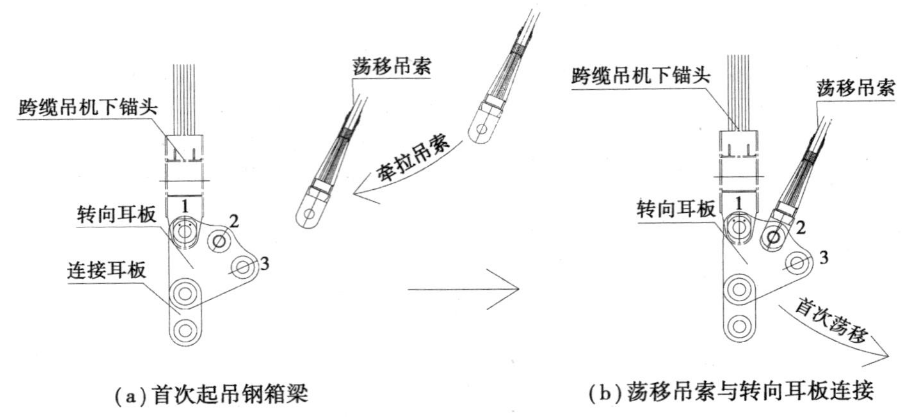

(a) 首次起吊钢箱梁　　(b) 荡移吊索与转向耳板连接

图 6 首次荡移阶段转向耳板连接示意图

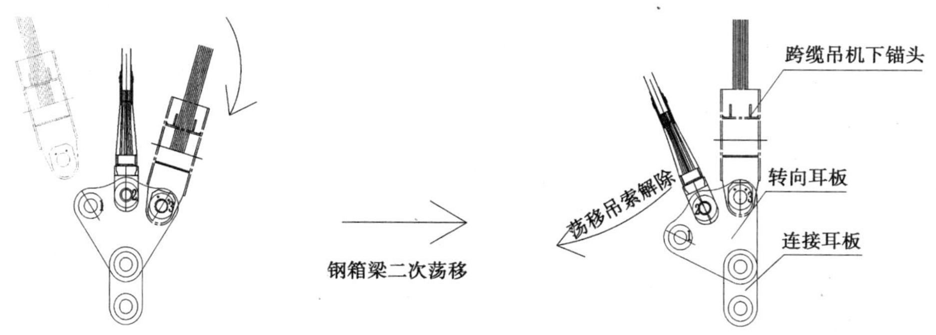

(a)钢箱梁悬吊于荡移吊索上　　(b)钢箱梁荡移完毕

图7　二次荡移阶段转向耳板连接示意图

4.5.1　转向耳板检算

转向耳板外侧有效半径 $R=18.08$ cm；最大孔半径 $r_1=7$ cm；板厚 $d_1=8$ cm；加强垫板厚 $d_2=1$ cm，半径 $r_2=15$ cm，加强垫板边缘距耳板边缘 $L=5$ cm（图8）。

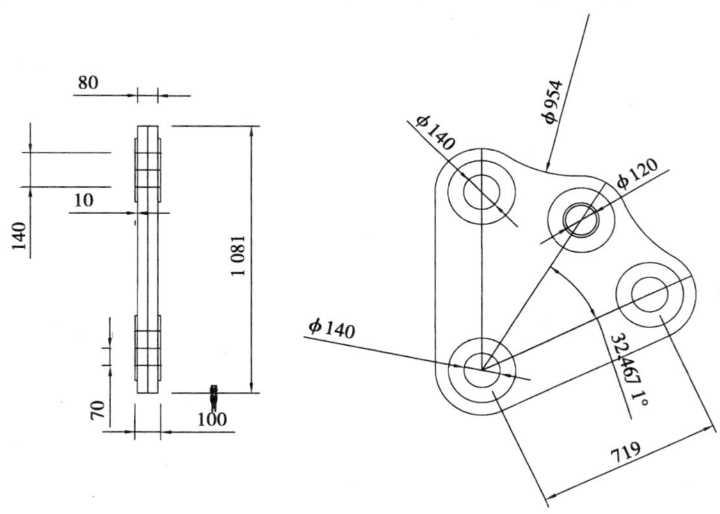

图8　转向耳板细部图（单位：mm）

1）拉应力验算

$$\begin{aligned}\sigma &= \frac{1.1\times1.2\times P}{2\times[(r_1-r_1)\times(d_1+2d_2)+l\times d_1]}\\ &= 1.1\times1.2\times1\ 220\ 000/[2\times(80\times100+4\ 000)]\text{MPa}\\ &= 67.1\ \text{MPa} < 250\ \text{MPa}\end{aligned}$$

Q345钢材，厚度为8 cm，抗拉强度设计值为250 MPa，满足要求。

2）剪应力验算

$$\begin{aligned}\tau &= \frac{1.1\times1.2\times P}{(r_2-r_1)\times(d_1+2d_2)+l\times d_1}\\ &= (1.1\times1.2\times1\ 220\ 000)/(80\times100+50\times80)\text{MPa}\end{aligned}$$

$$= 134.2 \text{ MPa} < 145 \text{ MPa}$$

Q345 钢材,厚度为 8 cm,抗剪强度设计值为 145 MPa,吊耳板经校核抗剪强度满足要求。

3)局部挤压应力验算

最不利位置在长吊索吊耳与销轴的结合处:

$$\delta_{cj} = \frac{KF}{d\delta} \leqslant [\delta_{cj}]$$

$$\delta_{cj} = \frac{1.1 \times 1.2 \times P}{100 \times 110} = 1.1 \times 1.2 \times 1\ 220\ 000/11\ 000 \text{ MPa} = 146.4 \text{ MPa} < [\sigma_{cj}] = 400 \text{ MPa}$$

$[\sigma_{cj}]$为 Q345 钢板的局部紧接承压容许应力,经查,端面顶紧承压应力为 400 MPa,满足要求。

4.5.2 连接耳板验算

连接耳板细部尺寸如图 9 所示。

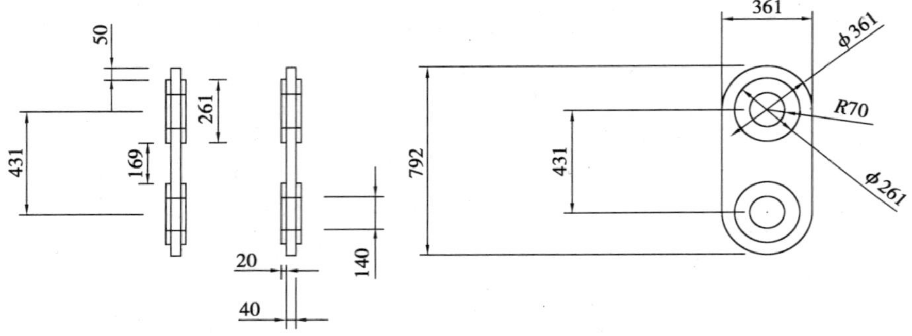

图 9 连接耳板细部图(单位:mm)

1)拉应力验算

$$\sigma = \frac{1.1 \times 1.2 \times P_1}{2 \times [(r_2 - r_1) \times (d_1 + 2d_2) + l \times d_1]}$$
$$= 1.1 \times 1.2 \times 610\ 000/[2 \times (60 \times 80 + 50 \times 40)] \text{MPa}$$
$$= 59.2 \text{ MPa} < 265 \text{ MPa}$$

Q345 钢材,厚度为 4 cm,抗拉强度设计值为 265 MPa,满足规范要求。

2)剪应力验算

$$\tau = \frac{1.1 \times 1.2 \times P_1}{(r_2 - r_1) \times (d_1 + 2d_2) + l \times d_1}$$
$$= (1.1 \times 1.2 \times 610\ 000)/[(60 \times 80) + 50 \times 40] \text{MPa}$$
$$= 118.4 \text{ MPa} < 155 \text{ MPa}$$

Q345 钢材,厚度 4 cm,抗剪强度设计值为 155 MPa,吊耳板经校核抗剪强度满足要求。

3)局部挤压应力验算

最不利位置在吊耳与销轴的结合处:

$$\delta_{cj} = \frac{KF}{d\delta} \leqslant [\delta_{cj}] = 1.1 \times 1.2 \times 610\ 000/(140 \times 80) \text{MPa} = 71.9 \text{ MPa} < [\sigma_{cj}] = 400 \text{ MPa}$$

$[\sigma_{cj}]$为 Q345 钢板的局部紧接承压容许应力,经查,端面顶紧承压应力为 400 MPa,满足要求。

4.5.3　销轴计算

销轴参考《机械设计手册》表 6.3.48 销轴公式进行计算。

1)转向耳板

取最不利情况,转向耳板销轴最小直径为 110 mm,受力 $F=1\ 220$ kN。

(1)销轴弯曲强度验算:

$$\sigma_b = \frac{F(a+0.5b)}{4\times 0.1d^3} = \frac{1\ 220\ 000\times 1.1\times 1.2\times(50+0.5\times 80)}{4\times 0.1\times 110^3}\ \text{MPa} = 272.2\ \text{MPa} < [\sigma_W^X] = 785\ \text{MPa}$$

式中,$[\sigma_W^X]$为销轴弯曲应力设计值,取 785 MPa。

(2)销轴剪切强度验算:

$$\tau = \frac{F}{2\times\frac{\pi d^2}{4}} = \frac{1\ 220\ 000\times 1.1\times 1.2}{2\times\frac{3.14\times 110^2}{4}}\ \text{MPa} = 84.8\ \text{MPa} < 530\ \text{MPa}$$

(3)销工作面的挤压应力:

$$\sigma_p = \frac{F}{bd} = \frac{1\ 220\ 000\times 1.1\times 1.2}{80\times 110}\ \text{MPa} = 183\ \text{MPa} < [\sigma_W^X] = 785\ \text{MPa}$$

销轴整体满足现场施工要求。

2)连接耳板

(1)销轴弯曲强度验算:

$$\sigma_b = \frac{F(a+0.5b)}{4\times 0.1d^3} = \frac{1\ 220\ 000\times 1.1\times 1.2\times(50+0.5\times 80)}{4\times 0.1\times 140^3}\ \text{MPa} = 132.1\ \text{MPa} < [\sigma_W^X] = 785\ \text{MPa}$$

(2)销轴剪切强度验算:

$$\tau = \frac{F}{2\times\frac{\pi d^2}{4}} = \frac{1\ 220\ 000\times 1.1\times 1.2}{2\times\frac{3.14\times 140^2}{4}}\ \text{MPa} = 52.4\ \text{MPa} < 530\ \text{MPa}$$

(3)销工作面的挤压应力:

$$\sigma_p = \frac{F}{bd} = \frac{1\ 220\ 000\times 1.1\times 1.2}{80\times 140}\ \text{MPa} = 143.8\ \text{Mpa} < [\sigma_W^X] = 785\ \text{MPa}$$

销轴整体满足现场施工要求。

4.5.4　电算验算

使用 Autodesk Simulation Mechanical 2017 有限元分析软件,对转耳板连接板进行整体建模计算,荷载取值根据手算结果施加于模型上。主要受力为钢箱梁重力和吊索转换的水平力,将中间通过跨缆吊机和吊索荡移的过程简化。计算模型和结果如图 10 ~ 图 13 所示。

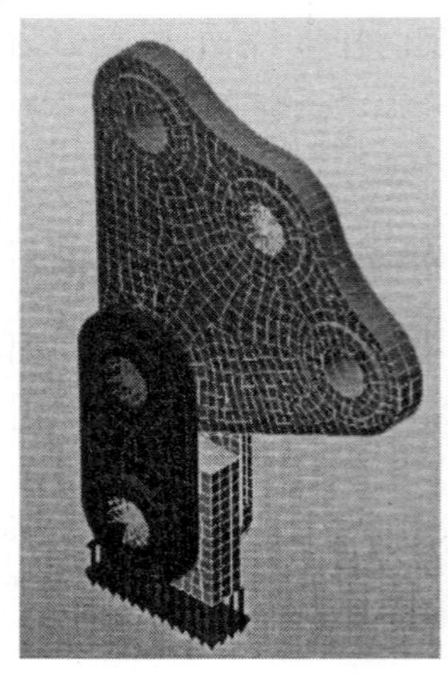

图 10　计算模型

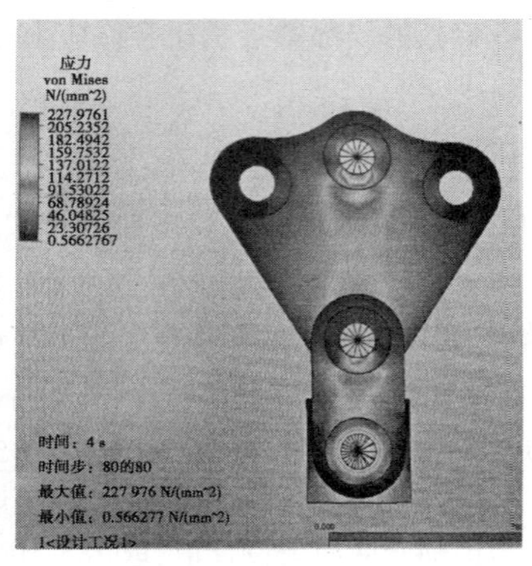

图 11　耳板最终施工阶段应力云图

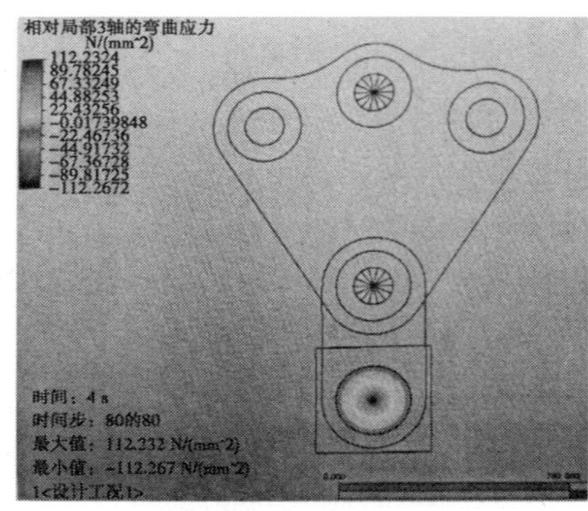

图 12　销轴施工阶段最大弯曲应力云图

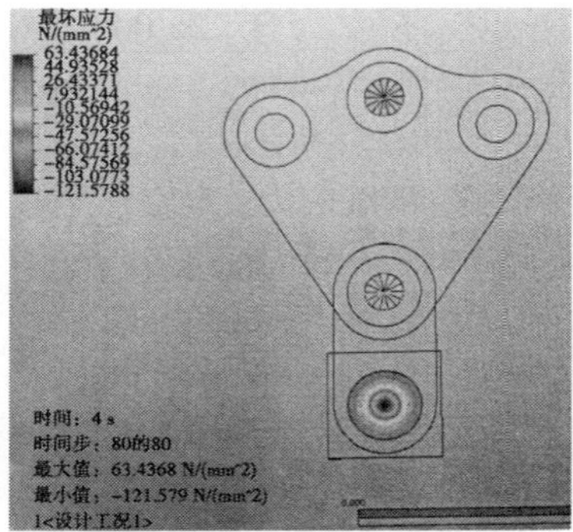

图 13　销轴施工阶段最大折合应力云图

由强度计算结果可知，耳板最大折合应力为 227.98 MPa < 250 MPa，满足规范要求；销轴最大折合应力为 121.558 MPa < 785 MPa，满足规范要求。

4.6　吊索的接长

每片钢箱梁吊点处永久吊索为双吊索结构，吊索接长过程中需要用到一个三合一吊耳板，即永久吊索的两根转换为单根吊索便于荡移作业。吊索接长装置和构造如图 14、图 15 所示。

图 14　荡移吊索连接

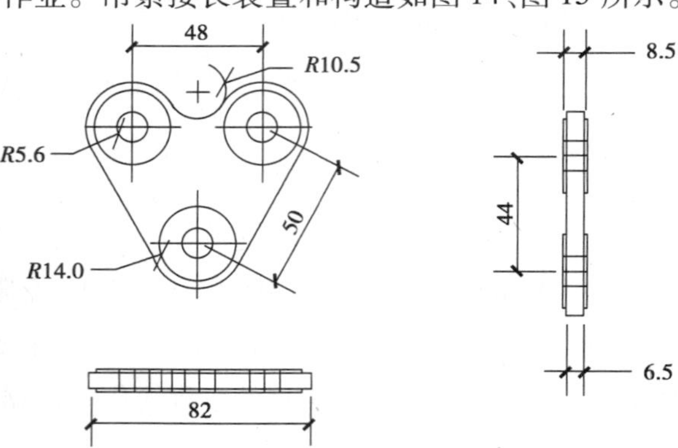

图 15　荡移吊索接长耳板构造图（单位：cm）

5 荡移施工

5.1 首次荡移作业

跨缆吊机提升梁段至预定高度，水平牵拉荡移吊索靠近转向耳板，人工利用吊篮进入钢箱梁顶部，完成吊索与转向耳板的连接，然后人员撤离。

检查各构件连接安全后，跨缆吊机缓慢放松钢绞线，吊具受到荡移吊索的水平分力作用后钢箱梁自动向岸侧荡移，钢箱梁荷载逐步转移到荡移吊索上。吊具下放过程中，钢箱梁由跨缆吊机和荡移吊索共同提升，直至钢箱梁完全悬挂在荡移吊索正下方，然后跨缆吊机继续放松钢绞线直至钢绞线处于松弛状态。

荡移过程接长吊索沿猫道纵向位移量大，需要在猫道上开孔以适应荡移运动轨迹，注意对开口的防护。

跨缆吊机放松吊具的过程中，荡移吊索的牵引系统要协同放松，避免荡移吊索受到塔顶卷扬机的额外牵拉力发生事故。

5.2 跨缆吊机行走和吊索锚头位置转换

跨缆吊机纵移过程中要保持钢绞线处于松弛状态，避免钢绞线受力。

钢绞线长度从25 号梁段荡移开始时的126 m，到完全荡移至60 号吊索上时钢绞线长度为133 m。然后跨缆吊机行走至26 号梁段位置时钢绞线长度不少于135 m，行走至27 号梁段位置时不少于139 m，到28 号梁段位置时不少于145 m，行走至29 号梁段位置时不少于152 m。跨缆吊机行走过程中注意监控。

5.3 二次荡移作业

跨缆吊机行走至29 号梁段（62 号索夹）位置处，调整钢绞线长度后分级进行钢绞线收紧作业，跨缆吊机逐渐受力。利用跨缆吊机的水平分力和竖向分力将吊索的荷载分配，最终跨缆吊机全部承担钢箱梁荷载，荡移吊索不再受力。

工人进入钢箱梁顶进行吊索的解除。钢箱梁下放（必要时水平牵引并下放在移梁轨道的移位器上）并落在移梁轨道上后解除吊具与钢箱梁的连接，跨缆吊机返回起吊位置。

解除荡移吊索与吊具的连接后，利用牵引系统将吊索放回60 号吊索位置，呈自由下垂状态。

岸上牵引系统（滑车组或电动葫芦移位器等）牵引位于移梁轨道上的钢箱梁梁段进入岸上存梁区域，为下一梁段荡移上岸留出位置。

5.4 荡移施工安全措施

5.4.1 荡移施工安全措施

（1）钢箱梁吊装和荡移阶段人员必须撤离钢箱梁顶部。

（2）荡移阶段需要观察转向耳板和连接耳板的工作状况，保证耳板正常旋转。

（3）荡移阶段必须对索夹拉杆进行紧固。

（4）利用边跨无吊索区索夹进行跨缆吊机的辅助固定，控制拉杆轴力满足要求。

（5）荡移过程中，操作人员必须听从指挥员的统一指挥命令。各机械操作手服从工班长的统一指挥。

（6）荡移过程中要保证钢箱梁吊运过程中的水平，必须根据不同梁段对吊具的重心进行反复调整。

（7）临时吊耳的安装质量要检查，吊耳不得无故进行切割扩孔，开裂的不得使用。

(8)测量人员随时监控检查梁段的水平情况,发现问题及时反馈,必要时采取辅助保险提拉措施。

5.4.2 辅助设施施工安全措施

(1)所有必要的吊篮需要安装好并严格按操作规程作业,安全绳必须挂好。

(2)跨缆吊机行走过程中,注意牵引索与钢绞线吊索不得冲突。

(3)加强对荡移设备的检查,发现异常及时进行更换。

(4)荡移作业完成后,要对用作工具的永久构件销轴等进行检验,损坏的不得用于工程实体。

(5)跨缆吊机行走过程中,注意控制钢绞线的逐步放松,但也不能过度放松。

(6)自制吊篮上下作业必须采用性能良好的卷扬机,卷扬机要协同作业,服从指挥。

(7)注意加强荡移区域的照明设施,保证各个工点夜间作业安全。

6 荡移作业可以改进和提升的地方

6.1 人员上下钢箱梁的辅助设施

钢箱梁荡移过程中,吊索的安装和拆除需要人工快速进入钢箱梁顶进行作业。专用建筑吊篮操作方便、安全性高,最好安装在跨缆吊机上,既能随跨缆吊机移动,又能在相应的位置进行人员上下,同时一个吊篮就能满足首次荡移、锚头转换、二次荡移后吊索拆除作业,不再需要其他辅助设施。

6.2 钢箱梁永久吊点位置调整

由于钢箱梁的吊点位置与钢箱梁的重心位置不吻合,因此荡移阶段只能将吊索与吊具连接。如果钢箱梁的吊点与重心重合,则荡移吊索和跨缆吊机的吊索分别作用于不同的位置,不存在水平分力,也不存在吊具转换作业。

7 荡移技术的应用前景

无支架荡移施工技术在万州驸马长江大桥的成功应用,将对大跨悬索桥钢梁吊装施工技术有重要的推动作用。利用此方案能够完成浅水或陆地区域钢梁吊装施工作业,既利用了厂内制造钢梁的标准化优点,又充分利用了跨缆吊机的起吊能力和永久索夹的定位功能。

参考文献

[1] 李志生,罗超云,李嘉明.嘉绍大桥主航道桥钢箱梁无索区施工方案比选[J].公路,2014(7):220-224.

[2] 江苏省长江公路大桥建设指挥部.长大跨径悬索桥上部结构安装关键技术研究[C].2009.

[3] 中交第二公路工程局有限公司.公路桥梁施工系列手册:悬索桥[M].北京:人民交通出版社,2014.

[4] 薛光雄,闫友联,沈良成,等.泰州长江公路大桥上部结构施工方案综述[J].桥梁建设,2009(4):59-63.

[5] 杨长虹,彭琳琳,陆锦平,等.恶劣水文条件下无索区钢箱梁安装方案研究与实践[J].黑龙江交通科技,2014(1):106.

[6] 陆凯华.三跨悬索桥钢箱梁吊装工艺浅析[J].江苏建筑,2015(3):43-44.

悬索桥端部钢箱梁临时安装技术探讨

李鸿盛

（中交第一公路工程局有限公司　北京　100029）

摘　要　悬索桥端部钢箱梁段由于无吊索，合龙后需要一端支撑在塔侧横梁上，一端与跨中钢箱梁焊接连接，但是初始安装阶段需要向边跨预偏一定距离保证合龙段起吊安装后移梁就位完成整桥合龙。常用的安装方案是采用落地支架法或托架法临时存放，根据国内外工程实际应用和研究成果创新采用前吊后支施工工艺完成端梁段的临时存放和后续合龙作业。本文介绍了该方法的关键技术，对今后类似工程施工将有重要借鉴意义。

关键词　无索区梁段　斜拉索　预偏　合龙

1　工程概况

万州驸马长江大桥塔侧钢箱梁节段长 11.85 m，无吊索，下横梁顶设置竖向支座、横向抗风支座进行固定，下横梁距离地面高度超过 90 m。根据施工工艺组织，端梁段需要先行存放在下横梁上并预偏一定距离，待全部钢箱梁吊装完毕后再将预偏部分的钢箱梁纵移就位完成整桥合龙。经过调研和方案比选，摒弃常规的支架或托架法，采用斜拉索临时悬吊方案，并根据端梁的临时安装高度和位置精确计算斜拉索的长度。

2　悬索桥无吊索区梁段常规施工方案

无索区梁段常用的安装方法包括支架法（固定支架法 + 移动支架法）、托架法、临时吊索法。舟山西堠门大桥、泰州大桥无索区梁段采用支架法进行端部钢箱梁的安装；海沧大桥由于场地限制和结构设计原因，索塔和锚碇的无索区梁段在支架法的基础上进行了活动支架的设计和应用；龙江大桥的钢箱梁安装采用在下横梁设置刚性托架进行梁段的临时存放。临时吊索法由于涉及临时索夹和长吊索的加工，应用不多。

不论支架法还是托架法，均是利用跨缆吊机完成钢箱梁的荡移上支架临时存放，然后利用支架顶、千斤顶进行梁段的高程调整，完成全桥钢箱梁的合龙施工。临时存梁工艺原理如图 1 所示。

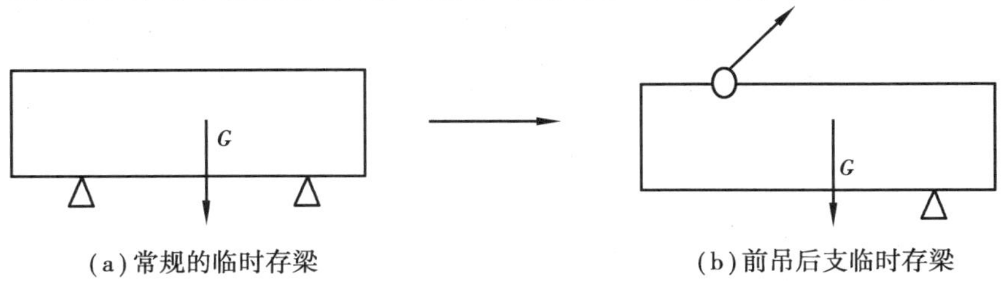

(a) 常规的临时存梁　　(b) 前吊后支临时存梁

图 1　临时存梁工艺原理

作者简介：李鸿盛（1971—），男，本科，教授级高级工程师。

3 钢箱梁利用临时斜拉索“前吊后支”可行性分析

3.1 “前吊后支”悬吊钢箱梁方案思路

在分析支架法安装的诸多不便的基础上，施工技术人员积极探索更加经济合理的施工方案，斜拉桥梁体的安装原理给了很多的启发。斜拉索的长度可以尽可能地缩短，同时要借助预埋在塔上的锚固钢板进行悬挂。只需要在钢箱梁上设置临时吊耳，钢箱梁与桥塔之间就可以简单地利用可调节拉索完成临时悬吊施工；竖向支座作为钢箱梁临时存放的后支点，只需要完成顶面高程的控制就可作为钢箱梁临时存放的工具支点。支座的上钢板可以通过详细计算与监控的对比后，给出预偏位置并与钢箱梁底支座底板先行连接完毕。

3.2 悬吊设施布置思路

斜拉索的作用点和长度需要结合钢箱梁和桥塔的结构形式、特征综合考虑，斜拉索的角度也决定了拉索承受的拉力以及梁段端部需要抵抗的水平分力。同时还要兼顾到塔侧原来预埋的钢板位置，并尽可能缩短临时拉索长度。

临时悬吊系统如图 2 所示。

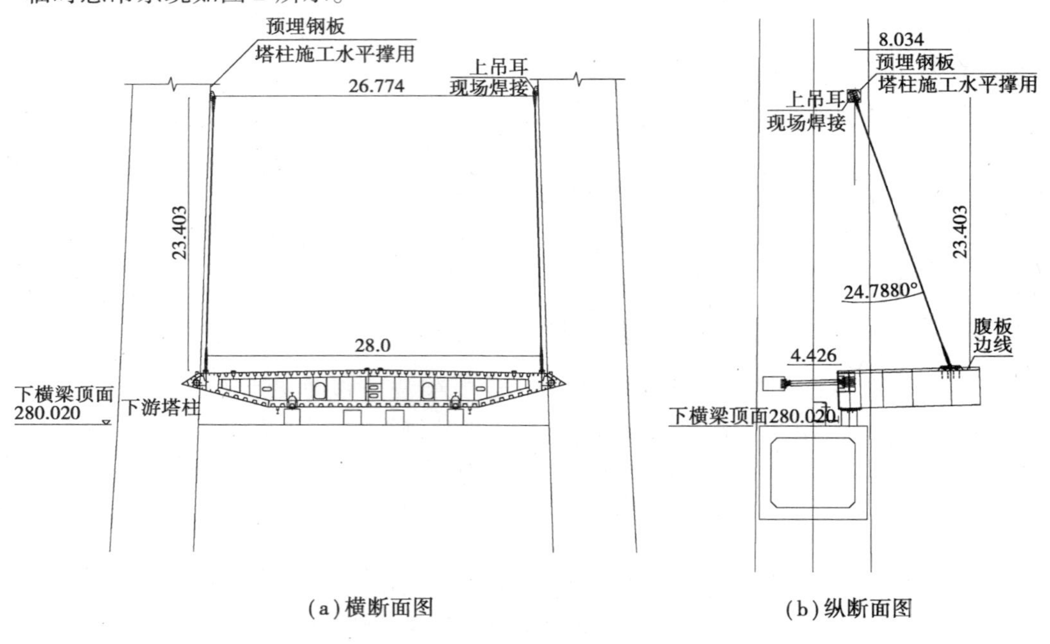

(a) 横断面图 (b) 纵断面图

图 2 临时悬吊系统(单位:m)

3.2.1 拉索对钢箱梁临时吊点的要求

拉索与钢箱梁连接部位吊耳板采用与永久吊耳相同的结构形式，并经过验算确定临时吊耳板的厚度、连接销轴的规格。

3.2.2 拉索对上锚固点的要求

拉索的上锚点位置和锚固方式根据结构形式有多种选择，但最主要是考虑经济、安全和便于操作。利用主缆和临时索夹作为顶部悬吊点是通常的做法，需要增加临时索夹，吊索长达 100 m，且靠近索鞍处的主缆直径因为鞍槽结构形式而存在天然的不均匀，因此设计合理的锚点需要在索塔施工阶段就提前进行考虑。

悬索桥的索塔一般为 H 形,塔肢内倾。塔柱上的锚点需要根据钢箱梁的吊点横向间距、吊索的合理倾斜度,同时考虑锚板的工作原理后进行确定。采用化学锚栓方式固定锚固耳板能够满足锚点的力学性能要求,但是由于采用高空作业完成钻孔、植筋等工作,安全风险高。如果采用预埋套筒连接的方式,则需要严格控制预埋件的位置,确保与锚板的精确装配。

本项目索塔施工阶段的主动横撑安装预埋装置没有拆除。经过验算,该装置的锚筋规格、数量和锚筋间距与悬吊钢箱梁所需的强度和稳定性满足施工要求,因此在综合植筋和主缆顶悬吊受到限制后,需要设计一种锚固耳板装置通过套筒接长锚筋并用螺栓固定在塔侧,以满足斜拉索的上部锚固要求。

1)锚固装置设计验算

吊索临时锚固装置安装在桥塔一侧,根据塔侧预埋钢板的大小以及锚栓钢筋的规格数量等进行整体设计后确定,并应用 Autodesk Simulation Mechanical 2017 有限元软件进行仿真验算。通过 Autodesk SimStudio Tools 2016 R2 将上吊耳绘制成三维实体图导入 Autodesk Si mulation Mechanical 2017 中建立模型及边界条件,施加荷载进行仿真计算。

实体网格划分为三维网格划分,采用软件自动进行网格划分,网格尺寸为 5 mm(图 3)。

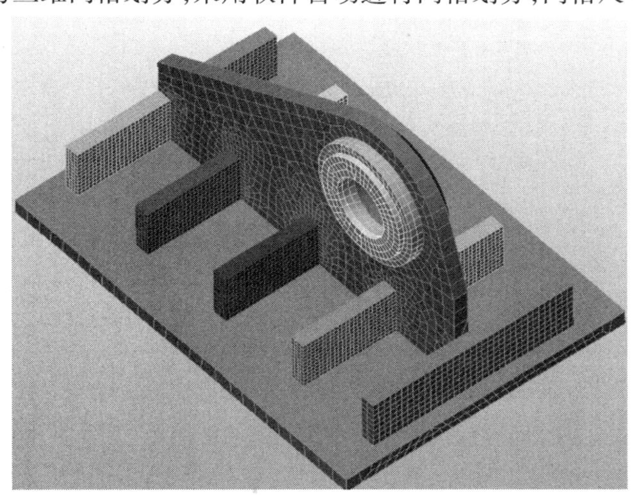

图 3　计算模型上吊耳实体网格划分

2)模型边界条件

底板与索塔柱内侧预埋钢板采用周边焊接,软件中采用四条边固结模拟(图 4)。耳板与底板、加劲板与耳板、销轴处圆形加强板与耳板、加劲板与底板均采用表面接触-焊接模拟。

为了便于施加荷载,建立了销轴 1∶1实体模型,并划分了实体网格,销轴与耳板孔周边、销轴与圆形加强板均采用软件中表面接触-黏结(图 5)。

3)施加荷载

吊索最不利工况下受到荷载为 1 133 kN,作用到上吊耳销轴上,销轴计算受压 60 MPa(图 6)。

4)计算结果

计算结果如表 1、图 7 所示。

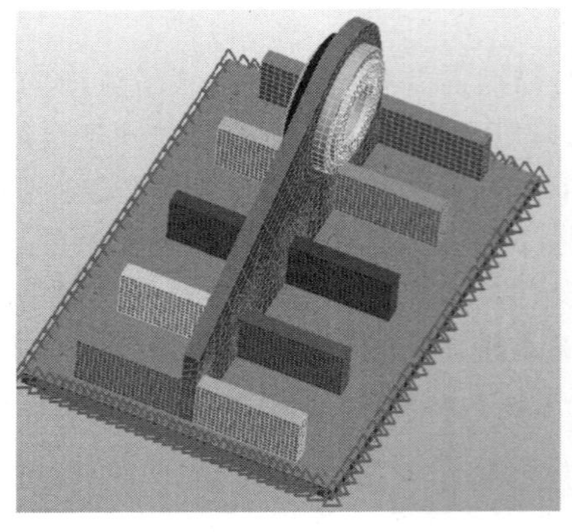

图4　板块之间的边界条件

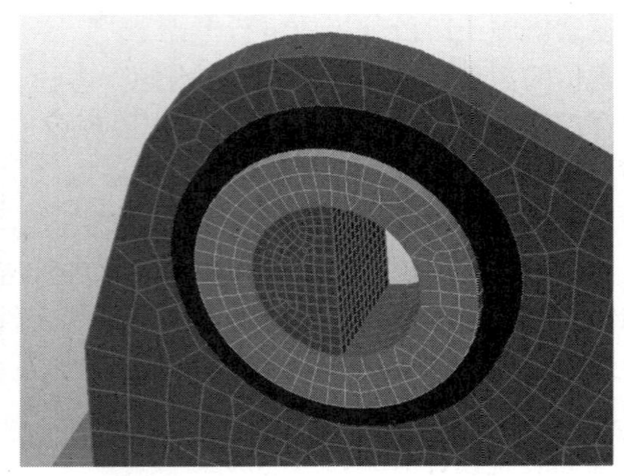

图5　销轴与耳板孔及圆形加强板之间的边界条件

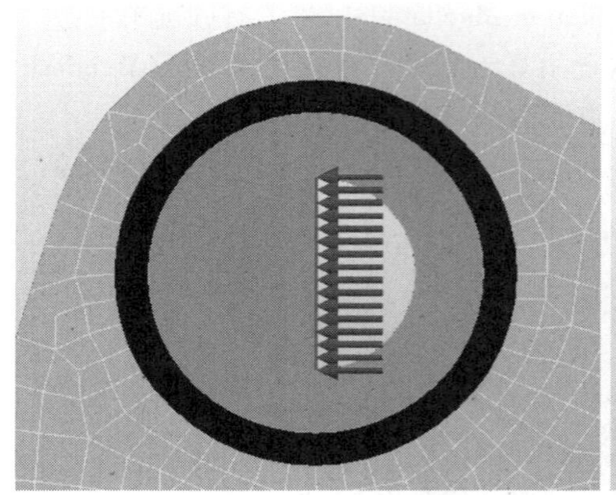

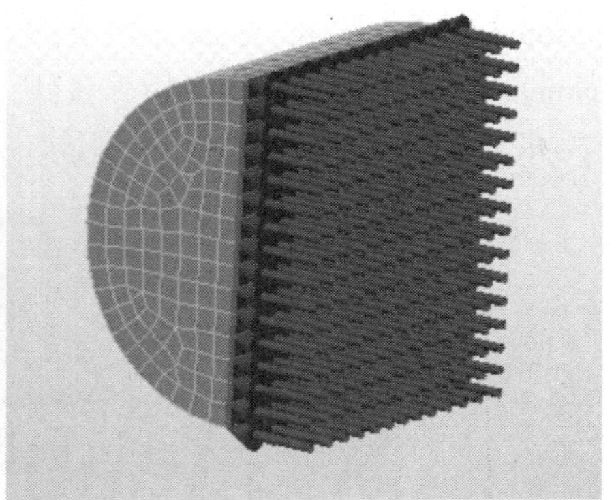

图6　销轴受到吊索传递的荷载

表1　锚固耳板各部件计算结果

部件	最不利工况下最大应力/MPa	允许应力/MPa	最不利工况下安全系数	正常使用下安全系数
耳板	303.0	295	0.97(需要局部加强)	1.94
加劲板1	151.0	295	1.95	3.9
加劲板2	319.7	295	0.92(需要局部加强)	1.84
圆形加强板1	195.2	295	1.51	3.02
圆形加强板2	161.0	295	1.66	3.32
底板	159.4	295	1.83	3.66
销轴	193.3	706	3.65	7.30

3.2.3　前吊后支工艺对斜拉索的要求

斜拉索需要完成钢箱梁与桥塔的临时连接作业,因此它的连接装置需要与上、下锚点一并考虑,而且上、下锚点的方位也决定了斜拉索的锚头需要进行扭转布局。

其次,钢箱梁的质量大部分需要由斜拉索承担,因此斜拉索的钢丝数量和规格需要综合考虑安全系统、极限承载能力、风荷载后才能确定。

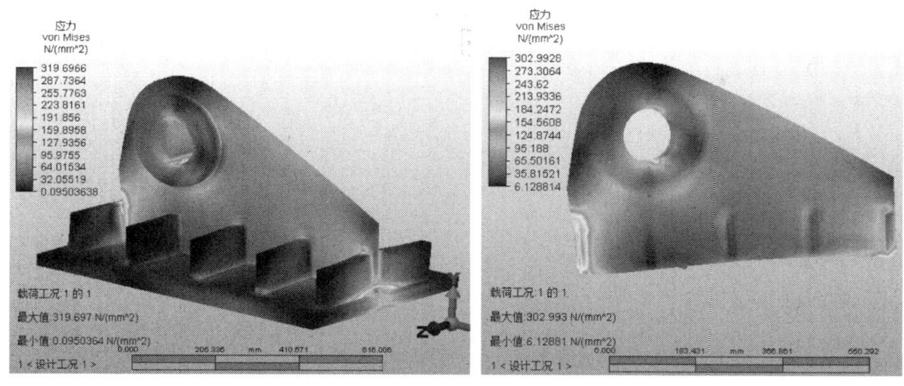

(a) 上吊耳整体最大应力(319.7 MPa)　　(b) 耳板最大应力(303.0 MPa)

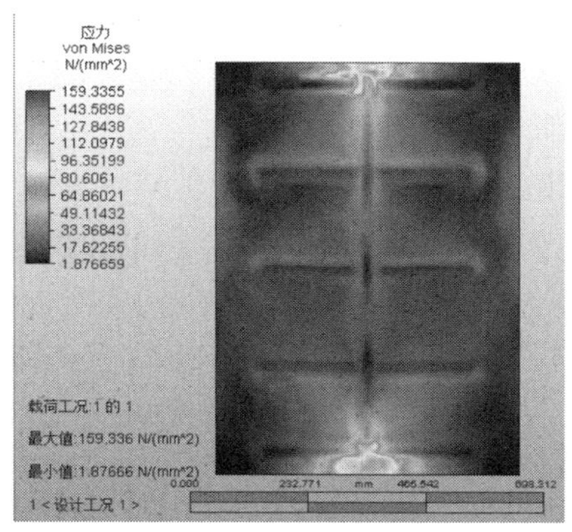

(c) 底板最大应力(159.3 MPa)

图 7　塔侧锚固耳板应力云图

斜拉索的长度需要根据上、下锚点的空间位置通过精确模拟后确定(图 8)。斜拉索的调节长度则根据钢箱梁安装阶段端部设计高程、主缆和拉索的变形以及钢箱梁整体线形统筹考虑后确定(图 9)。本项目钢拉索设置了调节量达 200 mm 双向调节螺母结构形式。

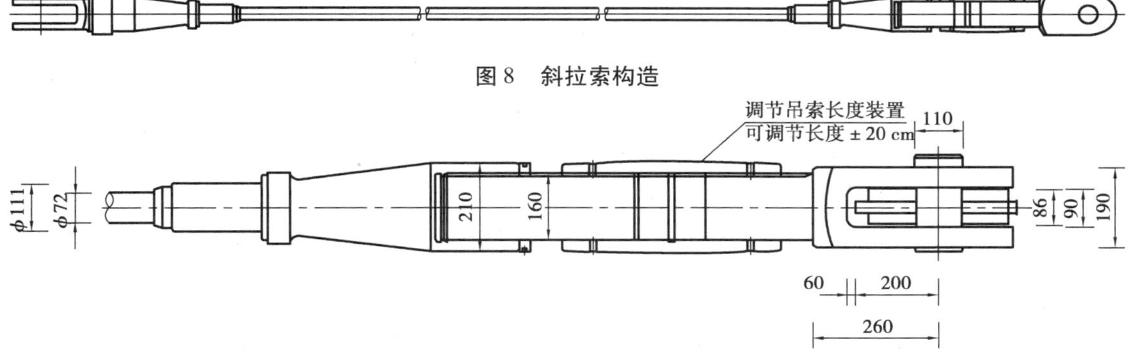

图 8　斜拉索构造

图 9　可调节斜拉索构造(单位:mm)

为避免钢箱梁临时悬吊阶段对拉索伸长量的影响,吊索制造要求采用有应力灌锚工艺,消除拉索无应力制造误差的影响。

斜拉索的长度在没有受力的阶段能够自由调整,一旦拉索受力,则需要专用设备辅助进行提升后调整(图10)。施工中可以利用跨缆吊机提升钢箱梁后,根据需要进行拉索长度调整,跨缆吊机离开后则需要其他设备辅助完成索力、索长调整。可以用塔顶卷扬机滑车组,提升吨位为100 t,也可以利用专用工具(如千斤顶)进行调整。

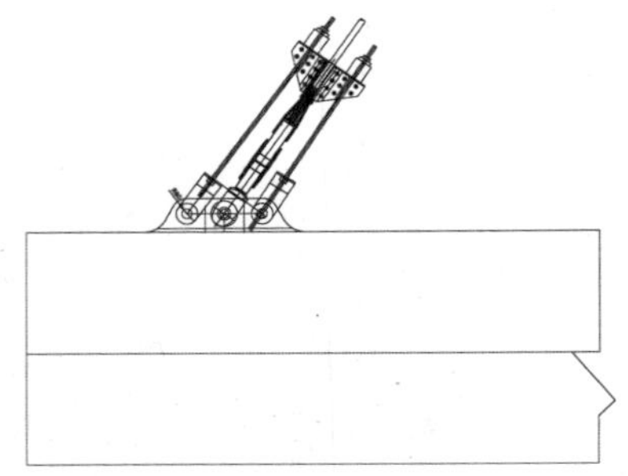

图10 斜拉索长度调整工装构造

4 先吊后支施工关键技术

4.1 钢箱梁顶临时悬吊耳板的设计与施工

由于钢箱梁端梁段为无吊索梁段,钢箱梁纵腹板无吊耳,为了完成钢箱梁与临时吊索的连接,需要在钢梁两侧设置临时吊耳装置。根据钢箱梁纵腹板的结构特征经设计验算,有吊索梁段的吊耳孔为4个,端梁处根据使用需要设3个吊耳孔。对吊耳处的钢箱梁纵腹板重新进行设计,纵腹板尺寸按永久吊耳的尺寸进行施工,吊耳孔机械加工成型,吊耳孔处进行筋板加强处理。

4.2 无索区梁段与有吊索梁段的永久连接工艺

为完成无索区梁段与有吊索梁段的合龙施工,需要将端梁提升并拆除斜拉索和刚性支撑,使端梁段向跨中侧整体移动并与相邻连段进行连接。在端梁与相邻梁段之间的连接有足够的承重能力后解除提升装置,使端梁能随其他梁段协调进行纵向移动和以竖向支座为中心进行竖直方向的转动。

完成此项工作可以利用跨缆吊机、塔顶卷扬机滑车组、千斤顶、倒链、二氧化碳气体保护电焊机等设备完成。同时,需要准备高强螺栓连接顶板U形肋代替临时匹配件、用焊接马板的方式对底板进行临时连接,以适应解除斜拉索后端梁重力的重新分配。

4.2.1 跨缆吊机辅助作业法施工工艺

跨缆吊机在塔侧进行固定,吊具吊点位置进行调整后下放至桥面顶部。

利用滑车组与钢箱梁吊具连接,并水平牵引至临时吊耳处与钢箱梁连接。

跨缆吊机提升钢箱梁,拆除斜拉索和刚性支撑。

放松滑车组将钢箱梁向跨中侧偏移40 cm后固定支座与钢箱梁的连接,并用木楔等对端梁的端部进行简单锁定。锁定是指端部纵向不能移动,横向进行限位(牛腿处的方木支撑控制两侧等距)。

连接N33与N32的匹配件、拉杆等。必要时对梁段的高差和左右偏位利用手拉葫芦进行调整。

放松N31与N32的匹配件处的拉杆和匹配件转换成高强螺栓连接,使N31与N32之间能在外力作用下适当转动。

测量端梁支点位置钢箱梁顶部高程和1号吊索处钢箱梁顶部高程。计算纵坡。

首先,检测N33梁段支座处横隔板与N32梁段吊点处中心的折线梁体长度。理论长度为18.07 m,允许误差为5 mm。超出界限时,需要调整梁顶匹配件拉杆的松紧程度。

测量A到C点之间的高度,并计算纵坡i。

利用跨缆吊机加载,提升N33梁段,使N32随着N33竖向转动,调节端部梁段的纵坡,使B检测点的标高$=A+8.47\times i\%+0.004$。

重复上两个工序，直至 B 点计算标高与上次的差异小于 4 mm。

完全符合要求后进行几个梁段的锁定，焊接马板进行钢箱梁梁段间的环缝焊接后拆除端梁与跨缆吊机的连接，完成无吊索梁段与有吊索梁段的永久连接（图 11）。

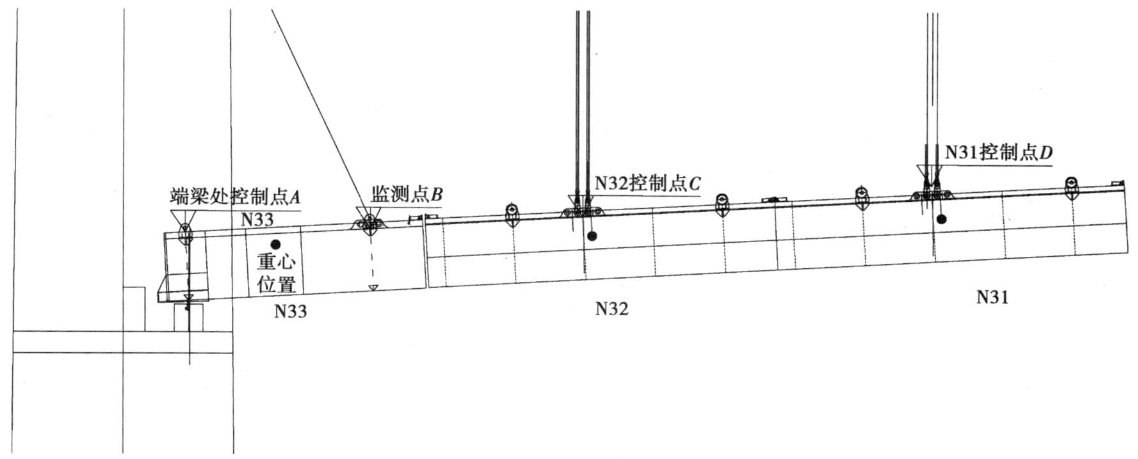

图 11　端梁安装线形调整工艺图

4.2.2　端梁携带相邻梁段整体预偏法施工工艺

此种方法不需要跨缆吊机配合，但是对端梁的初始安装位置要求极其严格，以保证相邻梁段向塔侧预偏后正好与端梁完成匹配连接，梁段高程和纵坡符合监控计算要求。安装马板并完成相邻梁段之间的环缝焊接后，拆除端部水平钢支撑，启动水平牵引系统将端梁和相邻梁段继续向边跨牵引，直至端梁的自重完全由相邻梁段提吊，斜拉索呈松弛状态。解除斜拉索与钢箱梁临时悬吊耳板的连接。放松水平牵引系统滑车组，利用千斤顶将端梁段水平向跨中顶推至安装位置。

5　"前吊后支"施工方案的应用前景

无支架端梁安装施工技术在万州驸马长江大桥的成功应用，对大跨悬索桥钢梁吊装施工技术有重要的推动作用。利用此方案能够完成无索区梁段的无支架安装作业，既利用了桥塔以及横梁作为钢箱梁临时支撑体系的优势，又利用有吊索梁段的环缝作用完成体系转换并快速完成钢箱梁的合龙作业，成桥线形精度满足监控计算要求，经济和社会效益显著。

参考文献

[1] 牛亚洲，郝胜利. 大跨径悬索桥钢箱加劲梁安装技术研究[J]. 公路，2015(5)：83-89.

[2] 薛光雄，阎友联，沈良成，等. 泰州长江公路大桥上部施工方案综述[J]. 桥梁建设，2009(4)：59-63.

[3] 唐茂林，许宏亮，沈锐利，等. 西堠门大桥无索区梁段线形调整 [J]. 公路，2009(1)：43-47.

[4] 中交第二公路工程局有限公司. 公路桥梁施工系列手册：悬索桥[M]. 北京：人民交通出版社，2014.

[5] 卢伟，邓享长，杨明，等. 西堠门大桥北边跨锚侧钢箱梁安装技术[J]. 公路，2010(7)：47-52.

无吊索钢箱梁安装技术

毛超军　荣　伟　杨　洋

（中交一公局第三工程有限公司　北京　100029）

摘　要　悬索桥无吊索区梁段的安装是悬索桥上部结构安装施工过程中的一个重大技术难题。目前，常用的施工方法是支架法或托架法临时固定，也有采用加工临时索夹＋吊索进行端梁的临时固定。本文以万州驸马长江大桥无吊索梁段施工为例，采用在主塔上设置吊点，再加上斜吊索的临时固定的方式，为无吊索梁段的临时固定提供了新思路。

关键词　加劲梁安装　斜吊索　支座　前吊后支

1　概　述

万州驸马长江大桥是主跨为 1 050 m 的单跨钢箱梁悬索桥，共分 66 个梁段（3 种类型）：标准梁段（B 类）长 16.0 m，共 63 个；跨中梁段（C 类）长 14.4 m，1 个；特殊梁段（A 类）长 11.85 m，共 2 个。B 类和 C 类均为有吊索梁段，A 类梁段端部支撑于索塔下横梁支座上，跨中侧与相邻梁段通过环缝焊接成整体，为无吊索钢箱梁结构。

万州驸马长江大桥立面如图 1 所示。

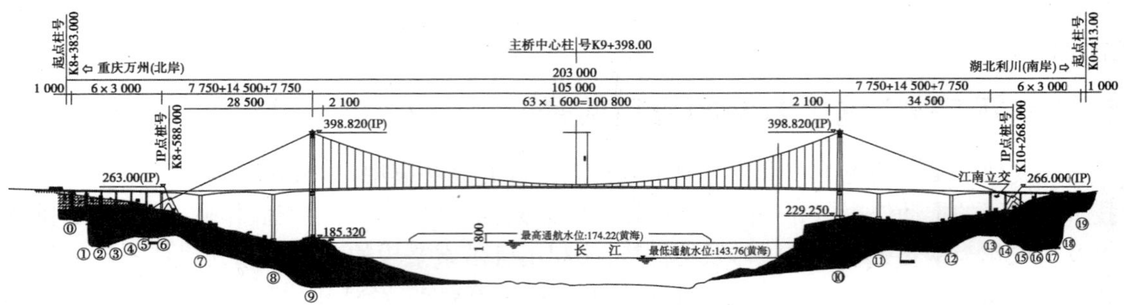

图 1　万州驸马长江大桥立面图

作者简介：毛超军（1986—），男，本科，工程师。

荣　伟（1992—），男，本科，助理工程师。

杨　洋（1990—），男，本科，技术员。

2 方案比选

2.1 托架法

钢梁安装前,需要提前安装大型钢托架,单个梁段需要2组4片托架,托架上布置分配梁和钢梁预偏及复位用位移轨道和大吨位移位器,梁端底设计有滑移轨道支墩,支墩采用ϕ630 mm×6 mm钢管柱。为了调整4个支点水平和精确调整钢梁悬臂段桥面标高与相邻梁段匹配,在移位器上固定100 t扁形千斤顶。托架预压采用液压千斤顶和钢绞线来完成。

梁端托架设计如图2所示。

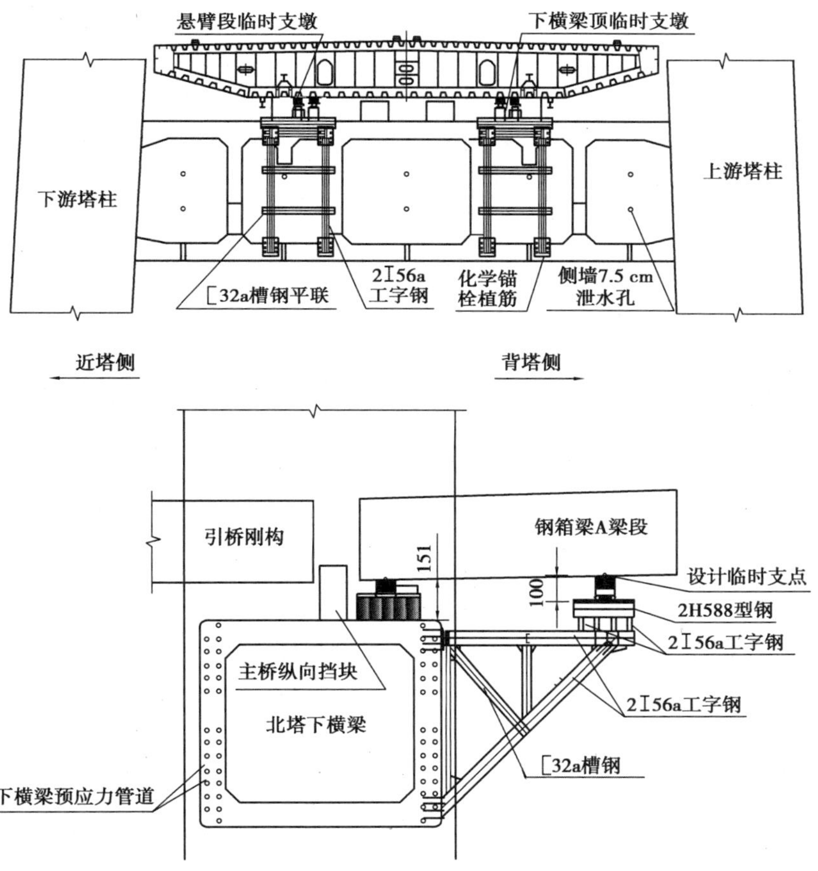

图2 端梁段托架施工设计图

2.2 前吊后支法

无吊索梁段前吊后支技术是利用预先安装在两个索塔塔肢上的斜拉索,将一端放置在竖向支座上,一端悬空的钢箱梁悬臂端进行提升,保证钢箱梁在无支架的情况下仍然保持稳定的施工工艺(图3)。为了消除斜拉索对钢箱梁产生的纵向水平分力,制作了两根能锁定的钢支撑对钢箱梁端部进行支顶。端梁在初始安装阶段需要提前向塔侧进行一定距离的预偏,待合龙段吊装完毕后再利用吊装设备将预偏的端梁提升,并解除斜拉索和钢管支撑的约束后牵引至设计位置,完成全桥合龙。

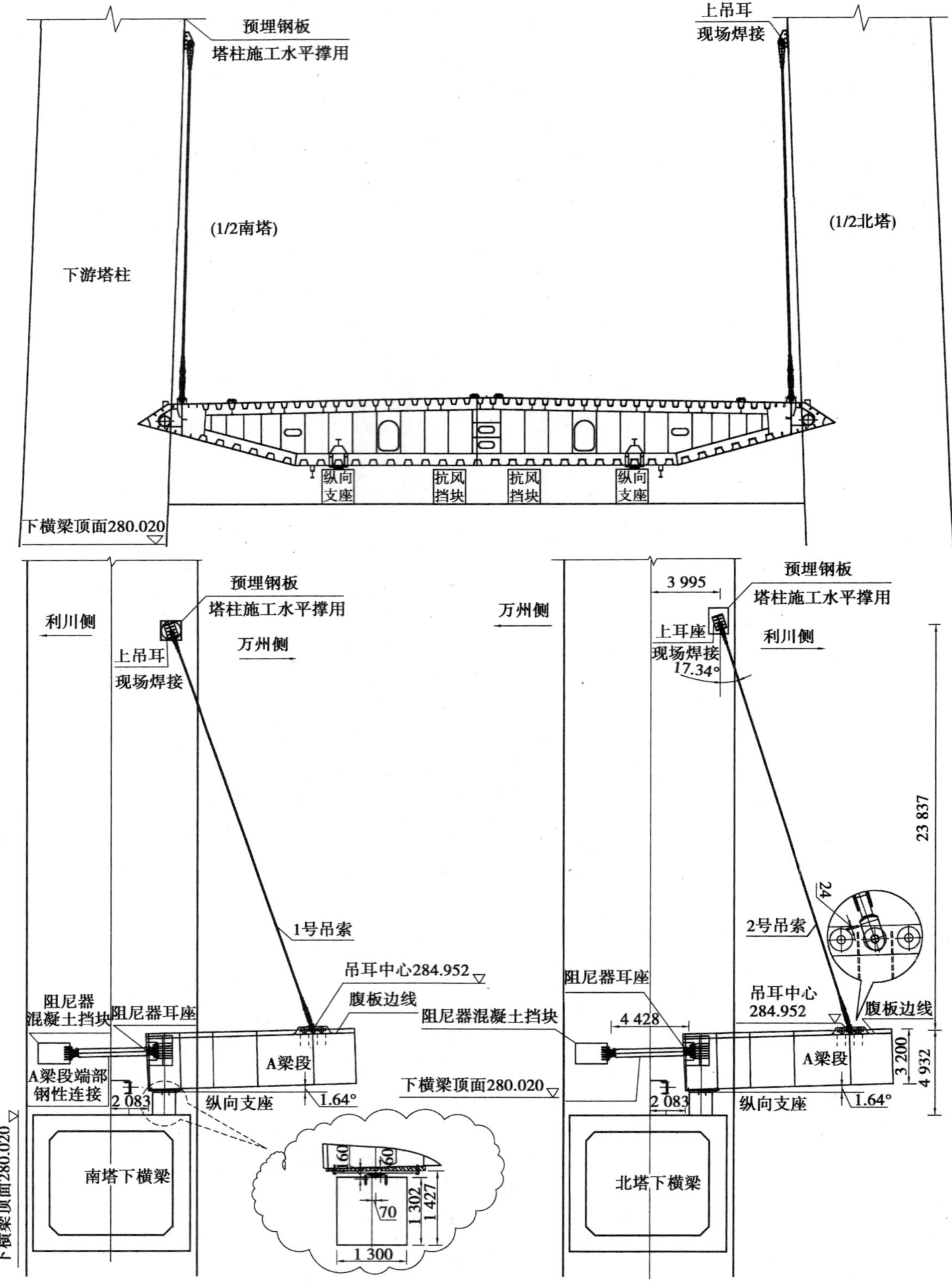

图 3　端梁段悬挂临时吊索法施工设计图

现将托架法与前吊后支法进行分析对比，如表1所示。

表1 托架法与前吊后支法对比分析表

项目	托架法	前吊后支法	对比
安全性	植筋难度大，且易对钢绞线造成影响；托架顶标高控制难；A梁段预偏过程对托架有冲击，风险大	索塔侧上吊耳与索塔横撑用预埋板焊接质量保证，临时吊索索长调整；A梁段预偏时，纵向位移大于支座位移设计值	前吊后支法优
进度	总体工期20天	总体工期4天	前吊后支法优
经济性	总费用202.6万元	总费用26.32万元	前吊后支法优
先进性	国外常用，国内已有工程案例	国内未见工程案例	前吊后支法优

综上所述，从施工安全、成本、进度上来看，前吊后支法具有较好的优势，而且从施工先进上来说，前吊后支法具有更为显著的优势。

3 前吊后支施工技术

3.1 施工准备

3.1.1 吊索制造

前吊后支施工工法中的“吊”采用临时吊索给端梁段前端提供竖向约束，吊索长度、截面和材料等选择十分重要（图4、图5）。考虑到临时吊索在生产时可能存在误差、施工时存在临时的变动或突发情况，吊索设计时安全系数要在3以上，且下端锚具采取套筒式设计，使其有±20 cm的调节长度（图6）。

图4 斜吊索构造

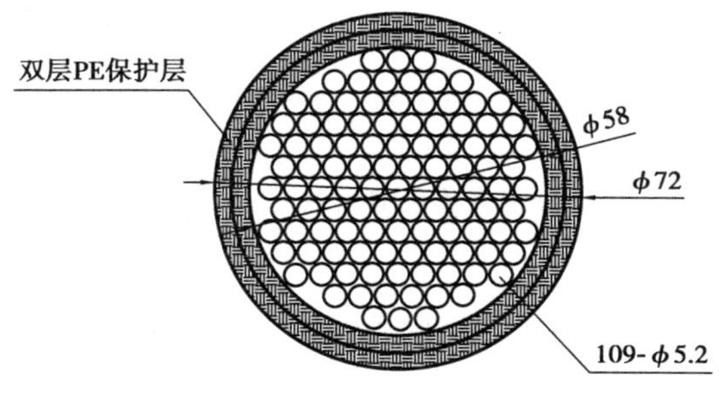

图5 吊索截面（单位：mm）

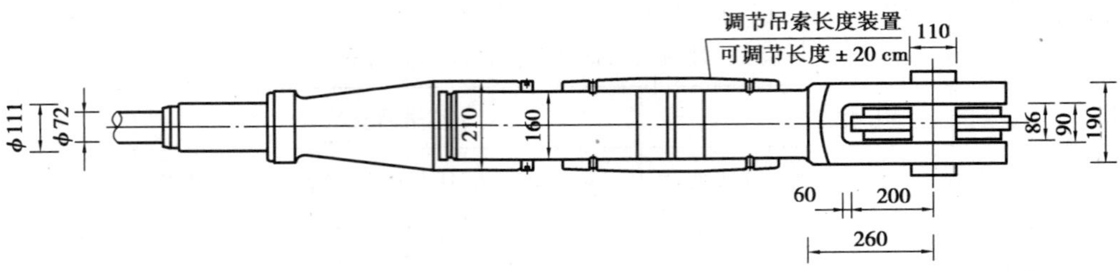

图6 下端锚具构造(单位:mm)

3.1.2 锚固装置制造

"前吊"锚固装置需要在端梁段和塔身上安装。锚固装置要根据端梁段各种工况下可能产生的最大荷载并附加足够的安全系数进行计算,确保锚固装置在最不利的工况下满足施工要求(图7、图8)。

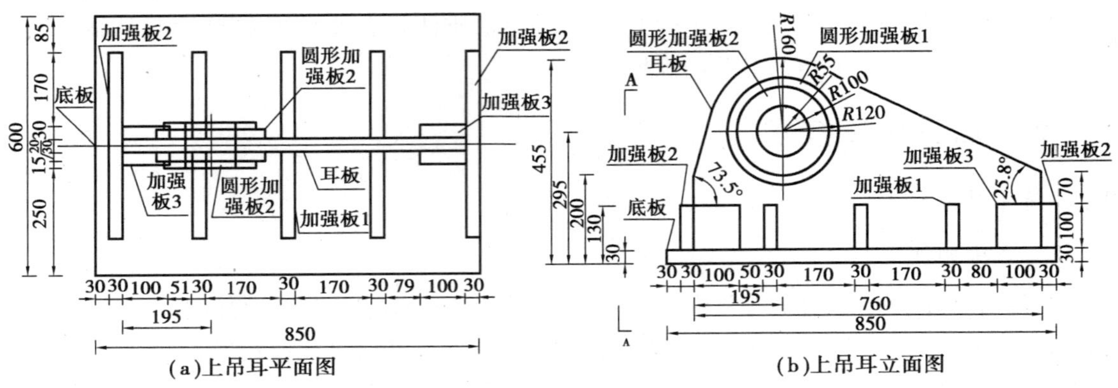

图7 上吊耳构造(单位:mm)

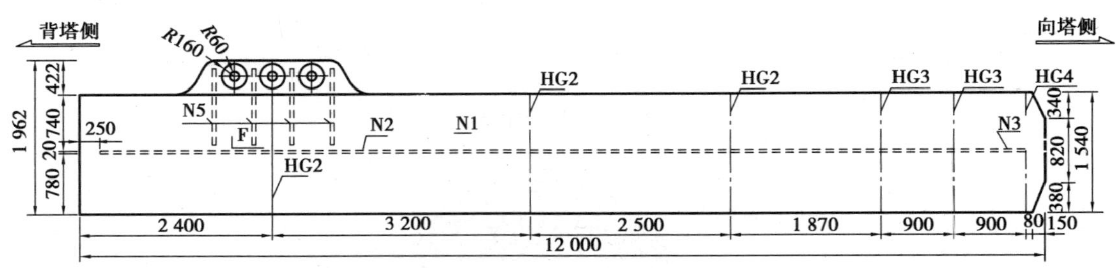

图8 无吊索梁段临时吊点图(单位:mm)

3.1.3 端梁支座安装

支座是提供端梁段永久竖向约束的重要结构,主要由支座垫石和竖向支座两个部分组成。

1)支座垫石

支座垫石高度要根据桥塔实际标高和监控给定的成桥线形进行换算,在浇筑时一定要准确控制立模高度及预埋件的位置(图9)。浇筑完成后,测量支座垫石高度及四角高差,必要时对支座垫石进行打磨。

图9　支座垫石立模

2）竖向支座

竖向支座加工完成后，由专业单位人员进行安装。根据设计图，精准放样定位后将支座定位安装，并复核其标高及轴向位置。

3.1.4　纵向约束系统制造

该施工技术"后支"使用的是临时钢管，钢管两端则固定在阻尼器永久底座上（图10）。根据端梁预偏后的安装线形及受力情况进行分析计算，确定钢支撑的规格。

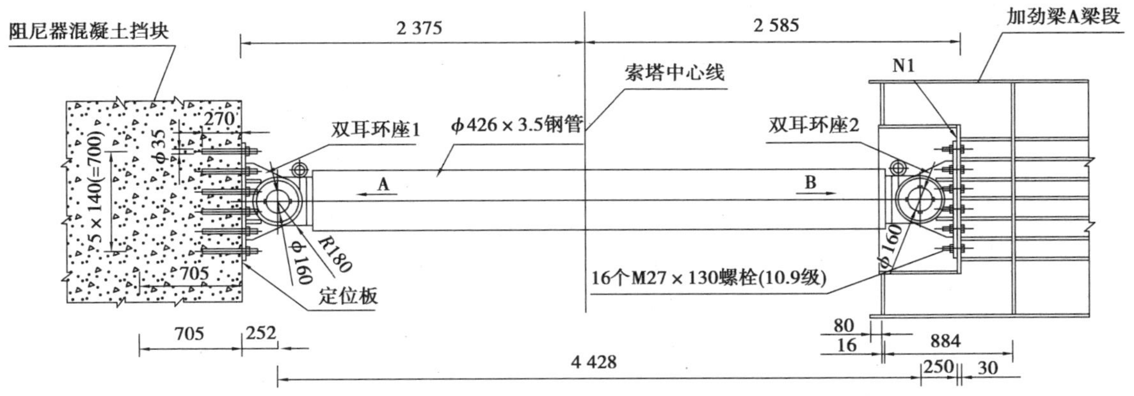

图10　抗滑移刚性连接（单位：mm）

3.1.5　牵引装置安装

由于主索鞍附近主缆直径不规则，跨缆吊机停机位无法直接起吊安装端梁，需适当水平牵引后就位。牵引装置的主要作用是在端梁段提升到一定高度时，将端梁段水平牵引至安装位置。牵引系统包括卷扬机和滑车组，卷扬机固定位置可以根据现场情况和桥梁构造来决定，可以在引桥布设卷扬机，也可以利用塔顶门架上的卷扬机。

3.2　钢箱梁提升

3.2.1　竖向提升

端梁段荡移上岸，跨缆吊机行走至起吊位置后，安装吊具，先垂直起吊，提升过程中要注意梁端高度,在梁底略高于支座顶面时停止起吊,转为水平牵引作业,确保施工安全及效率。

3.2.2 水平牵引

梁段到达指定高度后,进行滑车组的连接并水平牵引,现场人员根据梁段的实际位置指挥跨缆吊机和卷扬机的收放,待水平牵引到位后,缓慢释放跨缆吊机钢绞线,使梁段落下(图11)。拽拉过程中,必须时刻观测梁段水平及纵向位置,防止梁体与塔柱或垫石剐蹭。

图11 钢箱梁水平牵引

3.3 纵向约束钢管安装

钢梁就位时,先将纵向约束钢管安装就位,确保梁端安装在预偏位置(图12)。在安装钢管时可能有施工空间不足的问题,在打入销轴时非常不便,可以考虑在吊装钢梁前先将钢管一端固定在桥塔侧阻尼器基座上,钢梁牵引过程中再与纵向约束——钢管相连。

图12 纵向支撑连接

3.4 斜吊索安装(图13)

斜吊索上耳座在加工完成后焊接在主塔预埋钢板上,预埋钢板可以利用桥塔施工时横向顶撑所用的钢板。没有预埋钢板时,可以考虑使用化学锚栓锚固。

同时,在钢箱梁吊装之前,将支座上钢板约束解除并向塔侧预偏40 cm,保证大桥合龙时有足够的空间起吊合龙段。预偏量应在吊装前根据计算和经验值确定。

为提高工效,钢箱梁起吊前将斜吊索挂于上耳座,在钢管支撑安装完成后,用手拉葫芦将吊索下锚头牵拉至钢箱梁临时吊耳位置进行安装。待人员撤离梁面后,将跨缆吊机逐级卸载,直到荷载全部由斜吊索、支座和钢管承担,拆除吊具,使梁段悬吊于主塔。待大桥合龙后,继续进行下一道施工工艺。

图 13 安装斜吊索

3.5 竖向支座上钢板定位

3.5.1 温度测量

温度对于钢结构体系产生的影响很大,因此定位之前首先要对环境温度进行测量,以修正可能产生的偏差。

3.5.2 梁长确定

在大桥焊接到最后一段时,要对整座桥的长度进行测量,严格控制桥体长度,使其满足质量评定标准,对于多余的长度应精确地切除。

3.5.3 上钢板回位

对于支座上钢板的预偏,在梁端焊接前应当将预偏量回位,使端梁段到达成桥位置,然后进行相邻梁端焊接。

3.6 端梁和相邻梁段的连接

大桥合龙后,借助跨缆吊机提升端梁段进行回位,用马板将两片梁精确固定,确保两片梁纵坡、端梁位置及桥轴线的指标满足设计值要求。马板固定后,对梁端环缝进行焊接。待焊接完成后割除马板,临时吊索用的锚固装置也应拆除,然后对塔体进行外观的修复。

3.7 抗风支座安装

全桥合龙后,将横向抗风支座与钢梁支座牛腿连接,控制支座的厚度后与垫石侧预埋钢板焊接。该过程作业空间有限,可以借助长扳手进行紧固,并且在支座安装完成后对螺栓紧固力及焊缝进行检测。

4 施工关键点控制

(1)耳座加工质量、加工精度和装配焊接质量,即钢板厚度、规格尺寸、焊缝质量必须达到设计要求。

(2)斜吊索加工质量、张拉状态下的下料长度控制、锚头灌注质量必须严格控制。吊索下料长度是控制钢箱梁线形的关键,设计阶段应进行全面的受力分析。

(3)加劲梁吊装前,应对竖向支座顶面标高进行多次复核,避免吊装完成后与设计线形不符,影响后期作业。

5 结 论

本文以万州驸马长江大桥无吊索加劲梁安装施工为例,介绍了无吊索加劲梁吊装的技术与施工经验,在实际工程中具有较高的推广应用价值。

(1)利用斜拉索对钢箱梁悬臂端进行斜拉锚固,代替常规托架法进行无吊索区钢箱梁的临时安装,提前进行钢箱梁的预偏为整桥合龙提供了足够的作业空间,施工工艺简单、线形控制精度高,高空支架作业量减少,安全性能提高。

(2)利用塔柱表面的预埋钢板作为端梁的锚固装置,相较于利用主缆上设临时索夹,并悬挂较长的临时吊索工艺,其斜拉索长度缩短75%,无临时索夹的制造费用。

(3)设计应进一步注意横风带来的影响,优化设计,以使该技术更广泛适用于海上等有大风的区域。

参考文献

[1] 中华人民共和国行业标准. 公路桥涵施工技术规范(JTGT F50—2011)[S]. 北京:人民交通出版社,2011.

[2] 中交第二公路工程局有限公司. 公路桥梁施工系列手册:悬索桥[M]. 北京:人民交通出版社,2014.

[3] 中交一公局万利万达项目总部驸马长江大桥一分部. 驸马长江大桥上部结构安装实施性施工组织设计,2015.

[4] 钟继卫. 大跨度悬索桥钢箱梁吊装精细化分析[J]. 桥梁建设,2010(6):9-12.

[5] 李涛,李海南. 之江大桥钢箱梁吊装施工测量技术[J]. 公路,2013(8):84-87.

[6] 穆金禄. 钢箱梁拼装及桥位焊接的监理[J]. 桥梁建设,2009(s2):110-113.

[7] 伍尚干,姚志安,张太科,等. 大跨径悬索桥钢箱梁桥位焊接工艺与质量控制[J]. 武汉理工大学学报,2009(24):70-73.

其他工程

连续刚构桥0号块托架设计与施工

贺洪波

（中交一公局厦门工程有限公司　厦门　361000）

摘　要　连续刚构桥上部结构施工时，0号块作为挂篮悬臂浇筑的基础节段，其托架的设计和施工是一项关键技术。本文结合工程实践，分析了0号块托架设计和施工的技术要点，主要涉及托架的设计及计算、加工及安装、预压及使用、拆除等内容。

关键词　连续刚构　托架　设计　施工

1　引　言

高墩连续刚构桥均采用挂篮悬臂浇筑法施工，0号块是悬臂梁段与墩柱相接的关键部位，优质高效地完成0号块是上部结构施工的首要任务。目前，国内多采用三角托架法施工0号块，而多数托架设计时需在墩柱表面预埋多块大件预埋钢板。托架安装高空作业工作量大、焊接时易造成混凝土损伤、拆除时托架杆件被割伤，而且预埋钢板无法拆除、需进行防腐处理，墩柱外观质量受到影响。本工程托架锚固采用预留孔洞的方式，锚固装置安装方便，无须焊接作业，托架拆除后可重复利用，预埋孔洞可使用同等级混凝土、水泥浆填充封闭，对结构本身影响较小。本文对托架的设计及计算、加工及安装、预压及使用、拆除等阶段进行了详细分析和说明。

2　工程背景

2.1　工程概况

万州驸马长江大桥南岸引桥为：(77.5＋145＋77.5)m连续刚构＋(6×30)m先简支后连续结构T梁。连续刚构桥左、右分幅，单幅梁宽13 m（双向四车道），为单箱单室混凝土箱梁结构。连续刚构0号块高9 m，长13 m，混凝土总方量为393.4 m^3，质量约为1 022.8 t；纵坡2.0%，桥面横坡2.0%。纵桥向单侧悬臂长3.75 m，悬臂混凝土93.13 m^3，质量约为242.2 t。为减少裂缝、改善混凝土长期工作性能和耐久性，0号块采用C50聚丙烯纤维混凝土。

0号块构造形式如图1所示。

作者简介：贺洪波（1987—），男，本科，工程师，（电子邮箱）313805203@qq.com。

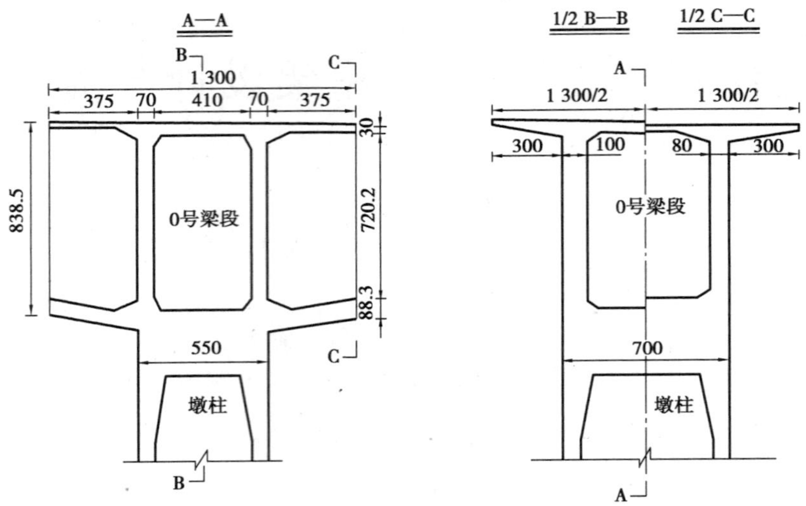

图1 0 号块构造图(单位:cm)

2.2 工程特点

(1)锚固形式的设计是工程的重点,以往工程托架锚固采用与墩柱表面大块预埋钢板焊接的方式,对墩柱混凝土烧伤较大,且对外观质量影响较大。

(2)刚构桥墩身高度达 47.2 m,预压方法的选择是难点,常规的堆载法不适用于托架预压。

(3)0 号块施工托架的安全可靠是本工程的重点,需严格验算其强度、刚度、稳定性。

(4)0 号块预应力施工完成后、挂篮拼装前需拆除托架,如何快速、安全地拆除托架是工程的重点。

(5)托架安装、拆除均属于高空作业,施工过程中安全控制是本工程的难点。

3 托架设计、加工

托架是锚固于墩柱上端用于承担 0 号块钢筋混凝土、模板、施工脚手架、平台及其他施工荷载的重要受力结构,托架设计直接影响着工程的安全和质量。0 号块施工方案(含托架设计)需在墩柱开工前完成,经专家组评审通过方可实施。

3.1 托架总体设计

考虑到刚构桥主墩外轮廓为等截面矩形的特点,在墩柱前-后、左-右两组立面对应布置三角托架,并按照自支承体系构件设计。三角托架根据受力大小不同分为主托架、副托架两种。主托架布置于墩柱前后面(纵桥向),主要承受 0 号块两端的悬臂段(L=3.75 m)重量,承载能力要求较高;副托架布置于墩柱左右面(横桥向),主要承受墩顶翼缘板重量,承载能力要求较低。

每组托架由支承钢牛腿、钢支座(用于卸荷)、三角托架、对拉系统等组成,支架下方设置施工平台。0 号块托架总体设计如图 2 所示。

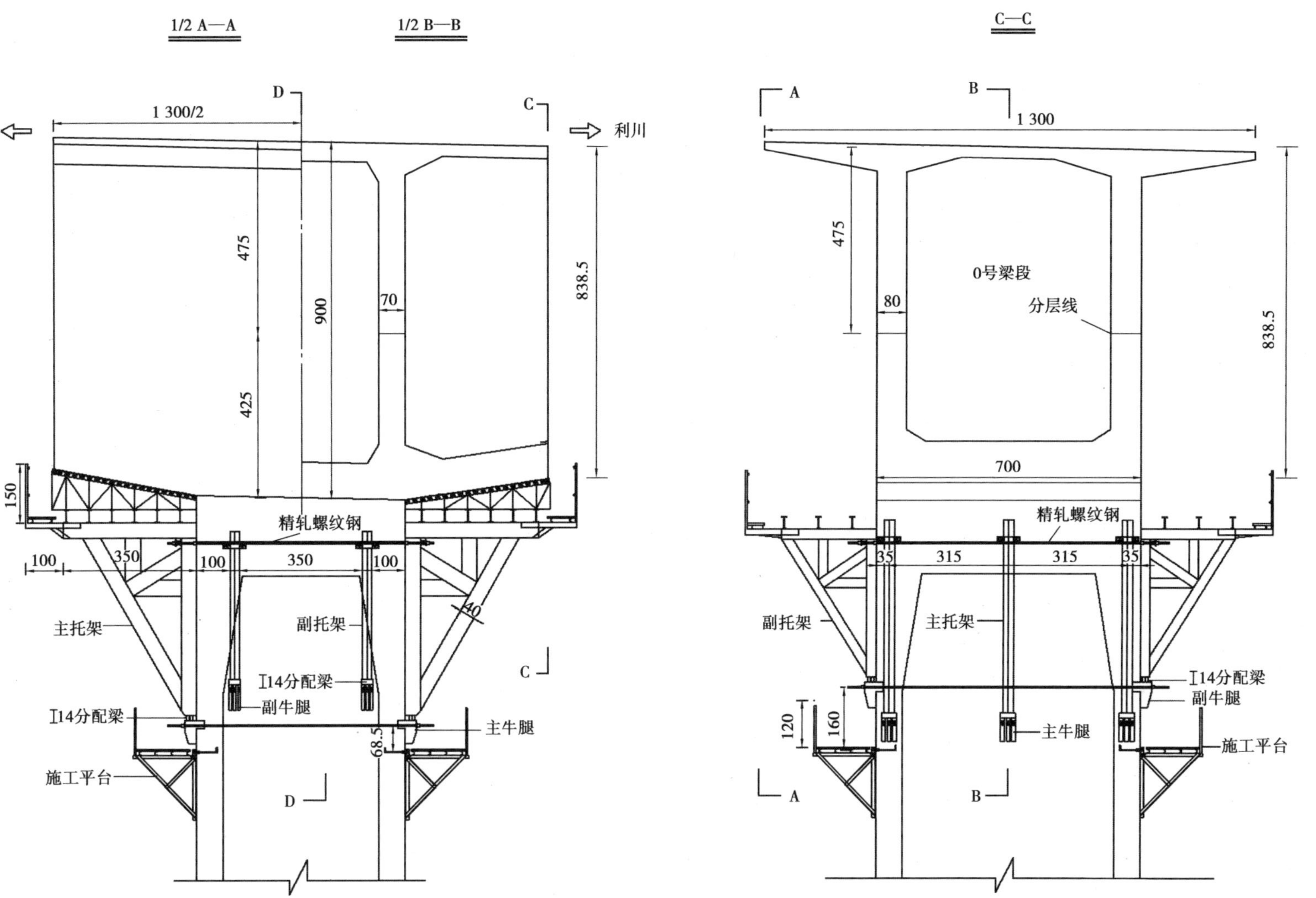

图2　0号块施工托架总体设计(单位：cm)

3.2 细部组成

(1)施工平台:墩柱内预埋钢筋+套筒,外挂三角架作为支撑,上铺10 mm厚钢板可作为施工平台。

(2)支承钢牛腿:主要承受由0号块自重、支架重量、施工荷载等产生的竖向剪力。每个主托架下方设置3块钢牛腿,每个副托架下方设置2块钢牛腿,钢牛腿由20 mm钢板组焊而成,加工时注意控制其外轮廓尺寸、焊缝质量。牛腿下方墩柱混凝土内布置3层ϕ16 mm钢筋网片,网眼尺寸为10 cm×10 cm,防止局部混凝土受力过大造成开裂,影响实体质量。

(3)钢支座:托架与支承钢牛腿之间的传力结构,由I14型钢组拼而成,支架拆除时先拆除I14分配梁进行卸荷。

(4)主托架:横桥向对应左侧腹板、底板中心、右侧腹板各布置1组,共3组。采用双拼I40c工字钢组焊而成。

(5)副托架:纵桥向间距为3.5 m,布置2组,采用双拼I28a工字钢组焊而成。

(6)对拉系统:拉杆均采用直径为32 mm的PSB785精轧螺纹钢,每组托架顶部设置2根通长拉杆与墩柱进行锚固,拉杆端部与托架连接处设置型钢压梁、垫板、螺母。同样,每组对应牛腿内穿入1根通长拉杆与墩柱进行锚固,拉杆端部设置垫板、螺母。

(7)分配梁:托架上方铺设I32a工字钢分配梁,间距为60 cm。

(8)型钢架:设置于分配梁上方,用于控制底模线形,由∟75×7角钢加工,立杆与下方分配梁对应设置。

3.3 托架验算

所有承重杆件需进行强度及刚度验算,连接部位进行强度验算,安全系数不小于1.5。计算荷载取0号块总重量,实际施工分两次浇筑。第2次浇筑混凝土时,第1次浇筑的混凝土已经具有一定的承载能力,增大了安全储备。

本文只对受力较大的主托架进行验算,其他验算不予详细说明。

3.3.1 荷载计算

主托架采用I40c工字钢双拼制作,在箱梁下部共设置3组托架。箱梁悬臂段根部截面面积为25.1 m^2,端部截面面积为24.0 m^2,取平均值为$(25.1+24.0)/2=24.6\ m^2$。

则箱梁悬臂段线荷载$Q=26\times24.6\times1.1+(2.5+2+2)\times12=781.6$(kN/m)。

对分配梁反力进行计算可知,外侧托架所承受的反力最大,故对其进行内力验算。根据支反力计算其所承受的荷载分配系数$k=211.8/(211.8+211.8+80.0)=0.42$,则外侧托架所受荷载$F=k\times Q=781.6\times0.42=328.7$(kN/m),如图3所示。

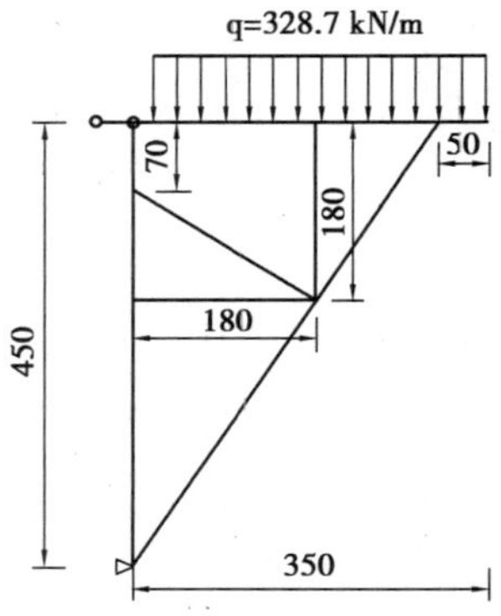

图3 受力示意图(单位:cm)

3.3.2 内力验算

采用midas Civil软件建模进行计算,计算结果如图4~图7所示。

由图4~图7所示计算结果可知,托架水平杆受弯最大,最大弯曲应力为78.5 MPa < $[\sigma]=215$ MPa;最大剪应力为69 MPa < $[\tau]=125$ MPa;最大挠度为1.8 mm < $l/400$ =

2 000/400 =5 mm。

托架最大竖向反力为 975.3 KN,位于托架底脚部位;精轧螺纹钢最大拉力为 227.3 kN。

综上所述,各项指标均满足要求,验算通过。

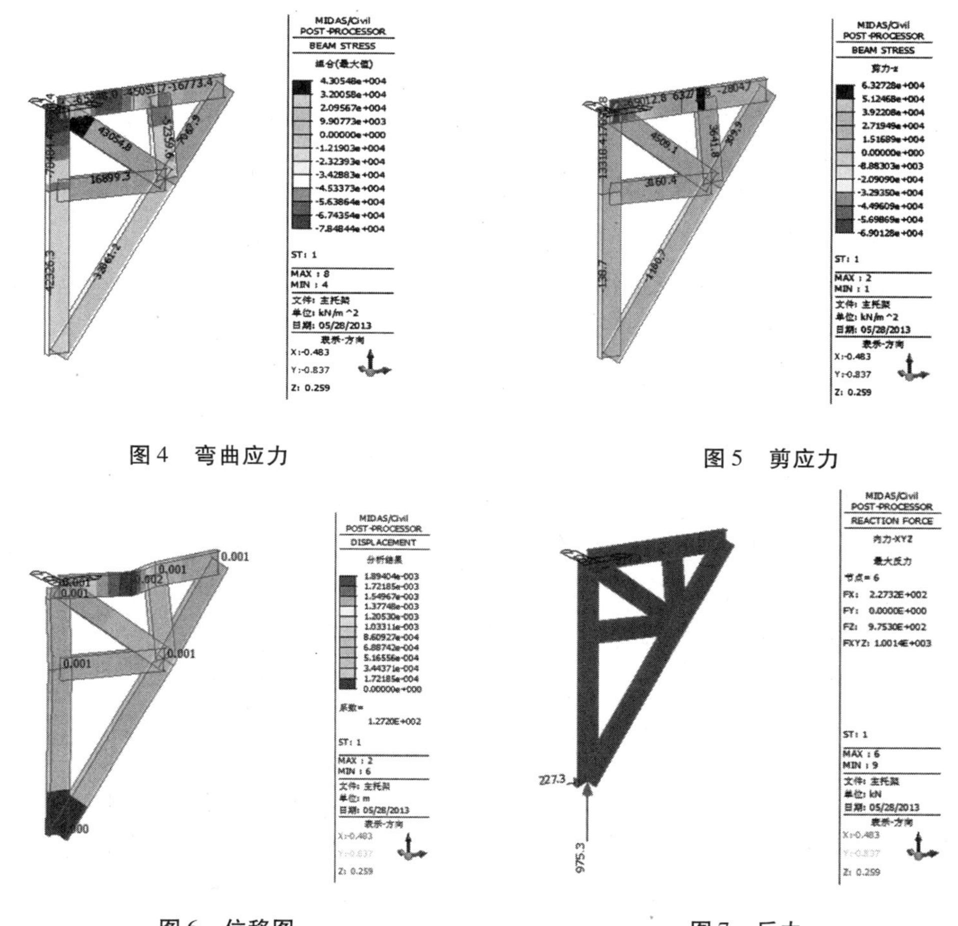

图 4　弯曲应力

图 5　剪应力

图 6　位移图

图 7　反力

3.4　托架加工

0 号块托架的牛腿和三角架在现场加工制作,严格按照设计图纸进行加工。

(1)为保证 0 号块的底模标高,各部件加工尺寸精度需严格控制。

(2)托架采用双拼工字钢组成,加工时先按照单片工字钢制作。所有焊缝完成后拼成一体,相接位置,每隔 1 m 焊接 10 cm 有效焊缝。加工平台应为平面,以保证对拼质量。

(3)焊缝饱满、长度及厚度符合图纸设计的要求,焊接过程中不得烧伤母材,消除在加工过程中可能出现的构件内力。

(4)托架加工完成后进行除锈、涂刷防护漆,一方面防止锈水污染墩柱表面,另一方面保护托架自身性能。

4 托架的安装、预压

4.1 托架安装

(1)施工时,依据托架图纸所示位置在墩身混凝土浇筑前做好支承牛腿、锚固拉杆的预留和预埋,并在墩身内部对各组预埋件设置刚性顶撑,确保位置准确无误,以便于托架拼装。

(2)墩柱混凝土浇筑完成后,凿除预埋件,安装平台三角架,铺设作业平台。

(3)吊装钢牛腿至作业位置,将钢牛腿插入墩身预埋盒内,调整牛腿的垂直度,必要时用薄钢板填塞防止偏移,且将钢板与牛腿焊接。

(4)钢牛腿上放置钢支座。

(5)安装精轧螺纹钢拉杆,两端拧入螺母与墩柱混凝土面紧贴。

(6)塔吊依次吊装托架就位。吊装钢丝绳采用长-短绳,保证提起后托架立杆竖直,便于安装就位。

(7)安装压梁、垫板,拧入精轧螺母锚固托架。

(8)所有托架安装完成后,在三角架上铺设分配梁、底模型钢架及操作平台。

注意:为保证单侧托架安装、拆除不影响对侧托架,安装时设置双锚固螺母,具体如图 8 中所示的锚固螺母 1、锚固螺母 2。

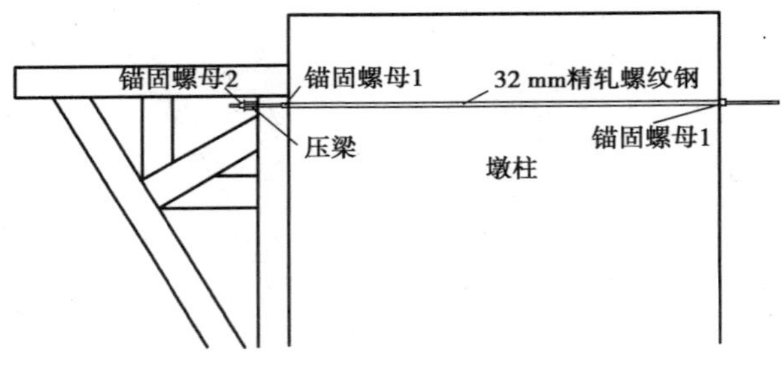

图 8 托架安装示意图

4.2 托架预压

托架在安装完成后进行预压,以消除托架的非弹性变形,并测算出托架的弹性变形,便于设置预抬量。

本工程采用双拼 HN700 型钢主梁、锚固精轧螺纹钢、I 32a 压梁等在墩顶组成反力结构,依靠在反力结构与托架间的液压千斤顶施加反向作用力,模拟混凝土施工工况时荷载,测定各工况下托架的变形量。双拼 HN700 型钢长度 $L=12$ m,顶、底板每 1 m 拼接长度焊接 10 cm 对接焊缝。主托架预压设计如图 9 所示。

墩柱施工时,在顶部预埋 4 根直径为 32 mm 的 PSB785 精轧螺纹钢筋,用于锚固双拼 HN700 型钢主梁。精轧螺纹钢横桥向间距为 70 cm(中心位置与托架中心线对应),纵桥向距离墩柱外侧边缘 20 cm(避开墩顶主筋)。精轧螺纹钢长度为 3 m,埋入墩柱顶部 1.5 m 深,锚固端设置垫板及螺母。

预压前在托架指定位置放置千斤顶,放置钢支座,连接油泵。塔吊吊装双拼 HN700 型钢

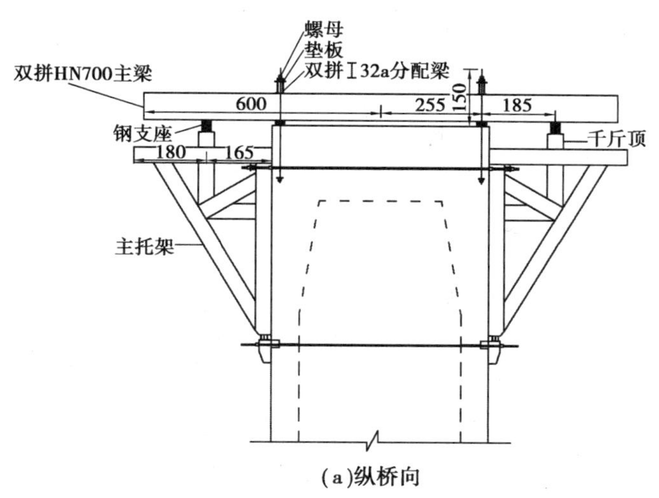

(a)纵桥向

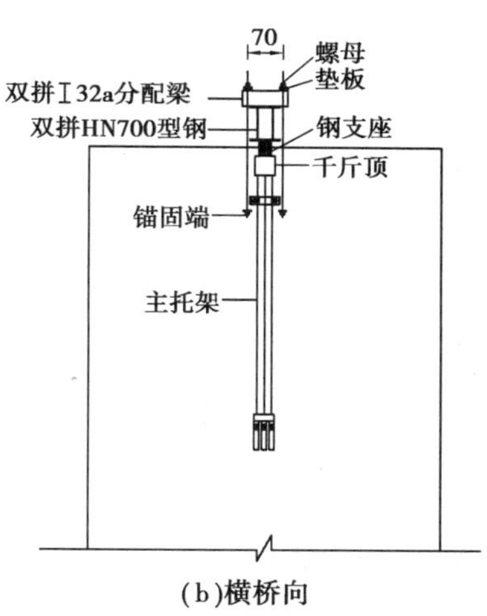

(b)横桥向

图9　主托架预压设计

主梁,下设钢支座垫起一定高度,依次安装双拼I32a分配梁(压梁)、垫板、螺母。双拼HN700型钢主梁的锚固分配梁采用双拼I32a工字钢,$L = 90$ cm。中心间距为70 cm设置50 mm拉杆孔,便于精轧螺纹钢穿入、锚固。

托架安装完成后,检查各部件连接牢靠,开始预压。采用两台500 t千斤顶按照等代荷载值向两侧主托架中部位置同时对称加载。单个千斤顶标准加载力值 $F = 900$ kN,加载顺序:$0 \to 80\% F \to 100\% F \to 110\% F$。每一级加载过程中,现场技术人员测量托架测点标高,并及时记录。测点布置如图10所示。

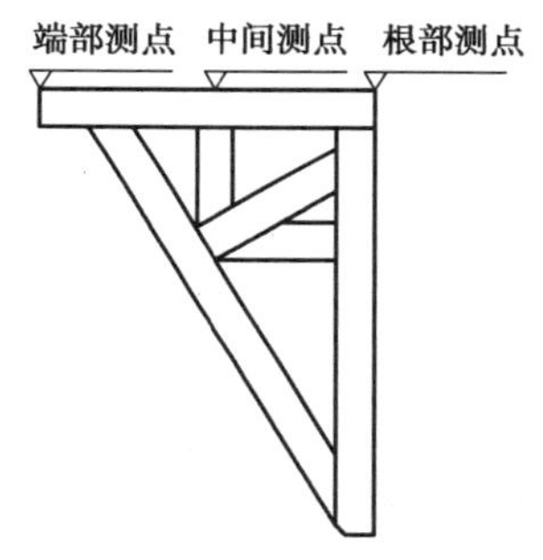

图10　主托架预压监测点布置

为有效控制测量精度,施工现场采用水准仪进行测量。考虑立尺方便,提前在托架外缘横向加焊[8槽钢测量架,端部设钢筋头测点。

经过预压试验托架最大变形位于悬臂端,端部测点沉降量最大为3.5 mm。

5　托架拆除

预应力压浆完成后,在箱梁内的预留吊杆孔内穿入直径为32 mm的PSB785精轧螺纹钢吊杆,底部连接I32a扁担梁,提起主托架。作业人员在施工平台依次割除I14型钢,使主托架下方脱空。缓缓放松主托架拉杆、吊杆,分配梁和支承钢架下落脱空,再利用卷扬机和塔吊拆除底模转至桥下。两侧底模拆除后,利用塔吊配合拆除主托架、副托架。施工中注意拆除一侧的托架时,先拧紧该侧拉杆上靠近墩柱表面的螺母,防止另一侧对应的托架掉落。两侧托架拆除后,取出钢筋拉杆。

托架拆除设计如图11所示。

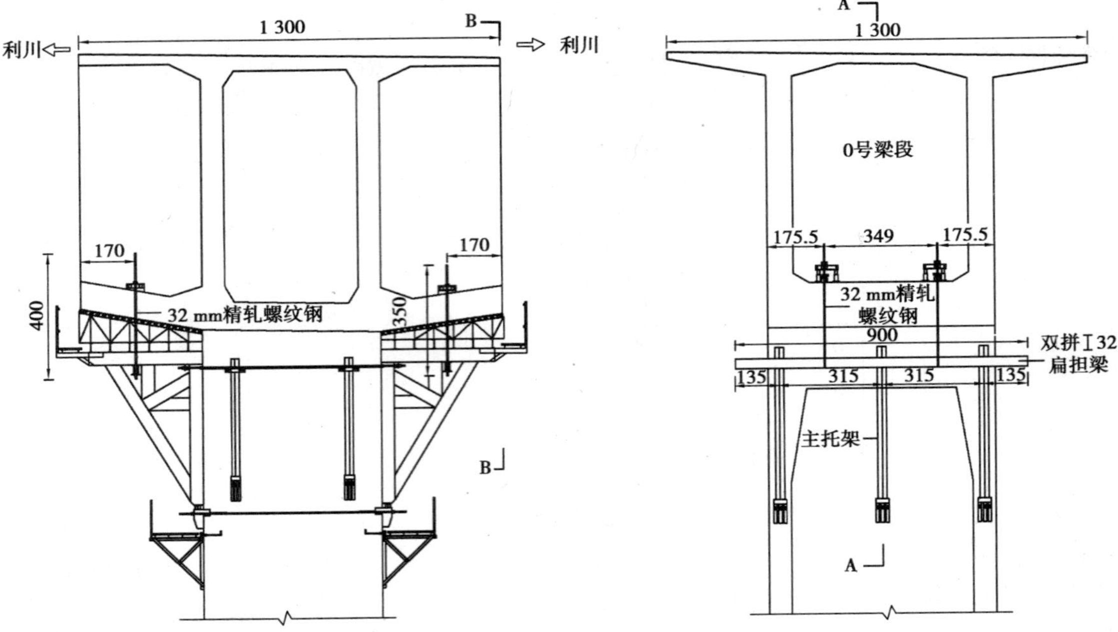

图 11　托架拆除设计(单位:cm)

6　结　论

在万州驸马长江大桥南岸引桥连续刚构工程中的应用证明:

(1)0 号块施工托架结构设计合理,托架、拉杆、牛腿等部件传力明确。

(2)所有加工作业均在后场完成,尺寸精度、焊缝质量得到有效保证,结构安全性提高。

(3)预留、预埋件尺寸较小,不影响墩柱实体质量。

(4)托架安装、预压、拆除施工简便,墩柱四周设置预埋螺栓用于搭设作业平台,降低高空作业安全风险。

(5)托架拆除时无切割损伤,可以周转利用于挂篮预压、边跨现浇段施工,也可以用于类似工程施工,从而节约施工成本。

参考文献

[1] 朱传娣. 大跨高墩连续刚构桥 0 号块托架法施工技术[J]. 混凝土与水泥制品,2009(4):21-22.

[2] 宋永安,张崇彬,虞业强. 高墩大跨径预应力混凝土连续刚构桥 0 号块的托架法施工[J]. 公路,2005(8):52-56.

山区刚构桥通用性托架设计与施工

荣　伟　付茂林　徐厚庆

（中交一公局第三工程有限公司　北京　100029）

摘　要　在连续刚构桥施工中的0号梁段、边跨现浇段施工等需搭设落地支架、三角托架，悬浇挂篮拼装后需对挂篮需进行预压。万州驸马长江大桥北岸引桥连续刚构桥，由于受地形（山区地形起伏大）及专项工程特点（墩高、施工交叉）等原因影响，施工0号梁段、边跨现浇段、挂篮预压时，使用三角托架具有更好的安全性、经济性，基于3方面因素考虑设计了通用性托架，并进行了现场实施。本文主要探讨这种通用性托架的设计与施工等。

关键词　连续刚构　托架　反力架　平衡托架

1　概　述

1.1　依托工程概况

万州驸马长江大桥北岸连续刚构桥孔跨布置为77.5 m + 145 m + 77.5 m。根据全桥的结构形式及地形地貌确定设计、使用三角托架进行墩顶0号块、边跨现浇段施工（图1、图2）。

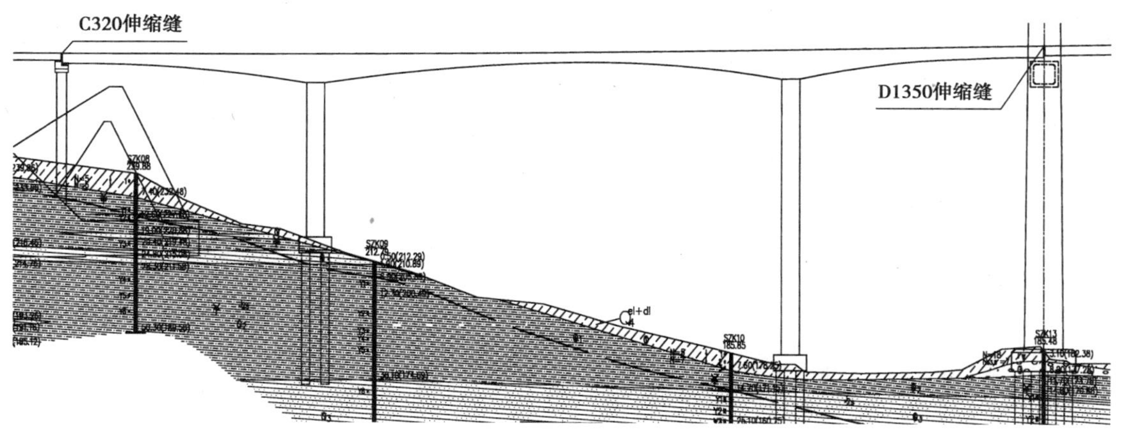

图1　万州驸马长江大桥北岸连续刚构立面图

作者简介：荣　伟（1992—），男，本科，助理工程师。
付茂林（1992—），男，本科，技术员。
徐厚庆（1990—），男，本科，助理工程师。

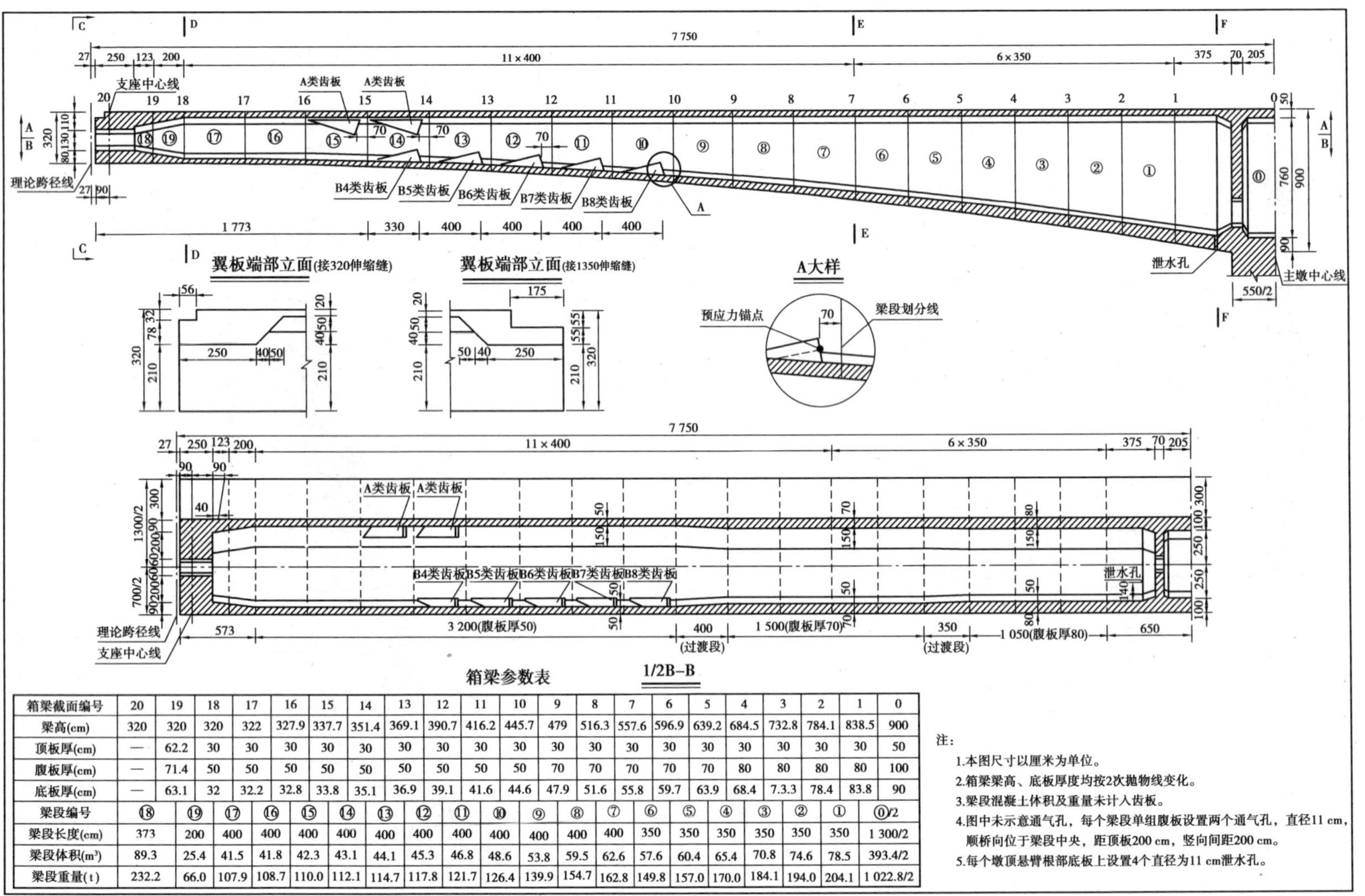

箱梁参数表

箱梁截面编号	20	19	18	17	16	15	14	13	12	11	10	9	8	7	6	5	4	3	2	1	0
梁高(cm)	320	320	320	322	327.9	337.7	351.4	369.1	390.7	416.2	445.7	479	516.3	557.6	596.9	639.2	684.5	732.8	784.1	838.5	900
顶板厚(cm)	—	62.2	30	30	30	30	30	30	30	30	30	30	30	30	30	30	30	30	30	30	50
腹板厚(cm)	—	71.4	50	50	50	50	50	50	50	50	50	70	70	70	70	70	80	80	80	80	100
底板厚(cm)	—	63.1	32	32.2	32.8	33.8	35.1	36.9	39.1	41.6	44.6	47.9	51.6	55.8	59.7	63.9	68.4	7.3.3	78.4	83.8	90
梁段编号	⑱	⑲	⑰	⑯	⑮	⑭	⑬	⑫	⑪	⑩	⑨	⑧	⑦	⑥	⑤	④	③	②	①	⓪/2	
梁段长度(cm)	373	200	400	400	400	400	400	400	400	400	400	400	400	350	350	350	350	350	350	1 300/2	
梁段体积(m^3)	89.3	25.4	41.5	41.8	42.3	43.1	44.1	45.3	46.8	48.6	53.8	59.5	62.6	57.6	60.4	65.4	70.8	74.6	78.5	393.4/2	
梁段重量(t)	232.2	66.0	107.9	108.7	110.0	112.1	114.7	117.8	121.7	126.4	139.9	154.7	162.8	149.8	157.0	170.0	184.1	194.0	204.1	1 022.8/2	

注：
1.本图尺寸以厘米为单位。
2.箱梁梁高、底板厚度均按2次抛物线变化。
3.梁段混凝土体积及重量未计入齿板。
4.图中未示意通气孔，每个梁段单组腹板设置两个通气孔，直径11 cm，顺桥向位于梁段中央，距顶板200 cm，竖向间距200 cm。
5.每个墩顶悬臂根部底板上设置4个直径为11 cm泄水孔。

图2 刚构桥设计图

1.2　通用性托架概况

通用性三角托架的设计需满足0号梁段(长度为4.35 m)悬臂浇筑施工、标准节段(长度为3.75 m)挂篮预压反力架、边跨现浇段(长度为3.73 m)浇筑施工(图3～图6)。综合3个不同施工部位的尺寸确定通用性托架结构尺寸。考虑0号梁段悬臂长度确定托架悬臂长度为4.35 m,斜撑角度接近60°,有利于结构受力。

通用性三角托架由HM588×300型钢、[32a斜撑、钢牛腿、对拉 ϕ32 mm PSB830螺纹钢组成。三角托架的受力体系为:通过上对拉拉杆与底部对混凝土压力共同承担悬臂偏心产生的弯矩,混凝土及架体自重完全由钢牛腿承担。0号梁段施工时,托架作为悬臂段主要承重结构,挂篮预压采用托架作为预压反力架,边跨现浇段施工过程中托架作为施工和反拉支架使用。

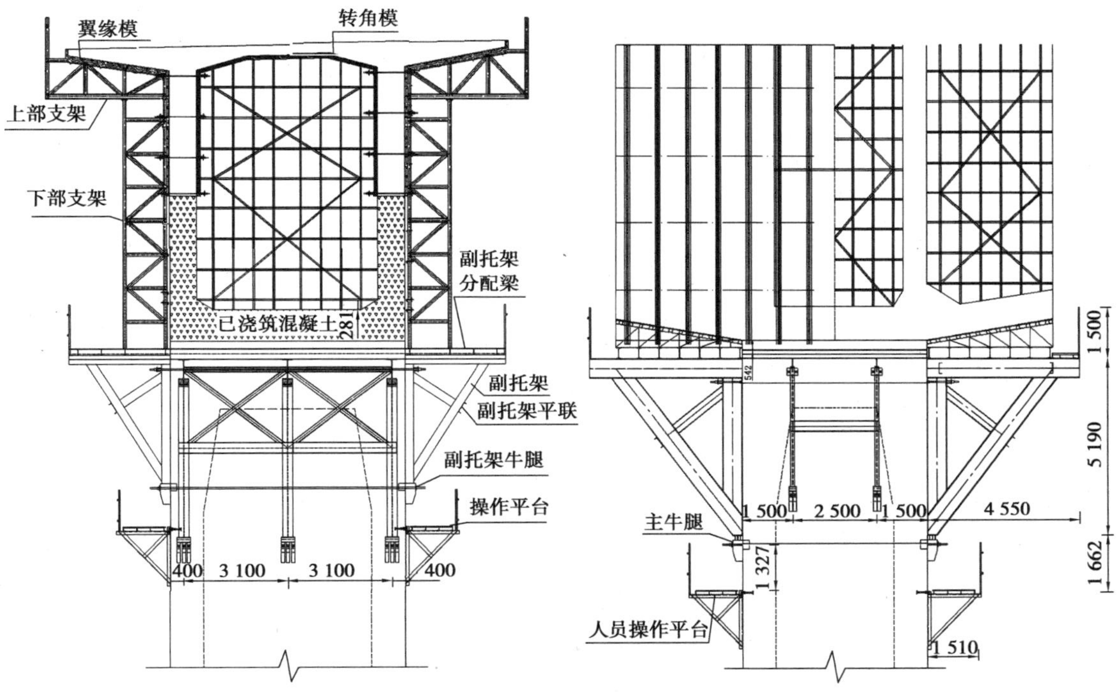

图3　0号梁段施工支架设计图(单位:mm)

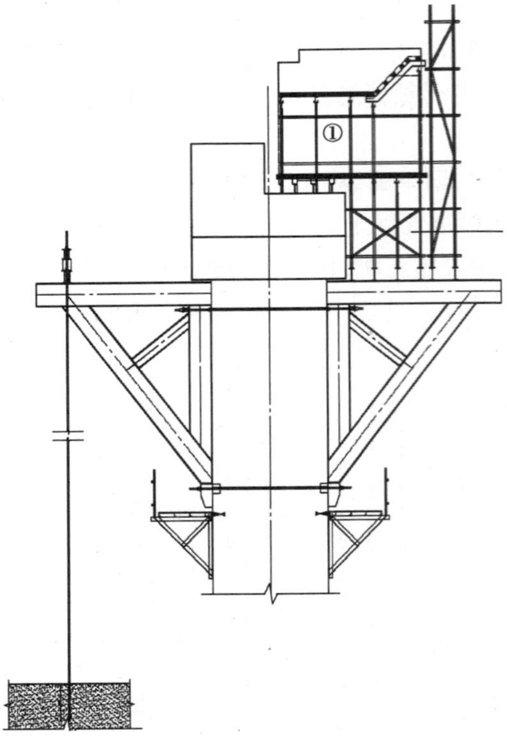

①

图 4　边跨现浇段施工支架设计图

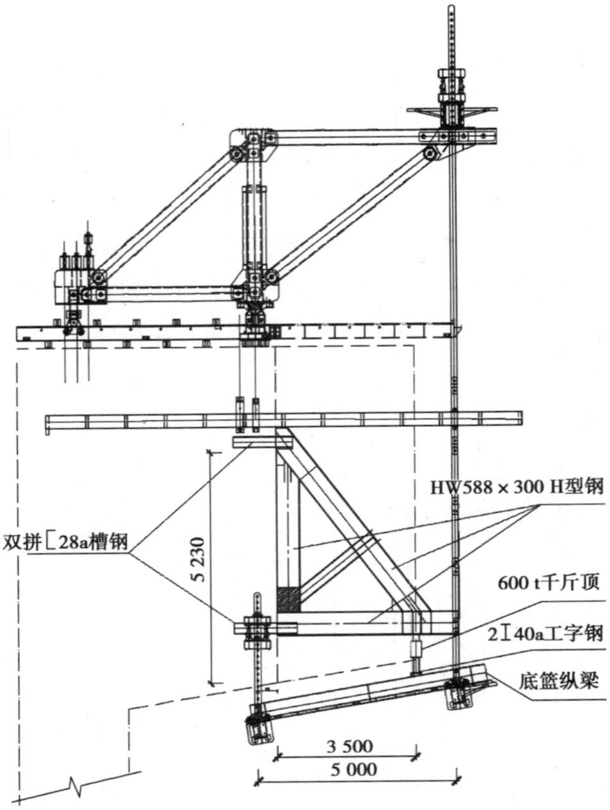

HW588 × 300 H型钢
双拼[28a槽钢
5 230
600 t千斤顶
2工40a工字钢
底篮纵梁
3 500
5 000

图 5　挂篮预压反力架布置图（单位：mm）

图 6　通用性托架装配式牛腿

2　通用性托架设计

2.1　托架设计原则

（1）结构受力满足施工及设计要求。

（2）托架尺寸满足各部位施工要求。

(3)托架设计满足构造要求。

2.2 支架受力分析

通用性托架荷载分析主要考虑施工0号梁段、边跨现浇段、挂篮预压3种大工况下结构的受力情况,均使用承载能力极限状态法进行验算。3种支架形式采用 midas Civil 2012 进行验算,压杆的稳定性计算依据《钢结构设计规范》(GB 50017—2003)。

对于压弯构件,按如下方法进行计算。

(1)平面内稳定:通过公式 $\lambda_x = L_x/i_x$ 验证长细比是否满足要求;通过公式 $\lambda_x\sqrt{f_y/235}$ 查钢结构设计规范(GB 50017—2003)附录B得出稳定性系数 φ_x。

$$N_{Ex} = \pi^2 EA/(1.1\lambda_x)^2$$

通过公式 $\sigma = \dfrac{N}{\varphi_x A} + \dfrac{m_x}{\gamma_x W\left(1-0.8\dfrac{N}{N_{Ex}}\right)}$ 验证平面内稳定应力。

(2)平面外稳定:通过公式 $\sigma = \dfrac{N}{\varphi_x A} + \dfrac{\beta_{tx} m_x}{\varphi_b W_x}$ 验证平面外稳定应力。

2.2.1 0号梁段支架施工工况

0号梁段为对称结构,仅需计算一侧悬臂托架布置、结构、材料是否满足设计、施工要求。

(1)恒荷载:主托架结构自重、底模支承架体自重荷载,模型自动计入;混凝土自重考虑一次浇筑完成,折合为面荷载对模型进行施加,分项系数取1.2。

(2)活荷载为人群荷载、振捣荷载、施工荷载,分项系数取1.4。

(3)模型边界条件:三角托架上层对拉位置进行水平位移(x、y 方向)约束;下层牛腿位置对节点进行三向位移(x、y、z 方向)约束。

万州驸马长江大桥北岸引桥0号梁段混凝土浇筑完成后为施工最不利工况,最不利指标为托架的最大组合应力,如图7所示。该工况下托架整体最大组合应力为134 MPa,位于托架顶面杆件,满足施工及规范要求。

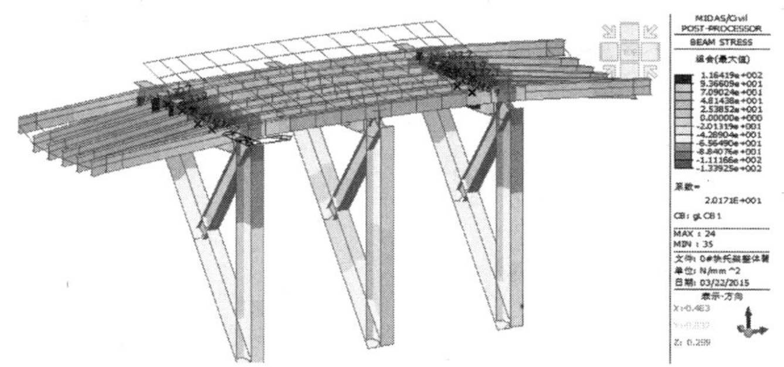

图7 0号梁段施工工况下计算结构云图

2.2.2 边跨现浇段施工工况

(1)荷载组合:1.2×恒荷载+1.4×活荷载,取一片托架进行计算,作用于托架的线形荷载有两种。

(2)边界条件说明:对托架进行受力分析后,在模型中限制上顶点的水平位移,下顶点限制三向位移;除挠度变形采用标准组合外,组合应力、剪应力等均采用极限承载力组合。

边跨现浇段自重远远小于0号梁段,但翼板厚度为1 m,分配梁的最大变形作为主要考核指标,最大变形为6.2 mm,成品结构尺寸满足规范要求,支架整体稳定,满足边跨现浇施工及规范要求(图8~图10)。

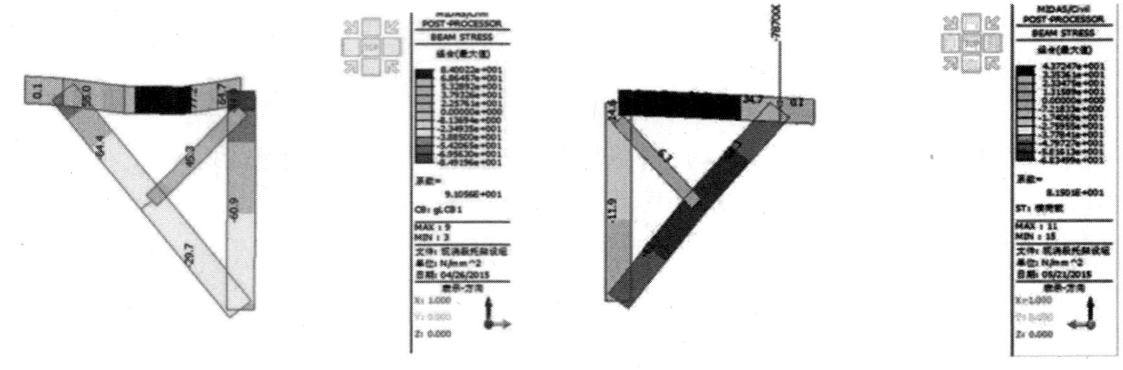

图8　现浇托架组合应力计算云图　　图9　反拉托架组合应力计算云图

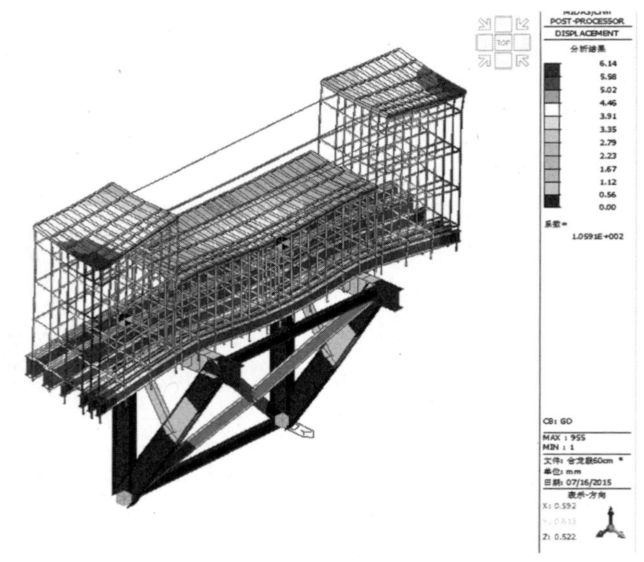

图10　边跨现浇段施工支架整体计算云图

2.2.3　挂篮预压施工工况

悬浇节段最大湿重为1号节段,达204.1 t,预压荷载为1.2×204.1 t=244.92 t,预压荷载最大值取245 t。千斤顶加载值通过1号节段混凝土浇筑湿重换算,换算后单个千斤顶加载值为600.25 kN。荷载通过千斤顶传递到挂篮底模,底模再传至底篮前后横梁,前、后横梁再传至上横梁,最后作用于0号块上。千斤顶立于离0号梁端3.5 m的位置,后吊点距千斤顶0.5 m,前吊点距千斤顶1.0 m。将预压最大荷载245 t,按照集中力作用在纵梁中间,计算得到前、后吊点支点反力均为122.5 t。将前支点反力122.5 t按照节点荷载作用在5 m纵梁端头,计算得到千斤顶支点反力为153.1 t,单个千斤顶荷载为153.1/2=76.6 t。单个千斤顶最大顶升力$F=76.6\times9.8=750.68$ kN(为便于叙述,遵从施工约定说法,力以t为单位,最后转换)。

在千斤顶最大荷载作用下支架变形最大值为 3.1 mm(图 11),在反力架水平横梁悬臂端部。斜杆应力最大,为 71.1 MPa(图 12),主要受到轴力作用为 49.7 MPa,均小于承载力极限,不会出现破坏,反力架整体结构安全可靠。

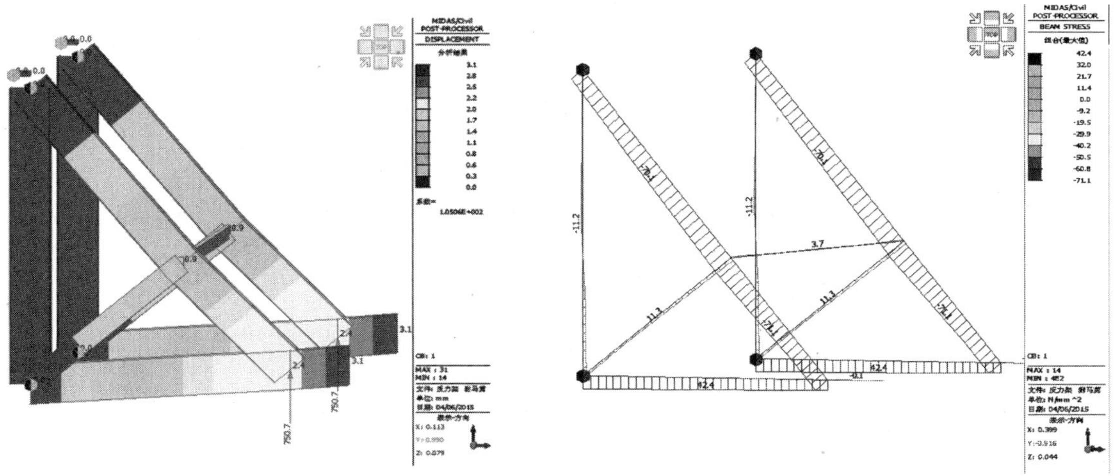

图 11 位移分析图　　　　图 12 应力分析图

2.3 计算结果

3 种工况下的设计验算主要依靠有限元分析软件 midas Civil 进行模拟验算,辅助于手算稳定性的方式进行,满足各工况下规范及施工要求。最不利工况为 0 号梁段施工,支架最大组合应力为 143 MPa,变形为 5 mm,安全系数为 1.5。

2.4 设计要点

设计过程中,0 号梁段工况下按一次浇筑 0 号梁段进行计算,防止分层浇筑后,因支架的变形导致第一层浇筑的混凝土产生拉弯剪应力裂纹,提高支架的整体刚度,保证混凝土成品质量。每组托架由牛腿、三角承重架、对拉结构等组成。所有承重杆件需进行强度及刚度验算,连接部位进行强度验算,满足要求,且施工过程中要提前进行托架预埋件的预埋施工,托架安装完成后必须预压。

3 通用性托架使用

3.1 0 号梁段施工

在 0 号梁段施工中,通用性托架安装:用塔吊吊装牛腿,将牛腿安装在墩身预埋盒内,调整牛腿的垂直度,在墩身预留孔处用钢板填塞固定牛腿防止偏移,并将钢板与牛腿焊接;牛腿安装固定好后,在牛腿上安装三角托架,采用 ϕ32 mm PSB830 螺纹钢穿过墩身预留孔,并用双层螺帽固定三角架;在三角架上安装横纵梁、底模三角架及铺设人工操作平台(图 13)。

0 号梁段施工完成后,拆除施工支架,割除托架与牛腿间设置的型钢支座(卸荷块),使模板与混凝土脱离;拆除模板及平台附属设施,开始拆除托架,使用 5 t 手拉葫芦使托架先悬吊于已浇筑的 0 号梁段上,塔吊配合采用荡移的方式进行拆除,最后拆除钢牛腿。

图 13　0 号梁段通用性托架安装现场

3.2　挂篮预压

3.2.1　反力架加载预压步骤

反力架千斤顶加载预压具体步骤为:将两只牛腿固结于 0 号段两端腹板上,然后利用千斤顶对牛腿同时施力,荷载按照浇筑最重节段箱梁时吊带承受相同荷载进行换算,求出千斤顶预压最大荷载;然后分级预压,消除挂篮主桁架的非弹性变形,得出挂篮变形与浇筑混凝土质量的线性关系。

3.2.3　挂篮观测点布置

主桁观测点布置在横梁的对应位置,同时为观测挂篮的整体变形情况,分别在挂篮的支点及挂篮主桁架与前横梁相交位置对应的前托梁位置处设置观测点(共 12 个)。

3.2.3　预压加载

在预压准备工作完成后,对同一墩对称的两副挂篮同时进行预压。分 5 级进行加载,分别为 20%、40%、80%、100%、120%。卸载分两级进行,分别为 50%、0。每级加载、卸载 10 min 后,读一次水准测点的数据。每隔 30 min 的变形不超过 1 mm 时认为变形稳定,进行下一级加、卸载,加载过程中应同时观察结构变化的情况。

3.2.4　预警控制

根据挂篮反力架计算可知,挂篮预压施工中的最大水平位移为上横梁前吊点(*A*1、*B*1)处,竖向最大位移在千斤顶施加荷载处(*C*1、*C*2)处。

挂篮预压现场如图 14 所示。

图 14　挂篮预压现场

3.3 边跨现浇段

墩身预埋件浇筑完成后，用塔吊吊装牛腿，将牛腿安装在墩身预埋盒内，调整牛腿的垂直度，在墩身预留孔处用钢板填塞固定牛腿以防止偏移。牛腿安装固定好后，在牛腿上安装三角托架，采用 ϕ32 mm PSB830 螺纹钢穿过墩身预留孔，并用双层螺帽固定三角架。三角托架安装完成后要进行预压，以保证施工安全。

边跨现浇段支架及反力架施工现场如图 15、图 16 所示。

图 15 边跨现浇段施工支架现场

图 16 边跨现浇段反力架现场

3.4 施工要点

(1)预留孔预留时，需保证相对误差控制在 1 cm 内，防止对拉 ϕ32 mm PSB830 螺纹钢受剪。

(2)0 号梁段及边跨现浇段在施工前需进行预压，消除支架的非弹性形变，为立模标高的设置提供数据。

(3)托架与钢牛腿及钢牛腿与墩身必须紧贴，保证牛腿均匀受力，ϕ32 mm PSB830 螺纹钢不受剪力。

(4)施工过程中，需安排专人观测支架的变形情况，重点检查对拉精轧螺纹钢、钢牛腿等主要受力构件。

(5)在每个托架间需设置横向联系，增强支架的整体稳定性。

(6)边跨现浇段施工时，反拉托架反拉力需分级实施，根据底板、腹板、顶板进行设计。

(7)通用性托架需在表面涂装防锈漆，保证型材在周转后只有较小的特性折减，增强周转使用的安全性。

4 优缺点分析

(1)采用通用性托架，施工简便，区别于钢管支架施工的大投入，在技术经济上有明显优势，通过受力验算，安全系数高，重复利用率高；采用在墩身预埋件槽口，便于支架安装，同时通用性托架施工耗材少，节约成本，经济效益可观。

(2)通用性托架对于墩身预埋件的准确定位要求较高,必须严格控制,避免由于预埋件位置不准确导致精轧螺纹钢受剪力而折断。

两种支架形式经济性对比见表1。

表1　经济性对比分析

部位	方案一(钢管支架)	方案二(通用性托架)	结论
0号梁段	采用落地支架方式,高度为支架高度为80 m,总用钢量为120 t,材料和人工单价为4 000元/t,总计48万;高处作业,安装风险大	加工24个托架,单个重2 t,共计48 t,材料及加工费单价5 000元/t,总计24万元	通用性托架的使用节约成本55万元,有效地降低了安全风险
挂篮预压	对比堆载预压方式,机械使用7个台班,材料费为5万元,总计10万元	沿用通用性托架,额外增加钢材1 t,成本5 000元	
边跨现浇段	落地支架总用钢量60 t,总计24万元;高处作业多,安装风险大	沿用通用性托架,额外增加钢材5t,成本2.5万元	

5　结　语

通过通用托架的统一设计与施工,既节约了成本,又保证了现场施工的安全,可为公司以后的山区刚构桥施工提供参考,为项目《超百米连续刚构边跨现浇段平衡托架技术研究》课题提供技术支持。

参考文献

[1] 叶见曙. 结构设计原理[M]. 3版. 北京:人民交通出版社,2014.
[2] 张继尧,王昌将. 悬臂浇筑预应力混凝土连续梁桥[M]. 北京:人民交通出版社,2004.
[3] 马宝林. 高墩大跨连续刚构桥[M]. 北京:人民交通出版社,2001.

万州驸马长江大桥刚构合龙施工内力优化

张　波[1]　贺洪波[2]　张志新[3]　余　鑫[3]

（1. 西南交通大学土木工程学院　成都　611756；
2. 中交一公局厦门工程有限公司　厦门　361000；
3. 中交第一公路工程局有限公司　北京　100024）

摘　要　为了避免桥梁结构因自重、混凝土后期收缩徐变等因素产生的挠度过大而影响高速行车，威胁桥梁安全，本文总结大跨度连续刚构合龙段施工的影响因素及中跨合龙顶推力的计算方法，并针对万州驸马长江大桥连续刚构引桥进行顶推力和顶推位移的计算。采用有限元分析方法，分析中跨合龙施工对该桥梁在恒载作用和3年收缩徐变作用下的主墩的弯矩及墩顶位移状态的影响，证明顶推合龙施工的合理性、正确性以及重要意义。

关键词　连续刚构　合龙　内力优化　顶推　有限元分析

1　引　言

连续刚构桥在全桥合龙后，在二期恒载、混凝土收缩徐变以及温度的影响下，整体有向中跨跨中移动的趋势，另一方面张拉跨中底板束时主墩会向跨中方向发生较大的水平位移，对桥墩受力较为不利，同时可能会产生梁体腹板开裂、跨中下挠等问题[1]。为抵消后期产生的这种水平推力以及给主墩带来的不平衡弯矩，可在合龙前施加一定的水平顶推力，使合龙后的刚构桥梁内力更加合理。顶推力的大小应结合实际合龙温度、收缩、徐变和顶推作用位置等方面确定。

2　工程概况

万州驸马长江大桥连续刚构桥跨径布置为77.5 m + 145 m + 77.5 m，上、下行分幅布置，箱梁顶面设2%横坡，梁底横向水平。箱梁顶板宽13 m，底板宽7 m；根部梁高9 m，跨中高3.2 m；箱内标准段顶板厚度为30 cm，根部加厚到50 cm；靠近根部的梁段腹板厚度为80 cm，靠近跨中的梁段为50 cm；根部底板厚90 cm，跨中厚32 cm，变化规律同梁底变化曲线为二次抛物线。采用桥梁博士V3.0建立有限元模型分析计算，桥跨布置和有限元模型分别如图1、图2所示。

作者简介：张　波（1991—），男，硕士研究生。
贺洪波（1987—），男，本科，工程师。
张志新（1970—），男，博士研究生，教授级高级工程师。
余　鑫（1987—），男，本科，工程师。

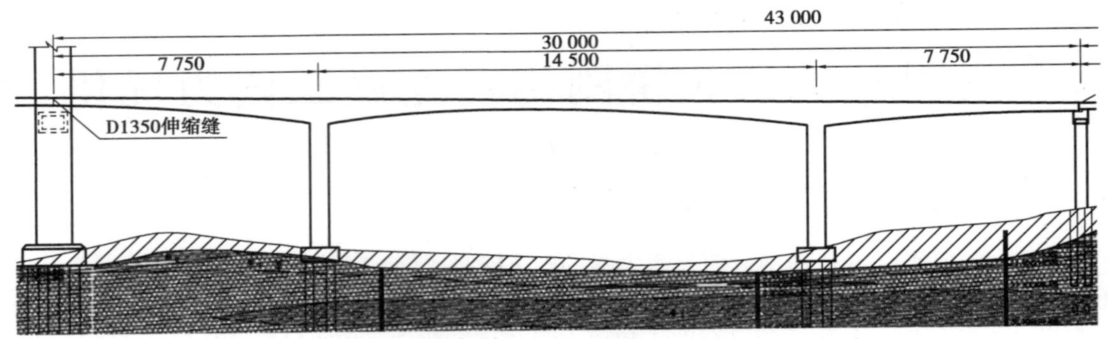

图1 万州驸马长江大桥南岸引桥桥跨布置图(单位:cm)

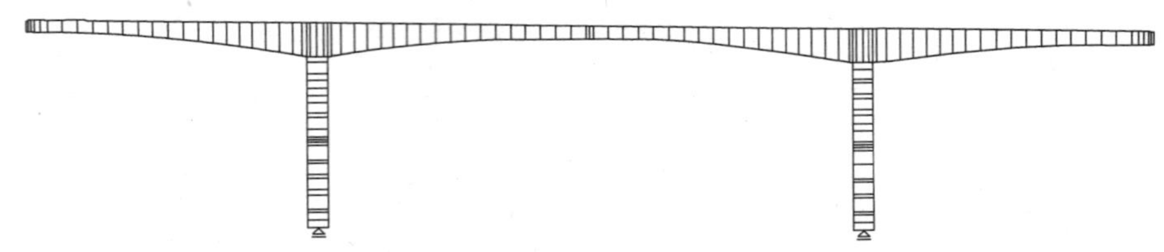

图2 万州驸马长江大桥南岸引桥有限元模型

3 合龙段施工的影响因素

温度对连续刚构已浇筑节段线形影响较大,合龙前应连续观察气温变化和梁体相对标高变化及轴线偏移量,观测在温度变化下梁体的长度变化,并对观测结果进行了分析总结,掌握梁体在温度变化下横、纵向及标高的变化值[2]。确定温度对箱梁标高以及梁长的影响,并检查合龙段两侧的横向以及轴向误差是否符合设计要求。如偏差过大,须根据监控单位意见进行调整,可利用纵向预备束进行轴向调节,利用悬臂端水箱配重进行竖向调节。合龙段混凝土的配合比试验应该专项设计,混凝土浇筑完毕终凝后覆盖养护,达到张拉强度后进行底板钢束张拉,拆除临时刚性接头,完成全桥合龙[3-4]。

4 顶推力的计算

施工顺序为:合龙口误差观测→合龙平衡配重→水平顶推→劲性骨架锁定→混凝土浇筑→养护→合龙束张拉。

该桥顶推力的计算方法采用:假设在设计合龙温度下合龙,利用有限元分析软件桥梁博士V3.0计算出需要设置多大的顶推力来抵消后期收缩徐变(考虑3年)和二期恒载产生的墩顶位移和墩底弯矩;然后,以影响参数的形式计入实际合龙温度和设计合龙温度差值的影响。

4.1 施加不同顶推力时对墩柱的影响

当不施加顶推力按照正常施工合龙时,分别列出顶推时、跨中合龙、成桥和成桥3年后墩底弯矩和墩顶位移如表1所示。

表 1 不施加顶推力时墩柱情况

墩号	顶推时		合龙时		成桥时		成桥 3 年	
	墩底弯矩/kN·m	墩顶位移/mm	墩底弯矩/kN·m	墩顶位移/mm	墩底弯矩/kN·m	墩顶位移/mm	墩底弯矩/kN·m	墩顶位移/mm
10	—	13.9	—	22.2	—	21.6	—	45.2
11	11 100	10.4	62 100	17.3	41 400	16.6	58 600	28.3
12	-10 500	-1.4	-57 500	-6.8	-39 000	-6.4	-67 600	-15.8
13	—	-17.2	—	-23.7	—	-23.2	—	-44.2

注:位移从 11 号墩到 12 号墩方向为正向;弯矩 11 号墩边跨侧、12 号墩中跨侧受拉为正;合龙时具体指施加二期铺装以前所处的阶段,成桥时指二期铺装完成的所处的阶段,下同。

当施加 3 000 kN 顶推力施工合龙时,分别列出顶推时、跨中合龙、成桥和成桥 3 年后墩底弯矩和墩顶位移如表 2 所示。

表 2 施加 3 000 kN 顶推力时墩柱情况

墩号	顶推时		合龙时		成桥时		成桥 3 年	
	墩底弯矩/kN·m	墩顶位移/mm	墩底弯矩/kN·m	墩顶位移/mm	墩底弯矩/kN·m	墩顶位移/mm	墩底弯矩/kN·m	墩顶位移/mm
10	—	-11.6	—	-5.4	—	-5.9	—	17.7
11	-89 400	-14.3	-30 200	-9.3	-49 100	-10.0	-7 600	1.8
12	91 200	23.3	36 100	19.9	52 700	20.3	-376	10.7
13	—	8.3	—	4.0	—	4.4	—	-16.7

当施加 3 500 kN 顶推力施工合龙时,分别列出顶推时、跨中合龙、成桥和成桥 3 年后墩底弯矩和墩顶位移如表 3 所示。

表 3 施加 3 500 kN 顶推力时墩柱情况

墩号	顶推时		合龙时		成桥时		成桥 3 年	
	墩底弯矩/kN·m	墩顶位移/mm	墩底弯矩/kN·m	墩顶位移/mm	墩底弯矩/kN·m	墩顶位移/mm	墩底弯矩/kN·m	墩顶位移/mm
10	—	-15.8	—	-9.9	—	-10.5	—	13.1
11	-106 000	-18.4	-45 600	-13.7	-64 300	-14.5	-18 700	-2.7
12	108 000	27.4	51 500	24.3	67 900	24.7	10 800	15.2
13	—	12.5	—	8.6	—	9.0	—	-12.1

不同顶推力作用下 11 号、12 号墩的弯矩和位移如图 3、图 4 所示。

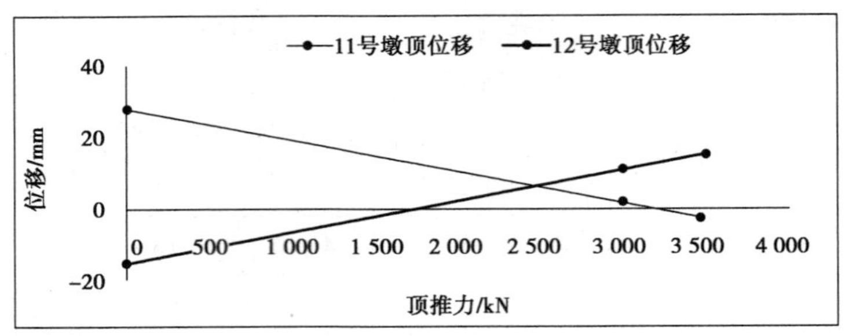

图 3　顶推力和墩顶位移关系图

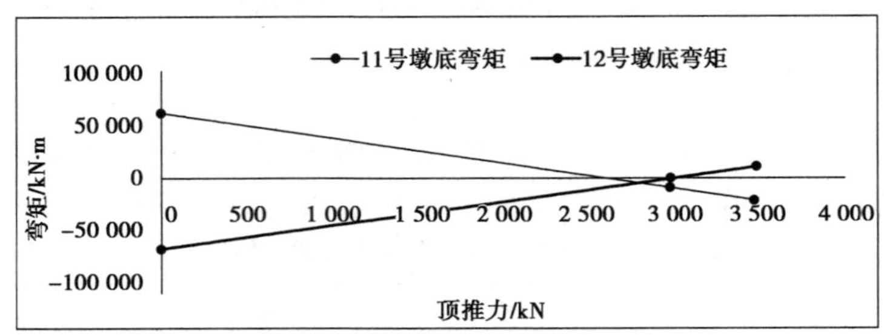

图 4　顶推力和墩底弯矩关系图

从图 3、图 4 可以看出，在设计合龙温度下设置 2 500 kN 的顶推力能够较好地兼顾 11 号和 12 号墩顶的位移，同时墩底的弯矩也较小。

4.2　不同合龙温度对墩柱的影响

不同温度下合龙的作用效果如表 4 所示。

表 4　不同温度下合龙的效果

墩号	6 ℃		8 ℃		10 ℃		12 ℃		16 ℃	
	墩底弯矩/kN · m	墩顶位移/mm	墩底弯矩/kN · m	墩顶位移/mm	墩底弯矩/kN · m	墩顶位移/mm	墩底弯矩/kN · m	墩顶位移/mm	墩底弯矩/kN · m	墩顶位移/mm
10	—	-21	—	-18	—	-15	—	-12	—	-6
11	-39 600	-9.7	-33 900	-8.3	-28 300	-6.9	-22 600	-5.5	-11 300	-2.8
12	38 900	9.1	33 400	7.8	27 800	6.5	22 300	5.1	11 100	2.6
13	—	20.2	—	17.2	—	14.4	—	11.5	—	5.8

不同温度作用下 11 号、12 号墩的弯矩和位移如图 5、图 6 所示。

从图 5、图 6 可以看出，温度和墩底弯矩、墩顶位移可以近似看成线性关系，又由前述可知顶推力和墩底弯矩、墩顶位移也呈线性关系，推出顶推力和温度也必呈线性关系。

考虑 11 号墩顶位移时，$\Delta_{位移}/\Delta_{温度} = (-9.7+2.8)/(6-16) = 0.69$，$\Delta_{位移}/\Delta_{顶推力} = (28.3+2.7)/(0-3\ 500) = -0.008\ 86$，$\Delta_{顶推力}/\Delta_{温度} = 0.69/(-0.008\ 86) = -77.878$。

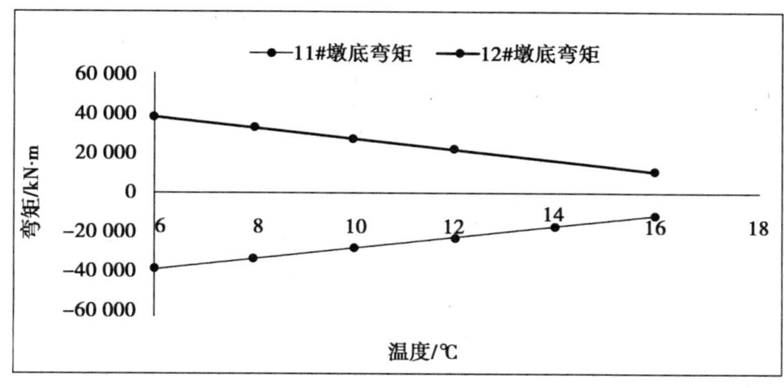

图 5 温度和墩底弯矩关系图

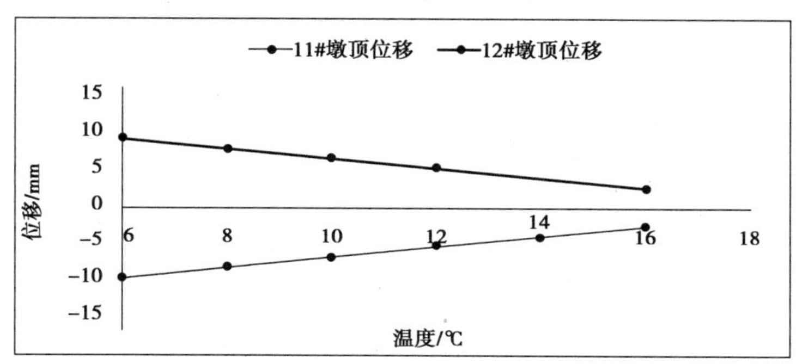

图 6 温度和墩顶位移关系图

考虑 12 号墩顶位移时，$\Delta_{位移}/\Delta_{温度}=(9.1-2.6)/(6-16)=-0.65$，$\Delta_{位移}/\Delta_{顶推力}=(-15.8-15.2)/(0-3\ 500)=0.008\ 86$，$\Delta_{顶推力}/\Delta_{温度}=(-0.65)/0.008\ 86=-73.363$。

最后修正系数取两者的均值 $K=(-77.878-73.363)/2=-75.621$。

由于升温和降温对该桥的作用是大小相等、方向相反，最后推导出顶推力和合龙温度的关系式为：

$$F=2\ 500-75.621\times(T-t)$$

式中 F——顶推力；

T——设计合龙温度；

t——实际合龙温度。

4.3 顶推位置对顶推力的影响

现分析顶推力作用点的位置对顶推力的影响，截面中心和千斤顶的相对位置如图 7 所示，中跨合龙段两侧的截面特性如图 8 所示。

根据跨中合龙段截面特性计算结果可知，形心到顶板顶面的距离为 1.212 m。施工时，只要测得千斤顶作用位置中心到顶板的距离 d，就可以推出偏心距离 L。现分别分析 d 取 $-1.6\sim0.4$ m 时对顶推力的影响。计算结果如图 9 和表 5 所示。

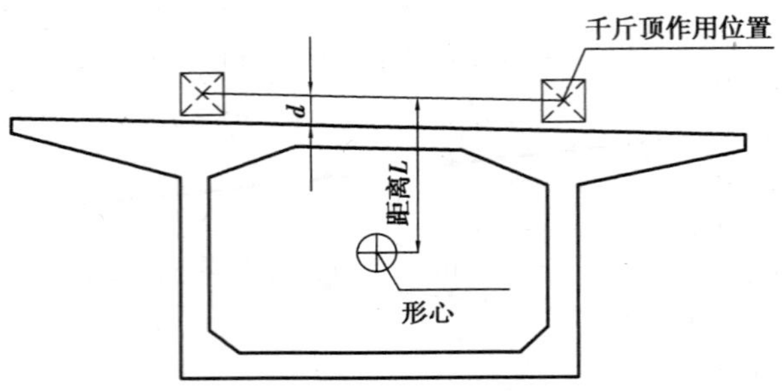

图7　千斤顶作用位置示意图

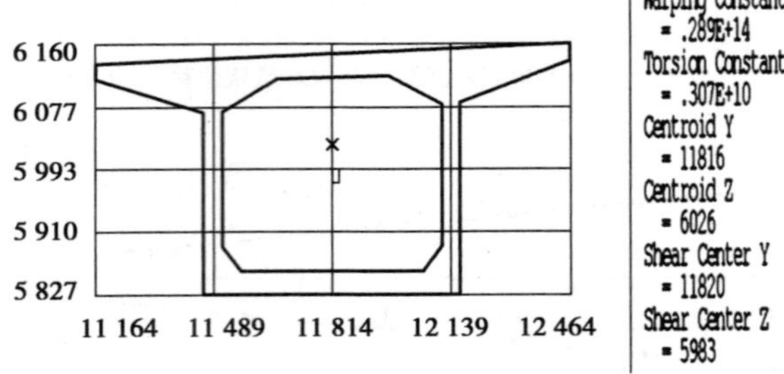

图8　跨中合龙段截面特性计算结果图

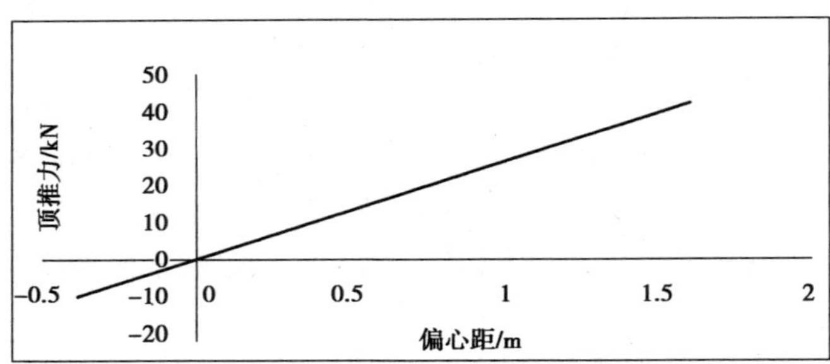

图9　顶推力和偏心距的关系图

表5　顶推力和顶推位置计算结果

d/m	L/m	顶推力差值 ΔF/kN
-1.6	-0.388	-10.304
-1.2	0.012	0.319
-0.8	0.412	10.941
-0.4	0.812	21.564
0	1.212	32.187
0.4	1.612	42.810

从表 5 可以看出，顶推力的大小和顶推的作用位置近呈线性关系，斜率为：

$$42.810-(-10.304)/[1.612-(-0.388)]=26.557$$

综合分析可以推出顶推力的关系式为：

$$F=2\ 500-75.621\times(T-t)-26.667\times L$$

式中　T——设计合龙温度；

t——实际合龙温度；

L——顶推位置和截面形心的距离，顶推位置在形心上方取正值，反之取负值。

5　实测结果对比分析

根据万州驸马长江大桥南岸引桥的实际合龙温度和顶推位置，左幅合龙时实际温度为 12 ℃，右幅合龙时实际温度为 4 ℃，顶推位置均距形心 1.8 m，设计合龙温度均为20 ℃。参照公式(1)，南引桥左、右幅的顶推力分别为 1 600 kN、1 200 kN。顶推过程采用分级顶推，左、右幅理论顶推力-墩顶位移和实际顶推力-墩顶位移列于表 6。

表 6　分级顶推结果理论值和实测值的比较

顶推力/kN	左幅理论值/mm		左幅实测值/mm		左幅理论值/mm		左幅实测值/mm	
	11 号墩顶位移	12 号墩顶位移	11 号墩顶位移	12 号墩顶位移	11 号墩顶位移	12 号墩顶位移	11 号墩顶位移	12 号墩顶位移
400	-4	3	-4	4	-3	3	-2	3
800	-7	7	-8	7	-7	6	-5	5
1 200	-11	11	-11	10	-10	9	-8	8
1 600	-14	13	-13	12	—	—	—	—

注：方向以 11 号墩向 12 号墩为正向。

从表 6 可以看出，在不同大小的顶推力作用下实测墩顶位移和理论计算墩顶位移变化趋势基本一致，说明计算结果是合理可靠的。

6　结　语

(1)大跨度桥梁在合龙时施加一定的顶推力可以改善桥墩的内力和延缓后期中跨下挠。

(2)顶推力的大小除了和自身墩柱刚度有关外，还与实际合龙温度有很大的关系，而同一截面不同顶推位置对它的影响相对较小。

(3)本文中的计算结果与实测结果吻合较好，该计算方法对以后同类型桥梁的施工控制有一定的参考价值。

参考文献

[1] 何财基. 大跨径连续刚构桥合龙段顶推施工技术[J]. 铁道建筑，2012(3)：20-22.

[2] 黄先国. 喜旧溪河大桥连续刚构合龙段施工技术[J]. 铁道标准设计，2000，20(8)：7-9.

[3] 李百林. 浅谈连续刚构桥合龙段施工技术[J]. 山西建筑，2010，36(5)：324-325.

[4] 童陈. 浅谈连续刚构桥合龙段施工技术要点[J]. 山西建筑，2009，35(28)：335-336.

连续刚构桥合龙段预顶推施工技术

张　银[1]　王先在[1]　张志新[2]

（1. 中交一公局厦门工程有限公司　厦门　361000；

2. 中交第一公路工程局有限公司　北京　100024）

摘　要　万州驸马长江大桥南岸引桥为77.5 m + 145 m + 77.5 m 连续刚构桥，中跨合龙段是刚构桥施工的重点和难点。为了降低运营阶段主梁混凝土收缩徐变、温度荷载等对边墩的不利影响，按设计要求在施工阶段对中跨合龙前对合龙口进行顶推，以改善桥墩的受力和抵消部分后期收缩徐变的作用。本文主要介绍连续刚构桥中跨合龙段预顶推施工技术在合龙段施工中的应用。

关键词　连续刚构桥　中跨合龙段　预顶推　施工技术

1　引　言

连续刚构桥成桥运营后由于混凝土收缩徐变、温度荷载会产生一定的中跨下挠，同时导致两个主墩向中跨方向偏移，因此在中跨合龙段施工时，需采取连续刚构桥合龙段预顶推施工技术。连续刚构桥预顶推施工会使得中跨形成一定的预拱，同时两主墩将向边跨方向产生一定的预偏位，以抵消运营阶段主梁由于混凝土收缩徐变、温度荷载等对连续刚构桥的不利影响，如图1、图2所示。

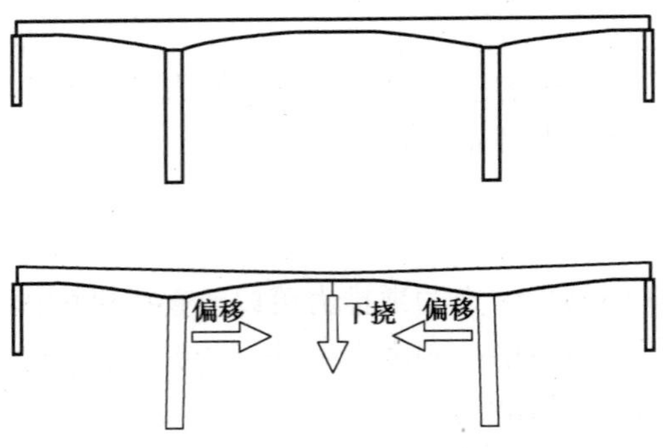

图1　未采用预顶推施工成桥运营后示意图

作者简介：张　银（1989—），男，本科，助理工程师。

王先在（1992—），男，本科，技术员。

张志新（1970—），男，博士研究生，教授级高级工程师。

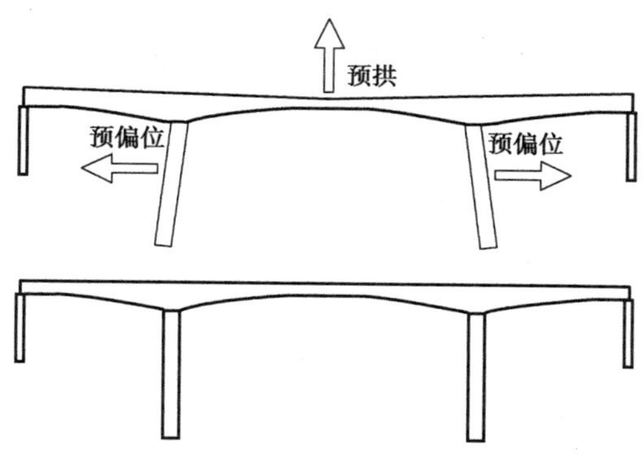

图 2 采用预顶推施工成桥运营后示意图

2 工程概况

万州驸马长江大桥南岸引桥为 77.5 m + 145 m + 77.5 m 连续刚构桥，全桥左、右分幅，单幅为单箱单室箱梁结构，全桥共 75 个梁段，其中位于主墩顶的 0 号梁段 4 个，悬浇段 136 个，边跨现浇段 4 个，边跨合龙段 4 个，中跨合龙段 2 个。合龙段长度均为 2 m，宽 13 m、高3.2 m。

合龙段主要构造形式如图 3、图 4 所示。

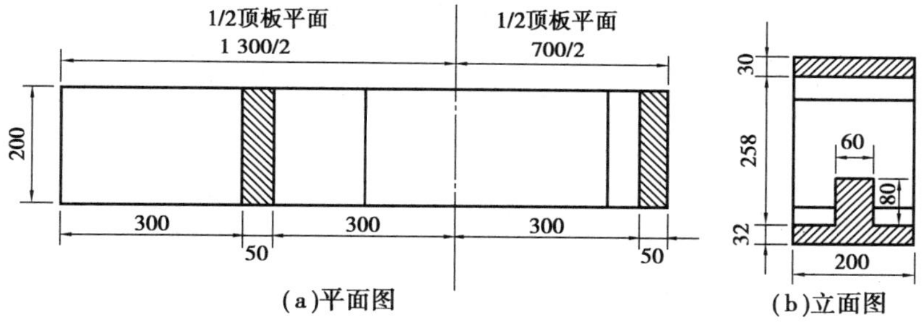

图 3 中跨合龙段平、立面图(单位:cm)

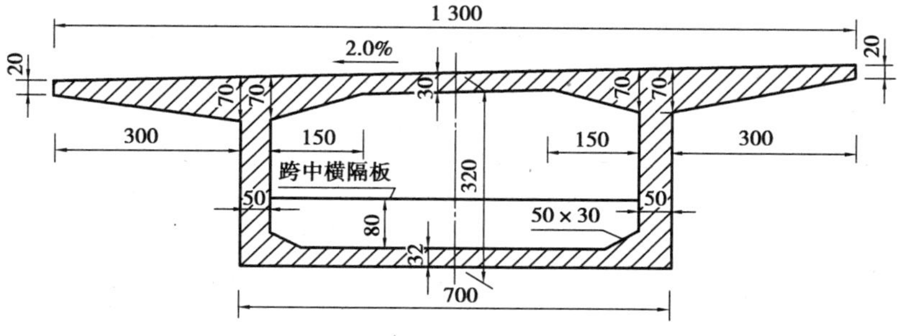

图 4 合龙段断面图(单位:cm)

3 合龙段施工

3.1 合龙段施工顺序

万州驸马长江大桥南岸引桥连续刚构桥合龙采用先边跨后中跨的顺序进行合龙，即全桥悬臂浇筑与边跨现浇段施工完成后首先将边跨合龙，最后进行中跨合龙。

3.2 中跨合龙段施工

本桥单幅边跨合龙段全部施工完成后，进入中跨合龙段施工。

3.2.1 中跨合龙口配重

合龙段浇筑混凝土过程中，在所浇筑混凝土重量的作用下会使连续刚构桥悬臂端产生一定的下挠和偏转，会使最先浇筑的底部混凝土局部开裂或松散，影响合龙段混凝土的浇筑质量。在浇筑混凝土过程中，为使中跨合龙段保持合龙段两端不发生变位，因此需要进行合龙段配重。在悬臂端配置合龙段梁段一半重量的重物，混凝土浇筑过程中，同步进行配重减少，使混凝土浇筑的重量和配重减少的重量相等，保证合龙段施工过程中合龙口不发生变位以及底板混凝土施工质量。连续刚构桥中跨合龙段总重 54 t，根据放置配重物的位置，按照等弯矩的原则计算出配重物的重量，最后综合考虑现场材料与机械设备情况，采用水桶加水进行配重的施工方法。

3.2.2 中跨合龙口观测

配重完成后，对中跨两个合龙口高程进行观测记录。

(1)中跨合龙段数据采集前，对全桥所有杂物进行清理，包括箱梁顶板及箱室内的杂物，部分机具可堆放于 0 号块节段，观测过程中保证桥上荷载不发生较大变化。

(2)对合龙口进行连续 48 h 观测，取得合龙口“时间-温度-高程”数据(表 1)，并将测得的数据报送监控单位。

(3)监控单位根据之前悬臂施工取得的温度、应力、偏位、挠度等数据，结合合龙口实测数据，利用专业计算软件计算出中跨合龙段合龙温度、合龙口底模高程，给出相应的合龙时间段。

表 1　连续刚构桥中跨合龙段合龙口高程观测

<table>
<tr><th colspan="2">时间</th><th>温度/℃</th><th>11 号墩 17 号梁段标高/m</th><th>12 号墩 17 号梁段标高/m</th><th>高差/m</th><th>备注</th></tr>
<tr><td rowspan="14">2016 年 3 月 13 日</td><td>8:30</td><td>11</td><td>281.509</td><td>281.470</td><td>0.039</td><td rowspan="30">11 号墩 17 号梁段理论标高为 281.505 m，12 号墩 17 号梁段理论标高为 281.469 m，合龙口理论高差为 3.6 cm</td></tr>
<tr><td>9:30</td><td>12</td><td>281.508</td><td>281.467</td><td>0.041</td></tr>
<tr><td>10:30</td><td>13</td><td>281.505</td><td>281.464</td><td>0.041</td></tr>
<tr><td>11:00</td><td>14</td><td>281.503</td><td>281.461</td><td>0.042</td></tr>
<tr><td>12:30</td><td>16</td><td>281.501</td><td>281.461</td><td>0.040</td></tr>
<tr><td>13:30</td><td>19</td><td>281.489</td><td>281.450</td><td>0.039</td></tr>
<tr><td>14:30</td><td>19</td><td>281.488</td><td>281.449</td><td>0.039</td></tr>
<tr><td>15:30</td><td>19</td><td>281.487</td><td>281.448</td><td>0.039</td></tr>
<tr><td>16:30</td><td>18</td><td>281.487</td><td>281.447</td><td>0.040</td></tr>
<tr><td>17:30</td><td>17</td><td>281.490</td><td>281.451</td><td>0.039</td></tr>
<tr><td>19:00</td><td>15</td><td>281.496</td><td>281.455</td><td>0.041</td></tr>
<tr><td>20:00</td><td>12</td><td>281.502</td><td>281.460</td><td>0.042</td></tr>
<tr><td>22:00</td><td>11</td><td>281.508</td><td>281.468</td><td>0.040</td></tr>
<tr><td>0:00</td><td>11</td><td>281.510</td><td>281.471</td><td>0.039</td></tr>
<tr><td rowspan="16">2016 年 3 月 14 日</td><td>2:10</td><td>11</td><td>281.509</td><td>281.468</td><td>0.041</td></tr>
<tr><td>4:30</td><td>11</td><td>281.511</td><td>281.470</td><td>0.041</td></tr>
<tr><td>6:30</td><td>11</td><td>281.510</td><td>281.470</td><td>0.040</td></tr>
<tr><td>7:30</td><td>11</td><td>281.510</td><td>281.471</td><td>0.039</td></tr>
<tr><td>8:30</td><td>11</td><td>281.509</td><td>281.470</td><td>0.039</td></tr>
<tr><td>9:30</td><td>11</td><td>281.509</td><td>281.470</td><td>0.039</td></tr>
<tr><td>10:20</td><td>12</td><td>281.506</td><td>281.465</td><td>0.041</td></tr>
<tr><td>11:00</td><td>14</td><td>281.501</td><td>281.459</td><td>0.042</td></tr>
<tr><td>12:10</td><td>16</td><td>281.492</td><td>281.452</td><td>0.040</td></tr>
<tr><td>13:30</td><td>18</td><td>281.487</td><td>281.448</td><td>0.039</td></tr>
<tr><td>14:30</td><td>18</td><td>281.486</td><td>281.447</td><td>0.039</td></tr>
<tr><td>15:30</td><td>18</td><td>281.488</td><td>281.449</td><td>0.039</td></tr>
<tr><td>16:30</td><td>18</td><td>281.487</td><td>281.446</td><td>0.041</td></tr>
<tr><td>17:30</td><td>17</td><td>281.486</td><td>281.444</td><td>0.042</td></tr>
<tr><td>18:30</td><td>15</td><td>281.497</td><td>281.457</td><td>0.040</td></tr>
<tr><td>21:00</td><td>12</td><td>281.506</td><td>281.467</td><td>0.039</td></tr>
<tr><td></td><td>22:30</td><td>12</td><td>282.509</td><td>282.470</td><td>0.039</td><td></td></tr>
<tr><td></td><td>23:00</td><td>12</td><td>283.509</td><td>283.469</td><td>0.040</td><td></td></tr>
</table>

3.2.3 中跨合龙口预顶推施工

通过对合龙口观测、分析数据后，万州驸马长江大桥连续刚构桥合龙口稳定，可以进行预顶推施工及劲性骨架锁定，选定2016年3月14日晚上进行锁定。

1）预顶推施工准备

（1）中跨17号梁段施工时，在两梁段设计位置预埋顶推施工预埋件，上、下游腹板梁顶位置处各设置一个。预顶推施工示意如图5、图6所示，图中单位为cm。

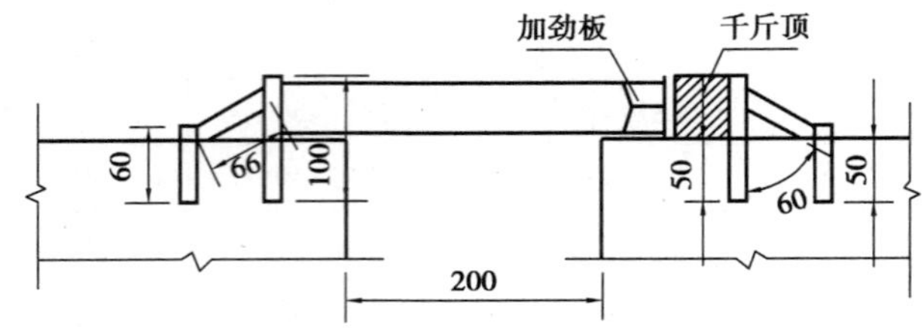

图5 预顶推施工示意图（立面图）

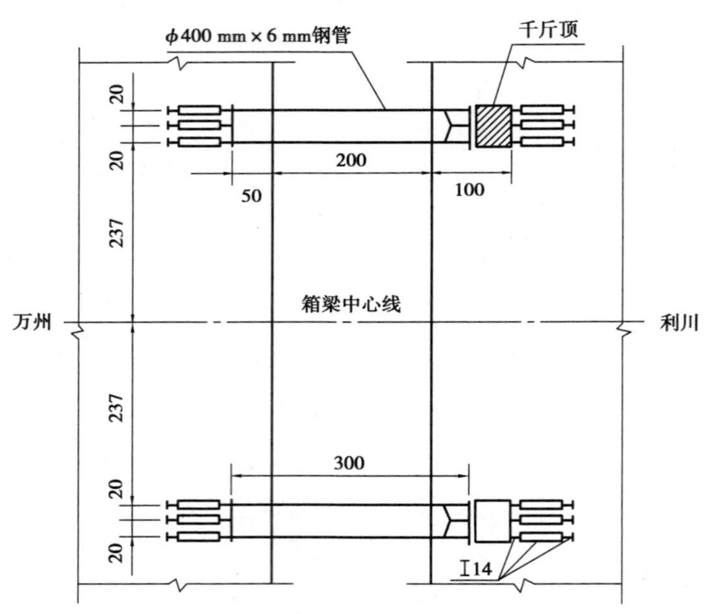

图6 预顶推施工示意图（平面图）

（2）预顶推施工持力构件采用ϕ400 mm×6 mm钢管制作，钢管两端焊接钢板，钢管内部设置加劲板，钢管长度为3 m，钢板尺寸为50 cm×50 cm×1 cm。

（3）预顶推施工前，专门对刚构桥支座位置进行全面检查，解除限制支座位移的4根连接螺杆，防止出现限制刚构桥位移的情况发生。

（4）使用两台500 t的千斤顶及两套液压设备、4名专业操作人员，在刚构桥两端支座位置各设置一人进行观察，并配备对讲机。如遇突发情况，及时通知管理人员并立即暂停顶推施工。

（5）预顶推施工前，将钢管及千斤顶、液压设备根据设计图纸放置到位（图7）。

(6)准备一台全站仪,对预顶推施工前11号、12号墩柱偏位进行测量并记录顶推过程实时监控墩柱偏位情况。

(7)中跨合龙段准备两名测量员,对合龙口两端高程控制点进行动态观测,并进行记录,得出时间、温度、高程、轴线偏位曲线,发现异常应及时告知总工程师、监控单位、设计单位等,并提出相应对策。

2)中跨合龙段劲性骨架锁定施工准备

(1)根据监控单位给定的模板高程值调整好施工平台底模高程。

(2)将中跨合龙段连接杆与单侧17号梁段锚固杆进行提前焊接,中跨合龙段连接杆与另一侧17号梁段锚固杆可相对自由移动。

3)预顶推施工

(1)当梁体外环境温度及梁体温度均符合要求时,开始准备中跨合龙段预顶推施工。

(2)首先使用全站仪对11号墩、12号墩初始偏位及合龙口高程进行观测并记录。

(3)预顶推开始,首先顶推到20%的顶推力(即400 kN顶推力),两台液压设备同时开启,带动千斤顶开始顶推,钢管、千斤顶、中跨17号梁段预埋件形成持力结构,对刚构桥施力。顶推到位后进行墩顶偏位和合龙口高程观测并记录,完成第一次顶推(图8)。

图7 顶推装置　　图8 预顶推施工现场

(4)顶推完成后对观测数据进行分析,同时检查个预埋件受力情况。若一切正常,进入下一阶段顶推施工。

(5)重复第3步、第4步,分阶段(800 kN、1 200 kN、1 600 kN)进行顶推,每次顶推完成均采用全站仪测量11号、12号墩墩顶偏位情况,水准仪观测合龙口高程,并进行记录、分析。

(6)顶推到1 600 kN顶推力后,现场评估顶推效果,如一切正常即立即进行劲性骨架锁定施工。

(7)对现场实测顶推数据进行整理,记录各个施工阶段的墩顶观测点的坐标,如表2所示。

表 2　墩位偏位观测

观测墩位	时间	温度/℃	工况	X 方向/m	Y 方向/m	备注
11 号墩	2015 年 7 月 20 日	31	0 号块施工后	10 000.253	-9.436	X 方向、Y 方向为观测墩位的坐标位置
	2016 年 3 月 5 日	14	加水箱前	10 000.256	-9.434	
	2016 年 3 月 6 日	16	加水箱前	10 000.257	-9.435	
	2016 年 3 月 7 日	18	加水箱前	10 000.256	-9.436	
	2016 年 3 月 13 日	14	加水箱后	10 000.258	-9.434	
	2016 年 3 月 13 日	20	加水箱后	10 000.259	-9.436	
	2016 年 3 月 14 日	18	加水箱后	10 000.258	-9.435	
	2016 年 3 月 14 日	12	顶推前	10 000.258	-9.435	
	2016 年 3 月 14 日	12	400 kN 顶推力	10 000.254	-9.435	
	2016 年 3 月 14 日	12	800 kN 顶推力	10 000.250	-9.435	
	2016 年 3 月 14 日	12	1 200 kN 顶推力	10 000.247	-9.434	
	2016 年 3 月 14 日	12	1 600 kN 顶推力	10 000.245	-9.434	
12 号墩	2015 年 7 月 20 日	31	0 号块施工后	10 145.615	-8.741	
	2016 年 3 月 5 日	14	加水箱前	10 145.619	-8.744	
	2016 年 3 月 6 日	16	加水箱前	10 145.618	-8.743	
	2016 年 3 月 7 日	18	加水箱前	10 145.618	-8.742	
	2016 年 3 月 13 日	14	加水箱后	10 145.621	-8.744	
	2016 年 3 月 13 日	20	加水箱后	10 145.620	-8.742	
	2016 年 3 月 14 日	18	加水箱后	10 145.621	-8.741	
	2016 年 3 月 14 日	12	顶推前	10 145.622	-8.741	
	2016 年 3 月 14 日	12	400 kN 顶推力	10 145.626	-8.741	
	2016 年 3 月 14 日	12	800 kN 顶推力	10 145.629	-8.741	
	2016 年 3 月 14 日	12	1 200 kN 顶推力	10 145.632	-8.741	
	2016 年 3 月 14 日	12	1 600 kN 顶推力	10 145.634	-8.742	

分阶段顶推下墩顶观测点位的偏移情况如表 3 所示。

表 3　分阶段顶推墩顶偏位数据

顶推力/kN	顶推力使 11 号墩偏位/m	顶推力使 12 号墩偏位/m
400	-0.004	0.004
800	-0.008	0.007
1 200	-0.011	0.010
1 600	-0.013	0.012

3.2.4 中跨合龙口锁定

1)施工组织

为保证在恒温条件、顶推力持荷时锁定施工尽快完成,对焊接人员安排和设备进行充分准备。

人员及机械准备:合龙段准备4名经验丰富的焊工、5台焊机及相应机具(一台备用)。准备一台250 kW发电机,防止突发停电事故,保证施工供电的连续性。

2)锁定施工

(1)预顶推施工完成后,经现场评估顶推数据,顶推效果良好,下一步进行合龙口劲性骨架锁定施工。

(2)同时开动焊机,专业焊工进行劲性骨架锁定施工,将中跨合龙段劲性骨架连接杆与17号梁段锚固杆进行快速焊接。

(3)焊接施工时,先对连接杆与锚固杆焊缝进行短距离焊接,各焊接点均快速施焊,完成后再进行各条焊缝的完整焊接。

(4)焊接完成后,及时对焊接质量进行检查,对顶推千斤顶进行卸荷,完成中跨合龙段劲性骨架的锁定施工。

锁定完成后进行合龙段钢筋绑扎、模板安装、混凝土浇筑。混凝土浇筑完成后,对混凝土表面进行土工布覆盖洒水养生,其余部位带模养生。待混凝土达到强度的90%且龄期不少于5 d进行预应力张拉、压浆,完成中跨合龙段施工。

4 预顶推施工注意事项

(1)预顶推施工前,应将刚构桥支座进行解锁,使用手持磨砂轮将螺栓进行割除,切割时注意保护支座,避免损伤支座,影响桥梁质量。

(2)温度对连续刚构已浇筑节段线形影响较大,合龙前应连续观察气温变化和梁体相对标高变化及轴线偏移量。观测在温度变化下梁体的长度变化,并对观测结果进行分析总结,掌握梁体在温度变化下横向、纵向及标高的变化值。确定温度对箱梁标高以及梁长的影响,并检查合龙段两侧的横向以及轴向误差是否符合设计要求。

现场预顶推时,现场实际温度恒定为12 ℃,监控单位给出监控指令为温度在12 ℃时的设计顶推力与墩位偏移理论值,按设计要求顶推。如现场顶推时发现温度偏差过大,须根据监控单位意见进行计算调整。

(3)预顶推过程中,注意随时观测顶推钢管以及顶推预埋件受力情况,确保预顶推顺利进行。

(4)预顶推时,配备足够数量的对讲机,确保测量人员、千斤顶操作人员、支座观测人员。指挥人员一人一个对讲机。

(5)预顶推施工采用顶推力与墩身偏位值双控的方法,无论哪个值先达到设计值,即停止顶推,确保桥梁结构安全。

(6)预顶推完成后,需现场评估顶推效果,达到预期效果后方可进行劲性骨架锁定施工。

(7)劲性骨架锁定前先将一侧接头焊接完成,保证另一侧接头能自由移动即可,可减少锁定施工时的焊接时间，保证焊接质量。

(8)劲性骨架锁定焊接过程中，安排专人对千斤顶进行观测，如发现油表读数减小及时进行补压，保证足够的顶推力。

(9)锁定施工完成后，组织专人对焊接质量进行检查，检查焊缝长度、焊缝饱满度是否符合设计及规范要求，满足要求后方可进行千斤顶卸压回油操作。

5 突发情况处理

预顶推过程中，安排专人对支座位移进行观察，如发现支座位移卡死、位移超过支座设计位移、支座脱空等现象，及时通知顶推施工现场人员，暂停顶推施工，采取应对措施后，方可继续进行：

(1)如发现顶推过程中支座卡死无位移，应立即停止顶推，根据现场实际情况采取措施进行解除位移限制，如清扫、撬移、割除等，对刚构桥再次进行限位排查，排查完成后方可继续顶推。

(2)注意观测支座位移是否超过支座设计位移，如果将要达到设计值应立即停止顶推。连续刚构桥支座设计采用 QZ5000DX、QZD5000SX 型号支座，位移最大设计值为 ±150 mm，刚构桥顶推偏位设计值为 14 mm。现场顶推时注意观测，可以避免支座位移发生超过设计位移的情况。

6 经验总结

发现问题：顶推施工完成后，将千斤顶、钢管拆除后发现下游大里程方向其中一根预埋工字钢腹板稍微有点失稳变形。

分析原因：仔细检查这个预埋件，发现变形的这根工字钢与其他两根工字钢不在一个平面，稍微有一点错位，导致顶推过程中这根工字钢受力过大，腹板失稳变形。

改进措施：在以后同类施工情况中，需仔细检查预埋件位置，确保受力平稳，可以将 3 根工字钢先连接成一个平面位置再预埋安装，或考虑使用大一型号的预埋件。

7 效　果

通过模拟现场施工工况，采用 midas 计算软件进行技术，得出理论墩位偏移值见表 4。

表 4　理论偏移值

理论合龙温度/℃	顶推力/kN	顶推力使 11 号墩偏位/m	顶推力使 12 号墩偏位/m
12	1 600	-0.014	0.013

根据现场实际顶推观测数据，墩位偏位见表 5。

表 5　实际偏移值

实际合龙温度/℃	顶推力/kN	顶推力使 11 号墩偏位/m	顶推力使 12 号墩偏位/m
12	1 600	-0.013	0.012

实践表明,万州驸马长江大桥南岸引桥连续刚构桥预顶推施工工艺取得良好的效果。

8 结 论

通过预顶推施工技术,使合龙口高程预抬高,同时两侧主墩向边跨方向产生一定的预偏位,可以抵消连续刚构桥成桥运营后由于混凝土收缩徐变、温度荷载产生的中跨下挠和两侧主墩向中跨方向偏移,优化了连续刚构桥在后期运营过程的桥梁线形和受力状况。本预顶推施工技术在桥面上施工,施工方便,安全可靠,值得在同类桥梁中推广运用。

参考文献

[1] 中交一公局万利万达项目总部驸马长江大桥二分部. 驸马长江大桥南岸引桥施工监控方案,2015.

[2] 中华人民共和国行业标准. 公路桥涵施工技术规范(JTG/T F50—2011)[S]. 北京:人民交通出版社,2011.

[3] 何财基. 大跨径连续刚构桥合龙段顶推施工技术[J]. 铁道建筑,2012(3):20-22.

[4] 蒋国云. 大跨连续刚构桥中跨顶推合龙施工技术[J]. 施工技术,2012,41(5):38-40.

万州驸马长江大桥悬索桥施工监控关键技术

张　波[1]　毛超军[2]

（1. 西南交通大学　成都　610000；2. 中交一公局第三工程有限公司　北京　100029）

摘　要　为研究大跨度悬索桥梁段吊装过程的施工监控关键技术，以万州驸马长江大桥为工程背景，在大桥梁段吊装方案的基础上，制订梁段吊装过程中的鞍座顶推方案并验算索股的抗滑移系数，同时对跨缆吊机和泊船的定位做了相关的研究，确保梁段吊装过程安全、顺利地进行。

关键词　悬索桥　监控关键技术　钢箱梁吊装　鞍座顶推　吊机定位

1　工程概况

万州驸马长江大桥主桥采用双塔单跨双铰钢箱加劲梁悬索桥形式，其跨径布置为285 m + 1 050 m + 345 m，矢跨比为 1/10。加劲梁采用 66 片全焊接的流线型钢箱梁形式，总宽度为 32.000 m，梁高为 3.200 m，高宽比为 1/10，桥面设置横向坡度为 2%，纵向坡度为 2% 。两根主缆中心间距为 28.000 m，每根通长主缆由 108 股预制的高强镀锌平行钢丝股索（PPWS）编织而成，另外在北边跨设 4 根背索。主缆预制平行钢丝股索（PPWS）由 127 丝 ϕ5.2 mm 高强镀锌钢丝组成，钢丝标准强度≥1 770 MPa。吊索共 64 × 2 根，采用预制平行钢丝股索（PWS），外包双层 PE 进行保护，由 109 丝 ϕ5.0 mm 镀锌高强钢丝编制成，钢丝标准强度≥1 670 MPa。桥纵向相邻两吊索间距为 16.000 m，端部吊索与桥塔横桥向中心线间距为 21.000 m。桥跨布置和钢箱梁截面如图 1、图 2 所示。

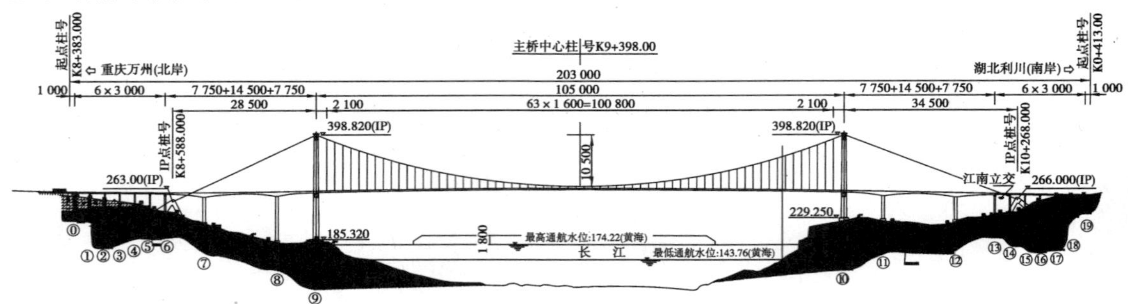

图 1　万州驸马长江大桥桥跨布置图

作者简介：张　波（1990—），男，硕士研究生，助理工程师。

毛超军（1986—），男，本科，工程师。

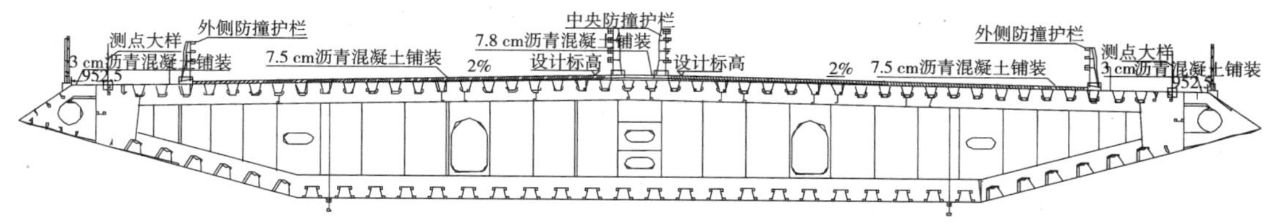

图 2 万州驸马长江大桥加劲梁断面布置图

2 计算模型建立和优化

钢箱梁采用跨缆吊机从跨中向两端同时吊装结合、岸坡区梁段荡移的施工方法。在梁段吊装过程中，主缆线形、桥塔偏位和塔柱内力都在发生变化，应建立精确的有限元模型来指导施工，保障钢箱梁吊装的安全。本文采用可以考虑各种强烈非线性的 BNLAS 有限元软件模拟该过程[1]，主缆、吊索、加劲梁分别用杆单元、膜单元和梁单元模拟。

2.1 模型倒拆

与刚性桥梁不同，悬索桥在施工过程中将发生很大的位移。刚性桥梁的施工阶段计算模型可以直接以成桥状态的坐标建立，如此计算的内力和位移将不会差别太大。对于悬索桥，由于施工过程中具有强烈的几何非线性，计算时必须考虑几何非线性的影响；施工阶段与成桥状态的坐标差别较大，如果完全以成桥状态的坐标建立模型进行计算，则内力和位移将发生较大的误差，且计算时有可能会发生不收敛的情形；如果以安装坐标建立模型进行计算，则完全可以克服上述弱点。但安装坐标是未知的，这就需要倒拆计算。以成桥目标状态为第一计算阶段，通过施工过程的完全倒拆计算，逐步求出各梁段的安装坐标和相对转角[2]。

2.2 梁段间的连接

模型中梁段与梁段之间采用先铰接后刚接的连接方式，模拟梁段吊装时先临时连接顶板，待全部梁段吊装完成后再将梁段底板和风嘴处连接，最后施工环焊缝。只有顶板临时连接时，梁段间可以自由转动，此时释放模型的转动约束。为了防止梁段转动过大导致计算不收敛，在梁段与梁段之间施加一个刚性梁单元，如图 3 所示。

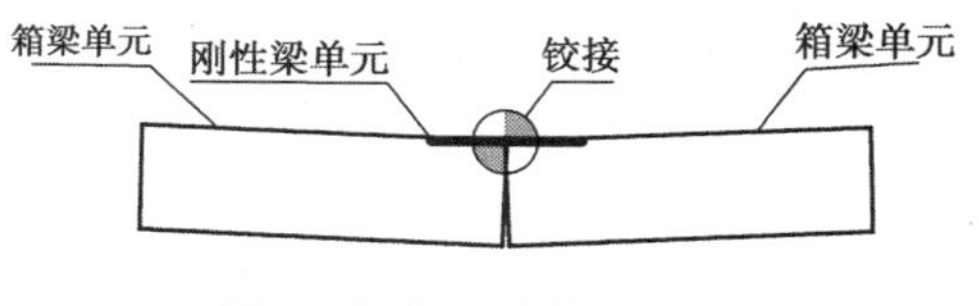

图 3 梁段间连接图示

2.3 鞍座顶推千斤顶的模拟

用一段刚性杆模拟千斤顶，刚性梁模拟顶推反力架，通过改变刚性杆的无应力长度来模拟顶推距离，这样能够直接以位移的方式准确模拟顶推。通过刚性梁模拟的反力架使千斤顶和塔柱连接，这样顶推鞍座时的顶推力就会反作用到塔柱上，再根据实际的鞍座抗推刚度和塔柱抗推刚度，能够准确计算出塔顶的实际偏位。

2.4 鞍座和塔柱连接

由于鞍座的预偏，主缆通过鞍座传递到塔柱的压力其实是偏心的，塔柱的受力是一个小偏心受压。为了更准确地模拟该特性，模型采用鞍座和塔柱的不完全连接模拟塔柱的偏心受压，再结合塔柱的 $P\text{-}\Delta$ 效应，使计算结果更准确。

3 吊梁过程鞍座顶推

悬索桥成桥状态时，主索鞍两侧的水平分力相等，空缆状态时由于中跨侧没有加劲梁，此时中跨侧的水平分力和成桥时差别很大，而边跨侧水平分力和成桥状态相比差别相对小一些。如果空缆状态下的索鞍位置和成桥时一致，将会产生很大的不平衡力，导致塔柱会产生很大的拉应力，对塔柱安全很不利。根据公式 $H=ql^2/8f$，需要鞍座在安装时预偏一定的距离，保证空缆状态下塔柱两侧的水平分力相等。随着梁段吊装的再分次顶推，最后使鞍座复位[3]，这样可以保证塔柱的安全。

3.1 顶推原则

鞍座顶推应该遵循以下原则：

(1)塔底应力不得超限；

(2)鞍座顶推力小，顶推次数少；

(3)顶推前后鞍座内索股不发生滑移。

对于第1点，可以将塔底应力换算到塔顶允许偏位中，在实际施工中观测塔顶偏位更直观、准确。对于第2点，可以采用超顶推的方式：在允许范围内，一次的顶推量尽量多，使塔柱在顶推后反向应力达到允许极值，这样可以增加顶推时间间隔，减少顶推次数[4]。

3.2 塔顶偏位和塔底应力

根据塔柱空缆状态时的抗推刚度计算，得出塔柱的允许偏移量为 -18 ~ 18 cm。根据《驸马长江大桥加劲梁吊装方案》和以上顶推原则制订了如表1所示的顶推方案，并验算了顶推前、后的塔顶偏位和塔底应力结果如表2和图4所示。从表1可以看出，顶推时间越往后，时间间隔越大，采用“超顶推”法可以尽可能地减少顶推次数，增大顶推间隔时间。从表2可知，该顶推方案最大偏位为14.9 cm，在允许偏移量范围内。

表1 万州驸马长江大桥顶推方案

编号	顶推阶段	顶推量/cm	
		万州侧	利川侧
1	猫道改挂后	17	25
2	S1 吊装后	15	25
3	S3 吊装后	15	25
4	S7 吊装后	15	25
5	N13 吊装后	20	23
6	S20 吊装后	18	20
7	加劲梁刚接后	16	18
8	猫道拆除后	15.8	15.7
累积		131.8	176.7

表 2 顶推前后塔底应力和塔顶偏位

编号		万州侧塔顶偏位/m	万州侧塔底最不利应力/MPa	利川侧塔顶偏位/m	利川侧塔底最不利应力/MPa
第 1 次	顶推前	0.040	0.698	-0.056	0.507
	顶推后	-0.102	0.705	0.118	0.504
第 2 次	顶推前	0.068	0.681	-0.107	0.447
	顶推后	-0.064	0.760	0.087	0.563
第 3 次	顶推前	0.070	0.693	-0.090	0.487
	顶推后	-0.065	0.777	0.117	0.536
第 4 次	顶推前	0.119	0.669	-0.118	0.474
	顶推后	-0.066	0.811	0.100	0.593
第 5 次	顶推前	0.108	0.718	-0.111	0.521
	顶推后	-0.060	0.858	0.094	0.641
第 6 次	顶推前	0.100	0.775	-0.095	0.597
	顶推后	-0.041	0.918	0.085	0.693
第 7 次	顶推前	0.059	0.885	-0.031	0.756
	顶推后	-0.091	0.896	0.132	0.658
第 8 次	顶推前	0.149	0.889	-0.142	0.691
	顶推后	0.000	1.049	0.000	0.904

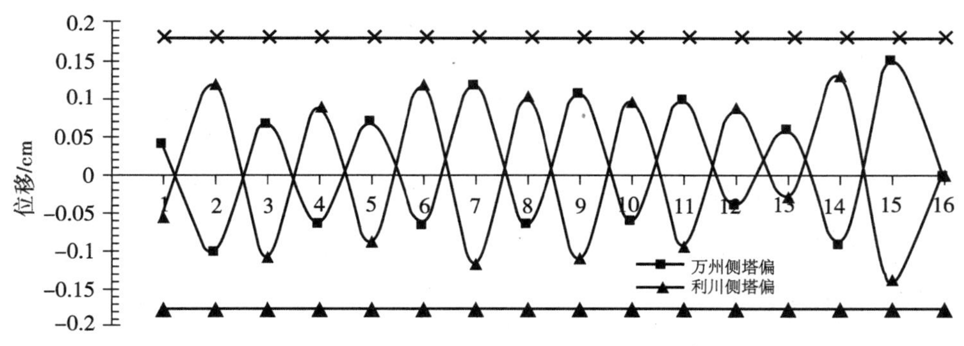

图 4 顶推前后塔顶偏位

3.3 鞍座索股抗滑移验算

鞍座在顶推后的索股抗滑移系数是最小的[4]，应该根据抗滑移公式验算，防止在顶推后鞍座内的索股产生滑移[5]。计算简图如图 5 所示。

$$K = \frac{\mu \alpha_s}{\ln(F_{ct}/F_{cl})}$$

式中 μ——可取 0.15；

α_s——鞍座两侧索股和鞍座的包角；

F_{ct}——紧边力；

F_{cl}——松边力。

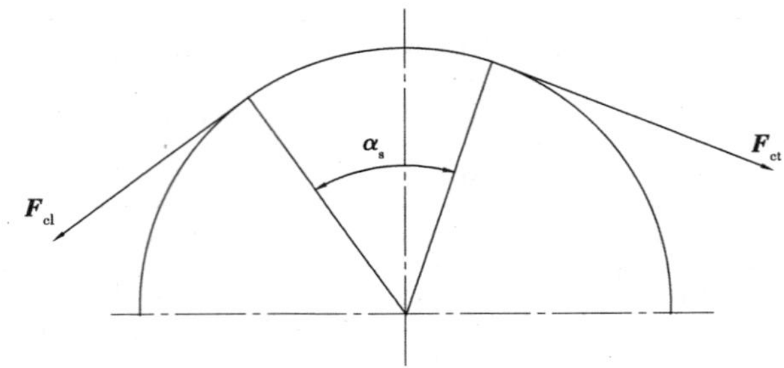

图5 索股抗滑移示意图

各次顶推后索股抗滑移系数计算结果如表3所示。

表3 鞍座两端索股抗滑移验算

顶推次数	万州侧				利川侧			
	紧边力/kN	松边力/kN	包角/(°)	抗滑移系数	紧边力/kN	松边力/kN	包角/(°)	抗滑移系数
第1次后	38 448.894	36 482.589	0.859	2.454	38 555.212	36 483.749	0.793	2.155
第2次后	46 720.345	44 681.325	0.840	2.825	46 769.934	44 702.639	0.773	2.565
第3次后	56 169.592	53 790.193	0.826	2.864	56 495.571	53 831.881	0.757	2.351
第4次后	74 181.197	71 230.555	0.811	2.997	74 393.973	71 310.860	0.740	2.622
第5次后	95 787.706	92 433.469	0.806	3.390	96 037.612	92 434.932	0.731	2.868
第6次后	118 109.693	114 803.212	0.809	4.272	118 912.327	115 024.507	0.737	3.326
第7次后	133 113.845	131 829.756	0.839	12.983	134 084.590	131 805.133	0.766	6.701
第8次后	169 667.129	169 134.428	0.840	40.070	170 158.120	169 097.082	0.767	18.388

根据《公路悬索桥设计规范》(JTG/T D65-05—2015)，索股的抗滑移系数不得小于2。由上述验算结果可知鞍座各次顶推后的抗滑移系数均满足要求，故该顶推方案是安全合理的。

4 跨缆吊机和泊船定位

万州驸马长江大桥横跨长江，采用大型船只运送加劲梁到指定位置，然后由跨缆吊机起吊的方式安装加劲梁，这对于跨缆吊机和泊船的准确定位就提出了较高要求。因为起吊梁段时，梁段自重不仅会使主缆产生竖向位移，还会产生纵向位移，导致跨缆吊机相应地也产生纵向的位移。如果将跨缆吊机和泊船直接定位到吊索下方，由于主缆纵向位移和已吊装梁段的纵向位移不一致，则梁段吊到安装高度后梁段和已安装梁段会有一个间隙或者重叠。为了解决该问题，应该使跨缆吊机预先偏移一个距离[6]。跨缆吊机的起吊位置确定后，泊船的位置也相应地确定了。

如图6所示(虚线表示梁段起吊前，实线表示起吊后)，在起吊下一个梁段前后，待吊装梁段对应主缆节点和已吊装梁段分别有一个纵向位移 Δ_1 和 Δ_2，跨缆吊机和泊船的预偏量其实就是 Δ_1 和 Δ_2 的差值。限于篇幅且梁段关于跨中基本对称，所以只计算了北岸梁段吊装时的预偏情况，详见表4，其变化规律如图7所示。

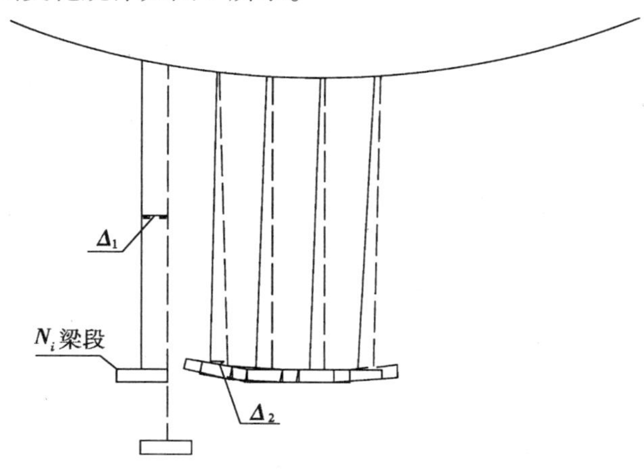

图6 吊梁过程预偏计算

表4 跨缆吊机、泊船预偏计算结果

吊装完成梁段 N_i	N_i 梁段对应主缆位移 Δ_1/m	N_{i-1}梁段对应吊耳位移 Δ_2/m	$\Delta_1-\Delta_2$/m
N1	-0.040	-0.075	0.035
N2	-0.034	-0.035	0.001
N3	-0.021	-0.010	-0.011
N4	-0.040	-0.027	-0.013
N5	-0.037	-0.011	-0.026
N6	-0.048	-0.019	-0.029
N7	-0.060	-0.015	-0.045
N8	-0.078	-0.019	-0.059
N9	-0.083	-0.008	-0.075
N10	-0.094	-0.009	-0.085
N11	-0.105	-0.009	-0.096
N12	-0.115	-0.038	-0.077
N13	-0.125	0.012	-0.137
N14	-0.137	-0.037	-0.100
N15	-0.142	-0.002	-0.140
N16	-0.150	-0.030	-0.120
N17	-0.156	-0.009	-0.147
N18	-0.162	-0.028	-0.134
N19	-0.167	-0.013	-0.154
N20	-0.171	-0.025	-0.146
N21	-0.173	-0.017	-0.156
N22	-0.174	-0.021	-0.153
N23	-0.173	-0.013	-0.160

续表

吊装完成梁段 N_i	N_i 梁段对应主缆位移 Δ_1/m	N_{i-1}梁段对应吊耳位移 Δ_2/m	$\Delta_1-\Delta_2$/m
N24	-0.171	-0.017	-0.154
N25	-0.180	-0.029	-0.151
N26	-0.202	-0.075	-0.127
N27	-0.174	-0.046	-0.128
N28	-0.150	-0.031	-0.119
N29	-0.097	-0.001	-0.096

注：正值表示向主塔预偏，负值表示向跨中预偏。

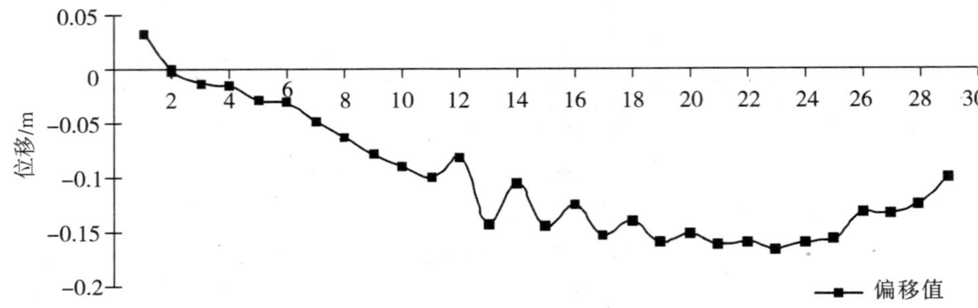

图 7　跨缆吊机、泊船偏位图

5　结　语

本文结合《驸马长江大桥加劲梁吊装方案》就悬索桥上部结构施工监控关键技术作了相关分析，得出以下结论：

(1)由于悬索桥属于柔性桥梁，建议采用倒拆模型分析梁段的吊装过程。

(2)顶推千斤顶和反力架的结合能够全面考虑鞍座和主塔的纵向刚度，使计算得到的塔柱偏位更准确。

(3)对于吊装过程中鞍座顶推方案应该验算塔底应力和顶推后的索股抗滑移系数，并用"超顶推"法减少顶推次数，计算表明万州驸马长江大桥的顶推方案是合理的。

(4)为了准确定位跨缆吊机和泊船，应该考虑梁段吊装时主缆和加劲梁的纵向位移差，需设置一定的预偏量。

参考文献

[1] 唐茂林. 大跨度悬索桥空间几何非线性分析与软件开发[D]. 成都：西南交通大学, 2003.

[2] 潘永仁，范立础. 大跨度悬索桥加劲梁架设过程的倒拆分析方法[J]. 同济大学学报(自然科学版), 2001, 29(5):510-514.

[3] 钱冬生，陈仁富. 大跨径悬索桥的设计与施工[M]. 成都：西南交通大学出版社，1999.

[4] 齐东春，王昌将，沈锐利，等. 悬索桥施工中鞍座顶推的研究[J]. 中国工程科学，2010，12(7):68-73.

[5] 阮静，冯兆祥. 三塔悬索桥中塔主缆与鞍座抗滑移安全稳定性研究[J]. 公路交通科技(应用技术版), 2007(11).

[6] 钟继卫. 大跨度悬索桥钢箱梁吊装精细化分析[J]. 桥梁建设, 2010(6):9-12.

万州驸马长江大桥隧道锚围岩参数反演分析研究

陈建胜　邱山鸣

（中国电建集团中南勘测设计研究院有限公司　长沙　410014）

摘　要　本文在万州驸马长江大桥隧道锚的稳定性研究过程中，采用正交设计法构造神经网络学习样本，采用均匀设计构造神经网络测试样本，并通过神经网络对样本进行反复训练，对隧道锚围岩力学参数进行了反演分析。该反演分析方法获得的参数与正向计算得出的位移增量及监测位移增量在量值上基本相当，为更准确地获取围岩岩体力学参数开辟了新途径。

关键词　隧道锚　神经网络　围岩参数反演

1　引　言

万州驸马长江大桥南岸隧道锚锚塞体嵌入中风化岩层内（图 1），中风化泥岩的单轴饱和抗压强度最大值为 10.5 MPa，最小值为 4.4 MPa，平均值为 7.1 MPa，属于软岩；中风化砂岩的单轴饱和抗压强度最大值为 31.5 MPa，最小值为 18.2 MPa，平均值为 26.4 MPa，属于较软岩。隧道锚围岩强度较低，岩体质量较差，隧道锚开挖施工安全性、围岩的承载能力及长期稳定性是工程建设关注的主要问题。为确保南岸隧道锚施工安全和围岩稳定，进一步论证隧道锚设计方案的可靠性，及时调整优化设计，在施工期间有必要采取系统的安全监控和地质超前预报。主要采取围岩变形应力监测、爆破震动监测、地质超前预报和数值仿真反馈分析等手段，对隧道锚施工安全实施全面监控，并通过获取的监测资料进一步分析论证围岩的力学性质及隧道锚的长期稳定性，指导隧道锚设计和施工。

岩土体结构的复杂性决定了岩体力学参数与岩体（围岩）位移之间的关系一般很难用显式数学表达式来描述，而人工神经网络特别适用于参数变量和目标函数值之间无数学表达式的复杂工程问题，一个简单的神经网络模型甚至可以反映一个非常复杂的映射关系[2]。围岩岩体力学参数反演分析一直是岩土工程研究的热点问题，它极大地影响着数值计算和工程设计的成果，其中位移是反映岩土体受力变形形态的重要物理量。基于实测位移反求初始地应力场和岩体力学参数的位移反分析，综合了数值计算和最优化理论等先进计算技术和方法，为更准确地获取岩体力学参数开辟了新途径。

本文采用了目前广为流行的前馈网络模型（BP 神经网络）描述岩体力学参数与岩体位移之间的映射关系，并应用遗传算法搜索最佳的神经网络。通过对网络结构的反复进化操作，最

作者简介：陈建胜（1981—），男，硕士研究生，工程师，（电子邮箱）179662241@ qq. com。

邱山鸣（1971—），男，硕士研究生，工程师，（电子邮箱）179662241@ qq. com。

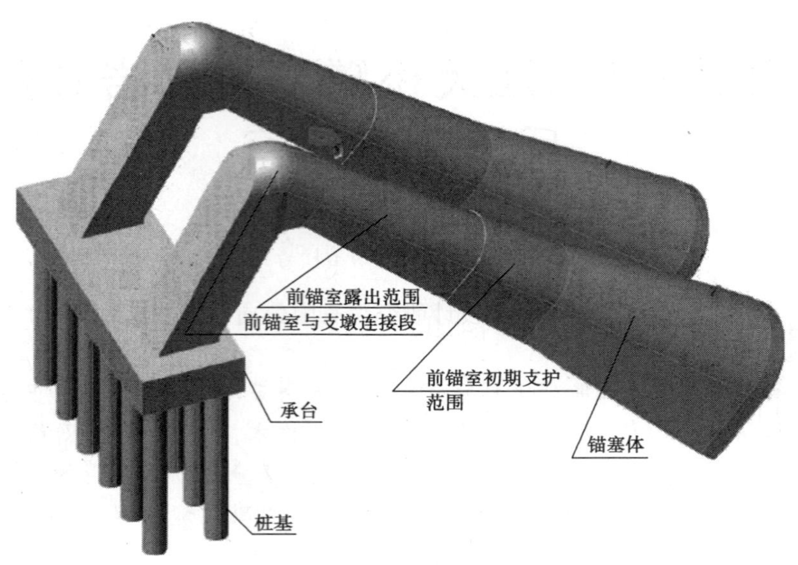

图1　南岸锚碇立体示意图

终总能找到较为理想的网络模型，以建立岩体力学参数与岩体位移之间的非线性映射关系，由这一神经网络的外推预测可以替代位移反分析过程中的正向计算过程。

2　南岸隧道锚支护方案

万州驸马长江大桥南岸隧道锚隧洞开挖深度约为63.8 m(左洞)/53.8 m(右洞)，其中前锚室长度为25 m(左洞)/15 m(右洞)。洞底最大单洞断面尺寸为18 m×20 m，拱顶半径为9 m，左、右隧洞最小净距为10 m。隧道锚隧洞围岩类型主要为砂岩和砂质泥岩的互层(以砂岩为主)，前锚室区域以强风化岩石为主，锚塞体及后锚室区域以中风化岩石为主，多为Ⅳ级围岩，岩体比较稳定，能够在一定程度上形成稳定的承载拱，因此结构按围岩与支护共同承受荷载。隧洞初期支护前半部分采用D25中空注浆锚杆、C30喷射混凝土、钢筋网以及工字钢支架等；初期支护后半部分采用普通钢筋锚杆、C30喷射混凝土、钢筋网以及格栅支架等与围岩共同组成支护体系。

3　围岩参数反馈分析基本原理

3.1　神经网络

人工神经网络是在生物技术的基础上借鉴人脑的结构和工作原理，使用数学方法，利用计算机技术发展起来的一项智能技术。它具有模拟人类部分形象思维的能力，采用类似于“黑匣子”的方法，对由一组给定的输入及其目标输出量所确定的特定数值空间建立网络模型，通过一定的算法模拟输入、输出关系，即通过对一定数量的样本进行学习和记忆，找出输入和输出之间的特征关系(映射)，训练好以后的网络可对空间内任一输入进行推广预测，得出理想的输出。图2所示为目前较为广泛使用的前馈神经网络基本结构图，包括一个输入层、一个输出层和一个隐含层(对于某一给定问题，可有多个隐含层)。网络的训练方法为有教师的训练法，又称为误差反向传播(Error Back Propagation)算法。网络的训练学习过程由正向传播和反向传播组成。在正向传播过程中，输入模式(X)从输入层经隐含层单元进行加权处理后，转向输出层，每层单元的状态只影响下一层的单元。计算输出层的网络输出(Y)与期望输出之间的误差,如果没有达到满意的程度,则转入反向传播过程,将误差信号沿原来的连接路径返回,根据误差信号逐层修改各单元之间的连接权值(W_1,$W2$),如此往复地进行正向计算和反向修改,直到误差小于给定值。

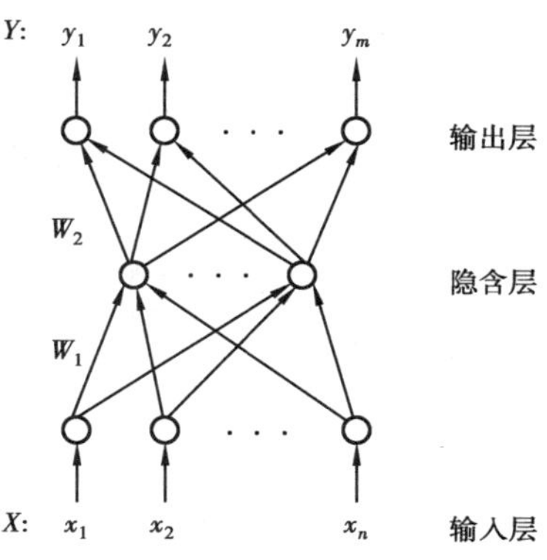

图 2　多层前馈网络拓扑结构图(BP 神经网络)

3.2　位移反分析法原理

围岩参数反馈分析——位移反分析的实质就是寻找一组待反演的参数使与其相应的位移值和实测位移值逼近的方法。对于实际工程的设计和施工来说,这种逼近追求的是总体上的最优效果,因此,目标函数通常取为以下形式或类似的形式:

$$F(X) = \min \sum_{i=1}^{n} (f_i(X) - u_i)^2 \tag{1}$$

式中　$f_i(X)$——岩体在第 i 个量测点上发生的位移量(或相对位移量)的计算值,mm;

u_i——相应的位移量(或相对位移量)的实测值,mm;

n——位移量测点的总数。

在大量的试验、监测、前期分析结果的基础上,以基本力学参数为基本变量,借助于正交设计和均匀设计方法设计一定数量规模的计算方案,采用 FLAC3D 进行开挖模拟计算,以计算结果为基础训练 BP 神经网络,建立基本变量与岩体开挖位移非线性映射关系,并在此关系的基础上,采用遗传算法进行全局优化,在位移目标函数为最小的条件下得到基本变量的最优解。

4　围岩参数反演分析

4.1　隧道锚模型概化

万州驸马长江大桥南岸隧道锚开挖步骤如图 3 所示,Z0、Y0 断面是坡面,第 2 断面为前锚面,第 5 断面为后锚面,第 6 断面为隧洞底端面。隧洞开挖施工可采用台阶法施工或分步开挖法,减少施工过程中对围岩以及施工完成衬砌的扰动,尽量发挥围岩的自身承载能力。必要时,上拱部可超前引进,短掘短支,每挖一段,钢拱架和喷射混凝土紧随支护封闭,锚碇隧洞施工开挖方案见图 4。

隧道锚隧洞的施工模拟中,先开挖并立即进行锚杆支护,在结果处理上看成一个施工步;然后,在预设的网格内进行混凝土回填模拟衬砌过程。反演分析计算监控点的位置见图 5。

4.2　位移反分析样本构造

本文采用正交设计法构造网络的学习样本,采用均匀设计构造网络测试样本。计算主要是分析隧道锚左、右隧洞开挖支护施工等引起的变形场。根据经验,对计算位移影响较大的主要是各种材料的变形参数。根据工程地质描述、隧道锚专题研究成果[3]以及隧道锚隧洞所处的地层位置,选取的反演参数主要是中风化砂质泥岩及砂岩的变形模量和泊松比。在此范围内,将反演参数各划分成若干个等间距的样本水平(表 1、表 2),再根据正交试验设计的原则,使用正交设计表(L9(34))进行计算方案设计,依据正交试验设计原理,给出 9 组试验组合方案(表 3)。依据均匀试验设计原理(U5(54)),给出 5 组预测检验方案(表 4)。

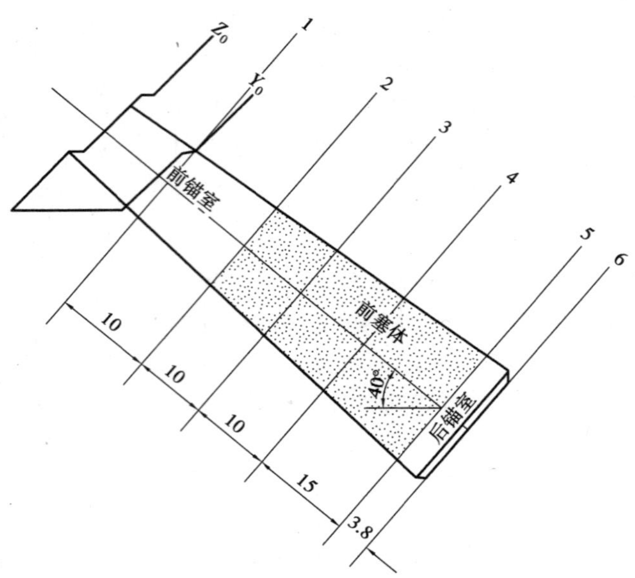

图 3　万州驸马长江大桥南岸隧道锚隧洞开挖顺序示意图(单位:m)

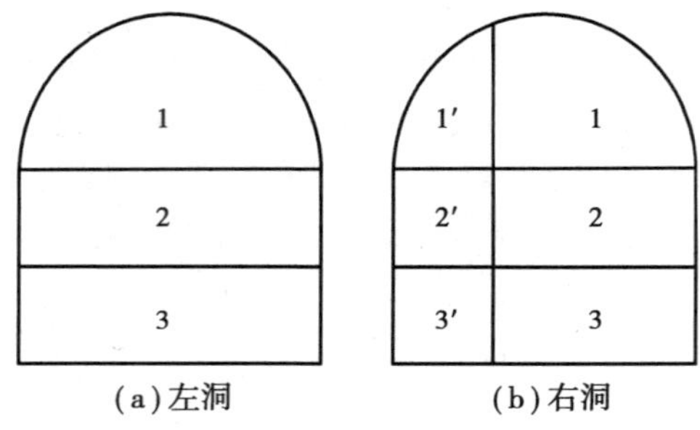

(a)左洞　　(b)右洞

图 4　万州驸马长江大桥南岸隧道锚隧洞开挖顺序示意图(断面)

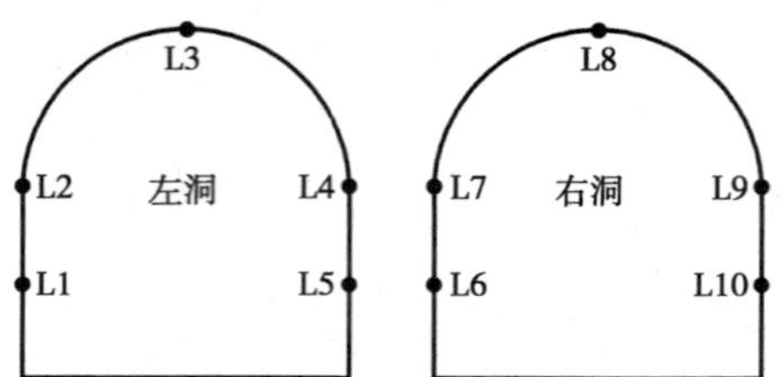

图 5　万州驸马长江大桥南岸隧道锚计算收敛监控点位置示意图

表 1　正交试验样本水平表

样本水平	中风化砂质泥岩		中风化砂岩	
	变形模量 E_0/GPa	泊松比 μ	变形模量 E_0/GPa	泊松比 μ
1	3.0	0.31	4.5	0.28
2	5.0	0.33	6.5	0.30
3	7.0	0.35	8.5	0.32

表 2　均匀设计样本水平表

样本水平	中风化砂质泥岩		中风化砂岩	
	变形模量 E_0/GPa	泊松比 μ	变形模量 E_0/GPa	泊松比 μ
1	3.0	0.31	4.5	0.28
2	4.0	0.32	5.5	0.29
3	5.0	0.33	6.5	0.30
4	6.0	0.34	7.5	0.31
5	7.0	0.35	8.5	0.32

表 3　正交试验方案组合及各测点位移计算值表

方案	中风化砂质泥岩		中风化砂岩		各测点位移计算值/mm					
	变形模量 E_0/GPa	泊松比 μ	变形模量 E_0/GPa	泊松比 μ	L1、L5	L2、L4	L3	L6、L10	L7、L9	L8
1	3.0	0.31	4.5	0.28	0.51	0.44	1.98	0.58	0.59	1.47
2	3.0	0.33	6.5	0.30	0.45	0.40	1.63	0.51	0.49	1.35
3	3.0	0.35	8.5	0.32	0.40	0.36	1.42	0.47	0.43	1.27
4	5.0	0.31	6.5	0.32	0.48	0.38	1.34	0.45	0.40	1.23
5	5.0	0.33	8.5	0.28	0.34	0.28	1.23	0.38	0.33	1.24
6	5.0	0.35	4.5	0.30	0.50	0.38	1.65	0.49	0.45	1.12
7	7.0	0.31	8.5	0.30	0.37	0.29	1.06	0.36	0.30	1.18
8	7.0	0.33	4.5	0.32	0.56	0.40	1.47	0.48	0.43	1.26
9	7.0	0.35	6.5	0.28	0.38	0.27	1.26	0.37	0.32	1.24

表 4　均匀设计方案组合及各测点位移计算值表

方案	中风化砂质泥岩		中风化砂岩		各测点位移计算值/mm					
	变形模量 E_0/GPa	泊松比 μ	变形模量 E_0/GPa	泊松比 μ	L1、L5	L2、L4	L3	L6、L10	L7、L9	L8
1	3.0	0.32	6.5	0.31	0.48	0.42	1.61	0.53	0.50	1.33
2	4.0	0.34	4.5	0.30	0.52	0.41	1.76	0.53	0.50	1.36
3	5.0	0.31	7.5	0.29	0.40	0.32	1.30	0.41	0.36	1.25
4	6.0	0.33	5.5	0.28	0.43	0.31	1.45	0.43	0.38	1.30
5	7.0	0.35	8.5	0.32	0.37	0.29	1.03	0.36	0.28	1.15

将表 3、表 4 中的各组参数输入计算模型进行三维计算，对于每一组试验组合，作正向分析计算。根据实际开挖情况模拟隧道锚左、右两隧洞的开挖支护过程，得到对应于上述所选的用于反演的 7 个收敛变形监测点位置（以前锚面为例）的位移计算值，将其与对应的参数组合

在一起，作为一个学习样本。这样共得出 14 个样本用于神经网络的训练和检测（表 3、表 4）。将其中 9 组样本用于训练神经网络，5 组样本用于网络训练过程中的预测检验。

4.3 围岩变形参数反演分析

围岩变形参数反演结果见表 5，根据反演的参数由 FLAC3D 计算出的变形监测点的位移值和由反演参数值经神经网络外推得到的预测值与实测位移值对比见表 6 和图 6。由此可以看出，反演分析获得的参数与 FLAC3D 正向计算得出的位移增量及监测位移增量在量值上基本相当。

表 5 围岩变形参数反演结果表

岩性及其风化程度	变形模量 E_0/GPa	泊松比 μ
中风化砂质泥岩	4.3	0.32
中风化砂岩	5.0	0.29

表 6 前锚面位移监测值与反演参数计算值及神经网络外推预测值比较表

测定方法	各测点位移值/mm						绝对误差平均值/mm
	L1、L5	L2、L4	L3	L6、L10	L7、L9	L8	
监测值	0.33	0.17	1.90	0.27	0.12	1.77	—
基于反演参数的计算值	0.49	0.39	1.67	0.50	0.47	1.35	0.052
用反演参数输入的神经网络外推预测值	0.51	0.41	1.71	0.52	0.50	1.32	0.068

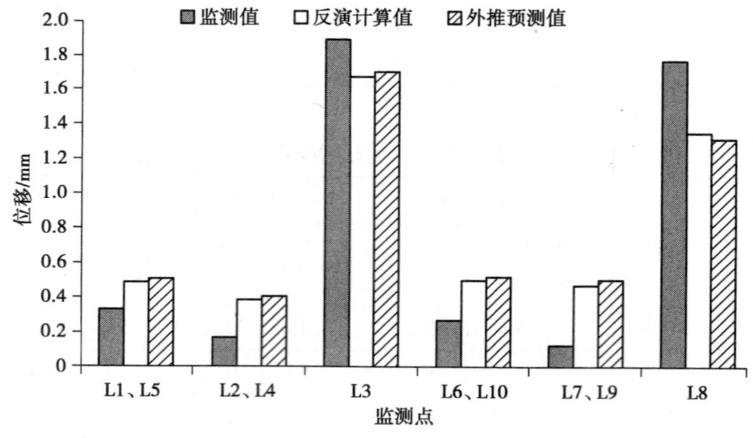

图 6 各监测点监测值与反演参数正向计算值和网络外推预测值对比图

5 结 论

本文采用神经网络方法并通过样本构造设计对万州驸马长江大桥隧道锚围岩力学参数进行反演分析，主要结论总结如下：

（1）依据正交性原则来进行试验设计可大大减少试验次数，且具有“均衡分散性”和“整齐可比性”,适用于多因素、多水平的试验情况。

(2)隧道锚洞壁收敛变形及顶拱下沉变形大部分在开挖面推进到该剖面位置后逐渐趋于收敛;总变形均为毫米级,量值不大。

(3)本文反演获得的参数与FLAC3D正向计算得出的位移增量及监测位移增量在量值上基本相当,可见该方法合理可靠。

参考文献

[1] 邱山鸣,陈建胜,欧志军,等.重庆万州驸马长江大桥隧道锚工程施工期安全监测与超前地质预报[R].中国电建集团中南勘测设计研究院有限公司,2015.

[2] 邬凯,盛谦,梅松华,等.PSO-LSSVM模型在位移反分析中的应用[J].岩土力学,2009,30(4):1109-1114.

[3] 赵海斌,梅松华,陈建胜.万州驸马长江大桥隧道锚及围岩稳定专题研究报告[R].中国电建集团中南勘测设计研究院有限公司,2014.

多点悬挂自升式模架施工技术

岳志良　徐厚庆　张万新

（中交一公局第三工程有限公司　北京　100029）

摘　要　本文针对几种常见的高墩、高塔施工工艺进行了对比分析，依托于万州驸马长江大桥北岸引桥刚构8号墩施工实例，分析总结了悬挂自升式模架设计及施工技术的相关内容。使用悬挂模架施工工艺，安全、高效，墩身外观质量好，在模板成本、施工人员的投入、施工进度等方面较其他施工工艺都具有明显优势。

关键词　高墩多点悬挂　模架　技术

1　引　言

随着我国交通基础建设速度的继续加快，高速公路、铁路逐渐向山区和偏远地区不断推进，桥隧比不断加大，高墩、高塔及大跨径桥梁不断增多，对施工技术要求很高，面临的挑战也更大，如路线狭窄、边坡陡峭、桥隧组合、结构复杂等。

基于以上发展形势和高墩、高塔的施工状况，本文依托万州驸马长江大桥高墩、高塔，从组织施工开始就致力于如何在山区高墩、高塔施工中更安全、更快捷、更节约地把复杂的工艺更简单化的技术研究。对传统的高墩、高塔的施工方法进行吸收改进，通过在万州驸马长江大桥连续刚构8号墩柱具体工程实践，通过类比分析，创造性地应用悬挂模架施工技术，提高了高墩、高塔施工的安全性能，施工更加快捷简单，改善了外观质量，成本更加节约，同时取得了巨大的社会效益，具有很好的推广应用价值。

2　常见的几种高墩、高塔施工工艺分析

常见的几种高墩、高塔施工技术经济分析见表1。

表1　常见的几种高墩、高塔施工技术经济分析

施工技术名称	最终传力装置	模板提升	主要提升荷载	质量情况	模板自身成本	平均进度/（m·天$^{-1}$）	建议采用	应用局限性	应用项目
悬臂模板施工	抗剪螺栓	塔吊	自重	良好	最低	0.8	墩高较小的非关键线路桥墩	—	万州驸马长江大桥项目6号、7号等引桥桥墩

作者简介：岳志良（1987—），男，本科，助理工程师。
徐厚庆（1990—），男，本科，助理工程师。
张万新（1971—），男，本科，助理工程师。

续表

施工技术名称	最终传力装置	模板提升	主要提升荷载	质量情况	模板自身成本	平均进度/(m·天$^{-1}$)	建议采用	应用局限性	应用项目
爬模施工	抗剪螺栓	千斤顶	自重	良好	最高	0.8	墩高较小的非关键线路桥墩	—	万州驸马长江大桥项目9号主塔
辊模施工	无缝钢管	千斤顶	自重及滚动摩擦力	较好	较高	2.4	建议采用	不能用于有斜率的桥墩	万利高速公路项目七分部
悬挂模架	无缝钢管	千斤顶	自重	良好	一般	1.12	建议采用	不能用于有斜率的桥墩	万州驸马长江大桥项目8号高墩
滑模施工	无缝钢管	千斤顶	自重及滑动摩擦力	一般	一般	3	不建议采用,外观质量差	不能用于有斜率的桥墩	荣乌项目高墩

(1)悬臂模板是一种传统的墩柱施工工艺,其成本投入低,但安全性不高,施工速度较慢。

(2)液压爬模运用于高墩、高塔施工,一般由专业模板厂家设计安装,成本投入非常大,安全性能高,施工速度一般。

(3)多点悬挂自升式模架系统施工工艺简单,工序衔接要求低,因而组织难度低,质量易保证,易于推广,工效较稳定。挂模施工所有架体及模板可现场加工安装,大大降低了成本。

(4)滑模、辊模工序衔接要求高,组织管理难度较大,虽然改进修整工艺后的滑模施工外观较好,但工人的技术水平能力最终决定其外观质量的好坏,同时,修饰后的混凝土耐久性需进一步验证,要慎重选用。

3　多点悬挂自升式模架施工原理及介绍

3.1　多点悬挂自升式模架概念

悬挂模架是一种先进的高墩模板施工新技术,通过墩身四周的F架,将整个模板、支架架体悬挂在已浇筑完的节段顶支承钢管上,施工中绑扎钢筋、顶升模板、浇筑混凝土等作业时,挂模系统始终处于悬挂状态。悬挂模架是在滑模、辊模系统基础上通过改进优化的一种新施工工艺,综合了滑模和翻模工艺的优点,克服了滑模和翻模施工的缺点。

3.2　多点悬挂自升式模架工艺原理

悬挂模架施工利用类似于滑模的支承系统,模板与围圈桁架承距离30~50 cm,模板竖向通过吊环挂于托架上,浇筑过程中混凝土侧压力主要由模板自身的对拉杆进行平衡。通过楔块式液压千斤顶支承于预埋在墩柱混凝土内的无缝钢管实现模板围圈系统的同步提升。

3.3　多点悬挂自升式模架适应范围

多点悬挂自升式模架适应于不同高度、断面为圆形或矩形的等截面墩柱施工。

4 多点悬挂自升式模架系统的组成

多点悬挂自升式模架系统(简称"挂模"),由模板系统、悬挂系统、液压顶升系统、工作平台及防护系统组成(图1)。

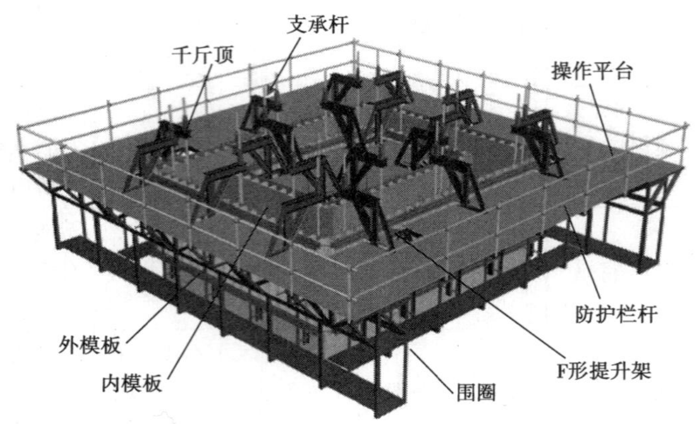

图1 "挂模"整体结构图

5 多点悬挂自升式模架系统的设计实例

本项目悬挂模架系统的设计主要参照《滑动模板工程技术规范》(GB 50113—2005)的荷载取值、关键部位的设计验算,复杂化的空间桁架结构采用有限元分析软件 midas Civil 建模分析。

5.1 荷载取值

(1)操作平台施工荷载标准值按《滑动模板工程技术规范》(GB 50113—2005)规定采用。设计平台铺板或面板时,取2.5 kN/m^2;设计平台桁架时,取2 kN/m^2;设计围圈及提升架时,取1.5 kN/m^2;计算支承杆数量时,取1.5 kN/m^2。

(2)平台上临时集中存放材料,放置于液压操作台、焊机等小型机具,按实际重量计算,取值0.5 kN。

(3)吊悬模架的施工荷载标准值(包括自重和有效荷载)按实际重量计算,取值2 kN/m^2。

(4)风荷载按现行国家标准《建筑结构荷载规范》(GB 5009—2012)的规定采用,模板及其支架的抗倾覆系数不应小于1.15。

(5)可变荷载的分项系数取1.4。自重及堆放荷载分项系数取1.2,自重由模型自动计入。

5.2 支承杆数量的确定

关键部位支承杆数量计算引用《滑动模板工程技术规范》(GB 50113—2005)中的计算公式。

5.2.1 支承杆允许承载能力确定

吊模采用埋入式 ϕ48 mm×3.5 mm 钢管支承杆,支承杆允许承载能力确定按《滑动模板工程技术规范》(GB 50113—2005)附录 B B.0.2 计算。

$$P_0 = (\alpha/K) \times (99.6 - 0.22L)$$
$$= (0.7/2) \times (99.6 - 0.22 \times 2.93) = 34.6(\text{kN})$$

式中,α 为工作条件系数,取0.7~1.0,视施工操作水平、滑模平台结构情况确定。一般整体式刚性平台取 0.7，分割式平台取 0.8。K 为安全系数，取值不应小于 2.0。L 为支承杆长度。当支承杆在结构体内时，L 取千斤顶下卡头到浇筑混凝土上表面的距离；当支承杆在结构体外时，L 取千斤顶下卡头到模板下口第一个横向支承扣件节点的距离。

5.2.2 支承杆数量验算

操作平台总面积 $S = 11 \times 2 \times 1.5 + 6.5 \times 2 \times 1.2 = 48.6(\text{m}^2)$。

根据《滑动模板工程技术规范》(GB 50113—2005)5.1.5 节液压提升系统所需千斤顶和支承杆的最小数量可按下式确定：

$$n_{\min} = \frac{N}{P_0} = \frac{1.4 \times 48.6 \times 1.5 + 1.2 \times 160 + 1.2 \times 40}{34.6} = 8.1 < 9$$

5.3 空间桁架架体建模分析

悬挂模架桁架采有限元计算软件 Midas Civil 进行整体建模验算，各杆件计算结果详见表 2。

表 2 悬挂模架系统模型计算结果表

序号	部位		最大组合应力值/MPa	剪应力/MPa	最大内力值/kN·m	最大位移/mm
1	单面整体架体		105.6	38.8	10.9	8.4
2	F 架体	整体模型	54.8	38.8	10.9	5.4
		横梁:2×[18a	-40.8	38.8	10.8	4.8
		竖梁:[18a	46.7	24.3	3.4	5.4
		斜杆 1:[10a	54.8	17.5	0.7	4.1
		斜杆 2:[10a	41.4	11.7	0.5	5.4
3	外围桁架	外框:∟100×6	115.6	-45.9	0.42	5.4
		平联:∟80×5	96.7	30.3	0.22	5.4
		斜撑:∟80×5	104.4	20.3	0.15	5.4
4	工作平台	承重梁:[18a	56.7	3.9	0.55	7.2
		斜撑:∟80×5	38.1	3.2	0.23	6.6

由表 2 可知，该架体的所有部位的安全系数均大于 2，满足相关规范及施工要求。

6 多点悬挂自升式模架施工应用实例

万州驸马长江大桥北岸引桥为 6×30 m(连续梁)+77.5 m+145 m+77.5 m(连续刚构)。连续刚构桥桥墩(7 号、8 号墩)为钢筋混凝土矩形空心薄壁墩，混凝土等级为 C50，总方量为 4 059.4 m^3，桥墩最高为 90.7 m，平面尺寸为 7.0 m×5.5 m，壁厚 1.0 m。桥墩底部和顶部分别设有 2.0 m 实心段，8 号桥墩采用多点悬挂自升式模架系统施工。

8 号墩为连续刚构主墩，与 7 号墩高差达 40 m，工期紧张。为确保高墩施工安全质量和满足后期连续刚构上部结构及与悬索桥猫道交叉施工，项目采用“挂模”施工新工艺，在有效施工时间(3 个月)内快速完成了 90.7 m 的墩柱施工，混凝土外观质量好，全施工过程安全可控。

悬挂模架施工现场如图 2～图 5 所示。

图2　悬挂模架安装

图3　悬挂模架整体顶升

图4　悬挂模架施工浇筑混凝土

图5　悬挂模架施工现场

7　多点悬挂自升式模架施工技术改进

7.1　遇到的问题及解决措施

(1)悬挂模架在爬模过程中的主要受力部件F架易变形。悬挂模架在爬升过程中,千斤顶的不均匀顶升导致个别架体偏心受压,产生侧向变形。

措施:施工中通过采用同步性好的千斤顶液压控制器保证支架同步顶升,对单片模板的F架与围圈整体焊接,提升F架的抗扭转性能,确保了整个模板系统的强度及稳定性。

(2)施工中由于每次浇筑混凝土高度为2.25 m,模架边爬升边进行箍筋安装,但竖向主筋下料长度为4.5 m,即一次安装主筋长度为4.5 m,无安全操作平台,存在安全隐患。

措施:施工中通过在F架上安装体外劲性骨架和钢筋卡具,节约了高墩施工的设计劲性骨架钢材,保证高空作业的安全性,同时提升了墩柱钢筋安装的成品质量。

(3)在万州驸马长江大桥8号墩施工过程中,发现支承钢管个别有少许变形现象。

措施:对模板及支承钢管进行精确定位,及时纠偏,保证钢管始终处于垂直受力状态。

7.2　多点悬挂自升式模架技术改进意见

(1)施工前对施工平台进行规划,合理使用平台空间,同时防止整个架体的偏载,使架体整体受力更为合理,从而降低施工安全风险。

(2)预埋支承钢管可通过灌浆,提高其刚度,减小其变形。

(3)模架操作平台设计与电梯、塔吊布置的相对位置综合考虑,避免电梯、塔吊与架体产生冲突或存在较大间距,从而减少安全隐患。

8 多点悬挂自升式模架施工技术特点

8.1 安全稳定性高

多悬挂点的设置使系统均衡性优良，F 架和自平衡模板系统的采用使整个系统自重较轻；楔块式千斤顶和小行程自升方式的选择，使自升动作更加柔和可控。自升过程中，整套系统与墩柱面完全脱离，可有效避免自身局部阻滞的风险。整体安全封闭的模式，可有效解决常规高空施工中的安全问题。

8.2 混凝土质量好

自平衡模板系统提供了稳定的振捣环境，提高了混凝土的密实性和外观质量。类似翻模的脱模技术，避免脱模过程中模板与墩柱面发生摩擦，且脱模混凝土强度较高，对墩柱面无损伤，能较好地保证混凝土的外观质量。

8.3 施工精度易保证

采用自平衡模板系统最大程度地降低了侧压变形的可能，保证了墩柱面垂直度、平整度；逐次浇筑、关模的形式及模板调节滚轮、吊杆的采用，可及时消除施工误差，确保施工精度。

8.4 施工速度快

依托万州驸马长江大桥 8 号墩柱标准节段可实现两天一模、1.12 m/天的高效施工速度。

9 多点悬挂自升式模架投入成本分析

整个模架架体可根据墩身结构尺寸现场加工，配置液压千斤顶、数控操作台自行拼装液压系统，经济实惠，设备周转性能高。整个施工工艺员操作简单，投入较少的施工人员即可同时进行左、右幅施工，投入低，产值高。

9.1 悬挂模架人工成本分析

悬挂模架人工成本见表 3。

表 3 8 号墩悬挂模架人工成本核算表

<table>
<tr><th>序号</th><th>项目</th><th>合价/元</th><th>成本单价/元</th><th>备注</th></tr>
<tr><td>1</td><td>人工费</td><td>831 600</td><td>204.85</td><td rowspan="5">共计 110 天，每天工作时间为 7:00—23:00，按 1.5 工日核算，包含管理人员人数，人工费为 110×1.5×18×28 = 831 600 元</td></tr>
<tr><td>2</td><td>机械设备费（电焊机、弯曲机、振动棒、切割机等）</td><td>50 000</td><td>12.31</td></tr>
<tr><td>3</td><td>材料（辅助材料费，包括电费、燃油费、电焊条、铁丝、氧气乙炔、电费）</td><td>100 000</td><td>24.63</td></tr>
<tr><td>4</td><td>交通费（工地交通车辆、工人往返路费）</td><td>20 000</td><td>4.92</td></tr>
<tr><td>5</td><td>生活费</td><td>10 000</td><td>2.46</td></tr>
<tr><td>成本核算</td><td colspan="2">混凝土单价</td><td>249.17</td><td>混凝土 4 059.4 m^3</td></tr>
</table>

9.2 悬挂模架材料费分析

悬挂模架材料成本分析见表 4。

表 4　悬挂模架材料成本核算表

序号	项目	数量	单价/元	残值/元	合价/元	成本单价/元	备注
1	木模板内外模/m^2	198	400	30	36 630	9.02	采用维萨板,摊销 50%
2	爬升架体钢材/t	40	3 800	1 000	112 000	27.59	—
3	爬升架体制作、安装、拆卸/t	40	2 500	0	100 000	24.63	—
4	液压操作系/套	2	50 000	10 000	80 000	19.7	—
5	爬升轨道钢管/t	13.68	3 500	0	47 880	11.79	预埋混凝土内
6	竹胶板/m^2	300	145	0	43 500	10.71	横隔板及倒角施工
7	方木/m^2	200	87.2	0	17 440	4.29	
8	18 号工字钢/t	3.4	3 110	0	10 574	2.6	
9	附属材料	1	30 000	2 000	28 000	6.89	—
10	塔吊、电梯混凝土基础/m^3	10	80	0	800	0.002	—
11	三一泵管/m	120	567	70	29 820	7.34	摊销 50%
合计费						124.56	—

9.3　悬挂模架机械费成本分析

万利高速公路项目一分部万州驸马长江大桥 8 号墩实体工程量为 4 059.4 m^3,其机械费成本分析见表 5。

表 5　悬挂模架机械费成本核算表

序号	设备名称	设备型号	租赁单价/元	使用时间/月	合价/元	成本单价/元	备注
1	塔吊	QTZ80	36 000	4	144 000	35.47	包含春节放假待工时间
2	电梯	SC200	25 000	3.5	87 500	21.55	—
3	地泵	HBT9022CH	26 元/m^3	4	97 425.6	26	按租赁费用计算
4	吊车	30 t	23 500	1	23 500	5.78	—
5	平板车	20 t	16 000	1	16 000	3.94	—
合计						92.74	—

9.4　悬挂模架总成本

悬挂模架总成本见表 6。

表6　悬挂模架总成本合计表

工作内容	数量/m^3	单价/元	总价/元	备注
人工费	4 059.4	249.17	1 011 480.6	—
材料费	4 059.4	124.56	505 646.98	不含混凝土实体材料及其附属材料
机械费	4 059.4	92.74	376 468.75	—
施工成本(工料机)	4 059.4	466.47	1 893 588.3	—

10　结　论

根据多点悬挂自升式模架系统的原理分析,结合万州驸马长江大桥8号墩工程应用情况,多点悬挂自升式模架系统传承了翻、滑、辊模在模板自平衡、悬挂、自升和工序并行方面的工艺优点,并在悬挂的形式、模板系统的安装和解除以及自身千斤顶的选择等方面,作了针对性的改进。该多点悬挂自升式模架系统具有安全稳定性高、混凝土质量好、施工精度易保证、施工速度快、施工经济成本低等优点,能更好地完成高墩施工任务。

参考文献

[1] 中华人民共和国行业标准.公路桥涵施工技术规范(JTG/T F50—2011)[S].北京:人民交通出版社,2011.

[2] 汪国庄.浅议空心薄壁墩施工技术[J].甘肃科技,2008,24(21).

[3] 中华人民共和国行业标准.建筑施工模板安全技术规范(JGJ 162—2008)[S].北京:中国建筑工业出版社,2008.

[4] 中国冶金建设协会.滑动模板工程技术规范(GB 50113—2005)[S].北京:中国计划出版社,2005.

大跨径悬索桥不同施工阶段索塔变形监测与分析

方鹏程　何晓军　丁永康

（中交一公局第三工程有限公司　北京　100029）

摘　要　本文阐述了万州驸马长江大桥大跨径悬索桥不同施工阶段索塔变形的监测，包括猫道架设、主缆架设、钢箱梁吊装等施工阶段，利用高精度全站仪自动照准功能对索塔进行监测，取得了较好的监测效果，对同类型工程建设有一定的参考价值。

关键词　悬索桥　不同施工阶段　索塔变形　监测与分析

1　概　况

1.1　工程概况

万州驸马长江大桥是重庆万州至湖北利川高速公路（重庆段）跨越长江的重要控制性工程，桥跨布置为(285 +1 050 +345) m，桥址位于万州长江二桥下游6 km处，北岸起点位于重庆市万州区钟鼓楼街道吊龙村，南岸终点位于重庆市万州区太龙镇向坪村。桥型布置如图1所示（尺寸除里程、高程以m计外，其余均以cm为单位）。

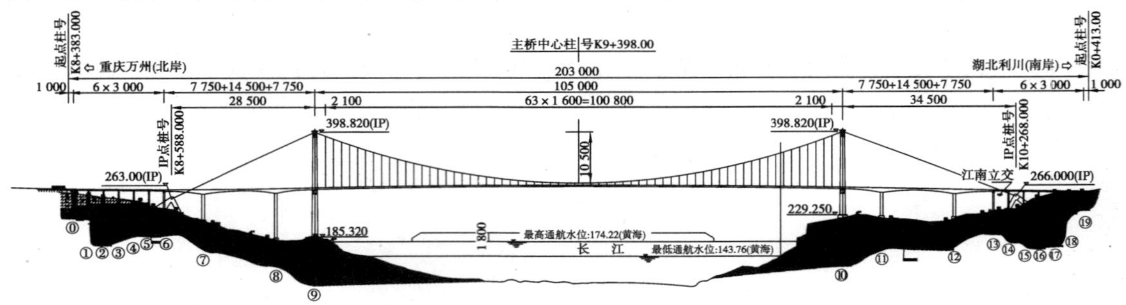

图1　万州驸马长江大桥主桥桥型布置图

1.2　索塔概况

万州驸马长江大桥索塔为塔柱、横梁组成的钢筋混凝土框架结构，塔柱为普通钢筋混凝土框架结构，横梁为预应力混凝土框架结构。主塔承台顶面起算北岸索塔高210.5 m，南岸索塔高166.57 m。索塔两塔柱横桥向内倾，内侧倾斜率为1/29.900，外侧分3次变化由上至下分别为1/25.058、1/17.408、1/12.498。塔柱断面为矩形空心截面，两索塔除下塔柱外，上塔柱及

作者简介：方鹏程（1987—），男，专科，技术员。

何晓军（1985—），男，本科，助理工程师。

丁永康（1993—），男，专科，技术员。

横梁高度和构造均相同。

2　索塔变形监测意义

由于索塔结构较高,在外界环境的影响下以及在悬索桥上部结构施工,即猫道施工、主缆架设和钢箱梁吊装过程中,均在不断地变化,为防止索塔的受力处于不利状态和影响施工安全,应在施工过程中进行索塔变形监测。索塔变形量是指监测点在某一施工状态下的坐标,相对于该点在裸塔竖直状态下的坐标差值,因此索塔在不同的工况下监测的变形量具有不同的含义,对施工的指导作用也不一样。

3　索塔变形监测的方法

索塔变形监测使用全站仪(测角精度为0.5″,测距精度为±(0.6 mm+1ppmD)),采用极坐标法进行三维坐标测量,利用全站仪自动照准功能对索塔进行监测。测站点、后视点及索塔顶部变形监测点均设置强制对中装置,索塔变形监测计算使用桥梁施工坐标系,以桥轴线方向为 X 轴(里程为 X 轴刻度值,X 轴近似指向南),桥轴线垂线指向上游为 Y 轴(Y 轴近似指向西),索塔中心线为 Z 轴(高程为 Z 轴刻度值)。在此坐标系下,索塔坐标变化值即为索塔在顺桥向、横桥向及高程上的三维变形值。

4　索塔在不同施工阶段的变形监测

4.1　索塔受日照温差影响的变形监测

在日照作用下,混凝土索塔塔柱阳面温度比阴面温度高,这种温差的存在导致阳面混凝土收缩,从而使塔柱产生挠曲变形。随着混凝土塔柱高度的增加,致使塔柱的这种变形会愈加显著,因此索塔线形控制和索鞍安装测量必须考虑温度的影响。温度变化导致的索塔挠度变形随着日照方向的周期性变化而变化。索塔日照变形监测的目的是掌握索塔静态变形的大小和规律,获知索塔一天中变形最小(即塔柱处于竖直位置)的时段。该时段作为索鞍安装测量和主缆施工线形计算的基准,同时还在此时段内测量索塔顶监测点的基准坐标,作为以后不同工况下索塔变形计算的依据。因此,可以说此阶段索塔的变形监测,是悬索桥施工监控的基础。

此阶段的索塔变形具有弹性变形的特征,变形的幅度随着索塔高度和温度的增加而增大。在索塔施工完成后,对索塔日照变形监测数据分析,得出索塔变形趋势最稳的观测时段。根据索塔各时段监测坐标绘制出索塔日照变形轨迹,如图2所示。

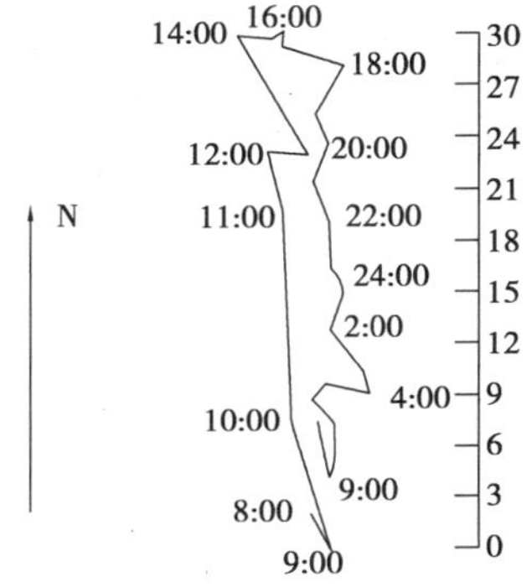

图2　索塔日照变形轨迹(单位:mm)

从索塔日照变形轨迹可知,由于受日照影响索塔温度变化较快,上午索塔在桥轴线方向向北方迅速变形,下午过后又向相反方向变形,逐渐恢复到原来位置,说明白天是索塔的不稳定期;夜间温度变化比较缓慢,因而索塔变形较小,夜间是索塔的稳定期。

在24 h日照变形监测中,索塔在X、Y两个方向上的变化最大幅值分别为28 mm和5 mm,说明索塔受日照影响平面变形较大,在桥轴线方向上变形尤为显著。

4.2 猫道施工阶段索塔变形监测及分析

索塔封顶及主索鞍安装就位后,进入悬索桥猫道施工阶段。在此之前,索塔处于无外力作用的状态。一旦索塔被挂上猫道承重索,塔顶即受到承重索锚跨和中跨方向的水平力作用。当塔顶两侧水平力不相等时,索塔即产生顺桥方向的变形。由于锚跨和中跨猫道承重索荷载不同,以及受张拉力和应力测试误差等因素的影响,索塔两侧的水平力很难相等,因此索塔在此施工阶段必然产生变形。如表1所示,工况编号2为万州驸马长江大桥猫道架设后的实测跨径变化和索塔变形情况,说明此施工阶段索塔产生了变形,且南、北索塔变形量不一致。

表1 万州驸马长江大桥不同施工阶段跨径变化和索塔变形

编号	工况	跨径/m	跨径变化/mm	北塔变形/mm	南塔变形/mm
1	裸塔	1 049.998	基准值	0	0
2	猫道架设后	1 049.970	28	20(偏中跨)	8(偏中跨)
3	主缆架设后	1 050.019	49	6(偏边跨)	15(偏边跨)
4	跨缆吊机就位后	1 049.736	283	113(偏中跨)	149(偏中跨)
5	第一次顶推后	1 050.040	304	28(偏边跨)	14(偏边跨)

4.3 主缆架设阶段索塔变形监测及分析

猫道施工完成后进入主缆架设阶段。在索股牵引过程中,索塔在卷扬机和索股荷载的作用下,产生顺桥向的动态变形,通过调整索力、垂度以及鞍座的预偏,使索塔两侧的水平力相等,从而达到在主缆施工阶段索塔尽可能产生最小偏位的要求。

由于索塔较高,其上部柔性较大,受外力作用易产生变形,但不同悬索桥的索塔动态变形是有限制的。在主缆架设阶段,索塔允许变形的最大值为150 mm,若变形值超过此值,则可能危及索塔的安全。此外,由于施工误差以及其他难于顾及的因素影响,在主缆架设施工阶段,同样难以保证索塔两侧的水平力相等。因此在索股架设及调整阶段,同样应对索塔变形进行监测,并将监测结果及时反馈给监控部门以指导施工。根据索股垂度调整时索塔变形的监测结果,决定索股调整的垂度和索股的张力。

此阶段索塔变形监测的特点,既有索股牵引过程中的索塔动态变形监测,又有索股垂度调整时的静态变形观测,而且变形方向只是顺桥向方向。万州驸马长江大桥主缆索股全部架设完成后,实测的跨径变化和塔顶位移如表1中工况编号3对应的数据所示,此阶段的跨径变化和索塔变形比猫道施工阶段要大,且方向相反。

4.4 钢箱梁吊装阶段索塔变形监测及分析

主缆架设完成及索夹安装后,进入悬索桥上部构造钢箱梁吊装阶段。在钢箱梁吊装过程中,钢箱梁的荷载通过吊索和主缆最终传递到索塔上,使索塔产生变形,且索塔的变形量会很大,必须在吊装过程中逐步减小这种变形。在设计和施工中采用预偏主索鞍座的方法,万州驸马长江大桥北岸索塔向边跨预偏1.318 m,南岸向边跨预偏1.767 m,以削弱钢箱梁吊装时索塔的累积变形,使索塔在此施工阶段的变形尽可能减小,以确保施工质量和安全。

预偏主索鞍后分阶段逐步顶推，万州驸马长江大桥在钢箱梁吊装阶段顶推次数共6次，吊装完成之后共2次，共计8次顶推，顶推阶段如表2所示。

表2　主索鞍理论顶推量

顶推顺序	顶推时机	顶推量/m		顶推剩余量/m	
		万州侧	利川侧	万州侧	利川侧
第1次顶推	跨缆吊机就位后	0.170	0.250	1.148	1.517
第2次顶推	第3片梁段吊装后	0.150	0.250	0.998	1.267
第3次顶推	第7片梁段吊装后	0.150	0.250	0.848	1.017
第4次顶推	第15片梁段吊装后	0.150	0.250	0.698	0.767
第5次顶推	第26片梁段吊装后	0.230	0.230	0.468	0.537
第6次顶推	第40片梁段吊装后	0.150	0.200	0.318	0.337
第7次顶推	加劲梁刚接后	0.160	0.180	0.158	0.157
第8次顶推	猫道拆除后	0.158	0.157	0.000	0.000

在主索鞍安装后，向边跨侧进行了预偏，使索塔的几何中心与主索鞍的几何中心不一致。钢箱梁吊装过程中，南、北索塔会产生向中跨方向的变形。当索塔变形量达到一定程度时，将南、北索塔主索鞍同时向中跨方向进行顶推，使两塔的主索鞍相对于索塔中心移动一定位移量，产生的反作用力使两塔向边跨侧移动，从而减少吊装钢箱梁引起的索塔向中跨的变形量。主索鞍顶推时每次的顶推量应分多级顶推，在每段梁吊装后，实测索塔的变形值，由此确定是否顶推主索鞍以及顶推的位移量。由此可见，钢箱梁吊装阶段的索塔变形监测有两个目的：一是监测吊装过程中的动态变形量，以确定施工安全；二是监测索塔的累积变形量，以确定主索鞍的顶推时机及顶推量。

万州驸马长江大桥跨缆吊机就位后和第一次顶推后的跨径变化和塔顶变形情况如表1所示。实测数据表明，钢箱梁吊装和主索鞍顶推所引起的跨径变化和塔顶变形明显比猫道架设和主缆架设阶段要大得多，且顶推主索鞍对调整跨径和索塔变形的作用非常有效。

5　结　论

由以上分析可知，除日照温差引起的索塔扭转变形为纵、横桥向变形外，猫道施工、主缆架设和钢箱梁吊装所引起的索塔变形，均为纵桥向变形。索塔变形监测既需要常规的动态变形监测，又需要实时的动态变形监测。在选择索塔变形监测方法时，应结合上述特点，同时要求所选的变形监测方法，应简捷、快速、可靠、高效，且易于实现。本工程利用全站仪自动照准功能对索塔变形进行监测，取得了较好的监测效果。此方法可减少人为照准误差，提高夜间测量精度和效率。

大跨径悬索桥不同施工阶段的索塔变形监测，只有在理解不同工况下产生变形的原因和变形监测结果对施工指导作用的前提下，制订出有效的索塔变形监测方法，才能使索塔变形监测更好地为悬索桥上部构造施工监控提供数据依据，才能达到配合施工、保证施工质量和索塔安全的作用。

参考文献

[1] 刘成龙,张德强,黄泽纯.大跨悬索桥施工索塔变形成因分析与监测[J].西南交通大学学报(自然科学版),2000,35(5):501-504.

[2] 赵阳,项贻强,汪劲丰.文辉大桥索塔变形监测[J].施工技术,2004,33(11):61-63.

[3] 李振上,刘成龙.汕头宕石大桥施工测量控制[J].公路,1999(1):10-13.

[4] 陈仁福.大跨径悬索桥理论[M].成都:西南交通大学出版社,1994.

大型卷扬机在万州驸马长江大桥的应用

张玉佰　郭永兵　李继成

（中交一公局第三工程有限公司　北京　100029）

摘　要　在悬索桥的施工过程中，大型卷扬机不仅使用部位多，而且危险系数高，所以如何恰当地选用卷扬机显得尤为重要。本文以万州驸马长江大桥大型卷扬机的选择为依托，主要介绍卷扬机在起重吊装、牵引系统中的应用，同时对卷扬机的两种调速控制方式进行对比研究。

关键词　悬索桥　索鞍吊装　猫道施工　主缆架设　卷扬机

1　引　言

万州驸马长江大桥是目前我国长江上游地区跨度最大的一座大桥，是万利高速公路的控制性工程。大桥全长 2 030 m，主跨为 1 050 m，一跨过江，主桥布置为 285 m + 1 050 m + 345 m 单跨简支钢箱梁悬索桥，引桥为 77.5 m + 145 m + 77.5 m 连续刚构 + 6 × 30 m 先简支后连续结构 T 梁（图 1）。全桥按双向四车道高速公路标准设计，主桥宽 32 m，引桥宽 26.5 m。

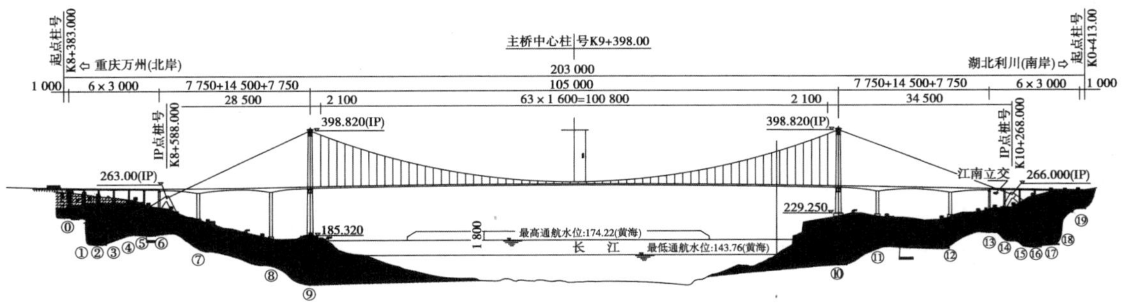

图 1　万州驸马长江大桥整体布置

2　大型卷扬机主要使用部位

大型卷扬机主要用于主散索鞍吊装、猫道架设、主缆索股架设。

作者简介：张玉佰（1990—），男，本科，助理工程师。
郭永兵（1989—），男，本科，助理工程师。
李继成（1982—），男，专科，助理工程师。

2.1 卷扬机简介

JKB18 双摩擦卷式卷扬机的储绳筒和双摩擦筒为分离制造，其具有容绳量大、张力稳定且调整方便，钢丝绳线速度不受卷绕式卷扬机内、外层筒径变化的影响等优点。该卷扬机实现了速度协调、适应索股起伏过塔等牵引架设复杂环境。控制系统具有无级变频调速智能化测速等功能，可实现对牵引速度及稳定性的有效控制。其主要技术参数：整机质量为 32 000 kg（不含变频器及控制系统），最大起重量为 18 t，最大容绳量为 3 000 m，最大牵引速度为 30 m/min。

工作原理：由电机驱动减速箱将力传递至双摩擦筒，完成力的转变；通过控制系统，各电机相互协调完成钢丝绳的收放。根据现场需要，布置单个或多个导向轮就可达到牵引或起重要求。

2.2 主索鞍吊装

2.2.1 索鞍简介

全桥共 4 套主索鞍，单个主索鞍鞍体分两块加工制造。主索鞍主要由格栅、下承板、上承板及鞍体组成，最大质量为 43.1 t（图 2）。

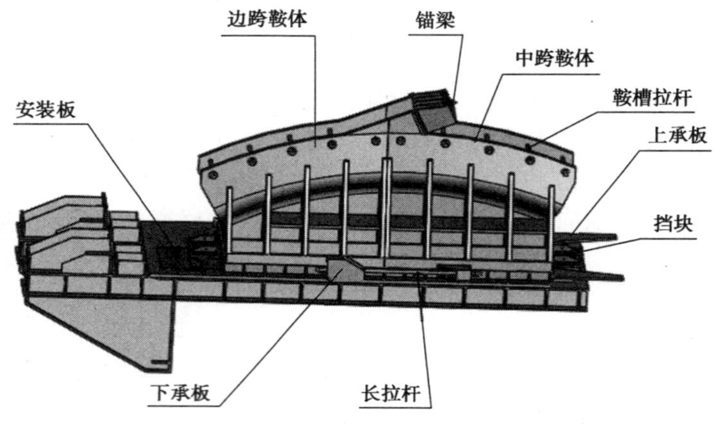

图 2 主索鞍构造

2.2.2 索鞍吊装

主索鞍吊装采用 18 t 大型卷扬机进行吊装。根据相关资料，滑车组走 10 线，采用单头出绳从定滑车拉出，滑车组的倍率为 8，取其效率为 0.70，卷扬机钢绳张力为 $Q/(8\times0.70)=(1.4\times1.1\times430)/(8\times0.70)=118.2$ kN（考虑 1.4 的冲击系数、1.1 的超载系数）。18 t 卷扬机可满足施工需要，10 t 手拉葫芦（反拉）可满足施工要求。

南、北两岸主索鞍吊装卷扬机均布置在索塔底部，通过单个或多个转向轮完成卷扬机钢丝绳方向的变化，以满足现场施工要求。南、北两岸卷扬机具体布置及主索鞍鞍体吊装分别如图 3 ~ 图 5 所示。

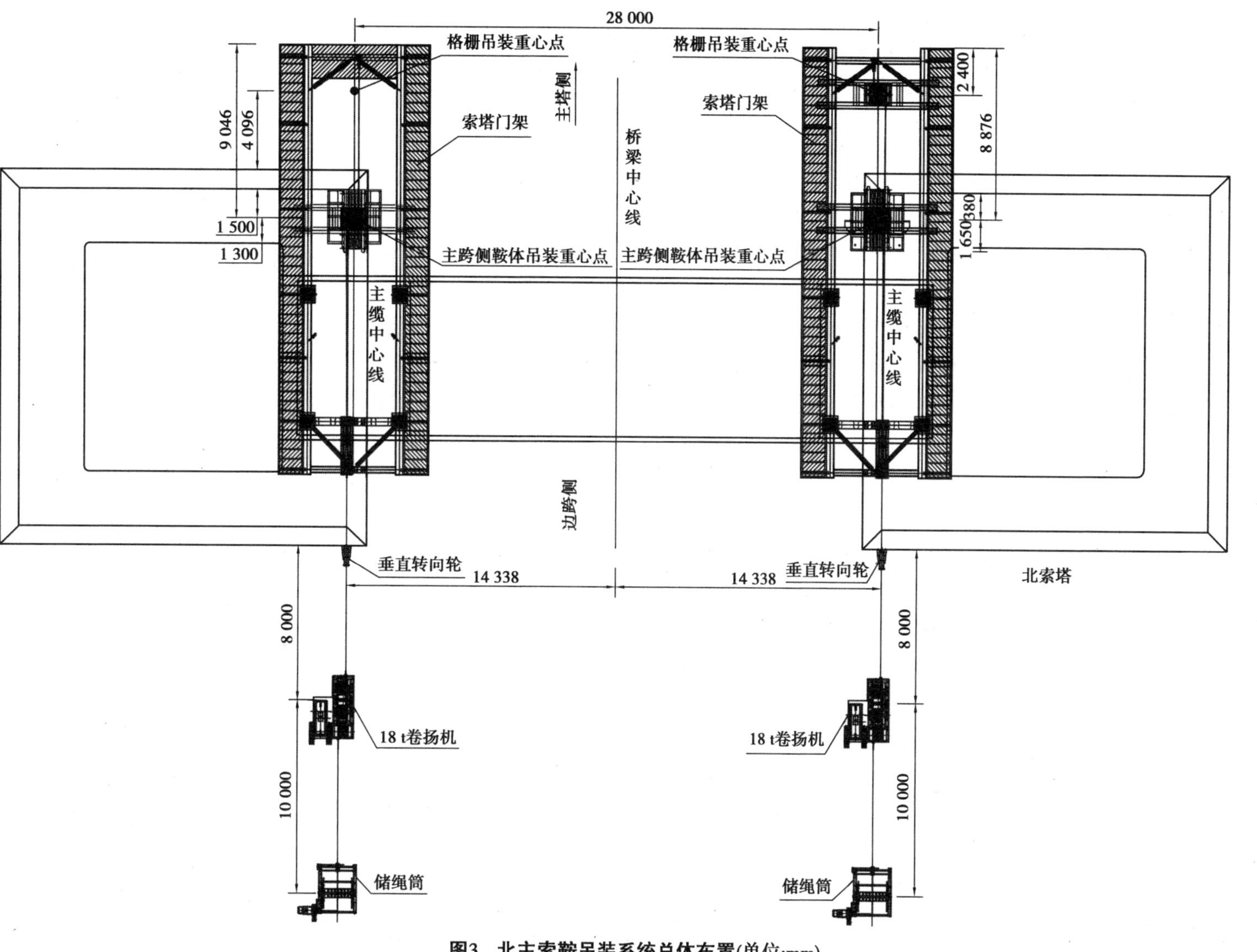

图3　北主索鞍吊装系统总体布置(单位:mm)

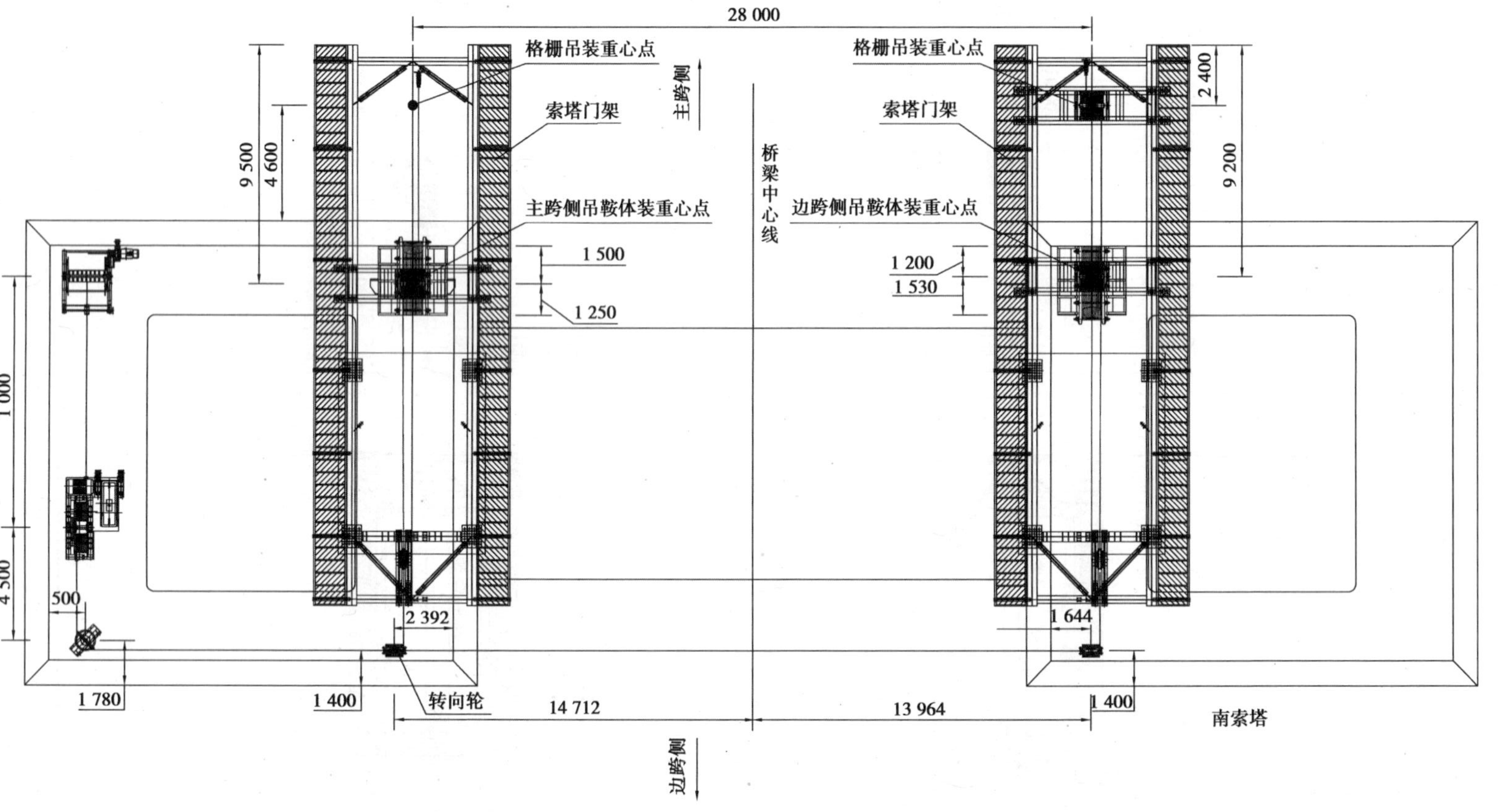

图4 南主索鞍吊装系统总体布置图(单位：mm)

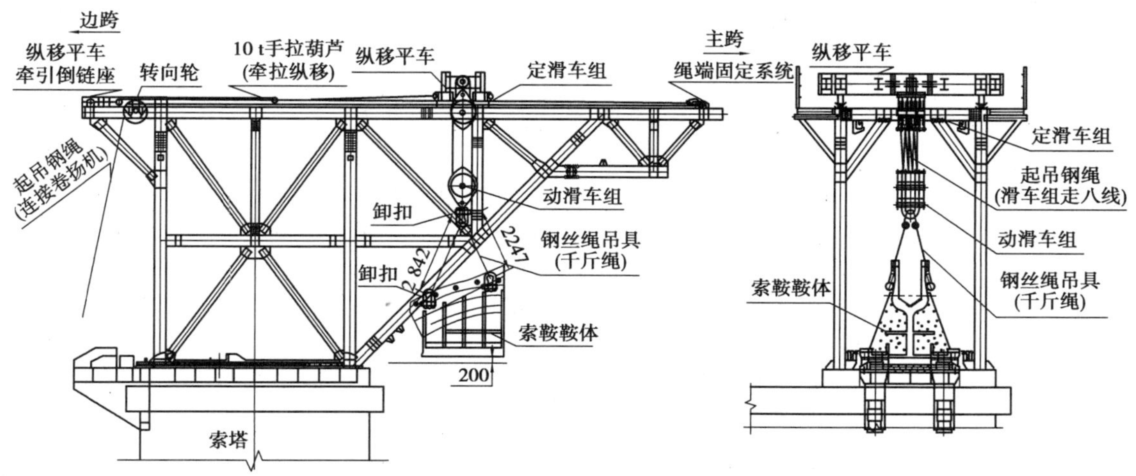

图 5　主索鞍鞍体吊装示意图(单位:mm)

2.3　猫道架设

猫道总体设计以确保抗风稳定性为设计原则。结合万州驸马长江大桥工程实际,上部安装施工选用“三跨连续”的无抗风缆体系的猫道系统。

猫道横桥向与主缆轴线呈对称布置,在上、下游对应于主缆中心线下方各设一幅猫道。中跨猫道面距主缆轴线 1.5 m,边跨猫道距主缆中心线铅垂方向控制距离为 1.7 m,猫道宽度为 4 m。

猫道承重索安全系数不小于 3.0。猫道抗风按工作风速 $v = 13.8$ m/s、最大阵风风速 $v = 28.78$ m/s 设计,主跨设置横向通道 5 道,间距为 180 m。两边跨各设置一道横向通道,位于边跨猫道正中(图 6)。

万州驸马长江大桥猫道承重索、猫道门架承重索均采用直径为 48 mm 的镀锌钢丝绳。中跨猫道承重索采用增加辅助吊环和拖环的空中自由拽拉法技术架设,边跨采用直接上提法架设。门架承重索采用直接牵引上提法架设。牵引过程中最大受力为 18 t,25 t 卷扬机满足施工需求,全桥日均架设猫道承重索 2 根。

猫道承重索及主缆索股牵引如图 7 所示。

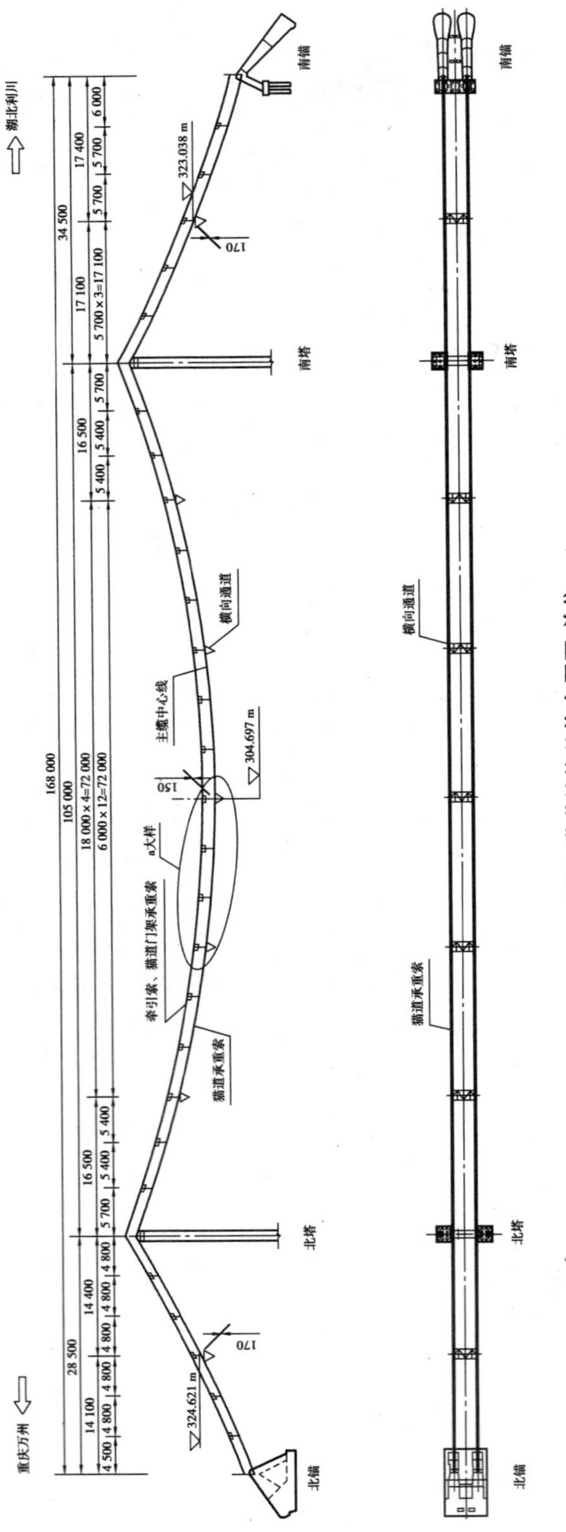

图6 猫道结构总体布置图(单位:cm)

图7　猫道承重索牵引

2.4　主缆架设

主缆由5跨组成，由北向南依次为：北锚跨、北边跨、主跨、南边跨、南锚跨。主缆预制平行钢丝索股（PPWS）由127根直径为5.2 mm的高强度镀锌钢丝组成，钢丝标准强度≥1 770 MPa。通长索股有108股，北边跨另设4根索股（背索）。中跨及南边跨主缆索夹内直径为673 mm，索夹外直径为681 mm；北边跨主缆索夹内直径为685 mm，索夹外直径为693 mm。通长索股每盘质量约为39 t，背索每盘质量约为8 t。主缆架设采用双线往复式牵引系统（图8）。

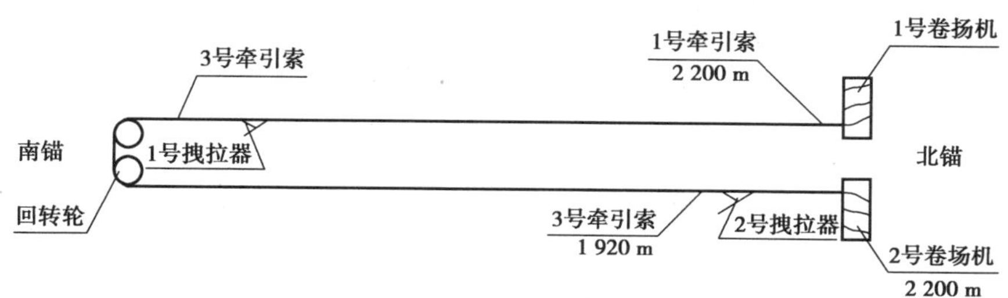

图8　双线往复式牵引系统牵引索布设示意图

启动主牵引卷扬机进行索股牵引，牵引过程中两台牵引卷扬机保持同步进行，收、放速度一致，牵引被动卷扬机始终保持一定的反拉力。钢丝绳最大牵引力为74 kN，25 t卷扬机能够满足施工需求，万州驸马长江大桥主缆架设仅用2个月便完成了全桥主缆架设（图9）。

在整桥施工过程中，大型卷扬机最大受力为18 t，在万州驸马长江大桥整个吊装、牵引过程中，25 t卷扬机均能够满足施工需求。在施工过程中，对超千米级悬索桥的索鞍吊装、猫道架设、主缆架设等专项施工技术积累了一定的经验。为后续类似工程的施工奠定了基础。

图9　主缆索股牵引

3　卷扬机的选用

根据设备条件，为了验证现有理论，4 台硬件配置相同的卷扬机有两种控制方式，其中两台卷扬机的调速方式为转子串联电阻调速，另两台调速方式则为变频调速。在牵引猫道承重索时，用单线往复式牵引充分验证了变频控制的平稳性和故障率低等特点。控制方式的比较情况见表1。

表1　转子串电阻调速与变频调速的比较

序号	项目	转子串联调速	变频调速
1	加、减速时间	加、减速时间随负载变化而变化，容易产生减速段超速、过卷等问题	加、减速时间不随负载变化，提高了生产效率
2	机械冲击	加、减速时机械冲击大，爬行时机械冲击大	运行平稳，无机械冲击
3	电网冲击	启动时对电网冲击大，为额定电流的3～5倍，在减速和爬行段对电网冲击大	启动时输出电流为额定电流的1.2倍左右，在等速段、减速段和爬行段无输出电冲击
4	故障率	较高	较低
5	启动力矩	力矩小	力矩大，可以达到额定力矩的2倍

4　一般性故障分析及反思

卷扬机在运行过程中，产生异响主要来源有设备安装定位不准、弹性连接器过度磨损以及自身各连接件撞击等。

(1)在现场牵引猫道承重索时，发现卷扬机牵引系统在受重载时，会周期性发出“咯噔”声音,后仔细检查发现,由于一个竖直导向轮的安装精度偏差 2 mm,重新调整后,异响消失。设备规范安装为设备的正常运转提供保障,是很重要的一个环节。在设备长时间运行过程中,机器设备本身就会不可避免地产生一些耗损,再加上零件之间不配合的磨损,设备运行一次的耗损会非常之大,设备也就会非常容易老化,从而产生故障,进而浪费大量的人力、物力和财力,给企业造成损失。因此,设备的规范安装不可忽视。

(2)运行时在制动系统附近发生"哐哐"声音,经检查判断,因弹性尼龙连接器磨损过度,加上牵引过程中载荷不均,更换新连接器后异响消失。该弹性连接器是用尼龙 6(白色)做成,该材料具有最优越的综合性能,包括机械强度、刚度、韧度、机械减震性和耐磨性。这些特性,再加上良好的电绝缘能力和耐化学性,使尼龙 6 成为一种"通用级"材料,用于机械结构零件和可维护零件的制造。

(3)卷扬机本身的齿轮啮合、孔轴配合等运转产生撞击声音,应按照减速箱保养要求进行齿轮油的添加或更换。运转前,要及时检查各部位润滑情况,按照不同部位润滑要求选择钙基润滑脂或石墨钙基润滑脂,减少机械撞击噪声,增加设备使用寿命。

(4)JKB18、JKB25 型卷扬机经过施工现场验证,整体安全性和经济性满足大桥施工,但仍然存在一些安全隐患。例如:卷扬机盘绳器往复采用链条传动,缺少保护壳;整机安装时精度要求较低,应提高安装精度;减少机械配合间隙不符设计等,提高整机使用安全性和降低机械故障。

5 结 语

万州驸马长江大桥大型卷扬机的应用,主要考虑以下 3 点:

(1)大型卷扬机主要应用在悬索桥上部结构施工,包括索鞍吊装、猫道架设、主缆架设施工。根据三者的最大需要,选取合适的卷扬机,保证安全性和经济性。

(2)万州驸马长江大桥施工表明,对大型卷扬机要求最低不低于 18 t。事实证明选择 JKB18、JKB25 型卷扬机是正确合理的,可为以后相似或相同类型的大型悬索桥机械选择提供依据。

(3)大型卷扬机的正确安装以及人员配合,一定要做到正确安装,沟通通畅,保证施工安全、顺利。

参考文献

[1] 中交第二公路工程局有限公司. 公路桥梁施工系列手册:悬索桥[M]. 北京:人民交通出版社,2014.
[2] 韦世国,薛光雄,沈良成,等. 润扬大桥悬索桥猫道系统设计与施工[J]. 桥梁建设,2004(4):29-31.
[3] 罗喜恒,肖汝诚,项海帆. 悬索桥主缆架设过程分析[J]. 桥梁建设,2004(2):8-11.

浅析相对误差因素对钢结构稳定性的影响

徐厚庆　杨世好　杨　洋

（中交一公局第三工程有限公司　北京　100029）

摘　要　万州驸马长江大桥北岸塔身较高，内腔尺寸较大，主塔内壁模板安装、钢筋绑扎等施工需在内腔搭设施工平台。本文主要探讨在此钢结构平台多支点的支承体系下支点间相对误差对整体结构的影响。通过产生的影响归纳总结，提出支点影响计算方法及注意事项。

关键词　钢结构施工平台　支点间相对误差　有限元分析　措施

1　工程概况

1.1　依托工程概况

万州驸马长江大桥采用主跨为1 050 m的双塔悬索桥，桥跨布置为6 ×30 m +（77.5 +145 +77.5）m +1 050 m +（77.5 +145 +77.5）m +6 ×30 m，全桥长2 030 m。索塔两塔柱横桥向内倾，内侧倾斜率为1/29.900，外侧分3次变化由上至下分别为1/25.058、1/17.408、1/12.498，塔柱断面为矩形空心截面（图1）。

1.2　钢结构施工平台概况

万州驸马长江大桥主塔由于受主塔倾斜度、高度等因素影响，主塔内腔施工需搭设施工平台。施工平台通常为先行预埋爬锥，安装已加工的支座，整体提升施工平台放置于支点上。

主塔内腔施工平台尺寸根据主塔内腔最大尺寸进行设计。施工平台结构组成（自下而上）分别为爬锥牛腿组合支点、主承重骨架、槽钢构造梁、钢板面板、钢管十字扣件式支架，支承支点共计12个点，施工平台布置详见图2～图5。

2　支点间产生相对误差的分析

测量值与真实值（理想值）之间的差异称为误差，影响因素有直接的，也有间接的。由于仪器、实验条件、环境等因素的限制，测量不可能无限精确。物理量的测量值与客观存在的真实值之间总会存在一定的差异，而误差是不可能绝对避免的。在主塔内部埋设预埋件（爬锥），预埋件位置定位通常由仪器与卷尺等配合确定位置。施工过程中可能产生误差的因素较多，所以在验算过程中需要充分考虑误差对结构的影响，选取合理、安全的型材，确定使用过程中需采取的措施。

作者简介：徐厚庆（1990—），男，本科，助理工程师。
杨世好（1983—），男，本科，工程师。
杨　洋（1990—），男，本科，助理工程师。

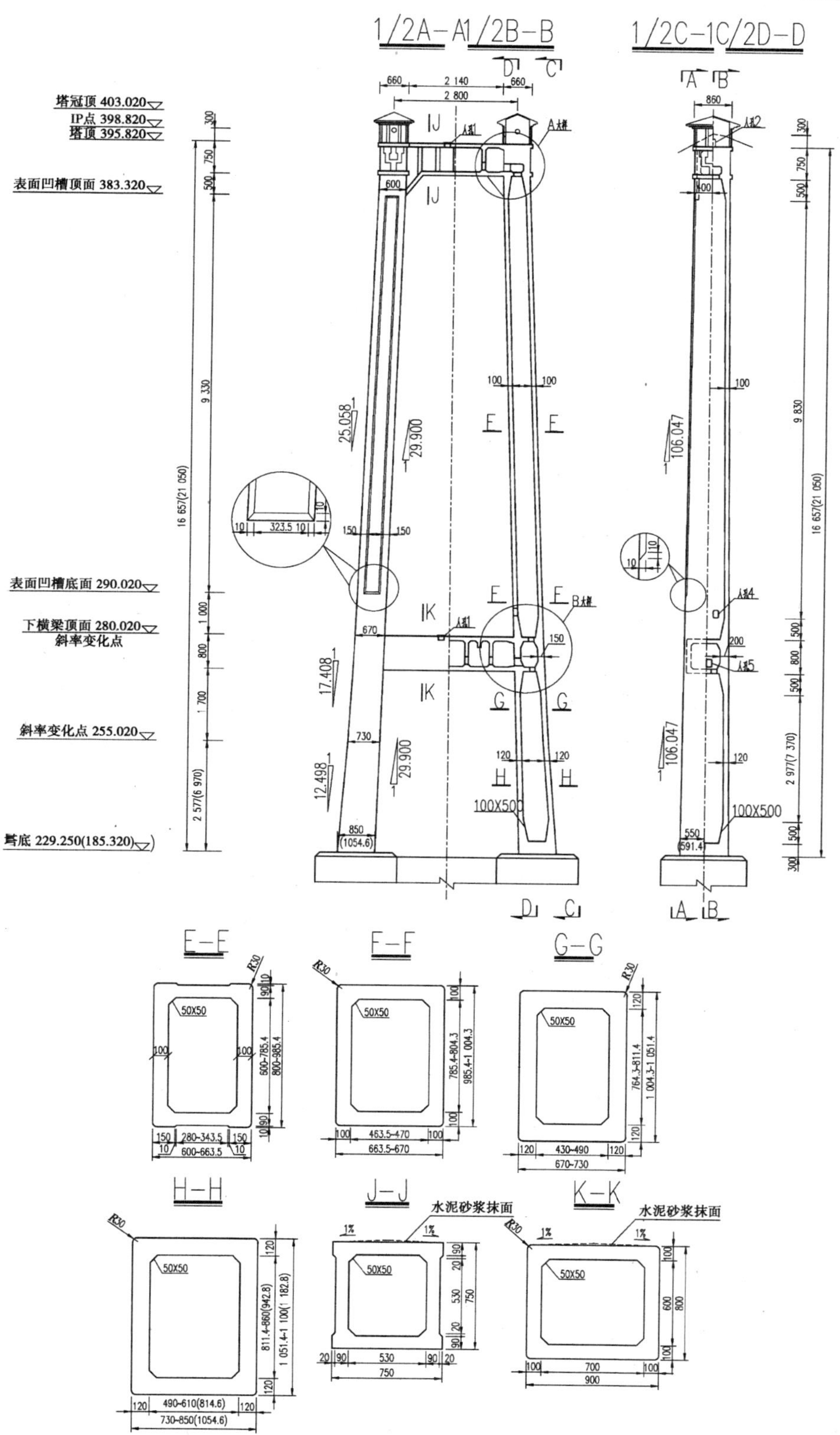
1/2A-A1/2B-B
1/2C-1C/2D-D
塔冠顶 403.020
IP点 398.820
塔顶 395.820
表面凹槽顶面 383.320
表面凹槽底面 290.020
下横梁顶面 280.020
斜率变化点
斜率变化点 255.020
E-E
F-F
G-G
H-H
J-J
K-K
水泥砂浆抹面
水泥砂浆抹面

图 1　索塔结构设计图

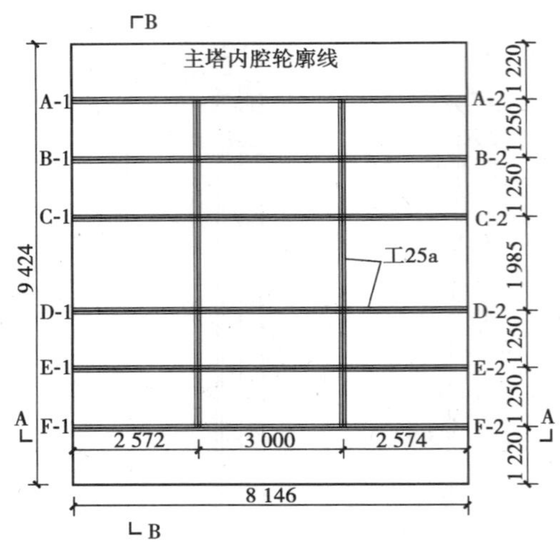

图 2　施工平台平面图

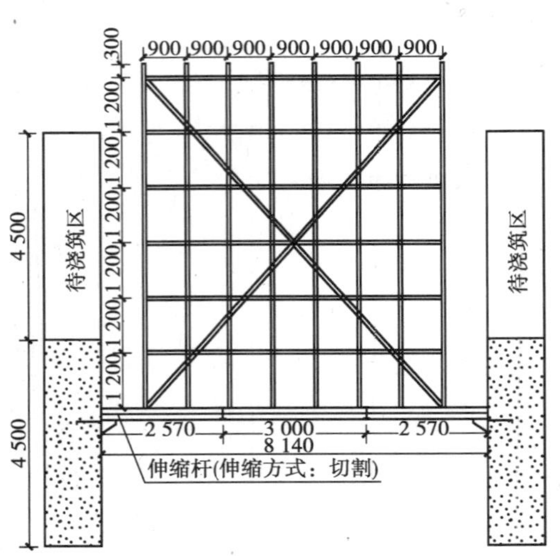

图 3　施工平台 A—A 断面图

图 4　施工平台主受力骨架加工

图 5　施工平台加工完成

3　有限元软件对结构的模拟分析

3.1　有限元软件

在复杂的钢结构中，如果纯粹地利用手算，既费时又费力。midas Civil 软件适合应用于桥梁结构、港口结构、工业建筑等大规模工程结构的分析和设计，是一种通用的有限元分析软件，在建模、分析、后处理和设计方面功能强大且使用方便。本文采用 midas Civil 2012 软件进行计算。

针对本论文探讨的论点，仅使用许用应力法对施工平台的支点间相对误差对结构影响进行模拟验算，对架体构造结构（焊缝、面板、上层脚手架）仅考虑自重及使用时的荷载，不进行验算。

模拟验算流程如下：

（1）对施工平台结构的主要构件在有限元分析软件 midas Civil 2012 中进行整体建模。

（2）把支承杆模拟为简支梁受力模式，输入边界条件。对 A-1 ~ F-1 共 6 个节点进行三向约束，对 A-2 ~ F-2 共 6 个节点进行 z 轴（竖直）方向约束。

（3）施加荷载，包括结构自重、人群荷载、使用荷载等。

（4）对单个或组合支点在规范允许的误差范围内进行强制位移模拟，运行分析。

（5）收集结构局部组合应力超过其许用应力状态时的位置及参数。

（6）进行分析得出结论及注意事项。

3.2　模拟验算

3.2.1　荷载分析

（1）恒荷载：施工平台自重（面板、脚手架、脚手板等）、索塔内壁模板自重。

（2）活荷载：人群荷载，取 2 kN/m²。

3.2.2　型材截面特性

工字钢截面特性如图 6 所示。

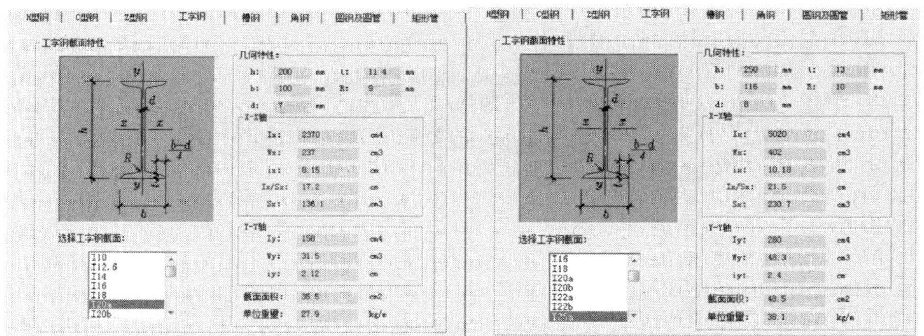

图 6　型材截面特性

3.2.3　模拟计算（仅进行应力对比）

模拟计算及结果如图 7 ~ 图 9 所示。

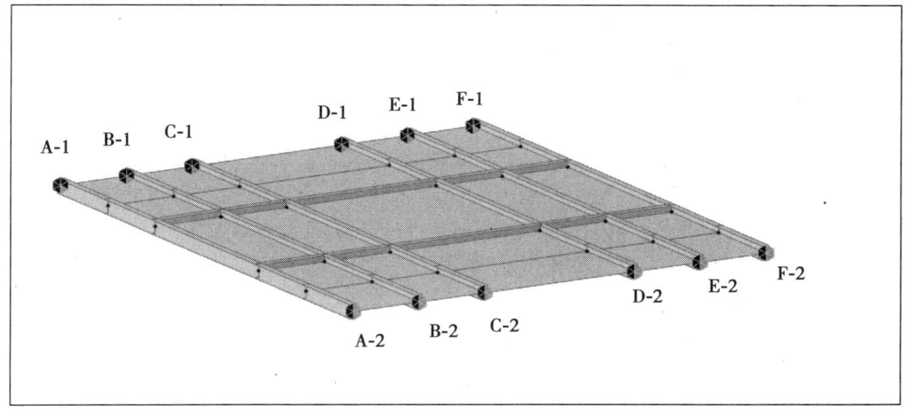

图 7　建立模型图

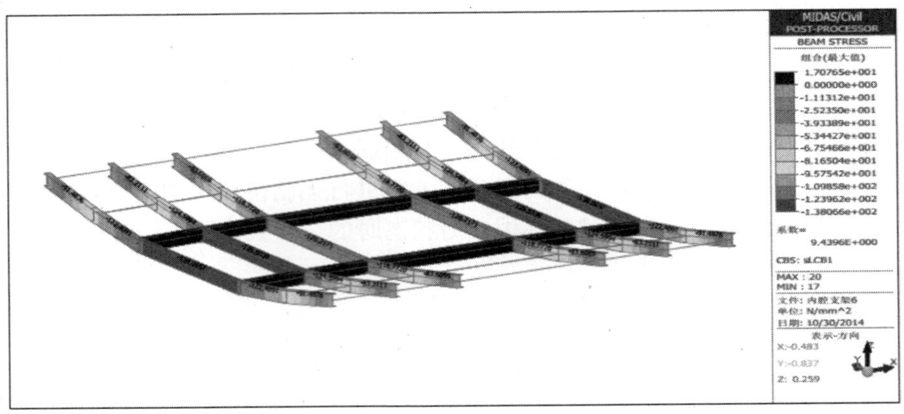

图 8　无支点间相对误差工况下施工平台(Ⅰ20a)组合应力云图

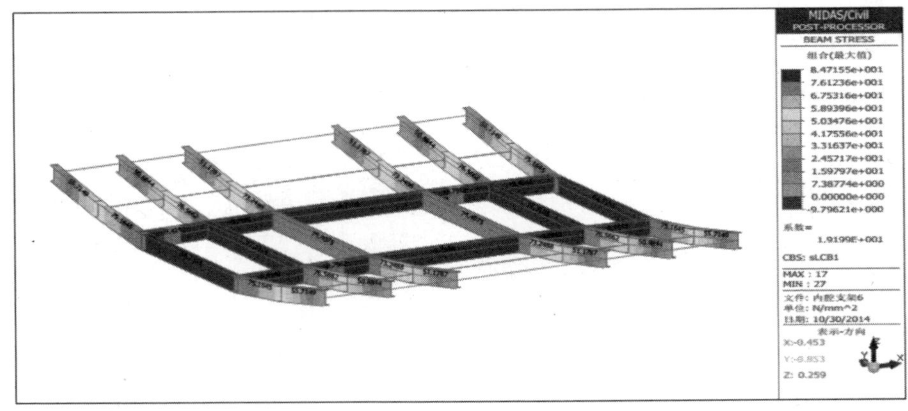

图 9　无支点间相对误差工况下施工平台(Ⅰ25a)组合应力云图

3.3　组合应力表

各工况下施工平台最大组合应力见表 1、表 2。对应的结构安全系数对比如图 10 所示。

表 1　各工况下施工平台(Ⅰ20a)最大组合应力表

序号	支点状态	最大组合应力/MPa	许用应力/MPa	极限应力值/MPa	安全系数(组合应力/设计值)	备注
1	无相对误差(理想状态下)	138	143.33	215	1.56	—
2	A-1 上 2 cm	156	143.33	215	1.38	—
3	B-1 上 2 cm	181	143.33	215	1.19	最不利工况
4	C-1 上 2 cm	172	143.33	215	1.25	—
5	C-1、C-2、D-1、D-2 上 2 cm	138	143.33	215	1.56	—
6	C-1、C-2	170	143.33	215	1.26	—
7	B-1、B-2	172	143.33	215	1.25	—

表 2　各工况下施工平台(Ⅰ25a)最大组合应力表

序号	支点状态	最大组合应力/MPa	许用应力/MPa	极限应力值/MPa	安全系数(最大组合应力值/设计值)	备注
1	无相对误差(理想状态下)	84	143.33	215	2.56	—
2	A-1 上 2 cm	110	143.33	215	1.95	—
3	B-1 上 2 cm	147	143.33	215	1.46	最不利工况
4	C-1 上 2 cm	139	143.33	215	1.55	—
5	C-1、C-2、D-1、D-2 上 2 cm	85	143.33	215	2.53	—
6	C-1、C-2	136	143.33	215	1.58	—
7	B-1、B-2	135	143.33	215	1.59	—

注:(1)支点的误差主要是预埋爬锥产生的误差,预埋件相关规范允许误差为 ±10 mm,模拟计算时的强制位移为支点间相对误差在 20 mm 以内,满足规范要求的工况。

(2)支点状态均选取满足规范的最不利的部分支点及组合的误差的工况进行模拟计算。

(3)此钢结构平台支点较多,支点间相对误差组合种类多,仅选取 7 种最为不利组合进行数据分析。

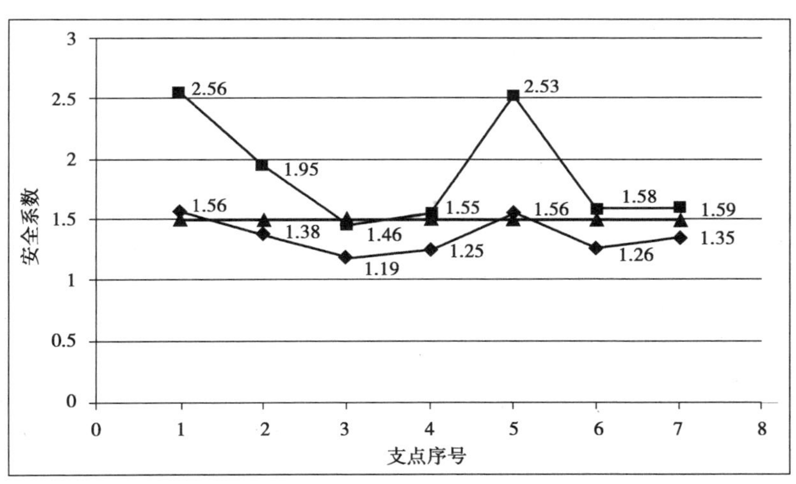

图 10　结构安全系数折线图

综上所述,考虑到支点误差后需选取Ⅰ25a 作为主承重骨架。

3.4　结构验算

结构内力、应力、位移验算结果如图 11 ~ 图 13 所示。

最不利工况模拟计算结果见表 3。

表 3　最不利工况模拟计算结果

工况	内力/kN · m	组合应力/MPa	剪应力/MPa	最大位移/cm	强度设计值/MPa	安全系数
B-1 上 2 cm	59	147	14.1	2.2	215	1.46

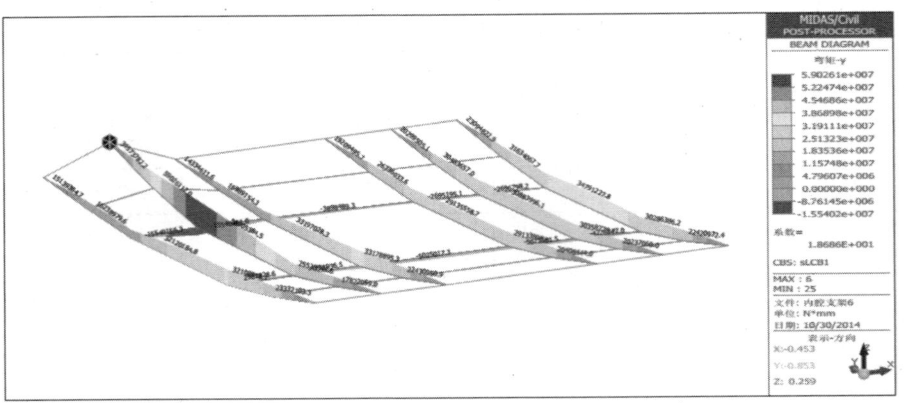

图 11　内力云图

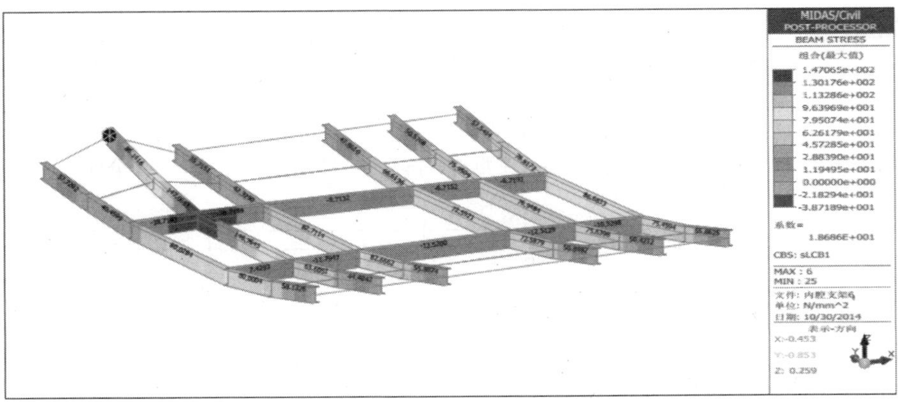

图 12　应力云图

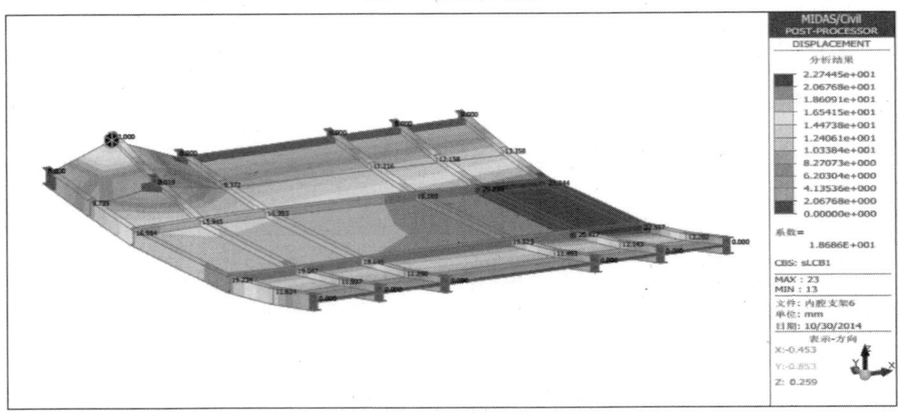

图 13　位移云图

3.5　验算结果分析对比

在 B-1 支点相对于其他支点偏上 20 mm 误差,转化为施加强制位移进行模拟,超过许用应力,不满足规范要求。此时,支点间相对误差 B-1 点相对于其他点偏上 2 cm,可视作在实际施工环境中 B-1 高于基准面 1 cm,其他点低于基准面 1 cm,满足该工况假设的极限条件,同时也在规范允许的范围内。通过以上的模拟计算,I 20a 在理想受力状况下强度、刚度、稳定性均可满足规范要求。然而，支点虽然在规范允许误差范围内，但是结构可能是在使用过程中失稳，造成破坏。

结合以上计算结果，同时考虑型材种类在本项目的通用性及偏于安全考虑，选取I 25a 型钢作为施工平台的受力构件，可保证施工平台在使用过程中的结构稳定。

4　减小支点间相对误差施工现场应采取的措施

结合施工平台支点间相对误差的分析及支点间相对误差的影响，为便于结构型材的选取及保证施工的安全，在该施工平台的使用中，应严格执行以下措施：

(1)在验算结构时，需进行支点允许误差工况下的模拟计算。

(2)预埋爬锥时，尽量保证爬锥位置相对准确，尽量减小 B-1 点和相邻点的高程相对误差。

(3)施工现场配备 5 mm、10 mm 厚钢板，发现各支点间相对误差较大时，添加钢板减小相对误差，并有限制钢板位移的措施。

(4)使用过程中，指派专人检查结构的底部变形情况。

5　结　语

对于多支点钢结构施工平台，支点间相对误差对结构受力影响较大。大部分支架在多支点受力时，通常在多支点上施加一根足够刚度的分配横梁，但均未对分配横梁支点间相对误差问题进行验算。没有出现结构失稳的问题是因为设计中普遍较为保守，在现场使用过程中抵消了相关误差产生的影响，但在极端条件下，存在一定的安全风险。分析支点产生的误差，可在在计算模型中施加相应强制位移，更加接近结构的实际受力情况，可以提高结构使用的安全、适用、经济等指标。

万州驸马长江大桥北岸主塔上、下横梁支架及北岸锚碇前支墩、后锚室现浇支架为钢结构桁架或其他钢结构形式，应对支点间相对误差的工况进行仿真模拟验算。根据计算结果采取相应措施，确保结构安全。

参考文献

[1]《重庆万州至湖北利川高速公路(重庆段)驸马长江大桥施工图设计》第一册主桥索塔及基础，2014.

[2] 驸马长江大桥北岸主塔专项施工技术方案.

[3] 中华人民共和国国家规范. 钢结构设计规范(GB 50017—2003)[S]. 北京：中国计划出版社，2003.

[4] 陈劝君. 支座沉降的连续梁的计算[J]. 科技资讯，2007(27)：33-34.

[5] 中华人民共和国国家规范. 混凝土结构设计规范(GB 50010—2002)[S]. 北京：中国建筑工业出版社，2002.

收口网在大体积混凝土后浇带施工中的应用

王　晨[1]　李鸿盛[2]　李学峰[1]

(1. 中交一公局第三工程有限公司　北京　100029;
2. 中交第一公路工程局有限公司　北京　100024)

摘　要　大体积混凝土通常采用分层分块浇筑工艺,通过设置后浇段降低混凝土一次性浇筑数量和降低大体积混凝土核心温度。常规的模板成型工艺需要进行凿毛处理,同时锚碇的通长钢筋需要通过模板预留孔安装,施工需要的起重设备多、工艺复杂、凿毛工作量大,因此需要研究合理的模板支架系统及工艺。万州驸马长江大桥锚碇的混凝土设计方量为64 778 m^3,采用快易收口网作为后浇段侧面混凝土模板取得重大成果。本文重点分析了收口网应用于混凝土施工缝成型对混凝土力学性能和施工工艺的影响,对类似工程有重要借鉴作用。

关键词　收口网　后浇带　应用　试验　工艺

1　概　述

万州驸马长江大桥重力式锚碇包括锚体和锚固系统,其中锚体包括锚块、散索鞍支墩和基础、前锚室及后浇段等,锚固系统包括拉杆、锚固拉索及锚头、预埋件等。北岸锚碇结构如图1所示。

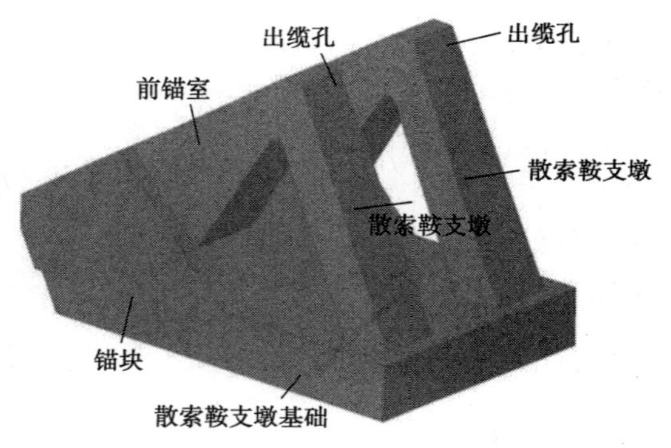

图1　北岸锚体三维构造图

锚块与散索鞍支墩基础采用C35抗渗混凝土,锚碇锚块与支墩基础为大体积抗渗性混凝土结构,采用60天龄期抗压强度作为设计强度。为避免锚体混凝土收缩与温度裂缝,锚块与支墩基础分层分块进行浇筑,各块间设置2 m宽后浇带(图2)。

2　模板选择

模板是钢筋混凝土施工中的重要装置,一般占钢筋混凝土结构工程费用的20% ~30%,劳动量的30% ~40%,工期的50%左右。因此,合理选择模板支架系统,是减少模板系统工程费用、节省劳动力、降低混凝土费用的重要途径。

作者简介:王　晨(1990—),男,专科,技术员。
李鸿盛(1971—),男,本科,高级工程师。
李学峰(1971—),女,本科,高级技师。

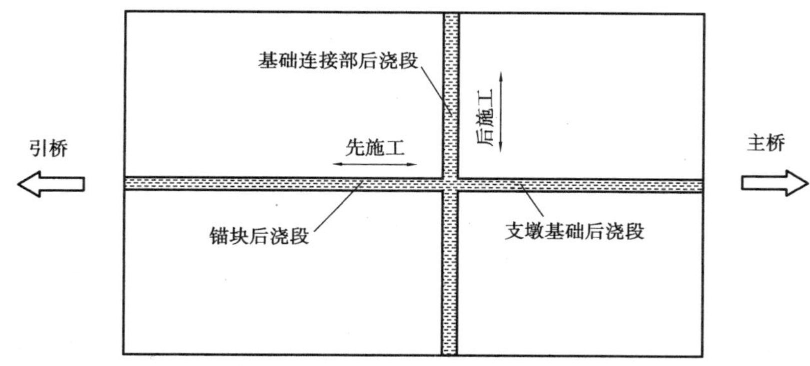

图 2 锚碇基础后浇段平面布置图

木胶合板是目前异型混凝土模板的主材，但是由于周转性能差、变形大，在大规模混凝土施工中一般不采用。

钢模板强度刚度大，周转性能好，但是需要的辅助施工设备多，安装和拆除工效低。在需要对混凝土施工缝进行凿毛处理时，钢模板存在局限性。

收口网又称为免拆模板网，是作为消耗性模板来使用的。以镀锌薄钢板为原料，经机械冲压加工而成的具有单向 U 形密肋骨架和单向立体网格的模板。

当混凝土浇筑后，网眼上的余角片就嵌在混凝土里，形成一个与邻近浇筑块相连的机械式楔，接缝的质量得到保证，其粘接及剪切方面的强度可与经过良好处理的凿毛缝相媲美。二次浇筑时可免去打孔、拉毛等工序，缩短施工周期，同时保证浇筑体的整体质量。

其优点为力学性能好，能提高界面抗剪强度，运输和安装方便；优化了后浇段施工缝的施工工艺，便于直接观察浇筑质量及通长钢筋的安装和连续绑扎钢筋，适宜于分段浇筑混凝土施工，标准化程度高、安装及裁剪操作简便（表 1）。

表 1 模板分析

模板类型	价格/（元 · m^{-2}）	实用性
木模板	17	木模板经受不起水浸，特别怕水浸泡后暴晒，木模板容易变形，从而导致混凝土面平整度不均匀
传统钢模板	450	使用时，必须按照预定设计钢模模数施工，自重较大，占用施工资源多
收口网	28	免拆除，安装简易，提高结构体强度，为消耗型模板

3 收口网用作侧模施工工艺

收口网用作混凝土后浇段处的侧模，需要与混凝土的分层分块设计综合考虑。收口网的数量根据实体尺寸与分层厚度及分块大小，并考虑搭接长度、预设 3‰损耗后一次性定购。收口网采购专业生产厂家的产品，根据混凝土浇筑要求进行收口网规格的定制。

重力锚分层及后浇段收口网布置如图 3、图 4 所示。

快易收口网使用阶段本身没有足够的强度和刚度满足混凝土浇筑的需要，因此必须借助锚碇的结构钢筋或外部临时支架系统进行支撑，方能保证浇筑过程中不发生变形或移位。

支撑系统主要由外侧竖向支撑筋、水平架立筋、埋置式拉杆组成，均使用 $D32$ mm 钢筋，竖

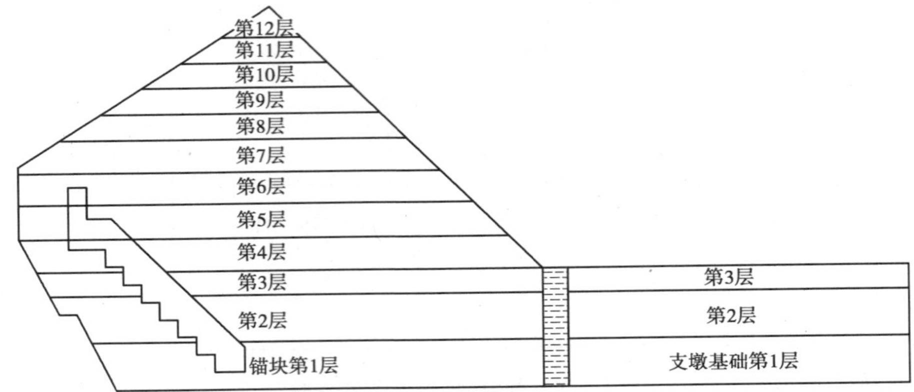

图3　重力锚分层示意图

图4　锚碇施工阶段后浇段收口网布置

向支撑筋水平间距为10 cm,水平架立筋间距为50 cm(图5)。D20 mm拉杆布设间距为竖向1 m、横向0.5 m,与锚固钢筋搭接焊长度不少于10 cm。

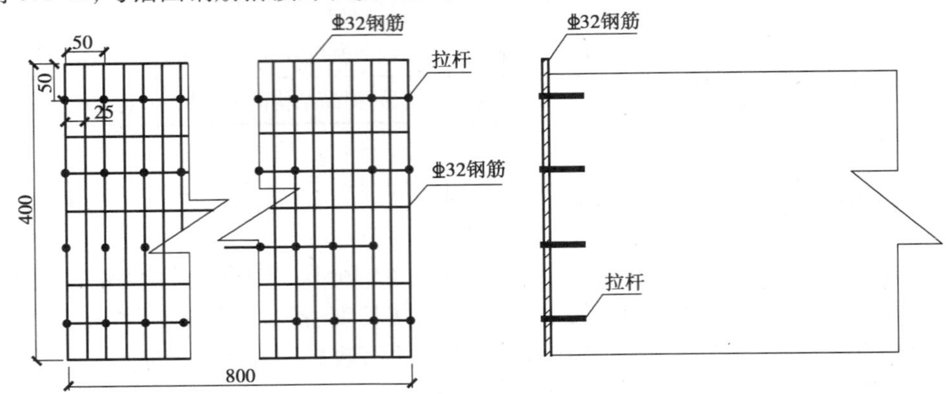

图5　快易收口网支撑筋布置图(单位:cm)

收口网拼装搭接长度要求不少于5 cm,接缝处可以用铅丝进行绑扎固定。由于一次性支撑的高度最大约4 m,为保证施工便利的同时用作收口网模板的支撑系统。本工程施工中还设计一种临时支撑钢架，钢架的尺寸根据后浇段的宽度、长度分块制造安装（图6）。钢架随着混凝土的浇筑逐渐接高，锚碇混凝土施工完毕后用作后浇段填充混凝土阶段的冷却水管的支撑架。

图6　收口网定位支撑钢架

混凝土浇筑过程中，需要控制靠近收口网位置混凝土的振捣时间，以收口网外侧流出水泥浆为止，尽量控制混凝土振捣时间，避免水泥浆过多损失影响界面处混凝土质量。

使用收口网进行浇筑后无需拆除，只需拆除收口网外侧的支撑钢筋。收口网外侧的混凝土水泥浆可以在混凝土终凝后利用高压水枪进行冲洗，将钢板外侧的灰浆清洗完为宜（图7）。

图7　收口网成型后浇段侧面图

4　收口网对混凝土结构力学性能影响分析

在结构施工过程中，后浇带的处理一直是工程中的重点和难点，一旦处理不好，将直接影响结构质量和防水性能等。收口网的应用对混凝土力学性能的影响程度如何，还缺乏相关的研究成果和规范指导。通过现场模拟试验研究收口网对混凝土结构质量及防水性能影响。

4.1　抗劈裂（抗拉）强度对比分析

抗劈裂试验原理及实际试验如图8所示。

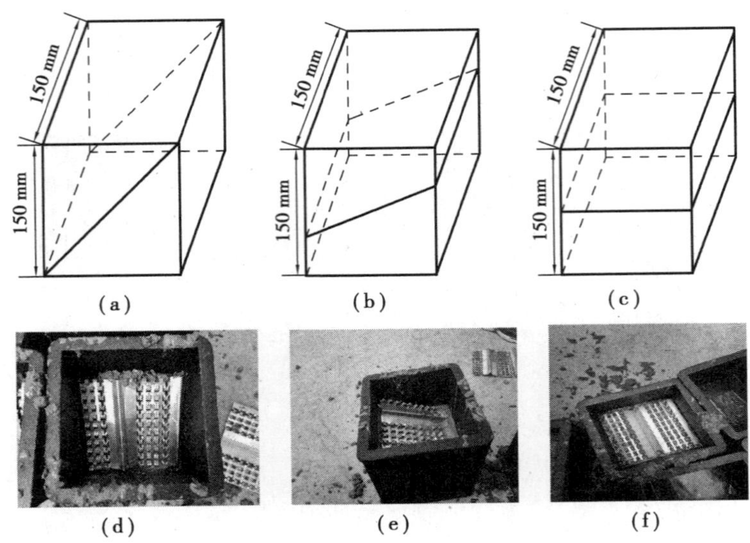

图8 抗劈裂试验原理及实际试验

由表2可知,采用收口网对混凝土抗拉有明显的提高,而收口网设置的位置也对混凝土的抗拉强度有影响,水平放置时对混凝土抗拉强度的提高比较显著。

表2 收口网不同添加位置与不加收口网抗拉强度对比表

图　号	混凝土等级	龄期 D/d	加收口网抗压强度/MPa			平均值/MPa	不加收口网抗压强度/MPa			平均值/MPa
图8(a)	C35	60	1.69	1.62	1.67	1.66	1.59	1.63	1.60	1.61
			1.65	1.61	1.68	1.65	1.65	1.60	1.58	1.61
			1.67	1.70	1.65	1.67	1.61	1.64	1.60	1.62
			1.65	1.69	1.64	1.66	1.62	1.60	1.63	1.62
图8(b)	C35	60	1.69	1.64	1.62	1.65	1.64	1.67	1.62	1.64
			1.66	1.68	1.65	1.66	1.63	1.65	1.59	1.62
			1.63	1.67	1.66	1.65	1.61	1.64	1.60	1.62
			1.64	1.70	1.62	1.65	1.64	1.60	1.59	1.61
图8(c)	C35	60	1.72	1.68	1.70	1.70	1.59	1.62	1.64	1.62
			1.67	1.63	1.69	1.66	1.60	1.63	1.61	1.61
			1.65	1.69	1.73	1.69	1.64	1.59	1.62	1.62
			1.68	1.70	1.74	1.71	1.62	1.66	1.60	1.63

4.2 抗折(抗弯拉)强度对比分析

抗折(抗弯拉)强度试验如图9所示。

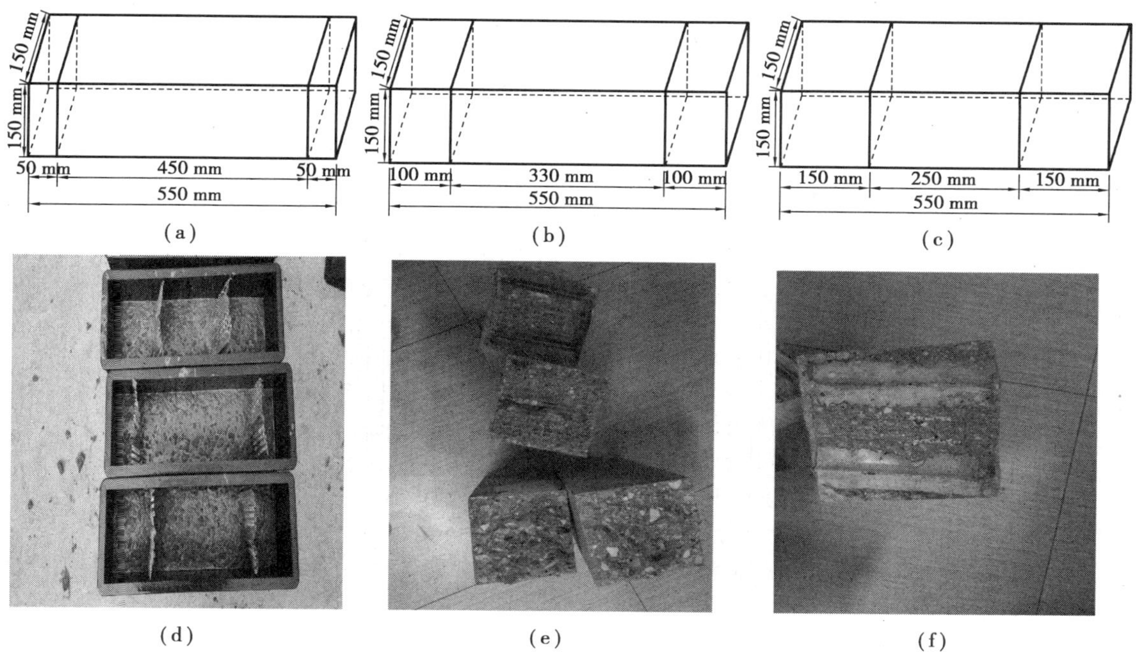

图 9 抗折试验原理及实际试验

由表 3、图 10 可知,混凝土中加入收口网后对混凝土的抗折强度有影响,降低了抗折强度,并且试验断裂处都在加入收口网处,收口网放置位置越靠近断裂受力点,对混凝土抗折强度影响越大。

表 3 收口网不同添加位置与不加收口网抗折强度对比表

图 号	混凝土等级	龄期 D/d	加收口网抗折强度/MPa			平均值/MPa	不加收口网抗折强度/MPa			平均值/MPa
图 9(a)	C35	60	5.2	5.4	5.0	5.2	5.6	5.8	6.1	5.8
			5.1	5.3	5.1	5.2	5.8	5.7	5.5	5.7
			5.0	5.3	5.4	5.2	5.6	6.0	5.8	5.8
			5.2	5.1	5.4	5.2	5.5	5.7	5.8	5.7
图 9(b)	C35	60	5.3	5.6	5.2	5.4	5.6	6.0	5.8	5.8
			5.5	5.0	5.2	5.2	5.8	5.6	5.6	5.7
			5.3	5.4	5.1	5.3	5.7	5.5	6.0	5.7
			5.4	5.5	5.2	5.4	5.8	5.4	5.9	5.7
图 9(c)	C35	60	5.6	5.7	5.2	5.5	5.5	5.7	5.9	5.7
			5.5	5.8	5.4	5.6	5.6	6.1	5.8	5.8
			5.6	5.8	5.5	5.6	5.6	5.7	5.9	5.7
			5.2	5.5	5.9	5.5	5.8	6.1	6.0	6.0

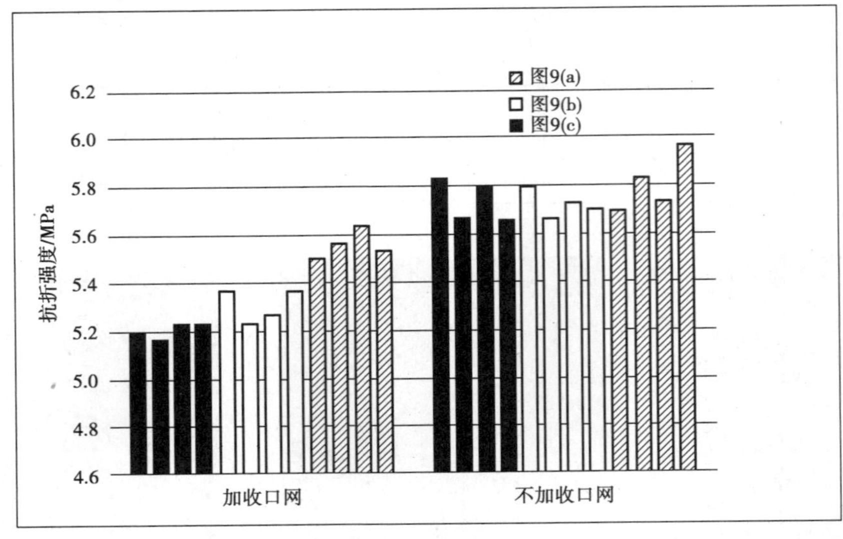

图 10　收口网不同添加位置与不加收口网抗折(抗弯拉)强度对比图

4.3　混凝土抗渗对比分析

混凝土抗渗试验如图 11 所示。

由表 4、图 12 可知,收口网不同位置设置对混凝土的抗渗能力有影响,水平放置与倾斜放置对混凝土抗渗性能影响不大,竖直放置会降低混凝土的抗渗性能。因此在实际使用中避免收口网竖直放置,在顶层后浇段施工中需要为收口网顶预留足够的混凝土封层厚度,以提升锚碇的抗渗性能。

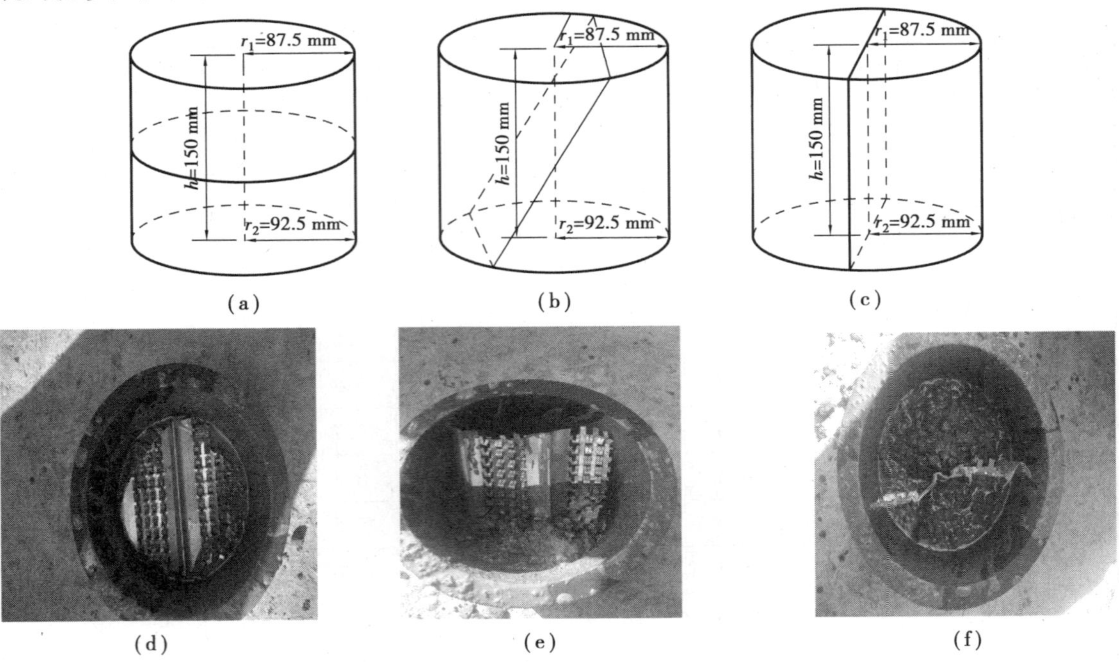

图 11　混凝土抗渗试验原理及实际试验

表 4 收口网不同添加位置与不加收口网抗渗强度对比表

图 号	混凝土等级	龄期 D/d	加收口网抗渗等级	不加收口网抗渗等级
图 11(a)	C35	60	P11	P11
图 11(b)	C35	60	P11	P11
图 11(c)	C35	60	P10	P11

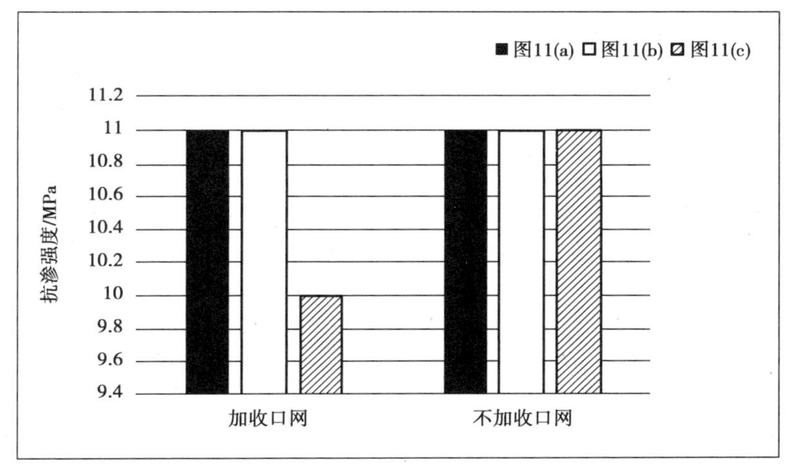

图 12 收口网不同添加位置与不加收口网抗渗等级对比图

4.4 混凝土抗拉拔对比分析

如图 13 所示，将收口网片在试模的中间竖直放置并安装 ϕ16 mm 螺纹钢，然后浇筑试件左侧的混凝土，待混凝土达到终凝状态后，浇筑右侧混凝土，螺纹钢外露部分不少于 150 mm 作为夹持端。如图 14 所示，利用木模板放置在试模中间并安装 ϕ16 mm 螺纹钢，然后浇筑左侧混凝土，待混凝土到终凝状态后拆除木模，适当凿毛后浇筑右侧混凝土，螺纹钢外露部分不小于 150 mm 作为夹持端。

如图 15、图 16 所示，将收口网片与临时木模板放置在试模靠近一侧 100 mm 位置，浇筑顺序、钢筋植入与图 13、图 14 相同。

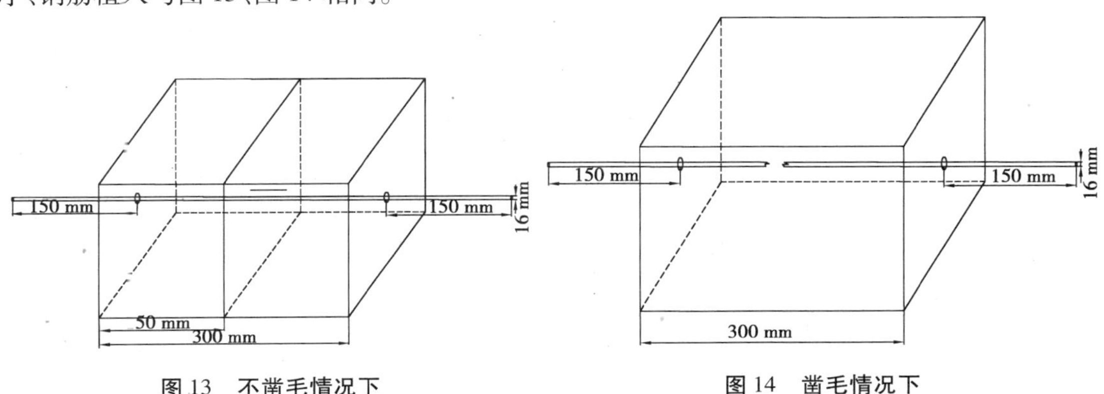

图 13 不凿毛情况下

图 14 凿毛情况下

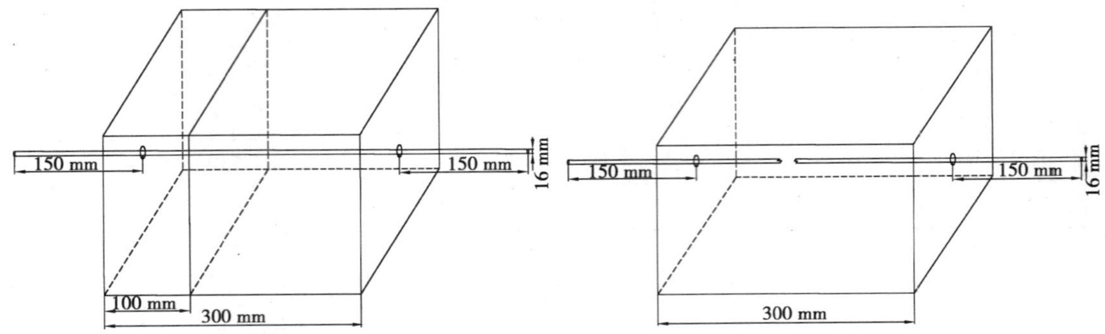

图 15　不凿毛情况下(试模靠近一侧 100 mm)　　图 16　凿毛情况下(试模靠近一侧 100 mm)

待两侧混凝土达到终凝后进行试模拆除,标准养护室养护 60 天后,在万能材料试验机上进行拉拔试验,结果如表 5 所示。

由表 5 可知,用收口网成型施工缝对混凝土的拉力相对于凿毛工艺降低 5 kN,满足要求。因此,收口网可以作为免拆模板直接应用在后浇带施工中。

表 5　混凝土抗拉拔对比分析表

图号	混凝土等级	龄期 D/d	抗拉拔力/kN	抗拉拔力/kN	抗拉拔力/kN	平均值/kN
图 13	C35	60	56	61	58	58
图 14	C35	60	63	59	66	63
图 15	C35	60	57	62	60	60
图 16	C35	60	65	67	64	65

5　结　语

收口网在万州驸马长江大桥锚碇施工中发挥了重要作用,减少了大面积钢模板的投入,降低了施工现场的劳动量,施工工效极高。通过经济性能、施工工艺、力学性能等多方面的试验与分析可知,收口网在大体积混凝土后浇段施工中有良好的推广前景,大大降低了施工成本,简化了施工工艺,特别适用于后浇带、施工缝、不同等级混凝土之间,以及钢筋预留、异型结构模板等施工。

参考文献

[1] 蔡爱进,孟建周,岳菊红. 浅探现浇钢筋混凝土结构后浇带模架的拆除[J]. 中州煤炭,2009(3):43-44.

[2] 金栋良. 快易收口网在混凝土后浇带施工中的应用[J]. 中国新技术新产品,2008(18):64.

[3] 杜贵江,彭群,赵彦启,等. 建筑用地基快易收口网冲压工艺研究[J]. 机械工人,2006(2):74.

浅析万州驸马长江大桥散索鞍装配与焊接工艺

彭志奎　宋　健　郭登科

（中交一公局第三工程有限公司　北京　100029）

摘　要　散索鞍作为悬索桥的主要受力部件之一，其制造工艺与质量非常重要。尤其是对大跨度的悬索桥来说，相应的制造加工难度也大大增加。本文重点介绍万州驸马长江大桥散索鞍的装配与焊接工艺。

关键词　悬索桥　散索鞍　装配　焊接　无损检测

1　引　言

由于悬索桥的跨度越来越大，索鞍、索夹质量及结构也相应地增大，制造难度大大增加。这样对于索鞍、索夹涉及的工序，如铸造、焊接、机加工等相应的制造难度也大大增加，给制造单位提出了新的挑战。

万州驸马长江大桥散索鞍鞍体采用铸焊结合的结构方案，鞍槽用铸钢铸造，鞍体由钢板焊成。为增加主缆与鞍槽间的摩擦阻力，并方便索股定位，鞍槽内设竖向隔板。在索股全部就位并调股后，在顶部用锌填块填平，并进行防水处理，上紧压紧梁，再将鞍槽侧壁用拉杆夹紧。

2　技术准备

针对散索鞍的设计结构特点，首先对设计图纸进行仔细的分析和研究，经过反复的工艺论证和分析后，制订出科学、合理的加工焊接工艺方案，以确保散索鞍的制造质量。

3　技术路线

焊接工艺评定→焊接方法、材料及设备的选择→焊接方案的验证制订→焊接顺序的选择及变形控制→焊接质量及检测的控制。

3.1　焊接工艺评定方案制订

焊接工艺方案的制订着重从以下4个方面考虑：

（1）如何保证结构外形尺寸符合设计要求；

（2）如何保证焊缝质量；

（3）如何有利于采用先进的焊接工艺方法；

作者简介：彭志奎（1985—），男，本科，工程师。

宋　健（1989—），男，本科，助理工程师。

郭登科（1990—），男，本科，助理工程师。

(4)如何有利于提高劳动生产率和降低成本。

根据批准的焊接工艺评定方案书,逐项进行焊接工艺评定试验,将全部评定用的资料汇总成完整的评定材料,并根据试验结果写出相应的试验报告,填写焊接工艺评定报告并上报监理审查、批准,作为编制焊接工艺规程的依据。根据焊接工艺评定结果编制焊接工艺规程,报监理工程师审查批准后进行实施。

3.2 焊接方法及焊材的优化选择

在焊接方法的选择上,考虑主要选用 CO_2 气体保护焊进行焊接。CO_2 气保焊具有焊接时电弧穿透能力强、抗氢气孔能力强、熔敷率较高、焊缝成形美观、易进行全位置焊等优点,相对于手工电弧焊,其焊接质量更容易得到控制和保证。

散索鞍鞍体材料采用 Q345R 钢板,按锅炉钢焊接材料的选用原则,选用与母材强度相当的焊接材料,并综合考虑焊缝金属的强度、韧性、塑性等性能符合设计要求及焊接接头的抗裂性。

3.3 下料及坡口加工质量控制

在下料方面,采用数控切割机和半自动切割机作为下料设备,以确保钢板切割后的外观质量。焊接坡口采用刨边机和铣边机进行加工,以使得焊接坡口角度准确、坡口面光整,为焊缝的无损探伤创造条件。

3.4 焊接顺序、变形控制及质量检测

在各部件装配点焊好后,整体进入加热炉进行预热,预热的目的在于减缓焊接接头加热时温度梯度及冷却速度,适当延长在 800~500 ℃区间的冷却时间,从而减少或避免产生淬硬组织,减小焊接应力及变形,有利于氢的逸出,防止冷裂纹的产生。

焊接时,按焊接工艺规程确定的焊接顺序进行施工。在焊接过程中,采用多人对称施焊、多次翻面焊接、锤击消应,以减小焊接变形。要求焊接工人必须是取得相应焊接资格证和上岗证的人员,必须严格按照监理工程师审查批准的焊接工艺规程进行施焊。

焊接完后对工件进行后热消氢处理,以使焊缝金属中的扩散氢加速逸出,降低焊缝和热影响区中的氢含量,防止产生冷裂纹。整个焊接过程中,采取分阶段多次中间消应退火处理以消除焊接应力,焊接完毕后再整体进行焊后退火消应热处理。对工件进行焊后热处理的目的:

(1)消除或降低焊接残余应力;

(2)软化焊接热影响区的淬硬组织,提高焊接接头韧性;

(3)促使残余氢逸出;

(4)提高结构的几何稳定性,增强构件抵抗应力腐蚀的能力。

焊缝的无损探伤检测合格后进行消应处理,热处理后进行焊缝无损探伤复查检测。如果无损探伤检测发现有超标的缺陷,清除干净后重新进行焊接,对焊接部位复探伤。合格后根据处理部位面积的大小,进行消应处理。焊接过程中,加强过程质量控制和质量检验,以确保焊接质量。

3.5 组拼、焊接流程

(1)先将散索鞍底块水平放置于装配平台上,放出中筋板的地样线,并画出中筋板的装配位置线,按照装配位置线装配中筋板(3 块)。根据地样线检查中筋板位置尺寸合格后,短焊固

定，并在焊缝部位装焊定位马板，四周用工艺拉筋固定，防止焊接变形。

（2）中筋板间焊缝焊接完成后装配散索鞍侧板（先进行成型），装配后在开档处用拉筋固定，防止焊后产生变形，影响端板的装配。

（3）侧板焊接完成后对鞍头进行装配，装配时将鞍头鞍槽向下放置于平台上，鞍头底面找水平后进行鞍身装配。对各焊缝进行预热后焊接，焊接完成后进行中间消应热处理，热处理后对焊缝进行探伤检查。

（4）所有焊缝探伤合格后，方可进行散索鞍端板的装配、焊接，焊接端板焊缝时严格按照工艺制订的焊接顺序进行。焊接完成后进行整体消应热处理，然后进行焊缝的无损探伤检查，探伤合格后进入机加工序。在焊接操作过程中，始终用天然气对工件进行保温，层间处理、缺陷处理以及探伤要求按照相关技术要求执行。

万州驸马长江大桥散索鞍试拼装及装焊顺序如图1、图2所示。

图1　散索鞍出厂前试拼装

4　焊接重、难点

根据散索鞍鞍体焊接技术要求，焊缝须进行超声波和渗透探伤，为确保焊缝探伤质量合格，采取以下措施：

（1）散鞍体装配时按工艺要求预留3～4 mm间隙，这样既可保证焊接时熔透，又可减少反面清根工作量。

（2）由经验丰富、技术水平高的持证焊工担任索鞍的焊接工作。正式产品焊接前，进行焊接工艺评定，确定合理的焊接工艺参数。

散索鞍焊缝不规则，焊缝相对集中，焊缝坡口大，焊接量大；纵向收缩和横向收缩较大。焊接应力和变形大。针对这种情况应采取以下措施：

（1）从装配顺序上进行分析考虑，制订科学合理的装焊顺序。

（2）焊接时先焊深坡口一侧，施焊中除底层及面层外均应锤击消应。

（3）焊接中适时翻身，以避免和减小鞍体的焊接变形，切忌将一侧坡口焊完再焊另一侧

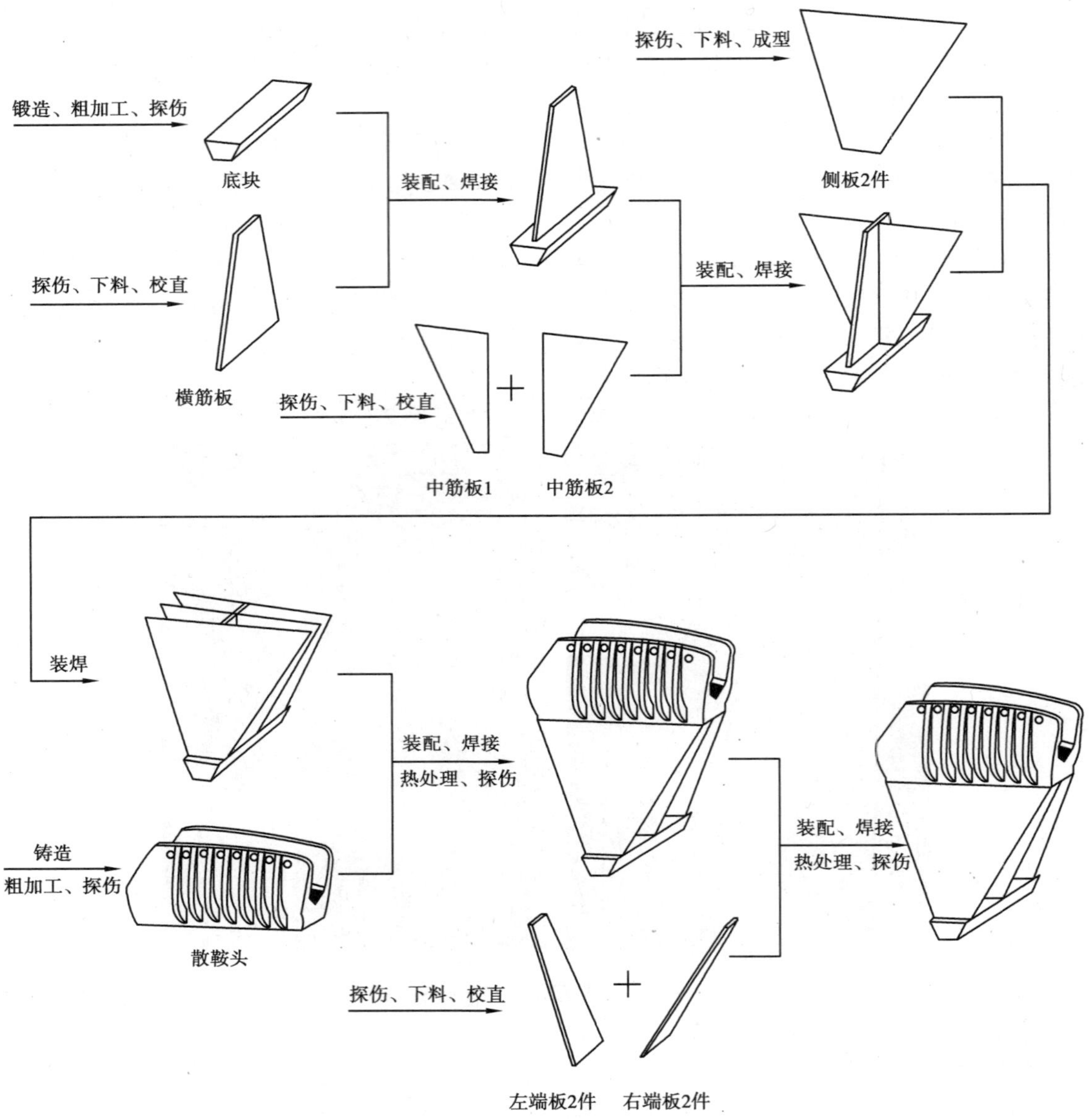

图 2　万州驸马长江大桥散索鞍装焊顺序

焊缝。

(4)焊前预热,严格控制层间温度和焊接参数,控制焊缝线能量。

(5)在适当的部位加焊防变形工艺拉筋,主要组件焊完经探伤合格后再装配其余筋板。由几名焊工同时对称施焊,要求与焊接规范一致,施焊中锤击消应。在筋板的装焊顺序上,严格按照工艺规定执行。对于长度大于 1 m 的焊缝,采用分段退焊法,尽量减小焊接变形。

5　无损检测

(1)所有厚度大于 50 mm 的 Q345R、Q235B 钢板下料前,应按《厚钢板超声波检测方法》(GB/T 2970—2004)逐张进行超探,Ⅱ级为合格。成批钢板应抽样进行化学成分和机械性能试验，合格后方可使用。

(2)铸钢件应按《铸钢件超声检测 第1部分：一般用途铸钢件》(GB/T 7233.1—2009)、《铸钢件渗透检测》(GB/T 9443—2007)、《铸钢件磁粉检测》(GB/T 9444—2007)、《铸钢件射线照相检测》(GB/T 5677—2007)等标准对规定的部位作无损探伤检查。

(3)铸钢件清砂后，去除氧化皮，在铸件边角处进行磁粉探伤，按《铸钢件磁粉检测》(GB/T 9444—2007)有关规定进行检查，Ⅲ级为合格。

(4)铸钢件的加工面经粗加工后，应进行渗透探伤，按《铸钢件渗透检测》(GB/T 9443—2007)有关规定进行检查，其判定标准为：鞍座、鞍头、主缆支承部的加工面，Ⅰ级为合格；其他加工面，Ⅱ级为合格(图3)。

图3　散索鞍渗透探伤

(5)铸钢件加工面经粗加工后，应进行超声波探伤，按《铸钢件超声检测 第1部分：一般用途铸钢件》(GB/T 7233.1—2009)有关规定进行检查，Ⅲ级为合格(包括平面型缺陷和体积型缺陷)。

(6)铸钢件试样须进行射线探伤，按《铸钢件射线照相检测》(GB/T 5677—2007)判定，Ⅱ级为合格。对于实际壁厚大于射线探伤能够探测的最大厚度的铸件，允许用超声波探伤代替射线探伤，但需进行超探工艺评定，并按照《铸钢件超声检测 第1部分：一般用途铸钢件》(GB/T 7233.1—2009)判定，Ⅰ级为合格。

(7)焊接工艺评定试件焊缝的无损探伤均为一级合格。

(8)钢板构件的角焊缝、T型焊缝、十字焊缝和所有熔透性焊缝应进行渗透探伤，按《承压设备无损检测 第5部分：渗透检测》(JB 4730.5—2005)有关规定进行检查，Ⅱ级为合格。

(9)钢板构件的所有熔透性焊缝应进行超声波探伤，按《钢焊缝手工超声探伤法和探伤结果分级》(GB/T 11345—1989)有关规定进行检查，Ⅱ级为合格(图4)。

图4　散索鞍焊缝探伤

(10)对于铸钢件与钢板的焊缝,在焊后 24 h,按《铸钢件超声检测 第 1 部分:一般用途铸钢件》(GB/T 7233.1—2009)规定进行 100% 超声波探伤,Ⅱ级为合格。

(11)合金钢棒料粗加工后应进行超声波探伤和磁粉探伤,超声波探伤按《锻轧钢棒超声检测法》(GB/T 4162—2008)进行,A 级为合格。磁粉探伤按《承压设备无损检测 第 4 部分:磁粉检测》(JB 4730.4—2005)相关内容进行,Ⅱ级为合格。合金钢加工螺纹后,螺纹部分需进行渗透探伤,按《承压设备无损检测 第 5 部分:渗透检测》(JB 4730.5—2005)相关内容进行,Ⅱ级为合格。

6 总 结

现代悬索桥主要受力部件的索鞍、索夹的形式基本固定。未来悬索桥的跨度将越来越大,对索鞍、索夹等构件制造的质量要求也越来越高,对钢结构的焊接工艺的要求也会越来越严格,只有不断总结探索,才能取得新的突破。

参考文献

[1] 周拥军,吴浩,荣劲松,等.一种索鞍快速安装、定位的系统及方法,CN103243649A[P],2013.

[2] 钟俊林. ZG45 钢越南桥散索鞍的埋弧焊工艺[J]. 焊接技术,2007,36(4):27-29.

[3] 郭玉成,常志军,姬忠彬.公路悬索桥主索鞍座的装配与焊接工艺探讨[J]. 华北科技学院学报,2004,1(4):103-106.

[4] 邓亨长,冯强林,徐基伟.宜昌长江公路大桥南岸散索鞍安装[C]//2000 年湖北省桥梁学术讨论会论文集(下册),2000.

[5] 张家华,童超如.江阴长江大桥北锚碇特大型散索鞍的安装[J]. 建筑施工,1998(5):43-45.

[6] 钱增志,周大兴,吴桐金.一种用于自锚式悬索桥散索鞍底座安装的托架,CN104499435A[P],2015.

[7] 于雪晖,张常剑,李磊,等.悬索桥主索鞍和散索鞍的有限元分析方法[J]. 浙江交通职业技术学院学报,2012,13(2):1-4.

万州驸马长江大桥隧道锚工程监控量测成果分析

赫晓光[1]　李守雷[1]　邱山鸣[2]

（1. 水能资源利用关键技术湖南省重点实验室　长沙　410014；
2. 中国电建集团中南勘测设计研究院有限公司　长沙　410014）

摘　要　万州驸马长江大桥隧道锚工程施工过程中进行了包括内部和外部变形监测、支护结构应力和渗压监测等监控量测项目。本文对各监控量测项目成果进行了分析。分析成果表明，在坡脚开挖扰动、洞室开挖和地下水下降综合作用下，洞体局部发生了变形，暂停施工和采用技术措施后各监测物理量明显趋于稳定，监控量测成果趋向性明显反应被监测体的工作状态，隧道锚工程施工过程可控，处理问题及时有效，监控量测起到了工程安全监测和指导施工的作用。

关键词　隧道锚工程　监控量测　成果分析

1　工程概况

万州驸马长江大桥是重庆万州至湖北利川高速公路（重庆段）跨越长江的重要控制性工程，主桥为跨度1 050 m的单跨简支钢箱梁悬索桥，在两岸各设置480 m的左、右引桥，全长2 010 m。

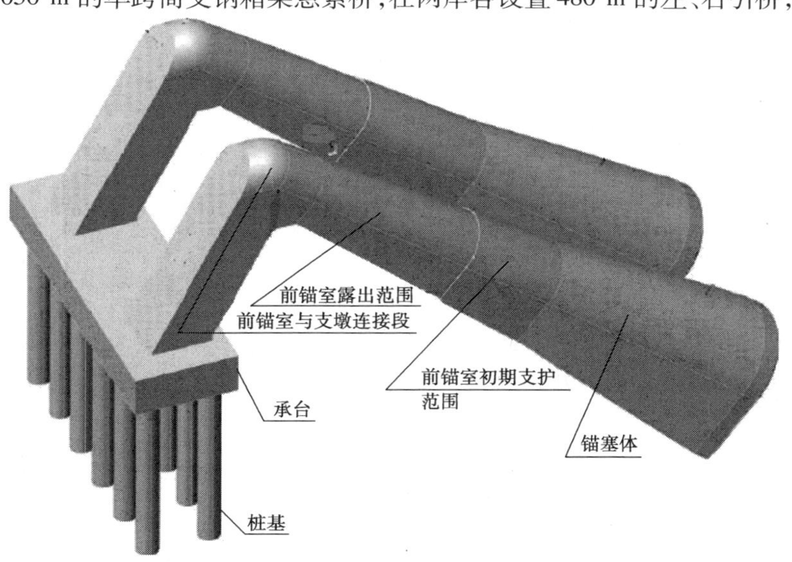

图1　南岸锚碇立体示意图

作者简介：赫晓光，男，硕士研究生，工程师，（电子邮箱）179662241@ qq. com。
李守雷，男，硕士研究生，工程师，（电子邮箱）179662241@ qq. com。
邱山鸣，男，硕士研究生，工程师，（电子邮箱）179662241@ qq. com。

为有效保护自然环境、避免大规模开挖、节约投资，锚碇形式为北岸重力式锚、南岸隧道锚。南岸隧道锚锚塞体嵌入中风化岩层内，前锚室及支墩位于地面以上。南岸隧道锚锚塞体前端外轮廓尺寸为12 m×13 m，后端外轮廓尺寸为18 m×20 m，采用圆端形实心断面，前锚室前端外轮廓尺寸为9 m×8.5 m，后端与锚塞体对齐。南岸锚碇立体示意如图1所示。

2 监测布置

整个监测布置按照点、线、面结合，在隧道锚围岩监测区形成三维监测网。隧道锚施工监控共布置1个主监测横剖面、5个辅助监测横剖面以及2个监测纵剖面，断面布置见图2。监测项目包括地表与洞周围岩表面位移监测、围岩内部变形监测、支护结构受力状态监测、渗流监测、围岩松动范围监测、爆破震动影响监测及人工巡视等。

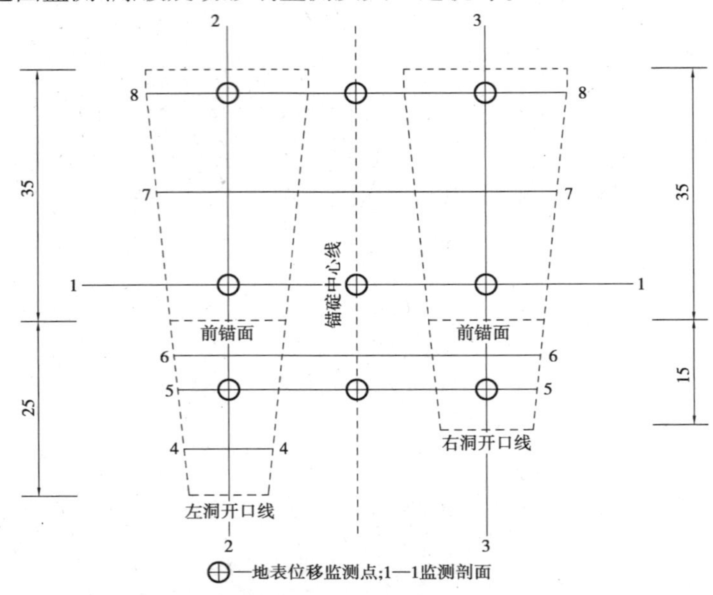

图2 监测横剖面、纵剖面布置示意图(单位:m)

2.1 地表与洞周围岩表面位移监测

地表水平和垂直位移监测使用标称测角精度为±0.5″、测边精度为±1 mm±1 ppm的TCA 2003全站仪观测，根据基点和监测点布置情况采用两点、三点边角交会施测。

洞周围岩表面位移监测采用收敛计进行量测和全站仪配合反光片监测两种方法。

2.2 围岩内部变形监测

围岩内部变形监测，主要采取两种方式：一是从洞内钻孔安装多点位移计监测不同深度的围岩轴向变形；二是从地表打孔安装测斜管，采用钻孔测斜仪监测洞顶不同深度的岩体的水平位移。

2.3 支护结构受力状态监测

锚杆受力状态采用锚杆应力计监测；钢拱架受力采用表面应变计监测；喷射混凝土压力采用土压力盒监测。

2.4　渗流监测

隧道锚围岩渗流监测主要采用埋设渗压计监测和地下水位长观孔监测。考虑南岸隧道锚区域地下水贫乏,利用测斜孔埋设渗压计监测降雨入渗情况。

2.5　围岩松动范围监测

围岩松动范围监测采用钻孔声波测试。通过测试岩体声波的变化,来分析确定洞周围岩由于爆破施工和卸荷作用产生的松动范围。

2.6　爆破震动影响监测

采用测震仪和声波仪进行监测。通过现场爆破震动监测,分析隧道向前掘进过程中爆破施工对其已开挖段的支护结构产生的震动作用与危害;通过爆破震动速度测试以及爆破前后的围岩超声波或地震波速度测试,研究爆破震动速度与围岩松动区范围之间的经验关系,从而对爆破施工参数进行监测和修正,引导施工人员在保证施工进度的同时降低爆破作用的累积效应对支护结构的损害和对围岩的扰动。

2.7　人工巡视

巡视检查时,检查内容包括:裂缝出现的位置、规模、延伸方向,原有裂缝有无扩大、延伸,断层有无新的错动,地表有无隆起或下陷,垮塌的位置、几何形状、体积及发生的时间,支护结构有无破损,地表排水沟、截水沟是否通畅,是否有新的地下水露头,原有的渗水量和水质有无变化,安全监测设施有无损坏,等等。每次巡视检查均做好详细的现场记录。

3　监测成果初步分析

3.1　地表位移监测成果

地表位移监测点布置情况及各测点位移变化趋势如图3所示。从图中可以看出,右洞的位移变化相对左洞更为明显,垂直方向的位移基本都表现为向下沉。图中水平方向位移用箭线表示位移大小和方向。垂直方向位移用圆表示,圆的直径表示位移值,实线表示下沉,虚线表示上抬。

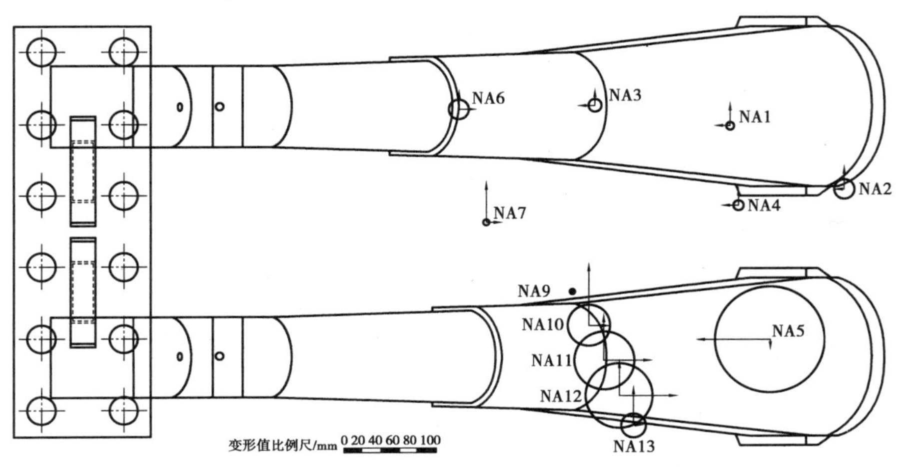

图3　测点变形趋势示意图

NA1～NA8 及右洞新增 5 点（NA9～NA13）表面变形历时曲线如图 4～图 9 所示。

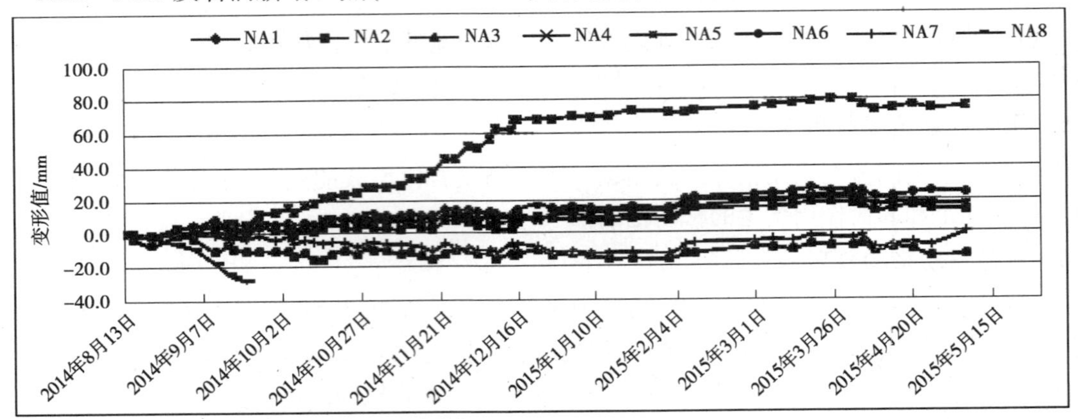

注：X方向为垂直河流方向，指向河中为正，反之为负。

图 4　地表位移 NA1～NA8 测点 X 方向变形历时曲线图

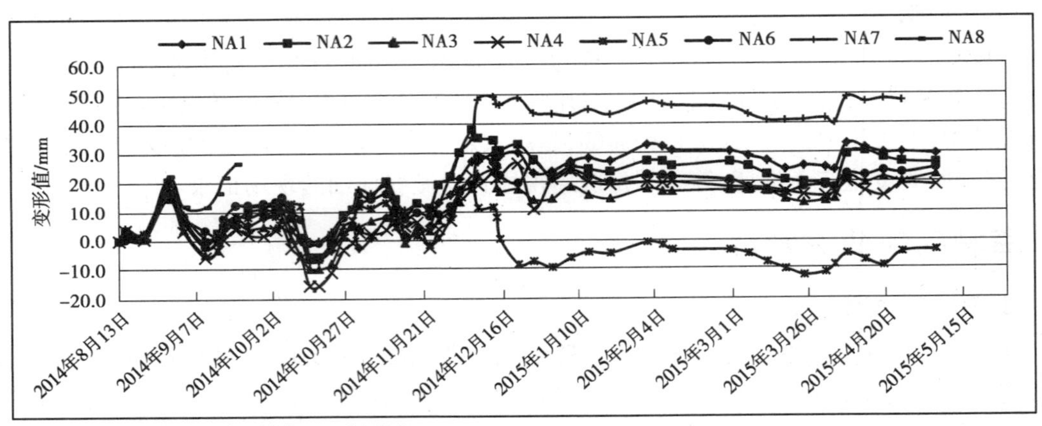

注：Y方向为河流方向，向下游为正，反之为负。

图 5　地表位移 NA1～NA8 测点 Y 方向变形历时曲线图

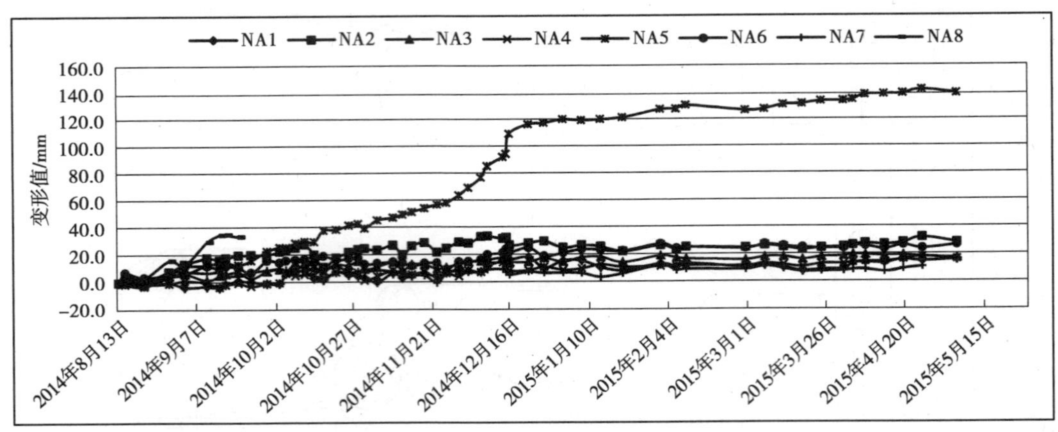

注：H方向为垂直方向，下沉为正，反之为负。

图 6　地表位移 NA1～NA8 测点 H 方向变形历时曲线图

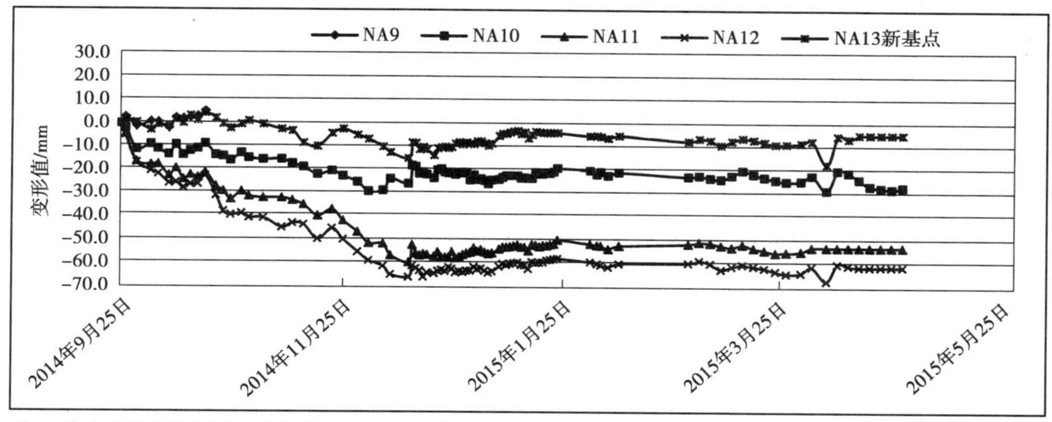

注：X方向为垂直河流方向，指向河中为正，反之为负。

图 7　新增测点 NA9 ~ NA13 X 方向变形历时曲线图

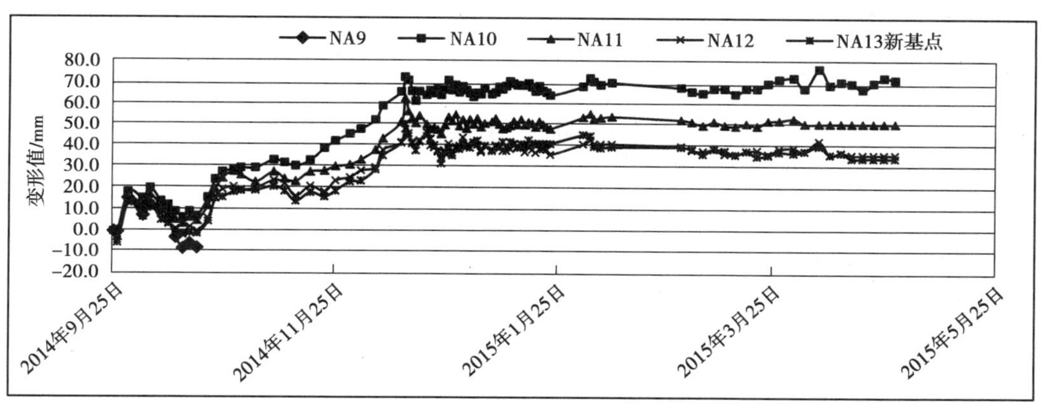

注：Y方向为河流方向，向下游为正，反之为负。

图 8　新增测点 NA9 ~ NA13 Y 方向变形历时曲线图

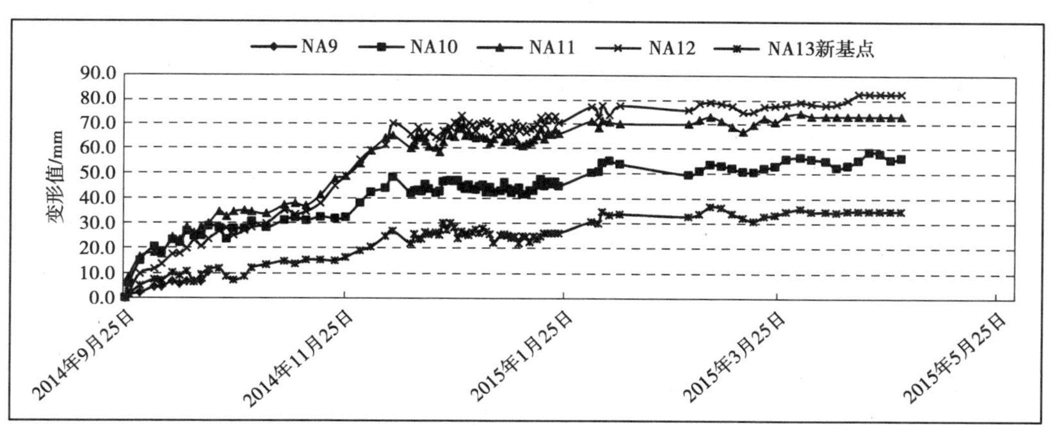

注：H方向为垂直方向，下沉为正，反之为负。

图 9　新增测点 NA9 ~ NA13 H 方向变形历时曲线图

NA5 测点位于右洞便道上部山体，山体较陡，且表面覆盖层较厚，在自重及雨水作用下，NA5 测点发生局部变形可能性大。NA10 ~ NA13 测点在 X 方向（垂直河流方向）往坡内变形，NA13 测点相对平稳，NA10 ~ NA12 测点变形较大，变形速率基本一致，NA12 在 X 方向最大变形达到 65.6 mm。根据现场巡视检查，在 NA10 号点附近发现了裂缝，可以认为 NA10 ~ NA13 表面点变形是由于右洞进口处山体地质条件较差，且受到锚固洞开挖及地下水下降综合作用，整体发生了变形。NA13 点处于锚固洞开挖外侧，影响相对较小。

NA1 ~ NA7、NA10 ~ NA13 测点在 Y 方向（上、下游方向）都是往下游变形，NA1 ~ NA7、NA10 ~ NA13 测点变形趋势呈波浪形变化，且 NA10 ~ NA13 测点变化值相对较大，均趋向于下游。

从图表中可以看出，NA1 ~ NA7、NA10 ~ NA13 测点在垂直方向变形均表现为下沉，符合变形规律，其中右洞的各测点垂直方向变形较大，最大下沉量（NA5）达到 139.1 mm。

由于监测到的位移测值变化较大，2014 年 12 月 6 日右洞停止施工作业，并对右洞采取支护加强措施以及在隧道锚所处山体修建排水设施。在右洞洞室停止开挖和进行一系列技术措施后，各地表变形测点变形测值变化明显趋于缓和。2015 年 1 月 17 日右洞恢复施工开挖后，地表变形测值无明显变化，已趋于平稳，说明停工期间所采取的加强支护措施和排水设施发挥了应有的作用，技术措施效果良好。

3.2 测斜监测成果

3.2.1 左洞测斜监测

左洞布置两个测斜孔，孔口高程均在 275 m 左右，S-A1 孔底高程为 240.1 m，S-A2 孔底高程为 233.2 m，均穿透了 241.2 ~ 243.6 m 强风化砂质泥岩夹层，但 S-A1 孔底处于强风化带边缘，S-A2 孔底较为稳固，测值更为可靠。

左洞 S-A2 测斜成果见图 10。其累积位移-深度曲线呈现出典型的 V 型曲线特征。此种类型曲线从孔底到孔口均无明显的突变，说明该监测范围内尚未形成明显的滑动面，目前仍处于稳定状态。

3.2.2 右洞测斜监测

测斜孔 S-B1 底部高程为 243.8 m，在强风化砂质泥岩夹层上缘，在此之上是强风化砂岩，而 S-B2 底部高程为 238.8 m，穿透了 241.2 ~ 243.6 m 的强风化砂质泥岩夹层，其底部位于中风化砂岩，S-B2 测斜孔的底部更稳定。

2014 年 12 月 6 日 S-B2 号测斜孔在距孔口 15 m 位置（高程为 245.77 m），由于变形过大，滑动测斜仪无法通过。图 11 所示为测斜孔 S-B2、S-B1 测斜孔累计位移-深度曲线图。

从图 11 中可以看出，S-B2 测斜孔累计位移-深度曲线呈 D 型曲线特征，即在孔深较深的位置有一个明显的滑动面，在 245.8 m 处变形量最大。对应地勘成果，该处正是强风化砂质泥岩夹层处，两个方向最大值均接近 50 mm。以至于在 2014 年 12 月 6 日测量时，测斜仪测头无法下行，隔两日后重新测量又可以下行，说明该处变形处于活动期，也证明了测斜成果的可靠性。

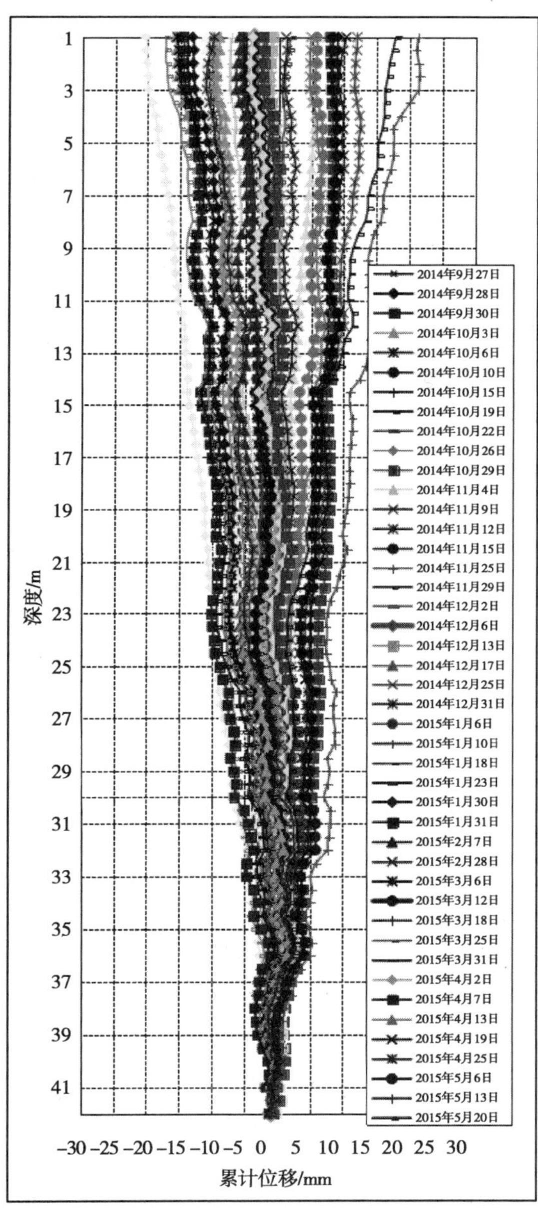

(a)测斜孔S-A2 A向累计位移-孔深曲线

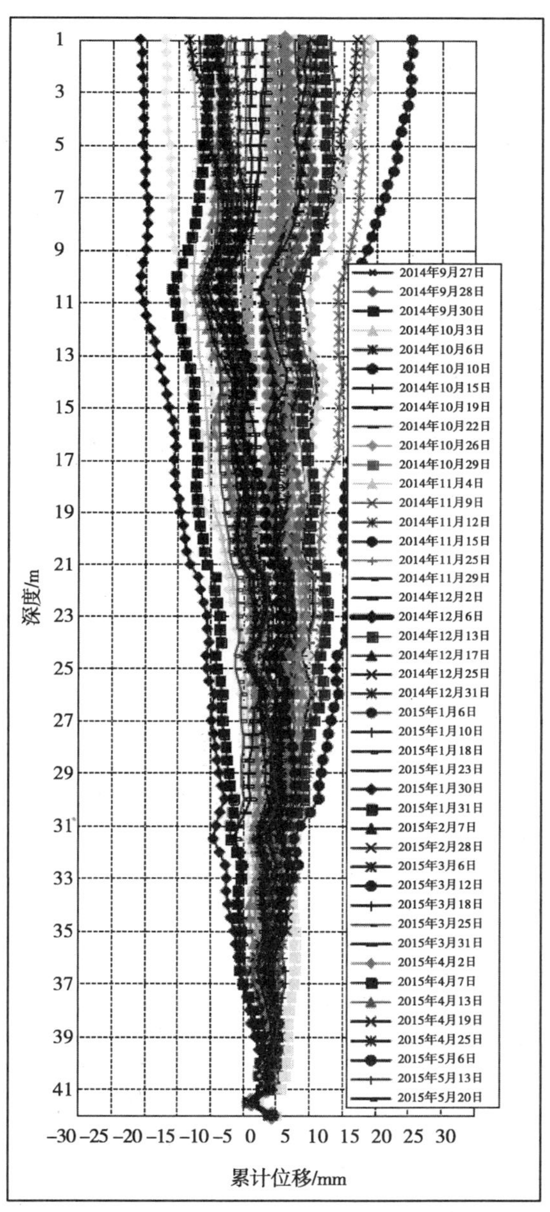

(b)测斜孔S-A2 B向累计位移-孔深曲线

图10　左洞S-A2测斜累计位移-深度曲线图

注：A向为沿洞轴线方向，向临空面方向为正；B向为垂直洞轴线方向，向上游方向为正。

S-B1测斜孔累计位移-深度曲线呈复合型曲线特征，即两个方向呈现出不同的形态，其中A向累计位移-深度曲线呈B型曲线特征，即存在多个潜在滑移面，须关注其发展变化。

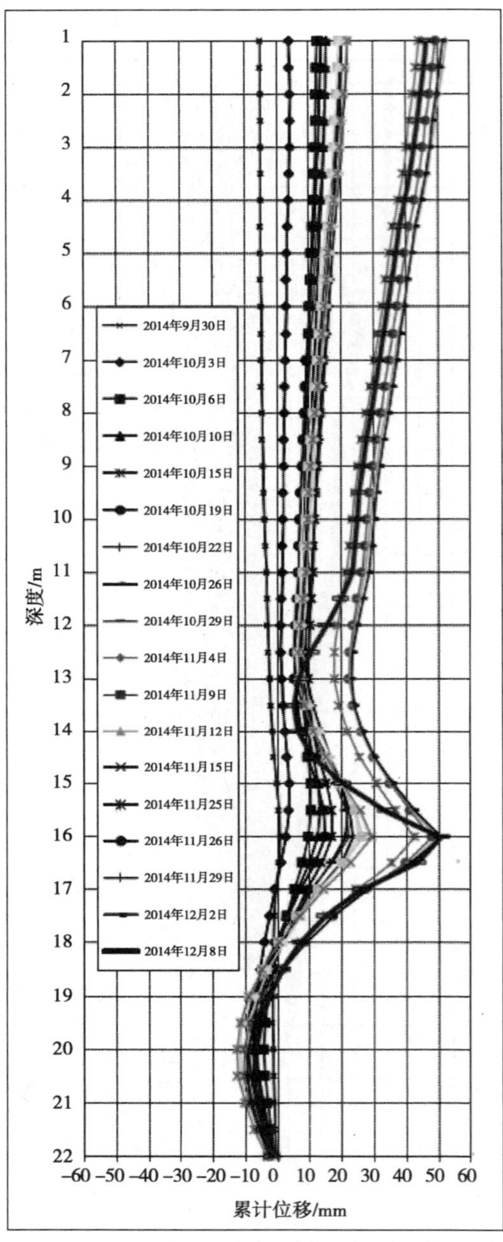

(a) 测斜孔S-B2 A向累计位移-孔深曲线

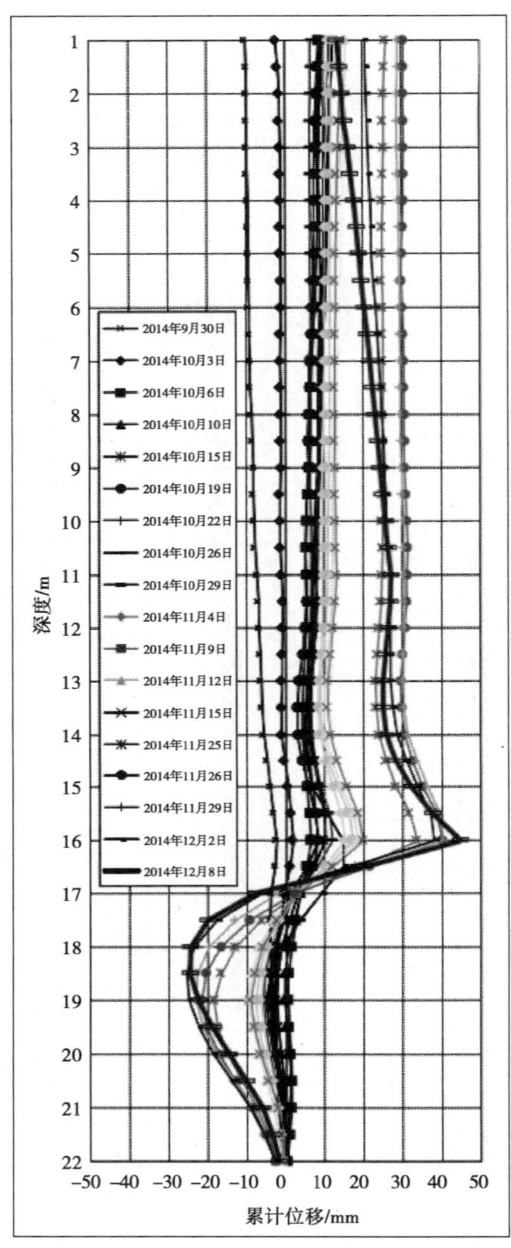

(b) 测斜孔S-B2 B向累计位移-孔深曲线

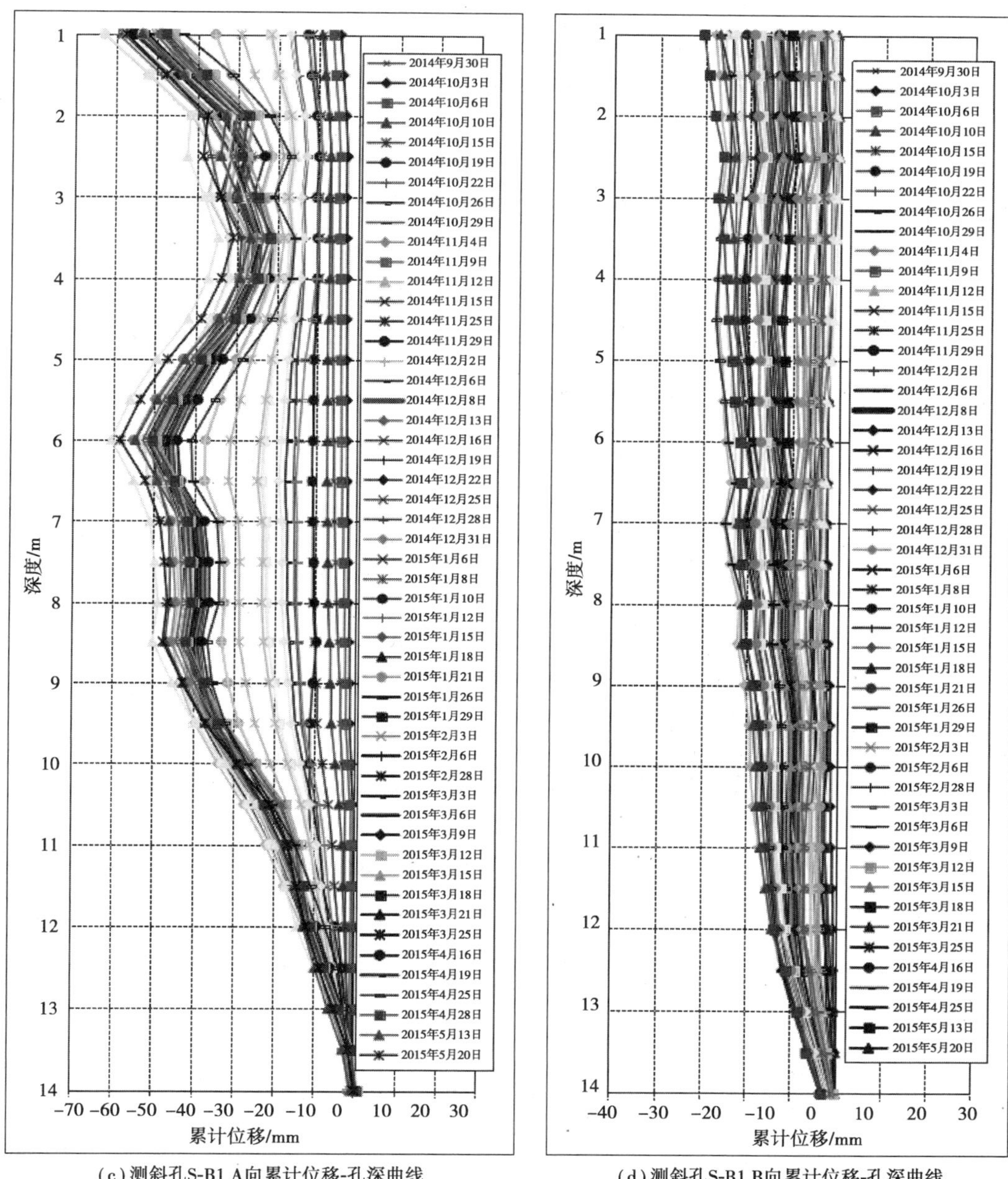

(c)测斜孔S-B1 A向累计位移-孔深曲线　　(d)测斜孔S-B1 B向累计位移-孔深曲线

图 11　右洞 S-B1、S-B2 测斜孔累计位移-深度曲线图

注：A 向为沿洞轴线方向，向临空面方向为正；B 向为垂直洞轴线方向，洞轴线正方向逆时针 90°为正（上游方向为正）。

3.3　其他监测成果

3.3.1　围岩变形监测

左洞和右洞各布设了两套三点式多点位移计，拱顶和边墙各布设一组，最深点深度为 10.5 m。位移计典型测值历时曲线图如图 12 所示，施工开挖期间位移测值变化相对较大，后期位移变化逐渐趋于平缓。

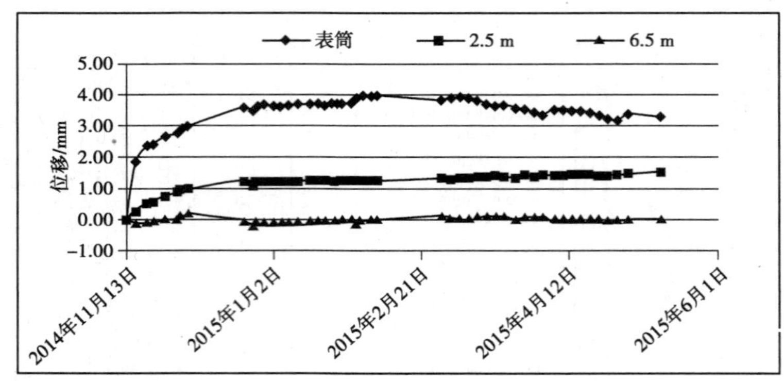

图 12 多点位移计 MZD1 位移历时曲线图

3.3.2 渗压监测

在 5 个测斜孔内均布设了渗压计用于监测地下水位变化,其中 SYJ-B1 孔中无水,其他渗压计监测成果历时曲线图如图 13 所示。从图中可以看出,前期水位相对较高,停工处理后水位明显下降,且一直处于低水位状态,说明排水处理效果明显。

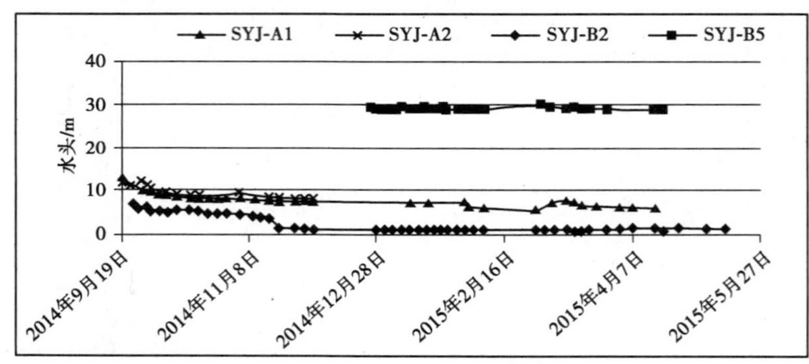

图 13 渗压计测值历时曲线图

4 综合分析及结论

4.1 典型地表位移测点与测斜成果对比分析

右洞 S-B1 测斜孔与 NA10 测点相邻近,水平变形方向一致,量级有差别,主要是 S-B1 孔底深度有限,且处于强风化砂质泥岩夹层上缘。作为测斜基点的孔底仍有发生变形的可能,沿隧道锚洞轴线方向位移对比如图 14 所示。

与 S-B2 测斜孔相近的地表位移测点是 NA5,其变形特征是向临空面和向下游变形,S-B2 孔口变形特征是向临空面和上游变形,可能是测点局部变形所致,总体可以认为测斜成果更可信。图 15 所示为两者沿隧道锚洞轴线方向变形的位移历时曲线对比图。从图中可以看出,二者变化趋势一致,只是后期测斜孔受变形影响无法继续观测,但是表面位移监测成果表明通过采取加固措施和设置排水设施等一系列技术措施后,位移变化趋于收敛。

对于 S-B1 与 S-B2 测斜孔之间,隧道锚洞轴线方向变形是相向的,主要原因是 S-B1 与 S-B2之间的地质条件较差,为强风化砂岩,其中存在强风化砂质泥岩夹层。在下层开挖施工扰动下,曾出现局部坍塌,加之地下水位下降,综合作用下形成空洞,S-B1 与 S-B2 之间岩体下

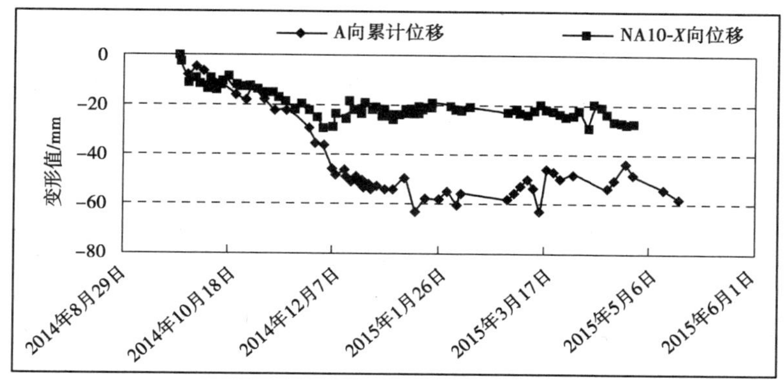

图 14　测斜孔 S-B1 孔口 A 向累计位移及相邻地表位移测点 X 向位移历时曲线对比图

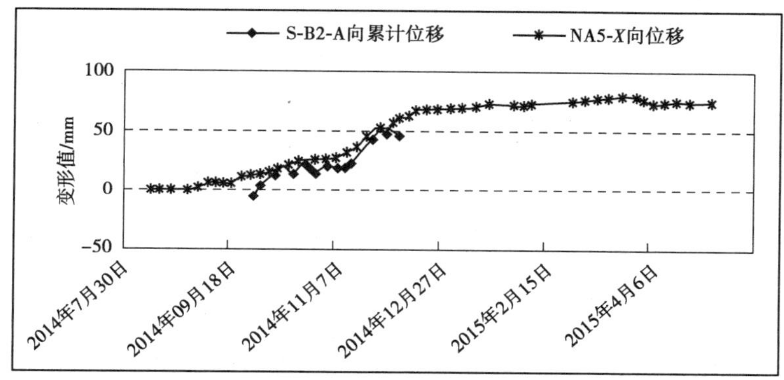

图 15　测斜孔 S-B2 孔口 A 向累计位移及相邻地表位移测点 X 向位移历时曲线对比图

沉，内部岩体不稳定，直接造成 S-B1、S-B2 相向变形。

4.2　初步结论

综合上述成果分析，可以得到如下结论：

（1）边坡为强风化砂岩和砂质泥岩边坡，在坡脚开挖扰动、洞室开挖和地下水下降综合作用下，监测到边坡局部发生了变形，但通过采取加固措施和加强排水后等技术措施后，各项监测物理量明显趋于稳定，变形得到有效控制，边坡整体稳定。

（2）右洞顶部岩体地质条件较差，在洞室开挖、局部坍塌和地下水下降综合作用下影响内部岩体不稳定，而右洞顶部支护结构出现裂缝与其上部岩体不稳定有直接关系。

（3）施工过程中的加密监测和增强监测方案的实施工作是有效的，监测成果趋向性明显反映了被监测体的工作状态，起到了确保工程安全和指导施工的作用。

参考文献

[1] 王世江. 隧道监控量测要点分析[J]. 价值工程，2015(10)：283-286.

[2] 俞素平. 隧道施工监控量测及分析[J]. 福建建设科技，2007(3)：10-12.

万州驸马长江大桥抗风试验研究

曾　宇　王茂强

（中交公路规划设计院有限公司　北京　100088）

摘　要　为研究大跨度悬索桥梁的抗风稳定性及风致振动等，本文以万州驸马长江大桥为背景，通过节段模型风洞试验对结构的静力三分力系数、颤振稳定性，以及涡激振动现象进行研究，并将节段模型试验结果与全桥气弹模型试验结果进行比较。结果表明：风攻角在 $-10° \sim +10°$ 范围内增大时，成桥状态及施工状态主梁断面升力系数及扭矩系数值的大小均呈现明显的先减小后向反方向增大的趋势；成桥状态下的阻力系数均为正值，且随着风攻角的变化大体呈现增大的趋势，但其曲线斜率不断减小；节段模型试验表明，在不同风攻角下结构的颤振临界风速均高于相应的颤振检验风速，且在阻尼较大的情况下各试验工况均未出现明显的涡激振动现象，二者均在全桥气弹模型试验中得到验证。

关键词　大跨度悬索桥　三分力系数　颤振稳定性　涡激振动　节段模型　风洞试验

随着交通基础设施的飞速发展，桥梁作为交通中的重中之重也在不断建设与创新。为了实现较大跨度的跨越能力，大跨度悬索桥梁不断涌现，其也是跨越能力最大的桥型。在桥梁跨径不断增大的趋势下，桥梁结构也日趋轻柔化，鉴于其质量轻、刚度小、阻尼小、自振频率低等特点，大跨度悬索桥梁结构动力特性问题日益突出，对风的作用敏感，很容易发生颤振、抖振和涡激振动等，其抗风安全性已成为设计中的重要组成部分[1-3]。

为了对大跨度悬索桥的抗风稳定性及风致振动等进行研究及分析，本文以万州驸马长江大桥为例，进行了该桥节段模型的静力三分力试验、颤振稳定性试验，以及大尺度节段模型涡激振动试验，对结果研究分析，并与全桥气弹模型试验结果进行比较。

1　工程概况及设计风参数

1.1　桥梁工程概况

万州驸马长江大桥为单跨悬索桥，大桥全长 2 030 m，主跨 1 050 m，是三峡库区跨度最大的一座长江大桥，以双向四车道布置。主梁采用流线型钢箱梁，梁宽（含风嘴）32.0 m，梁高 3.2 m（中心线处）。

万州驸马长江大桥主桥跨度大、桥塔高，为缆索承载的柔性桥梁体系，采用质量较轻、阻尼较小的钢箱梁，另一方面，桥位所在地区易受夏秋季的强对流天气影响，并可能受到周围山区脉动风的不利影响，因此大桥主梁的风致振动特性必须予以充分重视，以确保大桥的施工安全

作者简介：曾　宇（1979—），男，本科，高级工程师。

王茂强（1983—），男，硕士研究生，高级工程师。

以及运营的安全性和舒适性。

1.2 基本风速及地貌

桥址处地貌属规范中 B 类地貌，地面粗糙度系数 $\alpha=0.15$。

根据相关气象资料对万州驸马长江大桥桥位附近气象台站风速数据进行分析，采用气象统计学中 Gumbel Type I 极值分布理论，计算得到主要气象站的基本风速，并根据《公路桥梁抗风设计规范》[4] 查得桥位处所属万州地区的海拔及基本风速，偏于安全地将桥位处基准风速取为规范建议值，即考虑百年一遇最大风速 24.1 m/s 作为基本风速。

1.3 桥面高度的设计风速

根据风速剖面指数律公式，算得该桥主梁桥面高度处设计基本风速为 $U_d=36.5$ m/s。利用《公路桥梁抗风设计规范》，施工期设计风速取 30 年重现期，并根据桥梁的颤振检验风速公式 $[U_{cr}]=1.2\mu_f U_d$ 以及静力扭转发散检验风速公式 $[U_{tr}]=2U_d$，可得万州驸马长江大桥各风速参数，如表 1 所示。

表 1 万州驸马长江大桥抗风设计风速参数 单位：m/s

设计风速（成桥/施工）	颤振检验风速（成桥/施工）	静力扭转发散检验风速（成桥/施工）
36.5/33.6	54.8/50.4	73/67.2

2 节段模型静力三分力试验

静力三分力系数是表征各类结构断面在平均风作用下受力大小的无量纲系数，反映了风对结构的定常气动力作用，并可为静风响应计算、抖振响应、静风稳定性计算以及施工监控等提供参数。

试验在西南交通大学 XNJD-1 号风洞进行，节段模型缩尺比为 1∶50，共设置 3 个不同风速，分别为 $U_1=12$ m/s，$U_2=15$ m/s，$U_3=17$ m/s；试验风攻角 α 范围在 $-10°\sim+10°$，$\Delta\alpha=1°$（图 1）。

图 1 主梁节段模型静力三分力试验

根据试验得到结构成桥状态及施工状态主梁断面在体轴系下的静力三分力系数，如图 2、图 3 所示。

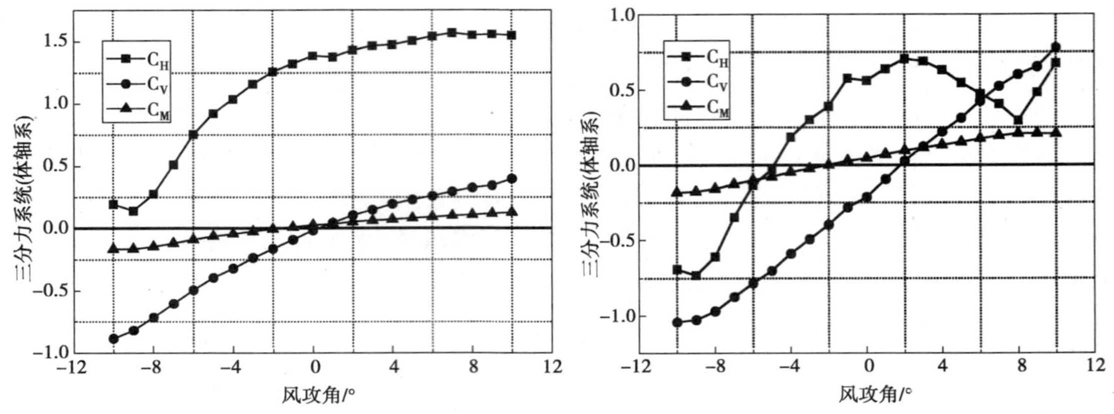

图 2　成桥状态主梁断面三分力系数曲线　　图 3　施工状态主梁断面三分力系数曲线

根据试验三分力系数结果可以看出,随着风攻角在 -10° ~ +10°范围内增大,主梁断面升力系数及扭矩系数值的大小在成桥状态及施工状态时均呈现明显的先减小后向反方向增大的趋势,阻力系数成桥状态与施工状态有较大的差异,成桥状态主梁断面阻力系数随风攻角的变化整体呈现增大的趋势,而施工状态阻力系数的绝对值大小没有规律性的变化。

图中所示升力系数随着风攻角的变化为单增函数,成桥状态升力系数以 0°风攻角为界,施工状态升力系数以 +2°风攻角为界,即在临界风攻角 α_{cr}时主梁断面受到的升力约为 0,低于 α_{cr}时结构所受升力均为负值,高于 α_{cr}时结构受到向上的升力作用,且 $\Delta\alpha = |\alpha - \alpha_{cr}|$越大,主梁断面所受的竖向的力越大。

成桥状态下的阻力系数均为正值,且随着风攻角的变化大体呈现增大的趋势,但在试验风攻角范围内,阻力系数曲线的斜率不断减小,主梁断面在 -10° ~0°风攻角范围内阻力系数随着风攻角改变的变化较大,在 0° ~ +10°风攻角范围内阻力系数的变化较小,最大阻力系数出现在 +7°,其值为 1.568,最小阻力系数出现在 -9°,其值为 0.141。施工状态下,在 -10° ~ -5°风攻角范围内阻力系数为负值,最小负值出现在 -9°,其值为 -0.73。风攻角在 -5° ~ +10°范围内,主梁断面阻力系数均为正值,呈现出先增大后减小再增大的趋势,其中的两个极值出现在 +2°和 +8°,阻力系数值分别为 0.705 和 0.297。

图中所示成桥态及施工态的扭矩系数随着风攻角的变化均为单增函数,成桥状态及施工状态扭矩系数均以 -2°风攻角为界,在 -2°风攻角时扭矩系数约为 0,低于 -2°风攻角时扭矩系数为负值,高于 -2°时为正值,且 $\Delta\alpha = |\alpha - \alpha_{cr}|$越大,主梁断面所受的扭矩越大。但扭矩系数曲线斜率较小,随风攻角改变的变化较小。

3　节段模型颤振稳定性试验

颤振属于危险性的自激发散振动,当来流达到临界风速时,振动的桥梁通过流场的反馈作用不断从来流中吸取能量,从而使振幅逐步增大,直至结构破坏。抗风设计要求桥梁的颤振临界风速必须高于相应的颤振检验风速。试验通过节段模型风洞试验,直接测试主梁在不同风攻角下发生颤振的临界风速,避免桥梁在颤振检验风速范围内出现发散性的颤振,必要时提出能改善颤振稳定性的气动措施和建议[5-6]。

试验在西南交通大学 XNJD-1 号风洞进行,节段模型缩尺比为 1:50,来流为均匀流,试验

分别在 $\alpha=0°$、$+3°$、$-3°$三种风攻角情况下进行(图4)。

图4　主梁节段模型颤振稳定性试验

成桥状态及施工状态在各风攻角下的颤振临界风速试验结果如表2所示。

表2　成桥及施工状态颤振临界风速

风攻角/(°)	成桥状态颤振临界风速/($m \cdot s^{-1}$)	施工状态颤振临界风速/($m \cdot s^{-1}$)
-3	>71.37	>72.89
0	65.94	>70.43
+3	64.00	>69.02

节段模型颤振试验表明,万州驸马长江大桥主梁设计方案在不同风攻角下的颤振临界风速均高于相应的颤振检验风速,证明该桥主梁断面颤振稳定的可行性,满足抗风设计要求。

4　大尺度节段模型涡激振动试验

当气流绕过物体时在物体两侧及尾流中会产生周期性脱落的旋涡,当旋涡脱落的频率与桥梁结构的自然频率接近时,这种周期性的激励会使物体发生限幅振动,称为涡激共振。它通常发生在较低的常遇风速下,其振动形式通常为竖向振动。过大的涡激振幅将会严重影响桥面行车的舒适性和安全性。

目前对主梁涡激振动进行预估,常规手段是进行常规尺度(1:50左右)节段模型风洞试验。由于这类试验采用的模型较小,雷诺数效应及主梁细节模拟得不精细,往往导致试验结果(振幅及发生风速)与实桥情况出入较大,从而导致对实桥抗风性能的误判,造成减振措施无效或经济上浪费。克服上述弊端的有效途径是采用大尺度主梁节段模型(通常为1:15~1:20)进行风洞试验,它可以更精确地模拟主梁细节,使试验结果更接近实桥[6-7]。

试验在西南交通大学XNJD-3号风洞进行,采用缩尺比为1:20的大尺度节段模型,考察成桥状态下主梁的涡激振动性能,以及不同结构阻尼比下的涡振现象,以求获得更为接近实桥的涡振锁定风速和振幅,对涡激振动性能进行评价。试验分别在 $\alpha=-5°$、$-3°$、$0°$、$+3°$、$+5°$五种风攻角条件下的均匀流中进行(图5)。

对于成桥态,采用阻尼比为0.28%,并对较大振幅的工况做了阻尼比为0.46%和0.67%的测试;对于施工态仅验证了阻尼比为0.28%的各个工况下的涡振响应。试验风速范围为0~11 m/s,以0.2 m/s递增,以确定准确的涡激共振起始风速和最大振幅。试验中采用激光位

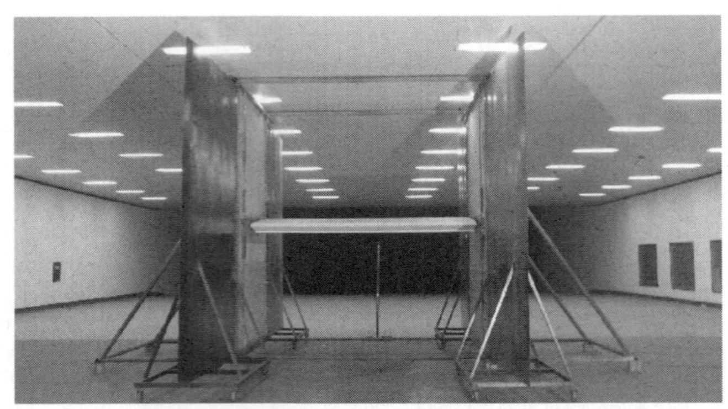

图 5　大尺度节段模型涡激振动试验

移传感器测试主梁边缘处及中间位置的实时位移响应，从而获得模型竖向位移和扭转角。图 6 中给出了 +5°风攻角各阻尼比下主梁节段模型的位移响应均方根。

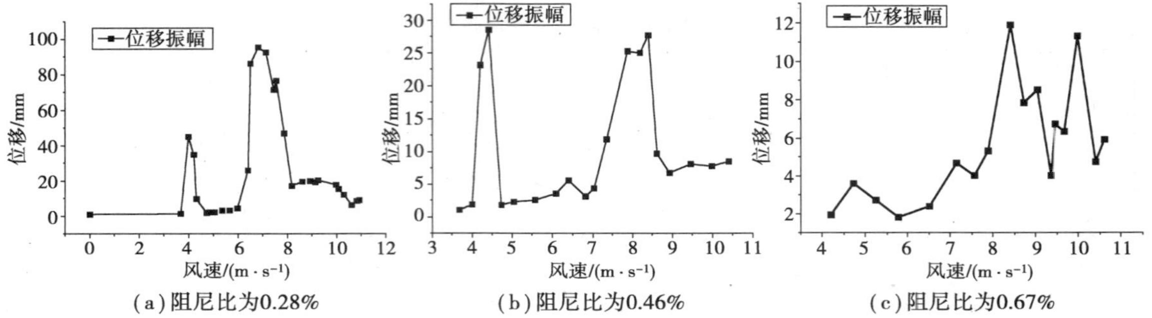

图 6　风攻角为 +5°各阻尼比下位移响应均方根

试验结果表明，对于成桥态主梁，低阻尼(0.28%)有较大竖向振幅，在 0°和正风攻角下发生了涡激共振，主要以 +3°和 +5°较明显，其中在 +5°风攻角下，阻尼比为 0.28% 时，振幅达到 134.7 mm，对应风速区间为 6 m/s 到 8 m/s，超过了按照第 5 阶竖弯频率计算得到的允许振幅。在阻尼比为 0.46% 时，振幅减小到 51.8 mm，小于按照第 6 阶竖弯频率计算得到的允许振幅，其余风攻角下振幅均小于规范允许值。在负风攻角下未发现明显的涡激共振现象。当采用大阻尼(0.67%)后涡振振幅明显减小，+5°风攻角下振幅仅为 16.8 mm。对于施工态主梁，在低阻尼(0.28%)下，各个风攻角下均未观察到明显的涡振。

5　全桥气弹模型试验

5.1　试验概况

风洞试验在西南交通大学 XNJD-3 边界层风洞中进行，试验段尺寸为 36 m×22.5 m×4.5 m(长×宽×高)，是目前世界上最大的回流式大气边界层风洞。试验段安装由尖塔、粗糙元和挡板组成的大气边界层模拟装置，以模拟《桥梁抗风设计规范》所要求的风场(图 7、图 8)。

考虑到万州驸马长江大桥主桥全长以及风洞试验段的尺寸，将模型的几何缩尺比定为 C_L =1/80，则全桥试验模型主跨长 13.1 m，全桥长 21.3 m，安装模型后模型在风洞中的空气阻塞度小于 3%。

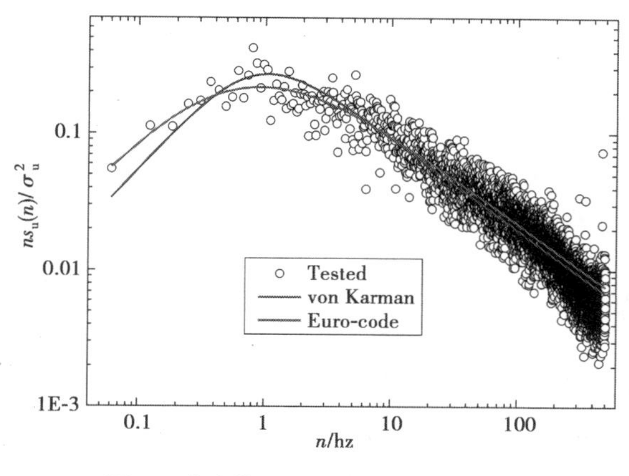

图 7　试验模拟风谱与目标谱的比较

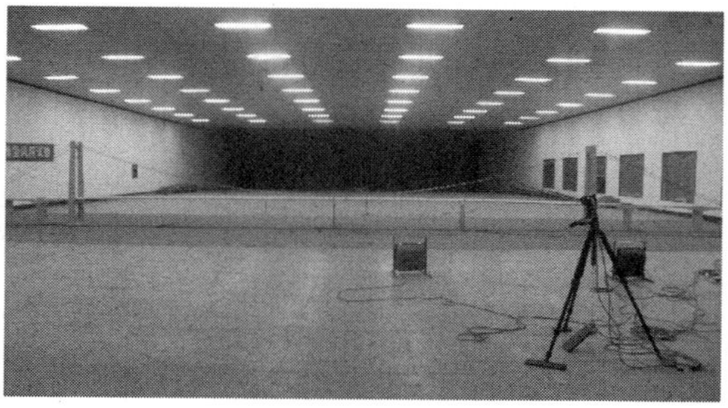

图 8　全桥气弹模型风洞试验

5.2　颤振和静风稳定性

采用 1:80 全桥气动弹性模型，通过风洞试验考察了万州驸马长江大桥成桥状态和典型施工状态在不同风攻角下的颤振和静风稳定性（表 3）。

表 3　全桥气弹模型颤振临界风速试验结果

状态	风攻角/(°)	风偏角/(°)	颤振风速/($m \cdot s^{-1}$)
成桥态	0	0	>90.7
		10	74.7
	+3	15	77.7
		0	76
100% 施工态	0	0	>89.4
		10	>90.1
	+3	15	82.1
		0	>81.1
其余梁端施工态	0	0	>69.8
	+3	0	>61.2

试验结果表明，大桥成桥及典型施工状态主梁的颤振临界风速均明显高于检验风速，试验过程中未观察到静风失稳现象。

5.3　涡激振动

试验风速为 0 ~ 11 m/s，以 0.2 m/s 递增，以确定准确的涡激共振起始风速和最大振幅。在均匀流及紊流条件下，成桥态及典型施工态均未发现明显的涡激振动现象。

6　结　论

通过风洞试验对万州驸马长江大桥节段模型三分力系数、颤振稳定性及涡激振动试验研究分析，并与全桥气弹模型试验比较，得出以下结论：

(1)风攻角在 -10° ~ +10°内增大时,成桥态及施工态主梁断面升力系数及扭矩系数值的大小均呈现明显的先减小后向反方向增大的趋势;成桥状态下的阻力系数均为正值,且随着风攻角的变化大体呈现增大的趋势,施工状态下阻力系数没有明显的变化规律。

(2)在试验风攻角范围内,成桥状态下阻力系数曲线的斜率不断减小,主梁断面在 -10° ~0°风攻角范围内阻力系数随着风攻角改变的变化较大,在0° ~ +10°风攻角范围内阻力系数的变化较小。

(3)节段模型颤振试验表明,万州驸马长江大桥主梁设计方案在不同风攻角下的颤振临界风速均高于相应的颤振检验风速,这在全桥气弹模型试验中得到验证,未观察到静风失稳现象,证明该桥主梁断面颤振稳定的可行性,满足抗风设计要求。

(4)对于成桥态主梁,低阻尼(0.28%)有较大竖向振幅,在0°和正风攻角下发生了涡激共振,以 +3°和 +5°较明显,除 +5°风攻角外其余风攻角下振幅均小于规范允许值。在负风攻角下未发现明显的涡激共振现象。当采用大阻尼(0.67%)后涡振振幅降低显著,各风攻角下振幅均明显小于规范允许值。对于施工态主梁,在低阻尼(0.28%)下,各个风攻角下均未观察到明显的涡振。全桥气弹模型试验中,在均匀流及紊流中均未出现明显的涡激振动现象,与大尺度节段模型试验结果相吻合。

参考文献

[1] 葛耀君. 超大跨度悬索桥的动力性能与抗风挑战[C]//2009 全国结构动力学学术研讨会论文集,2009.

[2] 赖马树金. 大跨度悬索桥分离式双箱梁涡激振动研究[D]. 哈尔滨:哈尔滨工业大学,2013.

[3] Ge Y. J. and Xiang H. F.. Tomorrow's challenge in bridge span length, Proceedings of the IABSE Symposium 2006 on Responding to Tomorrow's Challenges in Structural Engineering, Budapest, Hungary, September 13-15, 2006, 1000-1010.

[4] 中华人民共和国推荐性行业标准. 公路桥梁抗风设计规范(JTG/T D60-01—2004)[S]. 北京:人民交通出版社,2004.

[5] 王凯,廖海黎,李明水. 基于风洞试验的大跨度钢桁梁悬索桥颤振性能研究[J]. Journal of Vibration and Shock,2015.

[6] 顾向阳. 大跨度悬索桥颤振时域分析及静风稳定性分析[D]. 成都:西南交通大学,2009.

[7] 鲜荣,廖海黎,李明水. 大比例主梁节段模型涡激振动风洞试验分析[J]. 实验流体力学,2009,23(4):15-20.

[8] 李永乐,侯光阳,向活跃,等. 大跨度悬索桥钢箱主梁涡振性能优化风洞试验研究[J]. 空气动力学学报,2011,29(6):702-708.